신조와 신앙고백서

신조와 신앙고백서

초판 1쇄 발행 2024년 6월 10일

지은이 박상경
펴낸이 최더함

디자인 추하늘
제작처 진흥인쇄

펴낸곳 리폼드북스
주 소 서울시 은평구 대서문길5-11. 3층

Copyright ⓒ리폼드북스, 2024, Printed in Korea
ISBN 979-11-93525-00-5

건강한 교회의 고백

신조와 신앙고백서

(작성 배경/특징/평가/신학적 구조/전문)

신학박사 박상경 편저

감사의 글

정통기독교회는 역사와 시대적 상황 속에서 안으로부터 시작되는 이설과 이단과 밖으로부터 오는 잘못된 사조에 대항해서 교회를 방어하고 성경 진리를 사수하고 성경적 기독교회를 수립하기 위해 공의회를 통해 공동의 신앙고백인 신조와 신앙고백서를 만들었다. 신앙고백서는 어느 한 사람의 사상과 주장이 아니라 성경적 진리를 성경적으로 요약하고 집대성해서 모두의 신앙고백이 되게 한 공교회의 고백이다.

신조의 근본정신은 성경을 지키는 것이며 성경적 교회를 수립하는 데 목적이 있다. 신앙이란 주관적이지만 내용은 역사적 신조가 고백하는 내용이 되어야 한다. 그렇지 않으면 비신앙적이다. 비신앙적이란 비성경적이란 말이다. 성경은 신앙고백서에 의하여 정리되고 신학에 의해 체계화되어야 한다. 신앙이란 주관적이지만 객관성 있는 신학적 입장을 가져야 한다. 신앙이 신조를 떠나면 주관적으로 되고 만다. 신조를 통해 신앙, 교리, 의식의 일치를 구현해야 한다.

한국 개혁파교회는 좋은 역사적 신조를 지니고 있으면서도 멀리하고 소홀히 생각하고 무시하지 않았나 생각된다. 또 한편으로 신조 주의에 빠져 교회가 갈라지는 아픔도 함께하고 있다고 생각된다. 이제 한국교회는 21세기를 선도하고, 선교 200년을 향해하며, 일천만 성도를 가진 변두리 교회가 아니요 이 사회의 중심적 교회가 되어야 하며 세계 속에 신학을 선도하는 건강한 교회로 나타나야 할 것이다.

역사적 신조의 고백은 그 시대의 고백을 복사하는 것이 아니라 그 시대의 신앙고백서를 통해 우리도 성경적 신앙고백을 하며 성경적 기독교회를 세우며 노도처럼 밀려오는 불신앙적 사조를 방어하고 진리를 사수하고 이단을 규명하자는 데 그 목적이 있다고 할 수 있다.

본서는 신조와 신앙고백서의 작성 배경, 특징, 평가, 신학적 구조를 약술하고 현재 약 150종이 넘는 신조와 신앙고백서 중 역사적 정통기독교회의 권위가 있거나 공적인 신앙고백서들의 전문과 18세기 이후의 나타난 주요 선언문을 기록하고, 한국교회의 각 교단의 신조를 기록하고 있다. 끝으로 이 책이 나오기까지 지도해 주신 조석만 교수님과 사랑하는 아내 정형숙에게 감사한다. 그리고 책을 이용하시는 모든 분에게 하나님의 은총이 있기를 기원하며 21세기 건강한 교회의 기둥과 생명이 되기를 소망합니다.

2007. 7. 7

총신교회에서 박상경 목사

제7장 역사적 기독교의 신조노선의 계보

서론

역사적 정통기독교회는 역사와 시대적 상황 속에서 안으로부터 시작되는 이단과 밖으로부터 오는 잘못된 사조에 대항해서 교회를 방어하고 진리를 사수하고 성경적 기독교회를 수립하기 위해 공의회를 통해 공동으로 신앙을 고백하는 신조(경)와 신앙고백서를 만들었다.

신앙고백서는 어느 한 사람의 사상과 주장이 아니라 성경적 진리를 성경적으로 요약하고 집대성해서 모두의 신앙고백이 되게 하고 악으로부터의 교회를 보호하고 교회의 순결을 지키며 교회의 정체성을 드러내고자 만들어진 우리 모두의 고백이다.

하지 A. Hodge는 신조에 대해서 "교회 발전의 어떤 큰 위기에 있어서 교회의 어떤 지파에 의해 기독교 진리와 지식에 있어서 행해진 학식을 명시하고 보존하고 유포하는 것", "거짓된 교사들의 해석으로부터 진리를 구별하고 그것을 완전하고 적절히 조화되게 정확히 규정하는 것", "조화되게 함께 수고할 수 있을 만큼 가깝게 일치된 자들 가운데 교회적 교제의 유대로 작용하는 것", "대중적 가르침의 대역사에서 도구들로 사용되는 것"[1]이라고 조직신학 서론에서 밝히고 있다. 필립 샤프 P. Schaff는 "공적으로 사용하기 위한 신앙고백 또는 신앙의 내용을 언어 형태로 표현하되 그것에 독특한 권위를 부여하여 구원을 위해서는 필요 불가결한 것으로 여기거나 최소한 건전한 기독교회를 유지하기에 없어서 안 될 것으로 간주한 것을 의미하는 것이다."[2]라고 했다. 그러므로 신조는 신앙을 공동으로 고백하기 위해 전성경을 교리적으로 조목화 한 것이라 할 수 있다. 전투적 가시적 지상교회는 성령의 은총과 더불어 성경적 신앙고백 위에 세워지고 발전되고 부흥됐다. 정통기독

---

1 고영민 역, 「하지조직신학(요약)」(제1권, 서론), (서울: 교문사, 1981), p. 157.
2 박일민, 「신조학」(서울: 기독교문서선교회, 1993), p. 7.

교회는 예수 그리스도는 하나님의 아들이요 구세주라는 사도들의 신앙고백 위에 세워졌으며(마 16:16), 초기 기독교회는 신조들을 통해 신앙이 표현됐다.

신조들은 역사적 중요성을 가지고 있으며 신조들을 통해서 선진들의 신앙을 성찰할 수 있으며 또한 정통기독교회는 신앙을 고백하는 교회로 성장했고 신앙고백서를 통해 자신을 스스로 개혁하는 교회로 자라 온 것이다. 정통기독교회는 신조와 더불어 시작되었고 그 정체성을 전하고 신조를 통하여 발전하였고 성경적 진리를 유지하고 성경적 교회로 발전해온 것이다. 신조란 어느 날 갑자기 생겨난 것이 아니고, 우연히 생겨난 것도 아니며, 어느 한 사람의 사상이나 주장이 아니다. 역사와 함께 내려오던 신조들을 토대로 만들어진 것이다. 교회는 하나님께서 제정하신 기관이며 동시에 삼위일체 하나님을 믿고 고백하는 신자들의 모임이다.

그리스도인들은 개개인의 신앙을 나름대로 고백한 것이 아니라 교회에 속한 신자들이 공동으로 고백한 것이다. 역사적 정통기독교회는 사도들의 신앙적인 전승을 그대로 믿고 받아들여 함께 신앙을 고백하기 위해 신조가 필요하게 된 것이다. 신조와 신앙고백서는 시대와 상황에 따라 발전하게 되고 지역적 특성과 다양성을 가지게 된 것이다. 특히 신조들이 성경에서 나왔다는 점에서 가치와 용도가 크다 할 수 있으며 신앙의 제2 규준(規準)서라 할 수 있다.

한국 개혁파 교회는 좋은 역사적 신조를 지니고 있으면서도 멀리하고 소홀히 생각하고 무시하지 않았나 생각된다. 이제 21세기를 선도하고 선교 200년을 항해하며 1천만 성도를 가진 한국교회는 변두리 교회가 아니다. 이 사회의 중심적 교회가 되어야 하며 세계 속에 개혁파 신학을 선도하는 교회로 거듭나야 할 것이다. 역사적 신조의 고백은 그 시대의 고백을 복사하는 것이 아니라 그 시대의 신앙고백서를 통해 오늘의 우리도 성경적 신앙고백을 하며 성경적 기독교회를 세우며 노도처럼 밀려오는 불신앙적 사조와 이단을 방어하고 진리를 사수하고 교회의 의식적 질서를 일치하자는 데 그 목적이 있다고 할 수 있다.

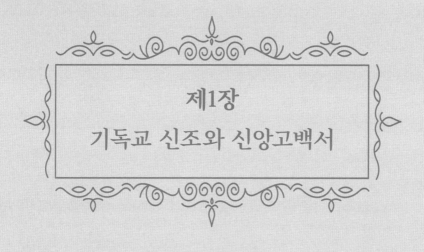

제1장
기독교 신조와 신앙고백서

제1장 기독교 신조와 신앙고백서

　　역사적 정통기독교회는 삼위일체 하나님을 믿으며 예수 그리스도를 주라 시인하고 고백하는 신자들의 모임이다. 교회가 시작되면서부터 교회는 신앙고백서를 가졌고 신앙고백서에 근거하여 교회가 설립되었다(마 16:15-20). 교회가 성장함에 따라 교회 공동의 신앙고백서도 점차로 더 많은 내용으로 발전하게 되었다. 이는 교회를 파괴하려는 이단적 불순한 사상을 방어하고 성경적 진리를 변호해야 하는 내적인 요인과 외적인 필요 때문에 신앙고백서는 더 구체적으로 명문화되었다. 교회는 시대마다 필요에 따라 성경 말씀에 있는 그리스도 교회의 신앙 내용을 거듭 확인하고 더 확실하게 신앙을 변호하고 설명하며 고백하였다. 초기 기독교회는 신조라고 하였으나, 신조(Creed, 나는 믿는다)라는 이름으로 같이 사용되었으나 본서에서는 성경을 믿는다는 의미에서 신조라 표현하고 있다. 종교개혁 이후 신앙고백서Confession란 명칭을 사용하는 것을 더 좋게 인식하였다.

　　신조는 사도신경을 기점으로 325년에 니케아 신조, 381년에 니케아 콘스탄티노플 신조, 451년 칼케돈 신조, 아타나시우스 신조(420~450)를 만들었다. 그 후 중세 암흑시대, 약 천년 동안 역사적 정통 기독교 신조가 작성되지 않다가 16세기 종교개혁과 더불어 개혁자들이 로마가톨릭교회의 여러 가지 잘못된 교리와 조직을 반대하고 바로잡기 위해 아우크스부르크 신앙고백서(1530)를 시작으로 여러 지역에서 제각기 신앙고백서를 만들었다. 개혁자들은 초대 교회의 신조를 성경 말씀에 비추어 옳은 것임을 재확인하고 신앙적 체계를 갖추어 고백하게 되었다. 그러나 17세기 중엽에 와서 개혁파 교회는 신앙고백서를 소홀히 여기거나 무시하는 운동이 일어났다.

그것은 18세기 계몽주의 사상과 교회의 전통과 역사를 중요시하지 않는 경건주의 사상이 일어나 소위 신조 없는 순수한 기독교를 재발견한다는 주장으로 성경에 지나치게 충실한 나머지 교회의 역사적 전통을 무시하고 교회의 공동의 신앙고백서를 소홀히 하고 성경에 있는 믿음을 강조하는 열정을 가졌으나 성경 이해에 있어서 합리성과 보편성과 객관성과 타당성을 잃고 주관적이고 편협하고 독선적 신앙으로 변질하였다.

한국교회는 선교 200주년을 향해 가는 성장하고 부흥하는 교회로 발전하고 있지만, 초기 선교의 티를 벗어나지 못하고 있으며 신앙고백서를 존중하지 않을 뿐 아니라 교회 성장이라는 실천신학에 밀려 신조를 부정하고 객관적 뿌리가 없는 상황적 성경을 가르치며 기독교 신앙의 핵심이 무엇인지 이해하지 못하고 있으며 삼위일체 하나님 중심의 성경적 진리를 증거 하지 않고 기복적 번영 주의와 샤머니즘적, 유교적, 불교적 배경을 하는 기독교로 변질하여 가고 있다고 할 수 있다.

신앙이란 자신의 자의적이고 주관적 고백이 아니라 우리 모두의 공동의 신앙고백이 되어야 하며 교회 전체의 고백이 되어야 한다. 성도는 성경을 자신의 나름대로 이해하고 자신이 이해한 성경 말씀을 절대적 진리로 주장할 수 없다. 성경을 바로 깨닫고 올바른 신앙을 가지려고 우리는 교회의 귀중한 유산인 신앙의 공동의 고백인 신조와 신앙고백서의 귀중 성을 재인식하고 존중하고 발전시켜 나가야 할 것이다. 절대적인 것과 무오 한 것은 오직 성경뿐이다. 신조는 성경과 동등하지 않고 오직 성경에 예속될 뿐이다. 성경은 하나님에게서 나왔지만, 신조는 인간의 작품이다. 그러므로 신조의 가치는 상대적이다. 그것이 얼마나 성경적인가에 따라 신조의 가치가 결정되는 것이다.

개혁자들은 "성경이 가는 곳까지 가고 성경이 서는 곳에서 서며, 성경이 침묵하는 곳에서 침묵한다"라는 신학 원리에 따라 교리화 하는 것을 주저하지 않았다. 왜냐하면, 성경만이 신조의 기초가 되지만 교리적인 도움 없이는 성경을 바르게 해석할 수 없다. 오늘의 교회가 신앙의 통일성을 상실해 가고 있다. 사도들은 공동(公同)의 고백을 가지고 교회의 통일성을 유지했던 것처럼, 역사적 신앙고백서가 21세기 건강한 교회의 고백과 기둥이 되어야 할 것이다.

대한예수교장로회 12신조(1907)의 승인 식에서 이렇게 기록하고 있다. "교회의 신조는 하나님의 말씀에 기초하고 하나님의 말씀과 일치한 것으로 내가 믿으며 이를 또한 나의 개인의 신조로 공포하노라. 아멘"[3]

개혁파 교회 Reformed Church 의 위대한 점은 성경적인 신조Creed's와 신앙고백서 Confession를 가지고 있다는 점이다.

1. 명칭과 정의

신조란 역사적 기독교회의 중요한 신앙의 권위적 공적 고백이다. 신조는 본래 개인적인 것이었으나 '나는 믿는다' credo라는 영어 명사 creed는 라틴어 credo(크레도)에서 유래되었으며 크레도라는 단어는 사도신경, 니케아 신조의 라틴어판 첫머리에 나오는 단어이다. 이 동사의 본래 의미는 "나는 믿습니다. 나는…에 의지한다. 나는…을 확신한다"라는 뜻이다. 또는 "우리는 믿습니다"라고 하는 '나'라는 개념에서 '우리'라는 개념으로 변화한 것을 말한다.

신조는 개인적인 것이 공동체의 본질적 신앙을 외적으로 공포하여 문서화 조문화한 것이다. 옥스퍼드 영영 사전의 정의는 신조란 기독교 신앙의 간략하고 형식적인 요약이라 했다. 신조란 하나님에 대한 인격적 신뢰가 가장 중요한 요소라 하겠다. 신조와 신앙고백서는 같은 의미로 쓰이지만, 일반적으로 말하자면 신조는 2~5세기 사이 교회와 공회의에서 만들어진 것이라고 한다면 신앙고백서 Confession는 16, 17세기 종교개혁 이후에 만들어진 것이라 할 수 있다. 18세기 이후에는 선언

---

3 대한예수교장로회(대신),「헌법」(서울: 대한예수교장로회총회, 1992), p. 30.

Declaration, 협약Agreement이란 말을 사용하고 있다. 선언과 협약은 교파적이며 개인적인 것으로 신조와 신앙고백서와는 조금 다르다고 할 수 있다.

신조란 공중예배에 사용할 수 있을 만큼 짧고 포괄적이고 위엄이 있고 권위가 있는 공적인 고백으로 '나는 믿는다' '우리는 믿는다'라는 말로 시작된 것을 신조 또는 신경이라 한다.

신앙고백서란 개인이나 집단의 종교적 신앙의 교리적 내용을 상세히 기록한 공식적인 진술이다. 신앙고백서는 신조보다 길고 내용이 상세하고 체계적이며 특수한 사실들을 충분히 다룸으로 종파의 입장을 전문적인 용어로 표현하는 것을 신앙고백서라 한다. 그리고 아동이나 무학자의 이해를 돕기 위해 간단하게 분해해 놓은 것을 '요리문답'이라 하고 독특한 교리를 선포하는 것을 '성명'Manifesto, '선언'Declaration, '선서'Profession, '강령'Platform이라 한다. 또 수정하여 발표하며 '개정'Revision이라 한다. 역사적인 제 신조들을 통하여 교회의 통일성을 유지하고 교회의 일치성을 지켜 하나의 성경적 교회로 성장하며 신앙의 바른 고백을 하게 된 것이다. 그러나 반대로 신조로 말미암아 교회의 화합이 깨어지고 교파가 분리되는 원인이 되기도 했다.

2. 신조(경)의 기원

신조의 기원은 신구약 성경이라고 말할 수 있다. 신조의 기원에 대한 성구는 방대해서 다 나열할 수 없지만, 신조와 신앙고백서는 성경을 기초로 하여 만들어진 것이다. 신조의 정당성을 그것이 얼마나 성경적이냐에 따라 그 권위가 결정되는 것이다. 그리고 신조가 만들어진 동기는 이단을 방어하고 잘못된 사상을 배경하고 성경적 진리를 바로 가르치기 위한 것이다.

신조는 예수 그리스도께서 가이사랴 빌립보 지방에서 제자들에게 너희는 나를 누구라 하느냐? 라고 물으실 때 사도 베드로는 "주는 그리스도시오 살아 계신 하나님의 아들이시니이다(마 16:16)"라고 고백하였다.

바울은 회당에 들어가서 석 달 동안 담대히 하나님 나라에 대하여 강론하며 권면하였다(행 19:7-8). 신조는 그리스도의 복음 진리를 체계적으로 고백하고 심층적으로 교육하기 위해서 만들어졌으며 이 교육은 초대 교회에서부터 지금까지 이르고 있다. 신조는 정통 기독교의 핵심적인 신앙의 골간을 이루고 있으며 사람이 그것을 통해 바른 신앙과 바른 가치관, 윤리관, 역사관, 세계관과 우주관을 가지게 되며 신앙을 굳게 하고, 하나님이 기뻐하시는 성경적 기독교회를 굳게 세우는 데 필요한 것이다.

서방교회는 사도신경을 사용하고 동방교회는 니케아 신조가 오늘날 형태로 만들어져 세례식 고백 문으로 보편화하여 사용하고 있다. 그리고 세계 삼대 신조는 동방교회와 서방교회가 공의 사도신경, 니케아 신조, 아타나시우스 신조를 인정하고 있다. 신앙고백은 자신이 마음속으로 믿는 것을 공적으로 표현한 고백의 내용이다. 다시 말하면 그 시대의 사람들이 믿은 성경적 진리를 글로 조목조목 표현한 것이 신조와 신앙고백서다. "나는 믿는다. 그러므로 나는 고백한다." "우리는 믿는다. 그러므로 우리는 고백한다." 신조와 신앙고백서는 개인의 고백만이 아니라 우리의 고백이다. 신조는 우리가 참으로 고백해야 할 것이 있을 때, 신앙과 교리적 논쟁이 있을 때 예전의 통일을 위해 신조와 신앙고백서가 필요하고 그것을 위해 신조가 만들어졌으며 신조 없이 바른 믿음과 바른 삶과 바른 신앙을 고백할 수 없다.

그러므로 교회는 신조와 신앙고백서가 필요한 것이다. 신조는 특정한 제정자가 없이 그 시대에 속한 교회들에 의해서 생겨나기도 하고, 교회의 전체 회의를 통해서 만들어지기도 하고 특정한 문제의 제기로 생겨나기도 하고 특별한 부탁으로 생겨나기도 하였고, 새로 믿기로 결심한 자를 고백하게 하려고 만들어졌다. 그러나 이 모든 것은 신앙을 공적으로 고백하여 확고한 신앙을 가지며 이단으로부터 교회를 보호하며 불신 세계를 감화시키는 데 있는 것이다. 또한, 여러 신조에는 에큐메니컬적 요소인 기독교 근본인 즉 신론(삼위일체), 인간론(죄론), 기독론(이성일인격), 구원론(성령론), 교회론(성화), 종말론(부활)은 각 신조에 일치성을 보이며 어거스틴적 요소인 죄, 은혜, 예정에 대한 교리와 복음적 요소인 구원론은 각 신조에서 차이를 찾아볼 수 있다. 만약 근본적인 것이 일치하지 않으면 이단이다.

근본적인 것은 삼위일체 하나님, 그리스도의 이성일인격, 이신득의(구)의 교리이다. 필립 샤프P. Schaff는 "성경은 하나님의 것이지만 신앙고백은 하나님 말씀에 대한 인간의 답변서이다"[4]라고 했으며, 조석만 교수는 "기독교회는 성경으로부터 신조를, 신조로부터 신학을 논하게 되며 신학을 논함에 있어서 다시 성경으로 복귀하는 체계적이며 논리적인 연구를 통하여 더욱 분명하게 성경 진리를 이해하게 된다"[5]라고 했다.

신조의 권위는 성경과 동등하지 않고 오직 성경에 예속될 뿐이다. 성경은 하나님에게서 나왔지만, 신조는 인간의 작품이기 때문이다. 신조의 가치는 상대적이다. 즉 그것이 얼마나 성경적이냐에 따라 신조의 가치가 결정되는 것이다. 이러한 면에서 성경은 신적이고 절대적인 권위를 가지나 신조는 상대적이며 단지 교회적인 권위를 가진다고 할 수 있다. 신조는 한순간에 만들어진 것이 아니다. 사도신경은 몇 세기를 거쳐 특정 제정자 없이 일반적인 상황에서, 니케아, 칼케돈 신조는 교회 전체 회의에서, 영국성공회 39개 조와 하이델베르크 문답은 신학자들이 교회의 권위를 위탁받아, 아우크스부르크 변증서, 루터의 소요리문답, 제2스위스 신앙고백서는 한 개인 또는 교파의 대표자로, 또는 교파에 의해 제정되고 자신의 신앙에 맞추어 채택한 신조들이 완성되었고, 표준문서인 웨스트민스터 신앙고백서의 작성은 영국 국회의 결의로 약 7년 동안 런던 웨스트민스터 대회당에 모여서 만든 것이다.

---

4 박일민 역, 「신조학」 p. 11.
5 한국성경신앙신학회, 「성경신앙」 (통권15호), (서울: 아벨서원, 2000), p. 169.

고백서는 그 시대마다 정통기독교회가 잘못된 가르침에 반대하여 성경 진리를 변호하고 신자들에게 참된 기독교의 신앙을 가르치며 교회가 당면한 문제들과 생활하는데 부딪치는 난제들을 해결하고 또한 논쟁에 대한 변증으로 지도해야 할 필요성에서 작성된 것이다.

3. 신조의 중요성

신조의 중요성은 그 시대마다 신조를 제정함으로 교회의 진리를 보존하고 이단을 방어하고 성경적 교회의 거룩성을 유지하게 하고 다른 종교와 구별하였다. 그리고 교회의 입장을 나타내 증거하고 교회를 통일시키고 파괴적이고 부정적인 논쟁으로부터 역사적 정통기독교회를 수립하게 하였다.

세계(공동)신조인 사도신경은 2세기 이후 완성된 것으로 삼위일체 하나님과 교리를 통한 이단에 대한 변증이다. 니케아 신조(325년)는 아리우스의Arius, 256~336[6] 그리스도의 신성 부정을 해결한 것이다. 또 니케아 콘스탄티노플 신조(381년)는 사도신경과 니케아 신조를 합친 것으로 니케아 신조를 보완하고 그리스도의 인성을 부정하는 이단자 아폴리나리우스Apollinarius, 310~390[7] 와 성령의 신성을 부정하는 마카도니우스의 주장을 물리치고 그리스도의 완전 인격성과 성령의 신성을 확증하였다. 칼케돈 신조(451년)는 유티케스[8], 등의 그리스도의 신성과

---

6 아리우스(Arius, 256~336) : 알렉산드리아교회의 장로였던 아리우스는 그리스도의 신성에 대해서 이설을 주장하고 그리스도께서 영원한 하나님이시며 성부와 같으심을 부인하고 그리스도는 성부와 같지 않고 성부의 피조물, 다시 말하면 천사와 같다 하고, 하나님의 유일하심을 설명하기 위하여 다신교 사상을 배척하는 동시에 삼위일체설을 부인하였다. 그는 니케아회의(325)에서 이단으로 쫓겨났다.

7 아폴리나리우스(Apollinarius, 310-390) : 4세기 수리아 라오디게아 감독으로 그리스도의 신성을 확신하고, 니케아 신조를 옹호했으나 "아리우스 설"을 반박할 목적으로 기독론을 연구하다가 그리스도는 참 하나님이지만 부분적으로 인간이었다는 것이다. 따라서 그리스도가 인간의 정신이나 마음을 소유한 것을 인정하지 않았다. 그리스도의 인성을 부인하였다. 381년 콘스탄티노플 회의에서 이단으로 선고받게 되었다.

8 유디케스주의(Eutychianism) : 유디케(Eutyches 380-456)의 단성론 논쟁은 콘스탄티노플의 교회의 지도자인 유디케의 사상으로 그리스도의 인격은 두 본성이 아니라 하나의 단일한 본성이어야 한다는 주장이다. 그는 에베소회의에서 그리스도의 일체성에 관해, 완전한 신성과 인성을 가지고 있다는 것을 확신함에도 불구하고 그리스도가 육신이 된 후에는 그 두 본성이 합하여 하나의 본성이 되었다고 주장했다. 신성과 인성

인성의 구별을 부정하는 단일성 주장을 물리치고 그리스도의 이성일인격과 성령의 신성을 확증했다. 아타나시우스 신조(420~450)는 삼위일체론에 종속은 없다는 것과 그리스도의 이성일인격을 재확증한 것이다. 중세에 있어서 신조를 반대하는 자들은 이단으로 제거하였으며 6세기 이후 16세기 종교개혁까지 역사적 정통기독교회의 신조는 만들어지지 않았다.

종교개혁 이후 개혁자들은 잘못된 로마가톨릭교회 교회를 바로잡고 바른 진리를 가르치기 위해 마르틴 루터Martin Luther, 1483~1546는 1529년 요리문답, 1530년 아우크스부르크 신앙고백서, 1577년 일치신조, 1563년에는 하이델베르크 요리문답이 작성되고 1566년 제2스위스 신앙고백서, 1619년 도르트 신조, 그 후 1647년에 웨스트민스터 표준문서가 만들어졌다. 신조는 우리가 믿는 신앙을 공적으로 고백한 것을 조목으로 표현한 것이다. 사도신경은 사도들의 공적신앙의 고백이며 제 신조들은 그 시대의 믿음의 선진들의 공통의 신앙고백이다.

신조는 그 시대의 믿음의 사람들이 잘못된 신앙사상들을 배격하고 성경적 정통기독교회의 신앙을 가지기 위해 작성한 것이다. 우리가 그 신조를 고백함으로 현재의 우리의 신앙이 사도들과 믿음의 선진들과 같은 신앙을 가지고자 하는 것이다. 그리고 신조를 공부하는 목적도 공적인 신조와 신앙고백서들을 통해 성경을 바로 이해하고 바른 신앙을 가지려는데 있는 것이다. 성경을 바로 이해하고, 바른 해석과 바른 신앙을 고백하기 위해 성경이 절대 필요한 것은 사실이지만 그 시대에 성경을 기록한 사도들의 신조도 필요하다. 만약 신앙의 전승과 신조가 없다면 자기 마음대로 자의적으로 표현할 수밖에 없다. 성경을 자의적으로만 이해하고 해석한다면 시대와 문화와 사람에 따라 천태만상의 신앙의 모습이 나타날 것이며 이단자들이 판을 치게 될 것이다.

이 그 두 가지 본성이 혼합되어 전혀 새로운 하나의 단일한 본성으로 연합되었다고 보았다. 유디케의 견해는 451년 칼케돈회의에서 정죄되었다(양성론을 부정).

성경은 신앙고백서에 의해 정리되고 신학에 따라서 체계화되어야 한다. 신학의 체계적 연구가 되기 위해서는 신조가 선행되어야 한다. 신조를 떠난 신학의 논의는 주관적으로 되고 만다. 그 이유는 객관성이 없기 때문이다. 객관성을 가진 신학적 입장이 되기 위해서는 신조가 필요한 것이다. 신조는 성경을 올바르게 이해하는 데 도움을 주며, 거짓 교훈과 잘못된 신앙을 막아주며, 성경의 교훈들을 요약하여 신앙의 공적 고백으로서 표준이 된 것이다.

1) 교회의 전승

성경을 바로 이해하고 바른 해석과 바른 신앙을 고백하기 위해 성경이 절대 필요한 것은 사실이지만 그 시대에 성경을 기록한 사도들이 고백한 신조와 전승도 필요한 것이다. 만약 신앙의 전승이 없다면 자기 마음대로 자의적으로 표현할 수밖에 없다. 성경을 자의적으로만 이해하고 해석한다면 시대와 문화와 사람에 따라 천태만상의 신앙의 모습이 나타날 것이다.

신조는 그 시대의 신앙의 선진들의 고백을 통해(히 11:2) 성경의 바른 해석과 신앙을 교회의 전승을 통해 이해하는 데 있는 것이다. 선진들의 고백과 교회의 전승이 없이 자의적으로만 해석하고 믿는다면 종교적 혼란이 일어날 것이다. 신앙은 본래 구전으로 전승된 것이다. 입에서 입으로 전승되던 것들이 문자가 생기게 되므로 기록된 것이 성경이다. 구전은 입에서 입으로 전해지는 동안 그 내용이 과장, 축소, 변질, 와전될 수도 있다. 한번 기록된 것은 그 내용이 변하지 않지만 기록된 언어에 대한 해석은 변한다. 시대에 따라 언어가 가지고 있는 본래의 의미는 퇴색되고 새로운 의미를 만들어 해석에 영향을 미치기 때문이다. 신조는 이러한 오류를 범하지 않은 데 필요한 것이다.

신조를 통해 옛 믿음의 선조들이 당시 성경을 어떻게 믿고, 해석하고, 신앙을 고백하였는가를 보게 된다. 만약 전승과 신조가 없다면 자기 마음대로 성경을 마음대로 해석한다면 보는 사람의 지적 수준과 도덕적 수준과 문화적 환경과 풍습에 의하여 각양의 해석이 나타날 것이다. 그뿐만 아니라 성경이 계시하고 있는 진정한 의미는 상실되고 자의적으로 왜곡하여 하나님과 성경과 상관없는 신앙고백과 성경해석이 이루어져 귀에 걸면 귀걸이 코에 걸면 코걸이라는 식의 논리가 성립될 것이다. 성경해석의 전승이 없다면 이단을 구별할 수 없으므로 많은 기독교 이단이 생겨날 것이다.

오늘날 우리가 어떻게 해석하느냐가 중요한 것이 아니라 그 시대 성경을 기록할 당시에 어떻게 믿고 해석했는가가 중요하다. 예를 들면 이사야 7장 14절 "처녀가 잉태하여 아들을 낳을 것이요"의 처녀란 말은 히브리어 "알마"이다. 알마עלמה 는 오늘날 처녀, 숙녀, 여인이란 말로 번역 사용된다. 예수님은 동정녀에게 나셨다 해도, 여인이나 숙녀에게 났다고 해도 문자적으로는 맞다. 그러나 이 말의 해석에는 엄청난 차이가 있다. 만약 여인에게나 숙녀에게 났다고 한다면 예수님의 동정녀 탄생은 거짓이다. 이렇게 된다면 기독론에 큰 문제가 발생한다. 그러므로 이 성경이 기록될 당시 "알마"는 무엇을 의미하며 이해하고 있었던 가를 알 때 정당한 해석이 나온다.

이사야서가 기록될 당시 히브리어 "알마"는 숫처녀Virgin로 이해하였다. 기원전 3세기경 70인 역에는 처녀라는 의미의 "알마"란 용어를 사용했다. 그러므로 신조는 동정녀로 고백하고 있다. 신조는 성경을 해석하고 믿음에 대한 신앙고백서는 선진들의 당시 신앙의 기준이며 공동 고백이므로 신앙의 표준이 된다.

신조는 개인 신앙의 주관적 학적 표명이나 신학적 주장이 아니라 역사적 정통기독교회의 교회성을 본질로 하는 교회 신조에 의한 객관적 표명이며 또 역사적 정통기독교회가 공의회를 통해 권위를 부여하여 신조와 신앙고백서를 만들어 중요시하는 것은 선진들이 고백해온 체계적 진리를 옹호하고 있기 때문이다. 그러므로 교회의 전승인 신조와 신앙고백서를 부인하면 안 된다.

2) 교리의 요약

신구약 성경 66권을 공부하려면 많은 시간과 노력이 필요하다. 그러나 신조를 통해서 짧은 시간에 기독교회의 진리를 알 수 있을 뿐만 아니라 전수할 수 있으며 새롭게 개종한 사람들을 가르치기 위해서 절대 필요한 것이다. 신조는 신구약 성경을 조목화 요약한 축소판이라 할 수 있다. 요약한 신조를 통해 당시 신앙의 선진들의 신앙고백을 알고 그들의 고백이 나의 신앙고백이 되게 하는 데 있다.

칼빈John Calvin, 1509~1564[9]에 의하면 교리학은 일반신자들의 안내서인 동시에 교사 양성을 위한 신학교 교과서 역할을 하게 되는 전문적인 임무를 띠고 있는 경우가 많다고 했다. 그러므로 신조는 제2의 규준서라 할 수 있다. 신조는 기독교 교리의 요약이므로 바른 신앙고백을 하게 하며 이단들의 주장을 물리치고 바른 신앙의 정립을 위해 채택된 중요한 신앙의 유산이다. "정통기독교회는 교리를 필요로 한다. 교리는 언제나 정통 기독교 신앙의 가르침의 이론적 체계요 표준이 된다. 이러한 교리는 오래전부터 교의신학의 학문적 연구의 바탕과 내용이 되어 왔다. 또한, 교회 역사에 시대마다 하나님을 신앙하고 찬양하는 진리에 대한 고백과 함께 문서화되어 신조로 표현되었다. 신조란 교회가 기독교의 진리를 신앙하는 것에 대한 고백이요 그것은 하나님께 대한 공동체의 찬양이요 공동체 신앙의 동질성을 확인하는 기준이 되었으며 동시에 다른 종교의 가르침과 구별됨을 나타내는 표준이 되었다."[10] 우리는 역사적 신조를 통해 기독교의 교리를 분명하게 알 수 있다.

성경적 정통기독교회는 성경으로부터 신조가 나오고 신조로부터 신학이 나오고 신학으로부터 교리체계가 나오며 교리체계는 다시 성경으로 돌아간다. 교부

---

9 존 칼빈 : 제라르 코뱅(Gérard Cauvin)의 차남으로 태어났다. 고전 프랑스어로 주앙 코뱅(Jehan Cauvin), 현대어로 장 칼뱅(Jean Calvin), 영어식으로 존 칼뱅(캘빈)(John Calvin), 독일식으로 요한 칼뱅(John Calvin)이라고도 불린다. 라틴어식으로 요안네스 칼비누스(Ioannes Calvinus)로 표기한다. 존 칼뱅으로 약 81,800, 요한 칼뱅 약 43,100, 장 칼뱅 약 39,300번 표기하고 있다. 표기는 저자들이 뭣이라 생각된다. 그리고 외국어의 정확한 표기를 우리는 할 수 없다면 세계 공용어인 영어씩으로 존 칼뱅으로 하는 것이 좋다고 생각한다.
10 정일웅, 「기독교 신앙의 가르침」 (서울: 한국로고스 연구원, 1991), p. 3.

들은 이단으로부터 성경적 신앙을 구별하기 위해 그들이 믿는 신앙을 교리화 하였다. 개혁자들은 성경이 가는 곳까지 가고 성경이 서는 곳에서 서며, 성경이 침묵하는 곳에서 침묵한다는 신학 원리에 따라 교리화 하는 것을 주저하지 않았다. 왜냐하면 성경만Sola Scriptura이 신학의 시초가 되지만 교리적 도움 없이는 성경을 바르게 해석할 수 없기 때문이다. 신조는 이렇기 때문에 우리에게 중요한 것이다. 교리는 진리에 대한 체계적 진술이며 기독교의 정체성을 가르쳐 주며 잘못을 막아주고 바른길로 인도함으로 반드시 알아야 한다. 진정한 교리적 신학이 확립되지 아니하면 미래의 교회는 없다. 현재 교회의 성장도 교리적 신학이 확립되지 않는다면 머지않은 미래 교회는 세속화하고 말 것이다. 성경적 신조와 교리적 확립은 미래 교회의 생명이 될 것이다(롬 10:9-10, 마 10:32-33).

3) 성경적 교회 수립

신조는 근본정신은 성경 계시 진리를 지키자는 것이다. 역사적 전통적 정통주의 신학의 기본정신은 전성경신앙이며 전인적 신앙으로 성경적 교회를 수립하는 데 있다. 신조의 발생 동기를 보면 사도신경은 이단에 대한 변증이다. 니케아 신조는 아리우스 이단의 그리스도 신성 부인을 척결하기 위해 니케아 콘스탄티노플 신조는 사도신경과 니케아 신조를 합친 것으로 그리스도의 인성 부인과 성령의 신성을 부인하려는 것에 반대하기 위해 만든 것이며, 칼케돈 신조는 그리스도의 신성과 인성을 결의했고, 아타나시우스 신조는 삼위일체와 그리스도의 이성일 인격을 규정하였다. 신조의 발생은 한마디로 성경적 교회를 수립하기 위해 이단자들로부터 교회를 보호하고 성경적 정통기독교회를 수립하기 위해 공적으로 만들어진 신앙고백서이다. 자유주의자들은 신조를 부정하고 직접 성경을 연구하는 신학을 하는 것이다. 신조 없이 성경을 직접 연구하면 안 된다. 그러므로 저들은 성경을 비판한다. 이것이 자유주의자와 개혁파의 근본적 차이다. 성경을 바로 알려면 신조를 알아야 한다. 가장 성경적으로 표현한 신앙고백서는 모든 신조를 종합한 웨스트민스터 신앙고백서이다.

칼빈Calvin은 "당신은 하나님 교회가 신앙교육서 없이는 결코 본존 될 수 없다는 사실을 믿으시기 바랍니다. 그 이유는 참 씨앗은 말라 죽어 버리는 것이 아니라 연속하는 세대에 따라 증대되도록 역사하는 힘을 갖는 씨앗이기 때문입니다. 만일 당신이 곧 붕괴하여 없어지는 것이 아니라 오래도록 계속될 수 있는 교회를 세우기 원한다면 어린이들을 좋은 신앙 교육서에 따라 가르치고 보살펴야 할 것입니다."[11]라고 했다.

이단이란 국어사전에 '자기가 신봉하는 길과 달리 별도의 길을 이룸' '별파' '별파는 전통이나 권위에 반항하는 것' '전통의 길을 왜곡 해석함'이라 말하고 있다. 이단을 헬라어로는 "하이레시스"αίρέσεις "종파"sect, "학파"school, "당파"party "그룹"group 으로 선택(아이레옴아이)하다에서 유래하였으며 원래는 선택된 물건을 뜻한다. 행동 또는 사고의 방식에 적용될 경우 그것은 체제, 학파, 또는 분파를 의미한다. 후에 신학적인 의미로 사용되어 정설에 반대되는 입장 즉 정통적인 교리의 부정을 의미하게 되었다. 특히 헬레니즘적인 헬라어에서는 이단을 가리켜 어떤 독특한 주장이나 교의를 가진 철학자를 이단이라 칭하였다.

신약성경에서는 사두개파(행 5:17), 바리새파(행 15:5, 26:5)를 가리켜 이단이라 하였고 또 유대교의 입장에서는 그리스도교도 이단이라 하였다(행 24:5, 14, 28:22). 우리는 이단은 불신앙과 비신앙과 구별되며 교회의 분열과도 다르다. 교회 분열과 신앙은 모두 정통적이면서도 그 행정과 훈련에 있어서 주장을 달리하는 것이다. 이단은 역사적 정통 기독교의 근본적인 신조나 교의나 교리를 부인하고 부정하는 것이다.

성경에는 이단을 진리를 대적하는 자, 재림을 부인하는 자(벧후 3:3-4), 다

11전게서, p. 7.

른 복음을 전하는 자(갈 1:5-10), 그리스도의 신성과 인성을 부정하는 자(요일 4:1-4), 할례를 주장하는 자(갈 5:2-3)로 여러 가지 형태로 말하고 있다. 창세 이후 참과 거짓은 시작되었다. 가인과 아벨 때부터 시작된 위선은 선지자 시대에도 있었고 (렘 6:13, 겔 8:9, 사 9:15, 28:7, 렘 14:14, 겔 13:3) 사도 시대에도 있었다(요일 4:1, 마 7:15-23, 벧후 2:1-22). 또한, 역사 속에서도 많은 이단자가 있다. "에비온 주의" "그노시스주의"는 사도 시대에 지식주의 자들로(고전 1:19-21) 그리스도의 인성을 부인한(요이 1:7) 자들이다.

모나키안주의[12]는 2세기 말-4세기 초에 나타나 삼위일체의 교리에 이설을 가졌다. 아리우스는 그리스도의 신성을 부인한 이단자다. 펠라기우스Pelagius, 360~420[13]는 구원론에 대하여 이설을 말하였으며 아담의 죄가 후손에게 미치지 않게 했으며 구원은 인간이 협조해야 얻는다고 했다.

우리는 성경과 역사 속에 나타난 이단들에 관하여 연구하여 이단이 무엇인가를 규정해야 할 것이다. 이단을 규정하기 위하여 먼저 정통파를 정의해 놓아야 한다. 곧 정통파와 반대되거나 그 파와 다른 것이 이단이기 때문이다. 정통파 없이는 이단이 있을 수 없다. 우리는 이단에 대한 분명한 기준이 있어야 할 것이다. 교회 안의 모든 이단은 이미 사도 시대에 출현한 것이다. 원래 신앙의 전승은 구전 때문에 전해지면서 와전되기도 하고 생략되기도 하여 오류가 있었으나 문자가 생겨남으로 문자화됨으로 그 글은 세월이 지나도 변하지 않으나 그 해석이 변하게 되었다. 그 해석의 자의적 해석의 변화를 통하여 많은 이단이 생겨남으로 신조와 교리

---

12 모니키안설(Monarchianism) : 2세기 말부터 4세기 초에 걸쳐 유일신에 중점을 둔 로고스 그리스도에 반대한 그리스도론을 주장한 주의이다. 예언과 성령을 인정하지 않고, 그리스도는 하늘의 존재가 아니며 처녀 마리아에게서 난 인간이며 세례받음으로 성령의 힘을 얻어 구세주가 되었다고 주장하며, 그리스도의 인성만 주장하였다.

13 펠라기우스(Pelagius, 360-420) : 영국의 신학자며 유명한 자유주의자다. 그는 인간은 자연적 상태에 있어서는 타락하고 있지만 하나님의 은총이 없어도 스스로 새 생활을 할 수 있으므로 하나님의 구원을 필요로 하지 않고 그리스도의 속죄 절대성을 거부했다. 그는 인간의 자유의지를 주장하고 자신이 쓴 로마서 주석을 인해 어거스틴은 그와 그의 제자들에게 문학적 논쟁을 제기하게 되었다. 그는 예루살렘에서 추방되고, 그의 견해는 431년 에베소 회의에서 정죄되고, 켈케톤의회에서 이단으로 규정했다.

가 생겨난 것이다. 그러므로 정통기독교회를 정의하기 위해서는 성경이 절대적으로 필요하지만, 성경의 바른 해석과 이해를 위해서 신조가 필요한 것이다. 신조를 통해서만 바른 성경적 진리를 이해할 수 있고 믿을 수 있기 때문이다.

일본의 무교회주의를 주장한 내촌감삼씨는 당시 교회에서 이단자로 지탄을 받게 될 때 그는 이단자란 명사는 이단자가 받는 대명사가 아니라 오히려 옳은 사람이 이단자들에게 받는 대명사라 강조하고 예수님 당시 대제사장 바리새인, 사두개인 및 교권주의자들이 이단이며 오늘 자신은 자신을 이단이라고 하는 부패한 기성교회가 이단이다. 이렇게 기염을 토해 놓고 보니 이단자는 하나도 없게 되어 버린 것이다. 그뿐만 아니라 오늘도 한국교회 내에서 불건전한 이단 집단들에 대하여 규탄하면 예수를 십자가에 못 박는 무리로 규탄하고 자신을 성자화 시키고 있다. 그러므로 이단에 대한 분명하고 성경적이고 객관적인 기준이 세워져야 할 것이다. 이단은 신조를 부인하고 교회의 단일성을 파괴하고 성경을 왜곡시키므로 정통기독교회는 근본적인 사단의 활동으로 규정한다.

4) 교회의 통일성

신조는 공적 공동의 교리 선언이며 신앙고백의 선언으로서 교회의 통일성을 유지하며 정통성을 가지게 하는 데 있다. 하나의 교회가 진리에 대하여 하나의 목소리를 내지 못하고 제각기 다양한 목소리를 낸다면 신앙이 혼란에 빠질 것이다. 또한, 하나의 교회가 통일된 의식을 가지지 않는다면 신앙의 혼선을 가져올 것이다. 신조는 신앙의 일치, 교리적 일치, 의식의 일치를 위한 목적으로 작성된 것이며 신조를 통해 보편적이고 객관적 일치를 이룬 것이다. 신앙과 신학이 달라도 된다는 자유주의 입장과는 달리 신앙과 신학은 반드시 일치되어야 하는 전성경신앙신학을 가져야 한다. 일치된 신학과 신앙을 고백하는 교회가 되어야 한다. 그러기 위해 신조가 신앙고백의 내용이 되어야 한다. 그렇지 않을 때 신앙의 이질화가 일어나 비신앙적이 되고 만다. 고로 신조는 신앙의 이질화를 방지하는 제2의 규준서이다.

역사적 기독교회는 교리적 통일에 있어서 삼위일체 하나님, 예수님의 이성일인격, 이신득의, 신적작정, 성령의 섭리적 역사, 부활과 영생, 성경의 계시성을 들 수 있으며 개혁자들은 로마가톨릭교회의 공적주의에 대하여 오직 믿음, 교황의 권위에 대해 오직 성경, 신부의 중보에 대해 만인 제사장직이라는 교리적 선언으로 프로테스탄트 교회를 통일했다. 의식에서는 예를 들면 로마가톨릭교회는 성경에 없는 칠 성례를 주장하고 있다(고해, 성찬, 세례, 견신, 종부, 결혼, 서품)이것은 잘못된 비성경적 성례이다, 역사적 정통기독교회는 성례를 예수님이 제정하신 성찬과 세례 두 가지로 규정하고 있다. 우리는 역사적 신조를 통해서 교회의 교리와 의식의 통일성을 통하여 하나의 하나님의 교회로 세워 나아가는 데 있다(엡 4:4-6).

대한예수교장로회(대신) 교회선언 중에서 "역사적 개혁파교회란 사도들의 신앙적 유산을 토대로 하여 시대와 환경의 변화에 따라 변질된 기독교회를 개혁하고 역사적 기독교회의 본래의 모습으로 돌아가 교회의 본질을 보존하며 발전해 나가는 진정한 기독교회를 의미한다. 개혁파교회는 교회의 일치를 위한 교회 신조의 교리적 규준을 유지한다"라고 선언하고 있다.

4. 신조의 권위

희랍정교회는 성경과 신조를 신앙의 똑같은 규범의 근원으로 여기고 절대적이고 무한한 권위를 주장한다. 신조의 무고성의 주장은 325년 제1차 니케아 회의에서부터 787년 제2차 니케아 회의에 결의된 것에 국한했다. 로마가톨릭교회는 트렌드회의 Council of Trent, 1545~1563에서 교회의 전통을 성경과 동등하다고 결정하고, 마리아 무오 사상을 결정한 1854년 칙령이나 교황 무오설을 주장한 1870

년 바티칸 회의에서 성경 이상의 권위를 부여하고 있다.

　　이는 성경과 신조에 대한 잘못된 견해이다. 절대적인 것과 무오한 것은 오직 성경뿐이다. 신조는 성경과 동등하지 않고 오직 성경에 예속될 뿐이다. 성경은 하나님으로부터 나왔지만 신조는 인간의 작품이다. 신조의 가치는 상대적이다. 즉 그것이 얼마나 성경적인가에 따라서 신조의 가치가 있는 것이다. 이러한 면에서 성경은 신적이고 절대적인 권위를 가지나 신조는 상대적이며 단지 교회적인 권위를 가진다고 할 수 있다. 종교 개혁자들은 모든 참된 종교적 교의들은 그 본 내용을 오직 성경에서만 끄집어내 온 것이다. 종교 개혁자들은 로마가톨릭교회와 달리 성경에 쓰이지 않는 말씀이나 전통을 교의의 자료로서 절대로 인정하지 않는다. 교의들을 성경에서 직접 취해진 설명으로 보지 않고 다만 교의들을 계시의 진리에 대한 신자의 집단체인 교회의 견해로 된 열매로서 생각하며 합법적인 대표단체가 공적으로 작성한 것이라고 하였다. 특히 교리들이 권위 있다는 사실은 교회에 의해서 제의되었다는 이유에서뿐만 아니라 교회에 의하여 정식으로 정의되었고 실질적으로 하나님의 말씀에 완전히 기초하였다는 데에 있는 것이다.[14] 신조를 절대화할 수 없다. 왜냐하면, 절대화하는 것은 하나의 우상이 될 수 있기 때문이다. 신조는 바로 성경에서 나온 신앙고백서이다. 신앙은 교리화 되어야 한다는 것은 역사의 증거이기도 하다. 교리가 무시되는 곳에는 언제나 이단 사상이 일어났다. 정통 기독교 교리가 체계화되지 않았던 초대교회 당시 에비온 Ebion[15], 영지주의, 말시온 Marcion, 몬

---

14 벌콥, 「기독교교리사」 (서울: 세종문화사, 1975), p. 25.

15 에비온파(Ebionites) : 히브리어 '에비온'은 '가난한 자'(눅 6:20) 라는 의미의 말이다. 에비온파의 유래에 대해서는 이교적 에비온(Ebion)에게서 유래한다. 대체로 에비온파는 예루살렘 함락(70년) 이전 67년경에 발생하여 요단강 동쪽에 성행하였으며 2세기경에 이름이 나타났다. 대부분 유대인으로 구성되었으며 이방인 기독교인들도 가담하였으며 45세기에 이르러 시리아 감독 데오도스렛(Theodoret, 393-458) 시대에 완전히 그 자취를 감추었다. 이들은 안식일을 엄수하고 할례를 실시함으로써 이방 기독교인들과 구별되었으며 모세의 율법에 그릇된 부분이 있다고 생각하면서도 중시하고, 바울 서신을 거부하였다. 율법적 희생제도는 필요 없다고 생각하고 대신 정결과 금욕과 절제를 하였다. 그들은 일신론(monotheism)을 강조하는 이단으로 예수님의 동정녀 탄생을 부정하고 예수 그리스도의 신성을 부인하였다. 그리고 이들은 바리새주의와 엣세네주의가 있다.

타누스파Montanists 와 같은 이단들이 나타나 교회를 혼돈케 하였다. 따라서 교부들은 이단으로부터 성경적인 신앙을 구별하기 위하여 그들이 믿는 신앙을 교리화하였다. 하지A. A Hodge는 "영감 된 성경은 모든 종교적 진리의 유일하고 무오한 표준이다"[16] 라고 했다.

성경만이 신학의 시초가 되지만 교리적인 도움 없이는 성경을 바르게 해석할 수 없기 때문이다. 신조는 이러므로 우리에게 중요한 것이다. 바로 안다는 것은 중요하다. 아는 것을 믿는다는 것은 더욱 중요하다. 나아가 아는 것을 실천하는 것은 더욱더 중요하다. 근본적으로 성경만이 유일 절대적 규칙이며 교회는 신조에 입각하면서 신조를 보다 성경적으로 완성해 나아가는 역할을 해야 한다. 교리학에 있어서 지식의 원리는 어디까지나 성경인 것이다. 성경에서 배우지 않으면 모든 것은 허위인 것이다. "모든 교회는 진리에 대한 신앙고백을 자각적으로 하여야 한다. 진리를 깊이 배움과 동시에 믿음을 고백하여야만 한다. 신앙고백서(신조)는 성경 진리를 믿는다고 하는 내용을 조문화해서 간결하게 천명하고 있다. 신조 그 자체는 하나님 말씀은 아니다. 그러나 계시된 하나님의 말씀에 대한 교회의 이해이며, 고백이며 자각이다. 성경은 신자에게 신앙고백을 요구하고 있다(고전 15:3-4, 빌 2:6-11, 딤전 3:16). 정통기독교회의 신앙고백서는 신앙적 인식을 도우며 진리를 오해하고 곡해하는 것을 방지하고 진리를 선양하는 역할을 한다."[17]

칼빈Calvin 은 "공의회가 신조의 판단을 논하고 결정하는 데 있어서 실수가 있을 수 있으므로 논의된 모든 것은 성경의 척도에 따라서 검토되기를 바란다. 그 회의 결정이 정통이 아님을 성경에 의하여 판단함으로 이에 대한 판단을 내릴 수 있다. 그것은 이것만이 판단하는데 있어 유일하고 확실한 법칙이기 때문이다"[18]라고 했다.

---

16 고영민 역, 「하지조직신학(요약)」 제1권 서론, p. 11.
17 한국성경신앙신학회, 「성경신앙」 (통권 15호), p. 169.
18 김문재 역, 「기독교강요」 (제4권), (서울: 세종문화사, 1877), p. 286.

성경은 영감으로 된 계시 진리로 하나님에게서 왔지만, 신조는 인간의 산물이며, 공교회의 산물이다. 신조는 성경과 동등하지 않다. 성경은 무오 하나 신조는 시대마다 발전하였으며, 성경은 하나님의 것이지만 신조는 인간의 답변이다. 성경은 신적이요 절대적이지만 신조는 교회적이며 상대적 권위를 가지고 있는 교리적 규범이다. 현대교회는 신앙의 통일성을 상실해 가고 있다. 교회마다 목회자마다 사람마다 각자의 길을 가고 있다. 성경은 각자의 신앙고백을 요구하는 동시에 공동의 신앙고백을 요구하고 있다. 우리는 선진들이 신조를 통해 공동의 고백을 가지고 교회의 통일성을 유지했던 것처럼 오늘 우리 교회가 신앙의 통일성을 유지해야 할 것이다. 우리는 신조를 사용할 때마다 내 개개인의 고백으로만 생각하는 것이 아니라 전 세계 그리스도인들 전체와 사귐에 참여한다는 의미에서 고백해야 할 것이다. 초대 교회의 믿음의 중심이었던 삼위일체하나님과 예수 그리스도의 이성일인격에 대한 신앙고백은 변함없이 오늘 우리의 가장 중요한 믿음의 진수가 되어야 한다. 조석만 교수는 "역사적 정통기독교회는 성경으로부터 신조를, 신조로부터 신학을 논하게 되며 신학을 논함에 있어서 다시 성경으로 복귀하는 체계적이며 논리적인 연구를 통하여 더욱 분명하게 성경 진리를 이해하게 된다"[19]라고 했다.

우리는 신앙의 전승인 신조를 귀하게 여기고 문화적으로 사상적으로 신학적으로 혼탁하고 다원화된 시대 속에서 삼위일체 하나님이 기뻐하시는 성경적 정통기독교회를 만들어나가는 일에 한국교회가 앞장서야 할 것이다. "내가 믿사오며" 이 신조적 신앙고백이 바로 오늘 나의 고백이 되고, 당신의 고백이 되고, 우리들의 고백이 되어야 한다. 또한, 21세기 교회의 고백이 되어야 할 것이다.

전투적 지상의 가시적 교회는 끝없이 믿음의 고백을 통하여 신조를 만들고 신조와 고백을 통하여 역사적 정통기독교회를 유지했으나 또한 신조에 대한 긍정과 부정을 함께 하고 생명을 유지해온 것이다. 신조의 역사는 많은 논쟁을 불러 왔

---

19 한국성경신앙신학회, 「성경신앙」 (통권 15호), p. 169.

지만, 그것을 통하여 참된 하나님의 교회가 진리 위에 세워지고 이단의 무리를 정죄하고 교회의 성결과 진리를 유지했다는 것은 주지(周知)의 사실이다.

역사적 기독교회는 시대마다 필요에 따라 성경 말씀을 토대로 삼아 기독교 신앙의 내용을 다시 확인하고 더 구체적으로 기록하고 흔들리지 않는 신앙의 고백인 신조를 만들어 왔다. 그러나 오늘에 와서 지나친 성경 중심적 신앙과 교회 부흥이라는 미명아래 교회의 역사적 신조와 신앙고백서들을 무시하고 교회의 공동 고백을 소홀히 하고 자아 중심의 논리에 빠져 가는 경향이 일어나고 있다. 신앙이란 자기 나름대로 믿는 그것으로 생각하고 신자 각자가 성경을 자기 나름대로 이해한 말씀이 절대적 진리로 주장할 수 없음에도 불구하고 주장하고 있다. 성경을 바로 깨닫고 참된 신앙을 가지기 위해서는 역사적으로 이어져 오는 신조와 신앙고백서가 필요하다. 신조와 신앙고백서는 역사적 전통적 정통기독교회의 위대하고 귀중한 신앙적 유산이다. 우리는 이 귀중한 신앙의 유산이 있음에도 불구하고 너무나 소홀히 대하고 있다. 신조가 없는 교회는 미래가 없다고 하겠다. 참된 교회는 참된 신앙고백으로부터 시작되기 때문이다.

우리는 정통기독교회의 신앙의 유산인 사도신조와 선진들의 공동체적인 역사적 신조와 신앙고백서를 재인식하고 존중하고 신조가 21세기 교회의 기둥과 생명이 되어야 할 것이다. 신조와 신앙고백서의 부정적인 면을 서로 각성하고 신조 만능주의에 빠지지 말아야 할 것이다. 칼빈Calvin은 "공회의 결정들은 성경의 견지에 비추어 과실이 많았다"[20]라고 말한 것처럼 인간 이 만든 것에는 부족한 부분이 있다는 것을 인정하고 신조절대주의에 빠지지 말고 신조를 통해 하나님의 뜻을 이해하고 하나님을 더 잘 섬기는 그것으로 받아들여야 하는 것이다. 우리가 신조주의에 빠질 때 로마가톨릭교회와 이단들과 차이가 없을 것이다. 주님께서 신조주의에 빠진 바리새인들과 사두개인들을 책망하신 것처럼 우리를 책망할 것이다. 그러

---

20 김문제 역, 「기독교강요」 제4권, p. 286.

나 신조를 잘 활용하고 바로 이해할 때 지상의 전투적 교회는 진리의 터 위에 굳게 서서 교회의 성결과 질서와 권위를 유지하고 하나님이 기뻐하시는 성경적 교회로 생명력 있는 정통기독교회로 성장할 것이다.

제2장
고대교회 신조

제2장 고대교회 신조

성경이 형성되기 전까지는 서신형식으로 되었으며 96년에 신약성경이 완성되었다. 그리고 성경을 기록한 사람들을 신학자라 할 수 있다. 복음은 예수 그리스도의 시대부터 오늘에 이르기까지 유대인들에게 곡해를 당하였다. 그 중 나사렛파 The Nazareaies, 에비온파The Ebionites, 엘크싸이트라The Elkesaites이다. 나사렛파는 복음을 받아들여 히브리어 마태복음만을 사용하고 바울을 인정하고 예수님의 신성은 믿었고 율법을 엄격히 적용했다. 그 후 기독교를 이탈하였다.

에비온파는 처음에는 모든 그리스도인을 가리키는 말이었으나 나중에 유대인 그리스도인만 가리키고, 그 후에 다시 유대교의 이단자들을 가리키는 말이 되었다. 이들은 바울 사도를 배척하고 이방인들도 율법을 지켜야 한다고 주장하고 동정녀 탄생을 부인하고 마태복음만 인정했다. 또 예수님의 인성과 신성을 부인, 수난과 부활을 주장, 할례를 주장, 예수는 메시아로 자칭하며 요한으로부터 세례를 받을 때 메시아로 인식했다고 주장한다.

엘크싸이트라파는 접신적 신앙을 가진 기독교 이단이다. 금욕주의와 고행을 주장하는 기독교의 유대 집단이다. 동정녀 탄생을 부인하고 예수님을 우리와 같은 인간으로 보았고 점성술을 행했다. 또 외적으로는 기독교회는 이방인들과 기독교의 복음이 그들의 문화권에 접촉점을 가지므로 기독교의 복음을 그들의 문화적 입장에서 이해하는 사례가 생겨 그노시스주의Gnositicism [21] 말시온Marcionism [22] 몬타너스주의Montanism [23] 등이 등장하였다. 이때 변증가들The Apologists [24]이 나타나 비판 세력에 답변하면서 2세기의 믿음을 옹호하며 저술했다. 313년 이후 기독교가 공인됨으로 교회가 세속화하기 시작하였다. 이에 교회는 이들에 대해서 항

---

21 노스틱 주의(Gnosticism) : 영지주의라고 부르며 유대인의 사상과 동양의 이교 사상과 희랍철학 사상이 썩어서 이루어진 일종의 기괴한 학파로서 예수님 이전부터 있었다. 초대교부들은 희랍의 지혜라 하였고 하르낙은 그리스도교의 그노시스주의를 그리스도의 희랍화라 말하였다 오늘에 와서는 동양적인 신비주의라고 본다. 창조의 신과 예수의 아버지이신 하나님을 구별하였다. 첫째 형태는 바실리데스(Basilides)의 그리스도론으로서 성령은 본래 아버지와 하나였으나 예수의 육체를 입고 나타나서 십자가에서 그 육체를 벗어버리고 그리스도로 승천하여 다시 성령으로 돌아갔다고 주장하는 것이다. 이것은 성령 그리스도론이다. 둘째 형태는 예수와 그리스도를 구별하여 인간 예수는 지상에서 태어나서 세례를 받고 십자가에 달릴 때까지 잠정적으로 사용된 도구로 존재하였다고 하는 주장이다. 셋째 형태로 그리스도의 역사성을 전적으로 부정하는 가현설적 그리스도론이다. 유대인의 사상과 동양의 이교 사상과 희랍철학 사상이 썩어서 이루어진 일종의 기괴한 학파로서 예수님 이전부터 있었다. 초대교부들은 희랍의 지혜라 하였다. 오늘에 와서는 동양적인 신비주의라고 본다. 성경해석에 있어서 구약성경의 어려운 것은 영적으로 재해석하고, 신약성경에 새로운 자료를 첨가했다(도마복음).
22 말시온주의(Marcionism) : 말시온은 이단의 창시자로 2세기 사람이며 그의 부친은 시노피의 감독이었다. 그는 그노시스파의 감화를 받아 참 하나님은 한 분이다. 그는 무엇이라 이름 지을 수 없으며 볼 수도 없다. 세계는 조물주(Memiurge)로 말미암아 창조되었는데 이 조물주는 하나님이 아니며, 참 하나님과 조물주 사이에는 악마가 있다. 그리스도는 참으로 육체를 가지셨던 것이 아니다. 왜냐하면, 물질이란 근본적으로 악하기 때문이다. 구약성경은 위에서 말한 조물주로부터 나온 것이며 조물주와 여호와는 같다 안다고 주장하였다. 그는 사죄함을 받기 위해서는 세 번 세례를 받아야 한다는 것과 영혼의 전생을 가르쳤으며 육체의 부활을 부인하고 극단적인 고행을 주장하였다. 사도 바울의 가르침을 옹호했지만, 구약성경을 문자적으로 해석하고 어려운 구절을 거부하고, 신약성경에서 바람직하지 않는 자료를 제거했다.
23 몬타누스주의(Montanism) : 몬타누스에 의해 2세기 소아시아에서 시작된 것으로 기존의 교회들이 도덕적으로 부패되었다고 믿고, 교회를 이전의 더 나은 날로 돌아가도록 요구하는 엄격주의자들의 집단이다. 이들은 치유와 방언을 말하는 것과 같이 경시된 영적 은사의 갱신을 강조했다. 그들은 사도 이후에도 계시가 주어진다고 주장하기 때문에 교회의 지도자들은 이들을 위험한 이단으로 보았다. 이로 말미암아 정경의 범위를 확정짓고 특별한 영적 은사의 역할을 이해하는데 긍정적인 영향을 주기도 했다. 몬타누스는 자칭 하나님의 예언자로 그리스도의 재림이 가까이 왔으며 폴기아의 페프좌에 하늘의 예루살렘이 설립될 것이니 신자는 금식하고 결혼을 하지 말고 엄격한 금욕생활을 주장했다. 235년 이고니움 회의에서 이단으로 금하고, 381년 콘스탄티 회의에서 이교도와 같이 취급하였고 5세기 초에 자취를 감추었다.
24 변증가들(The Apologists) : 변증 가들이란 교회 네 부 말시온과 외부 셀수스의 비판세력의 비난에 답하면서 믿음을 옹호하던 2세기의 기독교의 저술가들이다. 이들의 작품의 논쟁적 성격은 그들이 살던 시대가 교회사의 특별한 시기였음을 말해준다. 이들은 대다수 로마를 중심으로 볼 때 동쪽 지역에 자리 잡은 교회의 출신들이다. 히폴리투스 이레니우스, 테르툴리아누스, 순교자 저스틴, 데오빌로, 아테스고라스, 알렉산드리아의 클레멘트, 오리겐 등이다.

상 성경으로 대항했다. 예로 바울 서신은 기독교 논쟁을 변증한 것이라 할 수 있다. 바울은 성경 외에 다른 복음이 없다고 말하며 기독교 진리를 방어하였다(갈 1:6-8). 20세기 프로테스탄트 정통신학의 거성인 코넬리우스 벤틸Cornelius Vin Til, 1895~1987의 저서 대부분은 신앙의 방어라는 말을 사용하였다. 고대교회의 신조 역사는 바로 그 당시 이단자들과 유대주의, 그리스 철학, 영지주의자들로부터 사도들의 가르침을 지키고 신앙을 지키고 진리를 방어하기 위한 변증이다.

1. 사도신경(Apostolic Creeds)

1) 사도신경의 역사적 배경

초기 기독교를 변호한 "소아시아 학파"는 이레니우스Ireneus, 130~202를 중심으로 이들은 문법적, 역사적 성경해석을 강조했고 "북아프리카 학파"는 테르툴리아누스Tertullianus, 160~220를 중심으로 성경해석에 이상과 권위를 강조했다. "알렉산드리아 학파"는 클레멘트Clement , 오리겐을 중심으로 성경을 철학적, 영적으로 해석함으로써 신앙을 옹호했다. 안디옥학파는 안디옥을 중심 한 지방학파로 루시안, 도로테우스이다. 루시안은 그리스도의 양성을 반대하였고, 성육신의 신비를 배격하고 아리우스 신학의 기초를 세웠으며 오리겐의 풍자적 성경해석을 반대하였다.

사도신조는 가장 오래된 최초의 신조이다. 사도 자신들이 규정한 것은 아니지만 2세기 초에도 존재한 것으로서 저자는 알 수 없다. 사도신조는 정통기독교회의 신앙의 핵심을 가장 간명하게 표현한 신앙고백서이다. 사도신조는 로마가톨릭교회과 역사적 기독교회가 다 같이 신앙고백서로 예배 때 사용했다. 사도신조의 완성기를 6세기 초반이나 5세기 말로 소급해 보는 것이 타당하다고 본다.

기원에 대해서는 12제자들이 흩어지기 직전 모여 한 사람이 한 구절씩 만들어 신조를 조립 완성하였기 때문에 12사도신조라 한다. 이 가설은 신조의 소박한 내용과 간결하고 정밀한 형태 때문에 생겨난 것으로 사적으로 충분히 입증되고 있다.

사도신조는 세례식 때 사용된 신앙고백서요 아리우스 등 이단이 일어나므로 정통교리를 표시한 것으로써 이레니우스[25]와 테르툴리아누스[26]의 글 중에 나타나 있다. 전문은 정밀히 알 수 없고 점점 일정한 형식으로 이루어지게 되었다. 루피누스가 라틴어로 작성하여(390) 로마교회가 사용하던 로마 신조와 마르셀루스가 헬라어로 작성한 신조(336~341)가 7~8세기에 널리 사용되었다. 공식적인 사도신조는 콘스탄티노플에서 381년 제2회 세계종교 의회 때 결정된 것으로 본다. 12세기에 이르러 서방교회는 수세 시 사도신조의 전형을 사용하고 주일 예배에 사도신조를 고백하는 관례가 보편화하였다. 이 두 가지 관례는 오늘날까지 계속되고 있다. 사도신조는 공인된 신조와 고대 로마 신조가 있다.

2) 사도신조의 특징

사도신조는 초대교회의 중심이었던 사도들의 믿음인 삼위일체 신앙을 기초로 삼고 예수님께서 동정녀에게 나심과 교회의 공동체와 재림과 부활과 영원히 사는 것을 믿는다는 고백과 구원에 필요한 기독교 신앙의 근본적인 조목들을 사실적으로 성경적 용어를 사용하여 고백하고 있다. 하나님은 만유의 주재이신 창조주 우리 아버지가 되심을 믿고, 성자 하나님이 구원의 목적을 가지고 인간의 몸으로 세상에 오심을 인정하고 구원자로 믿으며, 성령의 하나님이 인생의 섭리 속에 계시고, 중생의 역사와 선물을 주시며, 교회의 감독자로 항상 우리 가까이 계시며, 기도를 들어주시며, 부활과 영원히 사는 것을 믿는 고백으로 되어있다.

---

25 이레니우스(130-202) : 폴리갑의 제자로 초대교회의 저명한 학자, 그의 저서 「그노시스 파 이단의 정체의 배격」은 180년대 저술인데 지금도 귀한 자료가 되고 있다.

26 테르툴리아누스(160년경-220년 이후) : 초대교회 교부의 한 사람으로 몬타너스파에 가입하여 로마 중심주의에 반대하여 이단과 싸웠고 특히 노스틱 파와 맞섰다. 그는 죄론에 있어서 아담의 죄와 우리의 죄에 관하여 유전적인 연관성을 최초로 말했다. 그는 라틴 신학의 조상이며 키틀리안의 스승 어거스틴의 선구자이었다.

3) 사도신조 평가

칼빈Calvin은 "사도신조는 구속의 중요한 점들을 요약하며, 그리스도에 대해서 우리가 유의해야 할 일들을 일일이 분명히 보여주는 일람표와 같은 구실을 하고 있다. 나는 신조라 부르지만, 그 저자 문제에 전연 고려하지 않는다. 고대 저술가들은 신조를 사도들에게 돌리는 점에서 상당히 의견이 일치했다. 사도들이 공동으로 발표했다거나, 그렇지 않으면 그들이 전한 가르침을 충실히 수집하여 요약한 것이므로 넉넉히 사도들의 이름을 붙일만하다고 생각한다. 신조가 어디서 나타났든 간에 교회의 초창기, 즉 사도시대의 모든 사람이 이구동성으로 그것을 공중 고백서로 인정했다고 나는 확신한다. 어느 한 개인이 사적으로 쓴 것 같지 않고 사람들이 회상할 수 있는 가장 오랜 옛날부터 확실히 모든 경건한 자들이 그것을 신성한 권위로 인정했다. 우리가 유의해야 할 점에 대해서는 논란의 여지가 전혀 없다고 우리는 생각한다. 즉 우리의 믿음의 역사 전체가 신조에 간명하고 질서정연하게 요약되었으며 성경의 순수한 증언에서 보증을 얻지 못하는 것은 하나도 포함되지 않았다는 것이다. 이 점을 이해한다면 저자 문제로 불안을 느끼거나 남과 논쟁하는 것은 무의미한 것이다. 물론 성경의 진리를 확실히 파악하고 있으면서도 누가 그것을 말했다거나 썼다는 것까지 말하지 못하면 만족하지 않는 사람은 문제가 다르다" 또 사도신조는 "성경의 내용과 잘 일치한다고 평가할 뿐 아니라 믿음의 총체라고 평가하고 있다. 즉 믿음의 본질이 무엇이냐에 대해서 사도신조로부터 배울 수 있다"[27]라고 하였다. 필립 샤프Phillip Schaff, 1819~1893는 "주기도문이 기도 중의 기도요 십계명이 율법 중에 최상의 율법이듯이 사도신조는 신조 중의 신조이다"[28]라고 했다. 헤르만 바빙크Herman Bavinck, 1854~1921는 "사도신조는 가장 오래된 신조다. 그것은 사도들 자신들이 규정한 것은 아니지만 일찍이 2세기 초에도 존재

---

27 양낙홍 역, 「기독교 강요」 (서울: 그리스찬다이제스트, 1988), p. 114.
28 박일민 역, 「신조학」 p. 18.

했다. 그리고 그것은 그리스도 자신이 주신 삼위일체적인 세례 명령으로부터 발전되었다(마 28:19). 근원에 있어서 우리가 지금 알고 있는 것보다 더 짧지만, 기초형태는 같다. 즉 그것은 기독교가 의존하고 있는 그 큰 사실들의 짧은 요약이었고, 그와 같이 계속해서 그것은 공동체적인 근원이 되어 왔고 모든 그리스도 왕국의 통일을 끊을 수 없는 줄이 되고 있다"[29]라고 했다.

김의환 박사는 사도신경에 대해서 "놀라운 명확성, 탁월한 간결성, 훌륭한 순서, 그리고 예배의 장엄성을 지닌 것이다"[30]라고 했다. 칼빈Calvin은 "사도신조를 네 부분으로 나누어 보았는데 이유인즉 성부, 성자, 성령의 삼위일체 하나님을 믿는다고 할 때 믿는다는 말은 같으나 그 내용이 다르기 때문이라는 것이다"[31] 칼빈의 「기독교강요」Christianae Religionis Institutio와 웨스트민스터 소요리문답은 사도신조를 근본 구조로 하여 저술한 책이다. 그리고 사도신경에 있어서 성경에 대한 규정이 없어 아쉬움을 남겼다 하겠다. 그리고 공인된 형에 나오는 "음부에 내려가사"란 구절이 현재에 빠진 것은 종교개혁의 산물이며 1785년 미국 프로테스탄트 감독교회는 의식서 안에 있는 구절을 빼 버렸다. 그래서 미국의 선교를 받은 한국교회는 당연히 빠지게 되었다. 개혁파 교회에서는 음부에 내려가심을 상징으로 보며 그리스도의 고난을 상징하고 있다. 그러나 사도신조는 모든 신조의 기초역할을 하고 있다.

4) 사도신조 전문

(a) 고대 로마 형

1. 나는 전능하신 하나님 아버지를 믿으며

2. 그 외아들 우리 주 예수 그리스도를 믿으며

---

29 김명규 역, 「하나님의 큰일」 (서울: 기독교문서선교회, 1999), p. 108.
30 김의환, 「개혁주의 신앙고백집」 (서울: 생명의 말씀사 , 1984), p. 7.
31 김영재, 「교회와 신앙고백」 (서울: 성광문화사, 1989), p. 28.

3. 이는 성령으로 잉태하사 동정녀 마리아에게 나셨으며

4. 본디오 빌라도에게 고난을 받으사, 십자가에 못 박혀 장사 지낸 바 되시고

5. 삼일 만에 죽은 자 가운데서 살아나시며

6. 하늘에 오르사 아버지 우편에 앉으시고

7. 저리로서 산 자와 죽은 자를 심판하려 오시리라

8. 성령과

9. 거룩한 교회

10. 죄를 사하여 주시는 것과

11. 몸의 부활을 믿사옵나이다.

(b) 공인된 형(묶음표 안에 이는 부부는 후에 추가됨)

1. 전능하사 (천지를 만드신) 하나님 아버지를 내가 믿으며

2. 그 외아들 우리 주 예수 그리스도를 믿으니

3. 이는 성령으로 (잉태하여) 동정녀 마리아에게서 나셨으며

4. 본디오 빌라도에게 (고난을 받아) 십자가에 못 박혀(죽어) 장사 지낸 바 되시고(음부에 내려가셨으며)

5. 삼일 만에 죽은 자 가운데서 살아나시며

6. 하늘에 오르사 (전능하신) (하나님)아버지 우편에 앉으시고

7. 저리로서 산 자와 죽은 자를 심판하려 오시리라는 것을 믿사옵 나이다,

8. (나는 믿기를)성령과

9. 거룩한 공교회와(성도가 서로 교통하는 것과)

10. 죄를 사하여 주시는 것과

11. 몸(육체)이 부활하는 것(영생)을 믿사옵나이다.[32]

---

32 신원균 편, 「개혁주의 신조의 역사와 가치 연구」 (개혁파조직신학회, 2000), p. 33.

(c) 개역한글 사도신경

1. 전능하사 천지를 만드신 하나님 아버지를 내가 믿사오며

2. 그 외아들 우리 주 예수 그리스도를 믿사오니

3. 이는 성령으로 잉태하사 동정녀 마리아에게 나시고

4. 본디오 빌라도에게 고난을 받으사 십자가에 못박혀 죽으시고 장사한 지

5. 사흘 만에 죽은 자 가운데서 다시 살아 나시며,

6. 하늘에 오르사, 전능하신 하나님 우편에 앉아 계시다가

7. 저리로서 산 자와 죽은 자를 심판하러 오시리라.

8. 성령을 믿사오며

9. 거룩한 공회와, 성도가 서로 교통하는 것과

10. 죄를 사하여 주시는 것과

11. 몸이 다시 사는 것과 영원히 사는 것을 믿사옵나이다. 아멘

(d) 개역개정 사도신경

1. 나는 전능하신 아버지 하나님, 천지의 창조주를 믿습니다.

2. 나는 그의 유일하신 아들, 우리 주 예수그리스도를 믿습니다.

3. 그는 성령으로 잉태되어 동정녀 마리아에게서 나시고,

4. 본디오 빌라도에게 고난을 받아 십자가에 못 박혀 죽으시고,

5. 장사된 지 사흘 만에 죽은 자 가운데서 다시 살아나셨으며,

6. 하늘에 오르시어 전능하신 아버지 하나님 우편에 앉아 계시다가,

7. 거기로부터 살아 있는 자와 죽은 자를 심판하러 오십니다.

8. 나는 성령을 믿으며,

9. 거룩한 공교회와 성도의 교제와

10. 죄를 용서받는 것과

11. 몸의 부활과 영생을 믿습니다. 아멘.

5) 사도신조의 신학적 구조

구조	신앙고백의내용	주요 요점
서론	없음	
신론	나는 전능하신 아버지 하나님, 천지의 창조주를 믿습니다.	전능한 하나님 창조주 하나님 아버지 하나님
인간론	죄를 사하여 주시는 것과	죄
기독론	나는 그의 유일하신 아들, 우리 주 예수그리스도를 믿습니다. 그는 성령으로 잉태되어 동정녀 마리아에게서 나시고, 본디오 빌라도에게 고난을 받아 십자가에 못 박혀 죽으시고, 장사된 지 사흘 만에 죽은 자 가운데서 다시 살아나셨으며, 하늘에 오르시어 전능하신 아버지 하나님 우편에 앉아 계시다가, 거기로부터 살아 있는 자와 죽은 자를 심판하러 오십니다.	그 외아들 주 예수 그리스도 성령으로 잉태 동정녀 탄생 고난, 죽음 부활, 승천, 우편
구원론	나는 성령을 믿으며, 죄를 용서받는 것과	성령 하나님 사죄의 은총
교회론	거룩한 공교회와 성도의 교제와	거룩한 공회 성도의 교통
종말론	거기로부터 살아 있는 자와 죽은 자를 심판하러 오십니다. 몸의 부활과 영생을 믿습니다. 아멘.	성도 부활 영생 재림 저리 심판

2. 니케아 신조(The Nicaene Creed, 325)

1) 니케아 신조의 역사적 배경

아리우스Arius, 256~336가 예수 그리스도의 신성은 성부의 신성과의 동일성을 부인하고 성자는 피조물이라 주장하고 성육신을 부정함으로 신조를 제정하게 되었다. 니케아 신조는 로마교회와 희랍교회가 같이 사용하고 개혁파 교회 다수가 승인한 신조이다. 니케아 신조는 기독교회가 역사상 처음으로 범교회적 공의회를 열어 작성하고 채택한 교회공동체의 고백을 확정한 것이다.

역사적 정통기독교회는 313년 콘스탄틴 황제Constantine the Great, 306~337에 의하여 공인된 종교가 되기까지 수많은 박해를 받았으며 내적으로 이단적인 교리에 시달렸다. 니케아 회의는 특별히 부활절을 지키는 문제와 그리스도의 신성을 부정하고 피조물이라 주장하며 성자가 성부와 같은 본질은 부정하는 아리우스의 이단적 가르침에 대하여 콘스탄티누스 황제는 종교적인 분쟁이 로마제국의 분열을 초래할 불씨가 될까 봐 325년 니케아에서 교회 공회의를 소집하기 위해 각지 감독에게 안내장을 보내고 각 감독은 장로 2명 수행원 3명의 대동을 허락하고 관용주차 편을 제공하고 체재 기간 여비는 국가에서 부담하였다. 이때 감독 318명이 모였으며 대다수 동방교회였고 서방교회는 10명만 참석하였다. 아리우스는 하나님은 나시지 않고 성자는 나셨다. 그러므로 성자는 신의 속성이 있지 않다. 오직 하나님만이 영원하다. 성자는 존재하지 아니할 때가 있었다. 성자는 아버지에게 종속적이다. 성자는 하나님의 완전한 피조물이므로 하나님이라고 일컬을 수 있는 존재가 아니라고 주장하며 신성을 부인하였다. 이에 아타나시우스[33]는 그리스도는 시작이 없으시다. 아버지와 아들은 동일한 본질이시다. 그리스도는 아버지와 종속적

---

33 아타나시우스(Athanasius, 283-373) : 애굽 알렉산드리아 그리스도 가정 출신으로 326년 알렉산드리아의 감독으로 시종일관 정통주의를 고수하였다. 그는 아리우스주의를 반대함으로 아리우스가 반대하고 그를 모함하는 사람들에 의해 다섯 번이나 추방되었으나 그는 자신의 신앙을 지키고 그리스도가 하나님이심을 주장하고 니케아 신조를 성취한 데 공헌하였고 아타나시우스 신조는 그의 주장이라 할 수 있다.

이 아니다. 성부, 성자, 성령의 3위가 하나이시다. 3위의 영광은 동등하며 영원하다. 성자는 지음 받지 아니했다. 그는 하나님과 동등이며, 피조물이 아니라, 창조자이시다고 논박했다. 이 회의에 모인 계파는 아리우스파로 유시비우스, 아리우스 니케아, 칼케톤, 에베소 감독, 중립파로 가이사랴의 유세비우스, 정통파로 알렉산더, 골도바의 호세어스, 아타나시우스 등이 모였다.

　　테르툴리아누스Tertullian는 하나님의 3인격을 최초로 말했으며 그는 3인격의 실질적 통일성을 주장하였다. 그러나 일부 기독교회는 단일성론Moarchinism을 주장했다. 즉 하나님의 아들은 비인격적인 속성으로서 그는 실제 하나님과 동일 되신 분이 아니라는 것이다. 이 설은 동방 기독교회에 크게 대두되어 안디옥의 감독 사모사타의 바울Paul of Samosata, 260~272이 주장했다. 그러나 터툴리안 히포터스 Hippolytus, 165~235는 성자 하나님은 성부 하나님과 같은 본체임을 변증했다. 이처럼 삼위일체 교리가 불분명한 가운데 알렉산드리아의 장로인 아리우스Arius 와 알렉산더 감독의 수행원 아타나시우스와의 논쟁이 최고점에 달했다. 아리우스는 사모사타의 바울[34]의 제자로 스승의 원리에 찬동하고 예수 그리스도는 피조물이라 했으며 예수 그리스도는 하나님의 본질Homo ousios one substance과 동등하지 않고 유사Homoi ousios like supstace하다고 했다. 아타나시우스는 예수 그리스도는 성부 하나님과 동질Homo ousios one substance이라고 했다. 이에 아리우스파는 정죄 되고 아리우스는 일누리아로 추방되고 니케아 신조가 작성되었고 부활절을 춘분 지난 만월 후 첫 주일날 지키기로 하였다.

---

34 사모사티의 바울(Paul of Samosata) : 통상적으로 삼위일체 부정론자들을 군주론 자들(monarchians), 혹은 일성론 자들(Uniterians)이라고도 하며 합리적 혹은 역동적 군주론 자들이라고도 한다. 이들은 삼위일체 하나님의 인격적 일치를 부정하고 숫자상으로 신성의 인격은 하나임을 강조하였다. 그리스도의 신성과 인성을 자연신론이나 이신론적으로 구별하여 그리스도의 신성을 부인하는 경향과 인성을 부인하는 경향이 있다. 그리스도의 신성은 다만 하나님의 능력에 불과한 것으로 보고 예수와 로고스를 구별하였다. 사모사티의 바울은 합리적이며 역동적 단일신론(rationalistic or dynamic uniterianism)을 주장하였다. 그의 주장하기를 비인격적 이성, 즉 로고스가 특별한 의미에서 인간 예수에게 머물게 되었는데 그것은 예수가 세례받을 때에 그렇게 되어 예수는 하나님의 신적 이성을 나누어 가지게 되었다는 것이다.

2) 니케아 신조의 특징

논쟁의 초점은 예수 그리스도는 하나님의 아들이냐? 하는 것과 하나님의 아들이면 하나님 아버지와 어떤 관계를 맺느냐? 그리스도께서 세상에 나시기 이전에 하나님과 동등하셨는가? 하는 의문에 답한 것이다. 아타나시우스는 그리스도의 신성을 부인하는 아리우스를 물리치고 성경에 충실한 입장에서 아들을 통하여 로고스를 이해하였고 그리스도의 신성과 성령에 관하여 사도신조보다 더 명확하고 자세히 밝혀놓고 있다고 했다. 특별히 아들과 아버지의 본질이 같다는 표현이다. 동방교회는 콘스탄티노플회의의 결정에 따라 니케아 신조를 만들었다. 니케아 신조는 신론, 기독론, 성령론, 종말론으로 구성되어 있으며 특히 기독론에 치중하고 있다.

3) 니케아 신조 평가

바빙그H. Bavinck, 1854~1921는 니케아 신조에 대하여 "교회는 니케아 공의회에서 오리겐의 종속론을 거부하고 그리스도의 온전하고도 참된 신성을 고백하였다"[35]라고 하였다. "동일"이란 표현을 통해서 일체성을 극복하였지만 하나의 본질에서 어떻게 삼위가 주장되며 어떻게 서로 구별되는가에 대한 문제가 남게 되었으며 성령에 대한 표현이 구체적이지 못하다. 서방교회에서 나온 사도신조가 그리스도에 관하여 구체적인 데 반하여 동방교회에서 나온 본 신조는 신학적이라 할 수 있으며, 최초의 이단 변증이다.

4) 니케아 신조 전문

저는 유일무이하시고 전능하시며, 천지와 모든 보이는 것과 보이지 않는 것을

---

35 박일민 역, 「신조학」 pp. 23-24.

창조하신 하나님 아버지를 믿사오며, 유일하신 주 예수 그리스도를 믿습니다. 그는 하나님의 독생자이시며, 온 우주에 앞서 나셨고, 참 신이시며 참 빛이시며, 참 신 가운데 신이시며, 하나님에게서 나셨고, 창조함을 받지 않으셨고, 성부 하나님과 같은 동일 본질이시며, 그로 말미암아 모든 만물이 창조되었고, 모든 인간들과 우리의 구원을 위하여 하늘에서 내려오셨고, 성령으로 동정녀 마리아에게 인간으로 나셨고 우리를 위하여, 본디오 빌라도에게 십자가에 달려 죽으셨다. 그는 고난을 받으시고, 장사함을 받으셨으나 제 삼일 째 되는 날 성경에 기록한 말씀에 따라 다시 살아 나셨고, 하늘에 오르사 성부의 오른편에 앉으셨으며, 장차 산 자와 죽은 자를 심판하려 영광 가운데 다시 오실 것인데 그의 나라는 영원무궁합니다. 저는 성령을 믿습니다. 아멘.[36]

5) 니케아 신조의 신학적 구조

구조	신앙고백의내용	주요 요점
서론	2. 성경에 기록된 말씀에 따라	
신론	1. 성부하나님에 대한 고백 저는 유일무이하시고 전능하시며, 천지와 모든 보이는 것과, 보이지 않는 것을 창조하신 하나님 아버지를 믿사오며,	유일무이 전능, 창조자 하나님 아버지
인간론	3. 인간들과 우리	인간. 우리

36 조선출 편, 「기독교대사전」 (서울: 대한기독교서회, 1971), p. 169.

기독론	2. 성자 하나님에 대한 고백 유일하신 주 예수 그리스도를 믿습니다. 그는 하나님의 독생자이시며, 온 우주에 앞서 나셨고, 참 신이시며, 참 빛이시며, 참 신 가운데 신이시며, 하나님에게서 나셨고, 창조함을 받지 않으셨고, 성부 하나님과 같은 동일 본질이시며, 그로 말미암아 모든 만물이 창조되었고, 성령으로 동정녀 마리아에게 인간으로 나셨고 우리를 위하여, 본디오 빌라도에게 십자가에 달려 죽으셨습니다. 그는 고난을 받으시고, 장사함을 받으셨으나, 제 삼일 째 되는 날 성경에 기록한 말씀에 따라 다시 살아 나셨고, 하늘에 오르사 성부의 오른편에 앉으셨으며	유일하신 독생자 이성일인격 하나님과 동일 성령으로 동정녀 탄생 고난, 죽음 부활 승천, 우편
구원론	3. 성령 하나님에 대한 고백 저는 성령을 믿습니다. 모든 인간들과 우리의 구원을 위하여 하늘에서 내려오셨고,	성령 하나님 사죄의 은총
교회론	거룩한 공교회와 성도의 교제와	성령을 믿음 성자 구원
종말론	4. 재림에 대한 고백 장차 산 자와 죽은 자를 심판하려 영광 가운데 다시 오실 것인데 그의 나라는 영원무궁합니다. 저는 성령을 믿습니다. 아멘.	심판 재림 영원무궁한 나라

3. 니케아 콘스탄티노플 신조(Nicaene Constantinopolitan Creed, 381)

1) 니케아 콘스탄티노플 신조의 역사적 배경

초대교회 이후 예수 그리스도의 신성과 인성에 대한 논쟁이 계속되었다. 그것은 에비온파와 알로기파Alogi 와 동력적 단일신론파Dynamic Monarchians

는 그리스도의 신성을 부인, 그노스틱파Gnostics 와 양식적(樣式的) 단일신론 Modalists Monarchians 자들은 그리스도의 인성을 믿지 않았다. 아리우스는 그리스도는 신성을 부인하였다. 라오디게아 감독 아폴리나리우스Apollinarius of Laodices, 310~390는 아리우스의 신성을 반대하는 것을 연구하다가 자신은 그리스도의 인성을 부정하였다. 아리안주의는 니케아에서 정죄 되었으나 마케이도즘이 부상했다. 이들은 아리안 주의가 성자를 종속적인 것으로 생각했듯이 성령을 동일하게 종속화시켰다. 니케아 콘스탄티노플회의의 중심논제는 성령은 완전한 하나님인가? 하는 논제였다. 데오도시우스Theodocius 황제는 이 논제를 피하고자 주후 381년에 기독교 회의를 콘스탄티노플에서 소집하였다. 이 회의에서 150명의 동방교회 감독들이 니케아 신조를 좀 더 부연한 것으로 아폴리나리우스 Apollinarius of Laodices, 310~390를 이단으로 정죄하였다. 칼빈은 콘스탄티노플 신조의 작성배경에 대해서 "아리우스가 일어났을 때 니케아 의회가 소집되었다. 회의는 그 권위로 저 불결한 사람의 악한 노력을 분쇄해서 그가 흔들어 놓은 교회들의 평화를 회복하며 그의 모독적인 가르침을 물리치고, 그 후 유노미우스와 마게도니우스가 새로운 소동을 일으켰을 때 콘스탄티노플회의가 그들의 미친 생각에 대해서 대책을 강구했다"[37]라고 했다. 363년 라오디게아 회의에서 신약을 정경화하고, 397년 제3차 카르타고회의는 신약 27권을, 419년 히포회의도 같은 목록을 반복했다. 구약은 에스라 생존 시 결정되었다고 요셉프스는 말하고 있다. 정경은 90년 암니아Jamnia 의 랍비회의에서 결정, 로마가톨릭교회는 1545년(63) 트렌트 회의에서 경외문서 12권을 추가했다.

2) 니케아 콘스탄티노플 신조의 특징

니케아 회의 이후 하나님 아버지와 아들의 관계에 대한 교리문제로 아버지와

---

37 신원균 편, 「개혁주의 신조의 역사적 가치 연구」 p. 35.

아들이 동일하지 않다는 그리스도의 신성을 부인하는 아리우스파와 아들을 아버지와 유사하다(호모이 우시오스)는 중간파와 니케아 신조대로 아버지와 아들은 동일 본질(호모 우시오스)이라고 믿는 정통파들이었다. 니케아 콘스탄티노플 신조는 그리스도는 완전한 하나님이요 완전한 사람이라고 주장하는 정통파의 손을 들어 채택한 신조이다. 그리고 성령의 신성을 부인하는 자들을 위해 성령의 신성을 확증했으며(8조) 특히 선지자들로 말씀하신 대로와 세례에 대한 고백으로 동서방교회가 세례 문답을 위한 고백으로 사용하였으며 처음으로 동일 본질이란 말이 사용되었다.

3) 니케아 콘스탄티노플 신조 평가

아리우스가 교회로 복귀함으로 아리우스파가 득세하였으나 정통파 주장이 결국 승리하였다. 니케아 콘스탄티노플 신조는 사도신조와 니케아 신조를 합친 것으로 니케아 신조를 보완하고 그리스도의 인성을 부정하는 이단자 아폴리나리우스와 성령의 신성을 부정하는 마카도니우스의 주장을 물리치고 그리스도의 완전 인격성과 성령의 신성을 확정했다.

동방교회의 형식으로 그리스도의 신성이나 성령에 관한 언급에 있어서 사도신조보다도 더 명확하고 자세하게 밝혀 주고 있다. 창조 이전에 발생, 참 하나님의 참 하나님, 발생하고 피조 되지 않으심 등과 같은 용어들은 동방교회가 반세기 이상 끌어오던 아리우스 이단파와 피나는 싸움으로 얻은 승리로 성령에 대한 문제가 극복되었다. 이로 말미암아 삼위일체론에 대한 주요 갈등들은 해결되었으나 기독론 논쟁은 451년 칼케돈 회의까지 계속되었다. 니케아 콘스탄티노플 신조는 양태론적[38] 입장에서 벗어나지 못하는 신조를 만들었다. 칼빈은 삼위일체론 교리의 오

---

38 양태론(Modalism) : 그리스도를 설명하기 위한 하나의 시도로 하나님은 한 분이지만 세 종류의 형태로 나타나는 분이라고 주장한다. 이들은 하나님의 일치성을 강조함으로써 양자론자들의 단점을 개선하려 했지만 신성 안에서 위격의 독특함을 손상했다. 양자론은 그리스도의 절대적 신성을 부정하고, 양태론은 그리스도의 인성을 부정했다. 이들은 성령은 무시되고 기독교의 핵심적 요소들을 부인했다. 비유로 말하면 양태론이다.

류를 주장한 '세르베토'[39] 를 처형했다.

4) 니케아 콘스탄티노플 신조 전문

(묶음표 안은 서방교회에서 변형시킨 용어들이다)

1. 우리(나)는 한 분이시며, 전능하사 천지와 보이는 것과 보이지 않는 모두를 만드신 하나님 아버지를 믿는다.

2. 또 한 분 주 예수 그리스도를 믿으니, 그는 하나님의 독생자시오 만유보다 먼저 아버지께로서 나신 자요(신중의 신이시며), 빛 중에 빛이시오 참하나님의 참 하나님이시오, 지음 받지 않고 나셨으며, 아버지와 한 분 본체를 가지셨고 그로 말미암아 만물이 지음 바 되었으며

3. 우리 인생과 우리의 구원을 위하여 하늘로부터 내려 오사, 성령으로 말미암아 동정녀 마리아에게 나셨으며

4. 우리를 위하여 본디오 빌라도에게 십자가에 못 박히심을 당하시사 고난을 받아 장사 지낸 바 되었으며

5. 삼일 만에 성경대로 부활하사

6. 하늘에 올라 아버지 우편에 앉으시고

7. 영광중에 산 자와 죽은 자를 심판하러 오사, 그의 나라가 영원무궁할 것을 믿는다.

8. 또(나는 믿기를)성령, 곧 주가 되시고, 생명을 주시는 자를 믿으니, 이는 아버지(그리고 아들)에게서 나셨으며, 아버지와 아들과 더불어 찬송과 경배를 받으시며, 선지자들로 말씀하신 분이시다.

9. 또(나는) 하나인 거룩한 교회와 사도적 교회를(믿는다).

---

39 세르베토 : 교리상의 문제로 제네바에서 이단자로 몰려 화형을 당했다. 칼빈이 제네바에서 신정정치를 하는 5년 동안 13명이 교수대에 매달리고, 10명이 목이 잘리고, 35명이 화형당하고, 76명이 추방당했다.(오마이뉴스, 2003. 9. 26.(금) 문화면, 18:00 검색, 정병진 기자)

10. 우리(나)는 죄를 사하는 세례가 하나 있는 것으로 알며

11. 또 우리(나)는 죽은 자의 부활과

12. 세상에 생명이 임할 것을 기다린다.

1. 우리들은 만물의 창조주이시며 전능한 아버지인 독일무이한 하나님을 믿
   는다.

2. 우리들은 주님 되시는 그리스도를 믿는다. 그는 하나님의 독생자이시며
   모든 세상보다 먼저 나신 분이다. 곧 빛으로부터 나신 빛 참 하나님으로
   부터 난 참 하나님 곧 피조물들이 아니시고 나신 분으로서 하늘 아버지
   와 동질이신 분이며 만물을 만드시고 우리를 구원하기 위하여 하늘로부
   터 내려 오셔서 성령에 의하여 처녀 마리아로부터 나시고 사람이 되셔서
   빌라도에게 고난을 받으시고 우리를 위하여 십자가에 못 박혀 죽으시사
   장사하고 성경에 기록된 대로 삼일 만에 다시 살아나시고 후에 승천하셔
   서 하나님 우편에 앉아 계시고 장차 다시 영광으로 오실 분이시다. 그 나
   라는 영원무궁하다.

3. 우리들은 성령을 믿는다. 성령은 생명의 왕, 하나님 아버지로부터 나온
   분으로서 성부와 성자와 함께 경배 드려야 할 분이고 또 예언자를 통하여
   가르친 분이시다.

4. 우리들은 한 성공회와 죄를 사함 받기 위한 한 세례를 믿는다.

5. 우리들은 죽은 자들의 부활과 내세의 생명을 기다리고 바란다.[40]

40 조선출 편, 「기독교 대사전」 p. 170.

5) 니케아콘스탄노풀 신조의 신학적 구조

구조	신앙고백의내용	주요 요점
서론	8. ... 선지자로 말씀하신 분이시다(성경)	선지자(성경)
신론	1. 우리는 한 분이시며, 전능하사 천지와 보이는 것과 보이지 않은 모두를 만드신 하나님 아버지를 믿는다.	전능, 창조 하나님 아버지
인간론	우리 인생	인생
기독론	2. 또 한 분 주 예수 그리스도를 믿으니, 그는 하나님의 독생 자시요, 만유보다 먼저 아버지께로 나신 자요, 신중의 신이 시며, 빛 중에 빛이시요, 참 하나님의 참 하나님이시요, 지음을 받지 않고 나셨으며, 아버지와 한 분 본체(본질)를 가지셨고 그로 말미암아 만물이 지음 바 되었으며, 3. 성령으로 말미암아 동정녀 마리아에게 나셨으며 4. 우리를 위하여 본디오 빌라도에게 십자가에 못 박히심을 당하시사, 고난을 받아 장사 지낸 바 되었으며, 5. 삼일 만에 성경대로 부활하사, 6. 하늘에 올라 아버지 우편에 앉으시고,	한 분 주 예수 독생자 한 본체 만물을 지은 자 성령으로 동정녀 고난과 장사 성경대로 부활 승천 아버지 우편
구원론	3. 우리 인생과 우리의 구원을 위하여 하늘로부터 내려 오사, 8. 우리는 성령을 믿는다. 성령은 주가 되시고, 생명을 주시는 자를 믿으니, 이는 아버지(그리고 아들)에게서 나셨으며, 아버지와 아들과 더불어 찬송과 경배를 받으시며,	구원하시기 위하여
교회론	9. 또(나는) 하나인 거룩한 교회와 사도적 교회를 믿는다. 10, 우리는 죄를 사하는 세례가 하나 있는 것을 믿으며,	하나인 거룩한 사도적 교회 세례의 하나
종말론	7. 영광중에 산 자와 죽은 자를 심판하려 오사, 그의 나라가 영원무궁할 것을 믿는다. 11. 또 우리는 죽은 자의 부활과, 12. 내세에 생명을 기다리고 바란다.	심판하려 오심 죽은 자의 부활 내세의 생명

4. 칼케돈 신조(The Chalcedon Creed, 451)

1) 칼케돈 신조의 역사적 배경

예수 그리스도의 신성을 믿으면서도 그의 인성을 더 우세한 것으로 강조한 알렉산드리아 학파 네스토리우스Nestorius[41], 몹수예스티아의 테오도레와 안디옥 학파의 유티케스의 논쟁을 해결하기 위해 소집된 것이다. 칼케돈 신조는 콘스탄티노플회의를 대항하기 위하여 주후 451년 말시아누스 소집으로 칼케돈에서 제4회 종교회의가 개최되었다. 출석한 감독이 530명(대부분 동방교회)이었으며 교황 레오 1세의 대리와 황제가 보낸 위원들이 참석했다. 회의는 10월 8일에 시작되어 그달 30일 끝났다.

2) 칼케돈 신조의 특징

칼케돈 신조는 아리우스의 사상을 반대하고 교회의 공회의로서 콘스탄티노플회의가 니케아 회의를 재확인한 것처럼 칼케돈 신조도 니케아 신조를 받아들였으며 그리스도에 대한 논의로 예수 그리스도는 참 하나님이시며 참사람이시며, 한 인격이라는 그리스도의 이성일인격에 대한 고백을 확정지었다. 다시 말하면 그리스도의 신성과 인성에 대해 성경적으로 정립하므로 오해를 명확히 정리한 것이다. 이는 후대에 신학적 기틀을 놓았다. 또한, 중요한 결의는 유티케스설을 금지하였다. 유티케스 일파는 그리스도의 인성이 신성에 의해 흡수되었거나 양성이 융합하여 단일한 본성이 되었다는 그리스도의 양성을 부인하는 입장인 것이다. 칼케돈 신조는 기독론[42]을 중심으로 하고 있다.

---

41 네스트리우스설(Nestorianism, ~450) : 아리우스설에 대항하여 싸웠으나 그리스도의 완전한 신성과 인성을 인정하면서도 그 두 본성의 일치(이성일인격)를 거부했다. 그는 그리스도가 한 인격 속에서 두 성품이 결합(이성이인격)되지 못하고 도덕적으로만 결합(의지의 결합)된 두 본성을 소유했다고 주장, 즉 완전한 신성과 완전한 인성을 지닌 하나의 인격이라는 것이다. 그는 네스트리우스설이라는 이단 창시자가 되었다. 431년 에베소 종교회의에서 이단으로 선고받고 435년에 추방되어 450년에 죽었다. 사후 451년 칼케톤회의에서 다시 이단으로, 제2 스위스신앙고백서(1564)에서도 규정하고 있다.
42 기독론에 잘못된 견해들 : 아리우스는 신성을 부정, 아폴리나리우스는 인성(로고스 육체 기독론으로 인간의

66

3) 칼케돈 신조 평가

칼케돈 신조는 기독론의 본질적인 요소를 규정함으로 이단과 경계선을 그어 주었다. ① 그리스도의 참된 신성 ② 참된 인성 ③ 한 위 안에서 신성과 인성의 연합 ④ 한 위 안에서 신성과 인성의 확실한 구별된 것을 확정지었다. 그리하여 이원론과 유디케스주의의 단성론을 저지하고 기독론을 확립하였다. 또 내용이 신조들의 정통성에 의지하고 있다. "그러므로 교부들을 따라서 우리는 모두가 한 분이신 성자, 우리 주 예수 그리스도를 고백하도록 가르치는 일에 하나가 되었다" 칼케돈 회의는 그리스도의 이성일인격 교리를 확립하였다. 그리스도의 신성은 성부와 동질이며, 인성은 우리 인간과 동질이면서 죄가 없는 완전한 인성이며, 두 성은 유일인격이며, 혼합도 분리도 변화도 분할도 되지 않으면서 각각 그 본질을 보유하고 있다는 기독론을 성립시켰다. 이것은 칼케돈 공의회 이래로 지금까지 삼위일체론과 함께 변함없이 기독교의 기본교리가 되어 내려오고 있다. 이것을 변경하려고 하는 것은 기독교를 변질시키는 결과를 가져오는 일이 되는 것이다. 예수 그리스도께서는 참 하나님이시라는 고백을 종교 개혁자들은 그대로 받아드렸으며 루터 L. Martin, 1483~1546와 칼빈 Calvin, 1509~1564의 신학적인 골격을 이루고 있다. 그러나 431년 에베소 공의회에서 마리아를 하나님 모친(어머니)교리를 확정 지은 것을 다시 인정한 것은 중세 로마가톨릭교회교회의 성모숭배 사상으로 이어지게 되었다. 그리고 기독론의 논쟁에 대해서 종결을 짓지 못하고 있다.

4) 칼케돈 신조 전문

그러므로 교부들을 따라서 우리는 모든 사람이 한 분이신 유일한 성자 우리 주 예수 그리스도를 고백하도록 가르치는 일에 하나가 되었다. 그는 하나님이시며

영혼대신 로고스로 대치)을 부정, 네스토리우스는 양성의 분리(두 본성 기독론)로 일치를 부정, 유티케스주의는 단성론으로 본성과의 구별을 부정했다.

또한 사람으로 완전하시며 그는 실제로 하나님이시며 합리적인 영혼과 몸을 가지고 계신다. 그의 신성에 관한 한 그는 성부와 동일한 본질을 타고 나셨고 또 그의 인성에 관한 한 그는 다만 죄를 제외하고는 모든 면에서 우리와 같으시다. 시간이 시작하기 전에 그의 신성은 성부에게서 독생하였고 그리고 그의 인성은 우리의 본질을 타고 나셨다. 이처럼 다만 죄를 제외하고는 그는 모든 면에서 우리와 같으시다. 시간이 시작하기 전에 그의 신성은 성부에게서 독생하셨고 그리고 지금 마지막 날에 와서 우리와 우리의 구원을 위하여 그는 동정녀 마리아에게서 나셨으니 그의 인성 면에서 마리아는 하나님의 어머니시다. 우리는 이 한 분의 유일하신 그리스도, 성자 두 가지 본성을 타고 나신 독생자를 인정하며 이 두 가지 본성이 혼돈되거나 한 본성이 다른 본성으로 변하거나 두 다른 분리된 범주로 갈라지거나 양성의 영역과 기능에 따라 각각 대립하지 않는 것을 인정한다. 각성의 특성은 연합으로 인하여 무효가 되지 않는다. 오히려 각성의 고유성이 보존되고 양성이 한 품성과 한 자질로 일치를 이룬다. 양성은 갈라지거나 두 성품으로 분리될 수 없고 오직 합하여 하나님의 한 분이시며 유일하게 독생하신 하나님 주 예수 그리스도가 되셨다. 옛 선지자들도 이렇게 증거 하였고 주 예수 그리스도도 우리에게 이렇게 가르치셨고 교부들의 신조도 이렇게 우리에게 전달되었다.[43]

5) 칼케돈 신조의 신학적 구조

구조	신앙고백의내용	주요 요점
서론	옛 선지자들도 이렇게 증거 하였고 주 예수 그리스도도 우리에게 이렇게 가르치셨고 교부들의 신조도 이렇게 우리에게 전달되었다.	선지자들의 증거
신론	없음	

---

43 신원균 편, 「개혁주의 신앙고백집」 (개혁파조직신학회, 2000), p. 3.

인간론	같으시다	죄
기독론	그러므로 교부들을 따라서 우리는 모든 사람이 한 분이신 유일한 성자 우리 주 예수 그리스도를 고백하도록 가르치는 일에 하나가 되었다. 그는 하나님이시며 또한 사람으로 완전하시며 그는 실제로 하나님이시며 합리적인 영혼과 몸을 가지고 계신다. 그의 신성에 관한 한 그는 성부와 동일한 본질을 타고 나셨고 또 그의 인성에 관한 한 그는 다만 죄를 제외하고는 모든 면에서 우리와 같으시다. 시간이 시작하기 전에 그의 신성은 성부에게서 독생하였고 그리고 그의 인성은 우리의 본질을 타고 나셨다. 이처럼 다만 죄를 제외하고는 그는 모든 면에서 우리와 같으시다. 시간이 시작하기 전에 그의 신성은 성부에게서 독생하셨고 그리고 지금 마지막 날에 와서 우리와 우리의 구원을 위하여 그는 동정녀 마리아에게서 나셨으니 그의 인성 면에서 마리아는 하나님의 어머니시다. 우리는 이 한 분의 유일하신 그리스도 성자 주 두 가지 본성을 타고나신 독생자를 인정하며 이 두 가지 본성이 혼돈되거나 한 본성이 다른 본성으로 변하거나 두 다른 분리된 범주로 갈라지거나 양성의 영역과 기능에 따라 각각 대립되지 않는 것을 인정한다. 각성의 특성은 연합으로 인하여 무효가 되지 않는다. 오히려 각성의 고유성이 보존되고 양성이 한 품성과 한 자질로 일치를 이룬다. 양성은 갈라지거나 두 성품으로 분리 될 수 없고 오직 합하여 하나님의 한 분이시며 유일하게 독생하신 하나님 주 예수 그리스도가 되셨다.	유일한 성자 그는 하나님 성부와 동일 본질 무죄 이성일 인격 변하지 않음 하나님 주 예수 그리스도 가되심 본성
구원론	우리와 우리의 구원을 위하여	구원
교회론	없음	
종말론	없음	

5. 아타나시우스 신조(The Athanasian Creed, 420~450)

1) 아타나시우스 신조의 역사적 배경

아타나시우스 신조는 종교 개혁자들이 사도신조와 니케아 신조와 함께 기독교 3대 신조로 생각하였다. 이 신조는 주후 420~450년경에 프랑스 남부 지방에서 나온 라틴어로 쓰인 것으로 저자는 아타나시우스(296~373)가 아니고 신조의 내용이 그의 신앙 내용과 일치함으로 붙인 이름이다. 이 신조는 삼위일체 신앙과 그리스도에 대한 신앙이 잘 표현되었고 어거스틴Augustine, 354~430과 빈센트의 영향을 받아 서방교회의 신앙적 특색을 띠고 있다. 특별히 삼위일체 하나님에 대해서 '각 위가 하나님이시오 주님이심을 고백하고 세 하나님과 세 분의 주님으로 언급하는 것을 금하고 한 주님이시다. 그러므로 영광과 권능이 동일하시다'라고 고백하고 있다.

2) 아타나시우스 신조의 특징

누구든지 구원을 받고자 하는 사람은 모든 것 이전에 먼저 이 신앙을 소유해야 한다. 이 모든 신앙의 내용을 온전히 이루지 못하는 사람들은 영원토록 멸망 받을 것이다. 엄숙한 선언으로 시작하고 끝을 맺는 저주 문이다. 이 신조의 내용은 두 부분으로 되었는데 제1부는 삼위일체론[44]으로 사도신조와 니케아 신조보다 더 분명하게 어거스틴적인 삼위일체를 고백하면서 삼위 사이에는 어떤 의미에서든지 종속은 없다고 고백하며, 제2부에서는 기독론으로 아폴리나리우스Apollinarius와 네스토리우스[45] 등의 이단설을 반격하고 있다.

---

44 삼위일체론 : 하나님의 본질적 존재에 대해서는 한 분이시지만 한 분 안에는 성부, 성자, 성령의 3위가 존재한다. 이는 사람처럼 분리된 인격이 아니라 신적 본질이 존재하는 세 형태인 것이다. 삼위일체 교리는 기독교의 심정이며 구속 진리의 열쇠이다. 하나님은 아버지이시며, 아들이시며, 성령이시다. 하지만 아버지는 아들이 될 수 없고, 아들은 성령이 될 수 없으며, 성령은 아버지가 될 수 없다. 삼위일체의 이단은 유니테리아니즘으로 성자는 하나님이 창조한 피조물이며 성령은 단지 하나의 힘이요 세력이라고 본다. 양태론적 단일신론은 하나님은 한 분이신데 세 가지 양태로 나타난다. 구약은 성부, 신약은 성자, 현재는 성령으로 나타나, 삼신론은 하나님이 성부, 성자, 성령 세분이시다.

45 네스트리우스(Nestorius, ?-450) : 아리우스설에 대항하여 싸웠으나 말년에 동정녀 마리아께서 하나님의 어머니라는 칭호가 옳지 않다고 주장하고, 아폴리나리우스(Apollinarius)의 그리스도의 인성을 변호함에 미흡한 점을 보충하여 그리스도의 인성의 완성을 주장하므로 그리스도의 신성을 약화하고 그리스도의 인격의 통일성을 파괴하는 데 공헌하였다. 그는 그리스도를 신, 인이 아니라 하나님이 거처하는 사람으로 보고 로고스를 단순히 덕력으로서 그리스도에게 내주할 뿐이며 본질에서는 예수와 결합한 인격을 구성하고 있는 것이

3) 아타나시우스 신조 평가

사도신조와 니케아 신조보다 더 분명하며 신학적으로 더 발전된 것이긴 하나 사도신조, 니케아 신조가 지닌 문체의 단순함이나 자연스러움과 장엄함을 가졌다고 할 수 없다. "필립 샤프"에 의하며 제3차와 제4차 세계종교회의에서 니케아 신조 외에 다른 신조를 작성하거나 출판하는 것을 엄격히 규제하였음에도 범세계적으로 권위를 인정받아 정통교리의 아버지란 이름을 얻었다고 하며 개혁교회의 정통적 신조로 인정받고 있다고 했다. 본 신조는 로마가톨릭교회에서 권위를 인정받았고 중세에는 아침 예배 때 매일 사용하였다. 개혁자들은 공식적으로 채택하여, 아우크스부르크 신앙고백서, 39개신조, 제2 스위스 신앙고백서, 벨직 신앙고백서에서 언급하고 있다. 아타나시우스 신조는 필리오케 논쟁으로 동방교회에서는 인정하지 않았으며 서방교회와 동방교회로 분리되는 요인이 되기도 했다.

4) 아타나시우스 신조 전문

1. 누구든지 구원을 받고자 하는 사람은 모든 것 이전에 먼저 이 신앙을 소유해야 한다.
2. 이 모든 신앙의 내용을 온전히 이루지 못하는 사람들은 영원토록 멸망 받을 것이다.
3. 이 신앙이란 다음의 것들이다. 우리는 삼위일체가 되시는 한 분 하나님을 믿는다.
4. 이 삼위일체는 인격을 혼합한 것도 아니요, 그 본질을 나눈 것도 아니다.
5. 왜냐하면, 아버지의 한 인격과 아들의 다른 인격, 또한 성령의 또 다른 인격이 계시기 때문이다.

아니라 하였다. 예수 그리스도는 신과 예수라고 하는 이중인격으로서 병존하는 신인공동체와 같은 것이라는 것이다. 431년 에베소 종교회의에서 이단으로 선고받고 435년에 추방되어 450년에 죽었다. 사후 451년 칼케톤 회의에서 이단으로 규정되었다. 이 사상은 인도와 중국에서 경교로 불렸다.

6. 그러나 성부와 성자와 성령의 머리되심은 모두가 다 하나요 그 영광도 동일하며 그 위험도 함께 영원한 것이다.

7. 성부와 성자와 성령은 그 자체로 존재한다.

8. 성부도 성자도 성령도 결코 창조되지 않았다.

9. 성부와 성자와 성령은 우리의 이해를 초월한 분이시다.

10. 성부와 성자와 성령은 영원한 분이시다.

11. 그러나 세 분이 영원한 분들이 아니며, 다만 영원한 한 분만이 계실 따름이다.

12. 창조되지도 않았고 우리의 이해를 초월한 세 분이 있는 것이 아니라, 창조되지도 않고 인간의 이해를 초월한 단 한 분만이 계실 뿐이다.

13. 성부께서 전능하시듯이 성자와 성령도 전능하시다.

14. 그러나 세 분의 전능자가 계신 것은 아니요, 오직 한분의 전능자가 있을 뿐이다.

15. 성부가 하나님이듯이 성자와 성령도 하나님이시다.

16. 그럼에도 세 분 하나님이 계신 것이 아니라 한 하나님만이 계실 뿐이다.

17. 성부께서 주님이시듯이 성자도 성령도 주님이시다.

18. 그럼에도 주님이 세 분이 아니라 한 분이실 뿐이다.

19. 우리는 이 각각의 세 분이 그 스스로 하나님이시오, 주님이시라는 사실을 기독교의 진리로 받는다.

20. 따라서 세 분 하나님이 계시며 세 분 주님이 계시다는 말은 참 기독교인으로서 금한다.

21. 성부는 그 무엇에서 만들어지거나 창조되거나 유래된 분이 아니다.

22. 성자는 성부에게서 왔으나 지음을 받았거나 유래된 분이 아니시다.

23. 성령은 성부와 성자에게서 왔으나 지음을 받았거나 유래되었거나 발생된 분이 아니시다.

24. 따라서 세 분 성부가 아닌 한 성부, 세 분 성자가 아닌 한분 성자, 세 분 성령

이 아닌 한 성령만이 계실 뿐이다.

25. 이 삼위일체에 있어서 그 어느 한 분이 앞서거나 뒤에 계신 것이 아니며 위대하거나 덜 위대한 분도 없다.

26. 다만 세 분이 함께 영원하며 동등하다는 것이다.

27. 따라서 앞서 말한 대로 이 모든 것에서 세 분이면서도 한 분으로 통일을 이루는 삼위일체께서 경배를 받으셔야 할 것이다.

28. 그러므로 구원받을 사람들은 삼위일체에 대하여 생각해야만 한다.

29. 더 나아가 영원한 구원을 얻는 데에는 우리 주 예수 그리스도의 성육에 대하여 올바로 믿어야 한다.

30. 올바른 믿음이란 하나님의 아들이신 우리 주 예수 그리스도께서는 하나님이시오 동시에 인간이란 사실을 믿고 고백하는 것이다.

31. 그는 성부의 본체이시며 이 세상이 생기기 전에 나신 자요, 동시에 그 어머니의 본질을 갖고 이 세상에 나신 분이시다.

32. 완전한 하나님이시오 또한 완전한 인간으로서 영혼과 육신을 갖고 계신 분이시다.

33. 하나님 되심에 있어서는 성부와 동등하시나 그의 인격 되심에 있어서는 성부보다 낮으신 분이시다.

34. 그는 하나님이시며 인간이시나 두 분이 아니요 한 그리스도이실 뿐이다.

35. 그리스도는 하나님의 머리되심이 육신으로 전환된 것이 아니라 인간의 몸을 취한 하나님이 되시는 분이시다.

36. 그리스도는 그 본질이 혼합된 분이 아니라 인격의 통일성으로 하나 되신 분이시다.

37. 한 인간이 영혼과 육신을 가졌듯이, 한 그리스도께서는 하나님이시오 동시에 사람이 되신다.

38. 그 분은 우리를 위해 고난 받으시고 음부에 내려 가셨다가 삼일 만에 죽은 자 가운데서 다시 사셨다.

39. 그는 하늘에 오르사 전능하신 하나님, 곧 성부의 오른편에 앉아 계시며

40. 거기로서 산 자와 죽은 자를 심판하려 오실 것이다.

41. 그가 오실 때에 만민은 육체로 다시 일으킴을 받을 것이며,

42. 자신들의 행위에 따라 판단을 받을 것이다.

43. 그리고 선한 일을 행한 자는 영생으로 나가고 악을 행한 자는 영원한 불에 들어갈 것이다.

44. 이것이 교회의 참 신앙이며, 이를 신실하게 믿지 않는 자는 구원을 얻지 못할 것이다.[46]

5) 아타나시우스 신조의 신학적 구조

구조	신앙고백의내용	주요 요점
서론	없음	
신론	(3-28항) 3. 삼위일체 하나님을 믿음. 4. 삼위는 한 본질. 5. 각자의 인격이 계심. 6. 신격과 영광이 동일. 7. 그 자체로 존재. 8. 삼위는 서로 창조함을 받지 않음. 9. 삼위는 다 이해 할 수 없다. 10. 영원하시다. 11. 세분이 아니시고 한분. 12. 이해를 초월한 한 하나님. 13. 전능하시다. 14. 한 하나님의 전능 자. 15. 삼위는 하나님. 16. 한 하나님만 계신다. 17. 삼위는 주님. 18. 세 주가 아니라 한 주. 19. 삼위일체를 진리로 받는다. 20. 세 하나님과 세 분 주님이 계신다는 말을 금한다. 21. 성부는 창조함 받지 않음. 22. 성자도 지음 받지 않음. 23. 성령도 지음 받지 않으시고 나오신 분. 24. 한 하나님 한 성자 한 성령. 25. 각위의 차이가 없다. 26. 영원히 동등하시다. 27. 하나님께서 경배 받아야 함. 28. 삼위일체를 믿어야 한다.	삼위일체 하나님 각 위가 차이가 없음
인간론	인간의 몸	인간

---

46 김의환, 「개혁주의 신앙고백집」 p. 9.

기독론	(29-39항) 29. 구원을 위해 성육신을 믿어야 한다. 30. 예수님은 하나님이신 동시에 사람임을 믿어야 한다. 31. 창조 전에 나신 분이시다. 32. 이성 있는 인간으로 생존한다. 33. 신성으로는 성부와 동등 인성으로 성부보다 낮다. 34. 한분 그리스도다. 35. 인간의 몸을 취하신 분이다. 36. 통일성으로 하나 되신 분. 37. 하나님이 시며 동시에 인간. 38. 관 받으시고 살아나심. 39. 하늘에 오르사 하나님 우편에 계심.	성육신 이성일 인격 하나님 비하와 승귀
구원론	(1-2항) 1.구원을 받고자 하는 자는 이 신앙을 소유해야 한다. 2.이 신앙을 완전하고 순결하게 지키지 않으면 멸망	이신득구
교회론	(44항) 44. 이것이 교회의 참 신앙이며 이를 신실하게 믿지 않는 자는 구원을 얻지 못하는 것이다. 아멘	교회의 참 신앙
종말론	(40-43항) 40. 거기로서 산 자와 죽은 자 심판하려 오심. 41. 오실 때 육체로 부활. 42. 행위를 따라 심판. 43. 선을 행한 자는 영생, 악을 행한 자는 영원한 불에 들어감.	재림과 심판

6. 오렌지 종교회의(529)

529년 오렌지 공회의에 아르레스의 감독 카사리우스(470~542)가 주장한 반펠라기우스주의를 물리치고 어거스틴의 원죄와 은혜에 대한 가르침을 따라 작성 채택한 신조이다. 펠라기우스는 인간은 자유로우며 스스로 선을 행할 수 있다고 주장하고 은혜는 하나님께서 율법을 통하여 주시는 도덕적 교훈 속에서와 그리스도의 모범을 따라 사는 삶에서 얻는다고 말했다. 6세기 초 이러한 사상을 따르는 아르레스의 감독 이사 리우스(470~542)가 펠라기우스의 사상을 주장하자 오렌지 종교회의는 어거스틴의 가르침을 옳은 것으로 확인하고 펠라기우스 주의자를 정죄하였다.

어거스틴 Augustine 은 ① 죄의 형벌로 사망 ② 원죄 유전 ③ 선택 상실 ④ 절대 예정 ⑤ 유아세례를 주장하였다.

펠라기우스는 ① 아담은 인류의 예에 불과 ② 유전부인 ③ 자유 선택 가능

④ 절대적 예정 부정 ⑤ 유아는 무죄로 구원과 관계 부인으로 431년 에베소 대회에서 이단으로 규정하였다.

지금까지 설명한 고대 신조를 다시 한번 정리하면 다음과 같은 도표로 정리할 수 있다.

신조	연대	지역	다른 이름	주요내용	이단
사도신조	2C~8C.	서방	신앙의 법규 진리의 법규 사도적 전통	삼위일체 하나님에 대한 고백	유대주의 이교주의
니케아 신조	325년, 318명 의 동방교회 감독	동방	신조	삼위일체 (성부, 성자는 동일 본 체)	아리우스 주의 비판
니케아 콘스 탄티노플	381년, 150명의 동방교회 감독	서방	나이신 신조 니케아 콘스탄티 노플 신조	삼위일체 성령에 관한 내용 추가	아리우스주의와 아폴리나니우스 비판
칼케돈	451년 4차 종교회의	동방		기독론 그리스도의 신성과 인성	네스토리우스와 유티케스 비판
아타나시우스	420 - 450	서방	퀸쿤케 신조	삼위일체 기독론	아리우스주의 비판
오렌지	529년	서방		펠라기우스 주의를 물리치고 어거스틴주의 를 받아드림	펠라기우스 주의자를 정죄함

고대 신조의 발생 동기는 삼위일체 하나님을 부정하고 그리스도의 이성일인격을 거부하는 안으로부터 양태론을 주장한 사벨리우스[47]와 그리스도의 이성일인

---

47 사벨리우스(Sabellius, ? -260?) : 양태론적 군주론(modalistic nonarchianism)의 대표적 인물이다. 하나님은 삼중적 양태로 나타났다는 것이다. 사벨리우스의 단일신론은 니케아회의 이전의 단일신론 중에서 가장 오래된 것이며 독창적인 것으로서 정통적 삼위일체론에 대하여 적수가 되었다.

격의 신성을 부인하는 아리우스와 인성을 부인하는 아폴리나니우스와 밖으로부
터 불어오는 잘못된 사상으로 유일신론을 금과옥조와 같이 여기며 예수님의 동정
녀 탄생을 부인하는 동시에 그리스도의 신성을 부인하고 보통 사람으로 여기는 유
대교의 에비온파(67년)와 170년경에 소아시아에서 발생한 알로기파Alogi[48] 헬레
니즘 시대의 사조로 나타난 영지주의와 성부에 대하여 그리스도는 하위라고 하는
신인 양성론, 이러한 이단들로부터 교회를 보호하고 진리를 사수하기 위해 신조를
만들어 예수 그리스도는 하나님의 아들로서 성부와 동질이며 동시에 인성을 가지
신 분이라는 것을 확정 지은 것이다. 그러나 이 논쟁은 칼케돈 회의 이전 이후 그리
고 16세기 종교개혁 이후 지금까지 계속되고 있는 논쟁이라 할 수 있다. 예수님께
서 나를 누구라 하느냐는 질문은 지금도 계속되고 있다. 고대 신조는 삼위일체와
그리스도의 이성일인격에 대한 신앙고백이다.

　　그리고 세계 제3차 대회는 디오디시우스 2세에 의해 431년 에베소에서 네스
토리우스의 그리스도의 양성 일치를 거부한 그를 출교하고 435년에 아라비아로
유배시켰다. 네스토리우스 설은 이후 중국의 경교로 나타나고 있다. 이때 펠라기우
스 설을 이단으로 규정하였다.

　　449년 에베소에서 유디케스의 일성론 옹호하고 반대파를 위협하여 유디케
스를 복직시켰다. 이를 도적 회의라고 한다.

　　553년 제2차 콘스탄티노플회의에서 단성론을 비판하고, 이에 단성론을 지지
하는 가톨릭과 켈케돈 신조를 지지하는 가톨릭교회로 첫 번째 가톨릭교 회의 분열
로 이어졌다.

　　제6차 에베소 회의는 680년 유스티안 대제(527-565)의 소집으로 콘스탄티노

---

48 알로기파(Alogi) : 170년경 소아시아에서 발생한 이단으로 로고스를 부정한다. 키프로스섬의 살로미스의
　감독 에피파니우스(Epiphanius, 351-403가 최초로 이 이단을 알로기라고 호칭하였다. 이들은 계시록과 로
　고스교리를 거부하였으며 천년왕국과 모든 신비교리에 대하여 합리적으로 반대한 합리주의자들이다. 이들
　은 예수가 세례를 받을 때 초자연적인 능력을 받았다고 생각했다.

플에서 일의설(一意說), 양성을 가졌으나 신의(神意)만 가졌다고 주장하는 것을 배격하고 이의설(二意說)을 채택했다. 7세기 8세기에 양자설이 등장하여 675년 톨렌도 회의에서 그리스도는 본래 하나님의 아들이고 양자로 된 것이 아니라고 선언하였으나 다시 대두되어 우루겔라의 감독 펠릭스Felix 의 의해 그리스도는 신성으로 볼 때 하나님의 독생자이었으나 인성 편에서 양자의 형식으로 아들이 되었다고 하는 주장이다. 이는 794년 후랭크포트 대회The Synod of Frankfort에서 정죄 되었다. 제7차 회의는 787년 니케아에서 콘스탄틴 6세에 의해 소집되어 성화숭배를 하기로 하였고, 제8차 회의는 879년 니케아에서 성령의 출처문제로 니케아 신조를 확인하였다.

7. 왈도파 신앙고백(1120)

1) 왈도파의 역사적 배경

성경의 가르침으로 돌아가자는 무리에게 분파의 이름으로 페트로부르스파 혹은 앙리파로 불리었다. 알비파라는 명칭은 12세기 중엽 알비Albi 근처 롬바르에서 교회가 개최된 후에야 불린 이름으로 "형제들의 본이 되는 삶을 산 선한 사람들"이라 불렀다.

교황 이노센트 3세 프랑스 지역 박해 때 이단으로 추방, 개종을 거부 순교했다. "우리는 교황이나 사제의 권위를 가지고 있지 않으며, 오직 예수 그리스도와 그분의 말씀을 가지고 있을 뿐이다"라고 외치고 장작더미 불 속으로 순교했다. 피에드몽의 알파인 계곡에는 나중에 왈도파 혹은 보드와파라고 불리게 된 형제들이 수 세기 동안 살아오고 있었다. 그들의 기원을 사도시대까지 거슬러 올라간다.

왈도파의 기원[49]은 피에르 왈도가 아니고 그 이전부터 시작된다. 대표적인 이

---

49 왈도파의 기원에 관해서는 라은성 "발도파 고대성: 발도와 발도파의 관계" ⊠역사신학논총⊠ 5-6호(2003

유로 피에르 왈도 Pierre Valde, 약 1114-1205가 태어나기 전 1120년 왈도파라 불리는 자들의 신앙고백서가 있었다는 것에서 쉽게 알 수 있다. 피에르 왈도파보다 '무명의 무리'이다. 이들은 세 가지 원리가 있다. 첫째, 사람보다 하나님을 더 순종하는 것 둘째, 성경 말씀이 그들의 지식의 근원이었고, 셋째, 복음전파의 중요성을 믿었다.

사람은 자기 시대의 사회적 제약 안에서 산다. 완전하지 않다. 리용의 빈자들 곧 왈도파 무리는 그들이 살았던 시대의 아들딸이었다. 중세기라는 시대와 로마교회라는 구도 안에 살았다. 왈도파는 단일 전통을 가진 공동체가 아니다. 획일적인 규례를 가지고 있지 않았다. 그들 안에는 공통의 요소들과 함께 서로 다른 다양한 전통들이 공존했다. 로마교회의 관할 아래에 있는 자들이 있었고, 밖에 있는 자들이 있었다. 그러나 성경을 중요하게 여기고 성경적 교리를 신앙하고 복음 전도를 하는 것은 같았다.

지도자 그룹에는 학식이 높은 자, 문맹인, 반(半) 문맹인 등 다양한 사람들이 공존했다. 3~4년 동안 신학 수업에 해당하는 가르침을 받고, 읽기와 쓰기를 배우고, 신앙의 상당 부분을 암기로 습득했다. 공동체 안에서 하급자가 상급자의 지도를 받고 따랐음을 시사한다. 목사들은 간소한 형태의 예배를 인도하고, 초기에 독자적인 교회를 세우지 않았다. 영향력과 수적 우세에도 불구하고 계속하여 로마교회의 예배에 참석했다. 헌금하고, 사제들에게 죄를 고백하고, 성도들의 교제에 참여했다.

2) 피터 왈도

피터 왈도 Peter Walde, 1140~1217는 프랑스 리용에 살고 있었던 부유한 장사꾼으로 젊은 시절 장사로 많은 재산을 모았다. 그는 1173년경 한 동료가 파티에

겨울, 2004 봄)를 초고하시기 바란다.(재인용)

서 급사하는 것을 보고 구원에 필요성에 대해 눈을 뜨고, 성경에 대한 관심을 끌게 되었고 "네 소유를 다 팔아 가난한 자들에게 주라 그리하면 하늘에서 보화가 네게 있으리라"(마 19:21)라는 말씀을 실천하고자 자신의 전 재산을 처분하여 가난한 자들에게 나누어 주고 전도하는 헌신의 삶을, 그와 함께하는 사람들이 생겨났는데 "그들을 이용의 가난한 사람들"이라 불리게 되었다. 그들이 황제의 칙령에 따라 리용에서 쫓겨난 후에는 주변 국가로 흩어져 매우 능력 있는 설교가로 이름을 떨치게 되었다. 왈도가 왈도파의 창시자는 아니며, 왈도파는 그들과 같은 신앙을 가졌던 초기의 시대의 신앙인들을 추종하는 사람들로서 반대자들이 분파적 명칭을 부여한 것이다. 피터 왈도는 여행을 계속하다가 보헤미아에 도착하여 거기서 죽음을 맞이했다(1217년). 왈도가 죽은 뒤 여러 지역에 산재한 왈도파 신앙인들은 비공식적인 교류를 갖는 형태의 공동체Council를 유지하다가 협회Societies라고 하는 교회조직을 탄생시켰다. 매조랄Majoral이라는 치리 기구를 만들었다.

왈도파 신앙 운동이 기독교 역사에 미친 영향은 고귀하다.

첫째, 성경적 근거로 교회의 독립성을 적극 변증했다. 성경과 일상행위로 자신들의 활동이 옳음을 판단하도록 했다.

둘째, 성경의 권위와 평신도 대상의 성경 교육은 성경을 살아 있는 책이 되게 했다. 자국어 성경 번역 운동을 자극했다. 성경 보급 활동을 적극적으로 펼쳤다. 성경을 부지런히 가르치고 배우게 했다. 마태복음과 누가복음 전체를 완전히 암기하는 사람도 있었다.

셋째, 보통 신자들이 설교할 수 있는 권한을 확보하고자 했다. 교회가 요구를 들어주지 않자 굽히지 않고 길거리, 집, 교회에서 전도하기를 그치지 않았다.

넷째, 여자들도 가르치고 전도했다. "늙은 여자로 … 선한 것을 가르치는 자들이 되게 하라(딛 2:3)"를 인용하면서, 자신들의 사역은 공식적인 설교가 아니라 가르치는 일이라고 답변했다.

다섯째, 이 땅에서 매고 풀 수 있는 권한을 부여받은 것은 교회라는 조직체가 아니라 복음 전도자라고 확신했다.

사도시대 유형의 기독교를 회복하려고 시도한 왈도파 신앙 운동은 유럽인들에게 순수한 신앙을 갈망하게 했다. 교회개혁을 촉구하는 성경적 신앙 운동에 불멸의 본보기가 되었다. 리용의 빈자들이 펼친 신앙 운동이 16세기 종교개혁운동의 여명이라는 점을 부정하는 역사가는 없을 듯하다.[50]

3) 왈도파 교회

로마가톨릭교회 교인들이 교황에게 순종하듯이, 리용의 빈자들은 이 치리기구의 결정에 순종했다. 어떤 지역교회는 집사, 장로, 감독을 세웠다. 신자들은 상급자에게 순종했으며, 강한 형제의식fraternity을 가졌다. 서로를 '형제' '자매'로 불렀고, 설교를 듣는 평범한 사람들을 '친구' '신자'believer라고 불렀다. 자기 집에서 지도자에게 죄를 고백하고, 설교를 들었다. 드러나지 않게 비밀리 집회 장소에 숨어들었다. 1316년에 이르러 왈도파 신앙인들이 종신형을 선고받았고, 또 다른 신도는 화형을 당했다.

왈도파 후예들은 나폴레옹의 통치 이후에 신앙의 자유를 얻었다. 16세기에 독일과 스위스에서 종교개혁운동이 일어나자 개혁교회 신학자들의 가르침을 받았다. 남부 독일의 종교개혁운동과 스위스의 종교개혁운동과 밀접히 연결되어 있었다. 중세시대의 끝자락에 태동한 리용의 빈자들 곧 왈도파 신앙 운동은 상당히 큰 영향력을 지녔다. 초기 종교개혁신학자들은 왈도파 교회를 모범적인 프로테스탄트교회로 간주했다.

왈도파 교회는 기독교 역사의 분수령인 16세기 종교개혁을 넘어 오늘날에도 존재하고 있다. 왈도파 신앙 운동이 기독교 역사에 미친 영향은 고귀하다. 13세기에 남긴 문헌들 가운데 성경 프랑스어 번역판이다. 신앙 운동이 16세기 종교개혁운

---

50 최덕성 박사 브니엘신학교 총장, 교의학 교수.

동의 여명이라는 점을 부정하는 역사가는 없을 듯하다.[51]

4) 왈도파 신앙고백서와 웨스트민스터신앙고백서 비교[52]

구조	왈도파 신앙고백서	벨지카 신앙고백서/ 웨스트미스터신앙고백서
1	우리는 이 상징서의 12항목에 포함된 모든 것을 믿고 확실하게 고수한다. 이 상징서는 「사도신조」이라 불리고 이것에 동의하지 않거나 언급된 12항목에 일치하지 않은 자는 이단이다.	
2	우리는 한 하나님, 즉 성부, 성자 및 성령을 믿는다.	8항/2장
3	우리는 정경이 성경임을 인정한다. 성경은 구약성경 39 권이다. 이외 히브리어로 된 외경(13권)을 수용해선 안 된다. 또 신약성경 27권을 수용한다.	4항/1장
4	위에서 언급된 책들은 이것을 가르친다. 한 하나님, 전능하시고, 자신의 선하심으로 모든 것을 만드신 가장 지혜롭고 선하신 분이다. 자신의 형상과 모양으로 아담을 조성하셨지만 마귀의 대사로 인해 아담의 불순종으로 죄는 세상에 들어왔고 우리는 아담 안에서와 그에 의해 죄인들이 됐다.	9항/6장
5	그리스도는 율법을 수용하는 우리 조상들에게 약속된 분이고, 율법으로 그들의 죄, 불의 및 불충분을 깨달아 그리스도의 오심을 열망하게 된다. 그분이 오셔서 죄들을 만족하시고 스스로 율법을 완성하셨다.	10항/7장

---

51 최덕성 지음, <위대한이단자들: 종교개혁500주년에 만나다>(서울: 본문과현장사이, 2015), 제5장 2부.
52 개혁신학 포럼, 개혁교회의 뿌리를 찾다. "개혁파종교개혁근원" 라은성 교수 총신대(2019. 10. 28) 발표 편집. 개혁신학포럼 18차 정기세미나, 2019, p. 43.

6	그리스도는 우리의 생명, 진리, 평화 및 의이시고, 우리의 목자, 변호자, 희생자 및 제사장으로서 믿는 모든 자의 구원을 위해 죽었고 우리의 칭의를 위해 부활하셨다.	21항/8장
7	이와 같이 예수 그리스도 외에 성부 하나님과 함께하는 다른 중보자와 변호자가 없음을 우리는 확고히 고수한다. 동정녀 마리아에 대해선 그녀는 거룩하고, 겸손하고, 은혜가 충만한 분으로서 최후의 심판 날에 몸의 부활을 기다리는 다른 모든 성도에 관해 이렇게 우리는 믿는다.	26항/8장
8	이생 후 구원 받은 자와 저주 받는 자를 위한 두 장소만 있음을 우리는 믿는다. 그 두 장소는 낙원과 지옥이라 우리는 부른다. 연옥은 적그리스도가 고안해 놓은 것이고 진리와는 반대되어 위조된 것이기에 부인한다.	37항/32장
9	하나님 앞에 인간의 모든 고안물, 즉 성자들의 축제와 기도, 성수 등이 말할 수 없는 증오스러운 것으로 우리는 항상 여겼다. 특정한 날들에 육체를 금욕하는 것과 이와 같은 것만 아니라 미사도 그러하다.	35항/21장
10	자유의 영을 근심하게 하거나 불리하게 하는 인간의 모든 고안물을 적그리스도적으로 증오스러운 것으로 평가한다.	32항/21장

5) 왈도 신앙고백서의 평가

이상에서 비교해 볼 때 개혁파 종교개혁의 신앙고백서와 유사한 것을 알 수 있다. 그러나 공의회를 통한 공교회의 고백이 아니고 왈도파라는 파에서 만들어진 것이기에 참고로 받아들이는 것이 좋을 것이다. 이는 암흑기에 생명의 교회가 이어져 오고 있다는 역사적 증거이기도 하다. 왈도파의 고백들이 칼빈의 기독교강요와도 다르지 않다. 16세기 일어난 종교개혁운동 역시 왈도파 골짜기까지 알려지자 타볼라 왈도파Tavola Valdese는 미완성된 프로테스탄트주의와 접촉을 시도했다. 1526년 키소네Chisone 골짜기에 있는 조그만 마을 라우스Laus에서 회의한 후 사절단을 보냈다. 1532년 독일과 스위스 프로테스탄트들과 만난 후 개혁교회의 신앙을 채택했다. 이에 따라 스위스와 프랑스 개혁교회들은 기욤 파렐과 앤터니 소니에르Anthony Saunier를 보내서 1532년 10월 12일 찬포란Chanforan의 모임에 참석하게 했다. 파렐은 이들을 초청하여 종교개혁에 가입시켜 세상에 드러나게 했다. 개혁신앙 교리가 담긴 신앙고백서는 공식화되었고 왈도파는 프랑스어로 공개적 예배를 드리기로 결의했다. 게다가 올리베탕이 번역한 프랑스 성경을 채택하여 1535년 스위스 뉴샤텔에서 출판했다. 이 성경은 왈도파 자국어로 된 신약성경이었다. 그 비용은 왈도파가 담당했다. 피에몽테 외 활동하던 왈도파는 보헤미아, 프랑스 및 독일에 있는 지역 프로테스탄트교회들에 가입했다. 현재 왈도파교회는 츠빙글리와 칼빈이 구성한 개혁신앙에 기초한 교회에 속했다.

개혁파 종교개혁의 뿌리를 어디에 둘 수 있을까? 왈도파는(무명의 무리)이다. 그들이 고수했던 신앙고백서와 개혁파 신앙고백서는 큰 차이가 없다. 또 칼빈의 종교개혁과 관련된 자도 왈도파였다. 그리고 왈도파는 종교개혁이 일어나자 칼빈주의를 따르는 자로 스스로 선택했다. 그 이유는 성경이 모든 자에 의해 해석된 것이 공개돼야 모든 세상에 그 메시지가 공개돼야 한다고 믿었기 때문이다. 수 세기 동안 그들은 하나님을 섬겼고 그분의 사랑을 세상에 선포했다. 평화를 지향하는 그들은 이따금 신앙의 진실성을 찾기 위해 전쟁하곤 했다. 그들은 비밀적으로 모임을 할 수밖에 없었는데 그 이유는 죽임을 늘 직면했기 때문이다. 더욱이 그들의 교회당에 오늘도 새겨진 문구는 "빛은 어두움 속에서 빛난다"Lux lucet in tenebris. 이 문구는 개혁파 종교 개혁자들의 문구와 큰 차이가 없다.[53]

---

53 개혁신학 포럼, 개혁교회의 뿌리를 찾다. "개혁파종교개혁근원" 라은성 교수 총신대(2019. 10. 28) 발표 편집. 개혁신학포럼 18차 정기세미나, 2019, p. 43.

그러나 개혁교회와 관계에 있어 이들은 박해에 저항해 알프스 산속으로 숨어들어 천년을 초대교회 생활을 지속하며 살아남았다. 그리고 천년 후 그 후손들이 종교개혁의 물결에 참여했다.

그들의 메시지 핵심 내용은 세 가지다.

첫째, 예수 그리스도의 복음이었다.

둘째, 사도적인 청빈의 삶이었다.

셋째, 교회의 그릇된 가르침에 대한 지적이었다.

이들이 전개한 복음적 개혁신앙 운동은 교회의 무기력함과 그릇된 유혹과 사제주의에 대한 강한 항의였다. 왈도파 사람들의 삶의 지향점은 초대교회의 정신을 지키는 것이었다. 그러나 종교개혁의 뿌리라고 하기는 무리하다고 생각한다. 개혁 전 개혁자들이 종교개혁에 영향은 미쳤으나 뿌리가 아닌 것처럼 이들도 종교개혁의 뿌리가 아니다.

개혁자들은 자연으로 돌아가지 – 성경으로 돌아가자

철학으로 돌아가자 – 신조로 돌아가자

이성으로 돌아가자 – 하나님께 돌아가자

왈도파도 개혁 전 개혁자들처럼 종교개혁에 영향을 미친 것은 사실이지 만 종교개혁의 뿌리라고 하기에는 동의할 수 없다. 저들은 로마가톨릭교회 제도를 수용하면 절충주의적 삶을 살았다. 종교개혁의 뿌리는 16세기 르네상스 운동과 더불어 성경과 고대 신조와 어거스틴적 하나님 절대은총적 신학 체계라 할 수 있다.

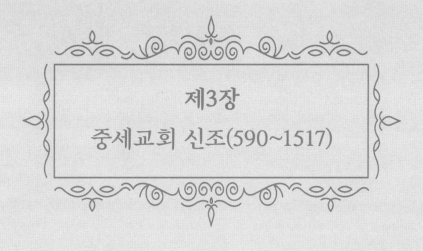

제3장

중세교회 신조(590~1517)

제3장 중세교회 신조(590~1517)

중세시대는 590~1517년이라 할 수 있다. 로마제국의 주요교회는 로마교회, 콘스탄티노플 교회, 안디옥교회, 알렉산드리아교회, 예루살렘교회다. 가톨릭은 590년 교황 그레고리 1세로부터 시작되었다고 할 수 있다. 그리고 중세의 중요한 주제의 하나는 교회 권력의 증가와 국가와 교회 권력의 관계였다.

로마제국의 붕괴(崩壞)로 중세 교황들의 권력이 상승했다. 교황들은 카롤링거 왕조(8세기~11세기) 왕들의 대관식을 집례했다. 그레고리 7세는 독일의 헨리 4세에 대해 승리를 거두고 이노센트 3세는 잉글랜드와 프랑스 왕들의 콧대를 꺾어 놓았다. 보니페이스 8세는 국가에 대한 교회의 우월성을 강력하게 주장하였다. 그러나 정치적, 도덕적, 종교적 혼란으로 개혁운동(11세기 클뤼니 수도원운동)이 일어나고, 가톨릭교회가 점차로 로마가톨릭교회로 바뀌기 시작한 가장 중요한 변화는 구원에 대한 인간의 무능과 하나님의 은혜의 필수성이라는 어거스틴의 가르침으로부터 인간의 노력으로 가능하다는 것을 이해하는 반(半, Semi 오거스틴 주의가 피터 롬바르드와 토마스 아퀴나스에 의하여 제기된 것이다. 1300년 신 가톨릭(로마가톨릭교회)교회의 출현으로 롬바트에 의해 칠 성례가 제기되고, 1215년 제4차 라데란회의에서 화체설, 1438~1445년 플로랜스회의에서 칠 성례를 확정하고, 1545~1563년 트렌트회의에서 공로화 된 은총을 교리화 시키고 외경을 정경으로 선포했다.

로마가톨릭교회에 의해서 기독교 신앙과 역사가 돌연변이를 일으켰다. 그러나 기독교의 역사는 변함없이 계속되고 있다. 로마가톨릭교회의 신앙과 역사는 이

성주의로 인간으로부터 시작하여 하나님께로 올라가는 교황주의였고 역사적 기독교 신앙과 역사는 신본주의 하나님으로부터 하나님의 택한 백성들에게 주어지는 것이다.

로마가톨릭교회는 신조를 반대하는 자들을 이단으로 제거하였으며 6세기 이후 16세기 종교개혁까지는 역사적 정통기독교회의 신조는 만들어지지 않았다. 중세 로마가톨릭교회 시대는 신학과 철학의 벽이 없게 되고 과학과 이성과 신학이 하나가 되어 천문학, 의학, 기하학, 윤리, 정치, 문학, 예술, 철학 모두가 신학에 포함되었다. 어거스틴의 제 해석 과정에서 철학이 도입되고 아리스토텔레스(384-322)와 스콜라 철학이 나오게 되었다. 스콜라 철학은 노스틱주의를 근거한 것이다. 이때 로마가톨릭교회주의를 탄탄하게 만들었다. 로마가톨릭교회 신조의 개념은 신플라톤주의와 스콜라 철학의 개념을 근거로 공로주의, 교황주의,, 신부주의를 확립하였다. 중세기독교회는 정치, 경제, 문화, 사상뿐만 아니라 생활 전부가 교황청에 따라 조직되고 운영되었다.

1. 초기 로마가톨릭교회 신조들

431년 에베소 공의회에서 마리아를 하나님 모친(어머니)교리를 확정지었다.

451년 칼케돈 공의회 이후 1215년 라테란 공회의에서 중세 로마가톨릭교회 교회의 교리가 나오기까지 여러 차례의 공의회 또는 대회가 열려 신앙에 관한 결정을 보았다. 553년 콘스탄티노플에서 제5차 회의에서 알렉산드리아 학파를 납득시키기 위해 칼케돈의 결정을 재해석하는 선언문을 채택하고 그리스도의 두 성품의 통일성을 더 강조하였다. 681년 열린 제6차 에큐메니컬 공의회에서 단의론(單意論, monothilitism), 즉 예수 그리스도께서는 하나의 의지, 다시 말하면 인간적인 의지만을 가졌다는 가르침에 반대하여 양의론(兩意論), 즉 신적 의지와 인적의지를 가지시고 양 의지는 구분되거나 분리되거나 하나로 변하거나 혼합되지 않는다는 것을 지지하는 결정을 내렸다.

753년 콘스탄티노플 대회에서 성상(聖像)을 금지하는 결의를 하였는데 제2 니케아회의는 세계적인 교회 회의로서 제7회 회의인데 주로 우상 문제에 대해서 결의하였다. 레오 4세와 콘스탄틴은 계속해서 우상 숭배와 성화 예배를 엄금했으나 레오 4세가 죽은 뒤 황후 이레네가 어린 왕자의 섭정을 하면서 교회의 초상 숭배와 성화 예배를 찬성하여 787년 9월 24일에서 10월 13일까지 모이는 교회 회의에서 753년 콘스탄티노플 결정을 무효로 하고 그리스도, 마리아 및 성도들의 초상과 화상을 교회에 안치하고 예배드리게 하고 십자가 화상도 예배하기로 가결하였다. 이때 회의는 언론과 의사의 자유를 극도로 탄압한 중에 진행되었다. 비록 회의에서 가결은 되었지만, 동방 여러 교회는 반대 의사를 노골적으로 표현하여 마침내 동서 교회가 갈라지는 원인이 되었다.

794년 프랑크푸르트 대회에서 성상숭배는 우상으로 규정하였다.

815년 하이가의 대회에서 성상 문제를 재론하였으나 결정하지 못했다.

1215년 제4차 라테란 공의회는 교황 인노센트 3세가 "카타라"의 이단 문제를 처리하기 위해 모여 삼위일체 하나님과 그리스도에 대한 고백을 서술하고 화체설과 사제만이 성체성사의 효과를 나타내며 성년이 되면 적어도 한해 한번은 신부에게 고해성사하고 고행할 것을 결의했다.

2. 우남상탐 신조(1302)

1) 우남상탐 신조의 역사적 배경

1302년에 열린 공의회로 교황의 권세와 제왕권에 대한 것으로 교황 보니페이스 8세와 프랑스 왕 필립 4세의 충돌로 교황이 우남상탐을 발표하여 교회가 세상 권력자를 다스릴 권세가 있음을 천명했다.

2) 우남상탐 신조의 특징

교회가 세상의 권력자를 다스릴 권세가 있음을 천명했다.

3) 우남상탐 신조 평가

중세 서양 역사와 문명에 있어 중요한 것은 교회와 국가의 관계였다. 동방교회는 비잔틴제국에서부터 황제의 권력 아래 국가교회 형태로 발전하였으나 서방교회는 권력으로부터 자유롭게 발전하게 되었다. 그러나 교회 권력이 강해지자 반대로 양자의 영역이 혼돈하게 되었고, 교회가 세상 권력을 지배하게 되어 교황이 황제의 왕관을 세워주는 대권을 가지게 되었다. 이로 국왕파와 교황파의 충돌로 우남상탐이 발표되었다. 우남상탐은 삼위일체 하나님과 구원의 교리가 없으므로 교회 신조라 할 수 없다.

4) 우남상탐 신조 전문

우리는 신앙으로 믿고 주장할 수밖에 없는 것, 확고부동하게 믿고 신실하게 고백하는 것은 오직 하나의 거룩한 공동의 사도적 교회가 있다는 것과 그리고 이 교회밖에는 구원도 없고 죄의 용서도 없다는 것이다. …… 이 교회 안에 한 주, 한 신앙, 한 세례가 있다. 대 홍수 때에는 하나의 노아의 방주가 있었는데 그것은 하나의 교회를 상징한다. 한 큐빗으로 되었고 선장으로서는 한 사람 즉 노아를 가지고 있었다. 이 방주 밖에 있던 지구 위의 모든 것은 파멸되었다고 우리는 읽고 있다. …… 이 하나의 그리고 유일한 교회에 있어서도 하나의 머리 즉 예수 그리스도를 가지고 있을 뿐, 어떤 괴물처럼 두 개의 머리를 갖지 않는다. 그리고 교회의 대리자는 베드로와 베드로의 계승자들이니 그 까닭은 주께서 베드로에게 친히 말씀하신 대로 "내 양을 먹이라"고 하셨기 때문이니 "나의 양"이란 말은 이런 또는 저런 특정한 양이 아니고 양 일반을 말씀하신 것이다. 이렇듯 주님은 베드로에게 모든 양을 위탁하신 것이다. 그러므로 만일 희랍인들이나 그 밖에 사람들이 자기들은 베드로와 그 후계자들에게 위탁된 양들이 아니라고 고백한다면 그들은 그리스도의 양들이 아님을 스스로 고백하는 것이 될 수밖에 없으니 그 까닭은 예수께서 요한복음에서 "하나의 우리와 한 사람의 목자가 있다"라고 말씀하셨기 때문이다.

　또 우리가 복음서에서 읽을 수 있듯이 이 교회와 이 교회의 권세 안에 있는 칼 두 자루가 있는데 그것은 영적인 것과 현세적이다. 그 까닭은 사도들이 말하기를 "보라 여기에(즉 교회 안에라는 말이니 이것을 말한 사람은 바로 사도들이기에) 두 자루의 칼이 있다"고 했을 때 주께서 대답하시기를 "그것은 너무 많다" 그러나 "그것으로 충분하다"라고 하셨기 때문이다. 실로 현세적인 칼이 베드로의 권세 아래 있음을 부인하는 사람은 주께서 하신 말씀 "너희 칼을 너의 칼자루에 넣어라"라는 말씀을 오해하는 것이 된다. 두 자루의 칼이 다 교회의 권세 안에 있으니 곧 영적인 칼과 물질적인 칼이다. 그런데 후자는 교회를 위하여 사용되어야 하고 전자는 교회에 의하여 사용되어야 한다. 전자는 사제들에 의하여 사용되어야 하고 후자는 왕들과 장군들에 의하여 사용되어야 하되 사제의 뜻에 따라 또 사제의 허락을 받아서 사용되어야 한다. 그럴 때 한 자루의 칼은 다른 한 자루의 칼 아래 있어야 하며 현세의 세상 적인 권위는 영적 권위에 순종해야 한다.

　그 까닭은 사도가 말한 대로 "권세는 하나님의 권세밖에 없고 세상의 정치권력들은 하나님이 주신 것이며 한 자루의 칼이 다른 한 자루의 칼에 순종하게 되어 있지 않았더라면 그 권력들이 주어졌을 리가 없었기 때문이다. …… 이처럼 교회와 교회의 권세에 관하여 예레미야의 예언이 이루어졌으니 "보라 내가 이날에 너를 여러 백성과 왕국들 위에 앉혔느니라"라는 말씀과 또 그 밖의 다른 예언들이 있다. 그러므로 만일 세상의 권력이 과오를 범하면 영적인 권세의 심판을 받아야 한다. 만일 더 낮은 권력이 과오를 범하면 보다 큰 권세의 심판을 받아야 한다. 그런데 만일 최고의 권세가 과오를 범하면 하나님만이 그것을 심판할 수 있지 사람이 심판을 못 한다. 그 까닭은 사도의 증언대로 "영적인 사람이 모든 것을 심판할 수 있되 아무에게서도 그는 심판을 받을 수 없다"고 믿기 때문이다. 비록 권위가 한 사람에게 부여되고 또 그 한 사람이 그것을 집행하는 것일지라도 그것은 신성한 권위이니 이것은 하나님의 입으로 베드로에게 주신 것이며 또 베드로와 그의 계승자들을 위하여 반석 위에 세우신 권세이며, 주께서 베드로에게 "네가 무엇이든지 매라"는 말씀과 그 밖의 여러 말씀을 하신 대로 하나님 안에서 베드로가 고백한 사실이기 때문이다. 그러므로 누구든지 이렇게 제정해진 권세에 저항하는 사람은 곧 하나님의 작정에 저항하는 사람이 된다. …… 더 나아가서 우리는 모든 피조물은 구원을 얻기 위해서 반드시 로마 교황에게 순종해야 함을 선언하며 진술하며 또 규정하는 바이다.[54]

3. 연합 신조(1439~1445)

1439~1445년까지 플로렌스에서 로마가톨릭교회 주도하에 연합을 위한 공의회가 열려 동방교회의 예배의식과 사제제도를 인정, 성례에 대해서 7성례를 규정했다(세례, 견신례, 성찬(성체), 고해, 종부, 서품, 혼례). 역사적 정통기독교회는 세례와 성찬만 성례로 인정한다. 연합신조는 사제의 절대권을 인정하여 그리스도의 대리자요 베드로의 계승자로서 교황의 권위에 대한 복종을 결정하였다.

4. 트렌트 신조(1545)

---

54 이장식 역, 「기독교 신조사」 (서울: 컨콜디아사, 1982), pp. 31-33.

1) 트렌트 신조의 역사적 배경

로마가톨릭교회 교회의 법규에 있어서 가장 기초적이고 최상의 표준이 되는 것은 1543년 12월 31일 황제 칼알 5세의 발기로 교황 파올루스 3세가 소집한 회의다. 트렌트 회의는 이탈리아 남부에 있는 트렌트Trent성당에서 개회되었으며 회의가 개회된 직접적인 이유는 종교개혁으로 신앙의 문제가 논쟁의 중심이 되어 교헌(敎憲)과 법령(法令)들을 확정 짓게 되었다. 이 회의는 1543~1563년까지 열린 제18차(또 20차) 세계교회 회의라고 한다.

트렌트 회의Council of Trent는 성경과 예전의 동등, 1546년 결의된 불가타 권위인정, 1562년에는 산 자와 죽은 자 사이의 중보 기도를 인정하였다. 트렌트 회의는 교황 무오를 선언했던 1870년의 바티칸 회의 다음가는 위치를 차지하고 있다.

2) 트렌트 신조의 특징

로마가톨릭교회 교회의 교리를 통합하고 확정한 것으로서 종교개혁자들이 성경의 정신과 문자에 직접 호소한 것과는 반대로 중세 공의회들의 결정 교황의 결정, 교부와 스콜라 신학자들의 사상을 로마가톨릭교회 교회의 교의적 체계에 결합한 것이다.

① 사도신조를 인정하고 있으나 외경을 정경으로서의 자격을 부여

② 교회의 전통을 성경과 같은 가치로 인정

③ 교회가 성경의 유일 표준적 해석자로(교황의 절대 권위)

④ 성경은 교회가 제시하는 방법에 준하여 읽어야 한다.

⑤ 죄와 성의(칭의)

⑥ 인간의 구원은 하나님의 은혜와 인간의 행위에 의해서 이루어지고

⑦ 칠 성례를 인정하고

⑧ 성찬에 있어서 화체설을 확정하고

⑨ 연옥설을 받아들이고, 성자와 유물을 존경

⑩ 로마교회를 모든 교회의 어머니로 교황을 사도 베드로의 후계자로 인정

⑪ 기타 미결의 중요한 문제는 교황에 일임한다는 등으로 트렌트 총회는 근대 로마가톨릭교회의 기초가 되었다. 그리고 교적을 가진 모든 사람은 로마 감독에게 진실로 복종하겠다고 맹세하고(10조) 생애 끝까지 트렌트 신앙을 완전 무흠하게 지키겠다는 맹세로 되어 있다(12조).

3) 트렌트 신조 평가

개혁교회는 로마가톨릭교회와 프로테스탄트교회를 구별하기 위해서 1530년 아우크스부르크 신앙고백서를 만들고, 가톨릭은 트렌트 신조를 만들므로 로마가톨릭교회 교회의 기초가 되었다. 그러나 트렌트 신조는 역사적 정통기독교회(개혁파) 입장에서는 비성경적임으로 신조로 인정하지 않는다.

4) 트렌트 신조 전문

1. 나(아무개)는 확고한 신앙으로 거룩한 로마교회가 사용하고 있는 신조에 포함된 모든 것을 하나하나 믿고 선서한다. 즉 나는 하늘과 땅과 모든 보이는 것과 보이지 않는 것의 창조자이신 한 분이신 하나님 아버지를 믿는다. 또 한 분 주 예수 그리스도를 믿으니 이는 하나님의 독생하신 아들이며 모든 세계들 전에 아버지에게서 태어나셨으며(하나님께서 나신 하나님이시며) 빛에서 나신 빛이시며 참 하나님에게서 나신 참 하나님이시며, 창조되지 않으셨으며 아버지와 동일한 본질을 가지신 분이시다. 그를 통해 만물이 생겨났다.

우리 인간들과 우리의 구원을 위하여 하늘로부터 내려오셨으며 성령에 의하여 동정녀 마리아에게서 육체를 취하시고 사람이 되셨으며 본디오 빌라도 아래서

우리를 위해 십자가에 못 박히시고 고난을 받으시고 장사되셨으며 사흘 만에 성서에 따라 부활하셨으며 하늘에 오르사 아버지의 우편에 앉아 계시며 산 자와 죽은 자를 심판하시기 위하여 영광스럽게 다시 오실 것이다. 그의 왕국이 끝없을 것이다. 또한 성령을 믿으니 이는 주이시며 생명을 주시는 분이시며 아버지(와 아들)에게서 나왔으며 아버지와 아들과 함께 예배 받고 영광을 받으시며 예언자들을 통해 말씀하신 분이시다. 또한 하나인 거룩한 카톨릭적이고 사도적인 교회를 믿는다. 나는 죄를 사해 주는 하나의 세례를 인정한다. 또한 나는 죽은 자들의 부활과 오는 세상의 생명을 고대한다. 아멘.

2. 나는 사도적이고 교회적인 전통과 동 교회의 모든 다른 의식들과 헌장들을 확고하게 인정하고 받아들인다.

3. 나는 또한 거룩한 성서를 우리의 거룩한 어머니 교회가 견지해 왔으며 견지하고 있는 의미에 따라 인정한다. 성서의 참된 의미와 해석에 대해 판단하는 것은 동 교회에 속한다. 또한 나는 교부들의 일치된 동의를 따르는 것 이외에 달리 성서를 받아 드리거나 해석하지 않을 것이다.

4. 나는 또한 새 율법의 일곱 성례들이 참으로 그리고 적절하게 존재함을 고백한다. 이는 우리 주 예수 그리스도에 의해 제정되었으며 인류의 구원을 위해 필수적인 것이다. 하지만 모든 사람이 모든 성례를 받아야 하는 것은 아니다. 그 성례들은 세례, 견신례, 성찬, 고해, 종유식, 거룩한 직책들, 결혼이다. 또한 그것들은 은총을 준다. 또한 이들 중 세례, 견신례, 서품은 반복하며 신성모독이다. 나는 또한 앞에서 말한 성례들을 엄숙하게 집행할 때 사용되는 카톨릭 교회의 공인된 예식들을 받아들이고 인정한다.

5. 나는 거룩한 트렌트 공의회에서 원죄와 의인에 관해 정의하고 선포한 모든 것을 하나하나 받들고 받아들인다.

6. 나는 또한 미사에서 하나님께서 산 자와 죽은 자를 위한 참되고 적절한

속죄 적인 희생이 드려진다고 고백한다. 또한 가장 거룩한 성례인 성찬에서 우리 주 예수 그리스도의 영혼 및 신성과 함께 몸과 피가 참되게 실제적으로 존재한다고 고백한다. 또한 빵은 전체 본질이 몸으로 변화되고 포도주의 전체 본질이 피로 변화된다고 고백한다. 그 변화를 가톨릭교회는 화체라 부른다.

7. 나는 또한(성찬의) 어느 한 종류 아래서 그리스도가 완전무결하게 받아드려지며 그것은 참된 성례라고 고백한다.

8. 나는 연옥이 존재하며 그 안에 억류되어 있는 영혼들은 신도들의 태도에 의해 도움을 받는다고 굳게 주장한다. 또한 그리스도와 함께 다스리고 있는 성자들은 존경과 기원의 대상이 되며 그들은 우리를 위해 하나님께 기도를 드리며 그들의 유물은 존경을 받아야 한다고 굳게 주장한다.

9. 나는 그리스도와 하나님의 어머니인 영원한 동정녀와 다른 성자들의 성상은 있어야 하고 보존해야 하며 그것들에 대해 합당한 존경과 숭배를 드려야 한다고 굳게 주장한다. 나는 또한 그리스도께서 교회에 면벌권을 주셨으며 이것을 사용하는 것은 그리스도인들에게 가장 유익하다고 인정한다.

10. 나는 거룩한 카톨릭적 사도적 로마교회를 모든 교회의 어머니와 주인으로 인정하며 또한 나는 사도들의 왕자인 성 베드로의 계승자이며 예수 그리스도의 대리자인 로마의 감독에게 참으로 복종할 것을 약속하고 맹세한다.

11. 나는 거룩한 교칙들과 세계적인 총회들에 의해 특히 거룩한 트렌트 공회의에 의해 전달되고 규정되고 선포된 모든 다른 것들을 의심 없이 받아들이고 고백한다. 또한 나는 이에 반대되는 모든 것들과 그리고 교회가 정죄하고 거부하고 저주한 모든 이단들을 정죄하고 거부하고 저주한다.

12. 나는 이 순간 이 참된 카톨릭 신앙을 자유롭게 고백하고 진실 되게 주장한다. 이 신앙 없이는 아무도 구원받을 수 없다. 또한 나는 하나님의 도우심으로 이 신앙을 완전무흠하게 내 생애 끝까지 항상 간직하고 고백할 것을 약속한다. 또한

내 자신이나 혹은 직책상 내가 돌보는 사람들이 주장하고 가르치고 설교할 때 내가 할 수 있는 한 이것을 주제로 삼도록 할 것이다. 이것을 나는 약속하고 서약하고 맹세한다. 하나님이 나와 그리고 하나님의 이 거룩한 복음을 도와주기를 기원한다.[55]

5. 1566년 로마가톨릭교회 교리문답

사도신조, 성례, 십계명, 주기도문으로 되어 있으며 1564년에 금서록이 나왔고, 이때 갈릴레오가 정죄를 받았다. 1849년 성모 원죄의 무죄를 주장하는 "원죄 없으신 잉태"에 대해 1854년에 우리 주 예수그리스도와 복된 사도들은 베드로와 바울의 권세에 의해 그리고 우리 자신의 권위에 의해 "지극히 복된 동정녀 마리아는 잉태하는 첫 순간부터 인류의 구주이신 예수 그리스도의 공의를 힘입어 전능하신 하나님의 특수 은총과 특전에 의해 원죄의 모든 오점에서 벗어났다"라고 선언했다. 1870년 바티칸공의회에서는 창조주 하나님, 계시, 신앙, 신앙과 이성을 다루고 있으며 범신론, 자연주의 합리주의의 오류들을 정죄하고 있다. 그리스도의 교회에 관해서는 복된 베드로를 수위 사도로 세우는 문제와 로마교황이 성 베드로의 수위 사도직을 영구적으로 계승하는 문제와 로마교황의 무오성을 다루고 있다.

6. 로마가톨릭교회 교회 12신조(1911)

로마가톨릭교회 교회의 기본 교리요 신조는 사도신조이다. 1911년의 연합교리서 제4항에 가톨릭교회는 기독교 신앙의 주요 교리는 아래와 같은 12개 조항으로 발표하고 있다.

---

55 한영재 편, 「기독교대백과사전」 (제12권), (서울: 기독교문사, 1989), pp. 244-250.

1) 가톨릭 12신조 전문

제1조 나는 전능하신 아버지시오 하늘과 땅과 유형무형의 만물의 창조주이신 한 분이신 하나님을 믿습니다.

제2조 하나님의 독생 성자시오 만세 전에 아버지로부터 태어나신 하나님의 하나님이요, 빛 중에 빛이시며 참 하나님의 참 하나님으로 성부와 한 본질로서 창조된 것이 아니라 태어나셨고 만물이 그로 말미암아 창조된 한 분이신 주 예수 그리스도를 나는 믿습니다.

제3조 그는 우리 인류를 위하시고, 우리의 구원을 위하여 내려오셨고 성령으로 동정녀 마리아를 통하여 성육신 하셔서 사람으로 지음을 받으셨습니다.

제4조 그는 본디오 빌라도 치하에서 우리를 위하여 십자가에 달리셔서 고초를 당하시고 장사되었습니다.

제5조 그는 제3일에 성경 말씀대로 다시 살아나셨습니다.

제6조 하늘로 올라가셔서 아버지의 우편에 앉아 계십니다.

제7조 그는 산 자와 죽은 자를 심판하려 영광중에 다시 오실 것이요 그의 나라는 영원하실 것입니다.

제8조 나는 주님이시오 생명을 주시는 이 이신 성령을 믿는바 성부와 성자와 함께 하시는 그는 경배 받으시고 영광 받으시며 예언자를 통하여 말씀하셨습니다.

제9조 나는 거룩한 공회와 사도적인 한 교회를 믿습니다.

제10조 나는 사죄함을 위하여 한 세례를 받아들입니다.

제11조 나는 죽은 자의 부활을 기다립니다.

제12조 장차 올 세상의 영생을 믿나이다. 아멘.[56]

---

56 김경신 편, 「각 교단의 교리와 신앙고백 신조들」 (서울: 여운사, 1998), p. 517.

7. 한국가톨릭과 미국가톨릭교회 교리문답

정통 기독교 신조와 차이가 있는 주요 부분만 발췌하였다.

(1) 하느님

11. 12. 성부, 성자, 성령 삼위일체 하느님으로 완전히 동등하시고 친밀한 사랑으로 결합되어 계심(마 28:19, 요일 5:7, 요 14:16, 고후 13:13, 눅 3:21, 22, 행 1:4-5, 벧전 1:2).

(2) 성경

15. 성경은 하느님의 선택을 받고 성령의 감도를 받아 씌어진 책(벧후 1:21, 딤후 3:16-17).

17. 성경은 구약 46권(외경 7권 포함)과 신약 27권으로 구성.

21. 성전(聖傳. Tradition)은 성경에 명백하게 기록되어 있지 아니한 예수의 가르침이 교회 안에 전하여 내려오는 것(요 20:30, 21:25, 살후 2:15).

(3) 창조

개혁파 신조와 대동소이함. 하느님은 인간에게 수호천사를 주셨다.

(4) 구원

81. 예수께서는 하느님의 사랑을 들어내시다가 서른세 살 때에 인류를 위하여 자신을 십자가 위에서 재물로 하느님께 바치셨다(마 26:27, 막 14:, 15:, 눅 22:23, 요 18:, 19:).

(5) 동정녀 마리아는 신인이신 예수 그리스도의 몸을 주셨으므로 진실로 하느님의 어머니시다.

(6) 마리아의 신적 모성에 합당하기 위하여 하느님께서는 그녀를 원죄로부터 보존하셨다. 신학자들의 일반적인 가르침은 마리아의 죽음은 썩음을 맛보지 않

고, 그녀의 죽음 후 그녀의 영혼과 재결합되어 하늘로 올리어졌다.

(7) 천국. 연옥. 지옥

97. 연옥은 죽은 후에 세상에서 죄와 불의에 대한 보속을 다하지 못하고 떠난 이들이 천국에 들어가기까지 단련 받는 곳(계 21:27, 마 5:25, 벧후 2:9).

99. 지옥에 가는 자들은 죽을 때까지 하느님의 자비와 사랑과 구원을 고의로 거절하는 자들(눅 13:27-28, 마 10:28, 엡 5:6, 요 15:6, 살후 1:9).

(8) 교회

가. 지상교회   나. 연옥교회   다. 천국교회

(9) 성령

109. 예수께서 우리에게 성령을 보내시는 이유는

가. 예수를 믿는 신자들의 공동체를 이루고

나. 우리에게 영적 선물과 힘을 주시고

다. 우리에게 진리와 정의를 가르치기 위함이다(행 1:5, 2:17, 요 15:26, 16:12-14).

(10) 성체

성체는 빵과 포도주의 형상 안에 실제로 살아 계시는 주 예수이시다(마 26:26-27, 고전 11:23-26).

(11) 십계명

1. 하나이신 천주를 흠숭하라

2. 천주의 이름이 헛되이 부르지 말라

9. 남의 아내를 탐내지 말라

10. 남의 재물을 탐내지 말라

(제2계명이 사라지고, 제10계명이 둘로 변함)

(12) 세례성사

나. 원죄와 모든 죄 용서(행 2:38)

다. 모든 벌의 용서(롬 8:1-3, 행 2:38)

148. 화세(火洗)

수세를 받지 못하고 하느님을 명확하게 알지 못하지만, 그들의 양심에 따라 착하게 살고 이웃을 사랑하며 자기 죄를 뉘우치는 사람들이 하느님과 일치하는 것(요일 4:7-8, 16, 눅 7:9).

149. 혈세(血洗)

수세를 받지 못하고 하느님을 명확하게 알지 못하지만 하느님을 위하여 혹은 자기 양심이나 이웃 사랑에 대한 사랑 때문에 희생하여 생명을 받친 사람들이 하느님과 일치하는 것(요 13:35, 15:12-13).

150. 대세(代洗)

마음 준비가 잘되어 있는 사람이 죽을 위험이 있을 때 받는 세례

151. 조건대세

세례 받을 사람이 이미 의식을 잃었으므로 원의를 표현할 수 없어 조건부로 주는 대세.

(13) 성모 마리아

250. 마리아는 다음과 같은 특별한 은총을 받으셨다.

가. 원죄 없이 잉태(성모 무염시태)

다. 하늘로 올리움 받음(몽소승천)

253. 하느님께서 그의 아들이 취한 인간 본성이 마리아의 육체였으므로 그 육체를 존경하기를 원하시고, 마리아의 영혼과 육신을 직접 취하여서 하늘에 올리셨다. 그러므로 마리아의 육체는 죽은 후에 따라오는 부패에서 보호받았다.

254. 마리아는 예수 그리스도의 어머니시며, 예수께서는 성 삼위의 제2위이시므로 참 하느님이시다. 그러므로 마리아는 예수의 어머니시므로 하느님의 어머

니라고 부를 수 있다.

255. 마리아에게 기도를 드릴 수 있다. 그러나 마리아의 역할은 전구(傳求)하는 것, 즉 마리아께서 당신 아들 예수와 가장 가까이 계시며 어머니의 사랑으로 우리를 감싸 주시므로 우리의 기도를 구세주이신 당신 아들에게 전달하여 주신다.

(14) 성화(미국교리문답)

(3) 그리스도께서는 성 베드로를 그의 교회의 머리로 만드셨다.

(4) 교황은 성 베드로의 합법적인 후계자다.

(6) 카톨릭교회는 성전과 성경에 담겨져 있는 바와 같이 계시된 진리의 관리자이다.

(7) 성령께서는 이 땅에 그리스도의 대리자인 교황이 믿음과 도덕을 모든 충성스런 성도들이 잘 지키도록 가르칠 때 오류를 범하지 않도록 지키신다.

(9) 믿음 만으로서는 사람을 구원하지 못할 것이요 다만 선한 도덕 또는 행실이 필요하다.

(12) 그리스도께서는 특별한 은혜의 근원으로 7성사를 정하셨다.

(14) 사랑은 이 땅의 하느님 친구들과 천국과 연옥에 있는 친구들과를 연합시킨다.

(15) 천사와 성도(성자)들에 정당한 숭배는 하느님을 기쁘시게 해 드린다.

(16) 연옥에 있는 영혼을 위하여 기도하는 것은 거룩한 생각이다.

(15) 마지막 일(종말)

(1) 인간의 시련은 죽음으로 끝난다.

(2) 전적으로 정결해지지 않은 자들은 심판 후 연옥으로 간다.

(19) 고백 기도

전능하신 천주여, 평생 동정이신 성 마리아와 대천사 성 미카엘과 제자 성 요한과 사도 성 베드로, 성 바오로와 모든 성인 성녀께 고백하오니, 과연 생각과 말과 행위로 많은 죄를 지었나이다. 내 탓이요(가슴을 친다) 내 탓이요(가슴을 친다) 내 큰 탓이로소이다(가슴을 친다). 그러므로 간절히 바라오니 평생 동정이신 성 마리아와 대천사 미카엘과 세자 성 요한과 성 베드로, 성 바오로와 모든 성인 성녀는 나를 위하여 우리 주 천주께 빌어주소서. 아멘.

(20) 복되신 동정 마리아 감사송(어머니이신 마리아)

거룩하신 아버지, 전능하시고 영원하신 주 하나님, 언제나 어디서나 아버지께 감사하고, 평생 동정이신 성모 마리아 축일에 아버지를 찬미함이 참으로 마땅하고 옳은 일이며 저희 도리요 구원의 길이 옵니다. 성모께서는 성령으로 인하여 외아들을 잉태하시고, 동정의 영광을 간직한 채 영원한 빛이신 우리 주 예수 그리스도를 이 세상에 낳으셨나이다. 그리스도를 통하여 천사들의 무리가 영원히 기뻐하며 주님의 영광을 흠숭하오니 저희도 그들과 함께 기쁨에 넘쳐 찬미하나이다. 거룩하시도다.

(23) 형상 숭배

로마가톨릭교회 교회는 마리아상을 비롯하여 수많은 성인의 성상을 모시고 있다. 그 앞에 경배하며 그들에게 기도하는 교인들도 있다. 즉 성모숭배, 유골숭배 성자 숭배, 천사숭배, 십자상 숭배 등을 하고 있다. 여기에도 구별이 있다. 하느님께만 드려지는 최고의 예배는 라트리아(ratria, 흠숭)라고 부르고, 마리아에게 드리는 예배는 하이퍼둘리아(Hyperdulia, 상경)라고 하며 성인들과 천사들에게 드리는 예배는 둘리아(dulia, 공경)라고 한다.

(24) 마리아에 관한 교리 선포

1854년 12월 8일 교황 비오 9세는 마리아의 무원죄 회태설을 신앙에 관한 다른 교리들과 마찬가지로 엄격히 지켜야 할 교리로 다음과 같이 선포한다. 복되신 동정 마리아는 잉태 첫 순간부터 인류의 구세주이신 예수 그리스도의 예견된 공로와 전능하신 하느님의 유일무이한 은총의 특권으로 말미암아 원죄에 물들지 않고 순수하게 보존되었다.

그 후 1950년 11월 1일에 교황 피우스 12세는 사도헌장에서 지극히 자비로 우신 하느님을 통해 믿을 교리로 반포한 교의에서

1) 성모 몽소승천을 선포하며 "축복받은 처녀 마리아가 승천한 것"을 온 교회가 믿어야 한다고 선포했는데 이미 피우스 12세는 1950년에 마리아를 하느님의 어머니로 호칭하고 있다.

2) 하느님의 모친 교리는 에베소 공의회(431년)에 확정된 교의.

3) 우리의 모친 마리아는 인간으로 예수님의 모친일 뿐만 아니라 우리 인간의 모친도 되신다는 것.

4) 평생 동정이신 마리아 : 예수를 낳기 전과 후 그리고 평생을 하느님의 은총으로 동정을 지키며 사신 분이라는 것, 성서에 나오는 "예수의 형제"는 친형제가 아니고 이종사촌 혹은 다른 인척 관계를 말한다는 것.

(26) 구원

가톨릭교회는 성화의 과정을 구원의 요건으로 믿으며 기도와 7성례전을 꼭 필요한 은혜의 수단으로 본다.

(27) 다윈의 진화론

로마교황 바오로 2세가 진화론을 인정하므로 성경의 창조론의 신빙성에 균열이 가게 하고 있다.

가톨릭교회는 기본 교리는 같으나 비성경적인 신앙 관행으로 인해 유사 기독교로 인정되고 있다. 그러나 성모마리아의 공동 구세주론과 다윈의 진화론 인정, 연옥설, 교황 무오류 주장 등으로 인해 정통 기독교의 한계를 벗어나 기독교적 이단이라고 보수주의자들은 말하고 있다.[57]

---

57 전게서, pp. 517-527.

제4장

종교개혁과 신앙고백서

제4장 종교개혁과 신앙고백서

역사적 기독교 개혁의 역사는 개혁 전에 개혁의 물줄기가 소리 없이 흐르다가 폭포수와 강물을 이루었다. 루터 이전, 요한 위클리프John Wyclif, 1324~1384, 요한 후스John Huss, 1369~1415, 지로라모 사모나롤라Girolama Savoarola, 14552~1498, 마이스터 에크하르트Meleisrer Eckhart, 1260~1327등이 있었다.

1517년 10월 31일 루터는 교황 레오 10세가 베드로 성당을 건축하기 위한 면죄부 판매에 대한 부당성을 지적하고 시정할 것을 요구하는 95개 조항의 항의서를 윗덴 벨크 교회에 계시함으로 역사적인 종교개혁의 횃불을 밝히게 되었다.

로마가톨릭교회는 공로주의와 교황주의와 신부주의로 억압했지만, 이 억압으로부터 자유를 갈망하는 운동이 싹트게 되었다. 중세의 자유란 말은 종교, 다시 말하면 로마가톨릭교회에서의 자유를 말하는 것으로 이것은 하나님으로부터 자유를 말한다. 시대적으로 신학과 철학이 다시 나누어지게 되므로 이성주의가 강하게 되므로 르네상스운동(Renaissance Movement, 인문주의 운동)이 일어나게 되었다. 이것은 스콜라철학에서 희랍철학으로 돌아가자는 인본주의 운동이었다. 르네상스운동은 종교개혁을 촉발하는 요인이 되었다. 위에서는 공로주의와 교황주의와 신부주의가 억누르고 아래서는 이성적 방법을 갈망하는 두 힘이 부닥쳐 터진 것이 르네상스운동이다. 르네상스운동은 로마주의에 대해 독자적으로 가겠다는 선언이다. 이것을 신조적인 면으로 볼 때 공로주의와 교황주의와 신부주의에서 사도신조로 돌아가자는 운동이 종교개혁이다. 공로주의는 오직 믿음으로, 교황주의는 오직 성경으로, 신부주의는 만인제사장직으로 라는 개혁운동이 일어나게 되었다.

중세기독교회는 정치, 종교, 생활뿐만 아니라 모든 문학과 사상을 교황청에 따라 조직되고 운영되었다. 이 요구에 저항하는 사상과 행동의 자유를 위한 운동이 고무되어 종교개혁운동이 일어나게 되었다. 신조에 있어서 로마교회와 희랍정교회가 상반된 형태를 유지하고 있는 것처럼 정통기독교회 신앙고백서에서도 루터파 신앙고백서와 개혁파 신앙고백서로 나누어지고 있다. 루터파와 칼빈파는 오직 성경이라는 절대적 권위를 주장하지만, 루터는 실질 원리에 있어 이신득의에 의한 구원을 주장하였고 개혁파에서는 형식원리로서 오직 성경, 전성경을 주장하였다. 그 결과 루터는 야고보서는 지푸라기 서신이라 하였으며 이신칭의 복음 외에는 등한시했다.

그리고 신조에서도 성경론이 독립적으로 다루어진 항목이 없고 1577년 일치(협화)신조에서 서문 부분에 간결하게 다루고 있을 뿐이다. 반면 개혁파 신앙고백서에서는 성경을 독립적 항목으로 다루고 있다. 프랑스 신앙고백서(1559), 제2 스위스 신앙고백서(1566), 아일랜드 조항(1615), 1619년 도르트 신조, 웨스트민스터 신앙고백서(1647)는 성경을 첫 부분에 다루고 있다.

중세 개혁자들은 로마가톨릭교회와 대립하면서 교리적 논쟁을 하기 위해 제각기 자신들의 신앙을 문서로 고백하였다. 루터파의 신앙고백서는 대부분 독일연방교회와 덴마크, 스웨덴, 노르웨이 등 루터를 추종하던 나라들의 교회들이 제정하였고, 개혁파 신앙고백서는 스위스, 프랑스, 네덜란드 독일 일부, 영국 스코틀랜드의 복음적인 국가와 그 후예들이 미국과 영국 식민지에 세운 교회들이 채택하고 있다. 루터교회에서는 1530년 아우크스부르크 신앙고백서를 시작으로 1577년 콘코르디아(일치, 一致) 신조를 작성하고 이어서 1580년 콘코르디아서(書)를 채택했다.

개혁파교회는 1528년의 베른 신조를 시작으로 대표적인 하이델베르크 신앙문답서, 제2 스위스 신앙고백서, 스코틀랜드 신앙고백서, 웨스트민스터 신앙고백서를 채택하였다. 이 시대에 등장한 두 사상의 주류는 어거스틴, 칼빈주의와 펠라기우스, 알미니우스주의(보편적 은혜와 조건적 구원을 주장)가 양대 사상의 주류를 이루었다. 그리고 종교개혁과 개혁파 신앙고백서의 주요요점은 성경이며 구원에 있어서 하나님의 주권을 인정하고 교회의 머리는 예수 그리스도라는 공통점을 가지고 있다.

제1절 루터파 교회 신앙고백서

루터교회가 인정하는 신앙고백서는 아홉 개로 사도신조와 니케아 신조(첨가된 것), 아타나시우스 신조와 아우크스부르크 신앙고백서(1530), 멜랑히톤이 작성한 신앙고백서(1530)와 신앙고백 변증서(1530), 슈만칼덴 신조, 루터가 작성한 신앙고백서(1537)와 두 개의 요리문답(1529), 6명의 신학자가 작성한 일치신조(1577)이다. 고대 세 신조를 제외하고는 아우크스부르크 신앙고백서가 가장 높은 평가를 받고 있다.

1. 아우크스부르크 신앙고백서(Confession of Augsburg, 1530)

1) 아우크스부르크 신앙고백서의 역사적 배경

보름스 칙령이 제국의 포고문 속에서 루터의 저술을 불태울 것을 명령하고, 독일에서 인쇄되는 모든 책에 대한 교회의 검열제를 세워놓음으로써 루터와 그 제자들을 궁지로 몰았다. 그러나 이탈리아와의 전쟁과 황제와 프랑스 사이의 불화와 여러 가지 요인으로 독일국가가 분열됨으로 루터와 종교개혁자들의 목숨을 구하게 되었다. 1522년 누렘베르그에서 샤를르 퀸트 칙령을 실행할 것을 요청하는 교황 특사의 규탄에 늦장을 부리면서 대응을 늦췄다. 1524년 누렘베르그에서 제후들은 자신들이 그 칙령을 가능한 한 엄격히 적용하겠다고 선언하고 나섰지만 반면에 자유 도시들은 그것을 적용하기를 거절했다. 그리고 농민전쟁의 와중에서 흐지부지되고 말았다. 1526년 스파이어에서 실효성이 없는 결정이 있었다.

1529년 스파이어에서 오스트리아의 페르티 난데스에 의해 가톨릭 일파에 밀려서 국회는 초창기 종교개혁이 겪었던 가장 심각한 위험이 되는 하나의 결정을 내렸다. 이는 보름스 칙령이 실제로 다시 공포되어 새로운 종교적인 시도들이 어디서든지 금지되었다. 이에 여섯 명의 제후들과 열네 개의 자유도시들은 4월 19일 회집에서 국회의 그 결정들에 대해서 공식적인 항의protestation를 제기했다. 그들은 즉시 프로테스탄트protestants 라고 불렸다. 이날이 프로테스탄트 교회Protestant Church 의 출범 일이라 할 수 있다.

1530년 칼 5세는 아우크스부르크에서 새로운 총회를 소집했다. "이에 개혁파의 영수인 삭센 후(候)는 먼저 루터, 멜랑히톤 등의 신학자를 토카우Torgau에 소집하여 준비하였다."[58]

그리고 두 진영의 신학자들은 자신들의 견해를 발표하게 되었는데 개혁자들의 저술로부터 이단적인 부분을 404개나 지적했다. 멜랑히톤은 루터파와 가톨릭 사이에 존재하고 있는 근본적인 면에서 일치점을 보여 주려고 시도하여, "여러 남용"과 "어떤 전통들"에 밖에는 관계되지 않는다는 것을 멜랑히톤은 루터의 다양한 텍스트를 사용하여 루터를 인정하는 관점에서 루터파와 가톨릭 사이에 존재하고 있는 근본적인 면에서의 일치점들과 불일치를 명백히 밝히는 교회적인 선언서를 작성했다. 이에 여러 차례의 재론과 수정이 있고 난 뒤 프로테스탄트 국회 대표자들에 의해서 서명되었고 6월 15일 15시에 공개회의에서 읽혔다. 그리고 멜랑히톤은 아우크스부르크 신앙고백서를 1531년 활자화하기 이전에 수정했고, 1540년에는 라틴어 아우크스부르크 신앙고백서 수정판을 내게 되었고 아우크스부르크 신앙고백서에 서명한 사람은 5개 주 의회와 2개 도시의 제후들이다.

---

58 「기독교 백과사전」 p. 607.

2) 아우크스부르크 신앙고백서의 특징과 평가

이 선언은 프로테스탄트교회의 신앙적인 입장을 양심적으로 밝힌 최초의 고백서로서 종교개혁 후 최초로 명문화된 「아우크스부르크 신앙고백서」Confession of Augsburg이다.[59] 총 28조로 되어 있으며 루터교회의 신앙을 잘 대변하고 제1조에서 21조까지는 성경의 내용 원리를 중심 한 믿음으로 의롭다 함을 얻는다는 칭의 교리와 22조에서 28조까지는 교회에 신자의 생활에 대하여 명확하게 고백하고 신론에 있어서 니케아 신조를 인정하고 가톨릭 신앙을 그대로 반복, 유니테리안과 (삼위일체 부정하고 하나님의 단일성 주장) 아리안 주의이다.

3) 아우크스부르크 신앙고백서 전문요약

제1조 삼위일체 하나님에 관한 일

제2조 아담에서 내려오는 원죄에 관한 것

제3조 그리스도에 관한 사랑

제4조 그리스도의 이름을 믿음으로 말미암아 의롭다 함을 얻는 것

제5조 복음을 전하고 예전을 집행하는 일에 관한 것

제6조 믿음으로서 선행을 행해야 될 일

제7조 교회는 복음을 전하고 예전을 행하는 성도의 단체인 것

제8조 설교하며 예전을 행하는 목사는 비록 그가 악이라 할지라도 그 설교와 예전의 가치에는 변함이 없다는 것

제9조 세례의 필요와 유아세례의 정당성

제10조 성만찬을 지키는 자는 그리스도의 몸과 살을 받는다는 것

제11조 죄악을 참회하는 것이 옳다는 것

제12조 죄악을 회개하고 사함을 얻는 것에 대한 사랑

---

59 조르쥬 까잘리스, 이오갑 역, 「루터와 고백교회」 (서울: 솔로몬, 1995), pp. 175-176.

제13조 신앙으로서 예전을 지키는 자는 이로 말미암아 은혜를 받는다.

제14조 하나님의 부르심을 받지 않는 사람은 교회에서 설교하거나 예전을 집행하지 말 것

제15조 교회에 이로운 의식과 제전을 지키는 것은 옳지만 별로 필요치 않는 것은 지킬 것 없다는 것

제16조 그리스도교 신도가 사회의 풍습에 따라 정치에 관계하고 관리가 되며 또한 병사가 되며 혹은 결혼하는 것은 옳다는 것

제17조 최후의 심판과 종국의 형벌에 관한 것

제18조 국가의 법률을 지킬 수 있는 힘이 있다 하더라도 성령의 도우심이 없으면 하나님의 의를 실행할 수 없다는 것

제19조 죄의 원인은 하나님을 배반함에 있다는 것

제20조 신앙과 선행과는 서로 관계되는 것

제21조 성도를 존경함이 옳지만 그들에게 기원하고 또는 신뢰해서는 안 된다는 것

다음은 로마교회의 오류에 대해서 지적한 것은?

(1) 일반 신도에게 성만찬의 포도주를 허락하지 않는 일

(2) 신부의 결혼을 금하는 일

(3) 성례에 관한 로마교회 풍습, 특히 성례를 행함으로써 희생을 바친다 생각하고 죄악의 사면을 구하는 일

(4) 참회에 관한 오류, 특히 자기의 죄를 다 신부 앞에 고하지 않으면 사면을 받을 수 없다는 것

(5) 교회의 전승을 극단으로 중히 여기는 것

제22조 성찬의 떡과 포도주를 성도들에게 나누어주어야 한다.

제23조 결혼의 정당성

제24조 미사에 대해서(예배의 마지막 순서인 축도를 미사라 하다가 4세 말 여러 형태의 예배를 말함)

제25조 고해의 조항으로, 고해를 폐지하지 않는다.

제26조 음식물 구별에 대하여 비판하였다.

제27조 수도원 서약에 대한 비판(감독이 수도원에서 배출되었는데 지금은 달라졌다)

제28조 감독들의 교권에 대한 비판(세상 권력까지 행사하는 것은 잘못)

이 신앙고백서는 교회 회의를 거쳐 결정된 것이 아니고 신도들의 주장이 잘 표현된 것이므로 루터파 교회들은 이것을 신조로 삼았다.[60]

2. 아우크스부르크 신앙고백 변증서
(Apologi of the Augsburg Confession, 1530)

칼 5세는 아우크스부르크 신앙고백서의 낭독을 들은 후 자기의 신학자들에게 방금 이해한 그 결정문을 논박하라고 했다. 멜랑히톤은 자기 차례가 오자 다시 방대한 변증론Apologie을 작성했는데 이것이 아우크스부르크 신앙고백 변증서의 근간이 되었다. 로마가톨릭교회에서는 왕국회의에 개혁교회의 신앙을 대변하는 아우크스부르크 신앙고백서가 제시되자 가톨릭에서 이를 반박하는 글을 작성하여 1530년 8월 3일 내놓았다. 이에 멜랑히톤(1497~1560)은 '개혁자로 교회의 유일한 권위는 성경이다'라고 주장했다. 이는 최초의 조직신학자로 현재 성경신학의 발달을 이루었다. 멜랑히톤은 아우크스부르크 신앙고백 변증서는 동년 9월 22일에 제출하였다. 그해 11월 19일 가톨릭 측의 반박문을 받아드리고 1521년 보름스 왕국회의에서 루터와 추종자들을 이단으로 정죄했던 결정을 재확인하고 로마가톨릭교회와 프로테스탄트교회와의 문제를 종결지었다. 멜랑히톤은 1531년 5월 변증서는 더 보충하여 아우크스부르크 신앙고백서에 대한 신학적 해설서로서 특히 제7조

---

60 조선출(발), 「기독교대사전」 p. 607.

는 교황은 적그리스도로 표현하고 13조에서 7가지 성례를 부정하고 세례와 성찬만이 성례로 고백하고 있다.

국회는 확실한 결정을 내리지 못하고 갈라지고 아우크스부르크 공의회는 로마가톨릭교회와 프로테스탄트교회의 분열을 영구화하게 되었다.

3. 루터 소요리문답(1529)

1518년 루터는 평신도 교육을 위해 「하나님의 십계명을 지키는 일과 범하는 일에 대한 간략한 해설」과 1519년에는 일반 평신도들을 위한 주기도문의 독일어 해설, 1520년에는 십계명과 사도신조와 주기도문의 해설을 출판했다. 그 후 1529년 4월에 대요리문답, 5월에 목사와 설교자를 위한 소요리문답서를 출판했다. 특색은 십계명, 기독교 신앙(사도신조), 주기도, 세례, 참회, 성찬, 아침 기도와 저녁기도, 식사기도 등을 기록하고 있다.

루터 소요리문답 전문

제1장 십계명

제1계명 : 나 외에 다른 신들을 네게 두지 말라.
1문 : 이것이 무슨 뜻입니까?
답 : 우리는 모든 만물 위에 계신 하나님을 경외하고 사랑하고 신뢰해야 한다는 것입니다.
제2계명 : 너는 너희 하나님의 이름을 헛되이 부르지 말라.
2문 : 이 계명은 무슨 뜻입니까?

답 : 우리는 하나님을 경외하고 사랑해야 합니다. 즉 우리는 그의 이름을 욕되게 하거나 모독하거나 속임수를 쓰거나 거짓말을 하거나, 또는 기만해서는 안 되며 어떤 고난에서도 그의 이름을 부르며 기도하며 찬양하며 감사해야 한다는 것입니다.

제3계명 : 너는 안식을 기억하여 거룩히 지키라.

3문 : 이것은 무슨 뜻입니까?

답 : 우리는 설교와 하나님의 말씀을 경멸하지 않고 거룩히 받아들이며 즐거이 듣고 배우면서 하나님을 경외하고 사랑해야 한다는 것입니다.

제4계명 : 네 부모를 공경하라.

4문 : 이것은 무슨 뜻입니까?

답 : 우리가 부모를 경멸하거나 노하게 해서는 안 되며 그들을 경외하고 섬기며 순종하고 사랑하며 존경심을 가지고 하나님을 경외하듯 사랑해야 한다는 것입니다.

제5계명 : 너는 살인하지 말라.

5문 : 이것은 무슨 뜻입니까?

답 : 우리는 우리의 이웃의 몸에 해를 끼치거나 고통을 주어서는 안 되며 오히려 그들을 돕고 모든 육의 고난에 협력하면서 하나님을 경외하고 사랑해야 한다는 것입니다.

제6계명 : 너는 간음하지 말라.

6문 : 그것은 무슨 뜻입니까?

답 : 우리는 말과 행동으로 정결하고 단정하게 생활하고 그와 같이 자기 남편을 사랑하고 공경하며 하나님을 경외하고 사랑해야 한다는 것입니다.

제7계명 : 너는 도적질하지 말라.

7문 : 그것은 무슨 뜻입니까?

답 : 우리는 우리의 이웃의 돈이나 재산을 훔치거나 훔친 물건을 사거나 팔지 말고 그에게 재물과 음식으로 도우며 보호하면서 하나님을 경외하고 사랑해야

한다는 것입니다.

제8계명 : 너는 네 이웃에 대하여 거짓 증거 하지 말라.

8문 : 이것은 무슨 뜻입니까?

답 : 우리가 우리의 이웃에게 거짓으로 속이지 아니하며 배반하지 말며 비방하지 아니하며 악평을 만들지 아니하고 그에게 사과하며 그에 대하여 좋은 것을 말하고 모든 것을 최상으로 되도록 하면서 하나님을 경외하고 사랑하라는 것이다.

제9계명 : 너는 네 이웃의 재물을 탐내지 말라

9문 : 그것은 무슨 뜻입니까?

답 : 우리는 우리의 이웃에게 권모술수로서 그의 재산이나 집을 탐내지 아니하며 법의 증거를 빙자하여 우리의 것으로 삼지 말고 도리어 그의 재산이 보호되도록 협조하며 섬기면서 하나님을 경외하고 사랑해야 하는 것입니다.

제10계명 : 너는 네 이웃의 남종이나 가축이나 무릇 이웃의 것을 아무 것도 탐내지 말라.

10문 : 이것이 무슨 뜻입니까?

답 : 우리는 우리의 이웃에 있는 여자나 하인이나 가축을 강제로 빼앗지 아니하며 저버리지 아니하고 도리어 그들이 은혜를 입은 대로 살며 행하도록 그들을 보호하면서 하나님을 경외하고 사랑해야 한다는 것입니다.

제11문 : 하나님은 이런 모든 계명에 대해서 무엇을 말씀하십니까?

답 : 그는 다음과 같이 말씀하십니다. 나는 주인이요 너희 하나님인데 나를 미워하는 자들에 대하여는 아비들의 죄를 삼사 대의 자손에 이르기까지 갚을 것이나 나를 사랑하고 나의 계명을 지키는 자들에게는 수 천대까지 축복하는 질투하는 하나님이다.

제12문 : 그것은 무슨 뜻입니까?

답 : 하나님은 이러한 계명을 범하는 자들을 벌하신다는 것입니다. 그러므

로 우리는 그의 진노를 두려워하며 그의 계명을 잘 지켜야 합니다. 하나님은 그와 같이 계명을 잘 지키는 자에게 은혜와 모든 인자를 약속하십니다. 그러므로 우리는 그를 사랑하고 신뢰하며 그의 계명에 따라 즐거이 행해야 한다는 것입니다.

제2장 믿음

1. 창조에 대하여 : 나는 하늘과 땅의 창조주요 전능하신 하나님 아버지를 내가 믿는다.

1문 : 그것은 무슨 뜻입니까?

답 : 하나님은 모든 피조물과 더불어 나를 창조하셨고 나에게 몸과 혼과 눈과 귀, 그리고 지체와 이성과 감각을 주셨으며 더욱이 의복과 신발 먹고 마시는 것과 집과 뜰 여자와 아이 농토와 가축 그리고 모든 재물을 주신 것입니다. 또한, 육신의 생활을 위하여 필요한 것과 먹을 것을 풍성히 매일 공급하시며 모든 위험에서 지켜 주시며 특별히 악에서 보호해 주시고 인도해 주시는 것입니다. 이 모든 것에 대해 하나님 아버지께 감사하며 찬양하며 그를 섬기며 순종해야 합니다. 그것은 분명한 사실입니다.

2. 구원에 대하여 : 독생자 우리 주 예수 그리스도를 믿으며 성령으로 잉태되어 동정녀 마리아에게 탄생하시고 본디오 빌라도에게 고난을 받으시고 십자가에 못 박혀 죽으시고 장사되었고 지옥에 내려갔으며 삼일 만에 죽은 자 가운데서 부활하시고 승천하셔서 전능하신 하나님 아버지 우편에 앉아 계시면서 그곳에서 산 자와 죽은 자를 심판하려 오실 것이다.

2문 : 그것이 무슨 뜻입니까?

답 : 예수 그리스도가 영원 가운데서 아버지로부터 참 하나님으로 탄생되심

과 역시 동정녀 마리아에게서 참 인간으로 탄생되심과 잃어버린바 되고 저주받은 인간인 나를 구원하셨으며 모든 죄와 죽음과 사단의 지배에서 나를 건지신 내 주님 되심을 믿습니다. 이것은 금과 은으로 된 것이 아니라 그의 거룩하고 값비싼 피와 죄 없이 받으신 고난과 죽음으로서 이루어진 것입니다. 그러므로 나는 그의 것이며 그가 죽음에서 부활하시고 영원 가운데서 살아 계시며 통치하는 것과 같이 그의 나라에 그와 함께 살며 영원한 의와 무죄와 축복 속에 그를 섬기는 것입니다. 그것은 확실합니다.

3. 거룩에 대하여 : 나는 성령을 믿으며 거룩한 그리스도의 교회와 성도의 교제와 죄의 용서와 육체의 부활과 영생을 믿습니다. 아멘.

3문 : 그것이 무슨 뜻입니까?

답 : 나는 자신의 이성이나 그 능력으로 예수 그리스도를 나의 주님으로 믿을 수 있거나 그에게 올 수 있다는 것이 아니라 성령이 복음을 통하여 나를 부르시고 그의 선물(은혜)로 눈을 뜨게 해주셔서 올바른 믿음 가운데 거룩하게 하시고 보존시켜 주시는 것을 믿습니다. 이것은 그가 땅위에 있는 그의 모든 백성을 부르시고 모으시고 밝히시며 거룩하게 하사 예수 그리스도의 바르고 일치된 믿음 안에 있도록 붙들어 주심과 같은 것입니다. 이 같이 기독교 안에서 하나님은 나와 모든 믿는 자들에게 매일 모든 죄를 넉넉히 용서하시며 마지막 날에 나와 모든 죽은 자를 부활시키시며 모든 믿는 자와 함께 나에게도 그리스도 안에서 영생을 주실 것입니다. 그것은 확실합니다.

제3장 주님이 가르치신 기도

호칭 : 하늘에 계신 우리 아버지

1문 : 그것은 무슨 뜻입니까?

답 : 하나님은 우리가 믿는 자가 되도록 인도하시려고 합니다. 즉 그가 우리의 바른 아버지이며 우리는 그의 바른 자녀인바 이것은 우리가 위로를 얻고 모든 신뢰를 다하여 사랑스런 아이가 그의 아버지에게 하는 것처럼 그에게 무엇이든 바라보도록 하려는 것입니다.

첫째 기도 : 당신의 이름이 거룩하게 되소서

2문 : 이것은 무슨 뜻입니까?

답 : 하나님의 이름은 스스로 거룩하나 우리는 이 기도에서 그 이름이 역시 우리에게서도 거룩하게 되기를 바란다는 뜻입니다.

3문 : 그것이 어떻게 이루어질 수 있습니까?

답 : 하나님 말씀이 순전하고 온전하게 가르쳐지며 우리 역시 하나님의 자녀로서 거룩하게 그 말씀대로 살 때 이런 일이 이루어집니다. 사랑의 하나님은 이렇게 되도록 우리를 도우십니다. 하나님의 말씀과는 달리 가르치고 사는 사람은 우리 가운데서 하나님의 이름이 거룩함을 해하는 것입니다. 하늘에 계신 아버지여 그런 일이 일어나지 않도록 우리를 지키소서!

두 번째 기도 : 당신의 나라가 임하소서.

4문 : 그것은 무슨 뜻입니까?

답 : 하나님의 나라는 우리의 기도 없이도 스스로 임합니다. 그러나 우리는 이 기도에서 그 나라가 우리에게 임하기를 바라는 것입니다.

5문 : 그것은 어떻게 이루어 질 수 있습니까?

답 : 하늘에 계신 아버지가 그의 은혜를 통하여 우리가 그의 거룩한 말씀을 믿고 살도록(땅에서 제한을 받지만 하늘에서는 영원토록) 우리에게 그의 거룩한

성령을 주신다면 이루어 질 수 있습니다.

세 번째 기도 : 당신의 뜻이 하늘에서 이룬 것 같이 땅에서도 이루어지이다.

6문 : 그것은 무슨 뜻입니까?

답 : 하나님의 선하시고 은혜로우신 뜻은 우리의 기도 없이도 이루어집니다. 그러나 우리는 그것이 우리에게 이루어지도록 이 기도 가운데서 바라는 것입니다.

7문 : 어떻게 그것이 이루어질 수 있습니까?

답 : 만일 하나님이 우리에게서 하나님의 이름을 망령되게 하고 그의 나라에 오지 못하도록 하는 모든 악한 의도와 뜻은 악마의 것이며 세상의 것이며 우리 육의 의지인 것인데 그것을 깨뜨려 막아 주신다면 그리고 마지막 날까지 우리를 그의 말씀과 믿음 안에 굳게 붙들고 도우신다면 이루어 질 것입니다. 그것은 그의 은혜롭고 선한 뜻입니다.

네 번째 기도 : 우리에게 일용할 양식을 주옵소서.

8문 : 그것은 무슨 뜻입니까?

답 : 우리의 부탁 없이도 하나님은 모든 악한 사람들에게까지도 일용할 양식을 주십니다. 그러나 우리는 하나님이 그것을 우리에게 인식하게 하며 우리가 감사의 말로서 우리의 일용할 양식을 받도록 이 기도 가운데 바라는 것입니다.

9문 : 일용할 양식은 무엇을 뜻합니까?

답 : 육신의 영양과 필수적인 것에 관계된 모든 것, 즉 먹는 것과 마시는 것 옷, 신발, 집 뜰, 농토, 가옥, 재산, 경건한 배우자, 경건한 아들, 일꾼들 경건하고 신실한 주인들, 선한 통치자 날씨, 평화, 건강, 훈육, 영예, 선한 친구들 신실한 이웃들 등 그와 같은 모든 것들입니다.

다섯 째 기도 : 우리가 우리에게 죄지은 자를 용서해 준 것처럼 우리의 죄를 용서 하소서

10문 : 그것은 무슨 뜻입니까?

답 : 우리는 이 기도에서 하늘에 계신 아버지가 우리의 죄를 기억하지 않으시며 그 때문에 이러한 요청을 거절하지 않기를 바라는 것입니다. 우리는 우리가 바라는 것을 받을 만한 어떤 자격도 없으며 매일 많은 죄를 짓고 무가치한 벌만을 쌓아가기 때문입니다. 그러므로 우리는 다시금 진심으로 용서받기를 원하며 또한 우리에게 죄 짓는 자들에게도 기꺼이 용서하기를 원하는 것입니다.

여섯 째 기도 : 우리를 시험 들지 않게 하소서

11문 : 그것은 무슨 뜻입니까?

답 : 하나님은 그 누구도 시험하지 않으십니다. 그러나 우리는 이 기도에서 악마와 세상과 우리의 육신이 우리를 속이지 못하며 불신앙과 의심과 다른 큰 수치와 악습이 우리를 유혹하지 못하도록 하나님께서 우리를 지켜 주시며 붙들어 주시기를 바라는 것입니다. 설사 우리가 고통을 당한다 하더라도 우리는 마침내 이기고 승리하기를 바라는 것입니다.

일곱 번째 기도 : 우리를 악에서 구원 하소서

12문 : 그것은 무슨 뜻입니까?

답 : 우리는 이 기도 전체에서처럼 하늘의 아버지가 몸과 영과 선과 영예에 붙는 여러 가지 악에서 우리를 구원하시며 우리의 마지막 시간이 오면 복된 임종을 허락하며 이 속세로부터 은혜로써 하늘로 들리어 지도록 바라는 것입니다.

결론 : 대개 나라와 권세와 영광이 아버지께 영원히 있을 지이다. 아멘.

13문 : 아멘은 무슨 뜻입니까?

답 : 나는 그런 요청들이 하늘의 아버지에게 받아들여지고 응답된다는 것

을 확신한다는 것입니다. 왜냐하면 그가 우리에게 그와 같이 기도하기를 요구하셨으며 그가 우리의 기도를 들으시기를 원한다는 것을 약속하셨기 때문입니다. 아멘, 이것은 예, 예 그와 같이 이루어질 것입니다. 라는 것을 뜻합니다.

제4장 거룩한 세례와 성례

1문 : 세례는 무엇을 뜻합니까?

답 : 세례는 단순한 물이 아니라 하나님의 계명 안에 포함된 물로, 하나님의 말씀과 결합된 것입니다.

2문 : 그와 같은 하나님 말씀으로는 대체 어떤 말씀입니까?

답 : 우리 주 예수 그리스도가 마태복음 마지막 장에 이렇게 말씀하셨습니다. "너희는 가서 모든 족속으로 제자를 삼아 아버지와 아들과 성령의 이름으로 세례를 주고"(마 28:19).

3문 : 세례가 주는 유익은 무엇입니까?

답 : 죄에 대한용서의 효력을 주며 죽음과 사단에게서 구원해 줍니다. 그리고 하나님의 말씀과 약속이 제시하는 것을 믿는 모두에게 영원한 축복을 줍니다.

4문 : 그와 같은 하나님의 말씀과 약속으로는 어떤 것이 있습니까?

답 : 우리 주 그리스도는 마가복음 마지막 장에서 다음과 같이 말씀하십니다. "믿고 세례를 받는 자는 구원을 얻을 것이요 믿지 않는 사람은 정죄를 받으리라"(막 16:16).

5문 : 물이 어떻게 그러한 큰일을 할 수 있습니까?

답 : 물 자체가 그런 일을 행하는 것은 아닙니다. 이것을 행하는 것은 물과 함께 한 하나님의 말씀이며 물 안에서 그와 같은 하나님의 말씀을 신뢰하는 믿음입니다. 왜냐하면 하나님의 말씀 없이는 물은 단순히 물이며 세례는 아닙니다. 그

러나 하나님의 말씀과 함께 있어서 그것은 세례가 되며 은혜가 풍성한 생명의 물인 것입니다. 또 그것은 성령 안에서 새로 태어나는 씻음입니다. 이것은 성 바울이 디도서 3장에서 "중생의 씻음과 성령의 새롭게 하심으로 하셨나니 성령은 우리 구주 예수 그리스도로 말미암아 우리에게 풍성히 부어 주사 우리로 저의 은혜를 힘입어 의롭다 하심을 얻어 영생의 소망을 따라 후사가 되게 하려 하심이라"(딛 3:5-7)고 말하는 것과 같습니다.

6문 : 그와 같은 물세례는 무엇을 뜻합니까?

답 : 그것은 우리 안에 있는 옛 아담이 죽고 매일의 뉘우침과 회개를 통하여 물속에 잠기게 되어야 한다는 것과 모든 죄와 악한 마음들을 죽이는 것을 뜻합니다. 그리고 매일 다시금 하나님 앞에 의와 정결 가운데서 영원히 살게 될 새 사람이 나오고 부활하는 것을 뜻합니다.

7문 : 그것이 어디에 기록되어 있습니까?

답 : 바울은 이것을 로마서 6장에서 말하고 있습니다. ▨그러므로 우리가 그의 죽으심과 합하여 세례를 받으므로 그와 함께 장사되었나니 이는 아버지의 영광으로 말미암아 그리스도를 죽은 자 가운데서 살리심과 같이 우리로 또한 새 생명 가운데 행하게 하려 함이라"(롬 6:4).

제5장 참회

1문 : 참회는 무엇을 뜻합니까?

답 : 참회는 두 가지로 이해됩니다.

첫째 : 사람들이 죄를 고백하는 것이요.

둘째 : 증성자(證聖者 : 고백을 듣는 자)로부터 받은 면죄와 용서를 하늘에 계신 아버지 앞에서 받은 것으로 받아 드리고 그것을 통해 하늘에 계신 아버지 앞에서 죄가 사해진 것을 믿고 의심치 않는 것입니다.

2문 : 사람들은 어떤 죄를 참회해야 합니까?

답 : 하나님 앞에서 모든 죄를 주님 가르친 기도에서 행하는 것처럼 알지 못하는 죄도 모두 고백해야 합니다. 그러나 참회 받으시는 이 앞에서는 우리가 알고 있고 마음에 느끼고 있는 죄들을 고백해야 합니다.

3문 : 그것들은 어떤 죄입니까?

답 : 당신의 상태를 십계명에 비춰어 보십시오. 당신이 아버지, 어머니, 아들 딸, 주인, 부인 종인지 당신은 불순종하고 불신실하며 게으르며 화를 잘 내며 행실이 좋지 않으며 거역하기를 즐기지 않는지 당신은 도적질했거나 게을렀거나 단정치 못했거나 남에게 해를 끼치지 않았는지 등을 생각해 보십시오.

4문 : 참회를 듣는 이에게 자신의 죄를 어떻게 고백할 수 있습니까?

답 : 우리는 참회를 받으시는 이에게 이렇게 말할 수 있습니다. 하나님을 위해 내 참회를 듣고 내게 용서를 약속해 주시기를 청합니다. 그리고 다음과 같이 말합니다. 특히 나는 종이며 노예, 여종,...이나 유감스럽게도 나의 주인을 잘 섬기지 못했음을 고백합니다.

제6장 제단의 성례에 관하여

1문 : 제단의 성례가 무엇입니까?

답 : 이는 우리 주 예수 그리스도의 참 몸이며 피 인바 그리스도 자신이 우리 그리스도인에게 떡을 떼고 포도주를 마셔 기념하라 하신 것이다.

2문 : 그것이 어디에 기록되어 있습니까?

답 : 공관 복음서와 바울 서신에 기록되어 있습니다. 주 예수께서 잡히시던 밤에 떡을 가지사 축사하시고 가라사대 이것은 너희를 위하는 내 몸이니 이것을 행하여 나를 기념하라 하시고 식후에 또한 이와 같이 잔을 가지시고 가라사대 이 잔

은 내 피로 세운 새 언약이니 이것을 행하여 마실 때마다 나를 기념하라 하셨으니

3문 : 그와 같이 먹고 마심은 어떤 유익이 있습니까?

답 : 다음의 말씀이 이것을 보여줍니다. "너희를 위해 주었으되 죄 용서를 위하여 피 흘려주셨다" 말하자면 성경에서 우리에게 그 같은 말씀을 통하여 죄의 용서와 생명과 축복이 주어지는 것입니다. 왜냐하면 죄용서가 있는 곳에 생명과 축복이 있기 때문입니다.

4문 : 먹고 마시는 것이 실제로 어떻게 그와 같은 일을 행할 수 있습니까?

답 : 이런 일을 행하는 것은 먹고 마심이 아니라 그곳에 함께 한 말씀입니다. "너희에게 죄 용서를 위해 피 흘리셨다" 이 말씀들이 구체적인 먹고 마심으로 성례의 중심이다. 이 말씀을 믿는 자는 이 말씀들이 말하는바 죄의 용서를 받게 됩니다.

5문 : 누가 그 같은 성례를 합당하게 받을 수 있습니까?

답 : 금식하고 몸으로 준비하는 것은 훌륭한 외면적 규율입니다. 그러나 "너희에게 죄의 용서를 위해 피를 흘리셨다는 이 말씀을 믿는 자가 합당 한 자요 잘 준비된 자입니다" 이 말씀을 믿지 않거나 의심하는 자는 성례를 받기에 합당치 못한 것입니다. 왜냐하면 "너희를 위한"이란 그 말씀은 오직 믿는 마음을 요구하기 때문입니다.

제7장 가장으로서 아버지의 축복기도

〈아침의 축복〉

아침에 당신이 잠자리에서 일어나면 거룩한 십자가로 자신에게 축복할 수 있고 다음과 같이 말 할 수 있습니다. "주재자 하나님 아버지와 아들과 성령이시여!" 아멘.

무릎을 꿇거나 또는 선 채로 사도신조와 주기도문을 드리십시오. 만일 당신

이 원한다면 이런 기도를 첨가할 수 있습니다. 하늘에 계신 나의 아버지시여 당신의 사랑하는 아들 예수 그리스도를 통하여 지난밤도 모든 해악과 위험에서 나를 건져 주셨음을 감사드립니다. 그리고 이 날도 나의 행함과 생활이 당신을 기쁘게 하도록 모든 죄와 악에서 나를 지켜 주시기를 원합니다. 나는 내 몸과 영과 모든 것을 당신의 손에 의탁하옵나이다. 악한 원수와 어떤 권세도 나를 주장치 못하도록 당신의 거룩한 천사로 나와 함께 하게 하소서! "아멘" 그런 뒤에 기쁨으로 일터에 나가 십계명과 같은 혹은 신앙에서 우러나오는 찬미를 드리십시오.

〈저녁의 축복〉
당신이 저녁에 잠자리에 들 때는 거룩한 십자가로 성호를 표시한 후 다음과 같이 기도하십시오. "주재자 하나님 아버지, 아들과 성령님! 아멘" 무릎을 꿇든지 선 채로 사도신조와 주기도문을 드리십시오. 만일 더 원한다면 다음의 기도를 드릴 수 있습니다. "하늘에 계신 아버지시여 당신의 사랑하는 아들 예수 그리스도를 통하여 당신이 이 날도 은혜 가운데 저를 지켜 주실 것을 감사합니다. 내가 불안하게 행했던 모든 죄를 당신은 용서하시기를 바라옵고 이 밤도 나를 은혜 가운데 지켜 주소서. 내 몸과 영혼과 모든 것을 당신의 손에 의탁합니다. 악한 원수와 어떤 권세도 나를 주장치 못하도록 당신의 거룩한 천사로 나와 함께 하게 하소서! 아멘" 그러면 기쁨으로 잠자게 됩니다.

제8장 가장으로서의 아버지의 식사기도

〈식전의 기도〉
아이들과 식구들은 손을 모으고 정중히 식탁에 나와서 이렇게 기도해야 할 것입니다.

"주님 모든 사람이 당신을 바라나이다. 당신은 그들에게 제때에 먹을 것을 주셨습니다. 당신은 손을 벌리시고 살아 있는 모든 것을 흔쾌히 만족시키시나이다" 그 후 주기도문을 하고 또 다음의 기도를 하십시오. "하늘에 계신 주 하나님 당신의 온유하신 선으로 말미암아 우리가 취한 이 선물을 우리 주 예수 그리스도를 통하여 축복하소서. 아멘"

〈식후의 기도〉

이와 같이 식후에도 그들은 정중히 같은 방법으로 손을 모으고 기도해야 할 것입니다.

주님께 감사하십시오. 그는 온유하고 모든 육체에 먹을 것을 주시며 먹이를 찾는 어린 새의 새끼와 가축에게 먹을 것을 주시는 그의 인자는 영원합니다. 하나님은 말의 강한 힘에서 기쁨을 구하지 않으시며 강한 뼈에서 기쁨을 얻지 않으십니다. 그는 다만 그를 경외하고 그의 인자를 기다리는 자들을 기뻐하십니다. 그런 후에 주기도문을 기도하고 난 후 다음과 같이 기도하십시오. "예수 그리스도 우리 주님을 통하여 영원히 살아 계시며 다스리는 주 하나님 아버지께서 베푸신 모든 은혜에 감사를 드립니다. 아멘"[61]

3. 슈말칼덴 신조(Schmalkald Creed, 1537)

1) 슈말칼덴 신조의 역사적 배경

1537년 5월 신성 로마 황제 칼 5세의 요청으로 교황 바울 3세가 이탈리아 만두에서 열리게 되었다. 프로테스탄트교회를 지지해온 삭센 후(候)는 루터에게 교회의 일치를 위해 어떤 점에서 어느 정도 양보할 수 있느냐 밝혀 주는 글을 요청한

---

61 정일웅, 「기독교신앙의 가르침」 pp. 34-48.

것이다. 루터는 병석에서 1장에서 3장 3항까지 쓰고 16항까지는 구술로 완성했다. 그해 2월 8일 슈만칼덴에 속한 지도자들이 5월 루터가 쓴 신조를 받아들였다. 특히 아우크스부르크 신앙고백서보다 교황을 더 비판하고 미사는 교황제도 가운데 가장 가증스러운 것이라 했다.

2) 슈만칼덴 신조의 특징

슈만칼덴 신조는 교황제도에 대한 프로테스탄트교회의 태도를 규정했다는 점에서 아우크스부르크 신앙고백서를 보충하고 있으며 최종적으로 가톨릭과 분열하는데 이바지했다. 제1부에서는 사도신조와 아타나시우스 신조의 교리를 재확인하고, 제2부에서는 그리스도의 직책과 사업, 우리의 구원에 관해서 다루며 모든 교회적 미신적 폐습에 반대하여 신앙의인을 강하게 주장한다.“우리가 교황과 악마와 온 세상에 반대하여 가르치고 행하는 모든 것”이 신앙의인에 근거한 것이다.

미사는 “말로 표현할 수 없이 가증된” 것이며 연옥은 “악마적인 기만”이며 교황을 “진짜 적그리스도이다”“ 왜냐하면 교황이 “자기의 힘없는 그리스도인들이 구원을 받지 못하도록 할 것이기 때문이다” 제3부에서는 15개 조항에 걸쳐 죄, 율법, 회개, 성례 및 기타 다른 문제들을 다룬다. 이 문제들에 대해 “우리는” 교황이나 교황의 부하들에게 호소하지 않고 학식과 지력을 갖춘 사람들과 자유롭게 토론하거나 우리 중에서 해결한다.

교황이나 교황의 부하들은 그 문제들에 대해 별로 관심이 없다. 왜냐하면, 그들은 양심을 잃고 돈과 명예와 권세에 여념이 없기 때문이다. 그리고 극단적인 공재설(共在設)을 주장하면서 화체설을 부정한다. 즉 경건한 그리스도인들뿐만 아니라 불경건한 그리스도인들도 그리스도의 진짜 몸과 피를 집례하고 받는다. 루터는 트렌트공회가 개회된 1546년 초 세상을 떠났다.

3) 슈만칼덴 신조 평가

로마가톨릭교회와 완전한 결별을 선언한 것이며 미사를 전적으로 부정하며 나아가 로마가톨릭교회를 이단으로 규정하고 교황을 적그리스도로 보았다. 그러나 성찬에 있어서 공재설을 주장하므로 개혁파교회 영적 임재설과 맞지 않는다.

4) 슈만칼덴 신조 전문

제1부 하나님의 존엄성에 관한 주요 사항

1. 성부, 성자, 성령이신 하나님은 신적 본질과 본성이 동일하되 서로 다른 세 품격(品格, persona)을 가지고 계시며, 천지를 창조하신 유일한 하나님이시다.

2. 성부는 아무에게서도 나신 분이 아니며, 성자는 성부에게서, 성령은 성부와 성자에게서 나오신 분이시다.

3. 성부도 아니고 성령도 아니고 다만 성자가 사람이 되셨다.

4. 성자가 사람이 되신 것, 그는 남자의 협력 없이 성령으로 잉태되어서 깨끗하고 거룩한 처녀 마리아에게서 나셨다. 그 후에 고난을 받으시고 돌아가서 장사되어 음부에 내려가서 죽은 자 가운데서 다시 살아나셔서 하늘에 오르사 하나님 우편에 앉아 계시며 산 자와 죽은 자를 심판하러 오실 것이다. 사도신조와 아타나시우스 신조와 공동 아동 교리문답이 가르치는 바이다. 이러한 조항은 우리가 쌍방에서 고백하는 것으로서 논쟁도 싸움도 없는 것이므로 여기에 대해서는 더 논할 필요가 없다.

제2부 예수 그리스도의 직책과 사업, 즉 우리의 구원에 관한 조항
제1항 그리스도와 신앙

우리의 하나님이시며 주가 되시는 예수 그리스도는 우리의 죄 때문에 죽으시고 우리의 의를 위하여 부활하셨다(롬 4:25). 그가 바로 "세상 죄를 지고 갈 어린 양"(요 1:29)이며 "하나님은 우리 모두의 죄악을 그에게 지우셨다"(사 53:9), 또 "모든 사람이 죄를 지었기 때문에 하나님이 주셨던 본래의 영광스러운 모습을 잃어버렸다(롬 3:23절 이하)" 그러므로 우리는 이 사실을 믿어야 한다. 바울이 로마서 3장 28절에서 "그러므로 사람이 의롭다 하심을 얻은 것은 율법의 행위에 있지 않고 믿음으로 되는 줄 우리가 인정하노라"라고 말하였고 또 나아가 "곧 이때에 자기의 의로우심을 나타내어 자기도 의로우시며 또한 예수 믿는 자를 의롭다 하려 하심이라"(롬 3:26)라고 말한 것처럼 어떠한 업적과 율법 또는 공로로써도 도달할 수 없고 획득할 수 없는 다만 믿음으로 의롭게 되는 것이 분명하다.

비록 천지는 지나가고 아무것도 나지 않을지라도 이 조항은 우리가 경감하거나 추가할 수 없다. 이것은 베드로가 "인간에 구원을 얻을 만한 다른 이름을 우리에게 주신 일이 없기 때문이다(행 4:12)"라고 말한 대로이니 "그 몸에 채찍을 맞음으로 우리가 나음을 입었도다(사 53:5)"라고 기록되어 있기 때문이다. 그리고 이 조항은 우리가 교황에 대항하여, 또 악마와 이 세상에 대항하여 가르치고 생활하는 일체의 것이 토대하고 있다. 그러므로 우리는 이것을 전면적으로 확신하고 의심해서는 안 된다. 그렇지 않으면 모든 것을 잃을 것이고 교황과 악마와 우리를 대적할 모든 것이 승리와 권력을 얻을 것이다.

제2항 미사

미사는 교황제도 가운데 가장 무서운 괴물이다. 이 주요 조항에 대하여 직접적이고 강력하게 도전하는 것이니 이것은 그 밖의 교황의 모든 우상 예배 가운데서 가장 중요하며 귀중한 것이다. 그 까닭은 진술한 바와 같이 하나님의 아들, 어린 양만이 해방할 수 있음에도 불구하고 이와 같은 공헌 물이 있는 미사 행위는(비록 사악한 악한이 집행한다고 할지라도) 이 세상에서나 연옥에서나 사람을 죄에서 구원한다는 생각을 고집하기 때문이다.

이 조항에 대해서도 아무것도 덜거나 보태거나 할 수 없다. 그 까닭은 제1항이 그렇게 하는 것을 허락하지 않기 때문이다. 그런데 만일 지각 있는 사람이 교황 측에 속하여 우호적으로 온전하게 있으면서 이러한 엄격한 미사를 고수하는 까닭이 무엇인지 말하여 주고 싶다.

첫째, 미사는 전적으로 인간이 발명한 것이어서 하나님의 명령이 아니라는 것 그리고 그리스도가 마 15장 9절 이하에 "사람의 계명으로 나를 헛되게 경배한다"라고 말한 대로 우리 인간이 생각해 낸 모든 것을 폐지해도 좋다고 말할 수 있다.

둘째, 미사는 불필요한 것이 어서 그것을 버려도 죄가 되거나 위험하지 않다.

셋째, 우리는 성례전을 보다 나은 축복의 방법으로, 즉 그리스도가 세우신 (실로 단 한 가지) 축 복된 방법으로 받을 수 있다. 그렇다면 무엇 때문에 허구적이며 불필요한 일을 가지고 세계를 괴롭히며 환난 가운데로 빠뜨리려 하는가? 그렇지 않다면 우리는 보다 훌륭한 축 복된 방법으로 성례전을 지킬 수 있을 것이다.

그리하여 인간이 만든 미사는 죄를 짓지 않고 폐기할 수 있으며, 이것을 존중하지 않는 사람도 벌을 받지 않게 되고 오히려 미사 없이 더 좋은 방법으로 축복을 받을 수 있음을 민중에게 설교해야 한다. 이렇게 되면 미사는 소박한 서민 가운데서 만이 아니라 모든 경건하고 기독교적이며 이성적인 마음으로 하나님을 경외하는 사람들 가운데서도 자연히 떨어져 나갈 것이다. 미사는 하나님의 말씀과 뜻이 아니게 발명된, 위험한 것이라는 말을 그들이 들을 수 있다면 더욱 다행할 것이다.

넷째, 미사를 사고 팔아 말로 다 할 수 없는 무수한 남용이 온 세계에 드러났으므로 비록 미사 자체는 다소 유익하고 선한 것을 가지고 있다손 치더라도 이러한 남용은 막기 위해서도 그것은 폐지되는 것이 당연하다. 더구나 전혀 무용 무익하며 또 위험하며, 미사 없이도 가장 필요하고 유익한 확실한 방법으로 모든 것을 보유할 수 있으므로 이러한 남용을 영원히 방지하기 위하여 이것은 폐지되어야 한다.

다섯째, 미사는 교회 법전과 그 밖의 여러 가지 서적이 말하고 있듯이 인간의 업적(또한 불경건한 사람들에 의한 것) 이외에 아무것도 아니다. 이것으로써 자기 자신에게와 또 다른 사람에게 하나님과의 화해를 가져와서 죄의 용서와 은총을 얻거나 또 그것을 받기에 가치 있는 것으로 만들려고 한다. 그러므로 미사는 벌을 받고 폐지되어야 한다. 그 까닭은 경건한 자나 사악한 자 간에 미사 집행자가 자기의 업적으로 하는 것이 아니고 하나님의 어린양, 하나님의 아들이 우리의 죄를 지신 것을 말하는 중요한 신조와 충돌하기 때문이다. 그리고 만일 그들 자신의 덕을 세우기 위하여 참여하거나 그것을 집행하는 것이라고 변명한다면 그것은 진심이 아니다. 만일 그들이 진심으로 성찬에 참여하고자 할 때는 그리스도가 설정하신 대로 가장 확실한 최선의 방법으로 성례전을 집행할 수 있는 것이다. 그러나 개인적으로 성찬을 받는 개인적 배찬이 인간의 착상과 발명에 따를 때는 무엇을 하는지 알 수 없는 일이다.

교회가 공동으로 집례하는 성례전을 개인의 종교적 필요 때문에 하나님의 말씀 없이 또 교회의 친교에서 벗어나서 행하는 것은(순서는 전적으로 틀리지 않을지라도) 올바로 된 것이 아니다. 미사에 관한 이 조항은 교회 회의에서 결정적인 논쟁점이 될 것이다. 왜냐하면, 그들은 우리에게 다른 모든 것을 양보할 수 있을지 몰라도 이 조항은 양보하지 않을 것이기 때문이다. 아우크스부르크에서 칸페게우스는 미사를 폐지할 것이라며 몸을 분쇄하는 편이 낫다고 말하였다. 나도 또한 하나님의 도움으로 선인이든 악인이든 미사 집행자와 미사 행위를 내 주 예수 그리스도와 동등하게 혹은 그 이상으로 여기기보다는 차라리 이 몸을 재로 만들어 버리겠다고 생각한다. 이처럼 우리는 영원히 나뉘어서 서로 대립을 계속할 것이다. 실로 그들은 미사가 폐지되며 교황제도도 망한다고 생각한다. 그들은 이런 일이 생기기 전에 되도록 우리를 멸하려 할 것이다. 이 모든 것 밖에도 미사는 온갖 우상 숭배가 되는 많은 해충과 독충을 낳았다.

첫째, 첫째가는 것은 연옥이다. 죽은 사람을 위한 미사(일 정된 축일 전날에 있는), 철야 사자 칠 일제, 삼십 이제, 연제, 그리고 최후의 신도제, 사자 기념일, 연옥에서의 재영, 목욕 등등, 마치 미사는 죽은 사람을 위하여 유용하다시피 시행되게 되었다. 그러나 그리스도가 성례전을 제정하신 것은 살아 있는 사람을 위한 것이다. 그러므로 연옥은 미사와 관련된 여러 가지 화려한 의식과 예배와 행사로 가득 차서 아주 악마의 망상처럼 여겨질 것이다. 그 까닭은 이러한 일은 사람은 인간의 업적에 의존하지 않고 오직 그리스도로 말미암아 구원이 될 수 있다는 주요 신조에 배치되기 때문이다. 또 그것은 그렇다고 하더라도 죽은 사람에 관하여 우리에게 명령하거나 부과된 것이 아무것도 없으므로 그것이 아무런 과오나 배신행위가 될 만한 것이 없다 하더라도 방치해 버려도 상관이 없다. 교황 편에서는 연옥에 관하여 기록하고 있는 아우그스티누스나 어떤 교부들의 글을 여기에 인용하면서 그들이 무슨 목적과 무슨 의미로 이러한 말을 썼는지 우리가 이해를 못 하고 있다고 주장한다.

그러나 아우그스티누스는 연옥이 있다고 기록하지 않았고 또 그를 강요하여 연옥의 존재를 인정하게 할 만한 성경구절도 없으며 그는 연옥의 존재에 대한 의심의 여지를 남기고 있고, 다만 그의 모친이 성당에서, 즉 성례전을 베풀 때 그녀를 기억해 주기를 바랐다고 말한 것뿐이다. 그런데 이 모든 것은 개개인의 인간다운 경건 기원 이외에 아무것도 아니며 그것이(다만 하나님에게만 돌릴 수 있는) 신조를 만드는 것이 아니다. 그런데 교황 편에 있는 사람들은 이러한 인간적인 말을 인용하여 그들의 파렴치하고 모독적이고 저주스러운 연옥에다가 바치고 죽은 자들을 위한 미사의 시장과 같은 거래를 믿어야 한다는 것이다. 그러나 그들도 이러한 것을 위하여 아우구스티누스의 말을 인증하지 않을 것이다. 또 성례전에 임하여 죽은 자를 기억할 수 있느냐의 여부에 대하여 논하고자 한다.

우리가 교부들의 저서나 논설에서 신조를 만들어 내는 것은 온당하지 않다.

그렇지 않다면 성자의 유물에 대하여 하는 것과 같이 그들의 음식물 의복 및 가옥에 따른 것도 신조가 되었을지도 모른다. 그러나 하나님의 말씀이 신앙의 조문을 판정할 것이지 그 밖의 아무도 비록 천사라 할지라도 판정할 수 없는 것이다.

둘째, 여기서 악한 영이 많은 사기 행위를 행하였다는 결과가 나온다. 즉 이들 죽은 자들이 영이 인간의 영혼처럼 나타나서 말로 다 할 수 없는 거짓말과 온갖 악의를 가지고 미사와 철야기도와 순례와 그 밖의 자선 행위를 요구하였다. 그리고 이러한 것은 신조로 삼아서 우리가 지켜야 하며 여기에 따라서 생활해야 한다는 것이고, 교황은 그것을 미사와 그 밖의 괴물과 같이 인정한다. 그리고 이 점에서는 조금도 양보나 타협을 하지 않는다.

셋째, 다음은 순례가 있다. 여기서도 또한 사죄와 하나님의 은총인 미사가 있다. 그 까닭은 미사는 모든 것을 지배하기 때문이다. 그런데 이러한 순례는 하나님의 말씀 없이는 우리에게 명할 수 없음을 분명한 일이다. 그것은 또한 우리에게 필요한 것이 아니다. 우리는 보다 좋은 방법을 가질 수 있으며 아무런 죄나 위험 없이도 이것을 폐기할 수 있기 때문이다.

그들은 자기들의 목사와 하나님의 말씀과 치리가 필요하며, 그것은 또한 하나님의 명령에 따른 것인데 왜 이러한 것을 저버리고 불필요하며 불확실하며 또 해로운 악마의 사기술에 매달리는 것일까? 그 까닭은 다만 교황이 이러한 것을 찬양하고 확증하도록 악마에게 미혹되었기 때문이니, 그 결과 사람들은 그리스도에게서 떠나서 악마의 역사에 의지하여 불신앙에 빠져 버린 것이다. 그것이 몹시 나쁜 이유는 그것이 불필요하며 또 하나님의 명령도 아니며 권고를 받은 것도 아니며 불확실하여 더구나 해롭기 때문이라는 것은 더 말할 나위가 없다. 그러므로 여기서도 조금도 양보나 타협이 생기지 않는다. 우리는 이것이 불필요하며 또 위험함을 설교해야 한다. 그 후에 순례가 어디서 명맥을 유지할 것인지 보아야 할 것이다.

넷째, 형제 단, 형제단에서 수도원, 교원 그리고 보조사제자까지 보태서 산 자를 위해서나 죽은 자를 위해서 다 같이 모든 미사와 선한 일을 적정한 매매 계약으로 만들어서 새로 규정하고 또 참여하였다. 이것은 하나님의 말씀에 없는 순전히 인간적인 회유이고 불필요한 명령을 받는 일이 없는 것일 뿐 아니라 구원에 관한 주요 신조에 어긋나는 것이며 따라서 결코 허락할 수 없는 일이다.

다섯째, 유물숭배, 여기는 개나 말의 뼈다귀와 같은 많은 공공연한 허위 유물과 어처구니없는 일들을 고안해 내고 있는데 이러한 사기 행위에 대해서는 악마까지도 비웃을 정도이고 비록 좋은 유물이 얼마만큼 있다손 치더라도 처벌을 받기에 족할 것들이다. 본래 이것은 하나님 말씀에 있는 것도 아니고 명령을 받은 일도 없고 권고받은 일도 아니고 아주 불필요하고 무익한 것이다. 이것이 더욱 나쁜 까닭은 미사와 같이 그것이 마치 선한 행위와 하나님을 섬기는 일인 것처럼 속죄권과 죄의 용서가 이것으로 얻을 수 있다고 정하였기 때문이다.

여섯째, 죽은 자와 산 자에게(금전을 받고) 주는 값비싼 속죄권도 또한 여기에 속한다. 여기서 가련한 유다. 곧 교황은 그리스도의 공로와 함께 온 교회의 온 성도들의 과잉공로를 축적했다가 매매하는 것이다. 이러한 일은 용납될 수 없다. 이것도 하나님의 말씀에 없는 일이며, 명령을 받거나 권고를 받은 것이 아니고, 오히려 주의 신조와 충돌하는 것이다. 왜냐하면, 그리스도의 공로는 우리의 행위나 금전으로가 아니고 은총에서 나오는 신앙으로 얻는 것이어서 금전과 공로와는 상관이 없다. 이것은 교회의 권능에 의존하는 것이 아니고 설교 곧 하나님의 말씀으로 얻는 것이다.

성자의 초청에 관하여

성자의 초청도 또한 기독교에 어긋나는 오용이며 제일 조항의 주요 신조에 어긋나며 그리스도의 인식을 말살하는 것이다. 이것은 또한 명령이나 권고를 받거나 성경에 있는 것이 아니다. 비록 그것이 귀하고 선한 일이라 할지라도(실제는 그렇지 않다) 우리는 그리스도에게서 천 배나 더 좋은 것을 얻고 있다. 천상의 천사들이 우리를 위하여 기도하고 있겠고 또 성도들도 지상에서나 혹은 천상에서 기도하고 있지만 그렇다고 해서 거기서 다음과 같은 결론을 끌어낼 수는 없다. 즉 교황 지지자들이 가르치며 실행하고 있듯이 천사와 성도를 초청하여 기도를 드리고 그들을 위하여 단식하고 제사를 지내고 미사를 집행하며 희생제물을 바치고 교회, 제단과 제식을 만들어 내며 또 그 밖의 다른 방법으로 많이 섬기며 또 그들을 어려울 때 구조하는 손으로 생각하고 갖가지 도움을 그들에게 바라며 더구나 그들 하나하나에 특수한 역할을 기대하는 것이다. 이러한 일을 하는 것은 우상숭배이며 이러한 영예는 하나님에게 돌릴 것이다. 네가 지상의 한 그리스도인으로서 또 성도로서 나를 위하여 어떤 어려운 지경에서만 아니고 곤란한 모든 지경에 있어서 기도해 주는 것은 무방하다. 그러나 그것 때문에 내가 너에게 기원을 올리고 초청하고 제사를 지내고 단식하고 희생제물을 바치고 너의 영예를 위하여 미사를 드리고 구원을 위하여 너에게 내 신앙을 바칠 수 없는 일이다. 나는 다른 방법으로 그리스도 안에서 너를 존경하고 사랑하고 너에게 감사할 수 있다.

그러나 이러한 불경건한 숭배를 천사와 죽은 성도들에게서 취소한다면 다른 존경은 해로울 것이 아니며 조만간 잊히고 말 것이다. 왜냐하면, 육체적으로나 영적으로 이익과 도움을 기대하지 않게 될 때 성자들은 무덤 속에서나 천상에서나 어디에 있든지 아무것도 방해를 받지 않을 것이다. 왜냐하면, 아무도 대상물을 요구하지 않고, 즉 사랑 때문에 그들을 언제나 상기하고 존경하는 일은 하지 않을 것이기 때문이다. 요컨대 미사가 어떤 것이든 간에 거기서 무엇이 생기든지 또 그것이 무엇이 뒷받침하고 있든지 간에 우리는 그것을 용납할 수 없다. 그러므로 우리는 그리스도가 정하신 것에 따라 성례전이 신앙으로 집행되고 또 받는 것이기 때문에 그것을 비난하지 않을 수 없다.

제3장 교원과 수도원

교원(敎院)과 수도원은 과거에는 학자와 정숙한 부인들을 교육하는 좋은 의도로써 설립되었으니 다시 한번 그러한 용도로 되돌려야 한다. 그리하여 우리는 목사, 설교자, 그 밖의 교회의 직원, 또 동네와 지방에서 세속적 통치에 필요한 사람들과 가정의 어머니와 주부로서 잘 교육된 젊은 부인을 얻을 수 있는 것이다. 만일 교원과 수도원이 이러한 목적을 위하여 봉사하지 않는다면 오히려 이러한 것이 황폐되도록 버려두거나 혹은 부수어 버리는 편이 낫다. 왜냐하면, 그들은 인간이 만들어 낸 불신앙의 예배를 하고 일반 기독교만의 지위와 하나님이 세우신 임무와 직업보다 더 나은 것으로 생각하고 있기 때문이다. 이것도 또한 예수 그리스도의 구원에 관한 제일 중요한 신조에 위배된다. 이러한 예배를 예언자들은 '헛수고'라고 불렀다.

제4장 교황권

교황은 하나님의 법, 즉 하나님의 말씀에 근거하여 전체 그리스도 교회의 머리가 되는 것이 아니고(왜냐하면, 그 교회는 예수 그리스도에게 속하는 것이기 때문에) 다만 로마가톨릭교회의 주교 혹은 목회자일 뿐이다. 그리고 자발적인 혹은 인간적인 관계, 즉 세속적 권위에 따라 그를 순종하는 사람들이 그를 주로 생각하여 그 아래 있는 것이 아니고 오히려 형제로서 또 신앙을 같이하는 사람으로서 그리스도인이 되기 위한 것이다. 이것은 고대의 교회 회의와 성 키프리안 시대도 증명하는 그대로이다. 그러나 이제는 어느 주교도 교황을 옛날처럼 '형제'라고 감히 부르지 않고 비록 황후나 황제까지도 그를 '가장 은혜로운 주'라고 부르지 않으면 안 된다. 우리는 우리의 양심에 비취어 이러한 일을 하지 않으며 또 해서도 안 되며 할 수도 없다. 그러나 그렇게 하고자 하는 사람은 우리와는 관계없이 해도 좋은 것이다.

여기서 다음과 같은 결과가 생긴다. 교황이 이러한 틀린 일과 하나님을 훼손하는 죄, 많고 오만한 권력을 행하고 또 처리한 모든 것은(육체적 지배에 관한 것은 하나님은 때로는 실로 전제적 군주나 악인을 불러서도 민중에게 선한 일을 많이 하게 만드셨는데 이러한 일을 제외하고) 아주 악마적인 사건이었고 지금도 그렇게 하고 있다. 그것은(그에게 관계되는 한) 거룩한 전체 그리스도 교회를 파괴로 이끄는 것이고 또 예수 그리스도의 구원에 관한 제일 중요한 신조를 파기하는 것이다. 이러한 견지에서 교황의 모든 교서와 문서를 이해할 수 있고 그 가운데서 그는 (계시록 12장의 천사의 모습이 묘사되어 있듯이) 사자와 같이 그리스도인의 원하고 말하고 행하는 모든 것이 그에게 순종하고 복종하는 것은 아니며 결단코 구원을 받을 수 없다고 부르짖고 있다. 그것은 다음과 같이 말하는 것과 다를 바가 없다. "비록 네가 그리스도를 믿고 그에게서 구원에 필요한 것을 다 소유하고 있어도 만일 네가 나를 너의 하나님으로서 섬기지 않고 나에게 복종하지 않으면 그것은 아무 소용이 없다"

그러나 거룩한 교회는 교황 없이도 5백 년 이상 존재한 것이 분명한 일이며 또 오늘에 이르기까지 희랍교회와 다른 말씀을 쓰는 많은 교회도 교황의 지배 아래 있지 않았고 지금도 그러하다. 이처럼 자주 언급한 대로 그것은 인간이 고안해 낸 것이며 하나님의 명령도 아니며 불필요한 무익한 것이며, 거룩한 그리스도의 교회는 이러한 우두머리 없이도 충분히 존재할 수가 있으며 만일 악마의 장난으로 이러한 우두머리가 교만을 부리지 않았더라면 교회는 보다 나은 것이었을 것이다. 그리고 교황도 교회 안에서 소용이 없는 것이다. 왜냐하면, 교황청은 기독교적 직무를 행하지 않기 때문이다. 따라서 교회는 교황 없이도 존속할 수 있다.

제3부

아래 항목에 관하여 우리는 학식이 있고 이성적인 사람과 함께, 혹은 우리끼리 서로 의논하여 보고자 한다. 교황과 교황청에 관하여서는 많이 언급하지 않으려 한다. 왜냐하면, 그들에게는 양심이 없고 금전과 명예와 권력이 전부이기 때문이다.

1. 죄에 관하여

사도 바울이 로마서 5장에서 말하고 있듯이 죄는 단 한 사람, 아담에게서 왔고 그의 불순종 때문에 만인이 죄인이 되었고 죽음과 악마에게 정복을 당하였음을 고백해야만 한다. 이것이 원죄, 혹은 주요 죄라고 부르는 것이다. 이러한 죄의 결과는 후에 십계명에서 금지하는 악행들, 불신앙, 잘못된 신앙 우상숭배, 하나님을 두려워하지 않는 일, 오만, 회의, 맹목성 등 요약하면 하나님을 알지도 못하고 공경하지도 않는 일, 또 허위, 하나님의 이름으로 맹세하는 일, 기도하지 않는 일, 하나님의 이름을 부르지 않는 일, 하나님의 말씀을 순종하지 않는 일, 부모에게 순종하지 않은 일, 살인하는 일, 품행이 나쁜 일, 도적질, 속이는 일 등등 금지된 악들이다. 이러한 원죄는 본성의 아주 깊이 타락한 것인데 어떠한 이성도 이것을 알지 못하며 다만 성경의 계시로서 알게 되고 믿어야 한다(시 51:5, 롬 5:12, 출 23:3, 창 3:7). 그러므로 이 항목에 반대하여 스콜라 신학자들이 다음과 같이 가르치고 있는 것은 아주 잘못되고 맹목적이다.

첫째, 아담은 타락 후에도 인간의 자연적 능력은 완전히 타락하지 않고 남아 있다. 그리하여 철학이 가르치듯이 인간 본성은 올바른 이성과 선한 의를 가지고 있다.

둘째, 인간은 선을 행하여 악을 피하는, 또 선을 피하고 악을 행하는 자유의지를 가지고 있다.

셋째, 인간은 자연적 능력을 가지고 있어서 하나님의 모든 계명을 행하며 지킬 수가 있다.

넷째, 인간은 자연의 능력을 가지고 하나님을 다른 어떤 존재보다 더 사랑하고 이웃을 자기 몸과 같이 사랑할 수 있다.

다섯째, 인간은 자기에게 허락된 한도 안에서 행동할 때 하나님은 분명히 그 행동에 은총을 내리신다.

여섯째, 사람이 성례전에 참례하고자 할 때 선을 행하려는 어떤 선한 의도를 필요치 않는다. 다만 죄를 지으려는 악한 의지를 갖지 않음으로써 족하다. 사람의 본성은 선하며 성례전은 이처럼 유효한 것이다.

일곱째, 선한 행위를 하기 위하여 성령과 그의 은총이 필요함은 성경에 근거하고 있다.

이러한 것과 또 이것과 유사한 것이 죄에 관하여, 또 우리 구주 예수 그리스도에게 관하여 무지하고 몰이해한 데서 생긴 것이며 그것은 이교적인 교설로 우리가 용납할 수 없다. 만일 이러한 교설이 올바르다면 인간은 죄가 전연 없고 상하지도 않았다는 말이므로 그리스도가 죽어야 했다면 그가 아주 무의미하게 죽었다는 말이 된다. 혹은 그리스도는 영혼을 위함이 아니고 다만 육체를 위해서만 죽었다는 말이다. 왜냐하면, 영혼은 건전하므로 육체만이 죽게 되기 때문이다.

2. 율법에 관하여

우리는 여기서 율법이 먼저 형벌의 공포와 위험을 가지고서, 다음은 은총과 자비의 약속과 제공으로 죄를 방지하기 위하여 하나님에게서 받은 것임을 인정한다. 그런데 이 모든 것이 인간 안에서 죄를 움직이는 악 때문에 실패한다. 즉 어떤 사람들은 점점 더 악하게 된다. 그들은 율법이 자기들의 하고픈 일을 금하고, 하고 싶지 않은 일을 명하기 때문에 율법이 제기되었기 때문이다.

그러므로 만일 그들이 형벌 때문에 억제를 받지 않는다면 이전보다 더 율법을 적대시하게 될 것이다. 그들은 기회와 여유만 있으면 악행을 하고 비천한 악인이 된다. 또 다른 사람들은 맹목적이고 오만하다. 이미 스콜라 신학자에 관하여 언급한 대로 자력으로 율법을 따를 수 있고 또 지킬 수 있다고 그들은 생각한다. 여기서 위선자와 거짓된 성자가 생긴다. 그리고 율법의 주요한 임무 또는 힘은 원죄의 결과가 모든 것에서 밝혀지게 하며 인간의 본성이 얼마나 깊이 타락하여 멸망에 빠뜨려지고 있음을 보여 주는 데 있다. 또 율법은 어떠한 신도 갖지 않으며 섬기지 않고 있거나 또는 잘못된 신에게 빌고 있음을 말할 수밖에 없다. 이것은 율법이 있기 이전에는 믿을 수 없는 일이다. 이리하여 사람은 두려워하고 겸손하게 되고 절망과 회의에 빠져들어 가서 충심에서 도움을 구하지만 어떻게 하면 좋은 것인지 알지 못하고 열중하여 하나님을 적대시하기 시작한다. 즉 로마서 4장에서 "율법은 진노를 부르며" 또 5장에서 죄는 율법 때문에 더욱더 불어난다고 말하고 있다.

3. 회개에 관하여

율법의 이러한 임무는 신약성경에도 있고 또 가르친다. 바울은 로마서 1장에서 "하나님의 진노는 하늘로부터 모든 사람에게 나타났다"라고 말하며 또 3장에서는 "온 세계는 하나님께 빚지고 있다" 또 "다만 한 사람만이 하나님 앞에 의롭다"라고 말하고 있으며 그리스도도 요한복음 16장에서 "성령은 세상이 죄에 대하여 잘못 생각하고 있음을 깨우칠 것이다"라고 말하고 있다. 이것은 하나님의 우레의 도끼이다 이 도끼로서 그는 명백한 죄인과 거짓된 성도를 다같이 타도하시고 아무도 의롭다 보시지 않고 모두를 전율과 절망으로 쫓아내실 것이다. 이것은 하나님이 "내 말을 망치처럼 바위라도 부순다"(행 23:29)고 말씀하신 그 망치이다.

이것은 사람이 스스로 갖는 통회activa contritio 가 아니고 진심에서 갖는 고뇌, 죽음의 고뇌와 감각passiva contritio 이다. 그리고 이것은 참된 회개의 시작을 의미하며 사람은 다음의 판단을 들어야 한다. "너희들이 명백한 죄인들인지 또 성자들인지는 너희들과는 아무 상관이 없다. 너희들은 지금의 존재와 지금 행동하는 것과는 전연 다른 것이며 다른 행동을 해야 한다는 말이다. 비록 너희들이 원하는 대로 위대하고 현명하고 힘 있고 거룩한 사람일지라도 여기서는 아무도 경건한 사람이 아니다"

그러나 이러한 율법의 임무에다가 신약성경은 사람이 믿어야 할 은총의 위로가 넘치는 약속을 복음으로 첨가한다. 이런 의미에서 그리스도는 마가복음 1장에서 "회개하고 복음을 믿으라"라고 말한다. 즉 "달라진 사람이 되고 남다른 일을 하고 그리고 나의 약속을 믿어라"라고 말한다. 그리스도 앞서 온 요한은 회개하게 하는 설교자라고 불리지만 그것은 죄의 뉘우침을 위한 회개였다. 즉 그는 모든 사람을 벌하고 죄인으로 만들었다. 이것으로 그들이 하나님 앞에서 자기들의 모습을 바로 알고 잊어버렸던 인간으로서의 자기를 인식하고 은총을 받고 그에게 죄의 용서를 기대하고 주님에 대하여 준비를 하게 한다. 또한, 그리스도 자신도 누가복음 마지막 장에서 "내 이름으로 죄 사함을 받게 하는 회개가 모든 나라 백성에게 전파되게 하라"고 말씀하셨다.

그러나 율법이 복음의 협력 없이 그 임무를 수행할 때 그것은 죽음이며 지옥이고 바울이 "죄 때문에 율법은 죽인다"라고 말한 것처럼 유다와 사울과 같이 사람은 절망하지 않을 수 없다. 이것과는 반대로 복음은 위로와 사죄를 단일방법에 따르지 않고 "하나님에게는 풍성한 보상이 있다"라는 말씀을 죄의 큰 감옥에 반대되게(시 130장에서 말하고 있다) 들을 수 있다. 즉 말씀과 성례전과 그 밖의 여러 가지 방법에 따라 주시는 것이다.

다음으로 우리는 궤변자들이 말하는 거짓된 회개와 올바른 회개를 비교하여 논하여야 한다. 그러면 서로를 충분히 이해할 수 있을 것이다.

〈교황파의 거짓된 회개에 관하여〉
그들은 죄를 바로 인식하고 있지 않기 때문에 회개를 바로 가르칠 수 없다. 이미 말한 바대로 그들은 원죄를 바로 취급하지 않고 오히려 인간의 자연적인 능력이 완전하여 상실되지 않고 남아 있으며 이성은 바로 가르칠 수 있고 거기에 따라 의지는 바로 행사될 수 있고 만일 사람이 허용된 한도 안에서 자기의 자유의지에 따라 행하면 하나님은 은총을 주신다고 말한다. 여기서 결론을 내릴 수밖에 없는 것은 그들은 현실의 죄만을 뉘우친다는 것이다. 즉 자유의지가 쉽사리 방임할 수 있는 자기 승인을 얻어낸 악한 생각(왜냐하면, 악한 자극, 욕망, 흥분 등은 죄라고 할 수 없으므로), 악한 말, 악한 행동 등이다. 그리하여 이러한 것에 대한 회개는 통회, 고백, 죄의 보상 등, 세 가지로 나뉘고 만일 사람이 올바로 통회하고 고백하고 보상 행위를 하면 그것으로 용서를 얻게 되고 하나님 앞에서 죄는 속량 된다는 위로와 약속이 붙게 된다. 그렇게 하여 그들은 사람들이 회개함으로써 자기 행위에 대한 확신을 갖도록 지시한다. 그리하여 설교단 위에서 일반적인 고백을 민중에게 가르치는 때에 하는 말을 들을 수 있다.

"주 하나님, 나의 죄를 고백하고 내 생활이 개선될 때까지 살면서 얻을 수 있는 것을 얻게 하소서" 여기서는 그리스도에 관하여서나 신앙에 관하여 생각하는 바가 없다. 다만 그들은 자기 행위에 따라 하나님 앞에 죄를 극복하고 보상하기를 희망할 뿐이었다. 우리는 우리 자신을 죄와 대립시킬 의도를 가지고 성직을 갖거나 수도사가 된 것이다. 통회에 대하여 다음과 같이 하였다.

누구도 자기의 모든 죄(때로는 일 년간을 통하여 지은 죄)를 상기할 수 없어서 그들은 다음과 같이 말을 돌린다. 즉 숨어 있는 죄는 생각 날 때 통회하고 고백하면 된다는 것, 그때까지는 그들은 하나님 은총의 보호를 받고 있다는 것이다. 또 통회가 하나님 앞에서 충분한 것이 되기 위해서는 그것이 얼마나 큰 것이어야 함을 아무도 알 수 없으므로 그들은 다음과 같은 위로를 준다. 즉 완전통회를 가질 수 없는 사람은 불완전 통회를 가져야 하는데 나는 이것을 통회의 발단이나 중도라고 부르고 싶다. 왜냐하면, 그들은 이 양자를 이해하지 못하고 그것이 무엇을 의미하는지 나보다 더 알지 못한다. 이러한 불완전 통회는 사람이 고해하러 갔을 때 완전통회로 인정되는 것이다.

그리고 만일 어떤 사람이 자기 죄에 대하여 마치 육신의 욕심과 복수심에 있어서 볼 수 있듯이 아무런 후회와 고통도 생기지 않게 되면 그들은 그 사람에게 통회가 일어나기를 실제로 희망하거나 혹은 통회하기를 원하지 않는가. 라고 질문하였다. 여기에 대하여 그가 그들에게 원한다고 대답하면(왜냐하면, 이 경우에 악마 이외에 누가 아니냐고 대답할 수 있을까?) 그들은 그것을 통회로 인정하고 그와 같은 그의 선행을 이유로 그에게 죄의 용서하고서는 여기에 대하여 성 베드로를 모범으로 인용한다. 여기서 우리는 맹목적인 이성이 하나님의 일을 모색하여 이성의 억측에 따라 자기의 행위에서 위로를 구함으로써 그리스도나 신앙의 생각이 미칠 수 없게 되는 것을 본다. 만일 우리가 빛 아래서 이것을 음미하면 이러한 통회는 신앙이나 그리스도의 인식에 따르지 않고 자기의 능력에 따라 만든 고안에 불과한 것이어서 이 경우에 이따금 가련한 죄인은 자기가 육신의 정욕과 복수심을 품을 때 울기보다는 오히려 웃게 될 것이다.

그러나 율법의 불에 바로 맞은 사람, 비애로 보이는 정신을 가지고 악마 때문에 공연히 괴로워하고 있는 사람은 별문제지만 그렇지 않으면 이러한 통회는 아주 위선이며 죄의 쾌락을 죽이지 않는 것이다. 왜냐하면, 그들은 통회하지 않을 수 없었으나 만일 자유롭게 되면 오히려 기쁜 마음으로 죄를 범하였을지도 모르기 때문이다(생략). 이러한 사람들에게는 회개의 필요성은 없다. 악한 생각에 동조하는 일이 없는 사람들이 무엇을 고해해야 할 것인가? 그들은 악한 말을 피하기 때문에 무엇을 고해해야 할 것인가?

그들은 어느 한 가지도 죄가 될 행동을 하지 않았으므로 무엇 때문에 죄를 보상하는 행위를 하는 것일까? 그들은 남아도는 공로를 가련한 사람들에게 팔아넘길 수 있을 정도이다.

여기에 불과 같은 천사, 참된 회개의 설교자 요한이 나타나서 양편을 일제히 공격하여 말하기를 "회개하라"라고 하였다. 전자는 "우리는 이미 회개하였다"라고 생각하고 후자는 "우리는 회개 할 필요가 없다"라고 생각한다. 요한은 "양자가 다 회개하라" 한쪽은 거짓된 회개 자이고 다른 쪽은 거짓된 성자이기 때문이다. 그리고 너희 양자는 다 죄의 용서를 필요로 한다. 왜냐하면, 너희들이 다 고해하거나 회피하지 않으면 안 될 일에 대하여서는 말하지 않는다고 하더라도 진짜 죄가 무엇인가를 아직도 모르기 때문이다. 너희들 가운데 한 사람도 선한 사람이 없다. 너희들은 하나님과 하나님의 의지에 대하여 불신앙과 몰이해와 무지에 차 있다. 여기에 임하시는 분으로부터 "우리가 그 충만한 가운데서 받아서 은혜에 은혜가 더하여진다" 그리고 그분 없이는 우리는 하나님 앞에서 의로워질 수 없다. 그러므로 너희들이 회개하고자 하면 진실하게 뉘우쳐야 한다. 너희들의 회개는 무익하다. 회개를 필요치 않은 위선자, 너희 뱀의 후손들, 누가 너희에게 앞으로 올 진노를 피할 수 있는 보증을 주었다는 말인가? 또한, 같은 모양으로 성 바울은 로마서 3장에서 말하기를 "총명한 자도 없고 의로운 자도 없고 하나님을 찾는 자도 없고 선한 일을 하는 자도 없으니 단 한 사람도 없다. 다 헤매며 서로 공허하여 불신실하다"라고 또 사도행전 17장에서 "이제는 어디서 모든 사람이 회개할 것을 말씀하신다"라고 기록하고 있다. 여기서 하나님은 "모든 사람에게"라고 말씀하셨으니 인간으로서는 아무도 제외될 사람이 없다. 이러한 회개는 우리가 죄를 알도록 가르친다. 즉 우리가 모두 잃어버림을 받은 사람들이며 선한 것이 전연 없었으나 이제는 완전히 새로운, 달라진 사람이 되어야 한다는 것이다.

이 회개는 현실에서 범한 죄에 대한 것만을 뉘우치는 정도의 부분적이고 빈약한 또는 불확실한 것이 아니다. 이것은 죄가 무엇이며 혹은 죄의 유무를 논하는 것이 아니고 모든 것을 일괄하여 우리에게 있어서는 모두가 죄라고 단언하는 것이다. 무엇을 우리가 오래 연구하며 구별하며 변론하려는가? 그러한 일을 함으로써 우리가 죄 때문에 지불해야 할 어떤 좋은 곳을 생각해 낼 수 있지만, 거기에는 남은 것이 아무것도 없으며 우리가 존재하며 생각하며 말하며 행하는 모든 일에 있어서 완전히 또 확실히 절망이 없기 때문이다. 고백도 또한 허위, 불확실 부분적일 수가 없다. 그 까닭은 사람에게 있는 모든 것이 아주 죄뿐이라는 고백은 모든 죄를 포함하며 또한 한 가지도 제외하거나 망각할 수 없기 때문이다. 죄의 보상 행위도 불확실할 수가 없다.

우리의 불확실한 죄스러운 행위가 아니고 세상 죄를 지신 죄 없는 하나님의 어린양의 피와 고난이 확실한 죄의 보상이기 때문이다. 이러한 회개에 대하여 요한이 설교하였고 이어서 그리스도는 복음서에서 그리고 우리도 설교하는 것이다. 우리는 이 회개의 설교를 통하여 교황과 우리의 행위에 붙어 있는 모든 흠을 땅바닥에 집어 던지는 것이다. 왜냐하면, 모든 것이 선한 행위나 율법이라고 불리는 부패하고 무익한 토대 위에 세워진 것이기 때문이다. 거기에는 실제로 아무것도 선한 행위는 없으며 그리스도가(요한복음 7장에서) 말씀하신 대로 율법을 행하는 사람은 없고 오히려 모두가 율법을 밟고 넘어가고 있다. 그러므로 그 건물은 비록 가장 아름답고 깨끗한 것일지라도 아주 허위와 위선에 지나지 않는다. 그리고 통회는 그리스도인에게 있어서 죽는 시간까지 계속된다. 왜냐하면, 회개는 성 바울이 로마서 7장에서 "내 지체 안에 있는 다른 법과 싸운다"라고 고백하고 있는 것처럼 일생을 통하여 육안에 남아 있는 죄와 싸우는 것이기 때문이다. 그러나 이 싸움은 자기의 힘에 의지하는 것이 아니다. 이 은사는 날마다 남아 있는 죄를 정결케 하여 사람을 올바르게 하며 순수하고 거룩하게 만드는 것이다.

여기에 대해서는 교황이나 신학자나 법학자나 또 어떤 사람도 알지 못한다. 다만 복음으로 계시된 하늘의 교훈이며 불경건한 성자들로부터는 이단이라고 불리는 것이다.

이것과는 다른 어떤 종류의 분파주의가 생길 가능성이 있다. 아마도 어떤 분파주의는 이미 생겨나고 있고 농민봉기 때에 내 눈앞에 나타나서 주장하기를 성령과 죄의 용서를 경험하고 믿게 된 사람은 비록 그 후에 죄를 범하는 경우가 있더라도 아무런 변함이 없이 다 신앙에 머물러 있어서 죄가 그들에게 상처를 줄 수 없다고 말하였다. 그리하여 그들은 "하고 싶은 대로 행하라 너희가 믿기만 하면 아무것도 문제가 되지 않고 신앙은 모든 죄를 근절한다"라고 절규한다. 그들은 또 외치기를 신앙과 성령을 받은 자가 죄를 범한다면 그는 실제로 신앙과 성령을 받지 않았던 것이라고 말한다. 이처럼 많은 어리석은 사람들을 나는 보았다. 그리하여 나는 이러한 악마가 아직도 사람들 가운데 있지 않은가 하여 두려워하게 된다. 그러므로 다음과 같이 알고 또한 가르치는 일이 필요하다. 즉 원죄를 아직도 가지고 있고 그것을 느끼고 그것에 대하여 날마다 회개하고 싸우는 것은 고사하고 만일 거룩한 사람들이 다윗 왕처럼 간통과 살인과 하나님 모독의 죄에 빠졌을 때는 신앙과 성령을 잃은 것이라고 말할 수 있다. 왜냐하면, 성령은 죄가 주권을 잡고 지배하여 성공하지 못하도록 죄를 억제하며 방지하며 그 욕심을 이루지 못하게 하기 때문이다. 만일 죄가 그 욕심대로 행하게 되면 거기에는 성령과 신앙은 현존하지 않는다. 성 요한이 "하나님으로부터 난 사람은 죄를 범하지 않으며 또 범할 수 없다"라고 말한 대로이다. "만일 우리가 죄 없다고 하면 스스로 속이는 것이고 하나님의 진리가 우리 안에 없는 것이라"라고 말한 것은 진리이다.

4. 복음에 관하여

복음에 되돌아와서 말해 보자. 복음은 죄에 대하여 여러 가지 방법으로 충고하며 도움을 준다. 그 까닭은 하나님이 은혜에 넘치시기 때문이다. 즉 첫째는 입에서 나오는 말을 통하는 것이다. 그것은 온 세계에 대하여 죄의 용서를 설교한다. 이것은 복음의 고유한 의무이다. 둘째는 세례를 통하여 셋째는 성단의 거룩한 예전을 통하여, 넷째는 열쇠의 권능을 통하여, 또 "형제의 교제와 위로를 통하여"하시는 일이다. 마태복음 18장에서 말씀하시기를 "두세 사람이 모이는 곳에서도……."라고 하였다.

5. 세례에 관하여

세례는 하나님이 세우신 것으로서 지키도록 명령받은 것인데 그것은 물로 나타난 하나님의 말씀인 것이다. 혹은 바울이 말한 대로 "말로 베푸는 세례"이며 또 성 어거스틴이 말하듯이 "하나님의 말씀이 예전의 물건에 이르러서 예전이 된다" 그러므로 우리는 토마스나 도미니칸 파에 동조할 수 없다. 그들은 하나님의 말씀을 잊어버리고 하나님은 영적 힘을 물에 부어 주어서 물로 죄가 씻어지는 것이라고 말한다. 또 둔스스코투스나 프랑시스코파 수도회와도 동조할 수 없다. 그들은 하나님 의지의 도움으로 세례식이 죄를 씻는다고 가르친다. 이렇게 되면 '씻음'이 하나님의 의지에 따라 생기는 것이고 물이나 말씀과는 아무 상관이 없게 된다.

6. 유아세례에 관하여

우리는 유아가 세례를 받아야 함을 주장한다. 그 까닭은 유아들도 그리스도가 이루신 구원의 약속에 속하여 교회는 그것이 유아들에게도 미치게 해야만 되기 때문이다.

7. 성찬의 예전에 관하여

우리는 성찬에서 빵과 포도주가 그리스도의 참된 피와 살이며, 경건한 그리스도인만이 아니라 악한 그리스도인에게도 그것을 주고받는 것이라 주장한다. 또 우리는 성찬은 한 가지 형태만을 나눠주어서는 안 된다고 생각한다. 그리하여 궤변학자와 콘스탄스 사교회의가 우리에게 가르치는 대로 한 가지 형태만의 성찬의식에도 두 형태의 성찬의식과 같은 효과가 있다는 고등 기술은 우리에게 필요 없다. 설혹 한 가지 형태의 성찬식이 두 형태의 성찬식과 같은 효과가 있다손 치더라도 한 가지 형태의 것은 그리스도가 세우시고 명령하신 전체 질서와 규정이 아니다. 특히 두 형태를 폐기하고 이것을 이단인 것처럼 독재적으로 금지하고 체벌하며 해치며 파문하는 바이다.

우리는 포도주와 빵이 본래의 자연적 본질을 버리거나 혹은 잃고 다만 빵의 모양과 외관만을 남기고 있는 것이어서 진짜 빵이 아니라고 가르치는 그들의 화체설을 궤변적인 이론으로써 경시한다. 왜냐하면, 빵이 있고 또 빵으로서 남아 있는 것은 성경과 가장 잘 일치하기 때문이며 성 바울도 '우리가 떼는 빵' 또는 '그러면 사람이 그 빵을 먹고'라고 말하였기 때문이다.

8. 열쇠에 관하여

열쇠는 그리스도가 교회에 주신 임무와 권능이며, 단순히 잘 알려진 비근한 죄만이 아니라 교활하고 숨은, 하나님만이 아시는 죄까지도 풀거나 또는 매는 것을 말한다. "누가 제 허물은 다 알리이까?"(시 19:12), 혹은 바울이 로마서 7장에서 육을 가지고 "죄의 법"을 섬긴다고 부르짖고 있음과 같다. 이는 죄가 무엇이며 얼마나 크며 많은지를 판단하는 것은 우리 측이 아니라 다만 하나님 측에만 속하는 것이므로 "이 종을 재판에 부치지 말아 주소서, 살아 있는 사람 치고 당신 앞에 무죄한 자 없사옵나이다"(시 143:2)라고 말씀한 바와 같다. 바울도 고린도전서 4장에서 "나는 양심에 조금도 거리끼는 것이 없다. 그렇다고 해서 나에게 죄가 없다는 말은 아니다"라고 말하였다.

9. 참회에 관하여

사죄선언 즉 열쇠의 권능은 그리스도가 복음서에서 정하여 주신 바 죄와 악한 양심에 대항할 도움과 위로이다. 그리스도가 복음서에서 정하셨기 때문에 우리는 고백이나 사죄 선언을 교회에서 결코 포기해서는 안 된다. 특히 악한 양심을 위하여, 또 젊고 미숙한 민중을 위하여 중요하며 이것으로 그리스도교의 가르침에 경청하며 훈련을 받게 되는 것이다. 그러나 죄와 허물을 일일이 세는 일을 하든 않든 각자의 자유에 맡길 일이다. 왜냐하면, 우리가 육에 속하여 있는 한 "우리는 죄가 차고 넘치는 가련한 사람이며 우리 지체에는 다른 법이 있음을 인정한다"(롬 7장)라고 말하였을 때 우리는 거짓말을 하는 것이 아니기 때문이다.

그리하여 개인적인 사죄 선언은 사죄의 권능에서 생기는 것이므로 이것을 경시해서는 안 되며 오히려 기독교의 다른 모든 직능과 같이 높이 평가해야 한다. 그리고 입으로 하는 외적인 말씀에 관한 이 점에 관하여서는 하나님은 누구에게든지 선행하는 외적 말씀으로써, 또 그 말씀과 함께 만이 성령, 곧 은총을 주시는 것이라고 확고하게 주장해야 한다. 이것으로써 우리는 열광주의자들에 대하여 안전할 수 있다. 그들은 하나님의 말씀 없이, 또 그 말씀을 갖기 전에 성령을 이미 받았다고 자만하여, 이것으로서 성경이나 입을 통하는 말씀을 자기들 마음대로 판단하고 해석하기 쉬운 것이다.

이것은 전에 뮌처가 범했고 또 오늘도 많은 사람이 아직 범하고 있는 일이다. 그들은 영과 의문 사이의 엄격한 심판자가 되고자 원하면서도 그들이 무엇을 말하고 가르치는지 알 수 없다. 교황청도 또한 아주 열광파이어서 교황은 "모든 권리는 내 마음속의 거룩한 밀실에 있다"라고 장담한다. 그리하여 그는 그의 교회와 함께 판단하고 명령하는 것이 성경이나 입을 통하는 말씀 이상의 것이며 또 그것과 대립하여도 영이며 율법으로 친다. 이것은 아담과 이브를 열광자로 만든 옛 악마와 뱀이며, 사람을 하나님의 외적인 말씀에서 벗어나 열광과 교만으로 유인하며 더구나 다른 외적인 말을 가지고 이렇게 되게 한 것이다. 우리의 열광주의자들도 또한 하나님의 외적 말씀을 비난하면서 자기들 자신은 침묵하기는커녕 도리어 달변과 서책을 가지고 세상을 채우고 마치 성령이 성경이나 사도의 입에서 나온 말씀을 통하여 올 수 없는 것처럼 보인다. 그리하여 성령은 그들의 글과 말을 통하여 올 수밖에 없었다. 성경의 설교 없이 성령이 그들 가운데 오는 것은 그들이 자랑하듯이 성령 자신이 그들의 글에 의하지 않고, 또 그 글 이전에 사람들 가운데 오실 때까지 왜 그들의 설교와 글을 억제하는 일을 안 하실까? 이 문제에 관하여 이 이상 더 논할 시간이 없으나 우리는 다른 데서 충분히 다루었다.

　　세례받기 전에 믿는 사람이나 세례받을 때 믿게 된 사람들도 선행하는 외적인 말씀으로 믿은 것이다. 예컨대 노년이 되어서 이성이 발달한 사람도 처음에 불신앙적이어서 10년 후에 비로써 성령과 세례를 받은 것이라 할지라도 "믿고 세례를 받는 자는 구원을 얻으리라"라는 선행하는 말씀을 반드시 들었을 것이다. 고넬료(행 10장)는 이미 일찍부터 유대인에게 오실 메시아에 관하여 듣고 있었고 이것으로써 그는 하나님 앞에 의로우며 또 그의 기도와 자선 행위가 이 신앙으로 하나님에게 가납된 것이다.(이것은 누가 그를 "의로운 사람으로서 하나님을 두려워한 사람"이라고 부른 그대로 이다). 그리하여 그는 이와 같은 선행하는 말씀 없이는 또는 그 말씀을 듣기도 전에 믿는 일이나 의로워지는 일이 있을 수 없었다. 그런데 베드로는 그를 향하여(오셔야 할 분으로 지금까지 믿고 있던) 메시아가 이제 오셨음을 밝히지 않으면 안 되었다. 그리고 오신 메시아에 대한 그의 신앙은 완고하고 불신하든 유대인들 사이에 그를 가두어 두지 않고 오히려 그는 눈앞에 나타나 계시는 메시아에 의하여 구원을 받아야 하는 일, 그리고 이 메시아를 유대인과 함께 거부하거나 박해해서는 안 됨을 알았다. 요약하면 광신은 세상 처음부터 마지막 날까지 아담과 그의 후손들 가운데 파고 들어와 있고 노련한 용이 그들 가운데 그 광신을 심어 독을 주입하고 모든 이단, 특히 교황청과 마호메트교의 근원이며 권력이며 힘이 되었다. 그러므로 우리는 하나님이 성례전과 외적인 말씀에 의하지 않고는 우리 인간들 관계를 갖고자 하지 않으신다는 것을 어디까지나 주장해야 한다. 그리고 이러한 말씀과 성례 전 없이는 영에 대하여 말하는 사람은 다 악마이다. 왜냐하면, 하나님은 먼저 타오르던 숲과 입에서 나온 말씀으로 모세에게 나타나시고자 하셨기 때문이다.

　　그리고 어떠한 예언자도 엘리야도 엘리사도 십계명에서 떠나서 또 십계명 없이 성령을 받을 수 없었다. 세례 요한도 가브리엘의 앞선 말씀 없이는 수태될 수 없었고 또 성모마리아의 소리 없이는 모태 안에서 뛰놀지 않았을 것이다. 베드로가 말하기를 예언자는 "사람의 마음에서 나온 것이 아니고" "성령"으로 예언된 것이며, 또 "거룩한 하나님의 사람"으로서 예언한 것이라고 하였다. 그리고 그들은 외적인 말씀 없이는 깨끗해지지 않을 때는 성령이 그들을 움직여서 말하게 한 것이 아니었다. 왜냐하면, 성령이 그들을 통하여 말씀하셨을 때 그들이 거룩하였다고 베드로가 말한다.

10. 파문에 관하여

교황이 파문이라고 일컫는 것은 이 세상 적인 형벌이어서 우리 교회의 교역자들에게는 아무 상관이 없는 그것으로 생각한다. 반면에 파문은 올바른 기독교적인 파문이어서 분명한 완고한 죄인은 개선이 되어 죄를 피할 수 있게 될 때까지 성례전과 그밖에 교회의 친교에 들어오지 못하게 된다. 그리고 설교자는 이 영적 형벌, 즉 파문에다가 이 세상 적인 형벌을 혼합시켜서는 안 될 것이다.

11. 안수와 소명에 관하여

만일 감독들이 참 감독이고 교회와 복음을 위하여 자신을 바치고자 한다면 사랑과 일치되기 위하여, 그러나 필요해서가 아니고 그들이 우리와 우리의 설교자들을 안수하고 견신례를 행하는 것을 용납해도 좋다. 그러나 모든 가면과 환영(幻影)과 비기독교적인 행사와 화려한 것들을 배제할 것을 조건으로 삼아야 한다. 그러나 그들은 올바른 감독도 아니고 또 그러한 감독이 되고자 원하지 않는다. 오히려 이 세상의 군주나 영주일 뿐 설교도 하지 않고 가르치지도 않고 세례와 성찬을 집행하지도 않고 교회의 여하한 업무도 수행하지 않는다. 더구나 그들은 이러한 직무를 수행하기 위하여 부름을 받은 사람들은 박해하고 처벌하려 든다.

그러나 그들 때문에 교회는 교역자 없이 지낼 수는 없다. 그러므로 우리는 교회와 교부들의 옛 사례에 따라 우리 자신이 적당한 인물을 안수하여 이 직무를 맡기고자 하며 또 맡겨야 하겠다. 그리하여 그들 자신의 법률에 따라서도 우리를 금하거나 거부할 수 없는 것이다. 그 까닭은 그들의 법률은 비록 이단자에 의하여 성직을 받은 사람일지라도 서임(敍任)된 사람으로서 불리며 또 그렇게 되어야 한다고 말하고 있기 때문이다. 성 히에로니무스(제롬)는 알렉산드리아교회에서는 최초에는 감독 없이 사제와 설교자가 공동으로 다스렸다고 기록하였다.

12. 사제의 결혼에 관하여

그들이 결혼을 금하고 거룩한 사제계급에 영구한 동정을 부과하는 일에 대하여 그들은 아무런 정당한 권리를 갖고 있지 않다. 그뿐만이 아니라 그들은 반기독교적인, 폭군적인, 구원받기 어려운 무뢰한과 같은 소행을 하여 모든 무서워할 만한 불법적인 무수한 부정의 죄의 원인을 제공하고 그 가운데 자신들이 빠져 있는 것이다.

그러나 그들에게 있어서 남성에게 여성을, 여성에서 남성을 만들어 내거나 혹은 양편을 무로 돌릴 만한 힘이 부여되어 있지 않듯이, 하나님의 이러한 피조물을 서로 유리시키거나 올바른 결혼 생활을 금하게 할 힘도 그들이 가질 리가 없다. 그러므로 우리는 그들의 슬퍼할 만한 독신 제도에 동의하거나 허용하고 싶지 않고 오히려 하나님이 정하신 결혼을 자유화하고 싶다. 그리하여 하나님의 일을 해치거나 방해하고 싶지 않다. 왜냐하면, 성 바울은 "그것은 악마의 교훈"이라고 말하였기 때문이다.

13. 교회에 관하여

우리는 그들을 교회라고도 인정할 수 없고 또 실제로 교회가 아니다. 그리고 우리는 그들이 교회의 이름으로 금하거나 명령하는 것을 들으려고도 생각하지 않는다. 교회가 무엇인지 하는 것 즉 거룩한 신도 또는 그들의 목자의 소리를 듣는 어린양들이라는 것은 7세의 어린이들도 알고 있다. 왜냐하면, 어린이들도 "우리는 거룩한 그리스도의 교회를 믿는다"라고 기도하고 있기 때문이다. 교회의 이 거룩성은 성경의 근거도 없이 그들이 생각해낸 예전의 예복, 삭발, 긴 두루마기, 및 그 밖의 예식에 있는 것이 아니고 하나님의 말씀과 올바른 신앙에 있는 것이다.

14. 사람이 하나님 앞에서 의롭다 함을 받는 길과 선행에 관하여

이 일에 대하여 내가 오늘에 이르기까지 또 간단없이 가르쳐 왔던 일은 조금도 변경할 생각은 없다. 그것은(베드로가 말한 대로) 우리가 "신앙으로" 새로운 순수한 마음을 얻었다는 것, 또 하나님은 우리의 중보자 그리스도의 공로를 보시고 우리를 아주 의롭고 거룩하다고 인정하신다는 것이다. 육에 있어서는 죄는 아직도 완전히 제거되거나 죽지 않았다. 그러나 하나님은 이것을 가르치지 않으시고 알고자 하지도 않으신다.

그리고 선한 행위는 이러한 신앙과 혁신과 죄의 용서에 근거하여 동반된다. 그리고 또 사람들 마음속에 있는 죄 혹은 결함과 같은 실로 같은 그리스도 때문에 죄나 결함으로서 인정된다는 말이 아니고 오직 사람은 자기의 인격에 따라서 행위에 따라서 우리에게 흘러들며 확충된 그리스도 안에 있는 순수한 은총과 자비에 의하여 아주 의롭고 거룩한 존재로 간주하고 또 그렇게 불린다는 것이다. 그러므로 우리가 우리의 많은 행위의 공적을 은총과 자비에서 유리시켜서 생각하는 경우에도 조금도 자랑할 수 없다. 즉 그는 은혜로운 하나님을 소유하고 있고 모든 것이 선한 것이다. 또 우리는 선한 행위가 따르지 않을 때 신앙은 허위이고 올바른 것이 아니라고 말한다.

15. 수도사 서약에 관하여

수도사 서약은 제1조의 주요 신조와 충돌되기 때문에 아주 폐기해야 할 것이다. 그것은 그리스도가 마태복음 24장에서 "내가 그리스도라고 운운"하신 그 일에 관한 것이기 때문이다. 또 수도원 생활을 찬양하는 자는 그것이 보통 그리스도인보다 더 나은 생활을 영위한다는 것과 그리고 그들의 행위에 따라 그들 자신을 위할 뿐만 아니라 타인도 도와서 천국을 얻게 하려는 것이라고 믿고 있다. 이것은 그리스도를 거부하는 것이다. 그들은 수도사 서약이 세례의식과 동등하다는 구절을 토마스에게서 자랑스럽게 인용하지만, 그것은 하나님을 모독하는 것이다.

16. 인간의 법규에 관하여

교황은 인간의 법규는 죄의 용서와 구원에 쓰인다고 말하지만, 그리스도가 "다만 쓸데없이 나를 섬긴다, 사람의 교훈을 교훈으로 가르치라"라고 말씀하시듯이 그것은 비기독교적이며 비난을 받아야만 할 것이다. 또 디도서 1장에서 "진리를 저버린 사람"이라고 기록되어 있다. 또 이 법규를 파괴하는 것은 죽음이라고 그들은 말하지만, 그것은 잘못된 것이다.

이상의 조항들은 하나님께서 원하신다면 내가 죽는 날까지 지속할 수밖에 없고 또 지지하려는 조항이다. 그리고 나는 이 조항들 가운데서 변경하거나 양보할 줄을 모른다. 만일 누가 양보한다면 자기 양심에 물어보고 할 일이다.

마지막으로 아직도 교황의 마술 주머니에는 남아 있는 것이 있다. 교회 헌당식, 종(鐘)의 수세식, 제단 세수식 등을 위한 기도를 드리고 헌물을 바치는 어리석은 조항이다. 이러한 세수는 거룩한 세례를 조롱하며 모욕하는 것이어서 우리는 용납할 수 없다. 또 초, 종려나무, 공과(供菓), 귀리, 향료 등을 성별 하는 의식이 있다. 그것들은 성별이라고 부를 것이 못 되며 아주 조롱거리라고 말할 수밖에 없다. 이러한 무수한 기만행위는 그들이 기진맥진할 때까지 그들과 그들의 신에게 맡겨 두자, 우리는 이러한 것에 관여하지 않을 것이다.

마르틴 루터 서명   이하 생략.[62]

---

62 이장식 편,「기독교 신조사」 pp. 81-104.

4. 일치신조(Formula of Concordia, 1577)

1) 일치신조의 역사적 배경

루터파 교회의 신조에 관한 마지막인 것이다. 이것은 아우크스부르크 신앙고백서 제50주년에 발간된 것이다. 마르틴 루터가 죽은 후(1483~1546) 독일 루터파 교회의 내분과 갈등이 대립하였다. 이는 교리적 견해와 정치적으로 쿠르작센과 쿠르팔쓰가 30년 전쟁 시대까지 서로 반목하게 되었다. 루터가 죽은 후 그의 후계자인 멜랑히톤은 루터와 신학적으로 다른 견해를 가지므로 야기되었다. 이로 말미암아 우파나 좌파의 극단론자들의 표적의 대상이 되었으며 그들은 멜랑히톤을 가장 양극이 되는 노선을 취하라고 했다.

극단주의자들은 루터의 이신득구와 칼빈주의적 멜랑히톤의 신인협동, 선행이 구원의 필요, 성찬의 공재설과 영적임재설 등의 규명을 요구로 분열됨으로 교회의 일치를 위해 야곱 안드레(1528~1590)가 대표하여 1580년 6월 25일, 일치신조는 1,135쪽의 방대한 책이 발간되었다. 제1부, 아우크스부르크 신앙고백서와 그 변증서, 슈만칼덴 신조 및 루터의 대, 소요리문답 제2부 1577년에 완성된 일치신조가 수록되었다.

2) 일치신조의 특징과 평가

루터교회의 교리적 바탕을 마련한 것으로 오늘날까지 루터교회의 신앙고백으로 인정되고 있다. 이는 처음으로 목사와 신학자 8,000여 명이 서명하였다. 루터교회는 일치신조의 작성으로 루터의 성찬론을 지지하고 재확인하는 고백이기 때문에 개혁파교회와의 교류가 단절되었고 멜랑히톤과 개혁파 영향을 받은 헤센, 팔쓰의 일부 지역과 슐레스비히 홀수탄인, 덴마크와 기타 여러 왕국 도시의 교회들이 일치신조를 받아드리지 않으므로 교회의 분열을 일으키게 되었다. 일치신조는 종교개혁 제2세대의 신학자들의 작성으로 로마가톨릭교회와 프로테스탄트교회와의 대립은 사라지고 루터교회 내의 신학적 견해를 조정하는 데 역점을 두었다. 일치신조는 일치를 위해 만든 것이나 결국은 분열을 만드는 계기가 되었다. 일치신조는 두 부분으로 되어있으며 각부 모두 12개 조항으로 되어있다.

3) 일치신조 요약

제1항 원죄에 관하여

제2항 자유의지에 관하여

제3항 하나님 안에서 믿음으로 의롭다 함을 얻는 일에 관하여

제4항 선행에 관하여

제5항 율법과 복음에 관하여

제6항 율법의 제3의 필요성에 관하여

제7항 성만찬에 관하여

제8항 그리스도의 인격에 관하여

제9항 그리스도께서 지옥에 가신 일에 관하여

제10항 교회의식에 관하여

제11항 하나님의 영원한 예정과 선택에 관하여

제12항 이단과 분파들에 관하여

참된 교회에 대한 긍정적 진술, 틀린 교회에 대한 부정이나 정죄 그리고 서두에는 루터파 표준으로서 특별한 의미 있는 진술이 나온다. "모든 교회가 판단 받아야 하고 제기된 모든 논쟁이 경건하게 해명되고 해결되어야 할 간명한 규칙과 규법에 대하여"라는 말이 나온다. 이 말은 신구약 성경의 예언적, 사도적, 문헌들만을 가리킨다.

5. 영국교회 신앙조문(1536)

1536년에 최초로 영국교회의 신앙조문이 나타났다. 이는 국왕이 기독교계를 안정시키고 교회의 일치와 논쟁을 피하고자 작성하여 교회 안에 읽도록 명령한 것이다. 이것은 개혁파 신조와는 다른 것이다.

신앙조문 전문

1. 성경의 전체 정경과 함께 고대의 세 신조들을 교리의 표준이라고 주장하는데 이 주장은 그 신조들의 분명한 취지와 교회에서 인정받은 거룩한 박사들의 정신에 따른 것이라고 한다. 그 신조들을 받아들이지 않는 자들은 불신자이거나 아니면 이단이요 악마의 종으로서 악마와 함께 영원히 저주를 받을 자들이다.

2. 세례는 영생을 얻는데 필수적인 것이다. 세례에 의하지 않고는 원죄를 용서받을 수 없다. 유아가 세례를 받고 죽었다면 그 세례 때문에 구원받는 것이 틀림없다. 그렇지만 세례를 받지 않았다면 구원을 받을 수 없다. 성인이나 이성을 사용할 수 있는 아동들의 경우에는 세례가 회개, 및 교리적 신앙의 여부에 달려 있으며 성령의 새롭게 하시는 역사를 통해 효력 있게 된다.

3. 고해는 성례로서 신약성경에서 그리스도께서 제정하신 것이며 인간의 구원을 위해 필수적인 것이어서 세례 받은 후 다시 타락하거나 무거운 죄를 범한 사람은 아무도 이 성사 없이는 구원을 받을 수 없다. 그리고 이 성사의 구성 요소인 통회 고백 개선된 선행의 삶이 요구된다. 또한 고해와 구성요소인 선행에 의해 우리는 영생을 얻을 뿐만 아니라 이 세상에서 받을 형벌과 고통을 면제받거나 경감받을 것이다.

4. 빵과 포도주의 형태와 성상 아래서⋯⋯제단의 성체를 받을 때⋯⋯우리 구주 예수 그리스도의 몸과 참으로 실체적으로 내포되고 포함되어 있다. 그 몸과 피

는 동정녀 마리아에게서 태어났으며 우리의 구원을 위해서 십자가에서 고난을 받은 몸과 피이다……그리고 바로 빵과 포도주의 형태와 형상 아래 바로 그리스도의 몸과 피가 육체적으로 실체적으로 나타나고 분배되고 받게 되며 그리고 이 성사를 받는 모든 사람의 것이 된다.

5. 의인이란 우리 죄의 용서와 하나님의 용납하심 또는 하나님의 은총과 사랑 속에서의 화해 즉 그리스도 안에서 우리가 완전히 경신되는 것을 뜻한다. 의인은 참회와 신앙이 사랑과 결합됨으로써 이루어진다. 우리의 참회나 신앙이나 혹은 그것으로부터 나오는 어떤 행위들이 의인을 받을 가치가 있는 것은 아니다. 그러나 하나님은 신앙에 뒤따르는 선행을 요구하신다.

6. 그리스도와 동정녀의 성상들은 간직되어야 할 이유는 그것들이 나타내는 전체적인 가르침과 암시 때문이지 우상 숭배나 예전적 숭배를 하기 위한 것이 아니다.

7. 성자들은 그리스도에게서 선택받은 자들로서 경건한 삶을 살았고 그리스도와 함께 다스리고 있으며 그리스도에게 우리의 기도와 요구를 제출해 주시는 분들이기 때문에 존경하는 것이다. 그러나 성자들에게는 하나님께만 돌려야 할 신뢰와 존경을 돌려서는 안 된다.

8. 은총과 사죄와 구원은 다만 우리 구주 그리스도의 중보에 의해서 하나님께서만 얻을 수 있다. 하지만 하늘에 있는 성자들이 중재자가 되며 우리를 위해서 그리고 우리와 함께 기도하도록 그들에게 기도하는 것을 매우 권장할 만한 것이다. 그렇게 함으로서 어떤 성자가 그리스도 보다 더 자비롭다거나 더 빨리 위의 기도를 들어 준다거나 혹은 어떤 성자가 어떤 문제에 대해서는 다른 성자 보다 더 잘 보살펴 준다거나 그 일의 관장자라고 생각하는 공허한 미신에 빠지지 않게 된다.

9. 로마의 의식과 예식들은 선하고 훌륭하며 멸시하거나 버리거나 해서는 안 된다. 그러나 그것들은 죄를 용서할 힘이 없으며 다만 우리의 마음을 움직여 하나님께로 향하게 할 뿐이다.

10. 세상을 떠난 영혼들을 위해 기도하는 것과 그리고 미사나 장례식 때 다른 사람들에게 그들을 위해 기도하게 하는 것은 대단히 선하고 자비로운 행위이다. 그로 말미암아 그들은 고통의 일부를 면제받거나 도움을 받는다. 그러나 그들이 있는 장소, 그 명칭, 거기서 받는 고통의 종류는 성경에 분명히 나타나 있지 않기 때문에 우리는 이 문제와 함께 다른 모든 문제들은 전능하신 하나님께 위임한다. 그러므로 연옥이라는 이름 아래 자행되어 온 폐습들 즉 로마감독의 용서로 말미암아 연옥에 있는 영혼들이 연옥과 연옥의 모든 고통에서 완전히 벗어난다고 믿게 하는 것과 같은 것은 깨끗이 제거되어야만 한다.[63]

제2절 개혁파교회 신앙고백서

루터파 교회는 주로 독일과 스칸디나비아 지역에서 형성되었으나 개혁파교회는 유럽 전 지역에 생성되어 다양성을 띠고 교회가 제각기 신앙고백서를 내어놓으므로 현재 약 60여 개의 신앙고백서와 요리문답이 있다. 이는 특히 스위스에서 활동한 개혁자 츠빙글리와 장 칼빈의 영향을 받은 교회들이 다양한 고백서들을 만들어 자신들의 신앙고백서로 채택하였다.

개혁파교회의 공통적인 특징은 교회의 정치 및 제도와 신학이 성경 말씀을 근거해야 하고 교회가 성경 말씀에 따라 형성되고 성경 말씀에 따라 항상 개혁되어야 한다는 것이다. 개혁파는 교리주의, 전통주의, 신학이나 교리의 체계가 아니다. 또 특정 정치 형태나 칼빈주의 5대 교리에 대한 믿음도 아니다. 이런 것이 중요하지만 그것만으로 개혁파라 할 수 없다.

개혁파는 한 마디로 성경적 기독교이며, 전성경주의이며, 성경의 본질을 주장하는 것이다. 개혁파교회는 16세기부터 교회의 일치를 위해 노력했지만 일치하지

---

63 한영재 편, 「기독교대백과사전」 제10권, pp. 261-262.

못하고 각 지역과 나라와 교회의 다양성을 인정하는 가운데서 교회의 하나 됨을 믿는 신앙을 가지고 신앙고백서에 각기 이름을 표현하였다. 그리고 개혁파 신앙고백서들은 기원과 신학적 특징을 볼 때 츠빙글리적인 것과 칼빈적인 것을 나눌 수 있다. 초기는 츠빙글리적이라면 후기는 칼빈적이라 할 수 있다. 1523년에 나온 츠빙글리의 67조, 1528년에 베른의 신앙고백서 1530년 독일 남부의 4개 도시에서 공동으로 펴낸 4개 도시 신앙고백서 1534년 제1 스위스신앙고백서(바젤 제1 신앙고백서), 1559년 위그노 신앙고백서, 1560년 스코틀랜드 신앙고백서, 1561년 벨기 신앙고백서 1563년 하이델베르크 요리문답서, 1566년 제2 스위스신앙고백서, 1619년 도르트 신조, 1647년 웨스트민스터 신앙고백서가 나온 것이다. 개혁파교회는 시대에 따라 다양한 신앙고백서를 가지고 있으며 앞으로도 개혁파교회는 다양성 속에서 개혁파교회의 교회 공통적인 신앙고백서를 성경에 의하여 만들어야 할 것이다.

우리는 성경만이 기독교회의 근본원리임을 믿는 역사적 개혁파교회의 전통(傳統)과 정통(正統)을 지켜나간다. 역사적 개혁파교회란 사도들의 신앙적 유산을 토대로 하여 시대와 환경의 변화에 따라 변질한 기독교회를 개혁하고 역사적 기독교회의 본래의 모습으로 돌아가 교회의 본질을 보존하며 발전해 나가는 진정한 기독교회를 의미한다. 개혁파교회는 신조교회로서 교회의 일치를 위한 교회신조의 교리적 규준을 유지하는 한편 교회신조가 하나님의 말씀인 성경에 위배되는 것이 있다고 객관적으로 확증되는 경우에는 하나님의 말씀에 비추어서 공적이며 객관적인 논증을 거쳐서 시정할 수 있다.

1. 츠빙글리 67개 조항(1523)

1) 츠빙글리 67개 조항의 역사적 배경

1523년 1월 29일 취리히와 근교의 시민들과 목사 및 신학자 600여 명이 토론회에 참석하였다. 츠빙글리는 자신이 작성한 67개 조를 제시하고 성경에 근거하여서만 비판을 수용하겠다고 함으로 작성되었다.

2) 츠빙글리 67개조의 특징

복음은 교회가 인정하든지 않든지 역사한다는 것이며 그리스도만이 주가 되시고, 그리스도의 복음만이 사는 길이며 그리스도만이 교회의 머리가 되신다. 그리고 로마가톨릭교회의 종교적 제의와 규칙을 부정하고 "외식보다도 하나님을 불쾌하시게 만드는 것은 없다. 사람의 눈에 거룩하게 보이려고 하는 모든 것은 외식이고 불명예스러운 것일 뿐이라는 것을 안다. 말하자면 수도사가 입는 가운이라든가 휘장을 다는 것이나 삭발하는 것 등등의 일이 다 이에 속한다." 그는 서문의 결론에서 성경말씀의 중요성을 강조하였다.

3) 츠빙글리 67조의 평가

제2 스위스 신앙고백서, 웨스트민스터 신앙고백서, 한국장로교회의 12신조는 츠빙글리 67개조에 의해 서두를 성경이 하나님의 말씀이라는 고백에서 시작하고 있다. 이것이 루터파의 신앙고백서와 다른 것이다. 특별히 복음은 교회가 인정하든지 않든지 복음으로 역사한다는 것이다. 1550년 이전의 신앙고백서는 가톨릭교회의 잘못된 교리를 비판하고 비리를 명백히 지적하고 개혁교회의 신앙을 밝히고 있음을 볼 수 있다. 개혁교회의 참모습을 보기 위해서는 개혁 당시의 신앙고백서가 훨씬 도움을 주고 있다.

4) 츠빙글리 67개조(대략)

1. 복음이 교회의 승인이 없었다면 아무것도 아니라고 말하는 모든 사람은 잘못을 범하는 것이며 하나님을 비방하는 것이다.

2. 복음의 요점은 하나님의 참 아들이신 우리 주 예수 그리스도께서 우리에게 하늘 아버지의 뜻을 알려주셨으며 그의 무죄함에 의해 우리를 영원한 죽음에서 구속하셨고 우리를 하나님과 화해시키셨다는 것이다.

3. 그러므로 그리스도는 존재했고 존재하고 있고 존재할 모든 사람들에게 있어서 유일한 구원의 길이시다.

7, 8. 그리스도는 모든 믿는 자들의 머리이시다. 이 머리 안에 사는 모든 사람들은 그의 지체들이요 하나님의 자녀들이다. 그리고 이것은 참된 카톨릭 교회, 즉 성도들의 교제이다.

17. 그리스도는 유일하신 영원한 대제사장이시다. 그러므로 스스로 대제사장이라고 주장하는 자들은 그리스도의 영광과 능력을 거스르며 그리스도를 배격하는 자들이다.

18. 일찍이 십자가에서 자신을 바친 그리스도는 모든 믿는 자들의 죄를 위한 충족하고 영원한 희생이다. 그러므로 미사는 희생이 아니라 십자가의 유일한 희생을 기념하는 것이며 그리스도를 통한 구속을 인치는 것이다.

22. 그리스도는 우리의 의이시다. 그래서 우리의 일들이 그리스도의 일인 한에서는 선하지만 우리 자신의 일인 한해서는 선하지 않게 된다.

24. 그리스도인은 아무도 그리스도께서 명하지 않는 일을 하도록 속박 받지 않는다. 그리스도인은 자기가 원하는 때 자기가 원하는 것을 먹을 수 있다. 그러므로 치즈와 버터에 관한 규정들은 로마가 만든 것에 불과하다.

27. 모든 그리스도인들은 그리스도의 형제들이요 서로간의 형제들이다. 그러므로 지상에 있는 사람은 그 누구도 아버지라고 부르지 말아야 한다. 이 사실은 교단, 분파, 파당들을 배제시킨다.

34. 소위 영적인 권세라고 하는 것은 그리스도의 교훈에서 설자리가 없다.

49. 사제들에게 합법적인 결혼을 금지하면서 내연의 처들을 거느릴 돈을 허

락하는 것보다 더 큰 추태를 나는 알지 못한다. 그것은 망측한 일이다.

50. 하나님만이 죄를 용서하시며 그리고 이는 그리스도 예수 우리 주를 통해서만 이루어진다.

52. 그러므로 사제나 이웃에게 죄를 고백하는 것은 죄의 용서를 위한 것이 아니라 상담을 위한 것이어야 한다.

57. 성경에서는 현세 다음에 연옥에 대해 인정하지 않는다.

58. 죽은 자의 심판은 하나님만이 아시는 일이다.

59. 이 문제들에 대해 하나님이 우리에게 적게 계시하신 만큼 우리는 적게 탐구해야 한다.

60. 만약 어떤 사람이 죽은 자들에 대해서 걱정하면서 하나님께 그들에게 은총을 주실 것을 간구하거나 기도한다면 나는 그를 정죄하지 않는다. 그러나 무거운 죄에 대해서는 7년이라는 등 그것에 대해 시간을 지정하는 것과 이득을 얻기 위해 거짓말을 하는 것은 인간적인 잘못이 아니라 악마적인 잘못이다.

62. 성경에서는 하나님의 말씀을 선포하는 사람들 이외에 다른 장로들이나 사제들을 인정하지 않는다.

67. 어떤 사람이 이자, 십일조, 세례 받지 않는 아동들, 견신례 등에 대해 나와 토론하기를 원한다면 나는 대답할 준비가 되어 있음을 선언한다.[64]

2. 베른 신조(1528)

베르트홀트 할러가 10개 신조를 작성하여 1528년 1월 6-16일까지 열린 토론회에 제출하여 소개된 것이다. 특히 연옥의 부정과 결혼의 정당성, 미사와 교회 안에 있는 제단과 성상 등을 철폐하고 취리히를 본받아 개혁교회의 예배를 드리도록 했다.

---

64 전계서, pp. 269-270.

3. 제1 스위스 신앙고백서(1536)

1536년 1월 30일 바아젤에 모여 고백서를 작성한 것이다. 교황 바울 3세가 1537년 이탈리아 만투아에서 교회의 공회를 열 예정이므로 이를 대비하여 통일된 고백이 필요했다. 이에 루터는 슈말칼덴 신조를 만들고 개혁주의 연합을 위해 대표자들이 모여 총 28개조가 되는 제1 스위스 신앙고백서를 만든 것이다. 특히 성경 해석에 대하여 "성경은 그 자체로 해석해야 하며 믿음과 사랑의 법도를 따라 설명해야 한다."라고 하였고, 성직자와 마리아를 중보적 존재로 가르침을 부정하고 예수 그리스도만이 유일한 중보자이시다. 교회의 직분에 대해 16~19조에서 장로와 집사를 평신도 직분으로 하고 목사는 그들과 함께 다스리는 직분으로 한 것은 주목할 만한 개혁이라 할 수 있다.

4. 제2 스위스 신앙고백서(The Second Helvetic Confession, 1564)

1) 제2 스위스 신앙고백서의 작성배경

제2 스위스 신앙고백서를 네 번째 두는 것은 제1 스위스 신앙고백서와 대조하기 위해서이다. 제2 스위스 신앙고백서는 처음에 종교개혁자 헨리 볼링거가 1562년 신앙의 줄거리를 라틴어로 기록한 것을 1564년에 약간 고쳐서 자기가 죽은 후에 신앙의 증거로 삼으라고 측근에게 위탁하였던 것이 후에 공포되었다. 제1 스위스 신앙고백서는 너무 간단할 뿐만 아니라 루타파에 지나치게 양보하였다는 비난도 있었지만, 볼링거의 고백서가 널리 사용되었으며 현재 개혁교회에서 사용하고 있다. 제2 스위스 신앙고백서도 성경만이 하나님의 말씀이며 신앙과 교회의 규범이며 외경을 정경으로 인정하지 않고 성경에만 권위를 두었다. 이것은 웨스트민스터 신앙고백서의 기초가 되었으며 개혁교회 신조들 가운데 주요한 위치를 차지한다.

본 신앙고백서는 1566년 아우크스부르크 회의 때 Fredrik 3세가 왕과 루터주의자 앞에서 목숨을 걸고 자신의 신앙적 입장을 주장하였다. 헨리 볼링 거(1504~1575)는 독일계 스위스 지역의 제2차 종교개혁의 중심인물이다. 네덜란드와 코로그네에서 교육받고 교부신학과 스콜라 신학을 공부했다. 그는 츠빙글리와 친했고 1531년 12월 9일 취리히의 수석 목사가 되면서부터 츠빙글리의 후계자가 되었다.

2) 제2 스위스 신앙고백서의 특징

그리스도에 관한 교리를 개혁파의 입장에서 가장 완전하게 바로 설명한 신앙고백서라 할 수 있다. 본 신앙고백서는 근본적으로 제1 스위스 신앙고백서와 같으나 형식에 있어서 크게 개선되었으며 교회의 실제적 문제를 다루고 있다. 박해경 교수는 "특징적으로서는 성경적이고 초대교회적이며 엄중하고 자세하면서 정교하다"[65]라고 했고, 필립 샤프는 "한편으로는 단순하고 명확하여 로마교회의 오류를 용납하지 않으며 루터파 교회와 차이점을 완화시키고 있다"[66]라고 하며, "이 고백서는 사도적 신앙과 니케아 신조 그리고 이단 사상들을 배제시킨 380개의 황제 칙령의 내용을 따르고 있다"[67]라고 했다. "매 장들마다 개혁신학의 입장을 정리해주고 난 후에 이런 정통적인 신앙과 반대되는 형태의 신학분파가 무엇이며 또 그들이 제시하고 있는 핵심적인 오류의 신학적 내용이 무엇인지 간략하게 제시해 주고 있다"[68] "그리스도인의 자유와 진보정신을 보여주고 하나님의 말씀에 대한 지식이 계속 성장한다는 것과 그에 따라 기독교신앙을 신조로 진술하는 데 있어 진보가 있음을 인정한다" [69]

이상에서 본 바와 같이 본 신앙고백서는 성경적이며 교회의 현실적 문제를

---

65 박해경, 「성경과 신조」 (서울: 아카페문화사, 1991), p. 161.
66 박일민 역, 「신조학」 p. 130.
67 전게서, p. 130.
68 신원균 편,「개혁주의 신조의 역사적 가치 연구」 p. 94.
69 박해경, 「성경과 신조」 p. 16.

다루며 정통신앙의 핵심과 오류를 정확하게 제시해 줌으로 개혁파 신앙을 잘 정리한 것으로 개혁파 신앙고백서에 으뜸 되는 신앙고백서로 유럽 개혁파교회에서 많이 사용하고 있다.

특별히 제1장에서 성경에 대한 증거를 제시함으로 후에 웨스트민스터 신앙고백서도 이 형식을 따르게 되었고 성경에 대한 중요성을 재인식시켰다고 할 수 있다. 제2 스위스신앙고백서는 제1장에서 정경으로서 성경은 성령으로 영감 된 하나님의 말씀인 것을 인정하고, 경건과 교회의 개혁과 행정이 성경에 근거해야 한다고 규정하며, 하나님의 말씀에 대한 설교는 하나님의 말씀이며 설교 된 하나님의 말씀 자체는 그것을 설교한 사람과 관계없이 하나님의 말씀이다. 그리고 결과는 성령의 조명에 의해서 이루어지는 것이다. 그러므로 먼저 말씀을 들어야 하는 것이기 때문에 외적인 설교를 중요시하고 있다. 이단자들의 규정에 대해서는 성경이 성령의 기원을 부인하는 것과 성경의 어떤 부분을 받아들이지 않거나 왜곡 삽입하는 자들을 이단으로 규정했다. 그리고 외경들을 부정했다.

제2장에서는 사사로이 성경을 해석해서는 안 되며 성경 전체에서 나오는 성경 해석이라야 전통적이요, 가장 완전한 해석은 성경 안에 있음을 고백하고 있다. 그리고 성경과 일치하는 것은 무시하지 않고 성경과 다르거나 반대되는 것은 거부하며, 공의회의 모든 결정도 성경적이어야 한다. 나아가 인간의 전통과 전승도 성경적이어야 한다. "판정자는 누구인가? 판정자는 오직 하나님뿐이시다. 성경에 의하여 무엇이 참이고, 무엇이 거짓이고, 우리가 무엇을 따라야 하고, 무엇을 피해야 하나를 선포하시는 분은 오직 하나님 자신이시다. 따라서 우리는 하나님 말씀에 근거한 영적인 사람들의 판단들에 동의한다"라고 하였다.

3) 제2 스위스 신앙고백서 평가

제2 스위스 신앙고백서는 대륙계 개혁파교회 신앙고백서 중 하이델베르크 요리문답을 제외하고는 가장 널리 알려진 권위 있는 고백서이다. 이 고백서는 독일어, 불어, 영어, 화란어, 항가리어, 폴란드어, 이탈리아어, 아랍어, 터키어로 번역되었다. 본 신앙고백서는 웨스트민스터 신앙고백서로 이어지는 정신으로 오직 성경 Sola Scriptura, 성경전체Tota Scriptura의 칼빈주의적 성경관을 잘 들어내고 있다. 제1조 **"하나님의 말씀에 대한 설교는 하나님의 말씀이다"**를 강조함으로 개혁교회가 얼마나 설교를 중시하는가를 표명하고 있다. 필립 샤프는 "해당 문제들을 말하고 있는 성구들을 직접 인용하거나, 그와 관련된 구절들이 가진 사상과 용어를 올바르게 인용한 경우에 한하여 참되고 정확한 성경해석으로 받아드린다(벧후 1:20-21)"[70]라고 했다. 제2 스위스신앙고백서는 가장 성경적이며 가장 칼빈주의적이며 개혁파 적인 성경관을 고백하고 이것을 모든 신자가 이해하기 쉽게 논리적으로 고백한 제 신조 중 권위 있는 신앙고백서라 할 수 있다.

전체적 구조를 보면 총 30장을 2부로 나누어 1장 성경에서 시작하여 16장 믿음과 선행의 보상으로 교리적 문제를 다루고, 17장 교회에서 시작하여 30장 국가의 공직자에 관한 것으로 교회의 실제적인 문제를 다루고 있다. 제2 스위스 신앙고백서는 연옥을 부정하며 영혼과 어떠한 교제도 용납하지 않는다고 고백한다. 그러나 최후의 심판과 형벌이 빠진 것이 아쉽다고 할 수 있다. 제2 스위스 신앙고백서는 신학적 장점에서 개혁교회의 신조 중에 으뜸을 차지하나 실용적인 면에서 하이델베르크 요리문답이나 웨스트민스터 요리문답서에 뒤지고 논리적인 명확성과 정밀도는 웨스트민스터 신앙고백서에 뒤떨어진다.

4) 제2 스위스 신앙고백서 전문

제1장 하나님의 참된 말씀인 성경에 관하여

---

70 박일민, 「신조학」 p. 131.

정경(正經)

우리는 거룩한 예언자들과 사도들의 구약과 신약인 정경The Canonical Scriptures이야말로 하나님의 참된 말씀이요, 이것은 결코 인간에 의하여 그 권위를 부여받은 것이 아니라 스스로가 충분한 권위를 가지고 있다는 사실을 믿고 고백한다. 왜냐하면, 하나님 자신이 친히 족장들과 예언자들과 사도들에게 말씀하셨고, 오늘도 우리에게 이 성경을 통해서 말씀하기 때문이다. 그리스도의 보편적 교회는 구원에 이르는 신앙에 관련된 모든 것과 하나님 보시기에 합당한 성화의 삶을 형성하는 데 관계된 모든 것에 대한 가장 완전한 해석이 이미 성경 안에 있음을 믿고 고백한다.

성경은 모든 경건을 충분히 가르치고 있다

그러므로 우리는 참된 지혜와 경건, 교회들의 개혁과 행정이 성경에 근거해야 한다고 판단한다. 즉 경건의 모든 의무에 관한 가르침과 교리들의 근거 및 모든 오류에 대한 반론, 특히 "모든 성경은 하나님의 감동으로 된 것으로 교훈과 책망과 바르게 함과 의로 교육하기에 유익하니…"(딤후 3:16-17)라고 하는 사도의 말씀에 따르는 모든 권유는 모두 성경에 있다. 또한, 사도 바울은 "이것을 네게 쓰는 것은…하나님의 집에서 어떻게 행하여야 할 것을 알게 하려 함이니…"(딤전 3:14, 15)라고 디모데에게 말한다.

성경은 하나님의 말씀이다

또한, 사도 바울은 "너희가 우리에게 들은바 하나님의 말씀을 받을 때 사람의 말로 아니하고 하나님의 말씀으로 받음이니 진실로 그러하다."(살전 2:13) 라고 데살로니가 사람들에게 말한다. 그도 그럴 것이 주님 자신이 복음서에서 "말하는 이는 너희가 아니라 너희 속에서 말씀하시는 자, 곧 너희 아버지의 성령이시니

라"(마 10:20). 그러므로 "너희 말을 듣는 자는 곧 내 말을 듣는 것이요, 너희를 저
버리는 자는 곧 나를 저버리는 것이요, 나를 저버리는 자는 나를 보내신 이를 저버
리는 것이라"(눅 10:16, 요 13:20)라고 말씀하셨다.

하나님의 말씀에 대한 설교는 하나님의 말씀이다

하나님의 말씀이 합법적으로 부름을 받은 설교자들에 의해서 설교 될 때 우
리는 하나님의 말씀 자체가 선포된다는 사실과 하나님의 말씀 자체가 믿는 자들에
의하여 받아들여진다는 사실을 믿는다. 우리는 이 말씀 이외에 다른 말씀을 날조
해 내거나 하늘로부터 내려올 것을 기대해서는 안 된다. 설교 된 하나님의 말씀 자
체는 그것을 설교한 사람과 관계없이 하나님의 말씀이다. 즉 그 설교자가 악한 사
람이요, 죄인이라 해도 하나님의 말씀은 항상 참되고 선하다.

그러므로 참 종교에 대한 가르침과 배움이 성령의 내적 조명에 달렸다든가
"그들이 다시는 각기 이웃과 형제를 가리켜 이르기를, 너는 여호와를 알라 하지 아
니하리니"(렘 31:34)와 "그런즉 심는 이나 물주는 이는 아무것도 아니로되 오직 자
라게 하시는 하나님뿐이니라"(고전 3:7)라고 기록되어 있다고 해서 우리의 외적 설
교가 아무 소용없다고 우리는 생각하지 않는다. "아버지께서 이끌지 아니하면 아
무라도 내게 올 수 없으니"(요 6:44)라고 기록되어 있으며 성령의 내적 조명을 받지
않은 사람은 결코 그리스도께 올 수 없는 것이 사실이지만 하나님의 말씀이 꼭
외적으로 설교 되어야 하는 것이 하나님의 뜻임을 우리는 알고 있다. 진실로 하나
님께서는 베드로의 교역 없이 성령에 의해서 혹은 천사의 사역에 의해서 고넬료를
가르치실 수 있었다(사도행전). 그러나 그럼에도 불구하고 하나님께서는 이 고넬료
를 베드로에게 보내사 "그가 네가 무엇을 해야 할 것인지 가르쳐 주리라"라고 천사
를 통하여 말씀하셨다.

내적 조명이 외적 설교를 배제하지 않는다

왜냐하면, 사람들에게 성령을 주사 내적으로 조명시키는 바로 그분이 동시에 그의 제자들에게 "너희는 온 천하에 다니며 만민에게 복음을 전파하라"(막 16:15)라고 명령형식으로 말씀하셨기 때문이다. 마찬가지로 바울은 빌립보에서 자주 장사인 루디아에게 말씀을 외적으로 설교하였다. 그러나 주님께서는 그 여자의 마음을 내적으로 열어 주셨다(행 16:14). 또한, 동일한 바울은 그의 사상을 아름답게 전개한 다음 로마서 10장 17절에서 "그러므로 믿음은 들음에서 나며, 들음은 그리스도의 말씀으로 말미암았느니라"라고 하는 결론에 도달하였다.

동시에 하나님께서는 외적인 교역 없이도 그가 원하시는 자에게 그가 원하시는 때에 내적 조명을 일으키실 수 있다는 것을 우리는 인정한다. 왜냐하면, 하나님께서는 그렇게 하실 수 있기 때문이다. 그러나 우리는 하나님께서 명령과 실례들을 통해서 우리에게 계시해 주신대로 사람들을 가르칠 때 보통 방법대로 한다.

이단들

우리는 성경이 성령에 기원했음을 부인하거나 성경의 어떤 부분은 받아들이지 않거나 성경 일부를 왜곡시키거나 삽입시키는 아르테몬Artemon, 마니교, 발렌티누스, 켈돈Cerdon 및 말시온 같은 모든 이단을 배격한다.

외경(外經)

고대의 학자들이 구약의 어느 책들을 외경이라 부르기도 했다. 다른 이들은 교회문서Ecclesiastical라고 불렀다는 사실을 우리는 숨기지 않는다. 고대의 어떤 이들은 교회에서 그것을 읽게 하기는 했으나 신앙 확립의 근거가 될 만큼 권위를 지닌 것으로 생각하지는 않았다.

예컨대, 어거스틴의 그의 「신국론」제18권, 38장에서 다음과 같이 언급했다.

"열왕기 상하에서는 어떤 예언자들의 이름과 책이 인용되고 있으나"라고 하면서 "그러나 그것들이 정경에는 없다"라고 덧붙여 말했고, "우리가 가지고 있는 그러한 책들은 우리의 경건을 위해서 도움이 될 뿐이다"라고 못 박았다.

제2장 성경의 해석과 교부들, 공의회들 및 전통들에 관하여

성경의 참된 해석

사도 베드로는 성경을 사사로이 해석해서는 안 된다고 말했다(벧후 1:20). 이처럼 우리도 누구나 마음대로 성경을 해석할 수 있다고 생각하지 않는다. 그렇다고 우리는 모든 사람에게 받아들이도록 강요하는 로마가톨릭교회의 성경 해석을 참되고 순수한 해석으로 받아들이지 않는다. 우리는 성경 전체에서 나온 성경 해석이라야 정통적이요, 참되다(기록된 본문의 언어적 본성과 성경이 기록될 당시의 상황을 고려하여 해석해야 하고 비슷한 구절들과 단락들, 서로 다른 구절들이나 단락들, 많은 구절과 단락들 및 보다 더 명백한 구절들과 단락들을 상호 비교하여 해석해야 한다)고 주장하며, 신앙과 사랑의 규범에 일치하며 하나님의 영광과 인간의 구원에 크게 공헌하는 성경 해석이라야 정통적이며 참되다고 주장한다.

교부들의 성경 해석

우리는 희랍 교부들이나 라틴 교부들의 성경 해석들이나 이들의 논쟁이나 논문들이 성경과 일치하는 한 무시하지 않는다. 그러나 만일 이들의 글이 성경과 다르거나 정 반대되는 것을 가르칠 때 우리는 정중하게 이들에게 이의를 제기한다. 이렇게 한다고 해서 우리가 이들에게 무슨 잘못을 저지르는 것이 아니다. 그도 그럴 것으로 여기지 않고, 오히려 우리에게 자신들의 글이 얼마나 성경과 일치하며 일치하지 않는가를 증명하기를 명령하며, 일치하는 부분은 받아들이고 일치하지 않는 부분은 받아들이지 말라고 명령한다.

공의회 Councils

교회 공의회들이 결정하여 선포한 교령(敎令)들, 교리들 및 교회법 역시 성경의 심판을 받아야 한다. 우리는 종교에 관한 논쟁이나 신앙에 관한 문제에 있어서 다만 교부들의 의견이나 공의회의 결정사항에 의존해서는 안 된다. 하물며 관습에 의해서나 같은 의견을 가진 사람들의 많은 수나 오랫동안 기득권으로 인정된 진리에 의해서도 결코 우리는 종교와 신앙문제를 쉽게 결정해 버릴 수 없다. 판정자는 누구인가? 판정자는 오직 하나님뿐이시다. 성경에 의하여 무엇이 참이고, 무엇이 거짓이고, 우리가 무엇을 따라야 하고, 무엇을 피해야 하나를 선포하시는 분은 오직 하나님 자신이시다. 따라서 우리는 하나님의 말씀에 근거한 영적인 사람들의 판단들에 동의한다. 사실 예레미야와 다른 예언자들은 하나님의 법도에 어긋나는 제사장들의 회집을 맹렬히 정죄하면서 부지런히 우리에게 경고하기를, 조상들의 가르침에 귀를 기울이지 말고 하나님의 법도를 떠나 마음대로 살아가는 저들의 뒤를 따르지 말라고 하였다.

인간의 전통

마찬가지로 우리는 인간의 전통을 배격한다. 비록 이 전통들이 사도들의 살아 있는 음성에 의하여 교회에 주어진바 마치 신(神)적이고 사도적인 것처럼 허울 좋은 제목으로 장식되었고, 사도시대 사람들에 의하여 그 후계자인 감독들에게 전해졌다고 해도 성경에 어긋나는 한 이것들은 결코 사도적 전승이 아니라 인간들의 전통들이다. 왜냐하면, 사도들이 교리에 있어서 자기모순에 빠진 일이 없었던 것처럼 사도시대의 사람들은 사도들과 반대되는 것들을 가르치거나 기록하지 않았다.

사실은 그와 반대로 사도들이 살아 있는 음성으로 전한 것들이 그들의 기록된 문서들과 다르다고 주장하는 것은 악질적이기까지 한 것이다. 바울은 모든 교회에서 동일한 내용을 가르쳤다고 분명하게 주장한다(고전 4:17). 또한, 그는 "오직 너희가 읽고 아는 것 외에 우리가 다른 것을 쓰지 아니하노니"(고후 1:13) 라고 하였다. 또한, 그의 서신중 다른 곳에서 바울은 자신과 자신의 제자들, 즉 사도시대의 사람들은 모두 같은 삶을 살았고, 동일한 성령의 역사를 따라 모든 일을 해냈다(고후 2:18)라고 증언한다. 이뿐만 아니라 유대인들 역시 일찍이 장로들의 전통을 가지고 있었는데, 주님께서는 이와 같은 전통들을 전적으로 배격하셨다. 즉 주님은 저들이 이 전통을 지킴으로 하나님의 법도를 버렸고, 하나님을 헛되이 예배하였다고 말씀하였다(마 15:1, 이하, 막 7:1, 이하).

제3장 하나님, 그의 통일성과 삼위일체에 관하여

하나님은 한 분이시다

하나님은 본질이나 본성에 있어서 하나이시며, 스스로 존립하시고, 자족하시며, 눈에 보이지 아니하시고, 육체를 지니지 아니하시며, 공간을 초월하사 광대하시고, 시간을 초월하사 영원하시며, 보이는 것과 보이지 않는 모든 것의 창조자이시고, 최대의 선(善)이시며, 살아 계셔서 모든 것을 생동시키시고 보존하시며, 전능하시고 가장 지혜로우시며, 친절하시고 자비하시며, 의(義)로 우시고 참되시다는 사실을 우리는 믿고 가르친다. "우리 하나님 여호와시니"(신 6:4) "나는 너희 하나님 여호와라. 너는 나 외에는 다른 신들을 네게 있게 말지니라"(출 20:2-3), "나는 여호와라. 나 외에 다른 이가 없나니 나밖에 신이 없느니라. …… 나 외에 다른 신이 없나니 나는 공의를 행하며 구원을 베푸는 하나님이라. 나 외에 다른 이가 없느니라"(사 45:5, 21), "여호와 로라. 여호와 로라 자비롭고 은혜롭고 노하기를 더디하고 인자와 진실이 많은 하나님이로라"(출 34:6) 등의 기록된 말씀 까닭에 우리는 다른 신들을 배격한다.

하나님은 삼위(三位)다

그런데도 우리는 이 광대 불변하시고 하나이시며, 나뉠 수 없는 동일한 하나님께서 성부와 성자와 성령으로 구별되시지만, 이분의 삼위의 인격은 결코 분리되거나 혼동될 수 없다는 것을 믿고 가르친다. 성부는 성자를 영원부터 낳으시고, 성자는 형언할 수 없는 출생방법에 따라 낳으심을 받으셨으며, 성령은 진실로 성부와 성자에게서 발출하시고, 이 성령 역시 영원부터 계시며 성부와 성자와 더불어 예배를 받으셔야 한다.

이렇게 해서 본질이 같으시고 영원성이 같으시며 피차 동등하신 삼 위격(Three Persons, 三位格)이 있는 것이지 세 하나님이 있는 것이 아니다. 위격에 있어서는 구별이 있으며, 순서에서도 어느 하나가 다른 하나보다 먼저 올 수도 있으나 이 삼위는 서로 동등하다. 왜냐하면, 이 삼위는 성자와 성령은 신성(神性)을 공유하고 계신다. 성경은 삼 위격의 분명한 구별을 계시했다. 예컨대, 천사는 동정녀 마리아에게 다른 말과 더불어 "성령이 네게 임하시고 지극히 높으신 이의 능력이 너를 덮으시리니 이러므로 나실 바 거룩한 자는 하나님의 아들이라 일컬으리라"(눅 1:35)라고 말했고, 그리스도께서 세례를 받으실 때 "이는 내 사랑하는 아들이요"(마 3:17)라고 하는 그리스도에 관한 소리가 하늘에서 들렸다. 성령은 또한 비둘기의 모양으로도 나타나셨다(요 1:32). 또한, 주님 자신이 사도들에게 세례를 베풀라고 명령하셨을 때, "아버지와 아들과 성령의 이름으로"(마 28:19) 하도록 명령하셨다. 우리 주님은 복음서의 다른 곳에서 "아버지께로서 너희에게 보낼 보혜사 곧 아버지께 로서 나오시는 진리의 성령이 오실 때에 그가 나를 증거 하실 것이요"(요 15:26)라고 말씀하셨다. 간단히 말하면 우리는 사도신조를 받아들인다. 그것이 우리에게 참믿음의 내용을 전해 주기 때문이다.

이단들

그러므로 우리는 거룩하시고 예배받을만하신 삼위일체 하나님을 모독하는 유대인들과 회교도(이슬람교도 혹은 모하메드교도) 등 모든 이단자를 정죄한다. 성자와 성령은 명목상으로만 하나님이시라든지, 삼위일체 안에는 피조 된 그 무엇으로서 다른 위격의 수단에 불과하거나 다른 위격에 종속하는 그 무엇이 있다든가 그 안에 동등치 않은 무엇이 있으며, 대소(大小)가 있거나 육체적인 무엇이나 육체적으로 이해된 그 무엇이 있다던가, 의지에 관하여 피차 상이하다든지, 어느 하나가 동떨어져 나가든지 아니면 피차 혼동된다든지, 즉 마치 성자와 성령은 한 분 성부의 심정 표출이요, 특성에 불과한 것처럼 생각하는 모든 이단자를 정죄한다. 군주신론자, 노바티안, 프락세아스, 성부수난주의자들, 양태론자인 사벨리우스, 사모사타의 바울과 아에티우스, 마케도니우스, 신인동형론자들, 아리우스 등이 그렇게 생각했다.

제4장 하나님, 그리스도, 그리고 성자들의 우상들과 형상들에 관하여

하나님의 형상들

하나님은 영(靈)으로서 본질상 가시적(可示的)이 아니요, 광대 불변하시기 때문에 예술이나 형상으로 표현될 수 없다. 이러한 이유에서 우리는 하나님에 대한 모든 형상은 허상에 지나지 않는다고 하는 사실을 성경과 더불어 거침없이 말할 수 있다. 그러므로 우리는 이방인들의 우상들뿐만 아니라 그리스도인들의 형상들까지 배격한다.

그리스도의 형상들

그리스도께서 성육신하신 것이 사실이지만 조각가나 화가의 모델이 되시기 위하여 그렇게 인간의 형상을 취하신 것은 아니다. 그는 "율법과 선지자를 폐하러 온 것"(마 5:17)이 아니라고 하셨다. 그런데 율법과 선지자들(신 4:15 사 44:9)은 형상들을 금지하였다. 그리스도께서는 그의 육체적 임재가 교회에 유익하다는 사실을 부인하시면서 성령을 통하여 영원히 우리에게 가까이 계실 것(요 16:7)을 약속하셨다. 그러므로 그의 육체의 모양들이 경건한 사람들에게 유익을 주리라고 믿는 사람이 어디 있겠는가?(고후 5:5) 그리스도께서는 그의 성령에 의하여 우리 안에 거하시기 때문에, 우리는 하나님의 성전이다(고전 3:16). 그런즉 "하나님의 성전과 우상이 어찌 일치가 되리요?"(고후 6:16).

성자들의 형상들

하늘에 있는 축복 받은 영들과 성자들은 지상에 사는 동안 자신들에 대해서 예배하거나 어떤 형상을 만들거나 하는 것을 배격했고 정죄했다. 그런데 이 하늘에 있는 성자들과 천사들 그리고 사람들이 자신들의 형상 앞에서 무릎을 꿇거나, 모자나 수건을 벗고 경배하는 것을 어찌 기뻐하랴.

사실 주님은 복음 설교(막 16:15)를 명령하사 사람들에게 하나님에 관한 것과 이들의 구원에 관한 것을 생각나게 하며 종교를 교육하게 하셨다. 결코, 주님께서는 그림을 그리거나 그림들을 수단으로 하여 평신도들을 가르치라고 명령하시지 않으셨다. 그뿐만 아니라 주님은 세례와 성만찬이라고 하는 성례전을 제정하셨다. 그는 그 어디에서도 형상들을 만들어 세운 일이 없으시다.

평신도의 성경

우리가 어느 방향으로 눈을 돌리든 우리는 하나님의 살아 있고 참된 피조물들을 본다. 이 피조물들을 정당하게만 관찰한다면 사람의 손으로 만들어진 모든 형상이나 허망 되고 움직임이 없고 힘이 없고 죽은 그림들보다 이 피조물들이 보는 사람들에게 훨씬 더 생생한 인상을 줄 것이다. 이에 대하여 예언자는 "눈이 있어도 보지 못한다."(시 115:5)라고 하였다.

락탄티우스

그러므로 우리는 고대 작가인 락탄티우스의 다음과 같은 판단을 인정한다. 즉 "형상이 있는 곳에는 결코 종교가 존재할 수 없다"라는 사실은 의심의 여지가 없다.

에피화니우스와 제롬

에피화니우스 감독이 교회의 문에서 그리스도 혹은 성자 같은 그림이 그려져 있는 베 조각을 발견하자 그것을 뜯어냈다. 이것은 성경의 권위에 위배되기 때문에 옳은 행동이었다고 우리는 또한 주장한다. 이때 이래로 그는 참 종교에 어긋나는 그러한 화폭들을 그리스도의 교회 안에 걸지 못하게 하였고, 그리스도의 교회와 믿는 신도들에게 전혀 무가치한 그 문제의 형상들을 치워 버리게 하였다. 그뿐만 아니라 우리는 참 종교에 관한 어거스틴의 다음과 같은 의견에 동의한다. 즉 "사람들의 작품에 대한 예배를 우리의 종교로 삼지 말자. 예술작품보다 이것을 만든 예술가 자신들이 더 훌륭하지만, 우리는 예술작품도 예술가도 예배해서는 안 된다"(「참된 종교에 관하여」 제55장).

제5장 유일하신 중보자 예수 그리스도를 통한 하나님의 숭배와 예배와 기원 (Invocation)에 관하여

하나님만이 숭배와 예배를 받으셔야 한다.

참 하나님만이 숭배를 받고 예배를 받아야 한다고 우리는 가르친다. "주 너의 하나님께 경배하고 다만 그를 섬기라"(마 4:10)라고 하신 주님의 명령대로 우리는 이 예배와 숭상을 그 어느 누구에게도 그 무엇에게도 돌리지 않는다. 진실로 모든 예언자는 이스라엘 백성이 유일의 참 하나님을 떠나 이상한 신들을 숭상하고 예배할 때마다 이들을 엄히 꾸짖으셨다. 그러나 우리는 하나님 자신이 가르쳐 주신대로 하나님을 숭배하고 예배해야 한다고 가르친다. 즉 "신령과 진정으로"(요 4:23 이하) 해야 하고 미신에 의해서 예배해서는 안 된다. 이것이 그의 말씀에 따라 성실하고 진지하게 드리는 예배이다. 어느 때고 그가 우리에게 "누가 너희 손으로부터 이런 것들을 요구했는가?"(사 1:12, 렘 6:20) 라는 말씀이 나오게 해서는 안 되기 때문이다. 바울도 말하기를 "하나님은 무엇이 부족하신 것처럼 사람의 손으로 섬김을 받으시는 것이 아니니"(행 17:25) 라고 말한다. 하나님과 우리 사이의 중보는 한 분 예수 그리스도뿐이시며, 우리는 이 그리스도를 통해서만 하나님을 부를 수 있고 하나님께 기도할 수 있다.

우리는 인생의 모든 위기와 시련을 만날 때에 오직 우리의 유일하신 중보자이시오, 우리를 위해 중보의 기도를 올리시는 예수 그리스도를 명상함으로 하나님을 부르짖는다. "환난 날에 나를 부르라. 내가 너를 건지리니 네가 나를 영화롭게 하리로다."(시 50:14) 라고 우리는 분명히 명령받았기 때문이다. 그뿐만 아니라 우리는 주님으로부터 다음과 같은 은혜로운 약속을 받았다. 즉 "너희가 무엇이든지 아버지께 구하는 것을 내 이름으로 주시리라"(요 16:23). 그리고 "수고하고 무거운 짐 진 자들이, 다 내게로 오라. 내가 너희를 쉬게 하리라"(마 11:28) 또한 "저희가 믿지 아니하는 이를 어찌 부르리요"(롬 10:14)라고 기록되어 있으며, 우리는 오직 하나님만을 믿기 때문에 우리는 하나님만을 부르짖는데 오직 그리스도를 통해서만 그렇게 부른다. 그도 그럴 것이 "하나님은 한 분이시오, 또 하나님과 사람 사이에 중보도 한 분이시니,, 곧 사람이신 그리스도 예수라"(딤전 2:5). 또한 "만일 누가 죄를 범하면 아버지 앞에서 우리에게 대언 자가 있으니, 곧 의로우신 예수 그리스도시라"(요일 2:1)라고 사도는 말한다.

우리는 성자들Saints을 숭배하거나 예배하거나 기도를 위해서 부르짖어서도 안 된다

이러한 이유에서 우리는 하늘에 있는 성자들이나 다른 신들을 숭배하거나 예배하거나 기도를 위해서 부르짖어서도 안 된다. 이들은 하늘에 계신 아버지 하나님 앞에서 결코 우리의 중보자가 될 수 없고, 우리를 위해서 중보의 기도를 올리는 자도 아니다. 왜냐하면, 우리에겐 하나님과 중보자이신 예수 그리스도만으로 충분하기 때문이다. "내 영광을 다른 자에게 …주지 아니하리라"(사 42:8)라고 하는 이사야의 분명한 말씀과 "다른 이로서는 구원을 얻을 수 없나니 천하 인간에 구원을 얻을 만한 다른 이름을 우리에게 주신 일이 없음이니라"(행 4:12)라고 하는 베드로의 말씀이 있으므로 우리는 하나님과 그의 아들에게만 마땅히 돌려야 할 영예를 다른 것들에게 드리지 않는다. 믿음으로 예수 그리스도에게 동의한 사람들은 그리스도 안에 있는 사람들로서 그리스도를 떠나서는 아무것도 추구하지 않는다.

성자들에게 돌려야 할 존경

동시에 우리는 성자들을 멸시하거나 천하게 생각하지 않는다. 왜냐하면, 이들은 그리스도의 살아 있는 지체요, 육체와 이 세상을 영광스럽게 극복한 하나님의 친구들이라고 우리가 인정하기 때문이다. 이 때문에 우리는 이들을 형제로서 사랑하고, 또한 이들을 존경하되 예배하는 것은 결코 아니며, 다만 이들을 존경하고 칭찬할 뿐이다. 그리고 우리는 이들을 모방한다. 우리는 이들의 믿음과 덕행을 열렬히 모방하기를 열망하고 영원한 구원을 이들과 나누어 가지며 하나님의 존전에서 이들과 함께 영원히 거하고 그리스도 안에서 이들과 함께 영원토록 즐거워하기를 갈망하기 때문이다.

이러한 관점에서 우리는 어거스틴이 그의 저서 「참 종교에 관하여」De vera Religione에서 주장한 다음의 의견을 인정한다. 즉 "우리의 종교가 죽은 자들의 예배cult가 되지 않기를 바란다. 왜냐하면, 비록 이들이 거룩한 삶을 영위했다고 해도 이들 자신은 그와 같은 영예를 추구했다고 여겨질 수는 없다. 오히려 이와는 반대로 이들은 우리가 예수 그리스도를 예배하기를 바라며 이 그리스도의 조명에 의하여 우리가 그리스도의 공로에 함께 하는 종들이라는 사실을 이들은 기뻐하기 때문이다. 그러므로 이들은 우리의 모방에 의해서 영예를 받아야 하지 종교적인 방법으로 영예를 받아서는 안 된다."

성자의 유해

성자들의 유물이 숭배받고 존경받아야 한다는 사실을 우리는 더더욱 믿지 않는다. 고대의 성도들은 죽은 자들의 영혼이 높이 올라간 후에 이들의 유물을 땅에 정중히 묻어 두는 것으로 이 죽은 자들을 충분히 존경했다고 생각한 것 같다. 이 고대의 성도들은 자기들 조상의 가장 고귀한 유물이란 이들의 덕목, 신학, 그리고 이들의 신앙이라고 생각하였다. 그뿐만 아니라 이 고대의 신도들은 죽은 자들을 칭찬하면서 이들의 '유물'을 칭찬하고 천거함으로 이들은 이 땅 위에서 사는 날 동안 이 '유물'(덕목, 신학, 신앙)을 모방하려고 애쓴다.

하나님 이름으로 만의 맹세

고대의 기독교인들은 성경이 명하는 대로 유일하신 하나님, 여호와의 이름으로만 맹세했다. 다른 신들의 이름으로 맹세하는 것은 금지되었기 때문에(출 23:13, 신 10:20) 우리는 성자들을 향하여 맹세해서는 안 된다. 이 맹세는 성경이 요구하는 것이 아니다. 그러므로 우리는 이 모든 일에 있어서 하늘에 있는 성자들에게 너무 과다한 것을 돌리는 교리를 배격한다.

제6장 하나님의 섭리에 관하여

모든 것은 하나님의 섭리에 따라 통치되고 있다

우리는 하늘과 땅 위에 있는 모든 것과 모든 피조물 안에 있는 모든 것은 이 지혜롭고 영원하시고 전능하신 하나님의 섭리에 따라 보존되고 통치되고 있음을 믿는다. "여호와는 모든 나라 위에 높으시며 그 영광은 하늘 위에 높으시도다. 여호와 우리 하나님과 같은 자 누구리요? 높은 위에 앉으셨으나…천지를 살피시는 이는 누구리요?"(시 113:4 이하) 또한 "나의 모든 행위를 익히 아시오니…내 혀의 말을 알지 못하시는 것이 하나도 없으시니이다."(시 139:3 이하)라고 다윗이 증거 하여 말했기 때문이요, 또한 "우리가 그를 힘입어 살며 기동하며 있느니라"(행 17:28). "이는 만물이 주에게서 나오고 주로 말미암고 주에게로 돌아감이라 영광이 그에게 세세에 있으리로다. 아멘(롬 11:36)"이라고 바울도 증거 하여 선포했기 때문이다.

그러므로 어거스틴이 그의 저서 「그리스도의 투쟁에 관하여」(De Agone Christi, 8장)에서 다음과 같이 말한 것은 진리요 성경적 근거를 갖는다. "주의 말씀에 의하여 참새 두 마리가 한 앗사리온에 팔리는 것이 아니냐? 그러나 너희 아버지께서 허락지 아니하시면 그 하나라도 땅에 떨어지지 아니하리라"(마 10:29). 어거스틴은 이렇게 말함으로 인간이 보기에 전혀 가치 없어 보이는 것일지라도 하나님의 전능으로 통치를 받는다는 사실을 보여 주고자 하였다. 그도 그럴 것이 진리이신 그리스도께서 공중의 새도 하나님에 의하여 양육 받으며 들의 백합화도 하나님에 의하여 옷 입혀진다고 말씀하셨고, 하나님께서는 우리의 머리털까지도 헤아릴 수 있다고 말씀하셨기 때문이다(마 6:26 이하).

에피큐리안 학파

그러므로 우리는 하나님의 섭리를 부인하는 에피큐리안 학파 사람들을 정죄하며, 하나님은 하늘의 일에만 바쁘시고 우리와 우리의 일은 전혀 아랑곳하지도 않는다고 불경스럽게 주장하는 모든 사람을 정죄한다. 궁정 예언자 다윗은 이렇게 정죄하였다. "여호와여, 악인이 언제까지 개가를 부르리이까? 그들은 말하기를 여호와가 보지 못하며, 야곱의 하나님이 생각지 못하리라 하나이다. 백성 중 우둔 한 자들아, 너희는 생각하라. 무지한 자들아, 너희가 언제나 지혜로울꼬, 귀를 지으신 자가 듣지 아니 하시랴, 눈을 만드신 자가 보지 아니하시랴"(시 94:3, 7-9).

무시되어서는 안 될 수단들

그런데도 우리는 하나님의 섭리가 이루어지는 수단을 불필요한 것으로 생각한 나머지 그것들을 일축해 버려서는 안 된다. 우리는 오히려 이 수단들에게 우리 자신을 적응시켜야 할 것을 가르친다. 그러므로 우리는 만사가 하나님의 섭리에 의존함으로 우리의 노력과 정진은 전혀 헛된 것이라고 주장하는 자들의 경솔하고 무모한 말을 인정치 않는다. 우리는 모든 것을 하나님 섭리의 주관에 맡기고, 우리는 그 무엇에 대하여도 근심과 걱정을 할 필요가 없으며, 그 무슨 행동도 할 필요가 없다고 하는 저들의 주장은 경솔하고 무모하다고 말한다. 비록 "네가 예루살렘에서 나의 일을 증거 한 것같이 로마에서도 증거 하여야 하리라"(행 23:11)고 말씀하셨고 "너희 중 생명에는 아무 손상이 없겠고… 머리털 하나라도 잃을 자가 없느니라"(행 27:22, 34)라고 덧붙여 약속하신 하나님의 섭리 하에 바울은 백부장과 선원들에게 "이 사람들이 배에 있지 아니하면 너희가 구원을 얻지 못하리라"(행 27:31)라고 말했다.

그도 그럴 것이 모든 것의 목적을 설정하신 하나님께서는 시작을 정하셨을 뿐만 아니라 목적에 이르는 수단들을 정하셨기 때문이다. 이교도들은 모든 일이 맹목적인 행운과 불확실한 우연에 의하여 일어난다고 본다. 그러나 성 야고보는 "오늘이나 내일이나 우리가 아무 도시에 가서 거기서 일 년을 유하여 장사하여 이를 보리라"고 말하기를 원치 아니하고, 덧붙여 "너희가 도리어 말하기를 주의 뜻이면 우리가 살기도 하고 이것저것을 하리라"(약 4:13, 15)고 말하였다. 어거스틴은 그래서 "허망 된 사람에게는 본성상, 우연히 일어나는 것 같은 모든 일이 사실은 하나님의 말씀에 의해서 일어난다. 왜냐하면, 그 모든 것은 하나님의 명령에 의해서만 일어나기 때문이다"(시편강해 148)라고 말하였다. 사울이 그의 아버지의 나귀를 찾다가 예기치 않게 예언자 사무엘을 만난 것은 단순히 우연한 일인 것처럼 보이나, 주님께서는 이 예언자에게 미리 다음과 같이 말씀하셨다. 즉 "내일 이맘때에 내가 베냐민 땅에서 한 사람을 보내리라"(삼상 9:16).

제7장 만물의 창조, 즉 천사와 마귀와 사람의 창조에 관하여

하나님은 모든 것을 창조하셨다

이 선하시고 전능하신 하나님은 자신과 마찬가지로 영원하신 말씀 때문에 보이는 것과 보이지 않는 모든 것을 창조하셨고, 또한 하나님의 말씀과 더불어 영원하신 성령에 의하여 그 모든 피조물을 보존하신다. 다윗은 이 사실을 "여호와의 말씀으로 하늘이 지음이 되었으며 그 만상이 그 입 기운으로 이루었도다"(시 33:6)라는 말로 입증하였다. 성경에 의한, 즉 하나님이 창조하신 것은 무엇이든지 다 선하며, 사람들의 유익과 이용을 위해서 지음 받았다. 이제 우리는 모든 피조물이 한 시작에서 나왔다고 주장한다.

마니교 사람들과 말시온주의자들

우리는 마니교 사람들과 말시온주의자들을 정죄한다. 왜냐하면, 이들은 두 실체와 두 본성이 있다고 하는 불경스러운 상상을 가지고 하나는 선하고 다른 하나는 악하다고 보며, 두 시작과 두 신이 서로 대결하고 있다고 하는 상상을 가지고 하나는 선하고 다른 하나는 악하다고 하기 때문이다.

천사와 마귀에 관하여

피조물들 가운데 천사와 사람이 가장 탁월하다. 성경은 천사에 관하여 "바람으로 자기 사자를 삼으시며 화염으로 자기 사역자를 삼으시며"(시 104:4)라고 했으며, "모든 천사들은 부리는 영으로서 구원 얻을 후사들을 위하여 섬기라고 보내심이 아니뇨"(히 1:14) 라고 했다. 마귀에 관하여 주 예수님 자신이 "너희는 너희 아비 마귀에게서 났으니 너희 아비의 욕심을 너희도 행하고자 하느니라 저는 처음부터 살인한 자요 진리가 그 속에 없으므로 진리에 서지 못하고 거짓을 말할 때마다 제 것으로 말하나니 이는 저가 거짓말 장이요 거짓의 아비가 되었음이니라"(요 8:44)라고 말씀하셨다. 따라서 우리는 이렇게 가르친다. 즉 어떤 천사는 끝까지 순종함으로 하나님과 인간을 섬기는 신실한 종의 임무를 위임받으나, 다른 천사들은 자신들의 자유의지 남용으로 타락하여 멸망에 떨어져 모든 선하고 신실한 사람들의 원수가 되고 말았다.

인간에 관하여

사람에 관하여 성경은 태초에 사람이 하나님의 형상과 모양에 따라 선하게 창조되었고, 하나님이 그를 낙원 안에 두셨고, 만물을 이 사람에게 복종시켰다(창 2장)라고 말한다. 이 내용은 다윗이 시편 8편에서 훌륭하게 표현하고 있는 것과 같다. 그뿐만 아니라 하나님은 그에게 아내를 주어서 그를 축복하셨다. 우리 역시 인간의 한 인격 안에는 두 개의 서로 다른 실체가 있음을 주장한다. 즉 하나는 불멸의 영으로서 육신으로부터 분리될 경우 자지도 않고 죽지도 않으며, 다른 하나는 죽어야 할 육체로서 최후심판 때에 죽은 자들 가운데서 부활할 것이니 살아 있는 때이든 죽어서든 간에 전인(全人)이 영원히 보존되는 것이다.

이단들

우리는 영혼의 불멸성을 비웃거나 교묘한 이론에 의하여 이것을 의심하는 사람들과 육체가 죽은 후 영혼은 잠을 자고 있다든지 영혼은 하나님의 한 부분이라고 말하는 모든 사람을 정죄한다. 간단히 말해서, 우리는 아무리 많은 사람의 의견이라도 그것이 창조와 천사와 마귀와 사람에 관하여 그리스도의 사도적 교회의 성경이 우리에게 전해 준 진리와 어긋나는 것이라면 그러한 모든 의견을 정죄한다.

제8장 인간의 타락과 죄와 죄의 원인에 관하여

인간의 타락

태초에 하나님의 형상대로 지음 받은 인간은 의롭고, 참으로 거룩하고, 선하고 정직했다. 그러나 인간이 뱀의 유혹과 본인의 잘못으로 선과 의를 버렸을 때 그는 죄와 죽음과 온갖 참화에 종노릇 하게 되었다. 따라서 아담의 모든 후손도 아담처럼 죄와 죽음과 온갖 참화에 종노릇 하게 되었다.

죄

죄란 인간의 내적인 부패이다. 이것은 우리 인류의 처음 부모에게서 기원하여 우리 안에 확산하여 있는 것으로, 우리는 이 내적인 부패로 말미암아 사악한 욕망에 빠져 있고 선을 싫어하고 모든 악의 성향이 있다. 우리는 온갖 사악과 하나님에 대한 불신과 경멸과 증오로 가득 차 있으므로 그 어떤 선행도 할 수 없으며, 선에 대하여 스스로 생각조차 할 수 없을 정도다. 그뿐만 아니라 우리가 나이를 먹어감에 따라 마치 못된 나무가 썩은 열매를 맺듯이 우리는 하나님의 법도에 어긋나는 우리 자신의 악한 언행 심사 때문에 썩은 열매를 맺을 뿐이다(마 12:33). 이런 까닭에 우리는 마땅히 우리 자신의 과오로 하나님의 진노를 받으며 하나님의 의로운 형벌을 받는다. 그 결과 구원자이신 그리스도께서 우리를 구원하시지 않으셨다면 우리는 모두 하나님에 의하여 버림을 받았을 것이다.

죽음

죽음이란 우리가 모두 죄 때문에 한 번은 당하고야 말 육체의 죽음을 의미할 뿐만 아니라 우리의 죄와 부패로 말미암는 영원한 형벌이다. 왜냐하면, 사도바울이 다음과 같이 말했기 때문이다. 즉 "너희의 허물과 죄로 죽었던 너희를 살리셨도다. 그때 너희가 그 가운데서 행하여 이 세상 풍속을 쫓고 공중의 권세 잡은 자를 따랐으니 곧 지금 불순종의 아들들 가운데서 역사하는 영이라. 전에는 우리도 다 그 가운데서 우리 육체의 욕심을 따라 지내며 육체와 마음의 원하는 것을 하여 다른 이들과 같이 본질상 진노의 자녀이었더니, 긍휼에 풍성하신 하나님이 우리를 사랑하신 그 큰사랑을 인하여, 허물로 죽은 우리를 그리스도 예수와 함께 살리셨고(너희가 은혜로 구원을 얻은 것이라)"(엡 2:1-5), "이러므로 한 사람으로 말미암아 죄가 세상에 들어오고 죄로 말미암아 사망이 왔나니 이와 같이 모든 사람이 죄를 지었으므로 사망이 모든 사람에게 이르렀느니라"(롬 5:12).

원죄

그러므로 우리는 모든 인간 안에는 원죄가 있다는 사실을 인정한다.

자범죄(실제죄)

우리는 원죄로부터 나오는 모든 다른 죄들도 참으로 죄임을 인정한다. 이 죄들이 어떤 이름에 의하여 일컬어진다 해도, 가령 죽을죄이든, 용서받을 수 있는 가벼운 죄이든, 용서받을 길 없는 성령 거역 죄이든 간에(막 3:29, 요일 5:16) 이 모든 죄는 죄임에 틀림없다. 그러나 부패와 불신앙이라고 하는 동일한 원천에서 이 죄들이 나왔으나 이 죄들은 모두 동일하지 않다는 사실을 고백한다. 분명히 더 심각한 죄들과 덜 심각한 죄들이 있다. 주님의 말씀에 의하면 소돔이 복음을 거역한 도시보다 더 견디기 쉬웠다고 하는 사실이다(마 10:14, 11:20).

이단들

우리는 위의 사실과 어긋나게 가르치는 모든 사람을 정죄한다. 특히, 펠라기우스와 모든 펠라기우스주의자들 및 스토아학파 사람들과 더불어 모든 죄를 동일시하는 요비니우스주의자들Yovinians을 우리는 정죄한다. 이 모든 일에 있어서 우리는 성경에서 모든 근거를 찾으며 성경에 근거하여 그의 견해를 변호하는 어거스틴의 견해에 동의한다. 그뿐만 아니라 우리는 이레니우스의 논적이었던 플로리누스Florinus와 불라스투스Blastus를 정죄하며 하나님이 죄의 원인이라고 가르치는 모든 사람을 정죄한다.

하나님은 죄의 저작자가 아니다. 하나님은 어느 정도까지 인간을 강퍅하게 하신다고 우리는 말해야 하나?

성경은 "주는 죄악을 기뻐하는 신이 아니시니 악이 주와 함께 유하지 못하며"(시 5:4)라고 분명히 말씀하고 또한 "너희는 너희 아비 마귀에게서 났으니 너희 아비의 욕심을 너희도 행하고자 하느니라 저는 처음부터 살인한 자요 진리가 그 속에 없으므로 진리에 서지 못하고 거짓을 말할 때마다 제 것으로 말하나니 이는 저가 거짓말장이요 거짓의 아비가 되었음이니라"(요 8:44)라고도 말씀하셨다. 그뿐만 아니라 이미 우리 속에 죄성과 부패가 충분히 있으므로 하나님께서는 우리 속에 더 큰 사악함과 완고함을 다시 넣으실 필요가 없으시다. 그러므로 성경에서 하나님께서는 사람의 마음을 강퍅케 하고, 눈멀게 하고, 버림받은 마음 그대로 내버려 두신다고 할 때 하나님께서는 의로운 심판자와 복수자로서 그것을 의로운 심판에 의해서 그렇게 하시는 것이다.

끝으로 성경에서 종종 하나님께서 악한 일을 행하신다고 말해지거나 그렇게 보일 때가 있는데, 그것은 인간이 악을 행하지 않는다는 말이 아니고, 하나님께서 그의 의로운 심판에 따라 그렇게 하도록 허락하시든가 그렇게 하는 것을 막지 아니하신다는 말이다. 물론 하나님께서는 원하실 경우, 그것을 막으실 수도 있으며, 요셉의 형제들의 죄의 경우에서처럼 하나님께서는 인간의 악을 선으로 바꾸어 놓으시기도 하시고, 죄가 적정선 이상으로 폭발하거나 광분할 것을 우려하여 죄를 제거하시기 때문에 하나님께서는 죄를 허용도 하시고 미리 방지도 하시는 것이다.

어거스틴은 그의 저서 [입문서]Enchiridion에서 "하나님의 뜻에 반대하여 일어나는 모든 일도 놀랍고도 형언할 수 없는 방법으로 하나님의 뜻을 따라 일어나는 것이다. 하나님이 허락하시지 않는 일은 일어날 수 없다. 그러나 하나님께서는 그것을 마지못해서 허락하시는 것이 아니라 쾌히 허락하신다. 선하신 하나님께서는 악이 저질러지는 것을 허락하지 않으실 것이다. 필경 하나님은 전능하신 까닭에 악으로부터 선을 만드실 수 있기에 악을 허용하시는 것이다"라고 이야기한다.

이상한 질문들

하나님께서 아담이 타락하기를 원하셨는지, 아담이 타락하도록 자극하셨는지, 왜 하나님께서는 아담의 타락을 미리 막지 않으셨는지 등의 질문들은 호기심에서 나온 질문들이다. 그 이유는 이단과 심술궂은 사람들이 이 질문들의 해답을 말씀 밖에서 구하기 때문이다. 하기야 이와 같은 호기심은 주님께서 금단의 열매를 먹지 말도록 금하시고 이것을 범한 사람을 형벌하셨다는 사실에서 온 것이다. 우리는 무슨 일이든지 일단 일어난 것은 하나님의 섭리와 뜻과 능력의 관점에서는 악한 것이 아닌데, 오직 하나님의 뜻에 반대되는 사탄과 우리의 뜻의 관점에서 악한 것임을 인정해야 한다.

제9장 자유의지와 인간의 능력에 관하여

이 문제는 교회 역사를 통하여 많은 논란을 일으켜 왔는데, 우리는 여기에서 인간의 상태를 삼중적인 것으로 생각한다.

타락 전의 인간

인간에게는 타락 전의 상태가 있었다. 이 상태에서 인간은 옳고 자유 하였다. 그래서 그는 계속 선에 머물러 있을 수도 있었고 악으로 기울어질 수도 있었다. 그러나 인간은 악을 선택하여 악으로 넘어갔으며, 이미 지적한 대로 자신뿐만 아니라 전 인류가 죄와 죽음에 사로잡히게 되었다.

타락 이후의 인간

우리는 타락 후의 인간의 모습에 대하여 생각해야 한다. 인간은 타락으로 이성과 의지를 절대 상실하지 않았다. 인간은 결코 목석이 아니다. 그러나 인간은 너무나도 크게 변했고 약화하여서 타락 이전에 할 수 있었던 것을 더는 할 수 없게 되었다. 왜냐하면, 이성은 어두워졌고, 의지는 노예 의지가 되었기 때문이다. 이제 이성과 의지는 죄를 섬기되 억지로 하는 것이 아니라 자발적으로 한다. 분명히 죄를 짓는 것은 의지이다. 이것은 의지 아닌 그 무엇도 아니다.

인간은 자신의 자유의지에 의하여 악을 행한다

그러므로 인간은 악이나 죄에 관하여 하나님이나 마귀에 의하여 강요당하는 것이 아니라 자기 자신의 자유의지에 의하여 악을 행하고 범죄 한다. 이 점에서 인간은 전적인 자유의지를 가지고 있다. 그런데 우리는 종종 하나님께서 인간의 악질적인 범행과 계획을 좌절시키시는데, 이는 하나님께서 악행에로의 자유의지를 인간에게서 박탈하는 것이 아니라 하나님께서는 인간이 자유의지에 의하여 계획한 것을 미리 막아 버리시는 것이다. 예컨대 요셉의 형제들은 요셉을 없애버리려고 결심하였으나 그것을 실천할 수 없었다. 하나님의 선한 계획이 따로 있었기 때문에 그랬다.

인간은 선(善) 자체를 할 수 없다

인간의 이성은 구원과 하나님의 요구에 관하여 스스로 올바른 판단을 내릴 수 없다. 복음서들과 사도들의 글들은 누구든지 구원받기를 원하는 사람은 중생해야 할 것을 요구한다. 따라서 타락 이후의 인간은 자신의 구원에 아무것도 공헌할 수 없다. 바울은 "육에 속한 사람은 하나님 성령의 일을 받지 아니하나니 저희에게는 미련하게 보임이요 또 깨닫지도 못하나니 이런 일은 영적으로라야 분변 함이니라"(고전 2:14)라고 말했다. 그리고 그는 다른 곳에서 우리 스스로가 어떤 선한 것을 생각할 수 있다는 것을 부정한다(고후 3:5).

이제 지성(知性)이 의지(意志)의 인도자인데, 이 인도자가 장님일 때 의지가 얼마나 걸어갈 것인가가 분명하게 된다. 그러므로 아직 중생하지 않은 사람은 선을 의지(意志)할 수도 없고 선을 실천해 낼 힘은 더더욱 없다. 주님은 복음서에서 "진실로 진실로 너희에게 이르노니 죄를 범하는 자마다 죄의 종이라"(요 8:34)고 말씀하셨고, 사도바울은 "육신의 생각은 하나님과 원수가 되나니 이는 하나님의 법에 굴복치 아니할 뿐 아니라 할 수도 없음이라"(롬 8:7)라고 했다. 그러나 이 세상의 일들에 관하여는 타락한 인간이라도 이성의 능력을 결핍하고 있는 것은 아니다.

학문에 대한 이해력

하나님께서는 그의 자비에 의하여 사람 안에 비록 타락 전에 있던 것과는 다르나 지성의 힘이 남아 있도록 허락하셨다. 하나님은 우리에게 우리가 타고난 자연적 재능을 배양하라고 명령하실 뿐만 아니라 선물과 성공을 첨가해 주신다. 하나님의 축복이 없이는 모든 학문의 발전이 있을 수 없다는 사실은 확실하다. 어떤 경우에도 성경은 모든 학문의 기원과 발전이 하나님으로 말미암는다고 가르치며, 심지어 이교도들까지도 학문의 기원을 이 학문을 창조한 신들에게서 찾는다.

중생한 사람의 능력은 어떠한 것이며, 중생한 사람의 의지는 어떤 모양으로 자유로운가?

끝으로 우리는 중생한 사람들이 자유의지를 가지고 있다면 어느 정도로 가졌는지 알아야 한다. 중생에 있어서 이성은 성령에 의하여 조명받아 하나님의 신비들과 하나님의 뜻을 이해할 수 있다. 이 중생에 있어서 또한 의지 자체가 성령에 의하여 변화 받을 뿐만 아니라 스스로 선을 의지하며 선을 실천하기까지 할 수 있는 능력으로 무장되기도 한다.[71] 만약 우리가 이것을 인정하지 않는다면 우리는 기독교적 자유를 부인하게 되며 율법의 멍에를 다시 불러들이는 것이다. 하나님은 예언자들을 통하여 "내가 나의 법을 그들의 속에 두며 그 마음에 기록하리라"[72]라고 말씀하셨고, 주님은 복음서에서 "그러므로 아들이 너희를 자유케 하면 너희가 참으로 자유하리라"(요 8:36)라고 말씀하셨다.

바울 역시 빌립보 교인들에게 "그리스도를 위하여 너희에게 은혜를 주신 것은 다만 그를 믿을 뿐 아니라 또한 그를 위하여 고난도 받게 하심이라"(빌 1:29)고

---

71 (롬 8:1) 그러므로 이제 그리스도 예수 안에 있는 자에게는 결코 정죄함이 없나니.
72 (렘 31:33) 나 여호와가 말하노라 그러나 그 날 후에 내가 이스라엘 집에 세울 언약은 이러하니 곧 내가 나의 법을 그들의 속에 두며 그 마음에 기록하여 나는 그들의 하나님이 되고 그들은 내 백성이 될 것이라(겔 36:26) 또 새 영을 너희 속에 두고 새 마음을 너희에게 주되 너희 육신에서 굳은 마음을 제하고 부드러운 마음을 줄 것이며.

편지하였다. 또한, 여기에서 바울은 "너희 속에 착한 일을 시작하신 이가 그리스도 예수의 날까지 이루실 줄을 우리가 확신하노라"(빌 1:6)라고 하였고, 나아가서 "너희 안에서 행하시는 이는 하나님이시니 자기의 기쁘신 뜻을 위하여 너희로 소원을 두고 행하게 하시나니"(빌 2:13)라고 말했다.

중생한 사람들은 수동적으로뿐만 아니라 능동적으로 일한다

이 주제에 관하여 우리는 두 가지를 유의해야 한다. 첫째로 중생한 사람들은 선을 택하고, 선을 행할 때 수동적으로만 아니라 능동적으로 그렇게 한다. 왜냐하면, 이들은 스스로 행할 수 있기 위하여 하나님에 의하여 움직여지는 것이기 때문이다. "하나님은 우리를 돕는 분이시다"라고 하는 말을 어거스틴은 옳게 인용하였다. 그러나 아무도 스스로 무엇을 하지 않는다면 도움을 받을 수 없다. 마니교 사람들은 인간으로부터 모든 능동성을 빼앗아 버림으로 인간을 돌이나 한 조각의 나무로 만들었다.

중생한 사람의 자유의지는 약하다

둘째로 중생한 사람 안에는 악한 성향이 아직 남아 있다. 그도 그럴 것이 우리 안에 죄가 도사리고 있으며 중생한 자의 육(肉)이 죽을 때까지 영과 싸우기 때문에 이 중생한 우리는 매사를 원하고 계획한 대로 쉽게 실천할 수 없다. 사도바울은 이 사실을 로마서 7장과 갈라디아서 5장에서 확증하였다. 따라서 우리의 자유의지는 옛 아담의 잔재와 우리의 생명이 끝날 때까지 우리 안에 머물러 있을 우리의 내적 부패 때문에 늘 약하다. 그런데 육체의 힘과 옛사람의 잔재가 성령의 역사를 소멸할 만큼 효과적이 아니므로 신자들은 자유롭다고 말해질 수 있으나 항상 자신의 연약성을 인정하면서 자유의지를 자랑해서는 안 될 것이다.

믿는 사람들은 어거스틴이 사도의 말을 빌려 여러 번 타일러 준 말을 항상 염두에 두어야 할 것이다. 즉 "누가 너를 구별하였느뇨 네게 있는 것 중에 받지 아니한 것이 무엇이뇨 네가 받았은즉 어찌하여 받지 아니한 것 같이 자랑하느뇨"(고전 4:7)라는 말이다. 여기에 첨가하여 그는 우리가 계획한 것이 즉시 실현되는 것은 아니라 하였다. 왜냐하면, 모든 것이 하나님의 장중에 있기 때문이다. 이 때문에 바울은 그의 여행이 소득이 있는 것이 되게 해 달라고 주님께 기도하였다.[73] 이것은 또한 자유의지가 약해서 그랬던 것이기도 하였다.

이 세상의 일들에서는 자유가 있다

이 세상의 일들에서는 중생한 사람들이나 중생하지 못한 사람들이 모두 자유의지를 누리고 있다. 이 사실은 아무도 부인할 수 없다. 인간은 무엇을 원하기도 하고 원치 않기도 하는 본성을 갖고 있다. 다른 생물들도 이와 비슷한 본성을 지녔는데, 인간은 단연 이들보다 우월하다. 예컨대 인간은 말을 할 수도 있고 침묵을 지킬 수도 있으며, 집으로부터 나갈 수도 있고 집에 머물러 있을 수도 있다. 그러나 이 경우에도 하나님의 힘이 관여한다. 예컨대 발람이 자기는 더 가기를 원했으나 하나님의 간섭으로 갈 수 없었고 사가랴가 성전에서 돌아와 말하기를 원했으나 하나님의 간섭으로 말할 수 없었다.[74]

이단들

이 문제에 관련하여 우리는 마니교 사람들을 정죄한다. 왜냐하면, 이들은 악의 기원이 창조된 인간의 자유의지라는 사실을 부인하기 때문이다. 우리는 또한 악한 인간이 하나님이 명하신 선을 행할 만한 충분한 자유 의지력을 소유하고 있다고 주장하는 펠라기우스주의자들을 정죄한다. 성경은 이 두 가지 입장을 모두 거

---

73 (롬 1:10) 어떠하든지 이제 하나님의 뜻 안에서 너희에게로 나아갈 좋은 길 얻기를 구하노라.
74 (눅 1:22) 그가 나와서 저희에게 말을 못하니 백성들이 그 성소 안에서 이상을 본 줄 알았더라. 그가 형용으로 뜻을 표시하며 그냥 벙어리대로 있더니.

부한다. 성경은 전자에 대해서 "하나님께서 사람을 곧게 창조하셨다."[75]라고 말하고 후자에게는 "그러므로 아들이 너희를 자유케 하면 너희가 참으로 자유하리라"(요 8:36)라고 한다.

제10장 하나님의 예정과 믿는 성도들의 선택에 관하여

하나님은 우리를 은혜로 선택하셨다.

하나님은 영원 전부터 그의 자유의지에 의하여, 그리고 순수한 은혜로 또한 사람의 그 무엇을 조건으로 삼지 아니하시고 그리스도 안에서 구원하시기로 의지하셔서 성도들을 예정 혹은 선택하셨다. 사도바울은 "곧 창세전에 그리스도 안에서 우리를 택하사 우리로 사랑 안에서 그 앞에 거룩하고 흠이 없게 하시려고"(엡 1:4)라고 하였고, "하나님이 우리를 구원하사 거룩하신 부르심으로 부르심은 우리의 행위대로 하심이 아니요 오직 자기 뜻과 영원한 때 전부터 그리스도 예수 안에서 우리에게 주신 은혜대로 하심이라"(딤후 1:9)라고 하였다.

우리는 그리스도 안에서 예정되었거나 선택되었다

그러므로 하나님께서 우리를 선택하신 것은 우리의 공로 때문이 아니다. 하나님은 우리를 그리스도 안에서, 그리고 그리스도 때문에 택하시는 것이지 우리의 공로 때문에 택하시는 것이 아니다. 이렇게 하신 목적은 이제 신앙으로 그리스도에게 접붙임을 받는 사람들이 택함을 받은 사람인 것을 확증하기 위해서이다. 사도 바울이 (고후 13:5) "너희가 믿음에 있는가 너희 자신을 시험하고 너희 자신을 확증하라 예수 그리스도께서 너희 안에 계신 줄을 너희가 스스로 알지 못하느냐 그렇지 않으면 너희가 버리운자니라"고 말했기 때문에 그리스도 밖에 있는 모든 사

---

75 (전 7:29) 나의 깨달은 것이 이것이라 곧 하나님이 사람을 정직하게 지으셨으나 사람은 많은 꾀를 낸 것이니라.

람은 버림받은 자들이다.

우리는 확실한 목적을 위하여 선택받았다

결국, 믿는 성도들은 확실한 목적을 위해서 그리스도 안에서 택함을 받았다. 사도바울은 "곧 창세전에 그리스도 안에서 우리를 택하사 우리로 사랑 안에서 그 앞에 거룩하고 흠이 없게 하시려고, 그 기쁘신 뜻대로 우리를 예정하사 예수 그리스도로 말미암아 자기의 아들들이 되게 하셨으니, 이는 그의 사랑하시는 자 안에서 우리에게 거저 주시는 바 그의 은혜의 영광을 찬미하게 하려는 것이라"(엡 1:4-6)라고 하였다.

우리는 모든 사람에 대하여 좋은 소망을 품어야 한다

하나님은 누가 자기의 자녀인지, 그리고 성경은 여기저기에서 소수의 선택자를 언급하고 있으나 우리는 모든 사람이 구원받을 것을 소망해야 하고 어떤 사람의 버림받은 자라고 성급하게 판단해서는 안 된다. 왜냐하면, 바울은 빌립보 사람들에게 "내가 너희를 생각할 때마다 나의 하나님께 감사하며 간구할 때마다 너희 무리를 위하여 기쁨으로 항상 간구함은, 첫날부터 이제까지 복음에서 너희가 교제함을 인함이라, 너희 속에 착한 일을 시작하신 이가 그리스도 예수의 날까지 이루실 줄을 우리가 확신하노라"(빌 1:3-6)라고 이야기하고 있기 때문이다.

소수의 사람만이 선택되었나에 대하여

주님께서 구원받아야 할 사람은 소수에 지나지 않느냐라는 질문을 받으셨을 때 그는 얼마나 적은 사람들이 구원을 받아야 하고 얼마나 많은 사람이 멸망을 받아야 할 것인가에 대하여 말씀하시지 않고, 모든 사람이 "좁은 문으로 들어가기를 힘쓰라"(눅 13:24)라고 권고하셨다. 여기에서 주님은 너희가 이 일에 관하여 호기심을 가지고 꼬치꼬치 캐물을 것이 아니라, 곧은길을 택하여 하늘에 들어가기 위하여 노력하라고 말씀하시는 것이나 다름없다.

이 일에 있어서 정죄 받아 마땅한 일

그러므로 우리는 "소수의 사람만이 택함을 받았고, 나는 이 소수에 포함되었기 때문에 나는 생을 마음대로 즐기겠다"라고 불경건하게 말하는 이들의 말을 인정하지 않으며, 또 다른 이들이 다음과 같이 말할 때도 우리는 그것을 인정하지 않는다. 즉 "만약 내가 하나님에 의하여 예정되었고 선택되었다면 나를 구원에서 떠나게 할 것은 이 세상에 아무것도 없다. 구원은 예정과 선택 때문에 확보되었으니 나는 아무 짓이나 해도 좋다. 다른 한편 만약 내가 버림받은 자의 수에 포함된다면 하나님의 불변하는 작정 때문에 나의 신앙이나 회개는 아무 소용이 없다" 그러나 사도바울의 말은 이런 종류의 사람들 주장과 배치된다. 즉 (딤후 2:24-26) "마땅히 주의 종은 다투지 아니하고 모든 사람을 대하여 온유하며 가르치기를 잘하며 참으며, 거역하는 자를 온유함으로 징계할지니 혹 하나님이 저희에게 회개함을 주사 진리를 알게 하실까 하며, 저희로 깨어 마귀의 올무에서 벗어나 하나님께 사로잡힌바 되어 그 뜻을 좇게 하실까 함이라"라고 했다.

구원의 선택으로 말미암는다고 해서 훈계나 권고가 불필요하고 헛된 것은 아니다

어거스틴은 하나님의 은혜로우신 자유로운 선택과 예정, 그리고 건전한 훈계들과 교리들은 모두 설교 되어야 한다고 보았다(견인의 선물에 관하여/제14장 이하).

우리는 택함을 받은 사람들인가에 관하여

그러므로 우리는 그리스도 밖에 있는 사람들이 자신들이 선택을 받았는지 안 받았는지에 관하여 묻는 것은 잘못된 일이라고 생각한다. 과연 하나님이 이들에 관하여 영원 전부터 작정하신 바가 무엇일까? 사실은 복음 설교가 이해되고 수용되어 신앙되고, 우리가 믿음으로 그리스도 안에 있다는 사실이 틀림없이 믿어질 경우, 우리는 택함을 받은 것이 확실하다. 방금 디모데후서 1:9-10에[76] 있는 사도바울의 글에서 보여 준바 하나님 아버지께서는 그의 예정의 영원하신 목적을 그리스도 안에서 우리에게 계시해 주셨다. 이런 까닭에 무엇보다도 우리가 가르쳐야 하고 생각해야 할 것은 그리스도 안에서 계시된 우리를 향하신 아버지 하나님의 엄청난 사랑이다.

우리는 주님 자신이 복음서에서 매일 우리에게 무엇을 설교하고 계신가를 알아야 한다. 주님께서는 "(마 11:28) 수고하고 무거운 짐 진 자들아 다 내게로 오라 내가 너희를 쉬게 하리라""(요 3:16) 하나님이 세상을 이처럼 사랑하사 독생자를 주셨으니 이는 저를 믿는 자마다 멸망치 않고 영생을 얻게 하려 하심이니라"(마 18:14) "이와 같이 이 소자 중에 하나라도 잃어지는 것은 하늘에 계신 너희 아버지의 뜻이 아니니라"라고 설교하고 계신다. 그러므로 우리는 그리스도를 우리의 안경이 되게 하자. 우리는 이 그리스도를 통하여 우리의 예정을 명상하자. 만약에 우리가 그리스도와 사귐을 가지며 참 신앙 안에서 그분이 나의 것이요, 내가 그분의 것이 된다면 이는 우리의 이름이 생명책에 기록되었다는 분명하고도 확실한 증거이다.

예정에 관련된 시험(훈련)

예정에 관련된 시험보다 더 위험한 것은 없다. 우리는 이 시험에서 하나님의 약속들이 모든 신자에게 적용된다고 하는 사실에 직면한다. 왜냐하면 (눅 11:9) "내가 또 너희에게 이르노니 구하라 그러면 너희에게 주실 것이요 찾으라 그러면

---

76 (딤후 1:9) 하나님이 우리를 구원하사 거룩하신 부르심으로 부르심은 우리의 행위대로 하심이 아니요 오직 자기 뜻과 영원한 때 전부터 그리스도 예수 안에서 우리에게 주신 은혜대로 하심이라 (딤후 1:10) 이제는 우리 구주 그리스도 예수의 나타나심으로 말미암아 나타났으니 저는 사망을 폐하시고 복음으로써 생명과 썩지 아니할 것을 드러내신지라.

찾을 것이요 문을 두드리라 그러면 너희에게 열릴 것이니"라고 주께서 말씀하셨고, 우리는 "하늘에 계신 우리 아버지"(마 6:9)라고 하나님의 전교회와 더불어 기도하기 때문이다. 우리가 이렇게 하는 이유는 두 가지인바 하나는 우리가 세례에 의하여 그리스도의 몸에 접붙임을 받았기 때문이요 다른 하나는 그리스도의 몸 된 교회에서 영생에 이르기 위하여 그의 살과 피로 빈번히 양육 받기 때문이다. 이 것에 의하여 강건케 된 우리는 바울의 명령대로 두려움과 떨림으로 우리의 구원을 위하여 힘쓰도록 명령을 받았다.

제11장 예수 그리스도 곧 참 하나님과 참 인간이시오 이 세상의 유일한 구주에 관하여

그리스도는 참 하나님이시다

우리는 하나님의 아들, 우리 주 예수 그리스도께서 영원 전에 아버지 하나님에 의하여 이 세상의 구주가 되시도록 미리 작정 되셨고 예정되셨다는 사실을 믿고 가르친다. 예수님의 탄생은 단순히 동정녀 마리아의 몸을 취하시는 순간부터가 아니며 단순히 세상의 기초가 놓이기 전도 아니다. 그는 표현할 길 없는 방법으로 영원 전에 아버지 하나님으로부터 낳음을 받으셨다. 우리는 이것을 믿는다. 이사야는 "그 세대 중에 누가 생각하기를 그가 산 자의 땅에서 끊어짐은 마땅히 형벌 받을 내 백성의 허물을 인함이라 하였으리요"(사 53:8)라고 말했고 미가는 "그의 근본은 상고에 태초에니라"(미 5:2)고 말했으며, 요한복음에서는 "태초에 말씀이 계시니라 이 말씀이 하나님과 함께 계셨으니 이 말씀은 곧 하나님이시니라"(요 1:1)고 하였다. 그러므로 아들은 그의 신성에 관하여 아버지 하나님과 동등하시고 동일본체이시다. 이 아들은 명목상으로나 양자됨에 의해서나 공로에 의해서가 아니라 본

체와 본성에 있어서 참 하나님이시다(빌 2:11).[77]

요한은 "또 아는 것은 하나님의 아들이 이르러 우리에게 지각을 주사 우리로 참된 자를 알게 하신 것과 또한 우리가 참된 자 곧 그의 아들 예수 그리스도 안에 있는 것이니 그는 참 하나님이시오 영생이시라"(요일 5:20)라고 했고 바울은 "이 모든 날 마지막에 아들로 우리에게 말씀하셨으니 이 아들을 만유의 후사로 세우시고 또 저로 말미암아 모든 세계를 지으셨느니라"(히 1:2)라고 말했다. 그도 그럴 것이 주님이 요한복음에서 "아버지여 창세전에 내가 아버지와 함께 가졌던 영화로써 지금도 아버지와 함께 나를 영화롭게 하옵소서"(요 17:5)라고 말씀하셨고, 또한 동일 복음서의 다른 곳에 보면 "유대인들이 이를 인하여 더욱 예수를 죽이고자 하니 이는 안식일만 범할 뿐 아니라 하나님을 자기의 친 아버지라 하여 자기를 하나님과 동등으로 삼으심 이러라"(요 5:18)라고 했다.

이단들

그러므로 우리는 예수 그리스도의 하나님의 아들 됨을 반대하는 아리우스와 아리우스주의 자들의 불경건한 교리를 싫어한다. 특히 스페인 사람 미카엘 세르베투스와 그의 모든 추종자의 신성모독, 즉 예수 그리스도의 하나님 아들 됨을 거부하는 것을 반대한다. 사단은 이들을 통하여 이러한 이단 사설을 지옥으로부터 끌어내어 아주 뻔뻔스럽고 불경스럽게 이 세상에 확산시켰다.

그리스도는 참 육체를 소유하신 참 인간이다

영원하신 하나님의 아들은 아브라함과 다윗의 씨에서 인자(人子)가 되셨다. 에비온파가 말하는 식으로 그는 인간의 성적 관계에서 나신 것이 아니라 성령에 의하여 가장 순결하게 잉태되셨고, 동정녀 마리아에게서 나셨다. 이에 관하여 복음

---

77 (빌 2:11) 모든 입으로 예수 그리스도를 주라 시인하여 하나님 아버지께 영광을 돌리게 하셨느니라.

서의 역사는 우리에게 주의 깊게 설명한다(마 1장). 바울 역시 "그는 천사의 본체를 취하신 것이 아니라 아브라함의 씨를 취하셨다"라고 말했고, 사도 요한도 말하기를 "누구든지 예수 그리스도가 육체를 취하셨다는 것을 믿지 않으면 하나님으로부터 온 자가 아니라"라고 했다. 그러므로 그리스도의 육체를 공상적인 것이요, 하늘에서 가져온 것이라고 주장하는 발렌티누스와 말시온의 생각은 전혀 잘못된 것이다.

그리스도 안에 있는 이성적 영혼

그뿐만 아니라 우리 주 예수 그리스도는 아폴리나리우스가 생각했던 것처럼 감성과 이성을 결핍한 영혼을 가지신 것이 아니요 유노미우스가 가르친바 영혼 없는 육체만을 지니신 것도 아니다. 우리 주 예수 그리스도는 이성이 있는 영혼과 감성이 있는 육체를 지니셨다. 그래서 그가 고난을 당할 때 "(마 26:38)이에 말씀하시되 내 마음이 심히 고민하여 죽게 되었으니 너희는 여기 머물러 나와 함께 깨어 있으라 하시고" "지금 내 마음이 민망하다"(요 12:27)라고 말씀하셨다.

그리스도 안에 있는 두 본성

그러므로 우리는 한 분 예수 그리스도 우리 주님 안에 두 본성, 혹은 두 본질, 즉 신성과 인성이 있음을 인정한다(히 2장). 그리고 이 두 본성은 서로서로 묶여 있고 연합되어 있는데, 한 본성이 다른 본성에 흡수되지도 않고 혼돈되거나 혼합되지도 않는다. 이 두 본성은 한 위격 안에 연합되고 결합하여 있다. 그러나 두 본성이 지닌 각각의 고유한 특성들은 손상을 받지 아니하고 영속한다.

두 그리스도가 아니라 한 그리스도

우리는 두 그리스도가 아니라 한 그리스도 주님을 예배한다. 반복하면 이 예수 그리스도는 참 하나님과 참 인간으로서 한 분이시다. 그의 신성에 관하여는 아버지 하나님과 동일본질이시고 그의 인성에 관하여는 우리 인간과 동일본질이시다. 그의 인간성은 죄만 빼놓고 모든 점에서 우리와 같으신 분이다(히 4:15).[78]

이단들

우리는 한 그리스도를 둘로 만들어 그의 위격의 통일성을 분해해 버리는 네스토리우스주의자들을 싫어한다. 마찬가지로 우리는 인간이 지닌 고유한 특성을 파괴하는 유티케스의 광기와 단의론 자들Monothelites, 혹은 단성론자 Monophysites 자들의 광기를 정죄한다.

그리스도의 신성은 고난을 받을 수 없고 그의 인성은 이 세상 도처에 있는 것이 아니다

그러므로 우리는 그리스도 안에 있는 신성이 수난을 받았다거나, 그리스도의 인성이 아직도 이 세상 곳곳에 계신다고(편재) 절대 가르치지 않는다. 그러나 우리는 그리스도의 몸이 영화롭게 되신 후에는 참 몸이기를 그만두셨다든가 신화 한 나머지 몸과 영혼의 특징들을 상실하고 완전히 신성으로 변화했고, 단순히 하나의 본질이 되기 시작했다고 생각하거나 가르치지 않는다.

이단들

이 때문에 우리는 슈벵크펠트Schwenkfeld와 이와 비슷한 궤변학자들의 자가당착적인 주장이 내포하고 있는 빗나가고 혼돈을 불러일으키며 모호한 미묘함을 절대 인정하지 않으며 받아들이지도 않는다. 우리는 슈벵크펠트를 정죄한다.

---

78 (히 4:15) 우리에게 있는 대제사장은 우리 연약함을 체휼하지 아니하는 자가 아니요 모든 일에 우리와 한결같이 시험을 받은 자로되 죄는 없으시니라.

우리 주님은 진실로 고난을 당하셨다

베드로가 말했듯이[79] 우리 주 예수 그리스도께서는 육체로 참 고난을 받으셨고 죽으셨음을 우리는 믿는다. 우리는 주님의 고난을 몹시 시리아의 단성론 자들인 야고보파Jacobiter 사람들이나 터키 사람들의 불경스러운 광기를 정죄한다. 동시에 바울의 말과 같이 영광의 주님께서 우리를 위하여 십자가에 달리셨음을 우리는 부인하지 않는다.[80]

신성과 인성의 상호 교류

우리는 성경에 근거했고 모순되는 것처럼 보이는 성경구절들을 설명하며 조화시키는 데에 고대 교부들에 의하여 사용되어 온 두 본성의 상호 교류를 경건한 존경심을 가지고 받아들인다.

그리스도는 죽은 자들 가운데 참으로 부활하셨다

참 육체로 십자가에 달리셨고 죽으신 예수 그리스도 우리 주님은 죽은 자들 가운데서 육체로 부활하셨으니, 이 부활한 육체는 매장되었던 바로 그 육체 이외에 다른 육체가 아니고, 육체 대신에 영이 일어난 것이 아니라, 그는 그의 참된 육체를 그대로 계속 소유하고 계심을 우리는 믿고 가르친다. 그러므로 주님의 제자들은 주님의 영을 보았다고 생각했으나 주님은 그들에게 못 자국과 상처가 난 손과 발을 보여 주셨다. 그리고 주님은 "내 손과 발을 보고 나인 줄 알라 또 나를 만져 보라 영은 살과 뼈가 없으되 너희 보는 바와 같이 나는 있느니라"(눅 24:39)라고 말씀하셨다.

---

79 (벧전 4:1) 그리스도께서 이미 육체의 고난을 받으셨으니 너희도 같은 마음으로 갑옷을 삼으라 이는 육체의 고난을 받은 자가 죄를 그쳤음이니.
80 (고전 2:8) 이 지혜는 이 세대의 관원이 하나도 알지 못하였나니 만일 알았더면 영광의 주를 십자가에 못 박지 아니하였으리라.

그리스도는 참으로 승천하셨다

우리 주 예수 그리스도는 동일한 육체를 가지고 모든 가시적인 하늘 위에 있는 높은 하늘로 올라가셨으니, 하나님과 축복받은 성도들의 거처인 하나님 우편으로 올라가셨다. 우리는 이것을 믿는다. 이것은 주님께서 하나님 아버지의 영광과 위엄에 동참하는 것을 뜻하며 나아가서 그것은 복음서에서 주님이 "(요 14:2)내 아버지 집에 거할 곳이 많도다. 그렇지 않으면 너희에게 일렀으리라 내가 너희를 위하여 처소를 예비하러 가노니"라고 말씀하신 대로 일종의 장소를 가리키기도 한다. 베드로 사도는 "(행 3:21)하나님이 영원 전부터 거룩한 선지자의 입을 의탁하여 말씀하신바 만유를 회복하실 때까지는 하늘이 마땅히 그를 받아두리라"라고 말했다.

이 세상의 죄악이 극에 달하고, 적그리스도가 참 종교를 부패시킨 다음 모든 미신과 불 경건으로 이 세상을 충만케 하고 유혈과 불로(단 11장)써 교회를 잔인하게 진멸할 때 동일한 그리스도께서 심판하기 위하여 재림하실 것이다. 그러나 그리스도는 재림하셔서 그의 백성을 확보하실 것이고 적그리스도를 파괴할 것이고 산 자와 죽은 자를 심판하실 것이다.[81] 죽은 자들은 부활할 것인데[82] 그날에 살아 있을 사람들은 눈 깜빡할 사이에 변화될 것이며, 모든 신자는 하늘로 올리움을 받아 공중에서 재림하시는 그리스도를 만나 이 그리스도와 더불어 영원토록 살 수 있는 복된 거처로 들어갈 것이다.[83] 그러나 불신자들과 불경건한 사람들은 마귀들과 더불어 지옥으로 내려가 영원히 타오르는 불구덩이에 들어갈 것이며, 이 영벌에서 결코 구속받지 못할 것이다.[84]

---

81 (행 17:31) 이는 정하신 사람으로 하여금 천하를 공의로 심판할 날을 작정하시고 이에 저를 죽은 자 가운데서 다시 살리신 것으로 모든 사람에게 믿을만한 증거를 주셨음이니라 하니라.

82 (살전 4:14) 우리가 예수의 죽었다가 다시 사심을 믿을진대 이와 같이 예수 안에서 자는 자들도 하나님이 저와 함께 데리고 오시리라.

83 (고전 15:51) 보라 내가 너희에게 비밀을 말하노니 우리가 다 잠잘 것이 아니요 마지막 나팔에 순식간에 홀연히 다 변화하리니.

84 (마 25:46) 저희는 영벌에, 의인들은 영생에 들어가리라 하시니라.

이단들

그러므로 우리는 참 부활을 부인하는 사람들을 정죄한다. 그리고 우리는 예루살렘 요한처럼 육체의 영화에 대한 올바른 견해를 갖지 못한 모든 사람을 정죄한다. 우리는 또한 악마와 모든 불신자도 동시에 구원을 받을 것이라고 주장하고 형벌의 영원함을 부인하는 모든 사람을 정죄한다. 그도 그럴 것이 주님께서는 "거기는 구더기도 죽지 않고 불도 꺼지지 아니 하느니라"라고 말씀하셨기 때문이다. 그뿐만 아니라 우리는 최후 심판의 날 이전에 이 지상에 천국이 이루어질 것이고, 경건한 자들이 결국엔 모든 불신의 원수들을 굴복시킨 다음, 이 땅의 모든 나라를 소유할 것이라고 하는 유대교적 꿈을 정죄한다. 왜냐하면, 마태복음 24장과 25장 누가복음 18장에 있는 복음의 진리와 데살로니가 후서 2장과 디모데후서 3~4장에 있는 사도적 가르침은 상당히 다르게 가르치고 있기 때문이다.

그리스도의 죽음과 부활의 열매

그뿐만 아니라 우리 주님께서는 모든 신자를 하늘에 계신 아버지와 화해시키고, 우리의 죄를 속죄시키고, 죽음을 무력하게 하시고, 저주와 지옥을 극복하시기 위하여 육신으로 오셔서 고난과 죽임을 당하셨으며 우리의 구원을 위하여 모든 것을 성취하셨고 감수하셨다. 그리고 그는 자기의 죽은 자들로부터의 부활을 통하여 생명과 영생을 회복하셨다. 그는 우리의 의와 생명과 부활이시다. 그는 한마디로 말해서 모든 신자의 충만과 완성과 구원과 모든 충족이시다. 사도도 "(골 1:19)아버지께서는 모든 충만으로 예수 안에 거하게 하시고"라고 하였고 "너희도 그 안에서 충만하여졌다"라고 말하기 때문이다.

예수 그리스도는 이 세상의 유일한 구주요, 참으로 대망 되셨던 메시아이시다

이 예수 그리스도 우리 주님이 인류와 전 세계의 유일하고 영원한 구주시며,

이분 안에서 율법 이전의 모든 사람과, 율법 하의 모든 사람과 복음 하의 모든 사람이 믿음으로 구원을 받았다는 사실을 우리는 가르치고 믿는다. 그도 그럴 것이 주님 자신이 복음서에서 "(요 10:1)내가 진실로 진실로 너희에게 이르노니 양의 우리의 문으로 들어가지 아니하고 다른 데로 넘어가는 자는 절도며 강도요, (요 10:7)그러므로 예수께서 다시 이르시되 내가 진실로 진실로 너희에게 말하노니 나는 양의 문이라"고 말씀하셨고, 같은 복음서의 다른 곳에서 "(요 8:56)너희 조상 아브라함은 나의 때 볼 것을 즐거워하다가 보고 기뻐하였느니라"라고 말씀하셨다.

사도 베드로도 "(행 4:12)다른 이로서는 구원을 얻을 수 없나니 천하 인간에 구원을 얻을 만한 다른 이름을 우리에게 주신 일이 없음이니라 하였더라"라고 하였다. 그러므로 우리는 우리 조상들의 경우처럼, 우리 역시 주 예수 그리스도의 은혜로 말미암아 구원을 받을 것이라는 사실을 믿는다. 왜냐하면, 바울은 또다시, "(고전10:3-4)모두가 같은 신령한 음식을 먹으며 모두가 같은 신령한 음료를 뒤따르는 신령한 반석으로부터 마셨으니 그 반석은 곧 그리스도시라"라고 하였고, 요한은 "(계 13:8)죽임을 당한 어린 양의 생명책에 창세 이후로 이름이 기록되지 못하고 이 땅에 사는 자들은 다 그 짐승에게 경배하리라"라고 말했기 때문이다. 그리고 세례 요한 역시 "보라 세상 죄를 지고 가는 하나님의 어린 양이로다"(요 1:29)라고 하였기 때문이다.

따라서 우리는 예수 그리스도께서 이 세상의 유일한 구속자요, 구원자시며 왕과 대제사장이시오, 고대했던 참 메시아임을 공적으로 고백하고 설교한다. 그리고 우리는 모든 유형의 율법들과 예언자들의 모든 예언이 이 예수 그리스도를 예시하였고 약속했음을 고백하고 설교하며, 하나님께서는 이분을 미리 택하셔서 이 세상에 보내어 주심으로 이제는 우리가 다른 누구도 찾을 필요가 없음을 고백하고 설교한다. 이제 우리에게 남은 단 한 가지의 일은 그리스도에게 모든 영광을 드리고, 그를 믿고, 그의 안에서만 쉼을 얻고, 삶을 살아가는 가운데에 다른 모든 도움을 경멸하고 물리치는 일이다. 그도 그럴 것이 아무리 많은 사람이 그리스도 이외의 다른 곳에서 구원을 찾을지라도 그것은 이미 하나님의 은혜에서 떨어진 것이요 그리스도께서 자신들의 구원을 위해 아무 쓸데없는 분이 되게 하는 것이기 때문이다.[85]

고대의 에큐메니컬 교회 공의회가 결정한 신조들을 받아들임

많은 내용을 몇 마디 말로 표현해 보자. 우리는 주 예수 그리스도의 성육신 신비에 관하여 성경이 정의하는 모든 것과 니케아, 콘스탄티노플, 에베소 칼케돈에서 열린 가장 탁월한 처음 네 에큐메니컬 공의회의 신조들과 결정들에 내포된 것은 무엇이든지 진지한 심정으로 믿고 입을 열어 자유롭게 고백한다. 그리고 아타나시우스 신조와 비슷한 신조들을 역시 귀히 여긴다. 따라서 우리는 이와 같은 것들에 반대되는 모든 것을 정죄한다.

이단들

이런 방법으로 우리는 기독교적 신앙, 정통 신앙, 그리고 보편적 신앙을 손상됨이 없이 온전히 보유하고 있다. 상기한 신조들 안에는 하나님의 말씀에 합치되지 않는 것은 아무것도 없다는 사실과 믿음을 신실하게 해설하지 않은 것은 아무것도 없다는 사실을 우리는 알기 때문이다.

제12장 하나님의 율법에 관하여

하나님의 뜻은 우리를 위하여 하나님의 율법 안에 설명되어 있다

우리는 하나님의 뜻이 하나님의 율법 안에서 우리를 위하여 설명되었다고 가르친다. 즉 하나님께서 우리들에게 무엇 하기를 원하시고 무엇을 하지 않기를 원하

---

85 (갈 5:4) 율법 안에서 의롭다 함을 얻으려 하는 너희는 그리스도에게서 끊어지고 은혜에서 떨어진 자로다.

시며, 무엇이 선하고 의로우며, 무엇이 악하고 불의한가를 율법은 설명한다. 그러므로 율법이란 선하고 거룩하다는 사실을 우리는 고백한다.

자연법

한때 하나님은 이 법을 인간의 마음 비에 그의 손가락으로 기록하셨다.[86] 우리는 이것을 자연법이라 부른다. 그런데 하나님께서는 인간의 타락 후 이 법을 모세의 두 돌비에 그의 손가락으로 기록하셨고, 이 법에 관하여 모세의 책들을 통하여 유창하게 해설하셨다.[87] 좀 더 분명히 율법에 대하여 이해하기 위하여 우리는 십계명 혹은 두 돌비에 내포되었고 모세의 글들에 잘 해설된 도덕법과 하나님의 예배와 의식을 결정하는 의식법과 정치적인 일들과 가정의 일들을 규정하는 재판법을 확연히 구별한다.

율법은 완결되었고 완전하다

우리는 하나님의 모든 뜻과 삶의 모든 영역을 위해서 꼭 필요한 도덕적 명령들을 바로 이 율법이 가르치고 있다는 사실을 믿는다. 그도 그럴 것이 이것이 사실이 아니라면 주님께서 이 율법에 무엇을 첨가하거나 삭제하는 것을 금하지 않으셨을 것이며, 이 법 앞에서 곧은길을 걸을 것이요, 좌로나 우로나 치우침으로 이 율법에서 벗어나지 말라고 말씀하지 않았을 것이기 때문이다.[88]

율법이 주어진 이유

---

86 (롬 2:15) 이런 이들은 그 양심이 증거가 되어 그 생각들이 서로 혹은 송사하며 혹은 변명하여 그 마음에 새긴 율법의 행위를 나타내느니라.
87 (출 20:1) 하나님이 이 모든 말씀으로 일러 가라사대 (신 5:5) 그 때에 너희가 불을 두려워하여 산에 오르지 못하므로 내가 여호와와 너희 중간에 서서 여호와의 말씀을 너희에게 전하였노라 여호와께서 가라사대.
88 (신 4:2) 내가 너희에게 명하는 말을 너희는 가감하지 말고 내가 너희에게 명하는 너희 하나님 여호와의 명령을 지키라 (신 12:32) 내가 너희에게 명하는 이 모든 말을 너희는 지켜 행하고 그것에 가감하지 말지니라.

우리는 이 율법이 주어진 목적이 우리가 그것을 지킴으로 의롭게 되기 위한 것이 아니라, 이 율법이 가르치는 바로부터 우리의 연약성과 죄와 정죄를 알며, 우리 자신의 능력에 대하여 절망한 후 믿음으로 그리스도에게 회심케 하기 위함이라는 사실을 우리에게 가르친다. 그도 그럴 것이 사도바울이 "(롬 4:15)율법은 진노를 이루게 하나니 율법이 없는 곳에는 범법도 없느니라" "(롬 3:20)그러므로 율법의 행위로 그의 앞에 의롭다 하심을 얻을 육체가 없나니 율법으로는 죄를 깨달음이니라"라고 말했기 때문이요, "(갈 3:21, 22)그러면 율법이 하나님의 약속들과 반대되는 것이냐 결코 그럴 수 없느니라 만일 능히 살게 하는 율법을 주셨더라면 의가 반드시 율법으로 말미암았으리라 그러나 성경이 모든 것을 죄 아래에 가두었으니 이는 예수 그리스도를 믿음으로 말미암는 약속을 믿는 자들에게 주려 함이라" "(갈 3:24)이같이 율법이 우리를 그리스도에게로 인도하는 몽학선생이 되어 우리로 하여금 믿음으로 말미암아 의롭다 함을 얻게 하려 함이니라"라고도 말한 까닭이다.

육신은 율법을 성취할 수 없다

죽을 때까지 우리 안에 끈질기게 붙어 있는 육에의 연약성 까닭에 어떤 육체도 하나님의 법을 만족시킬 수 없고 성취할 수 없다. 그도 그럴 것이 사도는 "(롬 8:3)율법이 육신으로 말미암아 연약하여서 할 수 없는 그것을 하나님은 하시나니 곧 죄를 인하여 자기 아들을 죄 있는 육신의 모양으로 보내어 육신에 죄를 정하사," 라고 했기 때문이다. 그러므로 그리스도는 율법의 완성이시오 우리를 위한 율법의 성취이시다.[89]

그리스도는 율법의 저주를 없애기 위하여 우리를 위하여 저주를 받으셨다.[90] 그래서 그는 신앙을 통하여 그의 율법의 완성을 우리의 것이 되게 하셨고 그가 성

---

89 (롬 10:4) 그리스도는 모든 믿는 자에게 의를 이루기 위하여 율법의 마침이 되시니라.
90 (갈 3:13) 그리스도께서 우리를 위하여 저주를 받은바 되사 율법의 저주에서 우리를 속량하셨으니 기록된바 나무에 달린 자마다 저주 아래 있는 자라 하였음이라.

취하신 의와 순종을 우리에게 전가하셨다.

율법은 어느 정도 폐기되었는가?

그러므로 하나님의 율법은 다시는 우리를 정죄하지 않으며 우리 속에 진노를 일으키지 않을 정도로 폐기되었다. 우리는 율법 밑에 있는 것이 아니라 은혜 아래에 있기 때문이다. 더욱이 그리스도는 율법의 모든 표상을 성취하셨다. 그리하여 우리는 실체의 도래와 더불어 그림자가 없어졌기 때문에 그리스도 안에서 진리와 모든 충만을 가지고 있다. 그러나 우리는 이런 이유로 율법을 경멸적으로 배격하는 것은 아니다. 왜냐하면, 우리는 "(마 5:17)내가 율법이나 선지자나 폐하러 온 줄로 생각지 말라 폐하러 온 것이 아니요 완전케 하려 함이로다"라고 하는 주님의 말씀을 기억하기 때문이다. 우리는 율법을 통해서 우리에게 덕목과 악덕의 모형들을 줬다는 사실을 안다. 그리고 우리는 율법을 복음에 의하여 설명할 때 그것이 교회를 위해서 유익하다는 것을 안다. 그러므로 우리는 이 율법을 교회에서 읽어야 한다. 그도 그럴 것이 모세의 얼굴이 수건으로 가려 있었으나 그리스도께서 이 수건을 걷어치우셨다고 사도는 말한다.

이단들

우리는 옛 이단들이나 오늘의 이단들을 막론하고 이들이 율법에 반대하여 가르치는 모든 것을 정죄한다.

제13장 예수 그리스도의 복음과 약속들과 성령과 문자에 관하여

구약에도 복음적인 약속들이 있다

물론 복음은 율법에 반대되는 것이다. 왜냐하면, 율법은 진노를 불러일으키고 저주를 선포하나 복음은 은혜와 축복을 설교하기 때문이다. "(요 1:17)율법은 모세로 말미암아 주신 것이요 은혜와 진리는 예수 그리스도로 말미암아 온 것이라"라고 요한은 말했다. 그런데도 율법 이전에는 율법 아래 있던 사람들이라고 해서 모두 복음을 가지지 않았다고 할 수 없음이 분명하다. 왜냐하면, 저들은 다음과 같은 훌륭한 복음적 약속들을 가지고 있었다. 즉 "(창 3:15)내가 너로 여자와 원수가 되게 하고 너의 후손도 여자의 후손과 원수가 되게 하리니 여자의 후손은 네 머리를 상하게 할 것이요 너는 그의 발꿈치를 상하게 할 것이니라 하시고""(창 22:18)또 네 씨로 말미암아 천하 만민이 복을 얻으리니 이는 네가 나의 말을 준행하였음이니라 하셨다 하니라""(창 49:10)홀이 유다를 떠나지 아니하며 치리자의 지팡이가 그 발 사이에서 떠나지 아니하시기를 실로가 오시기까지 미치리니 그에게 모든 백성이 복종하리로다"(신 18:15)네 하나님 여호와께서 너의 중 네 형제 중에서 나와 같은 선지자 하나를 너를 위하여 일으키시리니 너희는 그를 들을지니라"

이중적인 약속

우리는 우리에게와 마찬가지로 족장들에게도 이중적인 약속이 계시가 되었음을 인정한다. 즉 가나안 땅의 약속이나 승리에 대한 약속, 그리고 일용할 양식에 대한 약속과 같이 현재적이고 지상적인 약속들이 있는가 하면, 그때나 지금이나 본질적이고 영원한 것에 대한 약속들 예컨대 하나님의 은혜 죄들의 속죄, 예수 그리스도에 대한 신앙으로 말미암는 영생 등이다.

구약의 옛 신앙의 조상들도 단순히 육신적 약속만이 아니고 영적인 약속도 가지고 있었다

구약의 하나님의 백성 역시 단순히 외적이고 지상적인 약속만이 아니라 그리스도 안에 있는 영적이고 본질적인 약속들을 가지고 있었다. 베드로는 "(벧전 1:10)이 구원에 대하여는 너희에게 임할 은혜를 예언하던 선지자들이 연구하고 부지런히 살펴서"라고 말했고, 사도바울은 "(롬 1:2)이 복음은 하나님이 선지자들로 말미암아 그의 아들에 관하여 성경에 미리 약속하신 것이라"라고 하였다. 이것을 볼 때 옛날 구약의 사람들도 복음을 전혀 가지지 않았던 것은 아니었다는 사실이 분명하다.

그러면 복음이란 과연 무엇일까?

구약의 우리 조상들은 예언자들의 글 속에 이런 식으로 복음을 소유했으며, 이들 역시 신앙을 통하여 그리스도 안에서 구원을 받았다. 그러나 더 분명하게는 복음이란 세례 요한, 그리스도 주님 자신, 사도들과 사도들의 후계자들이 이 세상에 있는 우리에게 설교한 기쁘고 즐거운 소식인데, 그 내용인즉 하나님께서는 세상이 있기 시작할 때부터 약속하신 것을 지금 실현하셨고, 더욱이 그의 독특한 아들을 우리에게 보내사 이 아들 안에서 아버지 하나님과의 화해를 이룩하셨고, 죄들의 속죄, 모든 충만함과 영생을 우리에게 주신 것이다. 따라서 복음이란 4복음서가 묘사하고 있는 역사로서 그리스도께서 이와 같은 일들을 어떻게 이룩하셨고 성취하셨으며, 그리스도께서 무엇을 가르치셨고 무슨 행동을 하셨고, 그를 믿는 사람들이 충만함을 가지고 있었다는 사실을 선포하는 것이다.

사도들의 설교와 글들 역시 복음적인 교리라고 불러야 옳다. 이렇게 부름으로 오늘에서도 그것이 성실하게 설교 된다면 그것이 지닌 명칭의 가치를 발휘할 것이다. 사도들은 바로 이 설교와 글들을 통하여 아버지 하나님이 어떻게 아들을 우리에게 보내셨고, 또한 이 아들 안에서 생명과 구원에 관한 모든 것을 설명하고 있다.

영과 문자에 관하여

사도바울은 복음의 동일한 설교를 '영과 영의 사역'이라고 부른다. 왜냐하면, 복음이란 성령의 조명을 통하여 믿는 자들의 마음속에서 신앙으로 말미암아 인식되며 효과를 일으킨다.[91] 문자란 성령에 반대되는 것으로 모든 외적인 것, 즉 성령과 신앙이 없이는 모든 불신자의 마음속에 진노만을 일으키며 죄를 촉발하는바 율법의 교리이다. 이런 이유에서 사도는 그것을 '죽음의 사역'이라고 부른다. 이 점에 있어서 "의문은 죽이는 것이나 영은 생명을 준다."라고 한 사도의 말씀은 적절하다. 거짓 사도들은 썩은 복음을 전했다. 왜냐하면, 그들은 복음을 율법과 뒤섞음으로 마치 그리스도께서 율법 없이는 우리를 구원하실 수 없는 것으로 생각하였기 때문이다.

이단들

이 계통의 이단자 중에는 에비온의 후예들인 에비온주의자들과 한때 미네안스Mineans라 불렸던 나사렛주의자들이 있다. 우리는 이단자들을 정죄한다. 왜냐하면, 우리는 믿는 자들이 율법에 따른 진의가 아니라 복음에 의한 칭의를 받는다고 하는 순수한 복음을 설교하기 때문이다. 이 주제에 관한 보다 상세한 설명은 '칭의'라고 하는 제목을 논할 때 나올 것이다.

복음의 가르침은 새로운 것이 아니라 가장 오래된 교리이다

율법에 관한 바리새인들의 가르침에 비교하면 그리스도께서 처음 설교하신 복음은 전적으로 새로운 가르침인 것처럼 생각된다. 그러나 그것은 실제로 오래된 가르침이요(심지어 오늘날에도 교황주의자들은 자신들이 전해 받은 교리전통에 비교하여 우리가 전하는 복음을 새로운 것이라고 하지만), 이 세상에서 그 무엇보다도 더 오래된 것이다. 왜냐하면, 하나님께서는 영원 전부터 이 세상을 그리스도를 통하여 구원하시려고 예정하셨고, 복음을 통하여 이러한 그의 예정과 영원한

---

91 (고후 3:6) 저가 또 우리로 새 언약의 일군 되기에 만족케 하셨으니 의문으로 하지 아니하고 오직 영으로 함이니 의문은 죽이는 것이요 영은 살리는 것임이니라.

뜻을 이 세상에 나타내셨기 때문이다.[92]

따라서 복음의 종교와 가르침은 과거나 현재나 미래의 모든 것 중에서 가장 오래된 것이 분명하다. 그러므로 우리는 복음의 종교와 가르침이 불과 30년밖에 되지 않는 최근에 일어난 하나의 신앙이라고 말하는 모든 사람은 하나님의 영원한 계획을 창피할 정도로 잘못 이해하고 있다. 이들에겐 예언자 이사야의 말이 적용된다. 즉 "(사 5:20)악을 선하다 하며 선을 악하다 하며 흑암으로 광명을 삼으며 광명으로 흑암을 삼으며 쓴 것으로 단 것을 삼으며 단 것으로 쓴 것을 삼는 그들은 화 있을진저"

제14장 회개와 회심에 관하여

회개의 교리는 복음과 긴밀히 연결되어 있다. 주님은 복음서에서 "(눅 24:47) 또 그의 이름으로 죄 사함을 얻게 하는 회개가 예루살렘으로부터 시작하여 모든 족속에게 전파될 것이 기록되었으니"라고 말씀하셨다.

회개란 무엇인가?

회개란 ① 죄인이 복음말씀과 성령에 의하여 각성함으로 신앙으로 말미암아 올바른 마음을 회복하는 것인데, 이때 죄인은 하나님의 말씀 때문에 정죄 되므로 그의 모든 내적 부패와 모든 죄를 즉시 인정하고, ② 자신의 죄를 마음속 깊은 곳으로부터 슬퍼하며 비탄할 뿐만 아니라 부끄러운 마음으로 하나님 앞에서 솔직히 고백하고, ③ 분개하여 이 죄악을 혐오하고 ④ 이제는 자신의 삶을 철저히 고쳐 살면서 나머지 생애를 통하여 깨끗함과 덕스러움을 추구하는 것이다.

---

92 (딤후 2:9) 복음을 인하여 내가 죄인과 같이 매이는 데까지 고난을 받았으나 하나님의 말씀은 매이지 아니하니라.

216

참 회개란 하나님에게로의 회심이다

이것이 참 회개이다. 즉 하나님과 모든 선에로의 전향 그것이요, 마귀와 모든 악으로부터의 돌아섬 그것이다. ① 회개란 하나님의 선물이다. 이 회개란 우리의 노력의 결과가 아니라 하나님의 순수한 선물이라는 사실을 우리는 분명히 말할 수 있다. 사도바울은 "(딤후 2:25)거역하는 자를 온유함으로 징계할지니 혹 하나님이 저희에게 회개함을 주사 진리를 알게 하실까 하며"라고 말하면서 진리를 반대하는 사람들을 부지런히 가르치라고 그의 신실한 교역자에게 권고했다. ② 범죄에 대한 통회, 눈물로써 주님의 발을 씻은 범죄 한 여인과 주님을 부인한 일에 대하여 뼈아프게 통회하는 베드로를 볼 때 우리는 참회자의 마음은 자신이 범한 죄악을 심히 통회하지 않으면 안 된다는 사실을 알 수 있다. ③ 하나님께 대한 죄의 고백, 그뿐만 아니라 복음서에 나오는 탕자와 세리를 바리새인과 비교해 보면 우리는 우리의 죄를 어떻게 하나님께 고백해야 하는가를 알 수 있다. 이 탕자와 세리는 우리에게 적절한 모범이다. 탕자는 "(눅 15:18)내가 일어나 아버지께 가서 이르기를 아버지여 내가 하늘과 아버지께 죄를 얻었사오니"라고 하였고, 세리는 감히 눈을 들어 하늘을 쳐다보지도 못하고 가슴을 치며 말하되 "(눅 18:13)세리는 멀리 서서 감히 눈을 들어 하늘을 우러러 보지도 못하고 다만 가슴을 치며 가로되 하나님이여 불쌍히 여기옵소서 나는 죄인이로소이다 하였느니라"라고 하였다. 우리는 하나님께서 이들을 은혜로 용납하셨음을 믿어 의심치 않는다. 그도 그럴 것이 사도 요한은 "(요일 1:9)만일 우리가 우리 죄를 자백하면 저는 미쁘시고 의로 우사 우리 죄를 사하시며 모든 불의에서 우리를 깨끗케 하실 것이요, (요일 1:10)만일 우리가 죄를 범하지 아니하였다 하면 하나님을 거짓말하는 자로 만드는 것이니 또한 그의 말씀이 우리 속에 있지 아니하니라"라고 말하였다.

사제(신부) 앞에서의 고백과 사면

이것이 하나님과 죄인 사이에 은밀하게 이루어지든지 교회 안에서 공적으로 일어나든지 간에 우리는 하나님에게만 우리의 죄를 진지하게 고백하는 것만으로 충분하다고 믿는다. 우리는 죄의 용서를 받기 위하여 신부의 귓속에 속삭임으로 신부에게 죄를 고백하고, 그 대가로 신부의 안수를 통하여 사죄를 받을 필요가 없다고 믿는다. 왜냐하면, 성경은 이것을 명령하지도 않고 이에 대한 예도 보이지 않기 때문이다. 다윗은 "(시 32:5)내가 이르기를 내 허물을 여호와께 자복하리라 하고 주께 내 죄를 아뢰고 내 죄악을 숨기지 아니하였더니 곧 주께서 내 죄의 악을 사하셨나이다(셀라)"라고 증언한다.

또한, 우리에게 기도하는 것과 동시에 죄의 고백을 가르쳐 주신 주님은 "(마 6:12)우리가 우리에게 죄지은 자를 사하여 준 것 같이 우리 죄를 사하여 주옵시고"라고 가르치셨다. 그러므로 우리는 우리의 죄를 하나님 아버지에게만 고백해야 하며 우리가 우리의 이웃을 해롭게 한 일이 있으면 그 사람과 더불어 화해해야 할 것이다. 이러한 종류의 고백에 관하여 사도 야고보는 "(약 5:16)이러므로 너희 죄를 서로 고하며"라고 하였다. 그러나 만약 어떤 사람이 그 죄의 짐과 괴로운 시험에 압도되어 교회의 목사나 하나님의 법도를 아는 형제로부터 은밀하게 의논을 청하고 배우고 위로를 받으려고 할 경우, 우리는 그것을 반대하지 않는다. 이미 우리가 위에서 지적했듯이 성경에 합치되는 한 우리는 또한 보통 교회 안에서나 예배 모임들에서 행해지는 일반적이고 공적인 죄의 고백을 인정한다.

하늘나라의 열쇠에 관하여

주님께서 사도들에게 주신 하나님 나라의 열쇠에 관하여 많은 사람이 많은 놀라운 말들을 한다. 즉 이 많은 사람은 그것을 가지고 칼과 창과 왕권과 왕관을 인출해 내고 가장 위대한 왕국들, 즉 영혼들과 육체들을 완전히 장악한다. 우리가 주님의 말씀에 따라 판단할 때 모든 정식으로 부름을 받아 안수받은 목사들이 복음을 설교하고, 자기들에게 위탁된 양 무리를 가르치고 권고하고 위로하고 견책하며 권징 할 때 바로 이 목사들이 하나님 나라의 열쇠를 소유한 것이요, 이 열쇠를 행사하고 있는 것이라고 우리는 말한다.

하늘나라를 열기도 하고 닫기도 하는 일

이와 같은 방법으로 저들은 순종하는 자에게는 하늘나라의 문을 열어 주고 불순종하는 자에게는 그 문을 닫는다. 마태복음 16장에서 주님은 사도들에게 이 열쇠를 약속하셨고, 요한복음 20장[93], 마태복음 16장[94], 그리고 누가복음 24장에 보면 주님께서 사도들을 파송하시어 온 천하에 다니면서 복음을 설교하고 죄를 용서하라고 명령하셨을 때 이 열쇠를 저들에게 주셨다.

화해의 사역

사도바울은 고린도교회에 보내는 편지에서 주님께서는 화해의 사역을 그의 교역자들에게 주신다고 말했다.[95] 그리고 바울은 이것이 바로 화해의 설교요 화해의 가르침이라고 설명하고 있다. 그리고 바울은 그의 말을 좀 더 분명하게 설명하면서 덧붙여 말하기를, 그리스도의 교역자들은 그리스도의 이름으로 대사의 직분을 수행하는 것이라고 했다. 이는 마치 하나님 자신이 그의 교역자들을 통하여 하나님과 신앙과 순종으로 화해하도록 사람들을 권고하는 것이나 다름없다. 따라서 이 교역자들이 사람들에게 믿고 회개하라고 권고하는 것이 다름 아닌 열쇠의 사용인 것이다. 이처럼 그들은 사람들을 하나님께 화목 시킨다.

---

93 (요 20:23) 너희가 뉘 죄든지 사하면 사하여질 것이요 뉘 죄든지 그대로 두면 그대로 있으리라 하시니라.
94 (마 16:19) 내가 천국 열쇠를 네게 주리니 네가 땅에서 무엇이든지 매면 하늘에서도 매일 것이요 네가 땅에서 무엇이든지 풀면 하늘에서도 풀리리라 하시고.
95 (고후 5:18) 모든 것이 하나님께로 났나니 저가 그리스도로 말미암아 우리를 자기와 화목하게 하시고 또 우리에게 화목하게 하는 직책을 주셨으니.

교역자들은 죄를 사해 준다

이처럼 사죄를 통하여 교역자는 하늘나라의 문을 열고 믿는 자들을 그곳으로 인도한다. 이 교역자들은 복음서에 나오는 바리새파 사람들과는 전혀 다르다. "(눅 11:52)화 있을 진저 너희 율법사여 너희가 지식의 열쇠를 가져가고 너희도 들어가지 않고 또 들어가고자 하는 자도 막았느니라 하시니라."

어떻게 교역자가 죄를 사면하는가?

그러므로 교역자들이 그리스도의 복음을 설교하고 이로써 사죄를 믿는 사람 각자에게 약속할 때 죄의 사면을 옳게 하고 있으며 효과적으로 하는 것이다. 각 사람이 세례를 받을 때 이것이 일어나며, 특히 믿음을 갖는 각 사람에게 이것이 일어난다고 교역자들은 증거 한다. 어떤 사람의 귓속에다가 중얼거린다든지 어떤 사람의 머리 위에다 속삭여 준다고 해서 이 죄의 사면이 더 효과적으로 되는 것이 아니라고 우리는 생각한다. 오히려 우리는 그리스도의 피로 말미암는 사죄를 부지런히 선포해야 하고, 이 사죄의 복음을 믿는 각 사람에게 사죄가 해당한다는 사실을 각 사람에게 알려야 한다.

삶의 개혁을 위한 정진

그러나 복음서에 나타난 예들을 읽어보면 회개한 사람이 회개한 후에 삶의 변화를 위해서, 그리고 옛사람을 죽이고 새 사람을 살리는 일을 위해서 얼마나 정신 차려 부지런히 정진해야 하는가를 우리는 알 수 있다. 주님은 자기가 고쳐 주신 중풍병자에게 이렇게 말씀하셨다. "(요 5:14)그 후에 예수께서 성전에서 그 사람을 만나 이르시되 보라 네가 나았으니 더 심한 것이 생기지 않게 다시는 죄를 범치 말라 하시니." 그리고 주님은 자신이 자유케 하신 간음한 여인에게도 이와 비슷하게 말씀하셨다. 즉 "(요 8:11)대답하되 주여 없나이다. 예수께서 가라사대 나도 너를 정죄하지 아니하노니 가서 다시는 죄를 범치 말라 하시니라)." 확실히 이러한 말씀들의 뜻은 우리들이 육신을 입고 있는 동안에는 죄를 범하지 않을 수 없다는 것이요, 따라서 주님은 우리에게 근면과 조심스러운 헌신을 명하고 계신다. 따라서 우리는 이미 우리가 빠져나온 죄에 다시 빠지거나 육과 세상과 악마에 의하여 다시 사로잡히지 않기 위하여 기도로써 하나님께 간구하면서 힘써야 할 것이다. 주님이 호의로 용납을 받은 세리 삭개오는 복음서에서 "(눅 19:8)삭개오가 서서 주께 여짜오되 주여 보시옵소서 내 소유의 절반을 가난한 자들에게 주겠사오며 만일 뉘 것을 토색한 일이 있으면 사배나 갚겠나이다."라고 외쳤다. 그러므로 이와 마찬가지로 우리는 진심으로 회개한 사람은 반드시 갱신되어야 하고 이웃에게 사랑과 자비를 베풀어야 한다고 설교하며, 사도의 말을 가지고 모든 곳에 있는 모든 사람을 권고하고자 한다. 즉 "(롬 6:12)그러므로 너희는 죄로 너희 죽을 몸에 왕 노릇 하지 못하게 하여 몸의 사욕을 순종치 말고 (롬 6:13)또한 너희 지체를 불의의 병기로 죄에게 드리지 말고 오직 너희 자신을 죽은 자 가운데서 다시 산 자 같이 하나님께 드리며 너의 지체를 의의 병기로 하나님께 드리라."

이단들

그러므로 우리는 복음의 설교를 잘못 사용하면서 하나님께로 돌아가는 일을 쉽게 생각하는 용서란 쉬운 일이라고 저들은 주장한다. 그래서 저들은 죄짓는 것이 왜 나쁘냐고 반문한다. 그리고 저들은 회개 등에 크게 관심 가질 필요가 없다고 한다. 물론 우리는 하나님께 이르는 길이 모든 죄인에게 열려 있으며 하나님께서는 성령을 거스르는 죄만을[96] 제외하고 모든 죄를 용서하여 주신다고 항상 가르친다. 그러므로 우리는 신, 구 노바티안주의자들과 카타리주의자들을 정죄한다.

---

96 (막 3:29) 누구든지 성령을 훼방하는 자는 사하심을 영원히 얻지 못하고 영원한 죄에 처하느니라 하시니.

교황의 면죄부

우리는 특히 교황이 돈벌이하는 고해성사 교리를 정죄한다. 우리는 시몬에 대한 베드로의 판단에 근거하여 성직매매와 면죄부를 거부한다. "(행 8:20)베드로가 가로되 네가 하나님의 선물을 돈 주고 살 줄로 생각하였으니 네 은과 네가 함께 망할지어다. (행 8:21)하나님 앞에서 네 마음이 바르지 못하니 이 도에는 네가 관계도 없고 분깃 될 것도 없느니라."

만족

우리는 또한 자신들이 하나님을 만족시키는 행위를 함으로 자신들이 범한 죄를 고칠 수 있다고 생각하는 사람들을 인정하지 않는다. 그도 그럴 것이 우리는 그리스도만이 그의 고난과 십자가의 죽음에 의하여 모든 죄에 대한 만족과 속죄를 성취하셨다는 사실을 가르치기 때문이다.[97] 그러나 우리가 이미 지적했듯이 우리는 육체의 소욕을 계속 죽여야 할 것이다. 그런데 우리는 다음과 같이 덧붙여 말한다. 즉 우리는 육체의 소욕을 죽임으로 죄에 대한 만족을 하나님께 교만하게 강요해서는 안 되고, 오히려 하나님 자녀의 본성에 맞게 이것을 겸손히 수행해야 한다. 이 육체의 소욕을 죽이는 행위는 하나님 아들의 죽음과 만족 때문에 성취된 구원과 충만한 만족에 대한 감사에서 우러나오는 새로운 순종이어야 한다.

제15장 신자의 참된 칭의에 관하여

칭의란 무엇인가?

사도바울의 칭의론에 의한즉, '칭의한다' to justify는 것은 속죄를 뜻하고 죄

---

97 (사 53:6) 우리는 다 양 같아서 그릇 행하며 각기 제 길로 갔거늘 여호와께서는 우리 무리의 죄악을 그에게 담당시키셨도다 (고전 1:30) 너희는 하나님께로부터 나서 그리스도 예수 안에 있고 예수는 하나님께 로서 나와서 우리에게 지혜와 의로움과 거룩함과 구속함이 되셨으니.

책과 형벌로부터의 사면을 뜻하고, 은총에 의한 용납함을 뜻하고, 이 사람을 의인이라고 선언하는 것이다. 바울은 로마서에서 "(롬 8:33)누가 능히 하나님의 택하신 자들을 송사하리요 의롭다 하신 이는 하나님이시니"라고 하였다. 칭의와 정죄는 서로 반대되는 개념이다. 그리고 사도는 사도행전에서 "(행 13:38)그러므로 형제들아 너희가 알 것은 이 사람을 힘입어 죄 사함을 너희에게 전하는 이것이며, (행 13:39)또 모세의 율법으로 너희가 의롭다 하심을 얻지 못하던 모든 일에도 이 사람을 힘입어 믿는 자마다 의롭다 하심을 얻는 이것이라"라고 하였다. 왜냐하면, 율법과 예언자들의 글에 "(신 25:1)사람과 사람 사이에 시비가 생겨서 재판을 청하거든 재판장은 그들을 재판하여 의인은 의롭다 하고 악인은 정죄할 것이며"라고 기록되었고, 이사야 5장에는 "(사 5:22)포도주를 마시기에 용감하며 독주를 빚기에 유력한 그들은 화 있을진저, (사 5:23)그들은 뇌물로 인하여 악인을 의롭다 하고 의인에게서 그 의를 빼앗는도다"라고 기록되어 있기 때문이다.

우리는 그리스도로 말미암아 의롭게 된다

우리는 모두 본성상 죄인이요, 불경건하고 하나님 심판의 보좌 앞에서 불신자로 판결을 받아 죽어 마땅하나 오직 그리스도의 은혜에 의해서(우리의 공로나 우리에 대한 어떤 고려 때문이 아니라) 칭의를 받았다는 사실, 즉 심판자 되시는 하나님에 의하여 죄와 죽음으로부터 풀려났다고 하는 사실은 명백하다. 그 이유는 "(롬 3:23)모든 사람이 죄를 범하였으매 하나님의 영광에 이르지 못하더니"라고 바울이 말한 것보다 더 분명한 것은 없기 때문이다.

전가(옮겨진)된 의

그리스도께서는 이 세상의 모든 죄를 스스로 걸머지셨고 감당하심으로 하나님의 의를 만족시키셨다. 그러므로 하나님께서는 오직 그리스도의 고난과 부활 때문에 우리의 죄를 대속 시키시사 이 죄를 우리에게 돌리지 아니하시고 오히려 그리스도의 의를 우리에게 전가하사 이의를 우리의 것이 되게 하신다.[98] 따라서 이제 우리는 죄의 씻음을 받아 깨끗하고 거룩하게 되었을 뿐만 아니라 그리스도의 의를 허락받았고 죄와 죽음과 저주로부터 풀려나 결국 의롭게 될 것이고 영생을 유업으로 받을 것이다. 그러므로 하나님만이 우리를 칭의 하실 수 있는바 그리스도 까닭에 우리를 칭의 하시며 죄를 우리에게 전가하시지 않고 그리스도의 의를 우리에게 전가해 주신다.

우리는 믿음에 의해서만 칭의를 얻는다

그러나 우리가 이 칭의를 얻는 것은 행위에 의한 것이 아니라 하나님의 자비와 그리스도에 대한 신앙에 의한 것이기 때문에, 죄인이 칭의를 얻는 것은 결코 율법이나 행위에 의한 것이 아니라 오직 그리스도에 대한 신앙에 의한 것이라고 하는 사실을 사도와 더불어 우리는 가르치며 믿는다. 왜냐하면, 사도바울은 "(롬 3:28) 그러므로 사람이 의롭다 하심을 얻는 것은 율법의 행위에 있지 않고 믿음으로 되는 줄 우리가 인정하노라"라고 하였고, "(롬 4:2)만일 아브라함이 행위로서 의롭다 하심을 얻었으면 자랑할 것이 있으려니와 하나님 앞에서는 없느니라" (롬 4:3)성경이 무엇을 말하느뇨 아브라함이 하나님을 믿으매 이것이 저에게 의로 여기신바 되었느니라"고 하였고, 또한 "(엡 2:8)너희가 그 은혜를 인하여 믿음으로 말미암아 구원을 얻었나니 이것이 너희에게서 난 것이 아니요 하나님의 선물이라"라고 하였다. 그러므로 우리는 믿음으로 그리스도를 우리의 의로 받아들이고 모든 것을 그리스도 안에 있는 하나님의 은혜로 돌린다. 바로 이 까닭에 칭의란 우리의 행위 때

---

98 (고후 5:19) 이는 하나님께서 그리스도 안에 계시사 세상을 자기와 화목하게 하시며 저희의 죄를 저희에게 돌리지 아니하시고 화목하게 하는 말씀을 우리에게 부탁하셨느니라 (고후 5:20) 이러므로 우리가 그리스도를 대신하여 사신이 되어 하나님이 우리로 너희를 권면하시는 것 같이 그리스도를 대신하여 간구하노니 너희는 하나님과 화목하라 (롬 4:25) 예수는 우리 죄를 범함을 위하여 내어줌이 되고 또한 우리를 의롭다 하심을 위하여 살아나셨느니라.

문이 아니요, 오직 그리스도 까닭에 신앙으로 우리의 것이 되는 것이다. 그것은 하나님의 선물이기 때문이다.

우리는 믿음에 의해서 그리스도를 받아들인다

그뿐만 아니라 주님께서는 요한복음 6장에서 음식을 먹는 것과 믿는 것, 그리고 믿는 것과 먹는 것을 비유하심으로 우리가 그리스도를 믿음으로 받아들인다는 사실을 보여 주신다. 왜냐하면, 우리는 먹음으로 음식을 받는 것처럼 믿음으로 그리스도에게 참여한다. 그러므로 우리가 칭의를 얻는 것은 부분적으로는 그리스도나 신앙으로 말미암으며, 부분적으로는 우리의 행위로 말미암는 것이 아니다. 그러므로 우리가 칭의를 얻는 것은 부분적으로는 하나님 혹은 그리스도의 은혜 까닭이요, 부분적으로 우리 자신, 우리의 사랑, 우리의 행위 공로에 의한 것이 아니다. 우리는 그것을 전적으로 믿음으로 말미암는 그리스도 안에 나타난 하나님의 은혜로 돌린다. 왜냐하면, 우리는 죄인이기 때문에 우리의 사랑과 행위로 하나님을 기쁘시게 할 수 없기 때문이다. 그러므로 우리는 하나님과 이웃을 사랑하거나 그 어떤 선행을 하기 전에 의롭다 칭함을 반드시 받아야 한다. 이미 우리가 언급했듯이 우리는 순전히 하나님의 은혜로 말미암는 그리스도에 대한 신앙에 의해서 참으로 칭의를 얻는 것이다. 하나님께서는 우리의 죄를 우리에게 돌리시지 아니하시고 그리스도의 의를 우리에게 전가하신다. 그는 우리의 그리스도에 대한 믿음을 의로 여기신다. "(딤전 1:5)경계의 목적은 청결한 마음과 선한 양심과 거짓이 없는 믿음으로 나는 사랑이거늘"이라고 하는 사도의 말은 사랑을 신앙에서 끌어내고 있다.

야고보와 바울의 비교

그러므로 우리는 이 문제에 있어서 허구적이고 공허하고 게으르고 죽은 믿음을 말하고 있는 것이 아니라 살아 움직이는 생동적 신앙을 말하는 것이다. 이 믿음이 살아 있고 살아 있다고 일컬어지는 이유는 그것이 살아 계시고 살게 하시는 그리스도를 파악하고 있기 때문이요, 살아 있는 행위 때문에 살아 있음을 보여 주기 때문이다. 따라서 야고보서는 우리의 이신칭의 교리와 모순되는 것이 아니다. 그도 그럴 것이 야고보는 신앙으로 살아 있는 그리스도를 그들의 마음속에 갖지 아니하고 자랑만을 일삼는 어떤 사람들의 공허하고 죽은 믿음에 대해서 말하고 있기 때문이다.[99] 야고보는 행위가 우리를 의롭게 한다고 말하나 바울과 모순됨이 없이(바울과 모순된다면 물론 야고보서의 내용은 인정받을 수 없다) 아브라함은 그의 칭의 받은 신앙을 그의 행위 때문에 증명했다고 말했다.

참으로 믿는 사람들은 이 모든 것을 행하면서도 자신들의 행위가 아니라 오직 그리스도만을 신뢰한다. 그도 그럴 것이 사도는 다시 다음과 같이 말하기 때문이다. "(갈 2:20)내가 그리스도와 함께 십자가에 못 박혔나니 그런즉 이제는 내가 산 것이 아니요 오직 내 안에 그리스도께서 사신 것이라 이제 내가 육체 가운데 사는 것은 나를 사랑하사 나를 위하여 자기 몸을 버리신 하나님의 아들을 믿는 믿음 안에서 사는 것이라, (갈 2:21)내가 하나님의 은혜를 폐하지 아니하노니 만일 의롭게 되는 것이 율법으로 말미암으면 그리스도께서 헛되이 죽으셨느니라"

제16장 믿음과 선행, 선행에 따르는 보상, 그리고 공로에 관하여

믿음이란?

기독교 신앙이란 사람의 의견이나 인간적인 확신이나 신념이 아니라 확고부동한 신뢰와 분명하고 일관된 마음의 수긍이요, 성경과 사도신조에 제시된 하나님의 진리에 대한 가장 확실한 이해와 깨달음이요, 가장 위대한 지고(至高)의 선이신

---

99 (약 2:14) 내 형제들아 만일 사람이 믿음이 있노라 하고 행함이 없으면 무슨 이익이 있으리요 그 믿음이 능히 자기를 구원하겠느냐 (약 2:17) 이와 같이 행함이 없는 믿음은 그 자체가 죽은 것이라.

하나님 자신과 특히 하나님의 약속과 모든 약속의 성취이신 그리스도 자신에 대한 이해와 파악이다.

신앙은 하나님의 선물이다

그런데 이 믿음은 하나님의 순수한 선물이다. 하나님께서만이 이 선물을 그의 은총으로 그의 택함 받은 선민에게, 그가 원하실 때 그가 원하는 사람에게 그가 원하시는 분량대로 나누어 주시는 것이다. 하나님께서는 복음 설교와 끊임없는 기도라고 하는 은혜의 수단을 통하여 성령으로 이 일을 하신다.

신앙의 자라남

이 믿음은 자라난다. 이 신앙이 하나님으로부터 주어지는 것이 아니었다면 사도들은 다음과 같이 말할 수 없었을 것이다. "(눅 17:5)사도들이 주께 여짜오되 우리에게 믿음을 더하소서 하니"지금까지 우리가 믿음에 관하여 말한 모든 것은 이미 우리보다 앞서 사도들이 가르친 바이다. 바울은 "(히 11:1)믿음은 바라는 것들의 실상이요 보지 못하는 것들의 증거니"라고 했고 또한 하나님의 모든 약속은 그리스도를 통하여 '예'가 되며, 그리스도를 통하여 '아멘'이 된다.[100]라고 하였다. 그리고 바울은 빌립보 교인들에게 그리스도를 믿는 것이 그들에게 선물로 주어졌다고 하였다.[101] 하나님은 각 사람에게 각각 다른 믿음의 분량을 주셨다.[102] "(살후 3:1)종말로 형제들아 너희는 우리를 위하여 기도하기를 주의 말씀이 너희 가운데서와 같이 달음질하여 영광스럽게 되고(롬 10:16) 그러나 저희가 다 복음을 순종치

---

100 (고후 1:20) 하나님의 약속은 얼마든지 그리스도 안에서 예가 되니 그런즉 그로 말미암아 우리가 아멘 하여 하나님께 영광을 돌리게 되느니라.

101 (빌 1:29) 그리스도를 위하여 너희에게 은혜를 주신 것은 다만 그를 믿을 뿐 아니라 또한 그를 위하여 고난도 받게 하심이라.

102 (롬 12:3) 내게 주신 은혜로 말미암아 너희 중 각 사람에게 말하노니 마땅히 생각할 그 이상의 생각을 품지 말고 오직 하나님께서 각 사람에게 나눠주신 믿음의 분량대로 지혜롭게 생각하라.

아니하였도다. 이사야가 가로되 주여 우리의 전하는 바를 누가 믿었나이까 하였으니" 또한 "모든 사람이 다 믿음을 가진 것도 아니요"라고 말하고 있다. 누가도 증거 하여 말하되 "(행 13:48)이방인들이 듣고 기뻐하여 하나님의 말씀을 찬송하며 영생을 주시기로 작정된 자는 다 믿더라"라고 하였다. 따라서 바울은 믿음을 "(딛 1:1)하나님의 종이요 예수 그리스도의 사도인 바울 곧 나의 사도 된 것은 하나님의 택하신 자들의 믿음과 경건함에 속한 진리의 지식과"라고 했으며, "(롬 10:17)그러므로 믿음은 들음에서 나며 들음은 그리스도의 말씀으로 말미암았느니라"라고 하였다. 바울은 또한 다른 곳에서 믿음을 얻기 위하여 기도하라고 명령한다.

효과적이고 활동적인 믿음

동일한 사도는 신앙이란 사랑을 통해서 효과적으로 되고 활동적으로 된다고 말한다.[103] 신앙은 또한 양심의 평온을 가져오며 하나님께 자유로이 접근할 수 있게 하므로 우리는 확신을 가지고 담대히 하나님께 나아갈 수 있고 필요한 모든 것을 하나님으로부터 얻는다. 우리는 또한 이 믿음 때문에 하나님과 이웃에게 빚진 봉사를 계속할 수 있고, 역경 중에 인내로 참아내고 한마디로 말하면 온갖 종류의 선한 열매와 선행들을 성취할 수 있는 것이다.

선행에 관하여

참으로 훌륭한 선행이란 성령으로 말미암아 살아 있는 신앙에서 나오고 하나님 말씀의 뜻과 주장을 따라 믿는 신자들에 의하여 성취된다. 이제 사도 베드로는 "(벧후 1:5)이러므로 너희가 더욱 힘써 너희 믿음에 덕을 덕에 지식을, (벧후 1:7)경건에 형제 우애를, 형제 우애에 사랑을 공급하라"라고 한다. 그러나 우리는 위에서 하나님의 뜻인 하나님의 율법이 선행의 모형을 우리에게 제시해 준다고 말했다

---

103 (갈 5:6) 그리스도 예수 안에서는 할례나 무할례가 효력이 없되 사랑으로써 역사하는 믿음뿐이니라.

(삶의 규범으로 율법). 사도바울은 "(살전 4:3)하나님의 뜻은 이것이니 너희의 거룩함이라 곧 음란을 버리고 (살전 4:6) 이 일에 분수를 넘어서 형제를 해하지 말라 이는 우리가 너희에게 미리 말하고 증거 한 것과 같이 이 모든 일에 주께서 신원하여 주심이니라"라고 하였다.

인간의 마음대로 선택한 행위들

제멋대로 택하는 행위와 예배는 하나님을 기쁘시게 하지 않는다. 바울은 이 것을 '자의적 숭배'[104]라고 부른다. 이에 대하여 주님은 복음서에서 "(마 15:9) 사람의 계명으로 교훈을 삼아 가르치니 나를 헛되이 경배하는 도다 하였느니라 하시고"라고 하셨다. 그러므로 우리는 그러한 행위를 인정하지 않는 동시에 하나님의 뜻과 하나님이 위임하신 것을 행하는 사람들을 인정하고 격려한다.

선행의 목적

사도가 말했듯이 영생이란 하나님의 선물이기 때문에 우리는 이 선행으로 영생을 얻으려고 선행을 해서는 안 된다. 우리는 하나님의 영광을 위해서, 우리의 소명을 드러나게 하려고, 하나님께 감사를 드리기 위해서 그리고 이웃의 유익을 위해서 이 선행을 해야 한다. 주님은 우리가 이 선행을 자랑삼아서 하지 말라고 하셨고,[105] 무슨 이득을 위해서도 하지 말라고 하셨다. 우리 주님은 또한 복음서에서 "(마 5:16)이같이 너희 빛을 사람 앞에 비취게 하여 저희로 너희 착한 행실을 보고 하늘에 계신 너희 아버지께 영광을 돌리게 하라"고 하신다. 사도바울은 "(엡 4:1) 그러므로 주 안에서 갇힌 내가 너희를 권하노니 너희가 부르심을 입은 부름에 합

---

104 (골 2:23) 이런 것들은 자의적 숭배와 겸손과 몸을 괴롭게 하는데 지혜 있는 모양이나 오직 육체 좇는 것을 금하는 데는 유익이 조금도 없느니라.
105 (마 6:1) 사람에게 보이려고 그들 앞에서 너희 의를 행치 않도록 주의하라 그렇지 아니하면 하늘에 계신 너희 아버지께 상을 얻지 못하느니라.

당하게 행하여"(골 3:17)또 무엇을 하든지 말에나 일에나 다 주 예수의 이름으로 하고 그를 힘입어 하나님 아버지께 감사하라"(빌 2:4)각각 자기 일을 돌아볼뿐더러 또한 각각 다른 사람들의 일을 돌아보아 나의 기쁨을 충만케 하라"(딛 3:14) 또 우리 사람들도 열매 없는 자가 되지 않게 하기 위하여 필요한 것을 예비하는 좋은 일에 힘쓰기를 배우게 하라"고 했다.

선행은 부인되는 것은 아니다

그러므로 우리는 사도와 더불어 그 어떤 선행에 의해서가 아니라 그리스도에 대한 신앙으로 말미암아 은혜로 칭의를 얻는다고 가르친다. 그러나 우리는 선행이 무가치하다고 생각하거나 이 선행을 정죄하지는 않는다. 우리는 사람이 게으르기 위하여 창조된 것이 아니라, 끊임없이 선하고 필요한 일들을 수행하기 위하여 창조되었고 믿음으로 중생했다는 사실을 알고 있다. 그것은 복음서에서 주님은 좋은 나무는 좋은 열매를 맺는다고 하셨으며,[106] 누구든지 자기 안에 머물면 많은 열매를 맺는다.[107]라고 하신다. 사도는 "(엡 2:10)우리는 그의 만드신 바라 그리스도 예수 안에서 선한 일을 위하여 지으심을 받은 자니 이 일은 하나님이 전에 예비하사 우리로 그 가운데서 행하게 하려 하심이니라"라고 하며, "(딛 2:14)그가 우리를 대신하여 자신을 주심은 모든 불법에서 우리를 구속하시고 우리를 깨끗하게 하사 선한 일에 열심히 하는 친 백성이 되게 하려 하심이니라"라고도 한다. 그러므로 우리는 선행을 경멸하고 쓸데없는 것이라 하고 이 선행에 유의할 필요가 없다고 하는 모든 사람을 정죄한다.

---

106 (마 12:33) 나무도 좋고 실과도 좋다 하든지 나무도 좋지 않고 실과도 좋지 않다 하든지 하라 그 실과로 나무를 아느니라.
107 (요 15:5) 나는 포도나무요 너희는 가지니 저가 내 안에 내가 저 안에 있으면 이 사람은 과실을 많이 맺나니 나를 떠나서는 너희가 아무것도 할 수 없음이라.

우리는 선행으로 구원 얻는 것이 아니다

그런데도 이미 위에서 지적했듯이 우리는 우리가 선행으로 구원 얻는다고 생각하지 않으며, 이 선행 없이는 아무도 구원 얻을 수 없을 정도로 이 선행이 구원을 위하여 필수 불가결한 조건이라고 생각하지는 않는다. 왜냐하면, 우리는 은혜에 의해서, 즉 오직 그리스도의 은총에 의해서만 구원을 얻을 수 있기 때문이다. 행위는 반드시 믿음에서 나온다. 구원을 행위에 돌리는 것은 옳지 못하다. 구원은 은혜에 의한 것이라고 해야 옳다. 사도의 다음 글은 잘 알려져 있다. 즉 "(롬 11:6)만일 은혜로 된 것이며 행위로 말미암지 않음이니 그렇지 않으면 은혜가 은혜 되지 못하느니라"라고 했다.

선행은 하나님을 기쁘시게 한다

이제 우리가 믿음으로 행하는 행위는 하나님을 기쁘시게 하며 하나님에 의하여 인정을 받는다. 그리스도에 대한 신앙으로 말미암아 성령을 통하여 하나님의 은혜로 선행을 하는 사람들은 하나님을 기쁘게 한다. 그도 그럴 것이 베드로는 "(행 10:35)각 나라 중 하나님을 경외하며 의를 행하는 사람은 하나님이 받으시는 줄 깨달았도다"라고 하기 때문이요, 바울 역시 "(골 1:9)이로써 우리도 듣던 날부터 너희를 위하여 기도하기를 그치지 아니하고 구하노니 너희로 하여금 모든 신령한 지혜와 총명에 하나님의 뜻을 아는 것으로 채우게 하시고, (골 1:10)주께 합당히 행하여 범사에 기쁘시게 하고 모든 선한 일에 열매를 맺게 하시며 하나님을 아는 것에 자라게 하시고"라고 한다.

우리는 참된 선행을 가르친다. 우리는 거짓되고 철학적인 덕행은 가르치지 않는다

그래서 우리는 거짓된 선행이나 철학적인 선행이 아니라 참된 선행과 신자의 옳은 삶에 대하여 부지런히 가르친다. 우리는 복음을 입술로만 찬양하고 고백하면서 그것을 부끄러운 삶에 의하여 욕되게 하는 태만하고 위선적인 사람들을 책망하는 한편, 될 수 있는 한 우리는 모든 사람에게 부지런히 그리고 열심히 이 선행을 권하는 바이다. 이 일에 관하여 우리는 하나님의 무서운 심판의 위협을 저들에게 제시한 다음, 하나님의 풍요로운 약속과 관대한 보상을 보여 준다. 우리는 저들에게 권고하시고 위로하시고 질책하시는 하나님의 행동을 보여 주어야 한다.

하나님은 선행에 대하여 보상하신다

"(렘 31:16)나 여호와가 이같이 말하노라 네 소리를 금하여 울지 말며 네 눈을 금하여 눈물을 흘리지 말라 네 일에 갚음을 받을 것인즉 그들이 그 대적의 땅에서 돌아오리라 여호와의 말이니라"라고 예언자가 말한 바에 의한즉 하나님은 선행을 한 사람들에게 후히 보응하신다. 주님도 복음서에서 "(마 5:12)기뻐하고 즐거워하라 하늘에서 너희의 상이 큼이라 너희 전에 있던 선지자들을 이같이 핍박하였느니라""(마 10:42)또 누구든지 제자의 이름으로 이 소자 중 하나에게 냉수 한 그릇이라도 주는 자는 내가 진실로 너희에게 이르노니 그 사람이 결단코 상을 잃지 아니하리라 하시니라"고 말씀하셨다. 그러나 우리는 주님이 베풀어주시는 이 상을 받는 사람의 공로에 돌리지 않고 그것을 약속하시고 베풀어주신 하나님의 선하심과 관대하심과 진실하심에 돌린다. 주님은 그 누구에게도 아무것도 빚진 바 없으나 자기를 예배하는 신자들에게 이 보상을 주시겠다고 약속하신다. 하나님께서는 성도들이 하나님을 영광스럽게 하시기 위하여 이러한 보상을 주시는 것이다.

그뿐만 아니라 믿는 성도들의 행위라도 하나님 보시기에 합당치 않은 것이 많이 있으며 불완전한 것이 많이 있다. 그러나 하나님께서는 저들을 은총으로 용납하시고 그리스도를 위하여 선행을 하는 사람들을 용납하시기 때문에 저들에게 약속된 보상을 주시는 것이다. 그도 그럴 것이 하나님의 은총이 없으면 우리의 의는 더러운 옷[108]에 불과하다. 주님은 복음서에서 "(눅 17:10)이와 같이 너희도 명령 받은 것을 다 행한 후에 이르기를 우리는 무익한 종이라 우리의 하여야 할 일을 한 것뿐이라 할지니라"라고 말씀하셨다.

인간의 공로는 없다

물론 하나님께서 우리의 선행을 보상하신다. 그러나 어거스틴과 더불어 우리는 하나님께서는 우리 속에 있는 하나님 자신의 선물을 칭찬하시는 것이지 우리의 공로를 칭찬하시는 것이 아니라고 가르친다. 따라서 우리는 어떤 보상을 받든지 그것은 은혜라고 말한다. 왜냐하면, 우리가 행하는 선행은 우리 스스로에게서 나온 것이 아니라 하나님으로 말미암아 나오는 것이기 때문이다. 그도 그럴 것이 바울도 "(고전 4:7)누가 너를 구별 하였느뇨 네게 있는 것 중에 받지 아니한 것이 무엇이뇨 네가 받았은즉 어찌하여 받지 아니한 것 같이 자랑하느뇨."라고 하였고, 축복받은 순교자 키프리안은 "우리는 우리 안에 있는 무엇에 영광을 돌리려는 것이 아니다. 우리 안에 우리 자신의 것은 아무것도 없기 때문이다. 그러므로 우리는 하나님의 은혜를 무가치하게 만드는 식으로 인간의 공로를 변호하는 사람들을 정죄한다"라고 하였다.

제17장 하나님의 보편적이고 거룩한 교회와 교회의 유일하신 머리에 관하여

교회는 항상 존재해 왔고, 앞으로도 늘 존재할 것이다

하나님께서는 태초부터 인간이 구원받고 진리를 인식하는 데에 이르기를 원하셨기 때문에 하나의 교회가 반드시 계속 존재해 왔고, 지금도 있으며, 미래에도 있다.

---

108 (사 64:6) 대저 우리는 다 부정한 자 같아서 우리의 의는 다 더러운 옷 같으며 우리는 다 쇠폐함이 잎사귀 같으므로 우리의 죄악이 바람같이 우리를 몰아가나이다.

교회란 무엇인가?

교회란 세상으로부터 불러냄을 받은 혹은 부름을 받은 신자들의 모임, 즉 모든 택하신 성도들이다. 교회란 말씀과 성령으로 구주이신 그리스도 안에 계시된 참 하나님을 참으로 인식하고 옳게 예배하고, 그리스도를 통하여 그냥 제공된 모든 은혜에 신앙으로 동참하는 사람들의 교제이다.

한 나라의 시민

이 성도들은 같은 주님 밑에서 같은 하나님의 뜻을 좇아 모든 은사를 함께 나누면서 사는 한 도성의 시민들이다. 그도 그럴 것이 사도바울은 하나님의 아들의 보혈로 거룩하게 되는 이 땅 위의 성도들을 가리켜 '성도'라 불렀고,[109] 이들을 '성도들과 동일한 시민이요, 하나님의 권속'[110]이라고 불렀기 때문이다. 사도신조의 한 신앙 항목인 '거룩한 교회와 성도가 서로 교통하는 것을 내가 믿사오며'는 지금 우리가 말하고 있는 성도들을 의미하는 것이다.

모든 시대를 위한 단 하나의 교회

항상 한 하나님이 계시고, 이 하나님과 인류 사이에 오직 한 중보자만 계시는데 이분이 바로 메시아이신 예수요, 온 양 무리의 목자이시오, 이 몸 된 교회의 머리이시다. 결국, 한 성령, 한 구원, 한 신앙, 한 언약이 있는 것이다. 이런 이유로 오직 하나의 교회가 있을 뿐이라는 결론이 나온다.

보편적(가톨릭) 교회

그러므로 우리는 이 교회를 보편적이라 일컫는다. 그 이유는 이 교회가 세상

---

109 (고전 4:1) 사람이 마땅히 우리를 그리스도의 일군이요 하나님의 비밀을 맡은 자로 여길지어다.
110 (엡 2:19) 그러므로 이제부터 너희가 외인도 아니요 손도 아니요 오직 성도들과 동일한 시민이요 하나님의 권속이라.

의 곳곳에 퍼지어 있으며 모든 시대에 걸쳐 있으며 시간과 장소에 제약을 받지 않기 때문이다. 그래서 우리는 교회를 아프리카의 어느 지역에 국한하려 했던 도나티스트파를 정죄한다. 그뿐만 아니라 우리는 최근 로마 교회만이 보편적이라고 하는 로마가톨릭교회 성직자들을 주장을 거부한다.

교회의 부분 혹은 형식들

교회가 상이한 부분과 형태로 나뉘는 이유는 교회 자체 내에 분열이 있기 때문이 아니요 이 교회의 성도들의 다양성 때문이다. 하나는 전투적 교회요 다른 하나는 승리적 교회이다. 전자는 지상에서 육과 세상과 이 세상의 주관자인 악마에 대항하여 전투하고 죄와 죽음에 대항하여 싸운다. 그러나 후자는 이 모든 것으로부터 해방 받았고, 이 모든 것을 극복한 후 하늘에서 승리의 노래를 부르면서 주님 앞에서 기뻐한다. 그런데도 이 양자는 서로 교제하며 일치를 갖는다.

개 교회

그뿐만 아니라 이 땅 위에 있는 전투적인 교회는 많은 개 교회들이다. 그러나 이 모든 개 교회들은 보편적 교회를 구축함으로 결국 하나의 통일성 있는 보편적 교회에 속한다. 이 전투적 교회는 율법이 있기 이전인 족장시대와 모세에 의해서 주어진 율법시대와 복음을 통한 그리스도의 시대에 있어서 각각 다른 모양으로 존재하였다.

두 종류의 백성들

보통 두 백성이란 이스라엘 백성과 이방 사람들을 말하는 것인데, 더 자세히 말하면 유대인들과 이방인 중에서 부름을 받아 모여진 사람들이다. 그리고 또한 두 언약이 있다. 즉 옛 언약과 새 언약이 그것이다. 옛사람과 새 사람을 위해서 하나의 동일한 교회가 있을 따름이다. 옛사람에게나 새 사람에게나 하나의 메시아 안에서 하나의 교제와 하나의 구원이 있을 뿐이요, 모든 성도는 하나의 머릿밑에 있는 한 몸의 지체로서 이 메시아 안에서 동일한 영적 음식과 음료에 참여하면서 같은 신앙으로 통일을 지향한다. 그러나 우리는 여기서 시대의 상이성과 약속된 그리스도의 표징과 이미 오신 그리스도의 표징의 상이성을 인정하며, 그리스도께 오신 이후에는 구약의 의식은 폐지되었고, 빛은 구약시대에서보다 더 밝히 우리에게 비추었고 더 풍성한 축복이 주어졌으며, 더 충만한 자유가 베풀어졌음을 우리는 인정한다.

살아 계신 하나님의 성전으로서의 교회

이 하나님의 거룩한 교회는 살아 계신 하나님의 성전이라 불렸다. 이 성전은 견고한 반석이신 예수 그리스도 위에 세워졌고 살아 있는 영적 돌들로 건축되었다. 이 초석은 인간에 의해서 놓인 것이 아니다. 이런 근거에서 이 교회는 '진리의 기둥과 터'(딤전 3:15)라고 불린다. 교회는 과오를 범하지 않는다. 교회가 반석이신 그리스도 위에 기초하여져 있고 예언자들과 선지자들의 터 위에 세워진 한 과오를 범할 수 없다. 그래서 홀로 진리 되시는 그리스도를 저버릴 때마다 과오를 범하는바 이는 결코 놀라운 일이 아니다.

교회는 신부요, 처녀이다. 이 교회는 또한 처녀라고도 부르며 그리스도의 신부라고도 부른다. 교회는 그리스도의 유일한 애인이기도 하다. 사도가 "(고후 11:2) 내가 하나님의 열심히 너희를 위하여 열심 내노니 내가 너희를 정결한 처녀로 한 남편인 그리스도께 드리려고 중매함이로다"라고 말하기 때문이다. 교회는 양 무리이다. 에스겔 34장과 요한복음 10장에 의하면 교회란 한 목자이신 그리스도의 인도를 받는 하나의 양무리라고 불린다. 교회는 그리스도의 몸이다. 왜냐하면, 성도들은 그리스도의 살아 있는 지체들로서 머리 되시는 그리스도 밑에 있기 때문이다.

교회의 유일한 머리이신 그리스도

사람의 몸에 있어서 특출 난 부분이 머리이다. 몸 전체가 이 머리로부터 생명을 얻고 몸의 모든 다른 부분들은 이 머리의 정신에 의하여 지배를 받는다. 그리고 또한 몸은 그것으로부터 힘을 얻어 성장한다. 한 몸에 하나의 머리가 있으니 이는 몸에 적합한 것이다. 그러므로 교회는 그리스도 이외에 그 어떤 다른 머리도 소유할 수 없다. 교회는 영적 몸이기 때문에 이것에 걸맞게 하나의 영적 머리를 가져야 한다. 교회란 그리스도의 영 이외에 다른 영에 의하여 지배될 수 없다. 그래서 바울은 "(골 1:18)그는 몸인 교회의 머리라 그가 근본이요 죽은 자들 가운데서 먼저 나신 자니 이는 친히 만물의 으뜸이 되려 하심이요"라고 한다. 또한, 다른 곳에서 바울은 "(엡 5:23)이는 남편이 아내의 머리됨이 그리스도께서 교회의 머리됨과 같음이니 그가 친히 몸의 구주시니라"라고 하고, "(엡 1:22)또 만물을 그 발아래 복종하게 하시고 그를 만물 위에 교회의 머리로 주셨느니라"라고 한다. 그뿐만 아니라 "(엡 4:15)오직 사랑 안에서 참된 것을 하여 범사에 그에게까지 자랄지라 그는 머리니 곧 그리스도라"는 것이다. 그러므로 우리는 로마의 교황을 이 지상에 있는 전투적 교회의 보편적 목자요, 최고의 머리요, 교회 안에서 최고의 권세와 주권을 장악한 예수 그리스도의 대리자 자신이라고 고집하는 로마가톨릭교회의 교리를 거부한다. 그리스도는 교회의 유일하신 목자이시다. 그도 그럴 것이 우리는 주 예수 그리스도께만이 유일한 보편적 목자이시고, 하나님 아버지 앞에서 최고의 교황이시고 이 그리스도 자신이 교회 안에서 세상 끝 날까지 감독, 혹은 목사의 모든 의무를 수행하신다고 하는 사실을 가르친다. 따라서 우리는 이 그리스도의 대리자를 교회 안에 세울 필요가 없다. 그것은 그리스도가 그의 교회에 계시고 이 교회에 생명력을 공급하시는 머리이시기 때문이다. 교회 안에는 최고의 자리가 있을 수 없다. 그리스도께서는 그의 사도들이나 이 사도들의 계승자들이 교회 안에서 최고의 자리를 가지고 군림하는 것을 엄격히 금하셨다. 그러므로 누구든지 이 명백한 진리와 충돌을 일으키든지 반대되는 사람들은 그리스도의 사도들이 예언한 부류에 속하는 사람들이 아니겠는가?[111]

교회 내에는 무질서가 있을 수 없다

그러나 로마의 교황과 관계를 끊었다고 해서 교회 내에 어떤 혼돈과 무질서가 초래되어서는 안 된다. 왜냐하면, 사도들이 물려준 교회의 기본 질서는 교회를 올바른 질서 가운데 유지하기에 충분하였다고 우리를 가르치기 때문이다. 초대교회와 고대교회가 지금의 교황체제를 전혀 갖고 있지 않았으나 결코 교회가 무질서와 혼돈에 빠지지 않았다. 사실 로마의 교황은 교회 내에 도입된 독재와 부패를 계속 보존해 왔고, 그의 모든 힘을 동원하여 교회의 올바른 개혁을 방해하고, 반대하고, 중단시켰다.

교회 안에 있는 분쟁과 다툼

우리 프로테스탄트교회가 로마 교회로부터 분리된 이후, 여러 모양의 분쟁과 다툼을 거듭해 왔다. 그래서 우리는 참 교회가 될 수 없다는 비난을 받고 있다. 마치 로마 교회 내에는 어떤 분파도 생기지 않았고 종교에 관한 그 어떤 논쟁과 싸움도 없었던 것처럼, 기껏해야 교회의 강단에서가 아니라 학교 내에서 이 논쟁과 싸움이 있었던 것처럼, 물론 우리는 "(고전 14:33)하나님은 어지러움의 하나님이 아니시오 오직 화평의 하나님이시니라"(고전 3:3)너희가 아직도 육신에 속한 자로다 너희 가운데 시기와 분쟁이 있으니 어찌 육신에 속하여 사람을 따라 행함이 아니리요"라고 하는 사도바울의 말을 확실히 알고 있다. 그러나 우리는 사도들의 교회 안에 비록 다툼과 분쟁이 있었으나 하나님께서 이 사도들의 교회 안에 계셨고

---

111 (행 20:2) 그 지경으로 다녀가며 여러 말로 제자들에게 권하고 헬라에 이르러.

이 사도들의 교회가 참 교회였다는 사실을 부인하지 않으셨다.[112]

사도바울은 같은 사도인 베드로를 꾸짖었고[113] 바나바는 바울에게서 떠났다. 누가가 사도행전 15장에서 기록하고 있듯이 동일한 그리스도를 설교한 안디옥교회 내에 큰 다툼이 있었다. 교회의 역사를 통하여 늘 다툼이 있었고 교회의 위대한 신학자들 상호 간에 중요한 문제에 관하여 의견충돌이 있었으나 그렇다고 이 다툼 때문에 교회가 교회 되기를 그만둔 것이 아니다. 왜냐하면, 하나님께서는 오히려 교회 안에서 일어나는 분쟁을 그의 이름을 영화롭게 하시고 그의 진리를 증명하고 나아가서 올바른 입장에 서 있는 사람들을 드러내시기 위하여 사용하시기를 기뻐하시기 때문이다.[114]

참 교회의 표지

그뿐만 아니라 우리는 그리스도 이외에 그 누구도 교회의 머리가 될 수 없다고 주장하기 때문에 인간을 교회의 머리라고 허풍떠는 모든 교회는 참 교회가 될 수 없는 것이다. 우리는 참 교회의 표지를 가지고 교회만이 참 교회라고 가르친다. 이 표시 가운데 특히 예언자와 사도들의 책이 우리에게 전하는 하나님의 말씀에 대한 합법적이고 신실한 설교가 가장 중요한 바 이 기록된 말씀과 설교 말씀은 모두 우리를 그리스도께로 인도한다. 그래서 복음서는 "(요 10:27)내 양은 내 음성을 들으며 나는 저희를 알며 저희는 나를 따르느니라 (요 10:28)내가 저희에게 영생을 주노니 영원히 멸망치 아니할 터이요 또 저희를 내 손에서 빼앗을 자가 없느니라, (요 10:5)타인의 음성은 알지 못하는 고로 타인을 따르지 아니하고 도리어 도망하느니라"라고 했다. 또한, 교회 안에 있는 이러한 사람들은 하나의 신앙과 한 성령

---

112 (행 15:38) 바울은 밤빌리아에서 자기들을 떠나 한가지로 일하러 가지 아니한 자를 데리고 가는 것이 옳지 않다하여 (행 15:39) 서로 심히 다투어 피차 갈라서니 바나바는 마가를 데리고 배 타고 구브로로 가고.
113 (갈 2:11) 게바가 안디옥에 이르렀을 때에 책망할 일이 있기로 내가 저를 면책하였노라.
114 (고전 11:9) 또 남자가 여자를 위하여 지음을 받지 아니하고 여자가 남자를 위하여 지음을 받은 것이니.

을 가졌고, 따라서 한 하나님만을 예배하되 이 한 분만을 신령과 진정으로 예배하고 온 마음과 모든 힘을 다하여 이 하나님만을 사랑하고 유일한 중보자시오, 대리자이신 예수 그리스도를 통하여 하나님께만 기도한다. 그리고 이들은 그리스도와 이 그리스도에 대한 신앙을 떠나서 의와 생명을 추구하지 않는다. 이들은 교회의 유일한 머리와 초석이 그리스도라고 믿으며, 이 그리스도를 의지하여 매일매일 회개로써 성화되고 자신들에게 부과된 십자가를 인내로써 감당하기 때문이다.

그뿐만 아니라 이들은 거짓 없는 사랑으로 그리스도의 모든 다른 지체들과 연결됨으로 평화와 거룩한 일치의 결속 가운데에 끝까지 견디어 나가는 그리스도의 제자들이라는 사실을 보여 준다. 동시에 이들은 그리스도에 의하여 제정되었고 사도들에 의해서 우리에게 전승된 성례전(세례와 성찬)에 참여하는바 주님으로부터 받은 그대로 사용한다. 사도바울의 "(고전 11:23)내가 너희에게 전한 것은 주께 받은 것이니 곧 주 예수께서 잡히시던 밤에 떡을 가지사"라고 하는 말은 잘 알려져 있다. 그래서 우리는 로마가톨릭교회 교회가 신부들의 사도적 전승과 교회의 통일과 오랜 전통을 아무리 자랑하여도 우리가 이미 언급한 참 교회의 표시를 하고 있지 않은 한 그것은 참 교회가 아니라고 정죄한다. 더군다나 우리는 "(고전 10:14)그런즉 내 사랑하는 자들아 우상 숭배하는 일을 피하라"[115]라는 것과 '바벨론에서 나와' 이 바벨론과 관계를 끊음으로 하나님의 모든 재앙을 이들과 함께 받지 말라고 하는 그리스도의 사도들 명령을 받는 것이다.[116]

하나님의 교회 밖에는 구원이 없다

우리는 그리스도의 참 교회와의 교제를 높이 평가하기 때문에 이 참 교회와

---

115 (요일 5:21) 자녀들아 너희 자신을 지켜 우상에서 멀리하라.
116 (계 18:4) 또 내가 들으니 하늘로서 다른 음성이 나서 가로되 내 백성아 거기서 나와 그의 죄에 참예하지 말고 그의 받을 재앙들을 받지 말라, (고후 6:17) 그러므로 주께서 말씀하시기를 너희는 저희 중에서 나와서 따로 있고 부정한 것을 만지지 말라 내가 너희를 영접하여.

의 교제를 이탈하여 이 참교회로부터 분리해 나가고도 하나님 존전에서 살 수 있다고 하는 것을 부인한다. 그것은 홍수로 온 세상이 파멸되는 상황에서 노아의 방주밖에는 구원이 없었던 것처럼 우리는 그리스도밖에는 결코 확실한 구원이 있을 수 없다고 믿는바, 이 그리스도는 교회 안에 있는 그의 택함을 받은 사람들이 향유하도록 자신을 내어주셨다. 따라서 우리는 살기를 소원하는 모든 사람은 그리스도의 참 교회에서 떠나서는 안 된다고 가르친다.

교회는 그것의 표지에 얽매일 수 없다

그런데도 우리는 위에서 언급한 참 교회의 표지에 의해서 교회를 좁게 제약하지 않는다. 즉 적어도 스스로 원해서든지 경멸적 태도 때문이 아니라 필연성에 의하여 억지로 성례전에 참여하지 못하든가 본의 아니게 이 성례전을 받지 못하고 박탈당했을 경우, 이러한 사람들이 결코 교회 밖에 있다고 할 수 없다. 그리고 신앙의 실패로 신앙이 꺼져 가고 전적으로 오류 가운데로 빠져들어 간다고 해서 이런 사람들이 결코 참 교회 밖에 있는 것이라고 할 수 없다. 왜냐하면, 우리는 하나님께서 이스라엘 나라 밖에 있는 세상 속에서도 얼마 정도의 친구들을 가지셨다는 것을 알기 때문이다. 우리는 하나님의 백성이 70년 동안 바벨론 포로 생활에서 자신들의 모든 제사 행위를 박탈당했던 것을 알고 있다. 우리는 주님을 부인한 베드로에게 무슨 일이 일어났으며, 길을 잃고 나약해진 하나님의 신실한 백성에게 매일 무슨 일이 일어나곤 했는지 우리는 알고 있다. 그뿐만 아니라 우리는 사도바울이 그렇게나 많은 심각한 허물을 발견했으나 그리스도의 거룩한 교회들이라고 부른 [117]사도시대의 갈라디아의 고린도에 있는 교회들이 어떠한 교회들인가를 우리는 잘 알고 있다.

---

117 (고전 1:2) 고린도에 있는 하나님의 교회 곧 그리스도 예수 안에서 거룩하여지고 성도라 부르심을 입은 자들과 또 각처에서 우리의 주 곧 저희와 우리의 주 되신 예수 그리스도의 이름을 부르는 모든 자들에게,(갈 1:2) 함께 있는 모든 형제로 더불어 갈라디아 여러 교회들에게.

때론 교회가 소멸한 것 같다

그렇다. 종종 이런 일이 일어난다. 하나님께서는 그의 의로운 심판으로 그의 말씀의 진리와 보편적 신앙과 하나님에 대한 바른 예배를 그렇게도 흐리게 하시고 뒤엎어놓으시기 때문에 교회가 거의 소멸한 것 같고 더는 존재하지 않는 것 같다. 우리는 이 일이 엘리야 시대와[118] 다른 시대에도 일어난 것을 알고 있다. 한편 하나님은 이 세상과 이 어둠 속에서도 그의 참된 예배자들을 갖고 계신다. 이들의 수는 적은 것이 아니었다. 칠천이나 되었고 그 이상도 되었다.[119]

그것을 사도바울은 "(딤후 2:19)그러나 하나님의 견고한 터는 섰으니 인침이 있어 일렀으되 주께서 자기 백성을 아신다 하며 또 주의 이름을 부르는 자마다 불의에서 떠날지어다 하였느니라"고 외쳤기 때문이다. 그래서 하나님의 교회는 불가시적이라고 일컬어진다. 하지만 교회를 불가시적이라고 하는 이유는 교회에 모인 구성원들이 불가시적이란 뜻이 아니요, 참 하나님의 택함을 받은 사람들을 아는 것은 하나님이시오, 이 하나님만이 이들을 올바로 판단하시고 이들이 인간의 눈에는 보이지 않으며 인간의 판단을 피하기 때문이다.

교회 안에 있는 모든 사람이 모두 교회는 아니다

다시 말하거니와 교회의 회원으로 계산된 사람이라고 해서 모두가 성도이거나 교회의 살아 있는 참 구성원이 아니다. 왜냐하면, 비록 외적으로는 하나님의 말씀을 듣고 성례전을 공적으로 받고 그리스도만을 통해서 하나님께 기도하는 것처

---

118 (왕상19:10) 저가 대답하되 내가 만군의 하나님 여호와를 위하여 열심히 특심하오니 이는 이스라엘 자손이 주의 언약을 버리고 주의 단을 헐며 칼로 주의 선지자들을 죽였음이오며 오직 나만 남았거늘 저희가 내 생명을 찾아 취하려 하나이다. (왕상19:14) 저가 대답하되 내가 만군의 하나님 여호와를 위하여 열심히 특심하오니 이는 이스라엘 자손이 주의 언약을 버리고 주의 단을 헐며 칼로 주의 선지자들을 죽였음이오며 오직 나만 남았거늘 저희가 내 생명을 찾아 취하려 하나이다.
119 (왕상 19:18) 그러나 내가 이스라엘 가운데 칠천 인을 남기리니 다 무릎을 바알에게 꿇지 아니하고 다 그 입을 바알에게 맞추지 아니한 자니라, (계 7:3) 가로되 우리가 우리 하나님의 종들의 이마에 인치기까지 땅이나 바다나 나무나 해하지 말라 하더라.

럼 보이고 그리스도를 자신들의 유일하신 의(義)로 고백하고 하나님을 예배하고 잠시 동안 불행 중 인내로써 견디는 것처럼 보이는 사람들 가운데에 많은 위선자가 있기 때문이다. 그러나 이들은 내면에 있어서 성령의 인도하심(조명)과 신앙과 마음의 신실함과 끝까지 견디는 하나님의 붙들어주심을(견인) 결핍하고 있다. 그러나 이런 사람들의 본성은 결국 거의 전부가 노출될 것이다. 그도 그럴 것이 사도 요한은 "(요일 2:19)저희가 우리에게서 나갔으나 우리에게 속하지 아니하였나니 만일 우리에게 속하였다면 우리와 함께 거하였으려니와 저희가 나간 것은 다 우리에게 속하지 아니함을 나타내려 함이니라"라고 하였기 때문이다. 이들은 경건의 모양은 갖고 있으나 교회에 속한 사람들은 아니다. 그런데 한 국가 안에서 반역자들이 발각되기 전까지는 이 국가의 시민에 속해 있듯이 저들은 교회 안에서 회원으로 여겨지는 것이다. 마치 이는 알곡 중에 쭉정이가 있는 것과 마찬가지요, 건강한 몸에 종기가 난 것과 같다. 이 후자의 경우 그것은 몸의 참 지체라기보다 병이요, 불구인 것이다. 그러므로 하나님의 교회는 온갖 종류의 물고기를 잡은 그물과 같고 알곡과 쭉정이를 모두 가진 밭과 같다.[120]

우리는 성급히 혹은 미숙하게 판단해서는 안 된다

이런 까닭에 우리는 때가 이르기도 전에 판단하지 않도록 조심해야 하고 주님께서 제외하시거나 버리시기를 원치 않는 사람들을 제외하거나 버리거나 잘라내려고 하지 않도록 주의해야 한다. 우리가 이들을 제거한다면 교회는 손상을 입을 것이다. 다른 한편 경건한 자들이 코를 골고 자는 동안 사악한 사람들이 자리를 잡고 교회를 해롭게 하지 않도록 우리는 깨어 있지 않으면 안 된다.

---

120 (마 13:24) 예수께서 그들 앞에 또 비유를 베풀어 가라사대 천국은 좋은 씨를 제 밭에 뿌린 사람과 같으니, (마 13:25) 사람들이 잘 때에 그 원수가 와서 곡식 가운데 가라지를 덧뿌리고 갔더니, (마 13:47) 또 천국은 마치 바다에 치고 각종 물고기를 모는 그물과 같으니, (마 13:48) 그물에 가득하매 물가로 끌어내고 앉아서 좋은 것은 그릇에 담고 못된 것은 내어 버리느니라.

교회의 일치는 외적인 의식에 달린 것이 아니다

그뿐만 아니라 우리가 교회 안에서 분열을 촉발하고 조장하지 말도록 교회의 진리와 일치가 주로 무엇에 달려 있는가를 주의해야 한다는 사실을 우리는 가르친다. 일치란 외적인 의식과 예식에 달린 것이 아니라 보편적(가톨릭) 신앙의 진리와 일치에 달린 것이다. 보편적 신앙이란 인간의 법에 따라서가 아니라 성경에 의해서 우리에게 주어지는데, 이것의 요약은 사도신조이다. 우리는 고대 교부들의 글에서 다양한 의식이 있으며 이 의식은 자유로이 사용되었고 아무도 이 의식의 다양성 때문에 교회의 일치가 깨어졌다고 생각하지 않았다는 사실을 읽는다. 그래서 우리는 교회의 참 조화란 교리에 있고 그리스도의 복음을 참되고 조화 있게 설교하는 데 있으며, 주님께서 분명히 우리에게 전해 주신 의식에(성례전) 달렸다고 가르친다. 그리고 우리는 여기에서 다음과 같은 사도의 말씀을 강조한다. "(빌 3:15)그러므로 누구든지 우리 온전히 이룬 자들은 이렇게 생각할지니 만일 무슨 일에 너희가 달리 생각하면 하나님이 이것도 너희에게 나타내시리라"

제18장 교회의 교직(교역자들) 제정과 의무에 관하여

하나님은 교회를 세우는 일을 위하여 교역자들을 사용하신다

하나님께서는 항상 교역자들을 사용하시어 자신을 위한 교회를 모으시기도 하시고 세우시기도 하시고 통치하시기도 하시고 보존하시기도 하셨다. 교회가 이 지상에 있는 한 하나님은 현재와 미래에 있어서 이처럼 교역자들을 사용하신다. 그러므로 교역자들이 처음 생겼고 제도화되었고, 그 직무수행이 진행된 것은 하나님께서 하신 것이지 인간이 한 것이 아니다. 그러면 이 교역자의 제정과 기원은 어떠한가? 하나님께서는 인간을 수단으로 사용하지 않고 직접 그의 능력으로 세상 중에서 교회를 자신과 연합시키실 수 있으나 인간의 교역을 통해서 인간과 관계 맺는

것을 더 좋아하신다. 그러므로 교역자들이란 자기 자신들에 의해서 교역자로 간주하여야 하는 것이 아니라 하나님께서 이들을 통하여 인간의 구원을 일으키시기 때문에 하나님의 교역자들로 간주하여야 한다.

교역을 무시해서는 안 된다

이 때문에 우리는 우리의 회심과 교육에 관한 일을 성령의 은밀한 사역으로 돌리면서 교회적 교역을 헛된 것으로 만들지 않는 방법으로 그렇게 해야 한다. 그도 그럴 것이 우리는 항상 다음과 같은 사도의 말을 마음에 새겨야 할 것이다. "(롬 10:14)그런즉 저희가 믿지 아니하는 이를 어찌 부르리요 듣지도 못한 이를 어찌 믿으리요 전파하는 자가 없이 어찌 들으리요, (롬 10:17)그러므로 믿음은 들음에서 나며 들음은 그리스도의 말씀으로 말미암았느니라" 그리고 주님이 복음서에서 말씀하신 것도 우리는 기억하는 것이 좋다. "(요 13:20)내가 진실로 진실로 너희에게 이르노니 나의 보낸 자를 영접하는 자는 나를 영접하는 것이요 나를 영접하는 자는 나를 보내신 이를 영접하는 것이니라" 마찬가지로 바울이 아시아에 있을 때 환상 중에 나타난 마게도냐 사람도 은밀히 바울에게 충고하기를 "(행 16:9)밤에 환상이 바울에게 보이니 마게도냐 사람 하나가 서서 그에게 청하여 가로되 마게도냐로 건너와서 우리를 도우라 하거늘"이라 했다. 또한, 동일한 사도가 다른 곳에서 "(고전 3:9)우리는 하나님의 동역자들이요 너희는 하나님의 밭이요 하나님의 집이니라"라고 했다.

그러나 다른 한편 우리는 너무 많은 부분을 교역자들과 교역에 돌리지 않도록 유의해야 한다. 여기에서 우리는 복음서에 나타난 주님의 말씀을 기억할 필요가 있다. "(요 6:44)나를 보내신 아버지께서 이끌지 아니하면 아무라도 내게 올 수 없으니 오는 그를 내가 마지막 날에 다시 살리리라" 사도의 말도 기억해야 할 필요가 있다. "(고전 3:5)그런즉 아볼로는 무엇이며 바울은 무엇이뇨 저희는 주께서 각각 주신대로 너희로 하여금 믿게 한 사역자들이니라, (고전 3:6)나는 심었고 아볼로는 물을 주었으되 오직 하나님은 자라나게 하셨나니"라고 했다. 하나님은 사람의 마음을 감동하게 하신다. 그러므로 우리는 하나님께서 그의 말씀으로 우리를 가르치시는데, 외적으로는 그의 교역자들을 통하여 내적으로는 성령에 의하여 그의 택하신 사람들의 마음을 감동하시고 조명하사(이끄심) 신앙에 이르게 하신다. 그러므로 우리는 이 모든 은혜에 대하여 모든 영광을 하나님께 돌려야 한다. 그런데 이 문제에 관하여는 본 신앙고백서의 제1장에서 논했다.

교역자들이란 누구며 하나님은 어떤 종류의 교역자들을 이 세상에 주셨나?

하나님께서는 이 세상이 시작될 때부터 가장 뛰어난 사람들을 온 세상을 위해서 사용하셨다(이들 중 많은 사람은 세상적 지혜와 철학에서는 단순하였으나 참 신학에서는 뛰어났다). 이들은 바로 족장들이었는데 하나님께서는 천사를 통하여 이들과 말씀하셨다. 족장들이란 자기들의 시대의 예언자들이요, 교사들이었다. 하나님께서는 이런 이유에서 이들이 여러 세기를 살기를 원하셨으니, 그 목적은 이들이 사실상 세상의 조상과 빛이 되도록 하기 위한 것이었다. 이들을 계승한 이들은 모세와 온 세상이 알고 있는 유명한 예언자들이다.

교사이신 그리스도

위의 교역자들을 보내신 후 하늘의 아버지는 세상의 가장 완전하신 교사이신 그의 독생자를 보내셨으니, 이분 안에 하나님의 지혜가 감추어져 있고 이 지혜는 가장 거룩하고 단순하고 가장 완전한 교리를 통하여 우리에게 전해졌다. 그도 그럴 것이 그는 자신을 위하여 제자를 선택하시어 그의 사도들로 삼으셨기 때문이다. 이 사도들은 세상으로 들어갔고, 복음 설교를 통하여 곳곳에 교회들을 세웠고, 그리스도의 명성을 따라 지중해 연안에 있는 모든 교회에 목사 혹은 교사를 임명하셨다. 그리스도께서는 이들의 계승자를 통하여 오늘날에 이르기까지 교회를 다스리시고 가르치신다. 그러므로 하나님께서는 구약의 백성들을 위하여 족장들과 모세와 예언자들을 주신 것같이 신약의 백성들에겐 그의 아들 예수 그리스도와 사도들과 교회의 교사들을 주셨다.

신약 성경의 교역자들

신약에서의 교역자들은 여러 가지 이름으로 일컬어진다. 이들은 사도들 예언 자들, 복음 전도자들, 감독들, 장로들, 목사들, 교사들이라고 일컬어졌다.[121] 사도 들은 한 지역에 머물러 있지 아니하고 지중해 연안을 두루 다니면서 여러 교회를 세웠다. 일단 사도들이 교회를 세우면 이들의 임무는 끝났다. 목사들이 교회들을 각각 맡았다. 예언자들이란 옛날에 미래를 꿰뚫어 보는 자였고, 성경을 해석하는 자이기도 했다. 이러한 사람은 오늘날에도 여전히 있다.

복음서를 기록한 사람들은 복음 전도자라 불렸는데 그리스도의 복음의 전령 자이기도 했다. 그래서 바울은 디모데에게 "(딤후 4:5)그러나 너는 모든 일에 근신 하여 고난을 받으며 전도인의 일을 하며 네 직무를 다하라"라고 권고하였다. 감독 이란 교회를 돌보는 자요, 감독하는 자요, 교회의 식량과 모든 삶의 필요를 맡아본 다. 장로들은 연장자라고 부르기도 했는데 사실상 교회 성도들의 대표들이요, 아 버지들로서 교회를 건전한 충고와 지혜로써 다스린다. 목사들은 주님의 양 무리를 지키고 양떼들의 필요를 공급한다. 교사들은 참믿음과 경건을 가르친다. 그러므로 교회의 교역자란 감독, 장로, 목사와 교사라 불린다.

교황의 성직체제

그 후 하나님의 교회 안에는 여러 가지 종류의 교역자들이 생겼다. 어떤 교회

---

121 (고전 12:28) 하나님이 교회 중에 몇을 세우셨으니 첫째는 사도요 둘째는 선지자요 셋째는 교사요 그 다음 은 능력이요 그 다음은 병 고치는 은사와 서로 돕는 것과 다스리는 것과 각종 방언을 하는 것이라. (엡 4:11) 그가 혹은 사도로, 혹은 선지자로, 혹은 복음 전하는 자로, 혹은 목사와 교사로 주셨으니.

는 사교(司教) patriarchs를 택하였고, 다른 교회는 대주교 archbishops와 부감독을 두었고, 또한 대감독metropolitans, 주제(主祭) archdeacons, 부제(副祭) deacons, 부조제(副助祭), 시제acolytes, 귀신을 쫓아내는 기도사 성가대의 선창가cantors, 수문doorkeepers, 그리고 이외에 어떤 성직이 또 있는지 우리로서는 알 수 없으나 추기경cardinals, 사제장provosts 그리고 상급 신부와 하급 신부 및 소수도원의 원장 등이 있다. 그러나 이 모든 교직이 전에는 어떠했고 지금은 어떠한가에 대하여 더는 논의할 필요가 없다. 우리는 교역자들에 대한 사도들의 교리로 충분하다고 생각한다.

수도승에 관하여

수도승이나 수도 승단들이나 분파가 그리스도나 사도들에 의하여 제정되지 않았다는 사실을 우리는 확실히 안다. 그러므로 우리는 이러한 것들이 하나님의 교회에 유익이 되기는커녕 해롭다고 하는 사실을 우리는 가르친다. 그것이 옛날에는 이들이 용납될 수도 있었으나(이들이 은둔자들로서 자신들의 손으로 생계를 해결했고, 그 누구에게도 부담을 주지 않았고, 일반 성도처럼 도처에 흩어져 있으면서 교회의 목사에게 순종했을 경우) 지금에 와서는 온 세상 사람들이 이들이 어떻다는 것을 모두 알고 있기 때문이다. 이들은 우리가 알 수 없는 수도원 입원을 위한 서약을 한다. 그러나 그들의 삶은 이 서약과 다르게 영위되고 있다. 따라서 이들 중 최선의 삶을 사는 사람들이라도 사도가 비판한 유의 사람과 같다. "(살후 3:11)우리가 들은즉 너희 가운데 규모 없이 행하여 도무지 일하지 아니하고 일만 만드는 자들이 있다 하니"라고 했다. 그래서 우리는 우리의 교회들 안에 그러한 사람들이 있어서도 안 되고 있을 필요도 없다고 가르친다.

교역자들은 부름을 받아야 하고 택함을 받아야 한다

아무도 교역자들의 영예를 침해해서는 안 된다. 즉 그 누구도 그것을 뇌물이나 어떤 사기에 따라 취해서도 안 되고 자율적인 자유선택에 의해서 택해서도 안 된다. 반드시 교회의 교역자들은 합법적인 교회의 선거 때문에 부름을 받아 선출되어야 한다. 다시 말하면 교회 혹은 무슨 소란이나 분쟁이나 경쟁이 없이 질서 있게 선출하기 위하여 뽑힌 교회의 대표들이 이 교역자들을 조심성 있게 선출해야 한다. 아무나 선출되어서는 안 된다. 충분히 헌신 된 학식, 경건한 웅변, 간교함이 없는 지혜, 끝으로 절제와 좋은 평판에 있어서 뛰어난 유능한 사람들을 선출해야 한다. 즉 우리는 사도바울이 디모데 전서 3장과 디도서 1장에서 제시한 사도적 규범을 따라야 한다.

안수

선출된 사람들은 장로들에 의하여 안수를 받는데, 공중기도와 손을 얹어놓음으로 행해진다. 우리는 여기에서 선출 받은 바도 없고 파송 받은 바도 없으며 안수 받은 바도 없으나 자기들 마음대로 교역에 임하는 사람들을 정죄한다. 또한, 우리는 부적합한 교역자들과 목사가 갖추어야 할 꼭 필요한 은사들을 소유하고 있지 않은 사람들을 정죄한다. 하지만 우리는 초대교회의 어떤 목사들의 해 없는 어떤 단순성이 어떤 이들의 다방면적이고 세련되고 까다롭고 약간은 비밀스러운 학식보다 교회를 위해서 더 유익하다는 사실을 인정한다. 이런 까닭에 우리는 오늘날에도 어떤 이들의 정직한 단순성을 거부하지 않는다. 물론 무식해도 괜찮다는 말은 아니다.

만인 제사장직

확실히 그리스도의 사도들은 그리스도를 믿는 모든 사람을 제사장이라 일컫는다. 그러나 제사장이라고 하는 직책을 받아서 그렇게 부른 것이 아니라 모든 신자는 이미 왕과 제사장이 되었으므로 신자들인 우리는 그리스도를 통하여 하나님께 영적 제사들을 드릴 수 있는 것이다.[122] 그러나 제사장직과 교역자직은 크게 다르다. 방금 지적한 대로 제사장직은 모든 크리스천들이 공유하고 있으나 교역자 직은 그런 것이 아니기 때문이다. 그런데 우리가 교황의 제사장직을 그리스도의 교회에서 제거했다고 해서 교회의 교역자 직을 폐지한 것은 아니다.

제사장들과 제사장직

그리스도께서 세우신 새 언약에 있어서는 구약시대에 있었던 제사장직이 없어졌다. 이 구약은 제사장직에 관련하여 외적인 기름 부음, 거룩한 외투 및 여러 가지 의식을 말하고 있는데 이미 오신 예수 그리스도께서는 자신을 나타내기 위한 의식들을 그의 오심과 그의 성취에 따라 폐기하셨다. 그러나 그리스도 자신은 영원히 유일한 제사장으로 남으신다. 따라서 만일 어떤 목사에게 이 제사장의 이름을 부여할 때 우리는 그리스도의 위신을 떨어뜨리는 것이다. 그것이 주님 자신은 신약의 교회를 위하여 어떤 제사장도 결코 세운 적이 없으시기 때문이다. 주님은 말씀을 설교하고 성례전을 베풀 교역자들을 세우신 것이지 부감독으로부터 권위를 위탁받아 주님의 참살과 피를 산 자와 죽은 자를 위하여 희생 제물로 매일 제사하는 제사장을 세우신 것이 아니다.

신약이 말하는 교역자들의 본성

바울은 신약성경 혹은 기독교회의 교역자들에 관하여 간단명료하게 언급한

---

122 (출 19:6) 너희가 내게 대하여 제사장 나라가 되며 거룩한 백성이 되리라 너는 이 말을 이스라엘 자손에게 고할지니라, (벧전 2:9) 오직 너희는 택하신 족속이요 왕 같은 제사장들이요 거룩한 나라요 그의 소유된 백성이니 이는 너희를 어두운데서 불러내어 그의 기이한 빛에 들어가게 하신 자의 아름다운 덕을 선전하게 하려 하심이라, (계 1:6) 그 아버지 하나님을 위하여 우리를 나라와 제사장으로 삼으신 그에게 영광과 능력이 세세토록 있기를 원하노라 아멘.

다. "(고전 4:1)사람이 마땅히 우리를 그리스도의 일군이요 하나님의 비밀을 맡은 자로 여길지어다" 그래서 사도는 우리가 교역자를 교역자로 생각하기를 바란다. 그러므로 사도는 교역자를 '노 젓는 사람'이라 부르면서 이 노 젓는 사람은 그의 눈을 키잡이에 고정해야 한다고 하고, 이 교역자란 자신들을 위해서 혹은 자기들의 뜻대로 사는 것이 아니라 다른 사람들을 위해서 살아야 한다 고 하였다. 즉 이 교역자들은 전적으로 주님의 명령에 의존한다는 것이다. 교회의 모든 교역자는 그들의 모든 의무수행에 있어서 자기 뜻대로가 아니라 주님으로부터 받은 명령을 수행하도록 명령받은 것이다. 이 경우 주님이란 그리스도이신바 교역자들은 교역하는 모든 일에 있어서 이 그리스도에게 복종해야 한다.

하나님의 비밀은 맡은 청지기로서 교역자들

그뿐만 아니라 사도는 교역자 직을 더 충분히 설명하기 위해서 교회의 교역자들이란 하나님의 신비를 관리하고 보존하고 베풀어주는 청지기들이라고 덧붙였다. 바울은 여러 곳에서 이 하나님의 비밀을 가리켜 그리스도의 복음이라 하는데 에베소서 3장이 특히 두드러진다. 그래서 교부들은 그리스도의 성례들을 신비라 일컬었다. 이 목적을 위해서 교회의 교역자들은 부름을 받았다. 즉 그리스도의 복음을 믿는 자들에게 설교하고 성례전을 베풀기 위하여 부름을 받았다. 복음서에서 우리는 "(눅 12:42)주께서 가라사대 지혜 있고 진실한 청지기가 되어 주인에게 그 집 종들을 맡아 때를 따라 양식을 나누어 줄 자가 누구냐"라고 하는 말씀을 발견한다. 복음서의 또 다른 곳에 보면 한 사람이 외국으로 여행 가는데 그의 집과 재산과 그것을 다스릴 권한을 그의 종들에게 주었고 각자에게 할 일을 맡기셨다고 한다.

교역자의 권한

이들은 이 권한에 관하여 열심히 주장하면서 이 지상 최고의 것들까지 이 권한에 복종시킨다. 이것은 주님의 명령과 정반대되는 것이다. 우리 주님은 제자들에게 군림하는 자세를 금하시고 겸손을 천거하셨다.[123] 교역 직의 권한은 순수하고 절대적인바 '의의 권한'이라 부른다. 이 권한은 이 세상의 모든 것을 모든 것의 주님이신 그리스도에게 복종시킨다. 주님 자신의 증거를 들어 보자. "하늘과 땅의 모든 권세를 내게 주셨다""(계 1:18)곧 산 자라 내가 전에 죽었었노라 볼지어다. 이제 세세토록 살아있어 사망과 음부의 열쇠를 가졌노니""(계 3:7)빌라델비아 교회의 사자에게 편지하기를 거룩하고 진실하사 다윗의 열쇠를 가지신 이 곧 열면 닫을 사람이 없고 닫으면 열 사람이 없는 그이가 가라사대"라고 말했다.

참 권한은 주님의 것이다

주님께서는 이 교역의 권한을 소유하고 계신다. 주님은 그의 교역자들이 교역하는 동안 구경꾼으로 빈둥빈둥 지내시기 위하여 이 교역을 인간들에게 넘기신 것이 아니다. 왜냐하면, 이사야가 "(사 22:22)내가 또 다윗 집의 열쇠를 그의 어깨에 두리니 그가 열면 닫을 자가 없겠고 닫으면 열 자가 없으리라""(사 9:6)이는 한 아기가 우리에게 났고 한 아들을 우리에게 주신바 되었는데 그 어깨에는 정사를 메었고 그 이름은 기묘자라, 모사라, 전능하신 하나님이라, 영존하시는 아버지라, 평강의 왕이라 할 것임이라"라고 말했기 때문이다. 주님은 다스리는 일을 다른 사람들의 어깨에 메어 두지 않고 스스로 모든 것을 다스리시는 데 있어서 그의 권세를 보존하시고 사용하신다.

교역자 직의 권한

교역 직의 또 하나의 권한이 있는데, 이것은 완전하고 절대적 권한을 가지신

---

123 (눅 22:24) 또 저희 사이에 그중 누가 크냐 하는 다툼이 난지라, (눅 22:25) 예수께서 이르시되 이방인의 임금들은 저희를 주관하며 그 집권자들은 은인이라 칭함을 받으나, (눅 22:26) 너희는 그렇지 않을지니 너희 중에 큰 자는 젊은 자와 같고 두목은 섬기는 자와 같을지니라.

주님에 의하여 제약을 받는다. 이 권한은 군림이 아니라 섬김이다. 이는 열쇠의 권한이다. 주인은 그의 권한을 청지기에게 전적으로 일임하였기에 그에게 열쇠를 주어 그가 그의 주인의 뜻대로 들여보낼 자를 들여보내고 제외할 자를 제외하게 하는 것이다. 교역자는 이 권한에 의하여 직책 수행상 주님께서 명령하신 바를 행하는 것인데, 주님은 그의 교역자가 무슨 일을 하고 있는지를 확인하고 이 교역자가 행한 바를 마치 자신이 행하신 것으로 간주해 주시고 인정해 주시는 것이다. 의심의 여지 없이 복음서의 말씀들은 바로 이러한 내용을 말하고 있다. "(마 16:19)내가 천국 열쇠를 네게 주리니 네가 땅에서 무엇이든지 매면 하늘에서도 매일 것이요 네가 땅에서 무엇이든지 풀면 하늘에서도 풀리라 하시고" "(요 20:23)너희가 뉘 죄든지 사하면 사하여질 것이요 뉘 죄든지 그대로 두면 그대로 있으리라 하시니라". 그러나 만약에 교역자가 주께서 명령하신 대로 모든 것을 행하지 않으면 주님은 그가 행한 것을 무효로 할 것이 확실하다. 그러므로 교역자가 주께로부터 부여받은 교회적 권한은 그것으로 하나님의 교회를 다스리는 기능을 발휘하는 것이다. 그러므로 교역자들은 주께서 그의 말씀에 규정해 주신대로 교회의 모든 일을 수행해야 할 것이다. 이렇게 행할 때 신자들은 마치 주님 자신이 행하시는 것으로 여긴다. 우리는 위에서 이미 열쇠의 권한에 대하여 언급했다.

교역자들의 권한은 하나며 동일하며 동등하다

교회 안에 있는 모든 교역자는 동일하고 동등한 권한 혹은 기능을 부여받았다. 확실히 고대교회에서는 감독들이나 장로들이 교회를 함께 다스렸다. 이 시대에는 아무도 다른 사람보다 높다고 생각하지 않았다. 그 어느 감독이나 장로도 다른 동료 감독이나 장로보다 더 큰 권한이나 권위를 행사하지 않았다. 주님의 말씀에 "(눅 22:26)너희는 그렇지 않을지니 너희 중에 큰 자는 젊은 자와 같고 두목은 섬기는 자와 같을지니라"를 기억하기 때문에 저들은 계속 겸손을 유지했으며, 교회를 다스리거나 보존하는 일에 있어서 상호 봉사로서 서로 도와주었다.

질서는 보존되어야 한다

그런데도 질서의 보존을 위하여 교역자들 가운데 어느 한 사람이 회중을 소집하여 문제들을 이 회중 앞에 내어놓고 모든 사람의 의견을 수렴했다. 간단히 말하면 어떤 무질서가 일어나지 않도록 그들은 그들의 최선을 다했다. 우리가 사도행전에서 읽는 대로 베드로는 비록 그의 그와 같은 지도적 위치와 행위 때문에 예수님의 총애를 다른 제자들보다 더 받은 것도 아니었고 다른 제자들보다 결코 더 큰 권위를 부여받은 것이 아니었으나 그렇게 행동하였다. 그는 다른 제자들과 동등하면서 의장직을 맡아 행한 것이나 다름없었다. 순교자 키프리안이 그의 저서 <교역자들의 단순성에 대하여>에서 다음과 같이 언급한 것은 옳다. "다른 사도들도 베드로와 꼭 같은 영예와 권한을 부여받은 것이 확실하다. 그러나 베드로의 의장권(수위권)은 교회의 일치(질서)를 이룩하기 위한 통일성의 원리에 입각한 것이다"

한 사람이 다른 사람 위에 군림하는 경우와 그 양상

제롬 역시 바울의 디도서를 주석하면서 위와 같은 사실과 어긋나지 않는 말을 했다. 즉 "장로들의 협의와 합의에 의하여 교회들은 다스려져 왔었다. 종교에 있어서 어느 특정 개인들에게 집착하는 것은 마귀의 짓이다. 그런데 각 사람이 자신이 세례 준 사람들을 그리스도에게 속한 자가 아니라 자신의 소유로 생각한 이후 장로들 가운데 어느 한 사람을 선출하여 다른 사람들보다 위에 있게 하였고, 이 한 장로에게 교회 전체의 돌봄을 맡겨야 했고 모든 분열의 씨앗을 제거하는 제도가 나왔다"

그러나 제롬은 이 규정을 신적인 것으로 보지 않았다. 왜냐하면, 그는 즉시 다음과 같이 덧붙여 말하기 때문이다. "장로들은 교회의 관례로부터 자신들이 자신들 위에 세워진 장로에게 순복할 것을 알았듯이 감독들은 자신들이 장로들 위에 있다고 하는 사실을 주님이 정해 주신 진리로부터라기보다도 교회의 관례로부터 알았다. 그러므로 관례보다는 진리에 따라서 감독들은 장로들과 더불어 교회를 다스려야 할 것이다" 제롬이 말한 것은 이 정도였다. 이런 이유로 우리는 하나님의 교회가 지녔던 고대 헌장으로 돌아가야 하고 인간의 관습이 생기기 이전의 내용에 호소하고 의존해야 한다.

교역자들의 의무들

교역자들의 의무에는 여러 가지가 있다. 그러나 대체로 두 가지에 국한하는데 이 두 가지 속에 나머지가 포함되어 있다. 그 두 가지란 그리스도의 복음을 가르치는 것과 성례전(세례와 성만찬)을 집행하는 일이다. 그도 그럴 것이 예배를 위하여 회중을 모으고 여기에서 하나님의 말씀을 풀이하고, 이 말씀의 모든 가르침을 교회를 돌보며 교회를 유익하게 하는 일에 적용함으로 선포된 말씀이 듣는 자들에게 유익을 주게 하고 믿는 자들을 세우는 것이 바로 교역자들이 해야 할 의무이기 때문이다. 또한, 교역자는 복음과 성경에 무식한 사람을 가르쳐야 하고 권고해야 하고, 게으른 자들과 망설이는 자들이 주님의 길을 계속 따르도록 강권해야 한다. 우리 생각엔 이것 역시 교역자의 의무라고 말하고 싶다. 그뿐만 아니라 교역자들은 마음이 약한 사람들을 위로하고 격려해야 하고, 사탄의 여러 가지 시험에 넘어가지 않도록 이들을 무장시켜야 하고, 범법자들을 견책하고, 과오에 빠져 있는 자들을 올바른 길로 불러내고, 넘어진 자들을 일으켜 주고, 주님의 양 무리로부터 이리를 쫓아내도록 힘쓰고, 사악과 사악한 자들을 지혜롭고도 엄격하게 질책해야 하고, 큰 사악에 눈짓해서도 안 되고 이 큰 사악을 묵과해서도 안 된다. 이것 이외에도 그들은 성례전을 베풀어야 하고 이 성례전을 옳게 사용하도록 가르쳐야 하고 건전한 가르침에 의하여 준비시킴으로 이 성례전을 받게 해야 하고, 신자들의 거룩한 일치를 보존해야 하고 분열을 막아야 하고 복음과 성경에 무식한 사람들을 가르쳐야 하고, 교회의 가난한 사람들을 돌봐야 하고 병든 자들과 여러 가지 시험에 시달리는 사람들을 심방하고 가르치고 생명의 길로 계속 인도해야 한다. 이것에 이어 교역자들은 어려운 일에 처할 때마다 공동체적 금식을 실천하면서 공동체적 기도 모임에 참여하고, 교회들의 안정과 평화와 번영을 위해서 부지런히 정진해야 한다. 그러나 교역자가 이 모든 일을 더 잘 수행하고 더 쉽게 수행하기 위하여 그는 하나님을 경외해야 하고 쉬지 않고 기도해야 하고 영적 서적을 열심히 읽어야 하고 모든 일에 있어서, 그리고 항상 정신 차려야 하고 순결한 삶을 삶으로 모든 사람 앞에 빛을 비추어야 한다.

치리(권징)

치리(治理)란 교회 안에 꼭 있어야 한다. 교부들의 시대에도 파문(출교)이 실천된 적이 있다. 그리고 교회적인 심판이 하나님의 백성들에게 적용되곤 하였다. 이 경우 지혜롭고 경건한 사람들이 치리를 행사하였다. 이런 이유로 교역자들은 상황(시대성, 사회성, 필요성)에 따라 교회의 건덕을 위한 치리를 행사해야 한다. 시대와 장소를 막론하고 교회를 세우기 위해서는 모든 것을 적절히 행하고 영예롭게 행하되 억압과 다툼은 피해야 한다는 법칙을 우리는 지켜야 한다. 왜냐하면, 사도의 증언에 의한즉 주님께서 자기에게 교회의 권위를 주신 목적은 교회를 세우기 위함이지 교회를 파괴하기 위함은 아니기 때문이며,[124] 또한, 그 이유는 가라지를 뽑다가 알곡까지 뽑아 버릴까 하기 때문이다.

---

124 (고후 10:8) 주께서 주신 권세는 너희를 파하려고 하신 것이 아니요 세우려고 하신 것이니 내가 이에 대하여 지나치게 자랑하여도 부끄럽지 아니하리라.

심지어 사악한 교역자의 말까지도 들어야 한다

그뿐만 아니라 우리는 도나티스트주의자들의 오류를 몹시 싫어한다. 왜냐하면, 이들은 성례전에 대한 가르침과 집례가 교역자들의 삶의 좋고 나쁨에 따라 효력이 있기도 하고 효력이 없기도 하다고 생각하기 때문이다.[125] 주님께서 "(마 23:3) 그러므로 무엇이든지 저희의 말하는 바는 행하고 지키되 저희의 하는 행위는 본받지 말라 저희는 말만하고 행치 아니하며"라고 하셨기 때문에 우리는 그리스도의 음성이 사악한 교역자들의 입을 통해서 나오더라도 그것에 귀를 기울여야 할 것을 안다. 성례전이란 그리스도의 제정의 말씀에 따라 성화 되기 때문에 비록 합당치 못한 교역자들이 그것을 베풀더라도 믿는 성도들에게 효력을 일으킨다는 사실을 우리는 알고 있다. 이 문제에 관하여는 하나님의 축복 받은 종 어거스틴이 성경에 근거하여 여러 차례 도나티스트들을 반박하였다.

노회들

그럼에도 불구하고 교역자들을 위해서도 적절한 치리가 있어야 한다. 노회들은 교역자들의 가르침과 삶을 주의 깊게 검토해야 한다. 교정될 만한 범법자들은 장로들에 의하여 견책받아야 하고 올바른 길로 인도되어야 한다. 만약 교정이 불가능한 사람들은 추방되어야 한다. 마치 참 목자들이 주님의 양 무리로부터 이리들을 추방하듯이, 왜냐하면 이들이 거짓 선생들일 경우 결코 용납될 수 없기 때문이다. 이제 이런 일들을 위해서 세계 교회의 모든 교회의 회의들이 사도들의 모범을 따라 교회의 파괴가 아니라 교회의 번영을 위해서 회집한다면 우리는 이 종교회의들을 인정해야 한다.

---

125 오늘날 침례교에서 기존 세례를 인정하지 않는 것과 성령은사주의 자들이 소위 능력 있는 목회자에게 안수를 받아야 능력이 생긴다는 표현과 일치.

일꾼은 일의 대가를 지불받아야 한다

모든 신실한 교역자들은 선한 일꾼들로서 자신들의 일의 대가를 받아 마땅하다. 교역자들이 봉급 혹은 자신들과 자신들의 가족을 위해서 필요한 모든 것을 받는 것은 죄악이 아니다. 왜냐하면, 사도바울은 고린도전서 9장과[126] 디모데 전서 5장과[127] 그 외의 다른 곳에서 이와 같은 것을 교회가 주고 교역자가 받는 것은 올바른 일이라고 말하기 때문이다. 예컨대, 재세례파[128] 사람들은 사도들의 가르침에 위배되는 짓을 했다. 왜냐하면, 이들은 교역 활동을 통해서 먹고사는 교역자들을 정죄하였고 비방하였기 때문이다.

제19장 그리스도의 교회의 성례전들에 관하여

말씀에 첨가물이 성례전인바 그것의 본질은 무엇인가?

처음부터 하나님께서는 교회 안에서 말씀의 설교에 성례전들(세례/성만찬)과 성례전적 징표들을 첨가하셨다. 이것은 성경 전체에 잘 증거되어 있다. 성례전들이란 신비적인 상징들, 거룩한 의식, 혹은 신성한 행동인데 이것은 하나님 자신에 의하여 제정된 것으로 그 구성요소는 그의 말씀과 징표들, 그리고 이 징표의 대상들이다. 하나님은 이미 그가 인간에게 계시해 주신 엄청난 은혜들을 이 교회 안에서 성례전에 의하여 기억나게 하시고 그의 약속들을 인치시고 그가 우리를 위하여 내적으로 수행하시는 일들을 외적으로 표현하고 우리가 볼 수 있도록 제시하는 것이다. 그리하여 하나님은 이 성례전들을 통하여 우리의 마음속에 하나님의 성령

---

126 (고전 9:11) 우리가 너희에게 신령한 것을 뿌렸은즉 너희 육신의 것을 거두기로 과하다 하겠느냐.
127 (딤전 5:18) 성경에 일렀으되 곡식을 밟아 떠는 소의 입에 망을 씌우지 말라 하였고 또 일군이 그 삯을 받는 것이 마땅하다 하였느니라.
128 오늘날 침례교의 뿌리이다.

역사를 일으킴으로 우리의 신앙을 자라가게(강화) 하신다. 끝으로 하나님은 이 성례에 의하여 우리를 모든 다른 사람들과 다른 종교들로부터 구별하고 우리를 전적으로 자기 자신에게 헌신하게 하시고 결속하게 하시고 그의 요구를 우리에게 제시하신다.

구약의 의식도 있고 신약의 의식도 있다

어떤 성례전은 구약백성에게 해당하고 어떤 성례전은 신약백성에게 속한다. 즉 할례[129]와 제물을 바쳐지는 유월절[130] 양은 구약의 성례전이다. 이 때문에 이것은 세상 처음부터 실시되어 온 희생 제물에 관한 것이다.

오늘날 백성의 성례전의 수

오늘날 성례전은 세례와 성만찬이다. 어떤 이들은 새 백성의 성례전이 일곱 가지라고 주장한다(로마가톨릭교회). 이들 중에서 우리는 회개와 교역자의 안수와 결혼은 하나님께서 제정하신 유익한 것인 줄 인정하나 결코 이것들이 성례전은 아니라는 것이다. 견신례confirmation[131]와 종유extreme unction[132]는 인간적인 날조로서 이것을 제거해 버려도 교회는 손상을 입지 않는다. 사실 역사적 장로교회들은 이런 것들을 지니고 있지 않다. 왜냐하면, 그런 것들은 우리가 결코 인정할 수 없는 어떤 것들을 포함하고 있다. 무엇보다도 우리는 교황주의자들이 성례전을 베풀 때 시행하는 모든 상행위(商行爲)를 싫어한다.

---

129 남성의 성기 포피 끝을 잘라 내는 것.
130 애굽에서 해방되던 날 죽음의 천사가 애굽 백성들의 장자들을 칠 때 이스라엘 백성들의 장자들은 양의 피를 문에 바름으로 살 수 있었던 사건을 기념하는 것.
131 아이들이 교육 후 신부에게 나와서 기름을 붓고 안수를 받는 것. 즉 안수를 받아야 더 힘 있게 살 수 있다는 것이 오늘날 성령은사주의 자들의 형태와 비슷하다.
132 죽은 자를 장례하는 의식.

성례전의 창시자

성례전들의 창시자는 어떤 인간이 아니라 하나님 자신이다. 사람들은 성례전들을 제정할 수 없다. 그도 그럴 것이 그것은 하나님 예배에 관한 것이요 이 하나님 예배는 인간이 만들어 내는 것이 아니요, 하나님께서 제정하신 것을 인간이 수용하여 보존할 뿐이기 때문이다.[133] 그뿐만 아니라 상징들은 하나님의 약속들을 동반하는 바 이 약속들은 신앙을 요구한다. 그런데 신앙이란 오직 하나님의 말씀에 의존한다. 하나님의 말씀은 서류나 편지와도 같고 성례전들은 도장과도 같아서 하나님께서는 서류나 편지에 도장을 찍으신다.

그리스도는 아직도 성례전을 통하여 역사하신다

하나님께서는 성례전의 창시자이기 때문에 이 성례전이 올바르게 집례 되는 교회 안에서 계속 역사하신다. 따라서 신도들은 이 성례전을 교역자들로부터 받을 때 하나님께서 이 제도 가운데에 역사하신다는 사실을 안다. 이런 의미에서 그들이 성례를 하나님의 손으로부터 직접 받은 것이다. 이 경우 교역자의 허물이 있다 해도(그것이 대단히 큰 허물이라도) 그것은 결코 성례전의 효력을 막을 수 없다. 왜냐하면, 성도들은 이 성례전의 온 전성이 전적으로 하나님의 제정에 의존한다는 사실을 인정하기 때문이다.

성례전의 창시자와 집례 하는 교역자는 서로 구별되어야 한다

이 때문에 성도들은 성례전의 집례에 참여할 때 주님 자신과 주님의 교역자들을 분명히 구별하면서 주님의 교역자들에게서는 외적인 표징을 받고 주님으로부터는 성례전의 본질을 받는다는 사실을 고백한다.

---

133 이런 정신에서 오늘날 찬양예배, 열린 예배는 성경적이지 않은 것을 알 수 있다. 왜냐하면, 성경에서 말하는 예배는 일정한 질서가 있기 때문이다.

성례전의 본질 혹은 알맹이

그러나 하나님께서 모든 성례전을 통하여 약속하는바 알맹이는 그리스도 구주이시다. 이것은 모든 세대를 통하여 모든 신자의 주된 관심사인데 어떤 이들은 이것을 성례전의 본질이라 부르고, 어떤 이들은 이것을 성례전의 알맹이라 부른다. 그런데 구주이신 그리스도는 유일무이한 희생제물로서 세상의 기초가 놓이기 시작할 때부터 죽임을 당한 하나님의 어린양이요, 우리의 선조들이 그것으로부터 생수를 마셨던 반석이요, 모든 선민이 이분에 의하여 성령을 통하여 손 없이 할례를 받았고 모든 죄에서 씻김을 받았고 그의 참 몸과 피에 의하여 양육을 받아 영생에 이른다.

옛 백성과 새 백성의 성례전의 차이점

성례전의 주된 알맹이, 혹은 그 본질에 관하여는 두 백성의 성례전들이 동등하다. 왜냐하면, 신자들의 유일한 중보자요 구주이신 그리스도께서는 두 백성의 성례전의 주된 알맹이요, 본질이기 때문이다. 그리고 한 하나님이 두 백성의 성례전의 창시자이기 때문이다. 두 백성에게 주어진 성례전은 모두 하나님의 은혜와 약속을 인치기 위한 표시와 징표의 역할을 한다. 성례전은 하나님의 엄청난 은혜를 생각나게 하며 이 은혜에 대한 기억을 새롭게 하고 신자들을 이 세상에 있는 모든 종교로부터 구별한다.

끝으로 우리는 이 성례전을 신앙에 의하여 영적으로 받아들여야 하고, 이것을 받는 우리는 교회의 결속되고 이것에 의하여 우리는 우리의 의무를 명령받는다. 이런 점에서 그리고 이와 비슷한 점에서 두 백성의 성례전은 외향적인 표시와 표징에서는 차이점이 있으나 그 본질에서는 동일한 것이다. 이제 우리는 표시에서는 구별해야 한다. 우리의 것은 더 견고하고 더 지속적이기 때문이다. 세상 끝날까지 그것들은 절대 변하지 않을 것이다. 그뿐만 아니라 우리의 것은 본질과 약속이 그리스도 안에서 성취되었고 완성되었음을 증거 하기 때문이다. 전자는 성취될 것을 가르쳤다. 이제 우리의 것이 더 간단하고 덜 복잡하고 덜 사치스럽고 덜 의식에 치우쳐 있다. 또한, 우리의 것은 더 많은 사람, 즉 전 세계에 흩어져 있는 그리스도인에게 속한다. 우리의 그것이 더욱 더 탁월하다. 그것은 성령에 의하여 더 큰 신앙을 불붙인다. 따라서 성령의 더 큰 풍요가 있다.

우리의 성례전은 폐기된 구약의 것을 잇고 있다

참 메시아인 그리스도께서 우리에게 나타나셨고 풍성한 은혜가 신약의 백성들에게 부은바 되었기 때문에 옛 백성의 성례전은 폐기되었고 중단되었다. 그 대신 신약의 상징들이 주어진 것이다. 즉 할례 대신에 세례가, 그리고 유월절 양과 희생제사들 대신에 주의 성만찬이 주어졌다.

성례전의 구성요소

성례전의 구성요소는 구약에 있어서나 신약에 있어서나 3가지이다. 즉 말씀과 표징과 표징의 대상이다. 전에는 성례전이 아니었던 것을 성례전 되게 하는 것은 하나님의 말씀이다.

성례전의 봉헌(하나님께 드려짐)

성례전은 하나님의 말씀에 의해서 드려진다. 여기에서 이 성례전을 제정하신 분이 그것을 거룩하게 하신다는 사실이 드러난다. 그 무엇을 성화시켜 하나님께 봉헌한다고 하는 것은 그것을 일상적인 사용에서 구별하여 거룩한 사용을 위하여 정해 놓는 것을 의미한다. 사실상 성례전을 위해서 사용되는 표징들은 일상적인 것, 혹은 외적이고 가시적인 것으로 되어 있다. 세례에 있어서 표징은 물이다. 교역자는 이 물을 가지고 가시적 씻음을 표시한다. 그러나 여기에서 이 표징이 가리키는 대상, 혹은 내용이란 중생(거듭남)이요 죄로부터 씻음이다. 마찬가지로 성만찬에 있어서 외적인 표징은 떡과 포도주이다. 이 떡과 포도주는 일상적으로 우리가 먹고 마시는 것으로부터 취해진 것이다. 그러나 이 표징이 가리키는 대상, 혹은 내용은 우리를 위해서 찢겨진 그리스도의 몸이요, 우리를 위하여 흘려진 그리스도의 피다. 이는 주님의 몸과 피를 실제로 우리가 함께 나누는 것(참여하는 것)을 의미한다. 따라서 이 물과 떡과 포도주는 전적으로 일상적인 것인데, 하나님의 제정과 봉헌에 의해서 성례전이 되는 것이다. 그러나 교역자가 하나님의 이름을 부르면서 하나님의 말씀을 이 성례전에 첨가할 때 처음 있었던 주님의 제정하심과 봉헌하심이 다시 새롭게 재현되면서 이 표징들이 봉헌되고 그리스도에 의해서 성화 되는 것이 증명된다.

그도 그럴 것이 성례전을 처음 제정하셨고 처음 봉헌하신 이 주님의 성례전은 하나님의 교회에서 항상 효과를 나타내기 때문이다. 이 결과 주님께서 최초로 제정하신 방법 이외에 다른 방법으로 성례전을 집례하지 않는 사람들은 오늘도 바로 저 최초의 봉헌을 누리게 되는 것이다. 그래서 성례전을 베풀 때 그리스도의 말씀 자체가 반복되는 것이다.

성례전의 연합

표징들이 대상, 혹은 내용의 이름을 갖게 되는 이유는 이 표징들이 거룩한 대상, 혹은 내용의 신비스러운 표징이기 때문이다. 말하자면 여기에서 표징들이 대상과 연합하는 것은 신비적인 의미 때문이요, 성례전을 제정하신 분의 목적과 뜻 때문이다. 물과 떡과 포도주는 보통의 표징들이 아니라 거룩한 표징들인 것이다. 세례를 위해서 물을 제정하신 그리스도께서는 성도들이 세례받을 때 단순히 물 뿌림을 받아야 하는 뜻과 의도에서 제정하신 것이 아니다. 그리고 성만찬에서 떡을 먹고 포도주를 먹고 마시라고 하신 것도 단순히 집에서 먹는 떡과 포도주처럼 먹고 마시라고 하신 것이 아니다. 여기에는 신비로움이 있다. 즉 신자들은 표징이 가리키는 대상, 혹은 내용에 영적으로 참여하게 되고, 신앙에 의해서 죄 씻음을 받게 되고, 그리스도와 실제로 연합하게 된다.

이단들

그러므로 성례전을 거룩하게 하는 일이 어떤 특성들과 공식에 의한 것이라고 하든가, 거룩케 되었거나 거룩케 하려는 사람에 능력에 의한 것이라고 하든가, 그리스도나 사도들의 말씀과 모범으로 우리에게 전해 준 것이 아닌 그 어떤 우연한 것에 의한 것이라고 가르치는 사람들을 우리는 인정하지 않는다. 또한, 우리는 성례전을 성화 되었고 효과적이라고 하지 않고 일상적인 것에 지나지 않는다고 주장하는 사람들의 교회를 거부한다. 그리고 우리는 불가시적인 것 때문에 성례전의 가시적인 측면을 경멸하거나 징표들을 전혀 무시하고 대상이나 내용을 소유한다고 주장하는 사람들을 인정하지 않는다. 즉 멧살리아주의자들을 말한다.

표징이 가리키는 대상, 혹은 내용은 결코 성례전 안에 갇혀 있거나 성례전에 속박된 것이 아니다

은혜와 표징의 대상이 표징에 그렇게나 긴밀히 속박되어 있고 내포되어 있기 때문에 이 표징들에 외적으로 참여하는 사람은 누구나 이들이 어떤 사람들인가와 관계없이 이들은 은혜와 표징의 대상에 내적으로 참여한다고 주장하는 사람들의 교리를 우리는 거부한다. 왜냐하면, 우리는 성례전의 가치가 교역자의 가치와 무가치에 따라 결정되지 않는다고 보는 것처럼 우리는 이 성례전의 가치가 전적으로 신앙과 하나님의 신실하심과 순수한 좋으심에 달렸다는 사실을 알기 때문이다. 하나님의 말씀이 설교 될 때 단순히 내실 없는 말들이 반복되는 것이 아니요, 말들이 가리키는 대상, 혹은 내용이 하나님에 의하여 제공된다면 비록 불신자들이 이 말들만 듣고 이해하되, 그 대상을 신앙으로 받아들일 수 없고 누릴 수 없다 해도 하나님의 말씀은 전혀 손상을 입지 않고 그냥 하나님의 참 말씀으로 남아 있는 것이다. 성례전도 마찬가지이다. 비록 불신자들이 이 성례전에서 표징의 대상, 혹은 내용을 수용하지 않는다고 해도 하나님의 말씀에 의해서 표징과 표징의 대상으로 구성된 성례전이야말로 거룩한 대상, 혹은 내용을 의미할 뿐만 아니라 하나님의 힘을 빌려 표징의 내용을 제공하는 참되고 침해받을 수 없는 성례전으로 남는다. 잘못이 이 성례를 베풀어주시는 하나님에게 있는 것이 아니라 신앙도 없이 불법적으로 이것을 받아들이는 사람에게 있는 것이다. 그러나 이들의 불신앙 때문에 하나님의 신실하심이 결코 무효가 될 수 없다.[134]

성례전의 제정의 목적

성례전의 제정의 목적에 관하여는 이미 본 신앙고백서의 처음에서 성례전이란 무엇인가를 설명할 때 언급했으므로 여기서는 또다시 언급하는 일은 번거로운 일이다. 우리는 이제 논리적으로 볼 때 새 백성의 성례전을 하나하나 논하기로 하자.

제20장 거룩한 세례에 관하여

세례의 제정

하나님께서 세례를 제정하셨고 성별하셨다. 처음 세례를 베푼 사람은 요한인데 그는 그리스도를 요단강물로 적셨다. 그다음 물로 세례를 베푼 사람들은 사도들이었다. 주님은 사도들에게 복음을 전하고 "(마 28:19)그러므로 너희는 가서 모든 족속으로 제자를 삼아 아버지와 아들과 성령의 이름으로 세례를 주고" 세례를 베

---

134 (롬 3:3) 어떤 자들이 믿지 아니하였으면 어찌 하리요 그 믿지 아니함이 하나님의 미쁘심을 폐하겠느뇨.

풀라고 분명히 명령하셨다. 사도행전에서 베드로는 무엇을 해야 할 것인가 라고 묻는 유대인들에게 "(행 2:38)베드로가 가로되 너희가 회개하여 각각 예수 그리스도의 이름으로 세례를 받고 죄 사함을 얻으라 그리하면 성령을 선물로 받으리니"라고 대답하였다. 세례에 의하여 하나님의 백성이 하나님께 드려지기 때문에 세례란 하나님의 백성이 되게 하는 입문의 표징이라고도 부른다.

한 세례

하나님의 교회 안에는 한 번의 세례밖에 없다. 한번 세례받아 하나님께 드려지는 것으로 족하다. 한번 받은 세례는 평생토록 그 효력을 지속하는 바 이 세례는 우리의 양자 됨을 항상 증거 한다.

세례받는다고 하는 것의 의미

이제 그리스도의 이름으로 세례를 받는다고 하는 것은 하나님과의 언약과 하나님의 가족으로 등록되고 받아들여지고, 수용되는 것이요, 하나님 자녀의 유업을 받는 것이다. 즉 세례는 이 세상에 있을 때 하나님의 이름을 쫓아 부름을 받아 하나님의 아들이 되는 것이요, 죄의 오염에서 깨끗함을 받는 것이요, 하나님의 각양 은혜를 받아 그 결과 허물없는 새 삶을 유지하는 것이다. 그러므로 세례란 하나님께서 죽을 인류에게 보여 주신 엄청난 은혜를 생각나게 하고 이를 새롭게 재현시키는 것이다. 우리 인생들은 날 때부터 죄로 오염되어 있고 진노의 자녀들이다. 그러나 하나님께서는 자비가 넘치시기 때문에 그의 아들의 피로써 우리의 죄들로부터 우리를 그냥 깨끗케 하시고, 이 아들 안에서 우리를 양자 되게 하시고, 거룩한 언약으로 우리를 자신에게 연합시키시고 우리를 각양 은혜로 풍요케 하심으로 그 결과 우리는 새로운 삶을 살아갈 수 있게 되는 것이다. 이 모든 것이 바로 세례에 의하여 확인된다. 왜냐하면, 우리는 성령을 통하여 하나님에 의하여 내면적으

266

로 중생하고 순결해지고 거듭나게 되고 외면적으로 물로써 엄청난 선물을 확인받는 것이기 때문이다. 이 물은 엄청난 은혜를 대표하고 사실상 우리 눈앞에 이 은혜를 보도록 제시한다.

우리는 물로써 세례를 받는다

우리는 보이는 물로써 씻음을 받고 뿌림을 받는다. 그것은 물은 더러운 것을 씻어 내고 뜨겁고 피곤한 육신을 시원케 하고 소생시키기 때문이다. 우리의 영혼을 위해서 이와 같은 일이 일어나는 것은 하나님의 은혜로 말미암은 것인데 이는 보이지 않는 방식으로 혹은 영적으로 일어나는 것이다.

세례의 의무

그뿐만 아니라 하나님께서는 세례의 상징을 통해서 모든 낯선 종교들과 모든 불신자로부터 우리를 구별하시어 자신의 소유로 우리를 구별하셨다. 따라서 우리는 세례 시에 우리의 신앙을 고백하고 우리 자신을 하나님께 복종시키고, 육신을 죽이고, 새로운 삶을 영위해야 할 의무를 명령받는다. 이런 까닭에 우리는 평생토록 세상과 사탄과 우리 자신의 육신에 대항하여 싸우기 위하여 그리스도의 거룩한 병사들로 등록이 되는 것이다. 우리는 이 세례에 의하여 교회의 한 몸에 참여케 되므로 우리는 교회의 모든 회원과 더불어 동일한 종교와 상호 봉사를 아름답게 일치시켜 나갈 수 있다.

세례의 형식

가장 완전한 세례의 형식이란 그리스도와 사도들이 받은 형식이라고 우리는 믿는다. 따라서 우리는 이 완전한 세례의 형식에 그 후에 첨가된 그 무엇도 우리는 인정하지 않는다. 귀신 쫓아내는 일, 타오르는 등불의 사용, 기름과 소금 그리고 침의 사용, 복잡한 의식으로 일 년에 두 번씩 베풀어지는 세례식 같은 것들이 바로 이런 종류에 속한다. 왜냐하면, 우리는 교회의 한 세례가 하나님 최초의 제정에 따라 성별 되었고, 오늘날에도 말씀에 따라 성별 되고 저 하나님의 첫 번째 축복 때문에 효과를 나타내는 것이다.

세례 베푸는 교역자

교회 안에서 세례가 베풀어질 때 여자들과 산파들에 의해서 베풀어져서는 안 된다고 우리는 가르친다. 바울이 여자들에게는 교회의 의무를 맡기지 말라고 했는데, 바로 세례는 이 의무에 속하는 것이기 때문이다.

재세례파 이단

우리는 재세례파를 정죄한다. 왜냐하면, 이들은 성도들의 유아들에게 세례 베푸는 것을 부인하기 때문이다. 복음서의 가르침에 의한즉 하나님의 나라는 바로 어린이들의 것이요, 이 어린이들이야말로 하나님의 언약 안에 포함되기 때문이다. 하나님 언약의 표징을 이들에게 주어서는 안 될 이유가 무엇인가? 하나님께 속한 자요, 하나님의 교회 안에 있는 자가 거룩한 세례에 의해서 하나님과 교회와 관계 맺기 시작하는 것이 왜 안 될 일인가? 우리는 재세례파의 다른 교리들도 정죄한다. 그것들이 하나님의 말씀에 위배되기 때문이다. 따라서 우리는 재세례파 사람들이 아니요, 이들과 전혀 공통점을 갖고 있지 않다.

제21장 주님의 거룩한 성찬에 관하여

주님의 성만찬

주님의 만찬은 보통 만찬(주님의 식탁)이라고 불린다. 왜냐하면, 주님이 그의 최후의 저녁식사 때에 성만찬을 제정하셨고, 아직도 성만찬은 그것을 의미하기 때문이요, 성도들이 이 만찬을 통하여 영적으로 먹고 마시기 때문이다.

성만찬의 창시자와 봉헌 자

주님의 만찬의 창시자는 천사나 사람이 아니라 우리 주님 예수 그리스도 하나님의 아들 자신인바 이분이 최초로 이 만찬을 교회를 위하여 구별하셨다. 동일한 구별 혹은 축복이 주님께서 제정하신 만찬 이외에 그 어떤 것도 베풀지 않는 사람들 사이에서 오늘날까지 유효하다. 즉 오늘날 성만찬을 베푸는 사람들은 이 성만찬에서 주의 만찬의 말씀을 반복하면서 그 무엇보다도 한 그리스도를 참믿음으로 바라보고 성도들은 교회 교역자들의 사역을 통하여 받되 사실상 주님의 손으로부터 직접 받는 것처럼 받는다.

하나님 은혜의 기념

주님께서는 이 거룩한 의식에 의하여 그가 죽을 인류에게 보여 주신 엄청난 은혜를 항상 다시 회상시키시기를 원하신다. 즉 주님께서 그의 몸을 내어주시고 피를 흘리시므로 우리의 모든 죄를 용서하셨고, 영원한 죽음과 악마의 권세에서 우리를 구속하셨고, 지금은 그의 살로 우리를 먹이시고 그의 피를 우리에게 주사 마시게 하시는바 우리는 참믿음으로 이를 받아 영생을 위한 양육을 받는 것이다. 주님의 성만찬이 베풀어질 때마다 이 엄청난 은혜는 항상 다시 새롭게 나타난다. 왜냐하면, 주님은 "나를 기념하여 이것을 행하라"라고 말씀하셨기 때문이다. 이 성만찬은 또한 주님의 참 몸이 우리를 위하여 찢겨졌고 그의 참 피가 우리의 죄의 속죄를 위하여 흘려졌다는 사실을 우리에게 확인시키는 것이다. 즉 우리의 신앙이 흔들리지 않도록 하신다.

표징과 표징의 대상

이것은 교역자들을 통해 이 성만찬에 의하여 가시적으로 표현된다. 사실상 이것은 우리의 눈에 보이도록 우리 앞에 제시되나 성령에 의하여 우리의 영혼 속에서 불가시적으로 일어나는 것이다. 교역자가 떡을 외적으로 제공하나 "받아먹으라, 이것은 내 몸이라" "떼어서 나누어 먹으라. 그것을 마시라. 한 사람도 빠짐없이. 이것은 내 피니라"고 하는 주님의 말씀이 들린다. 그러므로 성도들은 주님의 교역자들에 의해서 주어지는 것을 받는 것이 사실이지만 이들은 주님의 떡을 먹는 것이요, 주님의 잔을 마시는 것이다. 동시에 이들은 성령을 통한 그리스도의 사역에 의하여 주님의 살과 피를 내적으로 받아들이는 것이요, 이 양육에 의하여 영생에 이르는 것이다. 왜냐하면, 그리스도의 살과 피는 영생에 이르는 참 음식이요, 그리스도 자신이 이 성만찬의 중심 내용이시기 때문이다. 우리는 그 무엇도 이 그리스도를 대신할 수 없다고 생각한다. 그러나 그리스도의 살과 피가 어떻게 신자들의 음식과 음료가 되며 신자들에 의하여 영생에 이르는 음식과 음료로 받아들여지는지를 더 분명하게 이해하기 위하여 우리는 다음의 몇 가지를 더 언급하고자 한다. 먹는다고 하는 것은 여러 의미가 있다. 첫째로 음식을 입에 넣고 이로 씹어서 위 속으로 삼켜 들이는 물질적 먹음이 있다. 언젠가 과거에 가버나움 사람 중에는 주님의 살을 이런 식으로 먹는다고 생각하는 사람들이 있었는데 이는 요한복음 6장에 어긋나는 것이다. 그리스도의 살을 물질적으로 먹으면 그것은 추하고 야만스러운 행동이기에 그것은 결코 위를 위한 음식이 아니다. 모든 사람은 이 사실을 인정할 수밖에 없다. 그래서 우리는 '에고 베렝가리우스'(봉헌에 관하여/의 2부)라고 하는 교황의 칙령에 들어 있는 법 조항을 인정하지 않는다. 옛 성도들도 오늘 우리도 모두 그리스도의 몸을 육체적인 입으로 물질적으로 먹는 사실을 믿지 않는다.

270

주님을 영적으로 먹는다는 것

다음으로는 그리스도의 몸을 영적으로 먹는다고 하는 먹음도 있다. 그런데 이것은 음식 자체가 영으로 변화하는 그런 영적 먹음을 뜻하는 것이 아니다. 주님의 몸과 피는 그것의 본질과 특성에 있어서 그대로 남아 있되, 성령에 의하여 물질적인 방법으로가 아니라 영적인 방법으로 우리에게 전달되는바 여기에서 성령은 십자가상에서 희생된 주님의 몸과 피의 제사로 우리를 위하여 준비해 주신 그러한 은혜를 우리에게 적용하시고 베풀어주신다. 이것은 다름 아닌 죄의 속죄요, 해방이요, 영생인데, 이것의 결과로 그리스도께서 우리 안에, 그리고 우리가 그리스도 안에 살게 되고 성령은 우리가 그리스도를 받아들이게 하심으로 그리스도께서 우리를 위한 영적 음식과 음료, 곧 우리의 생명이 되게 하신다.

우리의 음식이신 그리스도께서는 우리의 생명을 지탱시키신다

물질적인 음식과 음료가 우리의 몸에 생기를 공급하고 힘을 주고 계속 살게 하는 것처럼 우리를 위해서 찢기신 그리스도의 살과 우리를 위해서 흘려진 그의 피는 우리의 영혼에 생기를 공급하고 힘을 주고 계속 살게 하는 것이다. 그러나 이는 그리스도의 살과 피를 육체적으로 먹고 마실 때가 아니라, 성령을 통해서 영적으로 그리스도의 살과 피에 참여할 때 일어나는 것이다. 주님의 말씀을 들어 보자. "(요 6:51)나는 하늘로서 내려온 산 떡이니 사람이 이 떡을 먹으면 영생하리라 나의 줄 떡은 곧 세상의 생명을 위한 내 살 이로라 하시니라"(요 6:63)살리는 것은 영이니 육은 무익하니라. 내가 너희에게 이른 말이 영이요 생명이라"라고 했다.

그리스도를 믿음으로 받아들임

우리가 음식을 먹을 때 그것이 우리의 체내에 들어와 작용하고 어떤 효력을 일으키는 것처럼 이 음식이 우리 몸 밖에 있는 한 그것은 아무 소용도 없다. 그러므로 우리는 그리스도를 믿음으로 받아들여 그분이 우리의 것이 되게 해야 하고, 그분이 우리 안에 우리가 그분 안에 살아야 한다. 왜냐하면, 주님께서 "(요 6:35)예수께서 가라사대 내가 곧 생명의 떡이니 내게 오는 자는 결코 주리지 아니할 터이요 나를 믿는 자는 영원히 목마르지 아니하리라"'(요 6:56)내 살을 먹고 내 피를 마시는 자는 내 안에 거하고 나도 그 안에 거하나니, (요 6:57)살아 계신 아버지께서 나를 보내시매 내가 아버지로 인하여 사는 것 같이 나를 먹는 그 사람도 나로 인하여 살리라"라고 하셨기 때문이다.

영적 음식

이런 한 모든 것을 미루어 볼 때 분명한 사실은 우리가 의미하는 영적 음식이란 결코 상상적인 음식이 아니라 우리를 위하여 주어진 주님의 참 몸이라는(실제적인 몸) 사실이다. 그럼에도 불구하고 우리 성도들은 이 몸을 신앙에 의하여 영적으로 받는다. 결코 육체적으로 받는 것이 아니다. 이 문제에 관하여 우리는 구주 자신의 가르침을 따른다. 즉 주님이신 그리스도께서 요한복음 6장에서 가르치신 가르침이다.[135]

구원을 위해서 꼭 필요한 먹음

이처럼 주님의 살을 먹고 그의 피를 마시는 일은 구원을 위해서 꼭 필요하다. 이 일 없이는 아무도 구원을 얻을 수 없다. 그러나 이 영적 먹음과 마심은 주님의 성만찬을 떠나서도 일어난다. 즉 사람이 그리스도를 믿을 때마다 이 일이 일어나는 것이다. "왜 너희들은 너희의 이와 위를 위하여 준비하느냐? 오히려 믿어라! 그러면 너희는 이미 먹은 것이다"라고 하는 어거스틴의 말이 여기에 적용된다.

---

135 (요 6:51) 나는 하늘로서 내려온 산 떡이니 사람이 이 떡을 먹으면 영생하리라 나의 줄 떡은 곧 세상의 생명을 위한 내 살이로라 하시니라, (요 6:55) 내 살은 참된 양식이요 내 피는 참된 음료로다, (요 6:56) 내 살을 먹고 내 피를 마시는 자는 내 안에 거하고 나도 그 안에 거하나니.

주님을 성례전으로 먹는다는 것

고차원적인(신비한) 영적 먹음 이외에 주님의 몸을 성례전적으로 먹는다는 것이 있다. 성도는 이 성례전적 먹음에 의하여 영적으로, 그리고 내면적으로 주님의 실제적인 몸과 피에 참여할 뿐만 아니라 주님의 식탁으로 나옴으로 주님의 몸과 피의 가시적 성례전을 외면적으로 받는 것이다. 신자가 믿었을 때 그는 이미 생명을 주는 음식을 받았고 지금 그것을 누리고 있다. 그러나 그가 성만찬을 받을 때 아무것도 받지 않은 것이 아니다. 왜냐하면, 그는 계속해서 주님의 몸과 피에 참여하기 때문이요, 그의 신앙이 불붙으며 점점 더 성장하고 영적 음식에 의하여 생기를 얻기 때문이다. 우리가 살아 있는 동안 신앙은 계속해서 자라가기 때문이다. 그래서 성만찬을 참믿음으로 외적으로 받는 사람은 표징을 받을 뿐만 아니라 이 표징이 가리키는 대상, 혹은 내용 자체를(그리스도) 받는 것이다. 그뿐만 아니라 그는 주님의 제정과 계명에 순종하고 자신의 구속과 인류의 구속에 대하여 기쁜 마음으로 감사드리고, 주님의 죽으심을 신실하게 기억하고, 그가 한 지체인 교회 앞에서 증거 하는 것이다. 주님의 몸이 주어졌고 그의 피가 흘려진 것이 단순히 모든 인간을 위한 것이 아니라 특히 각각의 수찬 자격자를 위한 것이라고 하는 확신이 성찬을 받는 사람들에게 주어진다. 이 수찬 자격자에게 이 성찬은 영생에 이르는 음식이요, 음료이다.

불신자들이 성찬을 받을 때 자신들의 심판을 자초하는 것이다

그러나 믿음이 없이 주님의 식탁에 나오는 사람은 떡과 포도주에는 참여하되 본질적인 생명과 구원의 근원인 성찬의 본질은 받지 못한다. 이런 사람들은 주님의 식탁에서 합당치 못하게 먹고 마시는 것이다. 누구든지 주님의 떡과 잔을 합당치 않게 취하는 사람들은 주님의 몸과 피를 범하는 죄를 범하는 것이요, 심판을 먹고 마시는 것이다. [136] 그것은 그들이 참 신앙으로 접근하지 않는다면 그리스도의 죽음을 모독하는 것이요, 따라서 자신들에 대한 저주를 먹고 마시는 것이 된다.

성만찬에 있어서 그리스도의 임재

그러므로 우리는 주님의 몸과 피를 떡과 포도주에 긴밀히 연결한 나머지 떡 자체가 성례전적 방법 이외의 방법으로 그리스도의 몸 자체라고 하거나 그리스도의 몸이 물질적으로 떡 속에 숨겨져 있으므로 떡의 형태로 그것이 예배 되어야 한다거나 이 성찬의 표징을 받는 사람은 누구나 그 대상, 혹은 내용을 받는다고 말하지 않는다. 그러나 그리스도의 몸은 하늘에 하나님 아버지 우편에 계시므로 우리의 마음은 빵에 집착할 것이 아니라 저 높은 하늘을 향하여 올리어져야 하고 주님은 결코 떡 속에 갇힌 체 예배 될 수 없다. 그러나 교회가 성만찬을 베풀 때 주님께서는 그의 교회로부터 부재한(계시지 않는) 것이 아니다.

하늘에 있는 태양은 우리를 떠나 있으나 우리 속에 효과적으로 임재하고 있는 것이다. 즉 의의 태양이신 그리스도께서는 실제로 임재하고 계신 것이다. 즉 그리스도는 그의 몸으로는 우리를 떠나 하늘에 계시지만 그의 생명 주시는 역사에 따라 물질적으로가 아니라 영적으로 우리에게 임재하시다. 주님은 그의 최후의 만찬에서 세상 끝날까지 우리와 함께하실 것이라고 말씀하셨다. 따라서 우리는 그리스도 없는 성만찬을 받는 것이 아니요 동시에 교부시대 사람들은 누구나 알고 있었던 피 흘림이 없는 신비적 성만찬을 받는 것이다.

---

136 (고전 11:26) 너희가 이 떡을 먹으며 이 잔을 마실 때마다 주의 죽으심을 오실 때까지 전하는 것이니라, (고전 11:27) 그러므로 누구든지 주의 떡이나 잔을 합당치 않게 먹고 마시는 자는 주의 몸과 피를 범하는 죄가 있느니라, (고전 11:28) 사람이 자기를 살피고 그 후에야 이 떡을 먹고 이 잔을 마실지니, (고전 11:29) 주의 몸을 분별치 못하고 먹고 마시는 자는 자기의 죄를 먹고 마시는 것이니라.

성만찬의 다른 목적들

그뿐만 아니라 우리는 성만찬에 참여할 때마다 우리가 누구의 지체인가를 생각하고, 다른 지체들과 더불어 한마음을 품고 거룩한 삶을 영위하고 사악함과 이상한 종교에 의하여 우리 자신을 더럽히지 말고, 우리의 생이 끝날 때까지 참믿음을 견지하면서 거룩한 삶을 탁월하게 살려고 애써야 할 것이다.

성만찬을 위한 준비

우리가 성만찬에 동참하기를 원할 때는 사도의 명령을 따라 다음과 같은 측면들에 관하여 자신들을 검토하는 일이 적합하다. 즉 우리 자신이 그리스도께서 죄인들을 구원하시고자 오셨고, 이 죄인들을 불러 회개케 하시기 위하여 오셨음을 믿고 있는지, 또는 우리 각자는 자신이 그리스도에 의하여 해방되어 구원받은 사람들의 수에 속해 있는지, 또는 각자는 자신의 악한 삶을 변경시키고 거룩한 삶을 영위하고 주님의 도움으로 참된 종교 안에서 계속 견디어 나가고 형제들과 조화를 이루고 하나님의 해방에 대하여 합당한 감사를 드리기로 하였는지를 살펴야 한다.

떡과 포도주 모두를 사용하는 성만찬

우리는 성만찬의 의식과 방법과 형식이 주님께서 처음 제정하셨고 사도들의 가르침이 말하는 바에 가장 가까운바 단순하고 가장 탁월한 것이어야 한다고 생각한다. 이 성만찬은 하나님의 말씀을 선포하는 것, 경건하게 기도하는 것 주님 자신의 행동, 그리고 이 행동의 반복 주님의 몸을 먹는 것과, 그의 피를 마시는 것, 주님의 죽음을 적합하게 기억하는 일, 신실하게 감사 올리는 일, 거룩한 사귐으로 교회의 몸과 일치하는 일로 구성되어 있다. 그러므로 우리는 신자들에게 주님의 잔을 주지 않는 것을 거부한다. 이는 주님의 제정을 어기는 일이다. 주님은 "이것을 다 마시라"라고 하셨는데 떡에 대하여는 이렇게 분명히 말씀하시지는 않았다.

이제 우리는 우리가 그것을 용납하든가 말든 가는 논하지 말고 교부시대에 어떤 종류의 성찬이 있었는지 논하려고 한다. 그러나 이것만은 분명히 말해 두자. 즉 현재 로마가톨릭교회가 사용하고 있는 미사는 여러 가지 타당한 이유로 우리 교회에서 거부하고 있다. 건전한 행동을 공허한 구경거리로 만들고 공로를 얻기 위한 수단으로 만들고 어떤 보수를 얻기 위한 수단으로 만드는 것을 우리는 결코 인정할 수 없다. 사제가 미사에서 주님의 참 몸을 만들어 그것을 산 자들과 죽은 자들의 속죄를 위하여, 그리고 이어서 하늘에 있는 성도들의 영예와 존경과 기억을 위하여 제물로 바친다고 하는데 우리는 이것을 도저히 인정할 수 없다.

제22장 교회의 집회에 관하여

예배를 위한 모임에서 우리는 무엇을 해야 하나?

누구나 집에서 개인적으로 성경을 읽을 수 있고 피차간에 교훈을 통해서 참된 종교 생활을 영위할 수 있다. 그러나 교회에 모이는 일이나 종교적 집회가 꼭 필요한 이유는 하나님의 말씀이 적절히 설교 되어야 하고, 기도와 간구가 공적으로 이루어져야 하고, 성례 전이 옳게 베풀어져야 하고, 가난한 자들과 교회의 경비를 위해서 헌금이 모여야 하고, 사회적 사귐이 일어나야 하기 때문이다. 사도 시대의 초대교회에서는 그와 같은 모임이 모든 경건한 사람들에 의하여 부단히 회집되었다는 것이 확실하다.

예배를 위한 모임들을 소홀히 여겨서는 안 된다

그와 같은 모임들을 무시해 버리고 그와 같은 모임을 멀리하는 사람은 참 종교를 경멸하는 사람들이다. 목사들과 신앙이 있는 관원들은 이들을 권고하여 그와 같은 모임에 참석하도록 권고해야 할 것이다.

모임들은 공적이다

교회의 모임들은 비밀리에 회집되거나 은밀히 이루어져서는 안 된다. 그리스도의 원수들과 교회의 원수들이 박해하는 이유로 교회의 모임들이 공적이 되지 못한 것을 예외로 한다면 교회의 모임들은 항상 공개적으로 되어야 하고 어떤 사람들이라도 출석할 수 있어야 한다. 우리는 로마제국의 황제의 폭군 정치 치하에서 초대교회의 집회가 어떻게 비밀스러운 장소에서 일어났는가를 알고 있다.

품위 있는 집회 장소

그뿐만 아니라 성도들이 모이는 장소는 품위가 있어야 하고 모든 점에서 하나님의 교회를 위해서 적합해야 한다. 그러므로 우리는 넓은 건물이나 장소를 택하되 교회를 위해서 적합지 않은 것은 무엇이든지 제거해야 할 것이다. 교회의 모든 내부 장치는 단정하고 품위 있게 배열되어야 하고 꼭 필요한 것을 적합한 장소에 놓아야 한다. 예배와 교회의 꼭 필요한 기능을 위해서 요구되는 것이 꼭 있게 해야 한다.

교회의 모임들에서 우리는 정숙해야 하고 겸손해야 한다

하나님께서는 손으로 만들어진 건물 안에 거하시지 아니하신다는 사실을 우리는 믿는다. 그러나 우리는 하나님의 예배를 위해서 헌납된 장소들이 속된 것이 아니요, 거룩한 것으로 인정한다. 그 이유는 하나님의 말씀 때문이요 그 장소들이 거룩하게 사용되기 때문이라는 사실을 우리는 알고 있다. 따라서 이와 같은 장소 안에 있는 사람들은 하나님의 현존과 그의 거룩한 천사들의 현존과 더불어 거룩한 장소에 있다는 사실을 의식하면서 점잖고 정숙하게 행동해야 할 것이다.

교회당 본당이 갖춰야 할 참된 장식들

따라서 우리는 교회의 본당과 그리스도인들의 기도하는 장소로부터 모든 사치스러운 치장들과 모든 교만과 기독교적 겸손과 훈련과 절제에 적합지 않은 것을 제거해야 한다. 그것은 교회의 참된 장식은 상아나 금, 은, 보석으로 꾸며지는 것이 아니라 교회 안에 있는 사람들의 검소함과 경건함과 덕망으로 꾸며지는 것이다. 교회의 모든 일은 적절하고 정중하게, 그리고 질서 있게 처리되어야 하며 모든 일이 건설적인 방향으로 이루어져야 한다.

일상적인 언어를 사용하는 예배

그러므로 예배를 위한 집회에서 우리는 이상한 방언을 하게 해서는 안 된다. 예배 시의 모든 일은 이 모임에 참석한 모든 사람이 이해할 수 있는 언어로 수행되어야 한다.

제23장 교회의 기도와 찬송과 법적으로 정해진 시간에 관하여

기도

성도들의 모든 기도는 신앙과 사랑으로부터 오직 하나님께만 드려져야 하는데 오직 그리스도를 중보로 해야 한다. 즉 주님이 제사장직을 갖는 것이 참 종교이기 때문에 우리는 하늘에 있는 성자(聖者)에 대한 기도나 이들을 중보자로 생각하는 것을 금한다. 우리는 국가의 공직자들과 왕들, 그리고 권위의 자리에 있는 모든 사람과 교회의 교역자들과 교회들의 모든 필요를 위해서 기도해야 한다. 어려운 상황에 부닥쳐 있을 때, 특히 교회의 어려운 문제들을 위하여 우리는 사적으로나 공적으로 끊임없이 기도해야 할 것이다.

자유로운 기도

그뿐만 아니라 우리는 억지로 기도하거나 보상을 위해서 기도할 것이 아니라 자발적으로 기도해야 할 것이다. 어느 한 장소에서만 기도해야 한다고 생각하는 것은 미신적이라서 합당치 않다. 마치 교회의 본당만이 기도의 처소인 것처럼 생각하는 것은 잘못된 것이다. 그런데 공중기도의 경우, 그것의 형식과 시간에 관하여 모든 교회에 있어서 똑같을 필요는 없다. 각 교회는 이에 관하여 자유롭다.

공중기도에서 사용되어야 할 방법

다른 일들에서도 그렇지만 공중기도에서도 그것이 쓸데없이 길어지거나 지루해지지 않도록 어떤 표준이 있어야 한다. 예배를 위한 집회의 더욱 큰 부분을 우리는 복음 설교를 위해서 할애해야 하고, 누가 기도를 너무 길게 함으로 설교 말씀을 들을 즈음에는 지루해서 회중을 떠나 설교 말씀과 관계가 없어지는 것을 막기 위해서 우리는 유의해야 한다. 이처럼 기도가 길어질 경우, 짧은 설교 말씀도 길고 지루한 설교 말씀처럼 들린다. 이런 이유에서 설교자는 일정한 표준을 가져야 한다.

찬송

예배를 위한 집회에서 찬송을 부를 때에도 공중기도 때나 마찬가지로 절제가 필요하다. 로마가톨릭교회가 사용하는 그레고리안 찬트에는[137] 여러 가지 어리석은 것들이 들어 있다. 이 때문에 많은 프로테스탄트교회들이 이것을 거절하는데, 이것은 옳은 일이다. 어떤 교회들이 참되고 정당한 설교는 갖고 있으나 찬송은 갖고 있지 않을 때, 우리는 이러한 교회들을 정죄할 필요가 없다. 왜냐하면, 모든 교회가 찬송할 수 있는 조건을 갖추고 있는 것은 아니기 때문이다. 그리고 찬송의 역사는 교부들의 증거에 의하면 찬송의 관습이 동방 교회에서 먼저 행했고, 서방 교회에서는 후에 행한 것을 알 수 있다.

---

137 오늘날 찬양대에서 부르는 찬송들이 대부분 이곳에서 온 것이다.

교회법에 의한 시간

교부시대에는 교회법에 의한 기도 시간이 없었다. 하루 중 일정한 시간을 정해 놓고 기도한다든지, 교황주의자들처럼 기도를 노래로 올리거나 암송으로 올리는 일이 교부시대에는 없었다. 우리는 교황주의자들의 성무일과서(聖務日課書)나 여러 다른 문서들을 통해서 이와 같은 사실을 증명할 수 있다. 이들이 지닌 모순들은 한둘이 아니다. 교회가 그와 같은 것을 제거한 것은 옳은 일이다. 교회는 이러한 것들 대신에 하나님의 전교회에 유익한 것들로 대치시켰다.

제24장 거룩한 날들과 금식들과 음식들의 선택에 관하여

예배를 위해서 꼭 필요한 시간

종교는 시간에 얽매이지 않는다. 그러나 종교를 배양시키고 종교 생활을 영위할 수 있으려면 시간의 적절한 배열과 조정이 필요하다. 그러므로 각 교회는 공중기도와 복음의 설교와 성례전의 집례를 위해서 적당한 시간을 선택한다. 아무도 교회가 정한 시간을 마음대로 변경할 수 없다. 종교 생활을 위해서 시간과 힘을 할애하지 못할 경우, 우리는 틀림없이 종교로부터 거리가 멀어지고 자기 일에 몰두하고 말 것이다.

주일

고대교회는 교회의 집회를 위하여 주중 일정한 시간을 정해 놓았을 뿐만 아니라 사도시대 이래 주일이 교회의 집회일로 확정되었으니, 이 주일은 거룩한 안식을 위한 것으로 예배와 사랑을 위하여 오늘날까지 옳게 보존된 교회의 실천적 관습이다.

미신

이에 관련하여 우리는 유대인들의 종교적 관습과 미신을 인정하지 않는다. 왜냐하면, 우리는 어느 한 날이 다른 날보다 더 거룩하다고 믿지 않기 때문이다. 우리 생각에는 나머지 날들도 하나님이 받을만하신 날들이기 때문이다. 그뿐만 아니라 우리가 지키는 것은 유대교의 안식일이 아니라 주일인 것이다.

그리스도와 성자(聖者)들의 절기들

만약 교회들이 기독교적 자유 안에서 주님의 탄생과 할례와 고난과 부활과 그 승천과 그의 제자들에게 성령을 보내 주신 일을 기억함으로 축하한다면 우리는 그것을 인정하고도 남음이 있다. 즉 교리의 바른 내용을 이해하고 깨닫는 것은 바람직하지만 그러나 우리는 이것을 절기로 표현하거나 또는 사람들과 성자들을 숭상하기 위한 절기들은 인정하지 않는다. 거룩한 날들은 십계명의 첫 번째 돌 판에 관계된 것으로 오직 하나님을 위한 날들인 것이다. 결국, 절기와 성자들을 위해서 제정된 날들을 우리는 이미 없애버렸는바 이날들은 모순투성이요, 아무 쓸데없는 것이다. 우리는 이것을 도저히 용인할 수 없다. 한편 우리는 적당한 시간과 장소에서 설교를 통하여 성자(선조들)의 회상을 사람들에게 권하는 것이 유익하고, 이 성자들의 모범이 된 삶을 모든 사람에게 권하는 것이 좋다고 고백한다.

금식

그리스도의 교회는 포식과 술 취함과 모든 종류의 탐욕과 무절제를 심하게 정죄하느니만큼 기독교적 금식을 우리 믿는 자들에게 강하게 권유한다. 금식이란 경건한 신앙인들의 금욕과 절제 이외에 아무것도 아니요, 우리 육신의 돌봄과 징벌로서 이 세상에 사는 동안 꼭 필요한 일이다. 이로써 우리는 하나님 앞에서 겸손해지며 육체는 그 연료를 빼앗기므로 더 자발적이고도 쉽게 성령께 순종할 수 있게 된다. 그러므로 그와 같은 일에 관심하지 않는 사람들은 금식하지 않는다. 이런 사람들은 하루에 한 번 정도 위장을 채우고 일정한 시간에 음식을 멀리하는 것으로 금식한다고 생각하고 이로써 하나님을 기쁘게 하며 선한 일을 성취하고 있다고 생각한다. 믿는 성도들은 금식함으로 기도를 더 잘할 수 있고 덕목을 잘 실천할 수 있는 것이다. 그러나 예언서들에서 우리가 읽을 수 있듯이 음식은 멀리하나 악행을 멀리하지 않았던 유대인들의 금식은 하나님을 기쁘시게 하지 못했음을 기억해야 한다.

공적인 금식과 개인적인 금식

금식에는 공적인 것이 있고 사적인 것이 있다. 교회가 박해와 환난과 역경 속에 있었던 고대 기독교 역사에는 공적인 금식들이 있었다. 이들은 함께 모여 새벽부터 저녁까지 금식하되 이 시간 동안에 기도에 몰두하며, 하나님을 예배하고 회개에 힘쓴다. 이것은 애통함이나 다름없다. 이에 관하여 예언자들 특히 요엘(2장)이 자주 언급하곤 하였다. 이와 같은 금식은 교회가 곤궁에 처할 경우, 오늘날에도 행해져야 한다. 한편 우리 각자는 성령으로부터 거리가 멀어졌다고 느껴질 때마다 개인적인 금식을 해야 한다. 왜냐하면, 이렇게 할 때 우리 각자는 육체로부터 그 연료를 제거하기 때문이다.

금식의 특징들

모든 금식은 자유롭고 자원하는 마음에서 행해져야 하고 겸허한 마음으로 행해져야 한다. 사람들의 칭찬과 호의를 얻기 위해서 금식이 행해져서는 안 되고, 금식함으로 의를 세우려는 의도는 더더욱 금물이다. 육체로부터 연료를 제거함으로 더 열심히 하나님을 섬기고 기도에 전념하려는 것이 금식의 목적이어야 한다.

사순절(四句節)

사순절 때의 금식에 관하여는 고대 교부들의 글들이 증언하고 있다. 따라서 우리는 이 금식을 성도들에게 강요할 필요가 없고 그럴 수도 없다. 이미 초기에도 변질한 금식의 여러 형태와 관습이 있었다. 이 때문에 초기 교부인 이레니우스는 다음과 같이 언급하였다. "어떤 이는 하루만 금식해야 한다고 생각하고, 어떤 이들은 이틀을, 어떤 이는 그 이상 혹은 40일간을 금식하라고 말한다. 금식에 대한 이러한 다양성은 우리 시대에 생긴 것이 아니라 벌써 우리 시대 이전에 생겼다. 내(이레니우스) 추측으로는 이것이(사순절 금식) 사도 시대로부터 전승된 것(금식)을 무시하고 또한 소홀히 여기거나 무식함 때문에 다른 습관에 빠진 사람들에 의해서 시작되었다"<(단편집) 3, Ⅰ, 824 이하>.

음식의 선택

음식의 선택에 관하여 알아보자. 육체의 욕정을 불러일으키거나 육체를 무모하게 하거나 육체를 즐겁게 하는 음식은 무엇이나 삼가야 한다(술, 담배, 마약 등). 그것이 고기든지 양념이든지 훌륭한 포도주이든지 간에 우리는 삼가야 한다. 우리는 하나님의 모든 피조물을 사용할 수 있고 인간의 유익을 위하여 이용할 수 있다. 왜냐하면, 하나님이 만드신 모든 것이 좋은 것이다. 우리는 하나님을 두려워하며 절제하는 가운데에 이 모든 것을 사용할 수 있다.[138]

사도바울은 "(딛 1:15)깨끗한 자들에게는 모든 것이 깨끗하나 더럽고 믿지 아니하는 자들에게는 아무것도 깨끗한 것이 없고 오직 저희 마음과 양심이 더러운지라"라고 하며, "(고전 10:25)무릇 시장에서 파는 것은 양심을 위하여 묻지 말고 먹으라"라고도 한다. 또한, 사도는 고기를 먹지 말라고 가르치는 사람들의 가르침을 가리켜 '악마의 가르침'이라 하였다. 왜냐하면 "(딤전 4:3)혼인을 금하고 식물을

---

138 (창 2:16) 여호와 하나님이 그 사람에게 명하여 가라사대 동산 각종 나무의 실과는 네가 임으로 먹되.

폐하라 할 터이나 식물은 하나님이 지으신 바니 믿는 자들과 진리를 아는 자들이 감사함으로 받을 것이니라, (딤전 4:4)하나님의 지으신 모든 것이 선하매 감사함으로 받으면 버릴 것이 없나니"라고 성경은 가르치고 있기 때문이다. 또한, 사도는 골로새 인들에게 보내는 편지에서 지나친 금욕으로 거룩하다는 평을 얻으려는 사람들을 꾸짖고 있다.[139]

이단들

우리는 타티안주의자들과 엔크라티스주의자들, 유스타티우스주의자들을 모두 정죄한다. 강그리아 종교회의가 열린 것은 이들의 가르침을 반대하기 위해서였다.

제25장 세례받을 사람의 교육과 환자의 위로와 심방에 관하여

청소년들을 경건으로 교육해야 한다

청소년교육은 유아교육에 이르기까지 최대의 관심을 쏟아야 한다고 주님은 그의 옛 백성에게 명령하셨다. 그뿐만 아니라 주님은 구약에서 청소년교육을 교육해야 하고 성례전의 의미를 설명해야 한다고 명령하셨다. 복음서와 사도들의 글에 보아도 하나님께서는 그의 새 백성의 청소년에 대해서 큰 관심을 두고 계신다. 우리는 이러한 사실을 "(막 10:14)예수께서 보시고 분히 여겨 이르시되 어린 아이들이 내게 오는 것을 용납하고 금하지 말라 하나님의 나라가 이런 자의 것이니라."라고 하는 말씀의 증언을 통해 알 수 있다. 교회의 목사들이 현명하게 목회를 하려면 청소년교육을 일찍이 시작해야 한다. 즉 목사들은 십계명, 사도신조, 주기도문, 성례전에 대한 교리 등을 해석해 줌으로 신앙의 기초를 마련해 주어야 하고, 기독교

---

139 (골 2:18) 누구든지 일부러 겸손함과 천사 숭배함을 인하여 너희 상을 빼앗지 못하게 하라 저가 그 본 것을 의지하여 그 육체의 마음을 좇아 헛되이 과장하고.

종교의 기본을 가르쳐야 한다. 교회는 믿는 성도들의 자녀들을 교육하는 일에 신실함과 근면함을 보여야 하고 자녀교육을 열망할 뿐만 아니라 기뻐해야 할 것이다.

병든 자의 심방

사람이 허약함에 시달리고 병들고 영과 육의 병으로 쇠약해질 때 극심한 시험에 떨어진다. 그러므로 교회의 목사들은 교인들이 허약해지고 병들어 누워 있는 상태에 있기 전에 그의 양떼들의 건강을 잘 돌보는 것이 마땅하다. 따라서 사정이 허락하는 한 목사들은 환자들을 속히 심방해야 하고 적절한 때에 환자의 심방을 요구받아야 한다. 목사들은 환자들이 참된 신앙을 계속 유지하도록 위로해야 하고 확신시켜야 한다. 그리고 사탄의 위험한 흉계에 넘어가지 못하게 해야 한다. 목사들은 필요할 경우, 자신의 집에서도 환자를 위해서 기도해야 하고 교회의 공적인 집회에서도 환자를 위해서 기도해야 한다. 목사들은 중환자의 경우, 이 세상을 떠날 때 기쁨으로 떠나게 해야 한다. 우리는 이미 교황주의자들이 환자를 방문하여 베푸는 종유성사(終油聖事)를[140] 인정하지 않는다. 성경이 이를 절대 용납하지 않기 때문이다.

제26장 믿는 자의 매장과 죽은 자들에 대한 배려와 연옥과 영들의 현현에 관하여

시신의 매장

성도의 몸은 성령의 전이다. 그래서 우리는 성도의 시신이 최후의 날에 부활할 것을 믿는다. 성경의 명령에 따른즉 성도의 시신들은 존중하는 마음으로 땅에 묻되 미신적으로 해서는 안 된다.[141] 즉 미망인과 이미 잠든 성도들을 우리는 존중

---

140 죽기 직전에 기름을 붓고 기도하는 의식.
141 무조건 땅에 묻는 것이 성경적이라는 의미는 아니다. 즉 일반적인 매장 방식을 말하는 것으로 정당한 절차와 엄숙함을 가지고 장례를 치른다는 것이다. 그렇기 때문에 오늘날 화장의 방식도 가능한 것이다.

히 여겨야 하고, 유가족들인 미망인과 고아를 위해서 가정적인 모든 경건의 의무들을 보여 주어야 할 것이다. 우리는 물론 죽은 자들을 위한 특별한 배려를 요구하는 것은 아니다. 그러므로 우리는 죽은 자들의 시신을 무시하거나 부주의하고, 경멸적으로 그것을 땅속에 묻어 버릴 뿐만 아니라 죽은 자들에 관하여 좋은 말이라고는 한마디도 하지 않고 그들의 유족들에 대하여 조금도 관심하지 않는 냉소학파 the Cynics를 절대 인정하지 않는다.

죽은 자들에 대한 관심

죽은 자들에 대하여 지나치게, 그리고 터무니없이 관심을 쏟는 사람들을 우리는 인정하지 않는다. 이런 사람들은 이방 사람들처럼 죽은 자를 위하여 슬퍼하고 통곡하며,[142] 죽은 자들을 위하여 미사(예배)를 올리고 삯을 받고 기도문을 중얼거림으로 사랑하는 죽은 영혼들을 연옥으로부터 해방할 수 있다고 믿는다.

몸을 떠난 영혼의 상태

우리는 성도들이 육체적인 죽음 직후에 직접 그리스도에게로 간다고 믿는다. 그러므로 산 자들이 죽은 자들을 위하여 찬양과 기도와 예배를 올릴 필요가 없다고 우리는 생각한다. 마찬가지로 불신자들은 직접 지옥으로 던지움을 받아 살아 있는 사람들이 이들을 위하여 어떠한 예배를 올려도 이들은 이 지옥으로부터 나올 수 없다.

연옥

연옥에 관한 로마가톨릭교회의 교리는 기독교 신앙에 위배된다. 즉 '죄의 용서와 영생을 내가 믿습니다.'와 그리스도를 통한 완전한 씻음과 "(요 5:24)내가 진

---

142 우리는 "(살전 4:13) 형제들아 자는 자들에 관하여는 너희가 알지 못함을 우리가 원치 아니하노니 이는 소망 없는 다른 이와 같이 슬퍼하지 않게 하려 함이라"에서 바울이 허락하는 만큼의 적당한 애도를 탓하는 것은 아니다. 즉 전혀 슬퍼하지 않는 것도 비인간적이다.

실로 진실로 너희에게 이르노니 내 말을 듣고 또 나 보내신 이를 믿는 자는 영생을 얻었고 심판에 이르지 아니하나니 사망에서 생명으로 옮겼느니라"(요 3:10)예수께서 가라사대 너는 이스라엘의 선생으로서 이러한 일을 알지 못하느냐"라는 말씀에 위배된다.

영들의 나타남

죽은 사람들의 영, 혹은 정신이 살아 있는 사람에게 나타나서 어떤 의무수행을 요구함으로 이 의무수행으로 자신들이 해방될 수 있다는 것은 웃기는 일이요, 악마의 속임수와 술책에 불과한 것이다.[143] 악마는 자신을 빛의 천사로 둔갑시킴으로 참 신앙을 뒤집어엎거나 회의로 바꾸어 놓으려고 애쓰고 있다. 구약에서 주님은 죽은 자들로부터 진리를 찾지 말라고 하셨고 죽은 자들의 영과 어떤 교제도 해서는 안 된다고 하셨다.[144] 복음서의 진리가 선포하듯이 지옥에 있는 부자는 결코 그의 형제에게로 갈 수 없다.[145]

제27장 의식들과 별로 중요하지 않은 일들에 관하여

의식

한때 구약백성에게는 의식법이 주어졌었다. 이는 율법하에 있는 사람들을 위한 일종의 교육으로서 몽학선생 밑에서의 상황과 같았다. 그러나 구원자이신 그리스도께서 오신 후에 이 법은 폐지되었다. 우리 믿는 자들은 더는 이 율법 밑에 있는

---

143 우리나라의 조상제사의 내용도 여기에 해당된다. 즉 조상신이 와서 음식을 먹는다든가 또는 꿈에 어떤 내용을 전달한다는 것 등.
144 (신 18:11) 진언자나 신접자나 박수나 초혼 자를 너의 중에 용납하지 말라.
145 (눅 16:29) 아브라함이 가로되 저희에게 모세와 선지자들이 있으니 그들에게 들을지니라, (눅 16:30) 가로되 그렇지 아니하니 이다 아버지 아브라함이여 만일 죽은 자에게서 저희에게 가는 자가 있으면 회개하리이다.

것이 아니다.[146] 사도들은 그리스도의 교회 안에서 이 의식 법을 계속 사용하기를 원하지 않으며 이것을 회복시키기를 바라지도 않았다. 이들은 이 의식법으로 교회를 짐스럽게 하지 않기를 원한다. 그러므로 만약에 우리가 그리스도의 교회 안에서 고대교회의 관습 중 유대교적 의식을 증가시키려고 한다면 우리는 유대교를 교회로 끌어들이는 것이다. 어떤 이들은 그리스도의 교회를 여러 가지 의식으로 제약해야 한다고 생각하나 우리는 이 의견을 결코 인정할 수 없다. 사도들이 신자들에게 의식법을 강요하지 않는데 도대체 바른 마음을 지닌 사람이라면 누가 인간들에 의하여 고안된 것들을 그들에게 강요할 수 있겠는가? 의식의 양이 교회 안에서도 증가하면 할수록 교회는 기독교적 자유로부터 이탈되는 것은 물론, 교회가 믿음으로 오직 하나님의 아들 예수 그리스도 안에서 찾아야 할 진리들을 의식에서 찾으려고 하는 한 그리스도와 이 그리스도에 대한 신앙에서 이탈되는 것이다. 그러므로 성도들에게는 하나님의 말씀에 어긋나지 않는 몇 개의 간단하고 단순한 의식만으로 충분하다.

의식의 다양성

교회들이 여러 가지 의식을 사용한다고 해서 이런 이유로 논란이 일어나서는 안 된다. 오늘날 우리는 성만찬과 다른 일에 있어서 의식을 다르게 하고 있으나 교리와 신앙에서는 결코 의견을 달리하지 않는다. 그뿐만 아니라 의식의 상이성으로 말미암아 우리 교회들 상호 간의 일치와 사귐이 절대 파괴되지 않는다. 교회는 지금까지 의식 사용에 있어서 자유를 누려왔다. 교회는 이것을 무관심거리로 여겨 왔다. 오늘의 우리도 똑같이 생각한다.

---

146 (롬 6:14) 죄가 너희를 주관치 못하리니 이는 너희가 법아래 있지 아니하고 은혜 아래 있음이니라.

별로 중요하지 않은 일들

그러나 동시에 우리는 무관심거리가 아닌 것을 무관심거리로 여기지 않도록 사람들에게 충고한다. 즉 예배 대신에 미사를 드린다든가 성상(聖像)을 사용하는 것은 무관심거리가 아니다. 그것들은 큰 잘못이다. 그러나 "선하지도 않고 악하지도 않은 것은 자유에 맡겨진 것이다. 따라서 우리가 그것을 행하든 행치 않던 우리는 의롭지도 않고 불의하지도 않은 것이다"라고 제롬은 어거스틴에게 썼다. 그러므로 자유에 맡겨진 것을 신앙고백에 억지로 연결할 경우 우리는 자유를 상실하게 된다. 바울이 말한 대로 사람이 우상에게 제물로 받쳤던 고기를 먹을 경우, 누가 이 사실을 알려 주지 않았다면 괜찮을 것이다. 그러나 누가 그것이 우상에게 드려진 제물이라는 사실을 알렸는데도 그것을 먹으면 그것은 합당치 못하다. 그 이유는 그렇게 고기를 먹음으로써 그는 우상숭배를 인정하는 것 같기 때문이다.[147]

제28장 교회의 소유물에 관하여

교회의 소유물과 그것의 적절한 사용

그리스도의 교회는 왕들의 희사와 성도들의 헌금과 헌물을 통해서 재산을 소유하고 있다. 왜냐하면, 교회는 그와 같은 자원을 필요로 하며 옛날부터 교회 유지를 위해서 꼭 필요한 자원을 소유하고 있다. 교회의 재산은 모든 예배와 다른 의식, 그리고 교회 건물을 유지하며 학교와 교회적인 집회에서 가르치는 일을 위하여 사용되는 것이 옳으며, 나아가서 선생과 학자와 목사를 지원하고 특히 가난한 자를 돕는 일에 사용되어야 하고 꼭 필요한 다른 일들을 위하여 사용되어야 한다. 그뿐만 아니라 하나님을 두려워하고 지혜로운 자로서 집안일들의 경영관리를 잘

---

147 (고전 8:10) 지식 있는 네가 우상의 집에 앉아 먹는 것을 누구든지 보면 그 약한 자들의 양심이 담력을 얻어 어찌 우상의 제물을 먹게 되지 않겠느냐, (고전 10:25) 무릇 시장에서 파는 것은 양심을 위하여 묻지 말고 먹으라.

할 줄 아는 사람들을 선택하여 교회의 재산을 적절히 경영 관리하게 해야 한다.

교회 재산의 남용

만약 어떤 개인들의 불상사나 파렴치한 행위나 무지나 탐욕에 의하여 교회의 재산이 남용될 경우, 경건하고 지혜 있는 사람들은 거룩한 목적을 위하여 이를 원상대로 회복시켜야 한다. 재산의 남용이란 끔찍한 신성모독이기 때문에 우리는 결코 이러한 짓을 시도해서는 안 된다. 그러므로 우리는 교회와 예배와 도덕에 있어서 부패한 학교나 기타 기관들은 마땅히 개혁되어야 하고 가난한 사람들의 구제는 의무적이고 지혜롭게, 그리고 신실한 마음으로 추진되어야 한다.

제29장 독신과 결혼과 가정문제의 경영관리에 관하여

독신자

하늘로부터 독신의 은사를 받았으므로 마음과 온 영혼이 청결하고 절제하고 정욕으로 불타오르지 않는 사람은 은사를 부여받았다고 느끼는 한 그 하나님의 부르심 안에서 주님을 섬기게 해야 한다. 이런 사람들은 다른 사람보다 높다고 생각하지 말고 오히려 단순함과 겸손함으로 끊임없이 주님을 섬기게 해야 한다.[148] 이러한 사람들이야말로 사사로운 가사에 의해서 마음이 산만하게 되는 사람들보다 하나님의 일에 더 잘 주의를 기울일 수 있다. 그러나 이들이 은사를 상실하여 계속해서 정욕에 불타오를 경우, 바울의 말을 기억해야 한다. 즉 "(고전 7:9)만일 절제할 수 없거든 혼인하라 정욕이 불같이 타는 것보다 혼인하는 것이 나으니라"라고 했다.

---

148 (고전 7:7) 나는 모든 사람이 나와 같기를 원하노라 그러나 각각 하나님께 받은 자기의 은사가 있으니 하나는 이러하고 하나는 저러하니라.

결혼

결혼이란 주 하나님 자신에 의하여 제정되었다. 하나님께서는 결혼을 풍성히 축복하셨고, 남자와 여자가 하나로 결합하여 온전한 사랑과 일치 가운데 함께 살아가기를 원하셨다.[149] 이 일에 대하여 사도는 "(히 13:4)모든 사람은 혼인을 귀히 여기고 침소를 더럽히지 않게 하라 음행하는 자들과 간음하는 자들을 하나님이 심판하시리라"“(고전 7:28)그러나 장가가도 죄짓는 것이 아니요 처녀가 시집가도 죄짓는 것이 아니로되 이런 이들은 육신에 고난이 있으리니 나는 너희를 아끼노라"라고 말한다. 따라서 우리는 일부다처를 주장하거나 결혼을 다시 할 수 있다고 주장하는 자들을 정죄한다.

결혼은 어떻게 성립되는가?

결혼이란 주님을 두려워하는 가운데에 합법적으로 맺어져야 한다. 근친상간을 피하고자 우리는 혈족 혼인을 반대하는 법을 어겨서는 안 된다. 결혼은 부모 혹은 부모를 대신할 만한 사람의 승낙으로 이루어져야 하고 무엇보다도 하나님이 제정하신 결혼의 목적에 부합되어야 한다. 그뿐만 아니라 결합한 부부는 최대한의 신실함과 경건과 사랑과 순결로써 이 결혼을 거룩케 해야 한다. 따라서 논쟁이나 파쟁이나 정욕이나 간음은 절대 금물이다.

결혼 재판소

교회 안에 합법적인 재판소를 설치하고 결혼문제를 취급할 재판관을 두어 모든 부정과 수치스러운 일들을 억제하고 결혼에 관한 논쟁을 해결하게 해야 한다.

---

149 (마 19:4) 예수께서 대답하여 가라사대 사람을 지으신 이가 본래 저희를 남자와 여자로 만드시고, (마 19:5) 말씀하시기를 이러므로 사람이 그 부모를 떠나서 아내에게 합하여 그 둘이 한 몸이 될지니라 하신 것을 읽지 못하였느냐.

자녀들의 양육

부모들은 주님을 두려워하는 가운데 자녀들을 양육해야 한다. "(딤전 5:8)누구든지 자기 친족 특히 자기 가족을 돌아보지 아니하면 믿음을 배반한 자요 불신자보다 더 악한 자니라"고 하는 사도의 말을 기억하면서 부모들은 자녀 양육에 힘써야 할 것이다. 특히 부모들은 자녀들에게 정직한 상거래나 직업을 가르쳐 줌으로 생계를 유지하게 해야 한다. 부모는 자녀들이 게으르지 않게 해야 하고, 이 모든 일에 있어서 하나님에 대한 참 신앙을 그들에게 교육해야 한다. 그래야 자녀들이 확신의 결핍이나 지나친 안일함이나 추잡한 욕심에 의하여 방탕하고 실패하고 마는 일을 우리는 막을 수 있을 것이다. 부모들이 참된 신앙으로 가정적인 의무들에 의해서 집안의 일들을 경영함으로 성취하는 일들은 하나님 앞에서 거룩하고 선한 일들임이 틀림없다. 이러한 가사는 기도나 금식이나 구제만큼이나 하나님을 기쁘시게 한다. 그도 그럴 것이 사도바울이 그의 서한들, 특히 디모데서와 디도서에서 이렇게 가르치기 때문이다. 결혼이 마치 거룩하지도 않고 순결하지도 않듯이 결혼을 금지하거나 공공연히 결혼을 혹평하거나 간접적으로 결혼을 불신하는 사람들의 교리를 우리는 사도바울과 더불어 마귀들의 교리로 간주한다.

우리는 또한 불결한 독신생활을 싫어한다. 우리는 숨겨진 욕정이나 공공연한 욕정 모두를 싫어하고 모든 사람 중에 가장 무절제하면서도 절제하는 체하는 위선자들의 음행을 싫어한다. 하나님은 이 모든 것을 심판하실 것이다. 우리는 어떤 부자가 경건하고 자신들의 부를 잘 사용할 경우, 이 부와 이 부자들을 우리는 인정하지 않을 필요가 없다. 그러나 우리는 "사도적 청빙주의자들"(Apostolicals / 13세기 사도적 청빈을 회복하려는 열광주의자인 Gherardo Segareli 의 추종자들) 등의 이단들을 배격한다.

제30장 국가의 공직에 관하여

국가의 공직은 하나님으로부터 온 것이다.

모든 종류의 국가 공직이란 인류의 평화와 안정을 위하여 하나님 자신에 의하여 세워진 제도이다. 따라서 그것은 이 세상에서 중요한 위치에 놓여 있다. 공직자가 교회를 반대할 경우 교회를 저해하고 소란케 할 수 있으나 교회의 친구요, 교회의 구성원이 되면 그는 교회의 가장 유용하고 탁월한 구성원으로 교회를 크게 유익케 하고 가장 잘 도울 것이다.

공직자의 의무

공직자의 주된 의무는 국가의 평화와 안정을 확보하고 보존하는 것이다. 공직자가 진심으로 하나님을 두려워하고 종교적인 생활을 할 때 그는 가장 성공적으로 공직을 수행할 수 있다. 이 사실은 의심의 여지가 없다. 다시 말하면 공직자가 주님의 백성의 거룩한 왕들과 방백들의 모범을 따라 진리의 선포와 신실한 믿음을 증진하고 모든 거짓과 미신을 뿌리 체 뽑아 버리고 모든 불경건과 미신을 척결하고, 나아가서 하나님의 교회를 옹호할 때 그는 가장 성공적으로 공직을 수행하는 것이다. 교회를 돌보는 일은 거룩한 공직에 속하는 것이라고 우리는 확실히 가르친다. 그러므로 국가의 공직자는 그의 손에 하나님의 말씀을 가져야 하고, 그 누구도 이 말씀에 위배되는 것을 가르치지 말게 해야 한다. 마찬가지로 공직자는 하나님께서 자신에게 맡겨 주신 백성을 하나님의 말씀에 따라 제정된 좋은 법으로 다스려야 하고 이 백성을 계속 훈련해야 하고 의무와 순종을 다 하게 해야 한다. 공직자는 공정한 재판 때문에 일을 처리해야 한다. 공직자는 어떤 개인을 봐 주거나 뇌물을 받아서는 안 된다. 공직자는 과부와 고아와 괴로움을 당하는 사람들을 보호해야 한다. 공직자는 큰 범죄자와 협잡꾼과 야만인들을 징벌하고 추방해야 한다. 공직자

가 칼을 가진 것은 이런 목적을 위한 것이다.[150]

공직자는 모든 행악자들, 치안 방해자들, 도적들, 살인자들, 억압하는 자들, 신성 모독자들, 거짓말쟁이와 하나님께서 형벌하고 처형하라고 명령하신 모든 사람을 향하여 칼을 뽑아야 한다. 공직자는 고집 센 이단자들, 즉 하나님의 존엄을 쉼 없이 모독하고 하나님의 교회를 어지럽히고 심지어는 파괴하는 이단자들을 진압해야 한다.

전쟁

만약 전쟁 때문에 백성의 안전을 보존하는 것이 꼭 필요한 경우, 공직자는 하나님의 이름으로 전쟁을 집행해야 한다. 그러나 공직자는 전쟁을 선포하기 전에 가능한 모든 방법에 따라 평화를 추구해야 했고, 전쟁 이외에는 그의 백성을 도저히 구할 수 없다고 생각될 때 전쟁을 선포하는 것이다. 공직자가 이러한 일들을 신앙으로 해낼 때 그는 참된 선한 일로 하나님을 봉사함으로 주님으로부터 축복을 받는다. 그러므로 우리는 재세례파를 정죄한다. 왜냐하면, 이들은 기독교인이 국가 공직자가 되는 것을 거부하고 공직자의 사형집행권을 거부하고, 공직자의 전쟁 선포권을 부인하고, 왕 등의 공직자에 대한 서약을 부인하기 때문이다.

백성들의 의무

하나님께서는 그의 백성의 안전을 공직자를 통하여 효과 있게 하신다. 하나님은 사실상 공직자를 백성의 아버지로 주셨다. 따라서 모든 백성은 이와 같은 공직자를 통한 하나님의 호의를 인정하도록 명령받는다. 이런 이유로 백성은 공직자를 하나님의 일꾼으로 존경해야 하고 사랑해야 하고, 호의로 대하고 아버지로 여

---

150 (롬 13:4) 그는 하나님의 사자가 되어 네게 선을 이루는 자니라 그러나 네가 악을 행하거든 두려워하라 그가 공연히 칼을 가지지 아니하였으니 곧 하나님의 사자가 되어 악을 행하는 자에게 진노하심을 위하여 보응하는 자니라.

겨 그에게 간구해야 하고 그의 정의롭고 공평한 모든 명령을 순종해야 한다. 결국, 백성들은 모든 관세와 세금을 바쳐야 하고 기타 모든 다른 의무들을 신실하고 기쁜 마음으로 수행해야 한다. 만약 나라의 안전과 정의를 위해서 전쟁을 해야 한다면 백성은 자신들의 생명까지도 내놓아야 하고, 이 나라의 안전을 위해서라면 백성은 물론 공직자들도 피를 흘려야 한다. 이런 일을 할 때는 하나님의 이름으로 하되 자발적으로, 용맹스럽게, 그리고 기백 있게 해야 한다. 공직자에게 불순종하는 사람은 하나님의 진노를 자극하는 것이다.

분파주의와 치안 방해자

우리는 공직자를 경멸하는 모든 사람을 정죄한다. 예컨대 반역자들, 국가의 적들, 치안을 방해하는 악한들, 끝으로 자신들의 의무를 공공연히 혹은 교묘하게 수행하지 않으려는 모든 사람을 우리는 정죄한다. 우리는 하나님께서 우리의 유일한 주님이시요, 구주이신 예수 그리스도를 통하여 모든 공직자와 온 백성을 축복하실 것을 우리의 가장 자비로우신 하늘에 계신 아버지 하나님께 간구한다. 감사와 찬송과 영광이 하나님께 세세 무궁토록 있을지어다. 아멘.

5) 제2 스위스 신앙고백서의 신학적 구조

구조	신앙고백의내용	주요내용
서론	제1장 제2장 성경	1장 하나님의 참된 믿음, 2장 성경해석과 공회 전통
신론	제3, 10, 7, 5, 6, 4, 5장	3장 삼위일체 하나님, 10장 예정과 선택, 7장 창조, 6장 섭리, 4장 우상과 형상, 5장 중보자를 통한 예배
인간론	제18, 13장	18장 타락과 죄의 원인, 13장 복음과 약속

기독론	제11장	11장 유일하신 구세주
구원론	제9, 15, 16, 14, 16장	9장 자유, 15장 참된 의인, 16장 믿음(전반부), 14장 참회와 회개, 16장 선택과 선행(후반부)
교회론	제12, 18, 22, 23, 24, 25, 27, 28, 30, 29, 17, 19, 20, 21, 18장	12장 자유의지, 18장 교역자와 제도와 의무, 22장 교회의 집회, 23장 기도 찬송 법규 시간 24장 거룩한 날과 식물, 25장 학습과 병자 위로 심방 27장 의식과 예배, 28장 교회의 소유물, 30장 공무원, 29장 독신과 결혼, 17장 보편적이고 거룩한 교회, 19장 성례전 20장 거룩한 세례, 21장 주님의 거룩한 성찬 18장 대회와 총회
종말론	제26장	26장 신자의 죽음과 연옥

5. 프랑스 신앙고백서(1559, 위그노)

1) 프랑스 신앙고백서의 작성배경

프랑스 신앙고백서는 위그노 신앙고백서라고도 한다. 프랑스에서 나온 최초의 신앙고백서는 1557년 9월 파리에서 나온 것으로 18개 조항으로 되어있다. 프랑스에서는 종교개혁 초기부터 박해를 받았다. 루이 14세 때는 많은 순교자가 생기고 이웃 나라로 망명하는 바람에 개혁교회는 소수 민의 교회가 되었다. 그러나 프랑스에서 제일 먼저 종교개혁의 씨앗을 뿌린 소르본느 대학 교수인 작크르 페브르 데타플래(1455~1537)에 의해 1530년 라틴어판 성경을 프랑스어로 번역했다. 심한 박해 속에서도 개혁교회의 교인 수가 증가하였다. 칼빈은 35개 조항의 신앙고백서 초안을 작성하여 개혁교회에 보냈다. 칼빈은 신앙고백서는 한 개인의 손으로 쓴 것을 반대했기 때문에 제자 베자와 비레와 함께 작성한 것이다. 프랑스 신앙고백서는 1559년 5월 위그노의 개인 저택에서 프랑스 개혁교회의 총회를 열고 1557년 18개 조항의 신앙고백서와 제네바에서 보내온 35개 조항의 초안을 근거로 40개 조항의 신앙고백서를 작성하여 1571년 라 로셀에서 열린 제7차 총회에서 공식으로 인정하였다. 또한, 이 고백서를 라 로셀 신앙고백서라고도 한다. 1936년 프랑스 개혁교회의 신앙고백서로 재확인하고 독일 베셀지방 노회들도 1571년 신앙고백서로 인정했다.

2) 프랑스 신앙고백서의 특징

제1조의 하나님에 관한 서술은 "하나님은 단 한 분만 계신데, 그는 영적이시며, 영원하시고 불가시적이시고, 불변하시며, 무한하시고, 우리의 이해를 초월하시며, 말로써 형용할 수 없으며 전능하시고, 유일하시고, 단순하신 본질이시며, 그는 가장 지혜로우시고, 가장 선하시며, 가장 의로우시고, 가장 자비하신 분이심을 우리는 믿고 고백한다" 제30조에서 "참된 목사는 누구나 다 어떠한 위치에 있든지 유일하시며 머리시며 유일하신 주가 되시고 전 교회의 유일하신 감독자 되시는 예수 그리스도 아래서 동일한 권위와 평등한 권세를 가진다고 믿는다. 따라서 어떤 한 교회가 다른 교회를 통치하거나 주장할 수 없다" 나아가 성경에 있어서 일반계시와 특별계시를 나누어서 말했다. 그리고 직분의 평등과 교회의 우열을 철폐하였다.

3) 프랑스 신앙고백서 전문

우리는 주 예수 그리스도의 복음의 순수성을 지키면서 살고자 하는 프랑스인들이 일치하여 1559년에 이 신앙고백서를 만들었다.

1. 하나님과 그의 계시

제1조

우리는 하나님은 단 한 분만 계시며, 그는 영적이며, 영원하며, 보이지 않으시며, 불변하시며 무한하시며, 우리의 이해를 초월하시며, 말로서 다 형용할 수 없으며 전능한 단 하나의 단순한 본질을 가지신 분이며 가장 지혜로우시고 가장 선하시고 가장 정의로우시며, 가장 자비로우신 분임을 믿고 고백한다.

제2조

하나님은 사람들에게 자기 자신을 다음과 같이 계시하셨다. 첫째, 그의 행하신 일들과 창조와 그리고 만물의 유지와 지도를 통하여, 둘째, 더 분명하게 그의 말씀을 통한 것인데 처음에는 신탁이었으나 나중에는 우리가 성경이라고 부르는 책들 안에 기록되게 하셨다.

제3조

이 성경은 신약과 구약의 정경들로 구성된 것인데 다음과 같다(66권).

제4조

우리는 이 책들이 정경이며 우리의 신앙에 확실한 규칙임을 아는데 그것은 의견의 일치나 교회의 합의보다는 오히려 성령의 증거와 내적인 계몽에 의한 것이니 그는 아무리 유익할지라도 신조를 찾아낼 수 없는 교회의 다른 문서들과 정경들은 우리가 구별할 수 있게 하셨다.

제5조

성경 안에 있는 말씀은 하나님에게 나왔으며 이 책의 권위는 다만 하나님께서만 받는 것이지 사람에게서 받는 것이 아님을 우리는 믿는다. 그리고 성경이 모든 진리의 척도이며 하나님을 섬기는 일과 우리의 구원에 필요한 모든 것을 포함하고 있는 만큼 사람이나 천사라 할지라도 성경에 더 첨부하거나 혹은 성경에서 삭제하거나 그 책을 고치는 것은 잘못하는 일이다. 따라서 고전, 관습 다수, 사람의 지혜, 판단, 선포, 칙령, 포고, 회의, 환상 혹은 이적 등의 어떠한 것의 권위도 성경의 여러 책을 반대할 수 없고 오직 모든 것이 성경에 일치되게 검토되며 규정되며 개혁되어야 한다. 그러므로 우리는 세 가지 신조, 즉 사도신조, 니케아 신조, 및 아타나시우스 신조를 고백하는 까닭은 이 신조들이 하나님의 말씀에 일치되기 때문이다.

제6조

성경의 책들은 앞에서 고백한 대로 하나의 단순한 거룩한 본질에서 세 품격 즉 성부 성자 성령이 있음을 가르친다. 성부는 만물의 최초의 원인이며 원리이며 기원이다. 성자는 성부의 말씀이며 영원한 지혜이다. 성령은 성부의 덕력이며 능력이며 효능이다. 성자는 성부에게서 영원부터 탄생하신 분이다. 성령은 성부와 성자에게서 영원히 나오시는 분이다. 이 삼위는 혼돈되지 않고 구별이 있되 서로 분리되지 않고 동일한 본질을 가지며 영원성과 능력이 평등하시다. 여기에 있어서 우리는 옛날의 회의들이 제정한 것을 고백하며, 성 힐라리, 성 아타나시우스, 성 키릴과 같은 교부들이 배척한 모든 종파와 이단들을 꺼린다.

제7조

하나님은 성 삼위의 협력으로 그의 능력과 지혜와 다 할 수 없는 선으로 만물을 창조하셨으니, 하늘과 땅과 그 안에 있는 모든 것뿐만 아니라 보이지 않는 영들까지인데, 그 중의 어떤 것은 타락하여 멸망하였고, 어떤 것은 순전히 순종하고 있다. 전자는 악으로 부패하여서 모든 선의 원수들이 되었고 결과적으로 전체 교회의 원수들이 되었다. 후자는 하나님의 은혜로 보존되어서 하나님의 이름을 영화롭게 하며 그가 선택하신 사람들의 구원을 돕는 사역자들이 되었다.

제8조

하나님은 만물을 창조하셨을 뿐만 아니라 그것들을 주관하시며 지도하시며 그의 주권 의지로써 세상에서 생기는 모든 일을 처리하시며 정비하심을 우리가 믿는다. 그러나 그가 악을 지으신 분이라든지, 혹은 죄책이 그에게 전가되는 것을 믿지 않으니 그의 뜻은 모든 정의와 공의 최상의 절대 무오한 척도가 되기 때문이다. 그러나 그는 악마들과 죄인들이 범하며 죄책을 가져야 할 악을 선으로 변하게 하실 수 있도록 그들을 이용하는 신기한 방법을 가지고 계신다. 이렇듯 하나님의 섭리는 모든 것을 주관하심을 믿으면서 우리는 우리에게 숨겨진 비밀들 앞에 겸손히 머리를 숙이며 우리의 이해가 미치지 않는 것에 대하여서는 질문을 일삼지 않고 다만 우리의 평화와 안전을 위하여 성경에서 우리에게 계시된 것을 이용할 뿐이다. 왜냐하면, 하나님은 모든 것이 자기에게 복종하게 하셔서 성부로서 관심을 가지고 우리를 지켜보시며 자기의 뜻을 지키면 우리의 머리털 하나도 떨어지지 않게 하시기 때문이다. 그러나 그는 악마들과 우리의 모든 원수를 제압하셔서 자기의 허락 없이 그들이 우리를 해칠 수 없게 하신다.

2. 인간과 그 죄

제9조

사람은 하나님의 형상으로 순전하고 완전하게 창조된 것과 자기 자신의 죄 때문에 그가 받은 은혜에서 떨어져 나가서 정의와 모든 선의 근원이신 하나님으로부터 소외되어서 본성이 전적으로 부패하였음을 우리는 믿는다. 그리고 믿음이 어두워졌고 심정이 부패하였으므로 사람의 모든 순수성을 잃어버리고 그 안에 선한 것이 아무것도 없게 되었다. 그리고 비록 사람이 여전히 선과 악을 구별할 수 있다손 치더라도 사람이 하나님을 찾을 때 그가 가진 빛은 어두움이 되어 그의 지성과 이성으로는 도무지 하나님에게 나갈 수 없다. 또 비록 이것저것을 하도록 사람이 자기를 격려할 의지가 있을지라도 의로운 일을 행하도록 하나님이 사람에게 주신 자유를 가지고 있을 뿐이다.

제10조

아담의 후손은 다 원죄에 묶여 있는데 이것은 유전적인 악이어서 펠라기우스파가 선언한 단순한 모방이 아님을 우리는 믿으며 그들의 과오를 미워한다. 또 우리는 죄가 어떻게 이 사람에게서 저 사람에게로 전해지는지 질문할 필요가 없다고 생각하는데 그 까닭은 하나님이 아담에게 주신 것은 아담에 대한 것이 아니고 그의 모든 후손에 대한 것이기 때문이다. 그리하여 아담 안에서 우리는 많은 선한 것들을 박탈당하였고 그와 함께 죄와 비참한 상태에 빠졌다.

제11조

이 악은 참으로 죄며 비록 모태에 있는 어린아이들까지 포함하여 전체 인류를 정죄하기에 충분하며 하나님도 그 악을 그렇게 생각하신다고 우리는 또한 믿는다. 세례를 받은 후도 죄과는 죄의 상태로 있되 하나님의 자녀들에 대해서는 죄과에 대한 정죄가 폐지되는 것은 단순히 그의 자유로운 은혜와 사랑에 기인한다. 그리고 더 나아가서 죄과는 언제나 악의 반역의 열매를 맺는 타성을 가지고 가장 거룩한 사람들이 죄악에 저항할지라도 현세에서는 여전히 많은 약점과 불완전한 것을 지니게 된다.

3. 예수 그리스도

제12조

우리는 모든 사람이 빠져 있는 이 부패와 보편적인 정죄로부터 하나님은 자기의 영원하시고 불변하신 뜻에 따라 예수 그리스도 안에서 자기의 선하심과 자비로써만 선택하신 사람들을 그들의 업적을 고려하지 않고 자기의 자비의 풍부하심을 그들 가운데 나타내시기 위하여 부르셨으며 자기의 정의를 그들에게 나타내시기 위하여 여타의 사람들은 동일한 부패와 정죄 아래 남겨 두셨다고 믿는다. 전자를 하나님이 세계 창조 이전에 예수 그리스도 안에서 정하신 자기의 불변의 목적에 따라 분별하시기까지는 후자보다 더 나은 사람들이 아니었다. 또한, 누구도 자기 자신의 선행으로 이러한 보상을 얻을 수 없으니 그 까닭은 본성적으로 사람은 하나님이 우리 마음에 먼저 넣어 주시지 않으면 단 한 가지도 선한 감정이나 혹은 생각을 품을 수가 없기 때문이다.

제13조

우리는 예수 그리스도 안에서 우리의 구원을 위하여 필요한 모든 것이 제공되었고 전달되었다고 믿는다. 그는 우리의 구원을 위하여 주워진 분이며 또 우리의 지혜와 의와 성화와 구원이 되셨다. 그리하여 만일 우리가 그를 거절하면 우리의 피난처로서 발견될 수 있는 유일한 성부의 자비를 부정하는 것이 된다.

제14조

우리는 하나님의 지체이며 그의 영원하신 아들이신 예수 그리스도가 우리 인간의 육신을 취하시고 하나님과 사람이 한 품격 안에 있게 되었으며 우리와 같은 사람으로서 몸과 영혼이 고난을 당할 수 있으되 죄의 모든 허물에서 자유로우심을 믿는다. 그리고 비록 그가 성령의 능력으로 잉태되었을지라도 육신적으로는 아브라함과 다윗의 후손이다. 여기에 있어서 우리는 과거에 교회를 어지럽게 했던 모든 이단과 특별히 세르베투스의 악마적인 망상을 배척한다. 그는 예수 그리스도께서 환상적인 신적 속성을 돌리면서 그를 만물의 이념이니 모형이라고 부르거나 또는 하나님의 품격을 가진, 혹은 상징적인 아들이라고 부르다가 나중에는 피조물이 아닌 세 가지 요소를 지닌 몸을 가진 분이라고 말함으로써 양성을 혼돈하거나 파괴하게 이르렀다.

제15조

우리는 한 품격, 곧 예수 그리스도 안에 두 본성이 실질적으로 그리고 분리되지 않게 접하고 연합되어 있으나 각 본성이 그 본래의 성격을 지니고 있어서 이 연합으로 신성이 그 속성을 보유하면서 피조물들이 아닌 무한하고 무소부재 한 존재로 남아 있음을 믿는다. 또 그의 인간성은 유한하고 인간의 형태와 한계와 속성을 가지고 있는 것과 또 예수 그리스도가 죽음에서 부활하여 그의 몸이 영생을 얻었지만, 그의 몸에서 몸의 참된 본성이 제거되지 않았다는 것을 믿는다. 그리하여 우리는 그의 신성을 생각하되 그의 인간성을 제거하지 않는다.

4. 구원사업

제16조

우리는 하나님이 그의 아들을 보내서서 우리에게 자기의 사랑과 무한한 선의를 보여 주기로 의도하시고 모든 의를 성취하시기 위하여 그를 죽은 자리에 내어 주셨고 우리에게 하늘의 생명을 주시기 위하여 죽음에서 다시 살아나게 하셨음을 믿는다.

제17조

우리는 예수 그리스도가 십자가 위에서 주신 완전한 희생 제물로써 우리를 하나님과 화해시키시고 그 앞에서 의롭다고 인정하셨으니 이는 그가 우리 죄를 용서하시고 도말 하시지 않는 한 우리가 하나님에게 용납될 수 없을뿐더러 그의 자녀가 될 수 없기 때문이라고 믿는다. 이렇게 하여 우리는 예수 그리스도를 통하여 깨끗하고 완전하게 되었으며, 그의 죽으심으로써 우리가 완전히 의롭다고 인정을 받았으며, 오직 그의 공로로서만이 우리가 우리의 허물과 죄과로부터 구제될 수 있음을 선언한다.

제18조

우리는 시편 시인이 말한 대로(시 23:2), 우리의 모든 의는 우리 죄의 용서에 달렸으며 우리의 유일한 축복도 또한 거기에 있음을 믿는다. 그러므로 우리는 하나님 앞에서 달리 의롭게 되는 모든 방법을 거부하며 어떠한 선행과 공로도 내세우지 않고 우리의 모든 죄를 도말 하는 동시에 하나님의 면전에서 은혜와 선의를 발견할 수 있게 우리에게 돌려주신 예수 그리스도의 순종에만 단순히 의지한다. 그리고 실로 우리가 조금이라도 이 토대에서 떠나가면 다른 데서 안식을 찾을 수 없고 언제나 괴로워해야 한다고 믿는다. 우리가 예수 그리스도 안에서 사랑을 받을 것을 결단하기 전에는 결단코 하나님과 화평할 수 없을 것이니, 우리 자신은 미움을 받을 수밖에 없는 존재이기 때문이다.

제19조

우리는 이 방법에 따라 하나님이 우리에게 자신을 아버지로서 나타내실 것을 확신하고 그에게 기도할 자유와 특권을 갖는다고 믿는다. 그 까닭은 이 중보자 밖에는 하나님께 접근해 갈 수 있는 길이 달리 없기 때문이다. 그리고 그의 이름으로 기도의 응답을 듣기 위해서 우리는 우리의 수장이신 그에게서 우리의 생명을 받아야 한다.

제20조

우리는 그가 우리의 구원을 위하여 고난을 받으셨으므로 누구든지 그를 믿으면 멸망하지 않으리라고 기록된 대로 믿음만으로 우리가 의롭게 된 것을 믿는다. 그리고 이것은 그를 통하여 우리에게 주신 생명의 약속들을 우리의 것으로 삼으며, 또 그 약속들을 받을 때 우리는 하나님의 말씀으로 세움을 받았으며 속일 수 없음을 확신하면서 그 약속들의 효과를 느끼는 데 달렸다. 이렇듯 믿음을 통한 우리의 의인은 하나님이 선언하시고 자기 사랑을 우리에게 증명하여 주신 자유로운 약속에 달린 것이다.

제21조

우리는 성령의 신비한 힘으로 믿음 안에서 계몽을 받았으며, 이것은 하나님의 뜻하신 사람들에게 주신 고마운 특별한 은사이어서 선택된 사람이 영광을 받을 이유는 없고 다만 자기들이 다른 사람들보다 낫게 호의를 받은 데 대하여 이중으로 감사할 수밖에 없는 것이다. 우리는 또한 믿음이 선택된 사람들에게만 주어져서 바른길로 인도하시려는 것이 아니고 그들이 끝까지 믿음을 계속 가지도록 하시는 것으로 믿는다. 왜냐하면, 하나님은 이 일을 시작하셨을뿐더러 그 일을 또한 완성하실 것이기 때문이다.

제22조

우리는 이 믿음으로 새 생명으로 다시 태어났으나 본성적으로 죄를 지을 수 있다고 믿는다. 이제 우리는 하나님이 우리에게 자기의 성령을 주실 것이라고 복음서가 우리에게 주신 그 약속을 받으므로 거룩하게, 그리고 하나님을 두려워하면서 살 은혜를 믿음으로 받는다. 이 믿음은 거룩한 생활을 못 하게 우리를 방해하거나 혹은 의를 사랑하지 않게 만들지 않고 반드시 우리 안에서 모든 선한 일을 맺게 하신다. 더구나 하나님은 우리 안에서 우리의 구원을 위하여 일하시며, 또 우리의 마음을 새롭게 하여 선한 일을 결심하게 하시지만, 우리가 행하는 선한 행위들은 그의 성령에게서 나온 것이며 그것이 우리의 의인을 위하여 공을 세운 것이 아니며 또한 그 선행들이 우리를 하나님의 아들들로서 채택되게 할 힘을 가진 것도 아니다. 그 까닭은 우리가 만일 예수 그리스도가 우리를 놓아주신 그 속량에 의존하지 않으면 우리는 언제나 의심하며 마음에 쉼이 없을 것을 믿기 때문이다.

제23조

우리는 예수 그리스도가 세상에 오셨을 때 율법의 명령들은 끝났으며 비록 그 의식들은 이제 더 사용되지 않지만, 그것들의 실체와 진리는 그것들을 완성하신 예수 그리스도 안에 남아 있다고 고백한다. 그리고 더구나 우리는 우리의 생활을 다스리기 위함과 동시에 복음의 약속들의 확인을 위해서 율법과 예언자들의 도움을 받아야 한다고 믿는다.

제24조

예수 그리스도가 우리의 유일한 변호자 이시며 또 그가 자기 이름으로 아버지에게 기도하도록 명령하시므로 하나님이 자기 말씀으로 우리에게 가르치신 모범과 일치되는 기도가 아니면 올바른 것이 못되므로 죽은 신도들을 대신하여 드리는 기도에 관한 착상은 불합리하며 예배의 올바른 길에서 벗어나게 유도하는 사탄의 생각이라고 우리는 믿는다. 우리는 또한 사람이 하나님 앞에 자신들을 구원하려고 하는 모든 다른 방법은 예수 그리스도의 희생과 고난을 헤치는 것이므로 배격한다.

마지막으로 우리는 연옥이 동일한 출처에서 나온 착각으로 생각하며 거기에서 또한 수도원의 서약, 순례, 성직자의 결혼 금지, 육식 금지, 특정 제일들을 지키는 의식들, 고백 제도, 면죄부 그리고 사죄와 구원을 얻는 공적을 세우려는 그 밖의 모든 것들이 생겼다. 우리가 이러한 것을 배격하는 까닭은 그것들이 부착되어 있는 공로 사상만이 아니고 그것들이 사람들의 양심에다가 멍에를 메우는 인간의 발명이기 때문이다.

5. 교회와 그 성격

제25조

이제 우리는 복음을 통해서만 그리스도를 알 수 있으므로 우리는 그의 권위로 세워진 교회의 제도는 신성한 것이 되어야 하며 따라서 교훈을 주기 위한 목사가 없이는 교회가 존재할 수 없으며 그가 정식으로 초청되고 그 직책을 충실하게 수행할 때 우리가 그를 존경하며 순종해야 한다고 믿는다. 하나님이 이러한 도움과 종속적인 방편을 꼭 필요로 하는 것이 아니고 다만 이러한 제약으로 그가 우리를 다스리시기를 좋아하시기 때문이다. 여기에 있어서 우리는 자기들의 세력이 미치는 한도에서 말씀의 설교와 성례전을 파괴하고자 하는 모든 공상가를 배척하는 바이다.

제26조

우리는 아무도 자기 자신을 유리시켜서 혼자 만족할 것이 아니고 오직 모두가 합동하여 교회의 연합을 유지해야 하며 하나님이 교회의 참된 제도를 세우신 곳에서는 어디서든지, 또 비록 집정관들과 그들의 법령이 이 제도에 역행한다 할지라고 공적인 교훈과 예수 그리스도의 멍에에 복종해야 한다고 믿는다. 왜냐하면, 만일 우리가 교회제도에 참여하지 않거나 혹은 거기서 분리해 나가면 하나님의 말씀에 어긋나기 때문이다.

제27조

그럼에도 불구하고 우리는 어느 것이 참된 교회인지를 조심스럽게 구별하는 것이 중요하다고 믿는데 참된 교회라는 명칭이 악용되기 쉽기 때문이다. 그리하여 우리는 하나님의 말씀대로 교회는 그의 말씀과 그 말씀이 가르치는 순수한 종교에 순종하는 일에 하나가 된 신실한 성도들의 공동체라고 말한다. 그 신도들은 그 말씀 안에서 생애를 이끌어 전진해 가며 성장과 전진이 있어야 하겠다고 느낄 때는 언제나 하나님을 두려워하는 생각으로 더 성장해 간다. 그들이 비록 계속적으로 노력하지만 자기들의 죄의 용서 밖에는 다른 아무 희망을 품을 수 없다. 그럼에도 불구하고 우리는 신도들 가운데는 위선자들과 버림받은 자들이 있을 수 있으나 그들이 사악이 교회의 이름을 파괴할 수 없음을 믿는다.

제28조

우리는 이 신앙을 가지고 바로 말한다면 하나님의 말씀을 받아들이지 않거나 신앙고백이 그 말씀 중에 종속하지 않거나 성례전을 사용하지 않는 교회란 있을 수 없다고 선언하는 바이다. 그러므로 우리가 교황의 집회들을 정죄하는 까닭은 거기서는 하나님의 순수한 말씀이 추방되었으며 모든 미신과 우상이 들어 있기 때문이다. 그리하여 우리는 이러한 행사에 참여하여 그 교회에 다니는 사람은 다 그리스도의 몸으로부터 자신들을 분리하고 절단시킨다고 주장한다. 그럼에도 불구하고 교회의 어떤 흔적이 교황의 교회에도 남아 있고 세례의식과 효과와 실체가 남아 있으며 또 세례의 효과가 집례 자에게 달린 것이 아니기에 우리는 그 교회에서 세례를 받은 사람들은 다시 세례를 받아야 할 필요가 없다고 고백한다. 그러나 그 세례의 부패 때문에 우리는 아이들을 오염시키지 않고는 그 교회에서 세례를 받게 할 도리가 없다.

6. 교회와 그 조직

제29조

우리는 참된 교회를 우리의 주 예수 그리스도가 세우신 질서에 따라 통치되어야 한다고 믿는다. 즉 교회는 목사들, 감독자들 그리고 집사들이 있는 까닭은 순전한 교훈이 유지되며 악덕이 시정되고 억제되며, 또 가난하고 고통을 받는 모든 사람이 필요에 따라 구제를 받기 위함이다. 또 집회가 하나님의 이름으로 모이며 거기서 성인이나 아이들이나 다 경건의 훈련을 받기 위함이다.

제30조

우리는 모든 참된 목사는 어떠한 곳에서든지 단 한 분의 수장, 단 한 분의 군주, 전체 교회의 감독이신 예수 그리스도 아래서 동일한 권위와 평등한 권세를 가지고 있으며, 따라서 어떠한 교회도 다른 교회를 통치하거나 지배할 권위를 주장할 수 없다고 믿는다.

제31조

우리는 누구도 자기 자신의 권위에 따라 교회의 권위에 간여할 수 없고 다만 가능한, 하나님이 허락하시는 한, 선거를 통하여 될 수 있다고 믿는다. 우리가 여기에 예외 조건을 만드는 까닭은 때에 따라서는 또는(교회의 지위가 방해를 받는) 오늘에 있어서 하나님은 황폐되고 지리멸렬된 교회를 회복시키기 위하여 특별한 방법으로 사람들을 일으켜 세우실 필요가 있기 때문이다. 그러나 그렇다 하더라도 우리는 언제나 이 규칙에 맞춰야 하며 모든 목사 감독과 집사는 자기들의 직책이 소명을 받고 있는 증거를 가져야 한다고 믿는다.

제32조

우리는 또한 감독으로 선택된 사람들이 교회의 모든 지체의 관리를 위하여 취할 방법에 대하여 그들이 서로 연구하며, 그들이 우리 주 예수 그리스도가 우리에게 정해 주신 것에서 결단코 떠나서는 안 될 것을 믿는다. 그런데 이것은 편의상 각처에서 어떤 특별한 제도들이 있을 수 있음을 막지 않는다.

제33조

하나님을 예배한다는 구실 아래서 사람들이 도입하여 사람의 양심을 구속하려는 모든 인간의 발명들과 법들을 우리는 배격한다. 이 점에 있어서 우리 주 예수 그리스도가 파문에 대하여 말씀하신 것에 따라야 하는데 우리는 그것이 파문의 선행 조건들과 결론들을 위하여 필요함을 증명하며, 또 고백한다.

7. 성례전

제34조

우리는 성례전이 말씀을 더욱더 충분하게 확인하여 주며, 또 그것이 우리에게 하나님 은혜의 약속과 표가 되며 또 이 방법으로 우리의 신앙심을 도우며 위로하여 줄 수 있는 것은 우리 안에 있는 약함 때문이며 또 성례전은 하나님이 자기 성령을 시켜 역사하시는 외부적인 표지들이니 그는 아무것도 헛되게 우리에게 보여 주지 않으심을 믿는다. 그러나 우리는 성례전의 본체와 진리는 예수 그리스도 안에 있으며 성례전 그 자체는 다만 연기와 그림자에 불과함을 주장한다.

제35조

우리는 모든 교회의 공통되는 단 두 가지 성례전을 고백한다. 그 처음 것은 세례의식인데 이것은 우리를 자녀로 삼는 증거로 주신 것이다. 왜냐하면, 세례로 우리 주 예수 그리스도의 피로 씻음 받아 우리가 정결하게 되며 그의 몸에 접붙임을 받고 그 결과 성령으로 순전한 생명으로 중생하기 때문이다. 또 우리는 한 번만 세례를 받지만 그것은 우리가 받는 은혜는 전 생애를 통하여 확대되어 예수 그리스도가 항상 우리를 의롭게 보시며 성화하시는 영구한 보증이 됨을 주장한다. 그럼에도 불구하고 세례의식은 믿음과 회개의 의식이지만 하나님은 어린이들을 그 부모들과 함께 교회에 받아드리시고 예수 그리스도의 권위로 신자들의 자녀들에게 세례를 받게 할 것을 주장한다.

제36조

우리는(두 번째 성례전인) 성찬의식은 예수 그리스도와 우리 사이의 결합의 증거임을 고백한다. 그것은 우리가 우리를 위하여 한 번 죽으시고 부활하셨을 뿐만 아니라 또한 그의 피와 살을 가지시고 우리를 양육하시기 때문이니 이것으로써 우리는 그와 하나가 되며 그의 생명이 우리의 것이 될 것이다. 그는 세상을 심판하시기 위하여 오실 때까지 하늘에 계시지만 성령의 신비하고도 이해할 수 없는 힘으로 그의 몸의 피의 실재를 가지고 우리를 양생하심을 우리는 믿는다. 이 일은 영적으로 이루어지는 것으로 주장하는 까닭은 사실과 진리 대신에 상상과 공상을 대치시키기 때문이 아니고 다만 이 신비의 위대성이 우리의 감관과 자연의 법칙들을 초월하기 때문이다. 요컨대 이것은 하늘에 속하는 일이므로 믿음으로만 이해될 수밖에 없는 것이다.

제37조

우리는(이미 말한 대로) 성찬과 또 세례의식에 있어서 하나님이 거기서 우리에게 나타내시는 것을 현실에서 또 사실로서 우리에게 주신다고 믿는다. 그러므로 우리는 이러한 표지들과 함께 그것들이 제시하는 것을 참으로 소유하며 즐긴다.
또 이렇게 하여 그리스도의 거룩한 식탁에서 물이 그릇을 채우듯이 순전한 믿음
을 가지고 나오는 사람은 다 그 표지들이 증명하는 것과 같은 것을 참으로 받는다.
예수 그리스도의 살과 피는 빵과 포도주가 몸을 기르듯이 영혼의 식물과 음료수가
되어있는 것이다.

제38조

이렇게 하여 우리는 세례의 물은 약한 물질이지만 참으로 예수 그리스도의
피와 성령의 효능으로 우리의 영혼을 내부적으로 정결하게 하심을 밝히는 것이라
고 주장한다. 또 빵과 포도주는 성찬의식에서 우리에게 주시며 우리의 참된 영의
식물이 됨을 주장한다. 왜냐하면, 예수 그리스도의 살은 우리의 식물이고 그의 피
는 우리의 음료수임을 우리의 육안으로 보듯이 우리에게 제시하시고 있기 때문이
다. 그러므로 우리는 우리 주 예수 그리스도가 이것은 내 몸이니 또 이 잔을 내 피
라고 말씀하시는데도 이러한 표지를 받기를 원하지 않는 열광주의자들과 성례전
상상주의 자들을 배격한다.

8. 정부의 권위

제39조

우리는 하나님이 무질서한 욕망을 억제할 법률들과 집정관들을 두셔서 이 세
상이 통치되기를 원하신다고 믿는다. 그리하여 그는 왕국, 공화국, 또 세습적 및 비
세습적인 여러 종류의 나라와 또 정당한 정부에 속한 모든 것과 또 그것들의 창시
자로 인정될 수 있기를 바라는 것들을 설립하셨다. 그러므로 하나님은 다만 십계명
의 제2 계명을 어길뿐더러 제1 계명도 어기는 범죄를 제거하시기 위하여 위정자의

손에 검을 쥐여 주셨다. 그 결과 우리는 하나님을 위하여, 그저 그들이 고관하기 때문에 복종하는 것이 아니고 그들을 존경하고 그들에게 합당한 경의를 표하며, 또 그들을 하나님의 대리자, 또는 사무원으로 간주하여야 한다. 하나님은 그들에게 올바르고 신성한 목적의 수행을 위임하셨다.

제40조

그리하여 우리는 그들의 법률과 규칙에 따르며, 세금, 조세, 그 밖의 의무를 수행하며, 또 선의와 자유의지를 가지고 비록 그들이 불신자라 할지라도 하나님의 절대주권이 침해를 받지 않는 한 복종하는 멍에를 메야 한다. 그러므로 우리는 권위를 거부하고 재산의 공유와 혼란을 일삼으며 정의의 질서를 전복시키려는 모든 사람을 배격한다.[151]

6. 칼빈의 신앙고백서(1530)

프랑스는 종교개혁 초기부터 박해를 받았으며 루이 14세 때는 많은 순교자가 생겨나고 이웃 나라로 망명하는 관계로 프랑스개혁교회는 소수 민의 교회가 되었다. 그러나 프랑스에서 제일 먼저 종교개혁의 씨앗을 뿌린 소르본느 대학교수인 작크르 페브르데타플래(1455~1537)에 의해 1530년 라틴어판 성경을 프랑스어로 번역함으로 심한 박해 속에서도 개혁교회의 교인 수가 증가하였다. 이때 칼빈은 35개 조항의 신앙고백서 초안을 작성하여 개혁교회에 보냈으며, 칼빈은 신앙고백서는 한 개인의 손으로 쓴 것을 반대했기 때문에 베자와 비레와 함께 작성한 것이다.

---

151 이장식 역, 「기독교 신조사」 pp. 205-219.

칼빈 신앙고백서 전문

1. 하나님의 말씀

첫째로 우리는 이렇게 분명히 말한다. 우리는 신앙과 종교의 규범으로서 성경, 즉 하나님의 말씀으로 말미암지 않고 인간의 지혜로 생각해 낸 그 어떤 것과도 혼합되지 아니한 오직 성경만을 따라 결의할 것이다.

둘째로 우리는 영적 통치에서는 우리 주님이 명령하신 말씀에 어떤 것을 더하지 않을 것이며 어떤 것을 감하지도 아니하고 오직 하나님의 말씀만을 가르치는 것 외에 다른 교리를 받아드리는 일을 원치 아니한다.

2. 유일신

그러므로 성경에 포함된 교육에 바탕을 두고 우리는 우리가 경배하고 봉사하는 유일신이 계신다는 것과 하나님만이 모든 지혜와 권위와 의와 선과 자비가 풍성하다는 것을 확신한다. 그리고 하나님은 영이심으로 신령과 진정으로 예배하지 않으면 안 된다. 그리고 우리는 다음의 사실을 경멸한다. 즉 피조물을 믿으며 거기에 소망을 두는 것, 천사나 어떤 피조물이나 하나님 이외의 어떤 것을 숭배하는 것, 하나님 한 분 외에 성자나 성녀나 그 밖의 땅 위에서 사는 사람에 지나지 않는 것을 주님으로 섬기는 것, 이와 마찬가지로 하나님께 드리는 예배를 외면적인 의식과 육체적인 행동에 따라 실행함으로써 마치 하나님께서 그것을 기뻐 받으시는 것처럼 꾸미는 일, 또 하나님의 신성을 나타내기 위하여 혹은 하나님께 예배하기 위하여 우상을 만드는 일들은 경멸해야만 되는 일이다.

3. 만민을 위한 유일한 하나님의 율법

하나님은 우리의 양심을 지배하시는 권세를 가지신 유일하신 주님이시요 교사이심으로 그의 뜻은 모두 의의 유일한 기준이다. 그러므로 우리는 이처럼 고백한다. 거룩하신 율법의 여러 가지 계명에 따라 규정되어 그 율법 속에서만이 의의 완전함이 있다. 선하고 의로운 삶을 살기 위해서는 또 다른 규범을 갖지 않는다. 하나님에 의해 합당하게 살기 위해서는 율법이 가지고 있는 것 이외의 선을 행하라고 하는 생각을 가질 것도 없다. 이 율법은 다음과 같이 기록되어 있다. 출애굽기 20장 1-17절(십계명 전문 생략)

4. 본성적으로 본 인간

인간이라고 하는 것은 그 본성에 있어서 오성의 암흑 속에서 전적으로 맹종하고 있으며 심성이 퇴폐하고 부패하여 있으므로 하나님께 진실해야 한다는 것을 진정한 의미에 있어서 파악할 수 없을 만큼 되었으며 또한 분명히 보는바, 참된 선을 행할 능력이 없다는 것을 우리는 시인한다. 그런데 돌이켜 생각해 보면 하나님으로부터 버림받아 인간의 고유한 본성 그대로 버려둔 대로라면 인간은 무지하여 모든 불법을 자행하는데 버림받을 수밖에 없는 것이다. 그러므로 인간은 하나님의 구원의 은총의 사실을 올바로 인식하기 위하여 하나님으로부터 비추임을 받고 하나님의 사랑 속에서 바로 되어 하나님의 의에 복종하도록 개조될 필요가 있는 것이다.

5. 죄를 범한 인간

인간은 그 본성으로부터(이미 말한 바와 같이) 하나님으로부터 받은바 모든 빛과 모든 의를 빼앗기고 잃어버리고 말았다. 그러므로 인간은 하나님의 노여움과 저주를 받을 수밖에 없다는 것 그러나 구원의 수단이 되는 것을 자기 이외의 것으로부터 구할 수밖에 없다는 것을 우리는 시인한다.

6. 예수님 안에 있는 구원

따라서 우리는 고백한다. 예수 그리스도는 우리 자신들이 잃어버린 모든 것을 얻기 위하여 하나님 아버지로부터 우리에게 주어진 분이시다는 것을 믿는다. 그런데 예수 그리스도께서 우리의 죄를 용서하시기 위하여 이룩하신 일과 고난을 받으신 일 등 모든 일을 우리는 어떠한 의심도 없이 진실임을 믿는다. 그 순서는 교회에서 고백하고 있는 사도신조 속에 언급되어 있다(사도신조 생략).

7. 예수 안에 있는 의

이에 우리는 다음의 사실이 예수 그리스도에게 있어서 하나님으로부터 주어진 사실임을 믿는다. 우리는 본성적으로 하나님을 대적하여 그의 노여움과 심판의 대상과 화목하고 그 은총으로 죄 사함을 받은 것이다. 그것은 그의 의와 무죄하심으로 말미암아 우리가 죄 사함을 받고 또한 그의 피 흘리심으로 말미암아 우리의 모든 악으로부터 정결하게 되어 깨끗케 되었기 때문이다.

8. 예수님 안에 있는 새로 남

둘째로 이것이다. 예수 그리스도의 성령에 의하여 우리는 새롭게 영적인 성질을 가지고 다시 난다. 이러하여 육적 악한 음욕은 죽고 우리를 지배할 수 없게 되는 것이다. 또한, 우리의 의지는 하나님의 의지에 복종하여 인도하시는 대로 따라가며 하나님이 기뻐하시는 일을 행하게 되는 것이다. 이는 예수 그리스도를 말미암아 죄의 노예 상태로부터 풀려났기 때문이다. 그렇게 되기까지는 우리의 몸은 죄의 권세 아래 묶여 있었다. 그러나 죄의 노예 상태로부터 풀려남으로써 우리는 선한 행위를 할 수 있는 능력을 갖추게 되며 선을 행하기에 합당하게 되는 것이다.

9. 신자에게 항상 필요한 죄 사함

셋째로 이것이다. 우리 속에서 이루어진 중생은 불완전하고 연약하고 죽을 수밖에 없는 우리가 육체를 떠날 때까지 우리에게 항상 머물러 있게 된다. 그리고 우리가 하나님 앞에서는 언제나 비참한 죄인일 뿐이다. 그러나 우리가 날마다 어느 정도 하나님의 의 안에서 성장하며 발전해 나가는 것이다. 그렇지만 이 땅 위에서 사는 날 동안은 결코 충분하게 완전하게 될 수는 없다. 그러므로 우리는 언제나 그릇됨과 허물의 사함을 받기 위해서는 하나님의 긍휼하심이 있어야 한다. 그러므로 우리는 언제나 우리의 의를 그리스도 안에서 구하여야 하며 그리스도 안에서만이 평안을 누리게 되며 그리스도만을 신뢰하며 결코 우리 자신의 행위에 의존하지 않는다.

10. 하나님의 은혜에 의한 모든 선

이리하여 모든 영광과 모든 찬미가(찬미할 수밖에 없는) 하나님께 돌려져야 하며 우리의 양심에 참된 평화와 평안을 누리기 위해서는 우리가 하나님의 모든 은혜를 받고 있다고 하는 사실을 이해하고 고백한다. 이 은혜는 앞서 말한 바와 같이 전적으로 하나님의 긍휼과 자비하심으로부터 오는 것이며 우리 자신의 가치라든지 행위에 의한 공로는 전적으로 생각할 수 없는 것이다. 우리의 행함은 언제나 혼란을 가져오는 일밖에는 없다. 그러나 우리 하나님은 은혜로서 우리를 독생자 예수 그리스도와 교통케 하시고 믿음으로 말미암은 우리의 행함을 보시고 하나님의 뜻에 합당하게 여겨주신다. 우리의 행함에 어떤 공로가 있어서가 아니라 하나님은 우리의 불완전함을 책망하지 않으시고 성령의 능력으로 말미암아 행하게 된 우리의 선행을 인정하시는 것이다.

11. 믿음

우리는 고백한다. 우리의 육신에까지 미치는 큰 보배와 큰 부귀를 갖게 됨을 믿음으로 말미암는다는 것을, 즉 진정한 마음으로 확실히 신뢰하며 확신하여 복음의 약속을 믿으며 예수 그리스도를 아버지께서 보내신 대로, 하나님의 말씀에 쓰인 대로 받아들일 때 이 같은 축복이 시작되는 것을 믿는다.

12. 하나님께만 구하는 기도와 그리스도의 중보

우리는 하나님 안에서 그리고 예수 그리스도를 통하지 아니하고는 우리의 구원과 선한 행위와 신앙과 소망은 있을 수 없다고 단언한다. 그러므로 우리는 어떤 궁지에 있을지라도 예수 그리스도의 이름으로 하나님께 기도해야 한다는 것을 고백한다. 예수 그리스도는 우리의 중보자이시며 변호인이므로 그를 통하여 우리는 하나님께 가까이 가는 길을 가지게 되었다. 따라서 우리는 모든 선한 일이 하나님에게서 오는 것이며 하나님께만 감사하는 것을 알아야 한다. 또 한편 우리는 성도들의 중보를 성경에 역행하는 인간의 허구적인 미신으로 보고 배척한다. 즉 예수 그리스도의 중보가 불충분하다고 하는 말은 성경에 없다.

13. 바른 기도

더욱이 기도는 마음속에서 우러나오는 것이 아니면 위선적이거나 즉흥적인 것에 지나지 않는다. 그러므로 우리는 모두 기도가 확실한 깨달음에 근거하여서 되지 않으면 안 된다고 본다. 이 때문에 우리는 주기도문을 배우게 되는 것이지만, 이는 우리가 원하는 것이 무엇인가를 잘 이해하려고 하기 때문이다(주기도 전문 생략).

14. 성례전

성례전이란 우리 주님이 자기의 교회에서 신앙의 훈련을 시키기 위하여 제정하신 것이라고 우리는 이해한다. 즉 우리의 신앙을 하나님의 약속을 향하여 강하게 하고 확립하여 사람들을 향해서 증거 하도록 하는 것이다. 그리고 그리스도의 교회는 하나님의 권위로 말미암아 제정된 두 개의 성례전이 있다. 세례와 주님의 만찬이다. 따라서 로마교회의 왕국에서 확정하고 있는 일곱 개의 성례전 가운데

318

다섯 개는 만들어 넣은 것으로서 허구라는 사실을 우리는 선언한다(견신, 고해, 종유, 서품, 결혼).

15. 세례

세례란 우리 주되신 하나님께서 우리를 그의 독생자 예수의 지체로 삼기 위하여 우리를 하나님의 아들로 받아들이려고 하는 사실을 증거 하는 하나의 외적 표인 것이다. 따라서 이 세례에 있어서 우리는 성령으로 말미암아 우리의 죄로부터 정결하게 되고 그리스도의 죽음으로 말미암아 우리의 육이 죽게 됨을 나타내는 것이다. 그리고 우리들의 자녀들도 분명히 주님의 언약과 관계되어 있으므로 이 외적 표지와 관계된 한 언약의 자녀의 권리가 있음을 우리는 확신한다(이것은 재세례파의 주장에 대한 반박이다).

16. 성만찬

주의 성만찬은 주님의 몸과 피로 말미암은 주님과 우리의 영적 참된 교통을 떡과 포도주를 재료로 하는 하나의 표시인 것이다. 여기서 우리는 주님께서 제정하신 것을 행하며 우리의 생명이신 예수님께 모든 것을 맡기게 하려고 성만찬이 신자의 모임에서 행하여지고 있음을 확인하는 것이다. 그런데 로마교회의 미사는 이 성만찬의 심오한 뜻을 그릇 되어 행하여 사악하게 하는 사단적인 제도이다. 그러므로 우리는 이것이 하나님께 죄악을 범하는 일이며 우상숭배임을 선언한다. 다시 말하면 미사는 영적 구원을 위한 희생으로 보고 떡 그 자체를 하나님과 동일시하여 예배하기 때문이다. 미사에서 하나님을 모독하는 일과 미신을 포함하여 하나님의 말씀을 폐하는 데까지 나아가고 있다. 이것은 아무런 결실도, 건덕도 아니며 전적으로 성만찬을 헛되게 만드는 것이다.

17. 인간의 전승

교회의 외적인 치안에 필요한 규정이라든지 혹은 신자들의 모임에 있어서 평화와 공정의 바른 질서를 유지하기 위하여 관계가 있는 규정은 우리는 인간의 전승으로 보지 않는다. 이것들은 사도 바울의 일반적인 계규 안에 포함되어 있기 때문이다. 이에 사도 바울은 우리에게 모든 것을 적절하게 그리고 질서 있게 행하도록 바라고 있다. 그러나 양심을 속박하고 하나님의 교훈이 아닌 것으로 신자를 강하게 하고 하나님의 명령하신 것과는 다른 예배를 드린다든지 기독교인의 자유를 파괴하는 방향에서 만들어진 일체의 율법과 제도를 우리는 사탄의 사악한 교리라고 선언한다. 이에 우리 주께서 말씀하시기를 "사람의 계명으로 교훈을 삼아 가르치니 나를 헛되이 경배하는도다"라고 하셨기 때문이다(마 15:9, 사 29:13). 이에 우리는 성지순례, 수도사, 식용육의 구별, 결혼 금지, 고해, 등 그 이외의 것도 이와 같은 유인 것으로 본다(1245년 이래로 로마가톨릭교회 신자는 적어도 일 년에 1회는 사제 앞에서 죄를 고백하게 되어 있다).

18. 교회

예수 그리스도의 교회는 오직 하나밖에 없다. 그렇지만 요구 때문에 신자들의 무리가 여러 지역에 흩어져 있으므로 이들의 하나하나의 모임이 교회라고 부르는 것을 우리는 인정한다. 그런데 모든 무리가 주님의 이름으로 모이면서도 하나님을 모독하는 행위를 일삼는 집단이 있다. 그러므로 예수 그리스도의 교회를 바로 분열하여 보기 위한 표지로서 하나님의 거룩한 복음이 순수하게 그리고 충실히 설교 되고 있으며 올바로 알려졌으며 올바로 들려지고 있으며 올바로 지켜지고 있음과 동시에 예전이 올바로 집행되고 있다면 혹 인간의 불완전한 면이나 잘못된 것이 있다 할지라도 거기에 교회가 존재한다는 사실을 우리는 배우고 있다. 이와 반대로 우리는 복음이 선교 되지 않고 들려지지 않고 받아들여지지 아니하는 데에서는 교회의 모습이 인정될 수 없는 것이다. 그러므로 로마가톨릭교회 교황의 법규에 따라 다스려지는 모든 교회는 기독교가 아니라 사단의 회당인 것이다.

19. 제명

그런데 하나님과 그 신성한 말씀을 경시하고 설득과 권고와 견책에도 귀를 막는 사람은 언제나 있는 것이다. 이에 제명이라는 계규가 주님으로부터 정당한 이유로 진실하게 우리를 위하여 제정되어 있다. 우리는 그 계규를 거룩하게 유효하게 지켜나가야 한다. 그것은 악한 사람이 성도의 교통에 있어서 선한 사람을 타락하게 하지 못하게 하려고, 또 우리 주님의 영광이 가려지지 않게 하려고 그리고 악한 자를 부끄럽게 하여 회개하는 데 필요한 것이다. 그리고 그것은 하나님께서 정하신 것으로 우리에게 유익을 가져온다는 사실을 우리는 깨닫고 있다. 말하자면 우상숭배와 하나님을 모독하는 사람, 살인, 강도 음행, 거짓 증거 하는 사람, 모반, 중상하는 사람, 사람을 때리는 사람, 술에 중독된 사람, 재산을 낭비하는 사람 등등의 사람에게 설득하여도 회개치 아니할 때 회개할 때까지는 성도들과 교제를 멀리해야 한다.

20. 하나님의 말씀에 쓰임 받는 사람으로서의 목사

하나님 말씀에 충실히 쓰임 받는 사람으로서 예수 그리스도의 양 무리를 양육하며 말씀으로 가르치며, 설득하며, 권위하며, 견책하는 동시에 그릇된 교리를 사단의 속임수에 대항하여 순수한 생각과 혼동하지 아니하는 사람을 우리는 교회의 목사로 믿을 수 있으나 그 이외의 사람을 교회의 목사로 믿을 수 없다. 그리고 우리는 자기가 위탁받는 하나님의 백성을 하나님의 말씀으로 인도하며, 치리하며, 지배하는 것 외에는 다른 권능이나 권위를 목사에게 돌릴 수 없다. 하나님의 말씀에 의하여서만 목사는 명령하며, 거부하며, 약속하며 위업의 권위와 권능을 가지는 것이다. 만일 그렇지 못하면 목사는 무슨 일을 바로 해나간다든지 추진해 나갈 수 없는 것이다. 그리고 우리는 하나님의 말씀에 진실되이 쓰임 받는 목사를 하나님의 사자 또는 사신으로 받아들인다. 그러므로 목사에게서 듣는 것을 마치 하나님께서 듣는 것처럼 듣지 않으면 안 되는 것이다. 그리고 목사의 직무는 하나님께서 위임한 교회에 없어서는 안 되는 직무임을 우리는 안다. 그러나 한편 우리는 의혹을 품게 하는 모든 일과 거짓 예언자, 복음의 순수성을 버리고 자기 멋대로 지어낸 말을 하는 사람을 목사라고 부를 수 없으며 참고 견딜 수도 없고 지지할 수도 없다. 차라리 그리한 자는 하나님의 백성에 의하여 축출당해야 하며 제거되어야 하며 노략질하는 이리라 하지 아니할 수 없는 것이다.

21. 정치적으로 머리 된 자

우리는 왕들과 장관들과 기타 머리 된 자들과 위에 있는 자들을 높은 지위와 그들의 지배를 거룩하신 하나님께 선하게 작정하신 일로 본다. 그리고 그들은 직무를 수행하면서 하나님께 쓰임 받아 기독교인으로서의 소임에 따라서 죄 없는 자를 보호하며 불의한 자에게 벌을 주어 그 악의를 교정하여 사회를 정화해 나가는 자들이다. 그러므로 우리는 그들을 존경하며 순복하며 그들의 명령을 따라 행하며 그들이 부과하는 일을 하며 하나님께 거역하는 일이 아닌 한에는 할 수 있는 일을 행하는 것이 마땅한 것이다. 이러한 의미에서 우리는 그들을 하나님의 대리자로 보아야 하며 하나님께 대하여 거역하는 일이 아닌 한 함부로 그들에게 거역해서는 안 된다. 그리고 그들의 직무는 우리를 통치하며 지배하기 위하여 하나님이 그들에게 위임한 것으로 보아야 한다. 그러므로 모든 기독교인이 해야 할 일은 자기가 사는 땅의 권세 잡은 자들을 위하여 기도하며 하나님의 계명에 위배되지 않는 한, 법령과 규정에 따라 공적인 행복과 안녕과 이익을 풍성하게 하여야 한다. 그리고 위에 있는 권세 잡은 자들의 명예와 민중의 안녕을 지켜 나아가기 위하여 노력하며 불화나 다툼이 될 만한 일은 추호도 꾸며서는 안 되며 그러한 일이 있어도 안 된다는 것을 우리는 알고 있다. 이와 반대로 그들이 높은 지위에 있으면서 자기의 임무에 대해 충실치 못하는 자는 모두 하나님께 대해서도 충실치 못한 자라고 하는 것을 우리는 선언하는 바이다.[152]

7. 벨기에 신앙고백서(Belgic Confession, 1561)

1) 벨기(벨직)에 신앙고백서의 작성배경

본 신앙고백서는 개혁신앙에 매우 비판적인 필립 2세에게 보내졌는데 개혁교회의 성도들이 필립 2세의 핍박 정책에 항거하고 순교를 각오하는 중요한 저항 방식이기도 했다. 즉 성도들은 그가 이것을 읽고 관용정책을 베풀어 줄 것을 기대함과 동시에 거절될 때에는 참되고 바른 신앙 정신이 무엇인가를 순교를 각오하고서라도 보여주고자 한 강한 저항 정신의 표출이었다. 이는 성도들이 이 땅에서 핍박과 고난을 당할 때 이 땅의 방식대로 대응하는 것이 아니라 하나님의 방법대로 하나님의 말씀을 드러내는 방식을 제시했다.

화란(네덜란드) 칼빈주의 교회의 신앙고백서로서 신앙고백서 작성의 주필은 퀴도 디 부리스다. 1561년 퀴도 디 브리스(1540~67)가 아드리안, 드, 사라비아 및 그 밖의 여러 사람의 도움을 받아 프랑스어를 기초로 하고 후에 칼빈의 제자 프랜시스 유니 우스(1545~1602)개 이를 개정하여 1562년~1566년간에 비로소 이를 인쇄한 후 화란어, 독일어, 라틴어 등으로 번역되었고 안트월프(1566), 웨셀(1568), 엠민(1571), 밋돌부드그(1581), 도르트회의(1619) 등 여러 회의에서 채용되었다. 그후 화란, 벨기에 및 미국의 리폼드 교회가 하이델베르크 문답과 함께 신앙고백서로 승인한 것이다.

---

152 조석만 편, 「캘빈의 기독교신앙 안내」 (서울: 도서출판잠언, 1995), pp. 137-151.

2) 벨기에 신앙고백서의 특징

고백서는 37개 조로 되어 있다. 특히 삼위일체와 성육신, 교회론, 성례론에서 자세하고 세련된 모습을 보여주고 있다. 프랑스 신앙고백서와 유사한 구조로 되어 있으며 모든 신조 중에서 모든 조항이 치밀하며 웨스트민스터 신앙고백서를 제외하고는 칼빈주의 교리를 가장 잘 표현하고 있다. 특히 성경에 있어서 "성경은 하나님 말씀이라는 증거를 가진 까닭이며 거기에 무엇을 가감할 수 없다"라고 하였다. 웨스트민스터 신앙고백서를 제외하고는 칼빈주의적인 교리체계를 가진 신앙고백서라 할 수 있다. 그리고 제29조에서는 교회의 참된 표지를 말하고 있다.

3) 벨기에 신앙고백서 전문

제1조 유일하신 하나님에 관하여

우리는 하나님으로 불리는 유일하신 단일 본질의 영적, 존재를 마음으로 믿고 고백한다. 그는 영원하시며, 다 알 수 없으며, 보이지 않으며, 불변하시고 무한하시고, 전능하시고, 완전히 지혜로우시며, 정의로우시며, 선하시며, 모든 선이 넘쳐흐르는 원천이시다.

제2조 하나님의 인식에 관하여

우리는 하나님을 두 방법으로 안다. 첫째는 우주의 창조와 유지와 통치를 통한 것인데, 이 우주는 우리 눈앞에 있는 가장 훌륭한 책과 같고 그 안에는 크고 작은 많은 피조물이 글자와 같아서 그것들을 통하여 사도 바울이 말한 대로(롬 1:20), 하나님이 영원한 능력과 신성과 같이 하나님에 관한 보이지 않는 것들을 우리가 명상하도록 인도한다. 이 모든 것이 사람들에게 확신을 주기에 충분하며 사람들이 변명할 수 없게 된다. 둘째로 하나님은 그의 거룩한 말씀으로 더 분명하고 충분히 우리에게 자기 자신을 알리신다. 즉 현세에 있어서 하나님의 영광과 우리의 구원에 관하여 우리가 알 필요가 있는 만큼 우리에게 알리신다.

제3조 성경에 관하여

우리는 하나님의 말씀이 사람의 뜻으로 전달된 것이 아니고 사도 베드로가 말한 대로 거룩한 사람들이 성령의 감동을 받은 대로 한 것이라고 믿는다. 나중에 하나님은 또 우리와 우리의 구원을 위하여 특별히 배려하셔서 자기의 종들, 즉 예언자들과 사도들이 자기의 계시된 말씀을 글로 쓰도록 맡기셨다. 그리하여 그는 자기 자신의 손가락으로 율법을 두 석판에 쓰셨다. 그러므로 우리는 이러한 글을 성경이라고 부른다.

제4조 성경의 정경들에 관하여

우리는 성경이 구약과 신약의 두 책으로 되어 있고 이 책들은 정경이어서 이 책들에 대한 어떤 이의도 있을 수 없다고 믿는다. 이 책들은 하나님의 교회에서 다음과 같은 이름으로 통한다(창세기에서 계시록까지 목록 생략).

제5조 성경의 권위에 관하여

우리는 이 모든 책을 우리의 신앙의 조정과 토대와 확인이 되는 거룩한 정경으로 믿는다. 교회가 이 책들을 정경으로 받고 또 동의하였기 때문만이 아니고 그 책들이 하나님께서 나온 것과 또 그 증거가 그 책들 자체 안에 들어 있음을 성령이 우리 마음에서 증거 하기 때문이다.

제6조 정경과 외경의 구별에 관하여

우리는 이러한 성경을 외경과 구별한다. 즉 제3, 제4 에스트라서, 토비트, 유딧, 지혜서, 예수 시락, 바룩, 에스더 부록, 가마솥 속의 세 자녀의 노래 수산나의 이야기, 벨과 용의 이야기, 므낫세의 기도, 마가 베오의 두 책이 외경이다. 이 모든 외경은 정경의 책들과 일치하는 한 교회가 읽고 교훈을 얻을 수 있다. 그러나 이 외경들은 우리가 그 책의 증거에서 신앙과 그리스도의 어떤 요점을 확정할 만한 힘과 효과를 얻기에는 거리가 먼 책들이다. 더구나 이 외경들이 정경의 권위를 저하할 수 없다.

제7조 성경의 완전에 관하여

우리는 성경이 하나님의 뜻을 충분히 담고 있으며 사람이 구원을 위하여 믿어야 할 것은 거기에 충분히 가르치고 있다고 믿는다. 하나님이 우리에게 요구하시는 예배의 전체 방식이 성경 안에 대체로 기록되어 있으므로 비록 사도라 할지라도 지금 성경이 우리에게 가르치는 것과 다르게 가르치는 것은 부당하다. 사도 바울이 말하듯이 "아니 비록 하늘에서 내려온 천사라 할지라도" 하나님의 말씀에다가 어떤 빼는 것이 금지되어 있으므로 성경에 있는 교리는 모든 면에서 가장 완전하고 완성된 것이다. 사람이 쓴 어떤 신성한 책이 있었다. 손 치더라도 성경과 비교할 수 없다. 하나님의 진리는 지고하므로 관례, 대중, 고전, 연륜, 전승, 회의들, 법령들, 혹은 제도 등등의 가치와 비교할 수 없다. 왜냐하면, 사람은 다 스스로 속이는 사람들이며 공허 그 자체보다도 더 공허하기 때문이다. 그러므로 우리는 어떤 것이든지 이 절대 무오 한 규칙과 조화되지 않는 것을 우리가 마음을 다하여 배격하는 것은 사도들이 우리에게 다음과 같이 가르친 대로이다. "영들이 하나님께로부터 왔는지 시험해 보라" 또한 "만일 누가 너에게 와서 이 교리를 전하지 않거든 그를 너희 집에 받아들이지 말라"고 했다.

제8조 동일 신성의 삼위일체에 관하여

이 진리와 하나님 말씀에 따라 우리는 단 한 분의 하나님을 믿는데 그는 하나의 단일 신성을 가지신 삼위이며, 그 삼위의 교환할 수 없는 특질, 곧 성부 성자와 성령은 실질적으로 참으로 그리고 영원히 구별된다. 성부는 보이는 것과 보이지 않는 모든 것의 원인이며 기원이시다. 성자는 말씀이니 성부의 지혜이며 형상이시다. 성령은 성부와 성자에게서 나온 영원한 능력이시다. 그럼에도 불구하고 이 구별에 따라 하나님이 셋으로 분리되지 않으나 성경이 우리에게 가르치는 바대로 성부, 성자와 성령은 각각 자기 품격을 가지시며 그들의 특질에 의하여 구별된다. 그러나 이러한 모양으로는 삼위는 단 한 분의 하나님이시다. 그리하여 성부는 성자가 아니며 또 성령은 성부도 아니고 성자도 아니다. 그럼에도 불구하고 이렇게 구별된 삼위는 나누어지거나 서로 혼돈되지 않는다. 성부는 육신을 입지 않으셨고 성령도 또한 그리하고 성자만이 육신을 입으셨기 때문이다. 성부는 성자가 없이, 또한 성령 없이 계신 적이 없었다. 왜냐하면, 삼위는 다 같이 영원하고 동일한 본질을 가지셨기 때문이다. 진리와 능력과 선과 자비에 있어서 삼위는 한 분이시기 때문에 첫째 되는 분도, 또 나중 되는 분도 없다.

제9조 성경이 증거 하는 삼위일체에 관하여

이 모든 진리는 성경의 증거들은 물론 삼위의 역사, 특별히 우리 자신들 안에서 우리가 느끼는 것에 의하여 우리가 안다. 이 삼위일체를 믿도록 우리를 가르치는 성경의 증거들은 구약성경의 여러 곳에서 기록되고 있는데 그것을 열거할 필요는 없으나 신중하게 선택할 필요가 있다. 창세기 1장 26-17절에서 하나님이 말씀하시기를 "우리 모습을 닮은 사람을 만들자 …… 하나님의 형상대로 사람을 지어내시되 남자와 여자로 지어내셨다." 또 창세기 3장 22절에서 말하기를 "이제 이 사람들이 우리들처럼 되었다" 우리가 우리의 형상대로 사람을 만들고자 하신 말씀에 하나님 안에는 한 품격 이상의 품격들이 있는 듯하다. 또 그가 하나님이 지으셨다고 말할 때는 통일성을 의미한다. 몇 품격을 가지고 계시는지는 말하지 않는 것이 사실이지만 구약성경에서는 우리에게 애매했던 것이 신약성경에서는 아주 분명하게 된다.

우리 주님이 요단강에서 세례를 받으실 때 "하늘에서 성부의 소리가 들렸다. 이는 내 사랑하는 아들이다" 성자가 물에 나타나셨다. 그리고 성령이 비둘기 모양으로 나타나셨다. 이 형식은 또한 모든 신자의 세례의식에 쓰이도록 그리스도가 제정하셨다. "아버지와 아들과 성령의 이름으로 모든 백성에게 세례를 베풀라" 누가복음에서는 천사 가브리엘이 마리아, 우리 주님의 어머니에게 이렇게 말하였다. "성령이 마리아에게 내려오시고 지극히 높으신 분의 힘이 감싸주실 것이다. 그러므로 태어나실 그 거룩한 아기를 하나님의 아들이라 부르게 될 것이다" 또 같은 모양으로 "우리 주 예수 그리스도의 은혜와 하나님의 사랑과 성령의 교통이 너희와 함께 하시리라" 그리고 하늘에 기록된 자, 아버지와 말씀과 성령 세 분이 계시며 이 세분은 곧 한 분이시라. 위에 모든 곳에서 보면 세 품격이 계시된 한 거룩한 본질을 가지신 것을 충분히 가르친다. 그리고 이 교리는 인간의 이해가 미치지 못하는 것이지만 그럼에도 불구하고 하나님의 말씀에 따라 믿되 내세에 하늘에서는 완전한 지식과 은총을 향유할 것을 기대한다. 더구나 우리는 이 삼위의 우리를 위한 특수한 직책과 역사를 살펴야 한다. 성부는 그의 능력에 따라 우리의 창조주로 성자는 그의 피에 따라 우리의 구주이며 구원자로, 그리고 성령은 우리의 마음에 내재하심에 따라 성화자라고 불린다. 사도시대 이후로 바로 오늘에 이르기까지 참된 교회는 유대교인, 마니교인, 어떤 거짓 크리스천들과 이단들 즉 말시온, 프라키아스, 사벨리우스, 사모사대우스, 아리우스와 그리고 정통교부들로부터 정식으로 정죄된 사람들에 대항하여 이 삼위일체를 언제나 변호하고 보존했다.

그러므로 이 점에 있어서 우리는 사도신조와 니케아 신조와 아타나시우스 신조를 받아들인다. 또한, 이 신조들에 일치하는 것으로서 고대의 교부들이 합의한 신조들도 받아들인다.

제10조 예수 그리스도는 참되고 영원한 하나님

우리는 예수 그리스도가 그의 신성에 따라 하나님의 유일한 아들로서 지음을 받지 않고(만일 그렇다면 그는 한 피조물일 것이다) 영원부터 탄생하셔서 아버지와 같은 본질을 가지시며 같이 영원하시니 그 아들은 하나님의 분명한 형상이시며 그의 영광을 환히 드러내셨으며 모든 것에 있어서 그와 평등하심을 믿는다. 그는 하나님의 아들이시니 우리 인간의 본성을 취하신 때부터 만이 아니고 영원부터이다. 이러한 증거들을 함께 비교해 보면 그것들이 우리에게 가르쳐 주는 그대로이다. 모세가 하나님이 천지를 창조하셨다고 말하였다. 요한은 만물이 말씀으로 지음받았다고 말한다. 또 사도는 하나님이 만물을 예수 그리스도를 통하여 지으셨다. 그러므로 이렇게 말할 수 있다. 하나님으로, 말씀으로, 아들로, 그리고 예수 그리스도라고 불리는 그가 만물이 창조되던 그때 존재하셨다. 그러므로 예언자 미가가 말하기를 그의 근본은 태고에 영원으로부터이니라. 사도는 말하기를 그는 생의 시작도 없고 끝도 없다. 그러므로 그는 참된 영원한, 그리고 능력 있는 하나님이시니 우리가 그를 찾고 예배하며 섬기는 것이다.

제11조 성령은 참되고 영원한 하나님

우리는 또한 성령이 영원부터 성부와 성자에게서 나왔으므로 그는 지음을 받거나 창조되거나 탄생하신 분이 아니고 다만 성부와 성자 두 분에게서 발생하신 분임을 믿고 고백한다. 그는 삼위일체의 순서에서는 셋째의 위격이시며, 성부와 성자와 같이 하나의 동일 된 본질과 존귀와 영광을 가지신 분이며 따라서 성경이 우리에게 가르치시듯이 참되고 영원한 하나님이시다.

제12조 세계의 창조와 천사에 관하여

성부가 그의 아들인 말씀으로 자기 마음에 드는 대로 무에서 하늘과 땅과 모든 피조물을 창조하시고, 개개의 피조물에 존재와 형태와 모습과 창조주를 섬길 몇 몇 직책들을 주셨다고 믿는다. 또 그는 인류에게 봉사하며, 사람이 자기 하나님을 섬길 수 있도록, 그의 영원한 섭리와 무한한 능력으로 피조물들을 지금도 보존하시고 통치하신다고 우리는 믿는다. 하나님은 천사도 선하게 창조하셔서 자기의 사자가 되어 선택된 사람들에게 봉사하도록 하셨다. 그런데 어떤 천사들은 하나님이 창조해 주신 탁월한 성질에서 타락하여 영원히 멸망하게 되었다. 그리고 남은 다른 천사들은 하나님의 은혜로 시종여일하게 본래의 상태를 계속 유지하고 있다. 악마들과 악령들은 타락하여서 자기들의 힘이 미치는 데까지 하나님과 모든 선한 일의 원수가 되어서 교회와 교회의 개개 회원을 유린하려고 지켜보며 또 그들의 악한 획책으로 모든 것을 파괴하려는 살인자들처럼 행한다. 그리하여 자기들 자신의 악 때문에 영원한 정죄를 받아 날마다 무서운 고통을 기다리게 되었다. 그러므로 우리는 영물들과 천사들의 존재를 부인하는 사두개파 사람들의 과오와 또한 악마들은 독자적인 기원을 가진 존재라든지 뚜 부패한 것이 아니고 본성이 악하다고 주장하는 마니교도들을 배격하며 혐오한다.

제13조 하나님의 섭리에 관하여

우리는 이 하나님이 만물을 창조하신 후 그것들을 저버리시거나 혹은 운명과 우연에 맡기시지 않고 자기 뜻에 따라 그것들을 지배하시고 통치하시고 그의 작정 없이 아무것도 세상에서 일어나지 않으나 하나님은 죄의 창시자가 아니시며 또 범행 된 죄에 대하여 책임을 질 수 없는 분으로 믿는다. 왜냐하면, 그의 능력과 선은 너무도 위대하고 측량할 수 없을 정도이며 악마와 악인들이 비록 불의 하게 행할 때일지라도 그는 가장 탁월하고 정의로운 모양으로 자기 일을 정리하시고 실행하시기 때문이다. 또 그가 사람의 이해를 능가하여 행사하시는 데 대하여 우리가 그것을 우리의 능력이 허락하는 한도를 넘는 호기심을 가지고 질문하려 하지 않고 오직 우리는 최대의 겸손과 존경심을 가지고 우리에게 가리어진 하나님의 정의로운 심판을 찬양하며 우리로 이러한 한계를 넘지 않고 그의 말씀 안에서 우리에게 계시하신 것만을 알기 위하여 그리스도의 제자가 된 것으로 족하게 생각한다. 이 교의가 우리에게 말할 수 없는 위로를 주는데 그 까닭은 어떠한 일도 우리에게 우연히 닥치지 않고 오직 가장 은혜로운 하늘 아버지의 지시에 따라 생기는 것임을 가르쳐 주기 때문이다. 하나님은 아버지로서의 배려로서 우리를 염려하여 주시고 자기에게 속하는 모든 피조물을 지배하시며 우리의 머리털 한 가닥도(왜냐하면 그 털들은 셀 수 있으므로), 또 참새 한 마리도 우리 아버지의 뜻이 아니면 땅에 떨어질 수 없을 것이다. 우리는 그를 참으로 신뢰할 수 있다. 그 까닭은 그는 악마와 우리의 모든 원수를 제압하셔서 그의 뜻과 허락 없이는 그들이 우리를 해칠 수 없음을 알고 있기 때문이다. 그러므로 하나님은 아무것도 상관하시지 않고 모든 것을 우연에 맡겨 두신다는 에피규리안들의 사상의 저주할 만한 과오를 우리는 배격한다.

제14조 인간의 창조와 인간의 타락과 부패에 관하여

우리는 하나님이 사람을 흙으로 창조하시되 자기의 향상과 모양에 따라 지으시고 모든 일에 있어서 그의 뜻에 일치하게 사람이 뜻하게 하려고 선하고 의롭고 거룩하게 지으셨다고 믿는다. 그러나 사람이 영예로운 가운데 있으므로 그것을 이해하지 못하며 또 자기의 탁월한 것을 알지 못하고 오히려 자신을 죄에 복종시키고 그 결과 죽음과 저주를 받게 되고 악마의 말에 귀를 기울이게 되었다. 왜냐하면, 사람이 받는 생명의 계명을 어기고 죄를 지었기 때문이다. 또 죄 때문에 사람이 자기의 참된 생명이신 하나님에게서 떨어져 나와 자기의 본성이 전부 부패하여 자기 자신이 육체적으로 또는 영적으로 죽을 수밖에 없게 되었다. 그리고 이렇게 하여 악하고 왜곡되고 자기의 모든 행위에 있어서 부패하였기 때문에 하나님에게서 받았던 자기의 탁월한 소질들을 다 상실하고 다만 몇 가지만 남아 있으나 이것으로써도 사람이 변명할 수 없게 되기에 충분하다. 왜냐하면, 인간 안에 있는 모든 빛은 어둠으로 변하였기 때문이니 성경이 우리에게 가르치는 대로이다. 그 빛이 어둠 속에서 비치고 있다. 그러나 어둠이 그 빛을 알지 못하였다. 요한은 사람을 어둠이라고 부른다.

그러므로 우리는 인간의 자유의지에 대하여 가르치고 있는 모든 교훈을 배격한다. 사람은 죄의 노예에 지나지 않으므로 하늘에서 주신 것이 아니면 아무것도 가진 것이 없다. 예수가 말씀하시기를 나를 보내신 아버지께서 나에게 이끌어 주시지 않으면 아무도 내게 올 수 없다고 하셨으므로 누가 스스로 어떤 선을 행할 수 있다고 감히 자랑할 수 있을까? 육체적인 것에 마음을 쓰는 사람은 하나님의 원수가 된다는 것을 안다면 누가 자기 자기 뜻을 찬양할 것인가? 자연적인 사람은 하나님의 영에 속하는 것을 얻지 못하도록 누가 자기의 지식을 말할 것인가? 요컨대 우리 자신이 어떤 것을 할 수 있는 자격을 가진 것이 아니고 오직 하나님께서 그런 자격을 우리에게 주신 것임을 알면 누가 감히 어떤 사상을 암시할 수 있을까? 그러므로 사도가 말한 것을 올바로 그리고 확고하게 주장해야 하는데 그것은 하나님께서 우리 안에서 자기의 마음에 드는 일을 하도록 뜻하게 하신다는 말이다. 왜냐하면, 그리스도가 사람 안에서 역사하시는 것이 없으면 하나님의 거룩한 뜻과 이해에 일치할 수 있는 뜻과 이해가 있을 수 없기 때문이니 이것은 나를 떠나서 너희가 아무것도 할 수 없으리라고 말씀하실 때 그가 우리에게 가르치신 것이다.

제15조 원죄에 관하여

우리는 아담의 불순종으로 원죄가 모든 인류에게 미쳐간 것을 믿는다. 그 죄는 인간성 전체의 타락이며 유전적인 병이며, 이 병 때문에 유아라 할지라도 모태 안에서 전염되는 것이며 사람 안에서 모든 종류의 죄를 만들며 그 죄가 뿌리를 박는다. 그러므로 그것은 하나님 보시기에 아주 악하고 혐오스러운 것이어서 모든 인류를 정죄하시기에 넉넉하다. 이 원죄는 세례의식으로도 박멸되거나 제거될 수 없다. 왜냐하면, 마치 물이 샘에서 솟아나듯이 죄가 이 무서운 원천에서 솟아나기 때문이다. 그러나 이 원죄는 하나님의 자녀들에게 전가되어서 멸망하게 못 하고 그의 은혜와 자비로 그들은 용서를 받는다. 이것은 그들이 죄 가운데서 안주하지 않고 오직 타락을 의식하고 이 사망의 몸에서 구원을 받고자 신자들은 이따금 탄식하게 만든다. 그러므로 우리는 죄는 다만 모방으로 생긴다고 주장하는 펠라기우스파의 과오를 배격한다.

제16조 선택에 관하여

우리는 아담의 후손이 이처럼 우리의 최초의 부모의 죄로 인해 멸망과 파멸로 떨어졌기 때문에 하나님은 자기 본연의 존재, 즉 자비롭고 정의로우신 분으로서 자기 자신을 드러내신 것으로 믿는다. 그는 자비로우셔서 자기의 영원한 불변의 뜻과 선의에 따라 사람들의 행위를 돌보지 않고 우리 주 예수 그리스도 안에서 선택한 사람들을 멸망에서 구출하시고 보존하신다. 그는 정의로우시므로 그 밖의 사람들은 자기들이 스스로 개입된 타락과 멸망에 그대로 버려둔다.

제17조 타락한 인간의 회복에 관하여

우리는 우리의 가장 은혜로우신 하나님이 놀랄 만한 지혜와 은혜로서 이렇게 육체적 및 영적 죽음에 떨어져서 자신을 전적으로 비참하게 만들고 있는 인간을 살펴보시고 자기의 목전에서 두려워 떨면서 도망칠 때 즐겨 찾으시고 위로하시며 자기의 아들을 주시겠다고 약속하셨는데 그 아들은 여자에게서 나서 뱀의 머리를 깨뜨리고 인간을 행복하게 하실 분임을 믿는다.

제18조 예수 그리스도의 성육신에 관하여

그러므로 우리는 하나님이 옛날에 조상들에게 거룩한 예언자들의 입을 통하여 그가 정하신 때에 자기의 독생자이신 영원한 아들을 이 세상에 보내실 것을 약속하시고 이것을 이루신 것을 내가 믿는다. 그 아들은 종의 형상을 취하셔서 사람과 같이 되셨고 모든 연약함을 지닌 참된 인간성을 취하셨으나 사람의 방법이 아니고 성령의 힘으로 복된 동정녀 마리아의 태에서 수태되었다. 그는 다만 몸으로만 인간성을 취하신 것만이 아니고 참사람이 되기 위하여 참된 인간의 영혼도 취하셨다. 그가 몸과 영혼을 다 구원하기 위하여 두 가지를 다 취할 필요가 있었던 까닭은 영혼과 함께 몸도 타락하였기 때문이다. 그러므로 우리는 그리스도가 그의 어머니의 몸을 취하신 것이 아니라고 주장하는 재세례파 신도들의 이단설을 반대하고 그리스도는 어린이들과 같은 몸과 피를 공유하고 계심을 믿는다. 즉 그는 육신으로는 다윗의 자손이어서 육신으로는 다윗의 씨에서 태어나셨다. 그는 동정녀 마리아의 태의 씨 여자에게서 나서 다윗의 후손 이새의 뿌리에서 나셨고 유다 지파이다. 육신으로는 유대인에게서 나셨고 아브라함의 씨를 받아 모든 것에 있어서 죄를 제외하고는 그의 형제들과 같이 되셨다. 그리하여 참으로 그는 우리의 임마누엘, 즉 하나님이 우리와 함께하신 것이다.

제19조 그리스도의 두 본성의 연합과 구별에 관하여

우리는 이 수태에 의하여 하나님 아들의 품격이 인간성과 불가분리적으로 연합된 것을 믿는다. 그리하여 하나님의 아들이 둘이 아니며 또한 두 품격이 있는 것이 아니고 오직 두 본성이 단 하나의 품격으로 연합되었다. 그러나 각 본성이 그 자체 독특한 자질을 보유한다. 그리하여 그의 신성이 언제나 피조물로서 남아 있어서 시작하거나 끝나는 날도 없이 하늘과 땅을 채우시는 것처럼 그의 인간성도 그 자질을 잃지 않고 피조물로서 남아서 유한한 존재로서 시작하는 날이 있고 실질적인 몸의 모든 자질을 보유한다. 그리고 그가 부활하여 그의 몸을 불변하게 하였으나 그의 인간성이 달라진 것은 아무것도 없다. 이러한 정도로 우리의 구원과 부활은 예수 그리스도의 몸의 사실에 의존한다. 그러나 그의 신성과 인간성은 한 품격으로 아주 밀접하게 연합되었으므로 그가 죽어도 분리되지 않았다. 그러므로 그가 죽으실 때 그의 아버지 손에 부탁하신 것은 그의 몸에서 떠나던 진짜 사람의 영이었다. 그러나 그는 얼마 후에 그의 신성이 그의 인간성과 연합하여 그가 무덤 속에 누워 있었을 때도 함께 하였다. 그리하여 신격은 그리스도 안에서 부재하신 적이 없으니 그의 유아기에는 그 신격이 비록 얼마 동안에는 크게 밝혀지지 않았지만 역시 같이하였다. 그러므로 우리는 그가 참 하나님이시며 참사람임을 고백한다. 즉 자기 힘으로 사망을 정복하신 참 하나님이시며 자기 육신의 연약함에 따라 우리를 위하여 죽을 수 있었던 참사람이시다.

제20조 그리스도 안에서 나타나신 하나님의 정의와 자비에 관하여

우리는 전적으로 자비로우며 또 전적으로 정의로운 하나님이 그의 아들을 보내셔서 순종하지 않을 수 있는 인간 본성을 취하시고 그 본성으로 죄의 값을 치르도록 가장 괴로운 고난과 죽음을 통하여 죄의 벌을 짊어지게 하신 것을 믿는다. 그러므로 하나님의 아들이 우리의 죄를 자기에게 돌리셨을 때 하나님은 자기 아들에 대하여 자기의 정의를 발휘하셨고 죄를 짓고 멸망할 수밖에 없는 우리에게 단순하고 완전한 사랑으로 자기의 자비와 선의를 쏟으시고 우리를 위하여 자기 아들을 죽음에 넘겨주시고 그를 통하여 우리가 불멸과 영생을 얻을 수 있도록 우리를 의롭게 하시기 위하여 부활하게 하셨다.

제21조 우리 죄를 위한 그리스도의 속죄에 관하여

예수 그리스도는 서약을 통하여 멜기세덱의 반열을 따라 영원한 대제관에 임명되어서 우리를 대신하여 아버지 앞에서 십자가의 제단에 자신을 바쳤을뿐더러 우리의 죄를 씻기 위하여 값진 피를 뿌리시고 아버지의 진노를 가시게 하기에 충분한 보상을 치르신 것으로 우리는 믿는다. 그것은 예언자들이 말한 대로 그가 우리의 죄 때문에 상처를 입으셨으며, 우리의 악행 때문에 찢기시고 그가 징벌을 받고 우리에게 평안을 주셨고 그가 매를 맞고 우리를 고쳐 주셨고 그는 어린양처럼 도살장으로 이끌려가서 사형 죄수들의 손에 들게 되었다. 그리고 본디오 빌라도가 처음에는 그의 무죄를 선언하였으나 범인으로 정죄 되었다. 그러므로 그는 빼앗아 가지 않았던 것을 찾아 돌려주셨으며 또 불안한 자를 위하여 의로운 분이 고난을 받으셨으니 그의 몸과 영혼이 다 같이 우리의 죗값에 해당하는 무서운 벌을 경험하셨으며 그의 땀은 땅에 쏟아지는 핏방울처럼 되었다. 그는 나의 하나님 나의 하나님 어째서 나를 버리십니까? 부르짖으셨다. 이 모든 것은 우리의 죄의 용서를 위한 일이었다. 사도 바울이 말한 대로 우리는 예수 그리스도와 그의 십자가에 못 박히신 것 외에는 아는 것이 없으며 우리 주 예수 그리스도를 아는 지식이 존귀함으로 우리는 모든 것을 잃었고, 또 쓰레기로 여겼다고 말할 수 있다. 그의 상처에서 우리는 온갖 모양의 위로를 얻는다. 신자가 영원히 완전할 수 있게 된 그리스도의 바치신 또 한 번만의 이 희생 밖에는 하나님과 화해 할 수 있는 어떤 다른 방법을 찾거나 발명할 필요가 없다. 그러기 때문에 하나님의 천사가 그를 예수, 즉 구주라고 불렀으니 그 까닭은 그가 자기 백성을 죄에서 구원하실 것이기 때문이다.

제22조 믿음으로 의롭다 함에 관하여

성령은 이 위대한 신비에 관한 참된 지식을 얻기 위하여 우리 마음에 참된 신앙의 불을 붙이심을 우리가 믿는다. 신앙은 모든 공로를 가지시는 예수 그리스도를 받아들이며 그를 소유하며 그분 밖에는 아무것도 구하지 않는다. 그러므로 우리의 구원을 위하여 필요한 모든 것이 예수 그리스도 안에 얻든지 아니면 모든 것이다.

그분 안에 있든지 간에 예수 그리스도를 소유하는 사람들이 믿음을 통하여 그분 안에 있는 완전한 구원을 얻을 수 있다는 결론이 나올 수밖에 없다. 그러므로 그리스도 밖에 어떤 것이 필요하다고 주장하는 것은 하나님에 대하여 대단히 큰 모독이 된다. 왜냐하면, 예수 그리스도는 반 구주에 불과하기 때문이다. 그러므로 사도 바울처럼 우리는 믿음으로만 혹은 행위 없는 믿음만으로 의롭다 함을 받는 것이라고 말할 수 있다. 그러나 보다 더 분명히 말하자면 믿음 자체가 우리를 의롭게 하는 것을 의미하지 않으니 그 까닭은 믿음은 우리의 의가 되시는 그리스도를 받아들이는 하나의 도구에 지나지 않기 때문이다. 그러나 예수 그리스도는 우리를 위하거나 우리를 대신해서 행하신 많은 거룩한 공의와 일들을 우리에게 돌려주시는 우리의 의가 되신다. 그리고 믿음은 우리가 그의 모든 은총 안에서 그와 계속 교통하도록 해주시는 도구이니 그 은총들이 우리의 것이 될 때 그것들은 우리의 죄를 사면하기에 충분하다.

제23조 하나님 앞에 설 수 있는 우리의 의에 관하여

우리는 우리의 구원이 예수 그리스도에 의한 죄의 용서에 있으며, 또 그 하나님 앞에 내놓을 우리의 의도 그 사죄에 있다고 믿는다. 다윗과 바울은 이것이 사람의 행복이며 하나님이 사람에게 공로를 묻지 않고 의를 넘겨주시는 것이라고 말한 바와 같다. 바울은 말하기를 우리가 예수 그리스도의 은혜에 의하여, 또 그에게 있는 구원을 통하여 거저 의롭다 함을 받는 것이라고 하였다. 그러므로 우리는 하나님에게 모든 영광을 돌리며 우리 자신이 그 앞에서 겸손하여 이 튼튼한 터전을 언제나 견지하며 또 우리 자신의 모습이 이러함을 인정하고 우리 안에 있는 아무것에도 혹은 우리의 공로에도 의지하지 않고 십자가에 못 박히신 그리스도의 순종에만 의지해야 하나니 우리가 그를 믿을 때 그의 순종은 우리의 것이 된다. 이것이 우리의 모든 죄과를 가리며 우리가 하나님에게 나아갈 자신을 우리에게 주기에 충분하다. 즉 두려움과 떨림에서 해방되어 우리의 처음 시조 아담의 모범을 따르지 않으니 그는 두려워서 무화과나무 잎으로 자기 자신을 가리려고 하였다.

그리고 참으로 우리가 하나님 앞에 나타나려 할 때 우리 자신이나 아무리 작은 다른 피조물에라도 의지하면 우리는 멸망을 받을 것이다. 그러므로 누구든지 다윗처럼 기도해야 한다. 오 주여 당신이 당신의 종을 심판하지 마소서 당신 앞에 서는 살아 있는 아무도 의롭다고 인정받을 사람이 없나이다.

제24조 사람의 성화와 선행에 관하여

우리는 하나님의 말씀을 배움으로써 또 성령의 역사를 통하여 사람이 얻는 참된 이 신앙이 사람을 중생시켜서 새 사람을 만들어서 새 생활을 하게 해주며 죄의 속박으로부터 자유롭게 하는 것을 믿는다. 그러므로 의인의 신앙이 경건하고 거룩한 생활을 영위하는 데 있어서 사람을 게으르게 만든다든지 또 반대로 의인의 신앙 없이는 사람이 하나님에 대하여 사람으로서 아무것도 행할 수 없고 다만 자기의 때문에 혹은 저주가 무서워서 행한다는 견해는 진실에서 아주 멀다.

그러므로 이 거룩한 신앙이 사람에게 있어서 결실이 없는 것이 될 수 없다. 그 까닭은 우리는 헛된 신앙을 말하는 것이 아니고 오직 성경에서 말하는 사랑으로 역사하는 참된 믿음에 관하여 말하는 것이니 이 믿음은 사람을 격려하여 하나님 자기 말씀으로 명령하는 일들을 실천하게 하는 것이다. 이 행위들은 신앙의 좋은 근원에서 생긴 것이므로 선하고 하나님 보시기에 가상할 만한 것이니 그 일들은 하나님의 은혜에 의하여 성화된 것이기 때문이다. 그러나 그 행위들은 우리가 의롭게 되는 데는 아무 효력이 없다. 왜냐하면, 우리가 선행하기 전일지라도 우리가 의롭다 함을 받는 것은 그리스도를 믿는 신앙에 의한 것이니 그렇지 않으면 나무 자체가 선하기 전에는 그 나무의 열매가 좋은 것이 될 수 없는 사실 이상으로 우리의 행위가 선한 것이 될 수 없기 때문이다.

그러므로 우리가 선한 일을 행하되 그것으로 공로를 세우는 것이 아니다(우리가 무슨 공로를 세울 수 있겠는가?). 아니, 우리는 우리가 행하는 선행을 위하여 하나님을 우러러보는 것이고 그가 우리를 바라보시지 않는다. 왜냐하면, 하나님이 우리 안에서 역사하셔서 우리가 그의 기뻐하시는 일을 뜻하게 하시며 또한 그 일을 행할 힘을 주시기 때문이다. 그러므로 기록된 하나님의 말씀을 경청하자, 너희가 명령대로 이 모든 일을 다 하고 나서는 저희는 보잘것없는 종입니다. 그저 해야 할 일을 했을 뿐입니다. 때가 오면 하나님이 선한 일에 보답하실 것을 우리는 부인하지 않으나 그러나 그가 자기의 선물을 자기의 은혜를 통하여 갚으신다. 더구나 우리가 선행하여도 그 일에서 우리의 구원을 찾는 것이 아니다. 왜냐하면, 우리는 우리의 육신의 욕심으로 오염되어서 벌을 받을 만한 일밖에는 하지 않기 때문이다. 또 우리가 이러한 일들을 행할 수 있을지라도 한 가지 죄에 대한 기억만으로도 하나님이 그 일을 배격하시기에 충분하다. 이렇게 하여 우리는 언제나 아무 확실성 없이 의심을 품고 좌우로 왔다 갔다 할 것이며 또 우리의 빈약한 양심이 우리 구주의 고난과 죽음의 공로에 의지하지 않는다면 계속 고민하게 될 것이다.

제25조 의식의 율법 폐지에 관하여 구약과 신약의 일치에 관하여

우리는 율법의 의식과 표상들이 그리스도가 오신 이후로 폐지된 것과 또 모든 그림자가 성취된 것을 믿는다. 그러므로 그것들은 크리스천들 사이에서는 폐지되어야 한다. 그러나 그들이 지닌 권리와 실체는 율법을 완성한 예수 그리스도 안에 그대로 남아 있다. 우리는 복음의 교리를 우리가 확신하며 하나님의 뜻에 따라 하나님의 영광을 위하여 우리의 생활을 정직하게 조성하기 위해서 율법과 예언자들에게서 취하여 낸 증거들을 여전히 사용한다.

제26조 그리스도의 중보에 관하여

우리는 유일한 중보자이시며 변호자이신 의로운 예수 그리스도를 통하지 않고는 하나님에게 나아갈 수 없음을 믿는다. 그는 이 일을 위하여 사람이 되어 한 품성으로 신성과 인간성이 연합되었고 그리하여 사람이 거룩한 주재자에게 접근할 수 있게 하였으니 이 접근을 방해할 것이 없다. 그런데 성부가 자기와 우리 사이에 임명하신 이 중보자는 그의 위엄으로써 결단코 우리에게 겁을 주거나 혹은 우리가 공허한 생각으로 다른 중보자를 찾도록 만들지 않으신다. 왜냐하면, 하늘이나 땅에서 예수 그리스도보다 우리가 더 사랑하는 피조물이 없기 때문이다. 그는 본래 하나님의 형상으로 계셨으나 자기 자신을 높이지 않고 우리를 위하여 사람과 종의 형상이 되어서 모든 것에 있어서 그의 형제들과 같이 되셨다. 그리하여 만일 우리가 다른 중보자를 찾는다면 누가 우리를 사랑하여 줄 것이며, 비록 우리가 원수일 때라도 우리를 위하여 생명을 희생시킨 그분보다 우리를 더 사랑하여 줄 것으로 믿겠는가? 만일 우리가 능력과 권세를 가진 자를 찾는다고 할지라도 하나님 우편에 앉으시고 하늘과 땅의 모든 권세를 가지신 그분에 비할 수 있겠는가? 누가 하나님의 사랑하시는 아들보다 더 빨리 우리의 기도를 들어줄 것인가? 그러므로 성도들을 존경하기보다는 모욕하는 실천 상황을 소개하여서 그들이 실시해 본 적도 없고 또 요구한 적도 없고 오히려 자기들의 저서들에서 나타나듯이 자기들의 의무에 따라 시종여일하게 거부했던 것을 실천한다는 것은 다만 자신의 결핍을 통하여 온 것이었다. 여기서 우리의 무가치성에 호소해서는 안 된다. 왜냐하면, 우리가 우리의 가치를 고려하여 하나님에게 기도를 드리는 것을 의미하지 않고 오직 주 예수 그리스도의 탁월하신 공로에 의지하기 때문이니 그의 의로움이 믿음으로 우리의 것이 된다.

그러므로 사도는 우리의 어리석은 공포심이나 혹은 불심을 우리에게서 제거하기 위하여 아래와 같이 올바로 말씀하신다. 그러므로 그분 예수 그리스도는 모든 점에 있어서 당신의 형제들과 같아지셔야만 했다. 그래서 자비롭고 진실한 대제관으로 하나님을 섬길 수 있었고 백성들의 죄를 용서해 주시는 제물이 되실 수 있었다. 그분은 친히 고난을 당하시고 유혹을 받으셨기 때문에 유혹을 받는 모든 사람을 도와주실 수 있다. 또 우리를 격려하기 위하여 더 말씀하신다. 우리에게는 하늘로 올라가신 위대한 대제관이시며 하나님의 아들이신 예수가 계심을 알고 우리는 그분에 대한 신앙을 굳게 지키자. 우리의 대제관은 연약한 우리를 몰라주시는 분이 아니시고 우리와 마찬가지로 모든 일에 유혹을 받으신 분이다. 그러나 죄를 지으시지 않았다. 용기를 가지고 하나님의 은총의 옥좌로 가까이 나아가자 그러면 우리는 하나님의 자비와 은총을 받아서 필요한 때에 도움을 얻게 될 것이다. 또 같은 사도가 말씀하신다. 그러므로 형제 여러분 우리는 예수의 피의 덕분으로 지성소에 들어갈 수 있는 자신을 갖게 되었다. 또한, 그리스도는 영원히 사시는 분이기 때문에 그분의 제 관직은 영구한 것이다. 따라서 예수께서는 당신을 통해서 하나님께 나아오는 사람들은 언제나 완전히 구원해 주실 수 있다. 그분은 항상 살아 계셔서 그들을 위해서 중보자의 일을 하신다. 하나님이 자기의 아들을 우리의 변호자로서 우리에게 주시기를 기뻐하셨는데 무엇 때문에 우리가 다른 변호자를 찾겠는가? 우리가 찾을 수도 없는 다른 변호자를 취하거나 찾고 또 찾기 위하여 그를 저버리지 말자, 하나님이 그를 우리에게 주셨을 때 우리가 죄인들이었음을 그가 잘 아셨다. 그러므로 그리스도의 명령을 따라서 주의 기도에서 가르치시는 대로 우리의 유일한 중보자이신 예수 그리스도를 통하여 하늘의 아버지에게 부르짖을 수 있다. 그의 이름으로 우리가 아버지에게 무엇이든지 구하면 주실 것을 우리에게 약속하신다.

제27조 공동 교회에 관하여

우리는 하나의 가톨릭, 즉 공동교회를 믿고 고백한다. 이 교회는 예수 그리스도의 피로 정결하게 되고 성령으로 성화 되고 인침을 받아 구원받을 것을 바라는 참된 크리스천 신자들의 하나의 거룩한 회중이며 회합이다. 이 교회는 세계의 시작부터 있었고 또 세계의 마지막까지 있을 것이다. 이 진리는 그리스도가 영원한 왕이시므로 백성 없이는 있을 수 없으므로 분명하다. 그리고 이 교회는 세상의 격렬한 박해를 막으시는 하나님이 보존하시고 지원하신다. 교회는 한때 사람들 눈에는 아주 작고 그리고 아무것도 아닌 것 같이 보이는 것이니 이것은 아합의 위험한 통치 기간을 보기로 들 수 있으나 그때에도 주께서 바알에게 무릎을 꿇지 않았던 7천 명을 자기에게로 돌아오게 하셨다. 더구나 이 거룩한 교회는 어떤 장소나 혹은 어떤 인물들에게 국한되거나 구속되어 있거나 제한을 받는 것이 아니고 온 세상에 퍼져서 확장되어 있다. 그러면서도 믿음의 힘으로 또 하나의 같은 성령 안에서 마음과 뜻으로 연결되고 연합되어 있다.

제28조 참된 교회에 속한 성도들의 교통에 관하여

우리는 이 거룩한 회중과 회합이 구원받은 사람들의 회합이며 그 밖에서 구원될 수 있으므로 어떤 지위나 상태의 인물이든지 그 회중에서 떨어져 나간 상태에서 살기 위하여 자신을 후퇴시켜서는 안 된다고 믿는다. 모든 사람이 그 회중에 들어가서 일치하며 교회의 일치를 보존하며 교회의 훈련과 교훈에 복종하여 예수 그리스도의 멍에 아래 목을 굽히고 하나님이 각자에게 주신 재능에 따라 같은 몸의 공동된 지체와 같이 형제들의 건덕을 위하여 노력해야 한다고 믿는다. 그리고 이것이 더욱 잘 지켜지기 위해서는 하나님의 말씀대로 교회에 속하지 않는 다른 사람들에게서 분리되며 어디든지 하나님이 설치하신 회중에 가입하는 일은 시장이나 군주의 칙령이 반대하거나 죽음이나 육체의 형벌을 과하는 일이 있더라도 모든 신실한 신자들의 의무이다. 이렇게 하여 교회에서 후퇴한 사람이나 가입하지 않은 사람은 다 하나님의 명령을 위반하게 된다.

제29조 참된 교회의 표지에 관하여

우리는 열심히 그리고 용의주도하게 참된 교회가 무엇인지를 하나님의 말씀에 따라 인식해야 한다고 믿는다. 즉 오늘 세계에 있는 모든 분파가 이 교회의 이름을 가지고 있으므로 우리는 여기서 교회 안에 선한 자와 함께 섞여 있어서 외부적으로는 교회 안에 있지만, 사실은 교회에 속해 있지 않은 위선자의 무리에 관하여 말하는 것은 아니다. 다만 우리는 참된 교회의 몸과 교제는 자칭 교회라 부르는 모든 분파와 구별되어야 함을 말하고자 한다. 참된 교회를 인식하기 위한 표지는 다음과 같다. 교회가 순수한 복음의 교훈을 설교하고 있지는 않은지, 그리스도가 명령하신 바와 같은 순수한 성례전을 베풀고 있지는 않은지, 교회의 훈련이 죄를 벌하기 위하여 사용되는지 않는지, 간단하게 말하자면 모든 것이 순수한 하나님의 말씀에 따라 운영되고 있지 않은지, 그 말씀에 위배되는 것은 무엇이든 배격되는지 않는지, 그리고 예수 그리스도가 교회의 유일한 머리로 인정되고 있지 않은지 이러한 표지로서 참된 교회를 분명히 알며, 이 교회에서 분리되어도 좋은 권리는 아무도 갖지 않는다. 또 교회에 속하는 사람들에 관하여서는 그들은 크리스천의 표지로서, 이를테면 믿음으로 알려져야 한다. 또 그들이 유일한 구주 예수 그리스도를 받아들일 때 죄에서 해방되고 정의를 구하며 참된 하나님과 이웃을 사랑하며 좌우로 흔들리지 않고 그들의 육을 그들의 업적과 함께 십자가에 못 박는 것이다. 그러나 그들 가운데 큰 과오가 없는 바가 아니다. 그들은 성령의 힘으로 그들의 생애의 모든 날에 그 과오와 싸우며 쉬지 않고 주 예수의 피와 죽음과 수난 및 복종에 의지하며 예수에 의하여 그들은 믿음으로 죄의 용서를 받는 것이다. 거짓된 교회를 논한다면 이 교회는 하나님의 말씀보다는 교회 자체와 교회 규정에 더 큰 힘과 권위를 돌리며 예수 그리스도의 멍에에 교회 자체를 복종 시키려 하지 않으려 한다. 또 이 교회는 그의 말씀으로 지정된 성례들을 집행하지 않고 그 성례전을 자의로 가감한다. 이 교회는 그리스도보다는 사람들에게 더 의존한다. 그리고 하나님의 말씀에 따라 거룩하게 살며 그 교회의 과오와 탐욕과 우상 예배를 공격하는 사람들을 박해한다. 참된 교회와 거짓된 교회는 쉽게 알 수 있고 서로 구별이 된다.

제30조 교회의 행정에 관하여

우리의 이 참된 교회는 영적 정책에 따라 통치되어야 하는데 그것은 우리 주님이 자기의 말씀으로 우리에게 가르치신 것으로 믿는다. 이를테면 하나님의 말씀을 설교하며 성례전을 집행할 목사들이 있어야 한다. 또한, 목사들과 함께 교회의 제직회를 구성할 장로들과 집사들이 있어야 한다. 이러한 것은 참된 종교가 보존되며 참된 교리가 어디서든지 전파되며, 또한 범죄자들이 처벌되며 영적 방법으로 회복되는 것을 의미한다. 또한, 가난한 사람들과 고난을 당하는 사람들이 자기들의 필요에 따라 위로를 받게 되는 것이다. 이러한 방법으로 교회 안에서 질서 바르고 겸손하게 모든 것이 실시되면 그때는 성 바울이 디모데에게 지시한 규칙에 따라 신실한 사람들이 선택된다.

제31조 목사, 장로, 집사에 관하여

우리는 율법의 종말인 예수 그리스도가 자기의 피를 흘림으로써 사람들이 죄의 보상으로서 삼을 수 있었던 혹은 삼으려던 모든 피 흘림의 종말이 됨을 믿고 고백한다. 또 그 피로서 행한 할례를 철폐하시고 그 대신 세례의 성례전을 제정하셨는데 세례를 통하여 우리가 하나님의 교회에 용납되고 다른 모든 사람과 다 종교들로부터 떨어져 나오며 우리가 전적으로 그에게 속하게 되며 그의 기장과 깃발을 지니는 것이며, 그는 영원히 우리의 은혜로운 하나님이시며 아버지이심을 우리에게 증거로 삼아주시는 것이다.

그러므로 그는 자기에게 속한 모든 사람이 성부와 성자와 성령의 이름으로 순수한 물로 세례를 받을 것을 명하셨다. 세례가 우리에게 상징하여 주는 것은 마치 물이 세례받는 사람의 몸에 뿌려질 때 몸의 때가 씻겨 없어지듯이 성령의 힘으로 그리스도의 피가 세례받는 사람의 영혼에 내적으로 뿌려져서 죄를 씻어 영혼을 정결하게 하고 우리를 진노의 자식들로부터 변하여 하나님의 자녀들이 되게 중생시키신다. 이것은 외부적인 물의 힘이 아니고 다만 하나님이 아들의 고귀한 피를 뿌림으로 효능을 나타내는 것이다. 그는 우리의 홍해이니 우리는 이 홍해를 통과하여 바로 왕 폭군, 즉 악마를 피하여 가나안의 영적인 땅에 들어가는 것이다.

그러므로 교역자들이 성례전을 행하며 그것은 외부적으로 보이는 것이지만 우리 주님이 세례식으로 우리에게 보장하여 주시는 것은 여러 가지 은사들과 보이지 않는 은혜, 씻음, 정화 아주 더럽고 불의한 것들을 우리의 영혼으로부터 제거하는 일, 우리 마음을 새롭게 하여 모든 위로로서 채우는 일, 하나님의 아버지로서 선의에 대한 참된 확신을 우리에게 주는 일, 우리에게 새 사람을 입히고 옛사람을 모든 행동과 함께 벗겨주는 일이다. 그러므로 우리는 영생을 얻기를 간절히 바라는 사람은 이 세례만을 받아야 하되 같은 세례를 되풀이하지 말아야 하는데 우리가 두 번 중생 할 수 없기 때문이라고 믿는다. 이 세례는 우리에게 물을 뿌리고 우리가 그것을 받을 때만이 아니고 우리의 전 생애를 통하여도 효과를 내는 것이다. 그러므로 우리는 재세례파의 과오를 배격한다. 그들은 그들이 전에 받은 단 한 번의 세례에 만족하지 않으며 또 신자들의 유아 세례를 정죄하지만 우리는 그 유아들도 이전에 이스라엘의 어린아이들이 우리의 유아들에게 주심과 같이 약속으로 할례를 받았듯이 언약의 상징으로서 세례를 받고 인침을 받아야 한다고 믿는다. 또 그러한 사실은 그리스도는 장년들과 마찬가지로 신자들의 어린이들의 정화를 위하여 피를 흘리셨다. 그러므로 유아들도 그리스도가 그들을 깨끗하게 하신 일의 상징과 예전을 받아야 한다. 하나님이 율법에서 명하신 대로 유아들도 출생 직후에 그들을 위하여 어린양을 제물로 바치는 그리스도의 고난과 죽음의 성례전을 받도록 하여야 한다. 더구나 유대인에게 있어서의 할례는 우리의 아이들에게 있어서는 세례와 같다. 그리고 이 이유로 바울은 세례를 그리스도의 할례라고 불렀다.

제35조 성만찬에 관하여

우리는 우리 주 예수 그리스도가 이미 중생하여 그의 가족, 즉 그의 교회에 연합된 사람들을 먹이시며 유지하기 위하여 성만찬의 성례전을 제정하신 것을 믿고 고백한다. 이제 그들 중에 중생한 사람들은 이중의 생활을 하는데 한 가지는 육신적 또는 현세적인 생활이며 이것은 그들이 처음 출생했을 때부터 하는 생활로서 모든 사람에게 공통되는 것이다. 다른 한 가지는 영적이며 천상 적인 생활인데 두 번째 출생이며, 이것은 복음의 말씀에 따라 또 그리스도의 몸과의 교제를 통하여 효과가 나는 것이다.

그리고 이 후자의 삶은 일반적인 것이 아니고 하나님의 선택을 입은 특별한 것이다. 이처럼 하나님은 육신 적인 지상의 생활을 유지하기 위하여 지상 적이고 일반적인 빵을 우리에게 주셨는데 이 빵은 육신 생활에 유익하며, 삶 그 자체처럼 모든 사람에게 공통되는 것이다. 그러나 신자들이 영위하는 영적이며 천상 적인 삶의 유지를 위하여 하나님은 하늘에서 내려온 산 떡 즉 예수 그리스도를 보내셨으니 신자들이 그를 먹을 때, 즉 성령 안에서 믿음으로 그를 받아들일 때 그가 그들의 영적인 삶을 풍부하게 하시며 강화하신다. 우리에게 이 영적인 하늘의 떡을 제시하기 위하여 그리스도는 자기 몸의 상징으로서 포도주를 제정하셔서 이것으로써 우리가 우리의 손에 이 상징물들을 받아 쥐고 입으로 먹고 마실 때 우리의 삶이 나중에 살찌게 되는 것처럼 우리가 우리의 신앙(이것은 우리의 영혼의 손과 입이 된다)으로 우리의 유일한 구주의 참모습과 피를 우리의 영적 삶을 위하여 우리의 영혼에서 분명히 받게 하려는 것이다.

이제 예수 그리스도가 자기의 성례전을 공연히 사용하도록 우리에게 명령하게 하신 것이 아님이 분명하며 의심할 여지가 없듯이 그는 우리 안에서 마치 성령의 역사가 감추어져 있어서 알 수 없는 것처럼 우리의 이해를 초월하기 때문에 우리가 알 수 없는 모양으로 성례전의 이러한 상징물들에 의하여 우리에게 그가 제시하시는 그 모든 일을 우리 안에서 행하신다. 그리하여 우리가 드디어 먹고 마시는 것은 그리스도의 자연적인 몸과 본래의 피였다고 우리가 말할지라도 잘못된 말이 아니게 된다.

그러나 이 성례는 받는 모양을 입으로서가 아니고 신앙을 통하여 성령으로 한다. 그리하여 그리스도가 언제나 하늘에서 아버지의 우편에 계시지만 여전히 우리가 믿음으로 예수 그리스도 자신과 교통하게 역사하신다. 이 만찬은 영적인 식탁이며 거기서 그리스도가 자기의 모든 축복을 가지고 우리와 사귀시며 거기서 그는 자기 자신과 자기의 고난과 죽음의 공덕을 우리에게 주셔서 우리가 그것을 즐기게 하시며, 그의 살을 먹음으로 우리의 가난하고 위로가 없는 영혼들을 먹이시고 강화하시며, 또 그의 피를 우리가 마심으로 그 영혼들을 살리며 소생케 하신다.

더 나아가 성례전들은 그것들이 상징하는 것과 연결되지만 그 두 가지 성례전을 모든 사람이 받지 않는다. 즉 불경건한 사람은 실은 성례전을 받고서 정죄를 받는 자리에 나가게 되지만 성례전의 진리를 받아들이지 않는다. 마법사인 유다와 시몬이 성찬을 받았으나 실은 그 성례전이 상징하는 그리스도를 받지 않았다. 신자들은 단지 그리스도를 받는 사람들이다. 마지막으로 우리는 성찬을 겸손과 존경심을 가지고 하나님 백성의 회합에서 받으며 감사하는 마음으로 우리 신앙과 우리 크리스천 종교를 고백하고 우리 구주 그리스도의 죽음을 우리 사이에 거룩하게 기억하는 것이다. 그러므로 아무도 미리 올바르게 자신을 반성해 보지 않고는 이 식탁에 와서는 안 되는데 그것은 이 떡을 잘못 먹고 이 잔을 잘못 마심으로 스스로 멸망에 빠지지 않기 위함이다. 한마디로 말하면 우리가 이 성만찬 예전을 사용함으로써 우리가 감격하여 하나님과 우리 이웃에 대한 열렬한 사랑을 품게 된다.

그러므로 우리는 성례전에다가 사람들이 첨가한 것이거나 또한 혼합시킨 모든 혼합과 저주를 받을 새 의식들을 성례전의 모독으로 배격한다. 그리고 우리는 그리스도와 사도들이 우리에게 가르치신 제도로 만족해야 하며 그 성례전들에 대하여 말씀하신 대로 말해야 할 것을 확언하는 바이다.

제36조 관공리에 관하여

우리는 우리의 은혜로운 하나님이 인류의 타락 때문에 왕과 군주와 관리들을 지명하시고 세계가 어떤 법률과 정책으로 통치되기를 원하신다고 믿는다. 그 결과 사람들의 황폐가 저지되고 모든 것이 질서 있고 보기 좋게 운영되게 하려는 것이다. 이 목적을 위하여 하나님은 집정관에게 무기를 쥐여 주셨으니 악행 자들을 벌하시며 선행자들을 상주시기 위함이다. 그들의 직책은 단지 국가의 보위를 존중히 여겨서 지켜보는 것만이 아니고 거룩한 문화 사업을 보호하며, 모든 우상숭배와 거짓된 하나님 예배를 제거하며 방지하기 위한 것이다. 즉 적그리스도의 왕국이 파괴되며 그리스도의 왕국이 신장되게 하는 것이다. 그러므로 집정관들은 어디서든지 복음의 말씀 설교를 경청하여 하나님이 그의 말씀에서 명령된 대로 모든 사람에게서 존귀와 예배를 받게 되어야 한다. 더구나 어떤 지위나 신분이나 조건의 사람일지라도 집정관들에게 복종하는 것을 피할 수 없는 의무이다. 즉 세금을 바치며, 그들에게 존경심을 나타내며 하나님의 말씀에 거슬리는 것이 아니면 모든 일에 있어서 그들에게 복종하는 일이다. 또 기도할 때 하나님이 그 집정관들을 지배하시며 그들의 모든 길을 인도하시도록 그들을 위하여 대신 기도할 것이며, 우리가 경건하고 정직하여 조용하고 평화로운 생활을 할 수 있도록 기도해야 한다. 그러므로 우리는 재세례파의 과오와 그 밖의 선동적인 사람들과 일반적으로 높은 권세와 집정관들을 배격하며 정의를 파괴하며 물질사회를 유도하며 하나님이 사람들을 위하여 제정하신 고상하고 선한 질서를 혼란시키는 사람들을 혐오한다.

제37조 최후심판에 관하여

마지막으로 우리는 하나님의 말씀에 따라, 주께서 지정하신 때(이때는 모든 피조물에는 알려지지 않는 것)가 오면, 또 선택자의 수가 찰 때, 우리 주 예수 그리스도가 육신을 가지고 보이게, 즉 그가 크신 영광과 권세를 가지고 승천하셨듯이 하늘에서 오셔서 죽은 자와 산 자의 심판을 선포하시며 세계를 정화하기 위하여 불과 불꽃으로써 이 낡은 세계를 태워 버리실 것을 믿는다. 그때 남자와 여자와 어린이 할 것이 없이 모든 사람이 천사장의 소리와 하나님의 나팔 소리를 듣고 모여들어서 세상 처음부터 마지막까지 계신 대 재판관 앞에 직접 나타날 것이다. 모든 죽은 자들이 땅에서 살아날 것이며 그들의 영혼이 전에 있었던 본래의 몸들과 연합될 것이다. 그때 살아 있는 사람들은 죽었던 사람처럼 죽지는 않을 것이되 순간적으로 변하여 썩은 몸이 썩지 않을 몸으로 변할 것이다.

그리고 책들(즉 양심들)이 펼쳐지고 죽은 자들이 선한 일이든 악한 일이든 이 세상에서 그들이 행할 일에 따라 재판을 받을 것이다. 아니 모든 사람이 세상에서는 한갓 오락과 농담으로만 간주하였던 자기들의 쓸데없는 말에 관하여 일일이 설명해야 할 것이다. 또 그때 사람들의 비밀과 허위가 드러나서 모든 사람 앞에 공개될 것이다. 그러므로 이 재판을 생각한다는 것은 악한 자와 불신자에게는 바로 무서운 것이지만 의롭고 선택된 자들에게는 가장 바람직하여 통쾌한 것이다. 왜냐하면, 그때 그들의 완전한 해방이 성취될 것이며 그들이 젊어졌던 노고와 고난의 열매들을 거둬들일 것이기 때문이다. 그들의 결백이 모든 사람에게 알려질 것이며 이 세상에서 그들을 가장 잔인하게 박해하고 압박하고 괴롭혔던 악인들은 하나님이 처벌할 무서운 보복을 받을 것이다. 또 그들은 자기들 자신의 양심의 증거에 의하여 고발될 것이며 또 불멸할 것이므로 악마와 그의 천사들을 위하여 준비된 영원한 불에서 고통을 받을 것이다. 그러나 반대로 신실하고 선택된 사람들은 영광과 영애로서 보답을 받을 것이다. 그리고 하나님의 아들이 그의 아버지이신 하나님과 그의 택하신 천사들 앞에서 그들의 이름을 밝힐 것이다. 모든 눈물이 그들의 눈에서 사라질 것이다.

그리고 이 세상에서 지금 많은 재판관과 집정관들에게서 이단으로 정죄된 사건들이 그때에는 하나님의 아들을 위한 것으로 알려질 것이다. 그리고 은혜로운 보답으로서 주께서 사람의 마음에 들어가 본 적이 없는 한 영광을 그들이 가지도록 만드실 것이다. 그러므로 우리는 이 위대한 날이 와서 드디어 우리가 우리 주 예수 그리스도 안에 있는 이 위대한 날이 와서 드디어 우리가 우리 주 예수 그리스도 안에 있는 하나님의 약속들을 충분히 즐길 수 있기를 가장 간절한 마음으로 기대한다. 주여 오소서.[153]

8. 스코틀랜드 신앙고백서((Scotland Confession, 1560)

1) 스코틀랜드 신앙고백서의 역사적 배경

16세기 스코틀랜드는 중세 로마가톨릭교회주의 만이 유일한 종교로 인정되었다. 스코틀랜드 개혁교회는 1567년에야 비로소 합법적인 교회로 인정받았다. 이때는 스코틀랜드 신앙고백서가 나온 지 7년이 지난 후였다. 정치적 배경으로는 스코틀랜드, 왕국은 전통적으로 프랑스의 지원을 받으면서 영국에 대적했다. 스코틀랜드는 가톨릭적인 프랑스의 영향 아래에 있게 되었으나 독일에서 공부한 스코틀랜드 사람들이 루터와 다른 개혁자들의 작품을 수입하게 되므로 스코틀랜드 당국은 이를 단호히 저지하여 1528년부터 순교자들이 생겨났다. 그 결과 개혁교회는 급속히 부흥하는 계기가 되었다. 1542년 제임스 5세가 죽고 그의 딸 메리 스튜어트가 왕위에 오르자 헨리 8세는 그의 아들 에드워드를 메리와 결혼시키려 하였으나 스코틀랜드의 프랑스 지지파들이 프랑스 왕자와 결혼하도록 하고 개혁교회를

---

153 이장식 편, 「기독교 신조사」 pp. 243-270.

박해하였다.

기이즈의 메리 Mare of Guise 여왕이 죽은 후 프랑스 군대가 철수하자 1560년 8월 1일에 에딘버러에서 의회를 모였다. 에딘버러 모임에서 신앙고백서를 제정할 것을 요구하고 당국은 교황주의를 없애고 예배의 순수성과 훈련을 확립하며 교회의 예산은 경건한 교역자를 위하여 쓸 것과 학문의 증진과 가난한 자들의 구제를 위해 쓸라고 요구하였다. 대표적 인물은 존 녹스와 그의 동료들에 의해 작성되었고 정치적 어려움으로 인해 1567년에 당국에서 공식적으로 인정되었다.

2) 스코틀랜드 신앙고백서의 특징

하나님의 넘치는 은혜와 선택을 주장하고 하나님만이 유일하게 자신의 백성을 구원하실 수 있으며 인간의 자유의지를 부정하고 인간적 방법의 구원을 부정하였다. 구원은 인간의 공적이 아닌 하나님의 은총만이 최종적인 근거라 고백하고 있다. 또한, 교회에 있어서 하나의 교회를 가시적 교회와 불가시적 교회로 구별하고 참된 교회와 거짓교회의 표지로 첫째, 하나님 말씀에 대한 참된 설교(증거) 둘째, 성례의 정당한 수행 셋째, 권징의 바른 시행을 참된 교회의 표지로 삼았다. 그리고 전문에서 성경적 증거를 각주하고 있다.

3) 스코틀랜드 신앙고백서의 평가

미사 제도와 교황의 사법권 행사를 강력하게 배격하고 가톨릭을 지지하면서 만들어진 모든 기존 법령들을 파기하였다. 교회론에 있어서 참된 교회와 거짓교회를 성경적으로 구별하고 최초로 교회에 대해서 가시적 교회와 불가시적 교회를 구별한 것은 중요한 의미가 있다. 권징에 있어서 장로교회의 정치 원리가 잘 제시되어 있다. 그리고 웨스트민스터 신앙고백서가 나오기 전까지 개혁교회의 중요한 교리적 표준 역할을 하였으며 성경적 정신에 입각한 순수한 신앙과 교회를 회복하게 하였다. 그리하여 1,000년 동안 세력을 누려온 로마가톨릭교회의 부패한 신앙의 내용이 제거되는 일들이 일어났다. 본 고백은 교황주의와 맞서던 사람들을 하나로 단결하게 하고 고통을 당할 때도 백성을 하나로 결합하였으며 모든 환란과 싸움터에서 교회의 깃발이 되었다. 그리고 영어로 된 최초의 종교개혁 신앙고백서의 대헌장으로 볼 수 있다.

4) 스코틀랜드 신앙고백서 전문

제1조 하나님에 관하여

우리는 유일하신 하나님을 고백하며 또 인정하며 그에게만 의뢰하며 섬기며 그만을 예배하며 그만을 믿는다. 하나님은 영원, 무한, 불가해, 전능 및 불가시하신 분이며, 본질에서는 하나이면서 동시에 성부, 성자, 성령의 삼위로 구분된다. 우리는 이 하나님이 천지에 있는 모든 것, 보이는 것과 보이지 않는 것 전부를 창조하시고 보존하시며 측량할 수 없는 섭리로 지배하시며 그 자신의 영광이 나타나도록 하나님은 만물을 그의 영원한 지혜, 선 정의로 정하신 것을 고백한다(창 1:1, 행 17:28, 잠 16:4).

제2조 인간의 창조에 관하여

우리는 우리의 하나님이 인간을 창조하신 것을 고백하며 또 인정한다. 즉 그는 우리의 시조 아담을 자기의 형상을 닮게 지으시고 그에게 지혜와 주권과 정의와 자유의지와 자기 자신에 대한 분명한 지식을 주셔서 사람의 본성 안에 불완전한 것이 없게 하셨다(창 1:26, 27, 28, 골 3:10, 엡 2:24). 이 영광과 완전에 위배되게 남자와 여자가 다같이 타락하였다. 여자는 뱀 때문에 타락하였고 남자는 여자의 말에 따라 타락하였다. 아무튼 말씀으로 금단의 나무의 열매를 먹으면 죽으리라고 분명히 말씀하셨던 하나님의 주권적인 존엄에 반역하게 되었다(창 3:6, 2:17).

제3조 원죄에 관하여

일반적으로 원죄라고 불리는 죄로 인간 안에 있는 하나님의 형상이 완전히 파손되어 인간과 그 후손은 하나님의 대적하는 자, 즉 사단의 노예로서 죄악에 노예(봉사)하는 자가 되었다(시 51:5, 롬 5:10, 딤후 2:26, 엡 2:1-3). 그 결과 영원한 사망이 위로부터 중생하지 못하였던 자, 또 현재 중생하지 못한 자와 또 장래에도 중생하지 못할 자들을 지배하며 주관할 것이다. 성령은 하나님이 선택하신 자의 마음속에 그의 말씀 안에 계시된 하나님의 약속에 대한 확고한 신앙을 창조하심으로 우리를 중생시키신다. 그리하여 우리는 이 믿음으로 그리스도 예수와 그리스도 안에서 우리에게 약속하신 축복과 은사들을 굳게 붙잡는다(롬 5:14, 6:23, 요 3:5, 롬 5:1, 빌 1:29).

제4조 약속의 계시에 관하여

하나님은 인간이 그에게 대한 복종으로부터 무섭게 타락한 후 다시 아담을 찾아 그의 이름을 불러 그의 죄를 책망하시고 죄를 선언하시고 마지막에는 "여자의 후손이 뱀의 머리를 깨뜨릴 것이다"라는 기쁜 약속을, 즉 그 후손이 악마의 일을 타파하리라는 약속을 그에게 주셨음을 우리는 믿는다. 이 약속은 종종 반복되었고 차차 분명하게 되었다. 그리하여 기쁨에 넘친 믿음이 돈독한 신자들이 부단히 이 약속을 이어받고 믿어온 것이다. 즉 아담으로부터 노아에게, 노아로부터 아브라함에게, 아브라함으로부터 다윗에게, 그리고 마지막에는 그리스도 예수의 성육신에 이르기까지 율법 아래서 믿음이 독실한 선조들 모두가 그리스도 예수의 기쁜 날을 바라보고 기쁨에 넘쳤었다(창 3:9, 3:15, 12:3, 15:5, 6, 삼하 7:14,, 사 7:14, 9:6, 학 2:7, 9, 요 8:56).

제5조 교회의 지속과 증가와 보존에 관하여

우리는 항상 하나님은 아담 이후 예수 그리스도가 육신을 입고 오실 때까지 모든 시대에 있어서 그의 교회를 보존하시고 인도하시고 증가시키시고 교회의 영예를 주시고 죽음에서 생명으로 불러내셨다고 믿는다. 하나님은 아브라함을 그의 고국으로부터 불러내셔서 그를 인도하시고 그의 자손을 번성케 하셨다. 이상하게도 하나님은 그를 지키시고 바로의 노예와 억압에서 구하셨고 그들에게 율법과 제도와 의식을 주셨다. 또 하나님은 그들에게 가나안 땅을 주셨고 판관들 시대를 거쳐서 사울 다음에 왕으로서 다윗을 주셨고 그의 자손에게서 나온 한 사람이 영원히 왕좌를 차지하실 것을 약속하셨다.

하나님은 이 백성에게 계속 예언자를 보내셔서 그들이 우상숭배에 기울어졌을 때 하나님의 정도로 인도하셨다. 그러나 하나님은 그들이 완고하여 정의를 경멸하였으므로 그들을 적군의 손에 넘기셨다. 옛날 모세의 입으로 위협을 받은 대로 거룩한 도성이 파괴되고 궁전은 불타고 모든 땅은 70년간 황폐하였다. 하나님은 은혜로서 다시 그들을 예루살렘으로 이끌어 내셨고 도성과 궁전이 재건되었다. 그러나 약속에 따라 메시아가 오실 때까지 그들은 사단의 온갖 유혹과 공격을 참고 견디었다.

제6조 예수 그리스도의 성육신에 관하여

때가 차서 하나님은 성자, 곧 영원한 지혜, 하나님 자신의 영광의 본체이신 독생자를 세상에 보내셨다. 성자는 성령의 역사로 여자, 곧 처녀의 본질에서 인간성을 취하셨다. 이렇게 하여 다윗의 후손, 하나님의 약속하신 천사, 약속된 메시아가 탄생하셨다. 우리는 그를 임마누엘, 즉 하나님과 사람의 두 완전한 본성이 한 품격으로 통일되어 결합한 참 하나님, 참사람으로 고백하고 인정하였다. 우리는 이 고백에 따라 아리우스, 말시온, 유티케스, 네스토리우스를 배격할 해로운 이단으로서 벌하였고 또 그의 신성의 영원성을 부인하거나 인간성의 진실성을 부인하거나 그 두 가지 본성을 혼합하거나 분리시키는 사람들을 벌하는 것이다.

제7조 왜 중보자, 화해자는 참 하나님이시며 참사람이어야 하는 가에 관하여

우리는 예수 그리스도에게 있는 신성과 인성 사이의 신성한 결합은 하나님의 영원불변한 뜻에 따라 된 것이며 우리의 모든 구원은 여기서 생기며 그것에 의존하는 것으로 믿는다.

제8조 선택에 관하여

하나님의 은혜에만 의지하여 하나님의 아들 예수 그리스도 안에서 우리를 선택하신 영원하신 아버지 되시는 하나님을 창세 이전부터 그를 우리의 머리로 삼으시고 또 우리의 형제이며 우리의 목자로서 우리 영혼의 위대한 감독으로 정하셨다. 하나님의 정의와 우리의 죄의 적대관계 때문에 육적 인간은 아무도 하나님에게 능히 이를 수가 없었다. 하나님의 아들이 우리에게 내려오셔서 자진하여 우리의 몸과 살과 뼈를 취하셔서 하나님과 인간 사이의 중보자와 화해자가 되시고 그를 믿는 자에게 하나님의 아들이 될 수 있는 권리를 주셨다. 그가 친히 다음과 같이 증거하셨다.

"나는 내 아버지이며 너희의 아버지, 곧 내 하나님이시며 너희의 하나님이신 분에게 올라간다"라고 아담 안에서 우리가 가졌던 가장 거룩한 하나님과의 교제가 다시 우리에게 회복되었다. 그러므로 우리는 의심하지 않고 하나님을 우리의 아버지라고 부른다. 또 하나님이 우리를 지으신 분이므로 멸망할 우리와 같이 계실 수 없다. 하나님은 그의 독생자를 우리의 형제가 되도록 우리에게 주셨고 이미 말한 대로 우리의 유일한 증보자로서 그를 인정할 때 받을 은혜를 우리에게 주셨다. 또 구주, 구속 주, 참 하나님, 참사람이 되는 것이 필요하였다. 왜냐하면, 그는 우리의 죄 때문에 지셔야 할 형벌을 대신 받아야만 되었고 심판자이신 하나님 앞에 친히 나타나서 우리의 인간성에 따라 우리의 죄와 불순종 때문에 고난을 받으셨고 그의 죽으심으로써 사망의 창시자를 정복하고 승리해야만 되었기 때문이었다. 그러나 유일하신 하나님은 죽임을 당할 수 없고 또 인간성만으로는 사망을 정복할 수 없으므로 그는 두 성품을 하나의 성품으로 결합하신 것이다. 한쪽은 죄 때문에 우리가 받을 사망의 약점이고, 다른 쪽은 무한한 능력, 즉 사망을 정복하시고 우리에게 생명, 자유, 영원한 생명을 획득해 주신 신성이다. 이렇게 고백하고 의심하지 않고 믿는다.

제9조 그리스도의 죽음, 고난, 그리고 장사에 관하여

우리 주 예수 그리스도는 우리를 위하여 자진하여 희생물로서 그의 아버지에게 바쳐 죄인의 고뇌를 경험하시고 우리 죄 때문에 상처를 입으시고 고난을 받으시고 하나님의 죄 없는 어린양으로서 세상의 심판을 따라 정죄 되었고 그것 때문에 하나님의 법정에서 우리의 죄가 용서를 받는다. 그는 다만 하나님의 뜻에 따라 저주를 받고 십자가 위에서 잔인한 죽음의 고통을 받으신 것만이 아니고 그는 죄인이 당연히 받아야 할 아버지의 진노를 일시적으로 받아 고통을 받으신 것이다.

그러나 우리는 그가 몸과 영혼으로 고통을 당하시고 사람들의 죄를 위한 완전한 변상을 치르신 그 고난 가운데서도 아버지의 사랑하시는 유일한 아들이었음을 확신한다. 또 우리는 우리의 죄를 위한 다른 희생이 있을 수 없다고 확신하지 않으면 그리스도의 죽음을 손상하는 것이며 죄의 용서와 변상을 그의 죽음으로 우리가 영원히 획득한 것임을 우리가 확신하고 의심하지 않는다.

제10조 부활에 관하여

우리는 의심 없이 다음과 같이 믿는다. 즉 사망의 슬픔이 생명의 창시자를 속박할 수 없다. 우리 주 예수 그리스도는 십자가에 못 박혀서 죽어 장사 되어 음부에 내려가셔서 우리를 의롭게 하시기 위하여 다시 살아나시고 사망의 창시자를 정복하고 우리에게 다시 생명을 주셨다. 그리하여 우리는 사망과 사망의 속박을 이긴 것이다. 우리의 구주의 부활이 실로 그의 원수의 증거에 의하여, 또 무덤이 열리고 죽은 자가 살아남으로써, 예루살렘 거리에 많은 사람이 나타난 것으로서 확증된 것을 알 수 있었다. 또 이것은 천사의 증거와 사도들과 그리고 회개한 사람들로서 구주의 부활 후에 그들과 같이 먹고 마신 사람들의 증언으로 확증되었다.

제11조 승천에 관하여

우리는 처녀에게서 나서 십자가에 달려 장사 되었다가 다시 살아나신 주님의 몸이 모든 것의 성취를 위하여 승천하신 것을 의심하지 않는다. 또 주님은 우리의 이름과 위로를 위하여 천지의 모든 권세를 받으셨다. 또 주님은 아버지 우편에 앉아서 그의 나라에서 왕으로 취임하셨고 우리를 위해서는 변호사이시며 유일한 중보자이시다. 형제들 가운데서 주님만이 영광과 존귀와 특권을 소유하시다가 마침내 그의 모든 원수가 그의 발을 올려놓는 자리가 될 것이다. 그렇게 하여 우리는 그 원수들이 최후의 심판을 받을 것으로 확신한다. 또 그 심판의 집행을 위하여 우리 주 예수 그리스도가 먼저 승천하신 모습으로 눈에 보이도록 재림하실 것을 믿으며 그때 모든 사람이 새로 회복되어 의를 위하여 학대와 굴욕과 악에 시달려 고난을 받은 사람들이 처음으로 약속된 축복의 불멸 생명을 이어받은 것을 믿는다.

그러나 반대로 강퍅하고 불순종하고 잔인한 박해자들과 더럽혀진 자들과 우상숭배 자들과 여러 가지 불신하는 자들은 완전한 암흑 속에 던짐 받을 것인데 거기서는 구더기는 죽지 않을 것이며 불은 꺼지지 않을 것이다. 그날과 그날의 심판을 기억하는 것은 우리에게 있어서는 다만 우리의 욕망을 억제하는 한 가지 구속일 뿐 아니라 무한한 위로가 된다. 이것으로 이 세상 왕들의 위험과 현세의 위험과 죽음의 공포도 우리를 우리의 머리이신 유일한 중보자 예수 그리스도 안에 있는 축복의 결사를 포기하게 만들지 못한다. 우리는 그리스도 예수를 약속의 메시아, 변호자, 중보자임을 고백하고 확신한다. 주님의 영예와 직책에 맞서서 사람이나 혹은 천사가 스스로 교만을 부린다면 우리는 우리의 주권자이신 최고의 지배자이신 예수 그리스도를 모독하는 것으로 보고 그들을 혐오할 것이다.

제12조 성령의 신앙에 관하여

우리의 이 신앙과 신앙의 확신은 육과 혈, 즉 우리 인간 안에 있는 자연의 힘에서 생기는 것이 아니고 성령의 감동으로 생기는 것이다. 그 성령을 우리는 성부와 성자와 동등하신 하나님으로 고백한다. 성령은 우리를 깨끗하게 하여 그의 역사를 통하여 우리를 진리로 인도하신다. 성령 없이는 우리는 영원한 하나님의 원수이며 성자 예수 그리스도를 알지 못한다. 왜냐하면, 우리는 자연 그대로 죽은 자이며 눈이 어두 우며 강퍅하므로 만일 주 예수의 성령이 죽은 자를 되살리시며 우리 마음에서 암흑을 제거하시고 그의 기뻐하시는 뜻에 복종하도록 우리의 완고한 우리의 마음을 쳐부수지 않으시면 우리는 찔려도 느끼지 못하며 빛이 드러나도 보지 못하며 계시되어도 하나님의 뜻에 복종하지 않는다.

이렇게 하여 우리는 성부 하나님이 우리가 아직 존재하지 않을 때 우리를 창조하셨고 또 우리가 아직 원수 되었을 때 예수 그리스도가 우리를 속량하시게 하셨다고 우리는 고백한다. 이처럼 우리는 또한 성령이 우리의 중생 이전이든 이후이든 간에 우리에게서 나오는 아무런 공로 없이 우리를 성화시키고 중생시켰음을 고백한다. 이것을 다음과 같이 분명한 말로 설명할 수 있다. 즉 우리는 창조와 속죄와 존귀와 영광을 스스로 취할 수 없는 것처럼 중생과 성화를 위해서도 그 어떤 영광이나 영예도 쾌히 포기하고자 한다. 왜냐하면, 우리 스스로는 선량한 생각을 한 가지도 못하며 우리 안에 계속 역사하시는 하나님만이 우리를 그의 과분한 은혜의 영광과 찬양으로 인도하시는 분이시기 때문이다.

358

제13조 선한 행위의 원인에 관하여

선한 행위의 원인에 관하여 우리는 그것이 자유의지에 있는 것이 아니고 주 예수 그리스도의 영애에 있다고 고백한다. 그의 영은 참된 믿음에 의하여 우리 마음 안에 들어와 살며 우리가 그 안에서 걷도록 하나님이 준비하시는 대로 선한 일을 주신다. 그러므로 성화의 영이 없는 사람에게도 그리스도가 그 마음에 안에 계신다고 말하는 것은 하나님을 모독하는 것으로 우리는 굳게 믿는다. 그러므로 살인 억압자, 잔인한 박해자, 불륜한 자, 불신앙 자, 우상숭배 자, 술 취한 자, 도적질 하는 자, 불의를 행하는 자는 참된 신앙을 갖지 않으며 그들이 악을 계속하여 행하는 한 예수의 영을 절대로 갖지 않는 것이다. 하나님의 선택하신 자들이 참된 신앙으로 받은 주 예수의 영은 모든 사람의 마음 소유가 되어서 그들을 새로 지으신다.

그리하여 그들이 전에 사랑했던 것을 미워하고 전에 미워했던 것을 사랑하게 된다. 그리하여 하나님의 자녀들 안에서 영과 육 사이의 영원한 투쟁이 벌어진다. 그것은 육적이며 자연적인 인간이 자기 자신의 타락으로 스스로 쾌락과 향락에 도취하여 고난을 당할 때는 불평을 품으며 번영할 때는 의기양양하며 언제나 하나님의 존엄을 파손하는 경향을 보인다. 그러나 우리가 하나님의 자녀임을 우리의 영혼에서 증거 하시는 하나님의 영에 의하여 우리는 불순한 쾌락에 저항하며 이 타락의 속박으로부터 구출되기 위하여 하나님 앞에서 애통하며 마침내 우리의 죽어야 할 몸에서 왕 노릇 못하게 죄를 정복한다. 하나님의 영이 없는 육신의 사람에게 이러한 투쟁이 없고 탐욕을 품으면서도 회개하지 않고 악마처럼 죄를 따른다. 또 그들의 타락한 욕망이 그들을 부패시킨다. 그러나 하나님의 자녀들은 위에서 말한 대로 죄와 싸우며 불의에 유혹되었음을 알며 크게 슬퍼한다. 만일 그들이 넘어지면 열심히 주 예수의 힘으로 한다. 주 예수 없이는 아무 일도 해낼 수 없다.

제14조 어떤 행위가 하나님 앞에 선한 것으로 인정되는가에 관하여

우리는 하나님이 거룩한 율법을 사람에게 주셔서 그것으로 하나님의 신성한 존엄에 반역하는 모든 행위를 금하실뿐더러 하나님이 기뻐하시며 보답하여 주시기로 약속하신 모든 일을 행하도록 명령하셨다고 고백한다. 또 그러한 행위는 두 가지로 분류된다. 하나는 하나님의 영광을 위하여서 하는 일, 다른 하나는 이웃의 삶을 위하여 행하는 일이다. 그리고 이들을 하나님이 계시하신 뜻에 따라 확신하는 바이다. 유일하신 하나님을 예배하고 유일하신 하나님께 영광을 돌리는 일, 우리의 모든 고통 속에서도 하나님을 찾아 부르며 하나님의 이름을 높이며 성례전을 통한 교제를 가지는 일은 십계명의 첫째 부분에 기록된 행위이다. 부모, 왕후, 지배자 위에 있는 권위를 존경하는 일, 그들을 사랑하고 도우며, 또 하나님의 명령에 어긋남이 없이 그들의 명령에 복종하며 죄 없는 생명을 도우며, 억압자를 진압하며, 압박하는 자를 막으며, 우리의 몸을 정결하게 가지며 진실과 절제로써 생활하며, 모든 사람과 더불어 말과 행위에 있어서 올바르게 행하는 일, 그리고 마지막으로 모든 이웃 사람을 해치려는 욕망을 억제하는 일 이러한 것은 십계명 둘째 부분에 기록된 선한 행위일뿐더러 그런 일은 그들이 스스로 행해야 할 일로써 명령받은 것으로서 하나님을 기쁘시게 하는 행위들이다.

여기에 반대되는 것은 가장 혐오할 죄이며 그것은 언제나 하나님이 싫어하시며 하나님의 진노를 초래할 일이다. 즉 우리가 필요할 때 하나님만을 불러 구하는 일을 하지 않고 또 존경하는 마음으로 그의 말씀을 듣지 않고 그 말씀을 경멸하는 일, 우상을 갖는 일, 혹은 그것을 예배하고 우상숭배를 지키며 그것을 변호하는 일, 하나님의 존귀한 이름을 생각하는 일이 적은 일 예수 그리스도의 성례전을 더럽히며 남용하며 경시하는 일, 살인하거나 혹은 그 일에 동의하여 사람을 미워하는 마음을 가지며, 우리가 그 일을 반대할 때 피를 흘리게 하겠다고 말하는 일, 마지막으로 첫째와 둘째 부분 이외의 다른 어떤 계명이라도 범하는 것은 죄가 된다는 것을 우리는 고백하고 확신한다. 이것으로써 하나님의 진노와 불만이 오만하고 감사하지 않는 세상에 대하여 불붙게 된다.

그러므로 율법에서 하나님이 기뻐하실 일로서 나타나 있는 하나님의 계명을 신앙을 가지고 행하는 행위만이 선한 행위임을 우리는 확신한다. 반대로 악한 행위는 단순히 하나님의 계명에 어긋나게 행하는 일일뿐더러 신앙과 하나님 예배에 있어서 단순히 인간적인 발견과 고안 이외에 아무런 확신도 없이 행하는 일임을 우리는 확신한다. 이러한 일은 하나님은 예언자 이사야와 우리 주 예수 그리스도에 의하여 다음과 같이 가르치시고 거부하신 것이다. "그들은 나를 헛되이 예배하며 사람의 계명을 하나님의 것인 양 가르친다."

제15조 율법의 완전과 인간의 불완전에 관하여

우리는 하나님의 율법이 가장 올바르고 가장 신성하고 가장 공정하고 가장 완전하며, 또 가장 완전하게 지켜지도록 명령받은 것이며 생명과 영원한 행복을 인간에게 줄 수 있는 것으로 고백하고 인정한다. 그러나 우리의 성질은 타락하여 극히 악하고 불완전하여 우리는 결코 완전하게 율법의 행위를 완수할 수 없다. 만일 우리가 중생 한 후에도 죄를 갖지 않는다고 말한다면 우리는 자신을 속이며 하나님의 진리가 우리 안에 있지 않은 것이다. 그러므로 우리는 하나님의 의가 되며 속죄의 주가 되는 예수 그리스도를 알아야 한다. 그는 율법의 마지막이며 완성이시다. 그의 공로로 우리에게 자유가 주어졌고 모든 점에 있어서 우리는 율법의 요구를 충족시킬 수 없지만은 하나님의 저주는 우리 위에 내리지 않는다.

아버지 되시는 하나님의 아들 예수 그리스도의 몸에 비춰서 우리를 보시며 우리의 불완전한 복종을 완전한 것으로 간주하시고 받아드리시고 성자의 이름을 가지고 많은 허물을 가진 우리의 행위를 가려 주신다. 그러나 이것은 우리가 자유를 얻었다고 해서 율법에 복종할 의무가 없음을 의미하지 않고 오직 인간은 그리스도에게 있어서만이 율법이 요구하는 율법에 대한 복종이 요청되는 것이며, 또 지금도 장래에도 요청될 것이다(율법 제3 용법). 그러나 우리가 모든 것을 행했을 때 겸손하게 무익한 종임을 고백해야 한다. 그러므로 자기 자신의 행위의 공적을 자랑하거나 자기의 공적을 신뢰하는 사람은 누구든지 헛된 것을 자랑하며 저주받을 우상숭배에 신뢰하는 것이 된다.

제16조 교회에 관하여

우리는 성부, 성자, 성령의 한 하나님을 믿듯이 처음부터 있었고 지금도 있고, 또 세상 끝 날에도 있을 하나의 교회, 즉 예수 그리스도에 대한 참된 신앙으로 예배하는 하나님의 선택을 받은 사람들의 하나의 공동체를 믿는다. 그리고 그리스도 예수는 교회의 유일한 머리시며 교회는 또 그리스도 예수의 몸이며 신부이다. 이 교회는 가톨릭, 즉 보편적이다. 왜냐하면, 교회는 모든 나라, 모든 국민, 유대인, 이방인을 막론하고 말이 다른 사람들을 포함하고 있기 때문이다. 교회에서는 성부 하나님과 성자 예수 그리스도와 교제하며 성령의 성화가 이루어진다. 그러므로 교회는 세속적인 사람들의 교제가 아니고 성도의 교제라고 불린다. 교회는 하늘의 예루살렘의 시민으로서 측량할 수 없는 이익의 열매, 즉 한 하나님, 한 주 예수, 한 신앙, 한 세례를 가진 이 교회밖에는 생명이 없고 영원한 행복이 없다.

그러므로 우리는 이러한 것을 모독하는 자들을 극도로 혐오하며 공평과 정의에 따라 사는 사람들, 또 고백하는 신앙을 믿는 사람들이 구원을 받는다고 우리는 확신한다. 그리스도 예수 없이는 생명도 구원도 없다. 그러므로 성부가 성자 예수 그리스도에게 주신 사람들이 아니고는 아무도 교회에 속할 수 없고 그리스도 앞에 나아온 사람들이 그의 교리를 고백하고 그를 믿는다. 우리는 신앙이 독실한 부모와 함께 그들의 아이들을 이해하게 된다. 교회는 눈에 보이지 않고 유일하신 하나님만이 알고 계시며 하나님의 선택하신 사람들만이 교회를 알고 있다. 또 교회는 이미 세상을 떠난 선택된 사람들도 포함한다. 이것은 일반적으로 승리의 교회라고 부르며 죄와 악마에 대하여 싸우며 앞으로 세상에 살 사람들도 포함한다.

제17조 영혼의 불멸에 관하여

선택된 사람들로서 죽은 사람들은 그의 노고로부터 풀려서 평안과 휴식을 얻는다. 그들은 어떤 환상가가 주장하듯이 자는 것도 아니요, 또는 망각에 빠지는 것도 아니고, 하나님의 선택을 입은 우리가 모두 이 세상에서 받은 공포 고통 및 유혹으로부터 구원을 받는다. 이렇게 하여 승리의 교회 이름을 지니게 된다. 반대로 악하며 불신앙한 자들로서 죽으면 말로 표현할 수 없는 고통과 어려움을 받는다. 그들이 기쁨과 고통을 느끼지 않는 잠에 들어가지 않는 것은 누가복음 16장의 예수 그리스도의 비유 설교에 대한 그의 말씀과 제단 아래서 울부짖는 영혼이 거룩하시고 진실하신 주님, 우리가 얼마나 더 오래 기다려야 땅 위에 사는 자들을 심판하시고 또 우리가 흘린 피의 원수를 갚아 주시겠습니까? 증거 하는 말에서 밝혀진다.

제18조 무엇으로 참된 교회는 거짓된 교회와 구별되며 교회의 교의의 바른 판단은 무엇인지에 관하여

사단은 처음부터 해로운 유대인 회당을 하나님의 이름으로 가장하기 위하여 노력하여 잔인한 살해자의 마음을 불붙여서 참된 교회와 그 회원들을 박해하여 괴로움을 더하게 하였다. 그것은 마치 가인이 아벨에게, 이스마엘이 이삭을, 에서가 야곱을, 그리고 유대인의 사제들이 그리스도 예수와 그 후의 사도들에게 행한 일과 같다. 가장 필요한 것은 참된 교회가 분명하고 완전한 정표에 의하여 추악한 회당과 구별되어서 우리가 어떤 것을 버리고 다른 것을 용납할 때 스스로 속여서 우리 자신이 정죄 되지 않도록 하는 일이다. 그리스도 예수의 정결한 신부가 무서운 창부, 즉 악의가 찬 교회를 식별할 수 있는 정표와 증거는 결단코 역사가 오래된 데 있지 않으며, 또 잘못된 칭호에 달린 것도 아니며, 또 영원한 감독직의 세습에 달린 것도 아니고, 어떤 약속된 지위에 달린 것도 아니고, 어떤 한 가지 과오에 동조하는 사람들의 수에 달린 것도 아니다.

가인은 나이와 지위로서는 아벨과 셋을 능가하였다. 예루살렘은 지구상의 모든 장소를 능가하는 특권을 가지고 있었다. 거기서는 또한 사제가 아론으로부터 이어져 있었다. 또 많은 사람이 학자와 바리새인들과 사제들에게 복종하고 있었고, 또 그리스도 예수와 그의 교훈도 믿고 인정하였다. 그러나 아무리 깊이 생각하는 사람도 전날에 한때 이름이 붙었던 그 어느 것도 하나님의 교회였다고 인정하지 않을 것이다. 그러므로 하나님의 참된 교회의 표지는 하나님의 말씀의 참된 설교(증거)라고 우리는 고백하며 확신한다. 예언자들과 사도들의 책이 진술하듯이 하나님은 자기 말씀 가운데서 자신을 계시하신 것이다. 둘째는 그리스도 예수의 성례전의 올바른 집행이다. 이것으로써 사람이 하나님의 말씀과 약속에 결합하여서 마음에 그것을 새기는 것이다.

마지막으로 교회의 훈련(권징)이 올바로 시행되며 하나님 말씀의 규정으로 악덕이 억제되고 선행이 육성되는 것이다. 이러한 징조가 보이고 어떤 때이든 두세 사람의 소수가 아니고 많은 사람이 그 규정을 지키는 곳에는 의심할 것 없이 참된 그리스도의 교회가 존재하는 것이다. 그리스도는 약속대로 그들의 교회 안에 계신다. 앞에서 말한바 세계 교회만이 아니고 특히 바울이 하나님 말씀의 역할을 전파하여 심은 고린도, 갈라디아, 에베소와 그 밖의 장소는 하나님의 교회라고 불린다. 우리는 스코틀랜드, 왕국에서 참된 신앙으로 예배를 드리는 거리와 도시와 그 밖의 곳에서 그리스도의 이름을 고백하는 교회를 가질 것을 권한다. 우리의 교회에서 가르치는 교의는 하나님의 말씀, 즉 구약과 신약성경, 즉 교회가 고대로부터 항상 경전으로서 가지고 있던 책 안에 포함되어 있다.

그 책 안에 인류의 구원을 위하여 믿어야 할 모든 것이 충분히 나타나 있음을 우리는 확신한다. 우리가 고백하고 있는 성경의 해석은 결단코 개인의 힘이나 공작 인물의 힘이나 교회의 힘에 따라서 되는 것이 아니며, 또 어떠한 인격과 지위의 우월성으로 되는 것이 아니고 성경을 거룩하신 하나님의 영에 달린 것이다. 성경의 해석과 의미에 관하여서, 또 어떤 부분과 문장에 대한 남용을 시정하기 위하여 하나님의 교회에서 논쟁이 생길 때 성령이 성경 안에서 여러 모양으로 말씀하신 것 이상으로 우리는 이전의 사람들이 말하거나 행할 것을 중요시해서는 안 된다. 통일성을 지닌 성령이신 하나님의 영은 절대 모순되지 않는다는 것은 누구나 다같이 고백하는 바이다. 만일 어떤 교사나 교회나 교의의 해석과 결정과 고시가 있더라도 성경에 쓰인 하나님의 말씀에 어긋나는 것이면 비록 회의나 왕국이나 국민이 그것을 인정하고 용납한다고 할지라도 그것이 성경의 참된 해석과 의미가 아님이 분명하다. 우리의 신앙의 근본적인 점과 성경의 본문에 위배되는 해석을 받아드리거나 동의해서는 안 된다.

제19조 성경의 권위에 관하여

우리는 하나님의 성경이 충분히 사람들에게 하나님의 지식을 주는 것을 믿고 고백하는 바대로 성경의 권위는 다만 하나님에게서 오는 것이며 사람이나 천사에 달린 것이 아님을 확신한다. 그러므로 성경은 교회에서 받아들인 것 이외의 다른 어떤 권위도 갖지 않는다는 말은 하나님을 모욕하는 일이며 참된 교회를 해치는 것으로 확신한다. 참된 교회는 항상 교회의 신랑이며 목자이신 그리스도의 음성을 듣고 따르는 것이며 스스로 주인이 되어 그 음성을 지배하려 하지 않는 것이다.

제20조 총회와 그 힘과 권위 및 총회의 소집의 이유에 관하여

신앙이 돈독한 사람들이 정식으로 소집된 총회에 모여 우리에게 제안된 것을 경솔한 비난을 받지 않도록 올바른 조사도 없이 총회라는 이름 아래서 사람들에게 강요한다면 우리가 그것을 받아들일 필요가 없다. 그들은 사람이므로 중요한 일에서도 과오를 범할 수 있음은 분명한 일이다. 그 회의가 하나님 말씀에 따라 주어진 결정과 명령을 선언하는 한 우리는 그 의회를 존중하고 승인해야 한다. 만일 사람들이 총회의 이름 아래서 새로운 신조의 작성을 주장하거나 혹은 하나님의 말씀에 위반되게 조직이나 교회의 작성을 주장한다면 우리의 영혼은 유일하신 하나님의 음성에서 떠나서 인간의 교의와 조직에 복종시키는 악마의 교의이므로 우리는 이것을 거부한다.

총회를 소집하는 이유는 하나님이 전에 주시지 않으신 영원한 율법을 만들기 위함이 아니며, 또 새로운 신조를 만들거나 하나님 말씀의 권위를 부여하기 위함도 아니다. 또 하나님의 말씀과 거룩한 말씀의 해석 때문에 그가 전에 원하지 않았던 것이나 성경에서 우리에게 제시하시지 않은 것을 우리에게 강요하기 위함도 결코 아니다(의회의 명목에 부합되기 위하여).

회의 이유는 한편으로는 이교도를 논박하기 위하여 한편으로는 회원들의 신앙고백을 후세에 전하기 위함이다. 그리고 이 두 가지는 다 하나님 말씀의 권위에 의하여 행하는 것이며 총회가 하는 일은 과오가 없다는 의견이나 특권으로 하는 것이 아니다. 이것이 총회의 주된 이유라고 우리는 믿는다. 그 밖의 이유는 선량한 정치를 위한 것이다. 교회에서는 하나님의 집에서처럼 모든 것이 품위 있고 질서 있게 지켜져야 하기 때문이다. 우리는 어떠한 정치와 의식도 그것이 모든 시대와 장소를 위하여 제정된 것으로 생각하지 않는다. 왜냐하면, 의식은 사람들이 계획한 것이고 일시적이기 때문이다. 그것들이 교회를 교화하기보다는 오히려 미신을 품게 하는 때는 그것을 변경해도 좋으며 또 변경시켜야 한다.

제21조 성례전에 관하여

성부는 율법 아래서 희생의 사실 외에 두 가지 주요 예전을 두셨다. 즉 할례와 유월절이다. 그리고 이것을 무시하는 자는 하나님의 백성으로 인정되지 않았다. 그와 같이 복음의 시대에도 두 가지 성례전이 있음을 믿고 인정한다. 그것은 주 예수가 제정하신 것이고 주님의 몸의 일원으로 간주하는 모든 사람이 그것을 행하도록 명령하셨다. 즉 세례와 성찬 예식, 곧 주님의 몸과 피의 교제라고 불리는 것이다. 옛 언약의 성례전과 같이 새 언약의 성례전은 단지 주님의 백성과 주님의 계약을 갖지 않는 사람을 구별하는 것만이 아니고 하나님의 아들들의 신앙의 권장과 성례전에 참여함으로써 그의 마음에 주님 약속의 확신을 주며 선택된 자들이 자기들의 머리가 되는 그리스도 예수와 같이 갖는 결합, 일치 및 교제의 확신을 마음에 새기도록 하나님께서 정하신 것이다.

우리는 성례전은 보이는 표지 외에 다른 아무것도 아니라는 공허한 고백을 배격한다. 우리는 세례의식에 의하여 그리스도 예수와 연합되어 주님의 의에 참여하는 자가 되고 그것으로써 우리의 죄가 가려 용서된 것을 확신한다. 또 바로 집행된 성찬의식에 있어서 그리스도 예수는 우리와 결합하고 주님은 우리의 영혼의 양식이 된다. 우리는 교황이 해로운 것을 가르치고 또 저주받을 것을 믿고 있듯이 빵이 그리스도의 몸으로 포도주가 진짜 피로 실체의 변화가 이루어진다고 생각하지 않는다. 그러나 우리가 성례전을 올바로 사용함으로써 그리스도 예수의 몸과 피에 의하여 주어지는 실제적인 일치와 결합은 성령의 역사에 따라 이루어지는 것이다. 이 성령은 우리의 신앙을 통하여 우리로 하여금 눈에 보이고 육신적이고 세상적인 모든 것을 초월하게 하시고 더 나아가서 우리를 위하여 상처를 입고 피를 흘리시고 이제는 하늘에서 우리를 위하여 하나님 우편에 계시는 그리스도 예수의 몸과 피와 실제로 연합한다.

하늘에 계셔서 영광 가운데 계시는 주님의 몸과 땅 위에서 죽을 사람들 사이의 무한한 간격에도 불구하고 우리가 떼는 빵이 그리스도의 몸과의 교제이며 우리가 마시는 잔은 그의 피에 참여하는 교제임을 확신한다. 그러므로 우리는 신앙에 독실한 사람이 주님의 성찬을 올바로 받음으로써 주 예수의 몸을 참으로 먹고 그의 피를 참으로 마시며 이 일을 통하여 주님은 그들 안에 계시고 그들은 주님 안에 있음을 고백하고 확신한다. 살은 바로 주님의 살이 되고 뼈는 주님의 뼈가 된다. 그리하여 영원한 하나님이 예수 그리스도의(이 몸 자체의 조건과 성질을 멸하여 썩어질 것)에다가 생명과 영생을 주신 것처럼 그리스도 예수는 우리가 그의 살을 먹고 그의 피를 마심으로써 우리에게도 동일한 특전을 주셨다.

그것은 단순한 일시적으로 주시는 것도 아니다. 신앙이 돈독한 사람들이 주님의 성만찬을 올바로 받을 때 자연적인 인간이 알 수 없는 그리스도 예수와의 신비한 결합을 하게 되는 것을 우리는 확신한다. 신앙이 착실한 사람도 태만과 인간적인 약점 때문에 주님의 성찬을 받는 그 순간에도 얻을 수 있을 만큼의 이익도 얻지 못하지만 옥토에 뿌려져 살아 있는 씨처럼 풍성한 열매를 얻을 수 있는 것을 우리는 확신한다. 주 예수의 올바른 제도에서 결코 분리될 수 없는 성령의 신비한 역사의 열매인 신앙을 헛되게 하지 않으신다. 이 모든 것은 성례전이 우리에게 유효한 것이 되게 하신 유일하신 분 예수 그리스도를 붙드는 참된 신앙에서 오는 것이라고 우리는 말한다. 그러므로 성례전이 단순한 표지라고 우리가 확언하거나 확신한다고 욕하는 사람들은 우리를 모욕하며 분명한 진리에 위배되게 말하는 사람들이다.

그러나 우리는 영원한 실체이신 그리스도 예수와 성례전의 표지인 여러 가지 소원들 사이에는 한 가지 구별이 있음을 솔직히 고백한다. 그러므로 우리는 표지가 의미하는 실체 대신에 그 표지를 예배하는 것이 아니며 또한 그 표지를 무시하는 것이 아니다. 우리는 그 표지의 소원들을 무용한 것으로 해석하지 않고 우리 자신들을 열심히 살펴본 후 경건하게 그것들을 사용하게 된다. 왜냐하면, 사도가 다음과 같이 확신하였기 때문이다. "주님의 몸이 의미하는 바를 깨닫지 못하고 먹고 마시는 사람은 주님의 몸과 피를 범하게 된다"(고전 11:29).

제22조 성례전의 올바른 집행에 관하여

성례전이 올바르게 집행되기 위해서는 두 가지 필요한 일이 있다고 우리는 생각한다. 첫째, 말씀의 설교를 위하여 지정된 사람이라고 우리는 확신한다. 즉 올바른 교사가 이것을 집행할 일이다. 하나님은 이 교사의 입에 권고의 설교를 넣어 주신다. 교사들은 교회에서 올바르게 선택된 사람들이다. 둘째, 하나님이 정하신 물질과 방법으로 집행할 일이다. 그렇지 않으면 그리스도 예수의 참된 성례전이 아니라고 우리는 믿는다. 그러므로 우리는 성례전의 분할에 관한 로마교회의 교의를 혐오한다. 첫째, 그 교회의 교역자는 그리스도 예수의 교역자는 아니다. 즉 그들은 교회에서 성령이 세례를 받도록 교도하시지 않는 여자에게 세례를 베풀 기를 허락한다. 둘째, 그들은 이 성례전을 그리스도의 성업과 근본적으로 아무 관련도 없는 다른 성례전과 혼동시키고 있다. 즉 기름, 소금, 춤, 세례의식 때의 다른 방법의 집행 등은 다 인간의 고안에 속한 것이다. 성찬의 빵을 상자에 넣어서 거리와 한 길에 가지고 나가 돌리며 그것으로 성찬을 존경하게 만든다는 것은 그리스도의 성례전을 파손하는 일이며 올바른 사용이 못 된다. 그리스도는 "받아먹으라. 이것은 나의 몸이다 …… 나를 기념하여 이것을 행하라"라고 하셨다. 그의 말씀과 권고에 따라 주님은 거룩한 몸과 피의 성례전을 위하여 빵과 포도주를 성별 하셨다. 그것은 모든 사람이 먹고 마시게 하기 위한 것이지 교황이 가끔 집행하는 대로 그것이 신으로서 예배 되거나 숭배되어서는 안 된다. 또 사람들에게 성찬의 일부, 즉 거룩한 잔을 빼앗아 마시지 못하게 하는 자도 하나님을 모독하는 자이다. 또 성례전이 제정된 목적을 교역자와 수찬 자가 다 같이 이해하고 주의할 필요가 있다.

왜냐하면, 수찬 자가 거기에 대한 의견이 다르다면 올바른 성례전을 사용할 수 없기 때문이다. 비록 교사라 할지라도 성례전이 하나님께서 제정하신 것임에도 불구하고 분명히 잘못된 교의를 가르친다면 악한 사람은 그것이 하나님께서 제정하신 목적과는 다른 목적으로 사용할 것이기 때문에 그것은 하나님 앞에서 혐오할 일이다. 이제 이런 일이 로마교회의 성례전에서 나타나는데 이런 것은 주 예수의 거룩한 성업의 외적인 형식과 그 목적과 견해를 파손하는 것이라고 우리는 믿는다. 그리스도가 행하시고, 또 행하도록 명령하신 것은 복음서와 바울에게서 분명하게 되어 있다. 사제가 단상에서 행한 것을 우리가 상기할 필요가 없다. 그리스도가 제정하시고, 또 우리가 이러한 방법으로 사용해야만 할 목적과 이유는 "너희가이 빵을 먹고 이 잔을 마실 때마다 나를 기념하라"라는 말씀에 분명히 밝혀져 있다. 즉 그것은 주님의 죽음을 나타내시며 그가 오실 때까지 찬미하고 설교하고 존귀를 돌리며 찬양할 것을 제시한다. 그러나 로마교회의 사제가 어떤 목적과 어떠한견해를 가지고 미사를 집행하는지는 미사의 용어와 그들의 스승에게서 살필 수 있다. 즉 그들은 산 자와 죽은 자의 죄를 용서받기 위하여 성부 하나님께 희생 제물을 받치는 것이다. 이 교의는 그리스도 예수를 모독하는 것이며 한때 모든 사람의정죄를 위하여 바치신 주님의 유일한 희생을 훼손하는 것이어서 우리가 극도로 혐오하며 비난하는 것이다.

제23조 성례전의 참여자에 관하여

우리는 세례의식을 성인으로서 사려가 있는 사람들에게와 신자의 유아들에게도 베푸는 것으로 믿고 또 인정한다. 그리고 신앙과 이해를 갖지 못한 유아에게세례를 베푸는 것을 거부한 재세례파의 과오를 우리는 거부한다. 그러나 주님의 성찬은 신앙의 권속들에게만 합당한 것임을 우리는 고백한다. 우리는 그들의 신앙과이웃 사람에 대한 의무를 시험해 볼 수 있다. 신앙 없이 성만찬을 먹고 마시거나 더구나 자기들의 형제들과 분열되어 다툰다면 합당하지 않게 먹는 것이다. 그러므로우리 교회에서는 우리들의 교역자가 공적으로 또는 특별하게 주 예수의 만찬을 허락할 수 있는 사람들의 신앙과 생활에 관하여 조사를 한다.

제24조 국가 공직에 관하여

우리는 제국, 왕국, 영지 및 도시 등을 하나님이 구별하시고 또 제정하신 것으로 고백하고 인정한다. 제국의 황제, 왕국의 왕, 영지의 군주, 도시 관리의 권력과 권위는 하나님의 신성한 명령으로 하나님 자신의 영광이 드러나도록 또 인류의 이익과 복지를 위하여 제정된 것이다. 그러므로 장기간 수립된 시민적 질서를 부수고 혼란시키는 자는 인류의 원수일뿐더러 하나님의 뜻을 위반하여 싸우는 자임을 우리는 확신한다.

우리는 이러한 권위를 가진 사람을 사랑하고 존경하고 두려워하고 가장 높여야 할 것으로 확신한다. 왜냐하면, 그들은 회의 때에 하나님 자신이 앉아서 재판하는 하나님의 대리자이기 때문이다. 또 재판관과 왕후는 선한 사람들을 칭송하며 보답하고 악인의 처벌을 위하여 하나님으로부터 검을 받았다.

또 왕후, 군주, 관리는 우선 근본적으로 종교의 보존과 정화를 위한 임무를 가진 것으로 우리는 확신한다. 그것은 시민적 질서를 위할뿐더러 참된 종교의 유지와 우상과 미신의 박멸을 위하여 정해진 것이다. 다윗, 여호사밧, 히스기야, 요시아, 그 밖의 왕 등이 신앙의 정화를 위하여 주의를 집중시켰고 특별한 칭찬을 받은 것을 볼 수 있다. 그러므로 위의 권세는 다만 자기의 의무를 행하는데 지나지 않으므로 그것에 반항하는 것은 하나님의 명령에 반항하는 것이며 죄가 된다고 우리는 확신한다. 그러나 왕후와 군주가 부지런히 자신들의 직무를 수행하는 한 누구든지 이들을 돕지 않고 조언해 주지 않고, 봉사하지 않으면 이는 하나님께 대해서 이렇게 하지 않는 것이나 다름없다는 사실을 우리는 고백한다.

제25조 교회의 값없이 주신 은사들에 관하여

하나님의 말씀이 올바르게 증거되고 성례전이 올바르게 집행되고 말씀에 따라 훈련이 시행되는 것은 참된 교회의 무오한 표지이지만 그리스도 예수가 선택하신 사람들로서 특별한 사람들만이 이 교제에 결합하여 있음을 의미하지 않는다. 왜냐하면, 가라지도 곡식도 함께 파종되어서 함께 자라기 때문이다. 즉 하나님으로부터 버림받은 사람도 선민들의 사람 안에 결합하여서 그들과 함께 외적인 말씀과 성례전의 은혜를 입으로 받을 수 있기 때문이다. 이러한 사람은 얼마 동안 신앙을 고백해도 마음으로 하지 않고 다시 타락하여 마지막까지 견디지 못한다.

그들은 그리스도의 죽음과 부활과 승천의 열매를 갖지 않는다. 그러나 우리가 앞에서 말한 대로 마음에서 진실하게 믿고 입으로 분명하게 예수를 주님으로 고백하는 사람은 반드시 은혜를 받을 것이다. 첫째 이 세상에서 죄의 용서는 다만 그리스도의 피를 믿는 신앙에만 달린 것이고 죄는 우리의 소멸적인 몸에 계속 붙어 있을지라도 그 죄를 우리에게 전가하시지 않고 그리스도의 의로써 덮어 주신다는 것이다. 둘째 전체의 심판에 있어서 모든 사람에게 몸의 부활을 주신다는 것이다. 바다는 그 속에 있는 죽은 사람을 내어놓으며 땅은 그 안에 갇힌 자를 내어놓으며 영원한 하나님은 그의 손을 티끌 위에 펼치시며 죽은 자들은 썩지 않는 자로 부활하며 모든 사람이 매장되던 날의 모습으로 되살아나며 그들의 행위에 따라 영광 아니면 형벌을 받을 것이다.

이제는 헛된 환희와 잔악한 음행과 미신과 우상숭배는 꺼지지 않는 불로 심판을 받을 것이다. 거기서 그들은 몸과 영혼이 영원한 고통을 받으며 또 모든 더러움과 악 가운데서 악마에게 봉사하게 될 것이다. 그러나 끝까지 잘 견디어 주 예수께 신앙을 계속 고백한 자는 영광과 존귀와 불멸을 얻어서 예수 그리스도와 함께 영원한 생명으로 인도되며 주님에게 선택된 자는 다 그의 영광의 몸과 같이 되어서 성부 하나님의 왕국에 들려 올라갈 것이다. 여기서 하나님은 모든 것이 되시며 영원히 하나님으로 영원토록 계신다. 성자와 성령과 함께 성부 하나님에게 지금으로부터 영원히 영광과 존귀를 드리는 바이다. 아멘.

"주여 일어나셔서 당신의 원수들을 치소서, 당신의 거룩한 이름을 미워하는 그들이 당신 앞에서 도망쳐 가게 하소서, 당신의 종에게 힘을 주셔서 확신을 가지고 용감하게 당신의 말씀을 전하게 하소서, 모든 백성이 당신의 참된 지식을 알게 하소서" 아멘.[154]

9. 청교도(렘버든) 신조(1595)

메리 여왕의 박해로 인해 많은 영국의 종교개혁자들이 제네바로 망명했으며 그들은 칼빈의 사상의 영향을 받게 되었다. 엘리자베스 시대에 그들이 다시 영국으로 돌아오자, 영국 신학에 새 효소를 소개하게 되었다. 그리하여 아우크스부르크 신앙고백서를 받아드리고 39개조가 예배서 배후에 작용하고 특히 케임브리지를 장악, 청교도 문화의 요체로 칼빈의「기독교 강요」가 조직 신학의 교재가 되었다. 1595년 케임브리지 대학의 신학교수인 '위티커' 박사에 의해 9개 렘버든 신조9 Lambeth Articles가 작성되었다. 이 조문은 공인받지 못했지만, 아일랜드의 성공회에서 1615년 19개 아일랜드조문에 포함시켰다. 이 조문은 간단한 것이며 하나님의 예정과 자유의지 신앙과 불신앙과의 관계에 관한 것이다. 이를 청교도 신조라고도 한다.

9개 청교도 신조(렘버든) 전문

1. 하나님은 영원부터 어떤 사람은 생명으로 예정하셨으며 어떤 사람은 사망으로 버리셨다.

2. 생명으로 예정한 공덕적인 원인은, 즉 작용인의 신앙이나 인내, 혹은 선행, 또는 예정된 자 안에 있는 어떤 것을 미리 보시는 데서 기인한 것이 아니라 전적으

---

154 신원균, 「개혁주의 신앙고백집」 pp. 86-98.

로 하나님의 선한 뜻에 기인한 것이다.

3. 예정된 자의 숫자는 이미 정해져 있어서 가감할 수 없다.

4. 구원으로 예정되지 않는 자들은 그들의 죄 때문에 필연적으로 정죄 받을 것이다.

5. 선택된 자들 안에서는 참되고, 살아 있고, 의롭게 하는 신앙과 성결케 하는 하나님의 영이 궁극적으로 혹은 완전히 소멸되지 않으며 없어지지 않는다.

6. 참으로 신실한 사람, 즉 의롭게 하는 신앙을 받은 사람은 신앙의 확증을 가지고 그리스도를 통해 자기 죄가 용서되었으며 영원한 구원을 얻는다는 것을 확신하게 된다.

7. 사람들이 구원받기를 원한다고 구원의 은총이 모든 사람에게 주어지고 전달되고 부여되는 것은 아니다.

8. 구원의 은총이 주어지지 않으면, 그리고 아버지께서 인도하지 않으시면 아무도 그리스도께로 올 수 없다. 그리고 모든 사람이 아들에게 오도록 아버지에 의해 인도를 받는 것은 아니다.

9. 구원받은 것은 인간의 의지나 힘 안에 있지 않다(이 조문은 라틴어로 작성되었다).[155]

10. 하이델베르크 신앙문답서(Heidelderg Catechism, 1563)

1) 하이델베르크 신앙문답서의 작성배경

하이델베르크 신앙문답서는 웨스트민스터 신앙고백서와 함께 개혁파 교회의 중요한 고백서이다. 고대 칼케돈 신조를 기초로 하고 있으며 칼빈의 가르침에 철저하게 기초하여있는 신앙의 표현이라 할 수 있다. 하이델베르크 문답서는 루터주의

---

155 한영재 발, 「기독교대백과사전」(전10권), p. 267.

와 칼빈주의 신학을 조화시키려는 것으로 루타파와 칼빈파와 츠빙글리파가 혼합 발전되는 양상을 갖게 되었다. 그리고 독일 내에서 로마가톨릭교회와 루터파와 개혁파 속에서 철저한 성경적 요리문답을 만들고자 했다. 문제의 발단은 "공재설"에 대한 견해 표명으로 각 분파가 심하게 충돌하면서부터 시작되었다.

본 문답서는 독일 선제후 프리드리히 3세의 칙령으로 율시너스와 올레비아느스 두 사람에 의하여 1563년에 작성된 루터주의와 칼빈주의를 조화시킨 신앙문서이다. 이 문답서는 개혁 운동이 늦게 전개된 선제후의 영토에 있어서 칼빈주의와 루터주의의 정신을 조화시켜 보급하는 데 성공하였을 뿐만 아니라 독일 각 지방과 화란, 벨기에, 항가리 등지의 개혁교회에 채용되어 1619년의 도르트 대회에서는 개혁교회의 일반의 신앙 문답서로 공인되었다. 1609년 미국 땅에 나타난 최초의 개혁파 교회의 신앙고백서이기도 하다.

2) 하이델베르크 신앙문답서의 특징

본 요리문답서는 구원론에 중점을 둔 문답형식으로 청소년들의 교육목적으로 만들어진 것이다. 독일 내에서 로마가톨릭교회와 루터파와 개혁파 속에서 철저한 성경적 요리문답이다. 하이델베르크 문답서는 총 제52주 용으로, 129문으로 되어 있으며 예배의식에 있어서 츠빙글리의 방식이 채용되었다.

제1부 인간의 비참에 관하여, 제2부 인간의 구원에 관하여, 제3부 감사에 관하여로 그리스도인이 어떻게 생활해야 할 것을 가르치고 인생의 삶의 최종적인 목적은 인간 자신에 있지 않고 오직 하나님의 영예와 영광을 지향하고 있다. 여기에서 영예와 영광은 사랑, 존경, 순종 그리고 감사를 포함하고 있다. 하나님의 영광을 지향하는 것은 필연적이다. 그리고 질문 끝에 성경 구절을 삽입한 것이 특징이라 할 수 있다.

3) 하이델베르크 신앙문답서의 평가

본 요리문답은 가톨릭과의 구별되는 철저한 개혁파적 성격을 분명히 제시하였으며 단순히 교리적인 것이 아니라 그들의 삶에 깊이 연결된 고백이며 정통적 기독교 신앙과 잘 조화되어 개혁신앙의 바른 정신을 확고하게 정립한 것이다. 반면 구원론에 초점을 맞추므로 하나님 절대주권을 선호하지 않았다. 내용 자체에는 하자가 없으나 나중에 이것을 선호하는 쪽에서 구원에 강조점을 둠으로 주관적 신앙으로 떨어지게 하는 데 영향을 미쳤다. 웨스트민스터 신앙고백서는 종합적 하나님 절대 주권적 중심의 신앙고백서로서 성경의 형식원리와 내용 원리를 종합하여 그 자체로 객관성을 이루고 있다고 할 수 있으나 하이델베르크 신앙문답은 구원론에 초점을 둠으로 주관주의로 떨어지게 하는 요인을 제공하였다고 할 수 있다.

화란 개혁파 교회에서는 청소년 신앙교육으로 사용하고 주일 저녁 설교로도 사용하였다. 이 신앙문답서는 1609년 미국 개혁파 교회의 최초의 고백서이며 미국의 화란계 개혁파 교회의 교리적 신앙고백서가 되었다.

4) 하이델베르크 신앙문답서 전문

유일한 위로

제1주일

제1문 : 생사 간에 있어서 당신의 유일한 위로가 무엇입니까?

답 : 내 영혼과 육체는 생사 간에 있어서 나의 것이 아니라 그의 피의 대가로 나의 모든 죄를 대신하여 완전히 속량하여 주었으며 모든 악한 권세에서 나를 구원하여 주신 신실한 구세주 예수 그리스도의 것입니다. 그는 하늘에 계신 아버지의 뜻이 아니며, 또한 나에게 모든 것이 합력하여 선이 될 수밖에 없도록 보호하십니다. 그러므로 그는 나에게 성령을 통하여 영생을 보증하시며 그 후로 온 마음

을 다하여 흔쾌히 그를 위해 살도록 지켜 주십니다.(롬 14:7, 8, 고전 6:19, 3:23, 벧전 1:18, 19, 요일 1:7, 2:2, 요 6:39, 마 10:29-31, 눅 21:18, 롬 8:28, 고후 1:20-22, 엡 1:13, 14, 롬 8:16, 14).

제2문 : 당신이 이런 위로 가운데서 복되게 살고 죽을 수 있기 위해서 알아야 할 것이 무엇입니까?

답 : 그것은 세 가지인데 다음과 같습니다.

첫째, 나의 죄와 비참이 얼마나 큰가?

둘째, 내가 나의 이런 죄와 비참에서 어떻게 구원을 받을 수 있는가?

셋째, 그리고 그러한 구원에 대하여 하나님께 어떻게 감사해야 할 것인가를 아는 것입니다.

제1장 인간의 비참

제2주일

제3문 : 당신은 어디서 당신의 비참을 알 수 있습니까?

답 : 하나님 율법에서입니다(롬 3:20).

제4문 : 도대체 하나님의 율법은 우리에게 무엇을 요구하십니까?

답 : 그리스도는 마태복음 22장에서 이것을 종합적으로 우리에게 가르쳐 주십니다. "네 마음을 다하고 목숨을 다하고 뜻을 다하여 주 너희 하나님을 사랑하라 하셨으니 이것이 크고 첫째 되는 계명이요. 둘째는 그와 같으니 네 이웃을 네 몸과 같이 사랑하라 하셨으니 이 두 계명이 율법과 선지자의 강령이니라"(마 22:37-40, 눅 10:27).

제5문 : 당신은 이 모든 것을 완전히 지킬 수 있습니까?

답 : 지킬 수 없습니다. 왜냐하면 나는 본성적으로 하나님과 이웃을 미워하

는 경향이 있기 때문입니다(롬 3:10-23, 요일 1:7, 롬 8:7, 엡 2:3).

제3주일

제6문 : 그러면 하나님이 인간을 그렇게 악하고 불합리하게 창조하셨습니까?

답 : 아닙니다. 하나님은 인간을 선하게 그의 형상을 따라 창조하셨습니다. 즉 인간은 창조자 하나님을 바르게 알고 마음으로 사랑하며 그와 함께 영원한 축복 속에서 그를 찬양하고 찬미하도록 진정한 의와 거룩함 가운데서 창조되었습니다(창 1:31, 1:26, 27, 고후 3:18, 골 3:9, 10, 엡 4:23-24).

제7문 : 그러면 현재와 같은 종류의 타락한 인간은 어디서 왔습니까?

답 : 우리 첫 조상 아담과 하와가 낙원에서 타락하고 불순종 한데서부터 왔으며, 그때 우리 본성은 우리가 모두 죄 가운데 잉태되고 태어나도록 오염되었습니다(창 3:, 롬 5:12, 18-19, 시 51:7).

제8문 : 우리는 그 어떤 선에 대해서도 전혀 무능하고 모든 악으로만 기울 정도로 부패되어 있습니까?

답 : 그렇습니다. 그러나 우리에게는 하나님의 영을 통하여 중생하는 것이 있습니다(요 3:6, 창 6:5, 욥 14:4, 16:15, 35, 사 53:6, 요 3:5).

제4주일

제9문 : 만일 하나님이 인간이 행할 수 없는 것을 그의 율법으로 요구하면 하나님은 인간에게 부당하게 하시는 것이 아닙니까?

답 : 아닙니다. 왜냐하면 하나님은 그것을 할 수 있도록 인간을 창조하셨기 때문입니다. 그러나 인간은 그리고 그의 모든 자손은 사단의 유혹으로 말미암아 교만하게 불순종함으로써 그런 재능을 빼앗겼습니다(엡 4:24, 롬 5:12).

제10문 : 하나님은 그와 같은 불순종과 타락을 벌하지 않고 버려두시기를

원하십니까?

답 : 결코 아닙니다. 그는 천성적으로 자의적인 죄에 대하여 무섭게 분노하십니다. 그리고 그가 말씀하신 것처럼 공정한 심판에서 그 죄를 일시적으로 또는 영원히 벌하시기를 원하십니다. "이 율법의 모든 말씀을 실행치 아니하는 자는 저주를 받을 것이라 할 것이요"(롬 5:12, 히 9:27, 신 27:26, 갈 3:4).

제11문 : 그러면 하나님은 자비롭지 않으십니까?

답 : 하나님은 자비하시고 의로우십니다. 그러므로 그의 의는, 하나님의 지고한 위엄에 대항하여 행하여진 죄는 영혼과 육체에 영원한 형벌을 내릴 것을 요구하십니다(출 34:6-7, 20:5-6, 시 5:5-6, 고후 6:14-17).

제2장 인간의 구원

제5주

제12문 : 하나님의 공의로우신 심판에 따라 현세적이며 영원한 징벌을 얻게 된 우리가 어떻게 이런 벌을 면하고 다시 은혜에 들어 갈 수 있습니까?

답 : 하나님은 그의 의가 충분히 이루어지시기를 원하십니다. 그러므로 우리 자신을 통한, 또는 다른 사람을 통하든 죄에 대해 완전한 대가를 치러야 합니다(출 20:5, 23:7, 롬 8:3-4).

제13문 : 우리는 우리 자신의 힘으로 대가를 지불할 수 있습니까?

답 : 결코 그럴 수 없습니다. 우리는 매일 매일 잘못을 더 많이 쌓아가기까지 합니다(욥 9:3, 15:15, 마 6:12).

제14문 : 그러나 그 어떤 피조물이 우리를 위해 대가를 지불할 수 있습니까?

답 : 아무도 없습니다. 왜냐하면 첫째 하나님은 인간이 잘못했던 것을 어떤 다른 피조물에게 벌하시기를 원치 않기 때문입니다. 둘째 죄에 대하여 하나님의 영

원한 진노의 짐을 짊어질 수 있거나 다른 피조물을 그것으로부터 구원할 수 있는 피조물은 없습니다(히 2:14-18, 시 130:3).

제15문 : 그러면 우리는 어떤 중보자와 구원자를 찾아야 합니까?

답 : 진실하시며 공의로운 인간이고 모든 피조물보다 더 강하며 동시에 참 하나님이 되시는 분을 찾아야 합니다(고전 15:21, 사 53:9, 렘 33:16, 고후 5:21, 히 7:16, 사 7:14, 롬 9:5, 렘 23:5-6).

제6주

제16문 : 왜 그는 진실하시며 의로운 인간이어야 합니까?

답 : 하나님의 의는 죄를 지은 인간의 본성이 죄에 대한 대가를 지불해야 할 것을 요구하시나 스스로 죄인 된 자는 다른 사람을 위하여 대신 지불할 수가 없었기 때문입니다(롬 2:12-15, 벧전 3:18, 사 53:3-5, 10-11).

제17문 : 그는 왜 동시에 또한 참 하나님이어야 합니까?

답 : 그의 성령의 능력으로부터 하나님의 진노의 짐을 그의 인성에 져서 우리를 위하여 의와 생명을 획득하여 다시 주기를 원하시기 때문입니다(사 53:8, 행 2:24, 벧전 3:18, 요 3:16, 행 2:20, 요 1:4).

제18문 : 의롭고 참된 인간이며 동시에 참 하나님이신 중보자는 누구십니까?

답 : 우리에게 완전한 구원과 의를 선사하신 우리 주 예수 그리스도이시다 (마 1:23, 딤전 3:16, 눅 2:11, 고전 1:30).

제19문 : 당신은 그것을 어디서 알 수 있습니까?

답 : 하나님이 친히 에덴동산에서 계시하셨으며 희생 제물과 율법의 다른 의식을 통하여 모범으로 보이셨으며 마침내 그의 사랑하는 독생자를 통하여 성취시키신 거룩한 복음을 통하여 알 수 있습니다(창 3:15, 22:18, 49:10-11, 롬 1:2, 히 1:1, 행 3:22-24, 10:43, 요 5:46, 히 10:7, 롬 10:4, 갈 4:4-5).

제7주

제20문 : 모든 사람은 아담을 통하여 멸망을 받는 것처럼 그리스도를 통하여 다시 구원을 얻게 됩니까?

답 : 아닙니다. 다만 참 믿음을 통하여 예수 그리스도와 연합됨으로서 그의 모든 축복의 은혜를 받아드리는 자만이 그렇게 됩니다(요 1:12, 사 53:11, 시 2:12, 롬 11:17-19, 히 4:2, 10:39).

제21문 : 참 믿음은 무엇입니까?

답 : 그것은 하나님이 우리에게 그의 말씀으로 계시하셨던 그 모든 것을 진리라고 생각하는 어떤 지식만이 아니라, 성령께서 복음을 통해 내 안에서 일으키시는 마음으로부터 우러나오는 믿음인바 그 내용은 다른 사람들만이 아니라 내게도 죄의 용서와 영원한 의와 복락이 하나님으로부터 주어진다는 것이며 이것은 오직 은혜로 말미암아 그리스도의 공로 때문이라는 것입니다(약 1:8, 롬 4:16-18, 5:1, 고후 4:13, 엡 2:8-9, 마 6:17, 빌 1:19, 롬 1:16, 10:17, 히 11:7-10, 롬 3:24-25, 갈 2:16).

제22문 : 그리스도인이 반드시 믿어야 할 것이 무엇입니까?

답 : 우리의 일반적이고 의심할 수 없는 기독교적인 신앙의 항목이 전체 속에서 우리에게 가르치는 복음 안에 약속되어진 모든 것입니다(요 20:31, 마 28:20).

제23문 : 신앙고백의 각 항들은 무엇을 말하고 있습니까?

답 : 전능하사 천지를 만드신 하나님 아버지를 내가 믿사오며 그 외아들 우리 주 예수 그리스도를 믿사오니, 이는 성령으로 잉태하사 동정녀 마리아에게 나시고, "본디오 빌라도"에게 고난을 받으사, 십자가에 못 박혀 죽으시고, 장사 한지 사흘 만에 죽은 자 가운데서 다시 살아나시며, 하늘에 오르사, 전능하신 하나님 우편에 앉아 계시다가, 저리로서 산 자와 죽은 자를 심판하려 오시리라, 성령을 믿사오며, 거룩한 공회와, 성도가 서로 교통하는 것과, 죄를 사하여 주시는 것과, 몸이 다시 사는 것과, 영원히 사는 것을 믿사옵나이다. 아멘.

제8주

제24문 : 이 신조는 어떻게 나누어집니까?

답 : 세 부분으로 나누어집니다. 첫째 하나님 아버지와 우리의 창조주, 둘째 우리의 구주 하나님 아들을, 세 번째 하나님의 성령과 우리의 거룩을 다루고 있습니다.

제25문 : 다만 유익한 신적인 본질이 있다면 왜 당신은 아버지, 아들, 그리고 성령을 삼위로 부릅니까?

답 : 왜냐하면 하나님은 그 말씀 안에서 이런 세 가지 구별 적인 인격이 유일하고 참되시며 영원한 하나님을 스스로 계시하시기 때문입니다(신 6:4, 사 61:1, 시 110:1, 마 3:16-17, 마 28:19, 요일 5:7).

1. 하나님 아버지에 관하여

제9주

제26문 : 만일 당신이 전능하사 천지를 만드신 하나님 아버지를 믿는 다고 말한다면 당신은 무엇을 믿는 것입니까?

답 : 천지에 있는 모든 것을 없는 것 가운데 창조하신 우리 주 예수 그리스도의 영원하신 아버지는 그의 영원하신 뜻과 섭리로 천지의 모든 것을 보존하시며 주재하시고, 그의 아들 그리스도를 인하여 내 하나님과 아버지 되심을 믿는다는 것입니다. 그리고 그가 내 몸과 영혼의 모든 필요와 함께 나를 돌보아 주실 것과 이 눈물의 골짜기에서 내게 주어진 모든 악을 선으로 바꾸어 주실 것을 의심치 않고 믿는다는 것입니다. 왜냐하면 그는 전능하신 하나님으로 신실한 아버지로서 그런 일을 하실 수 있으시고, 또 하기 원하시기 때문입니다(시 115:1-3, 요 1:12, 롬 8:15, 갈 4:5-7, 엡 1:5, 시 55:23, 마 6:25-26, 눅 12:22, 롬 8:28, 10:12, 마 7:9-11).

제10주

제27문 : 당신은 하나님의 섭리를 어떻게 이해합니까?

답 : 하나님의 전능하시고 현존하시는 능력으로 이해하는바 하나님은 이 능력으로 천지와 모든 피조물을 그 손으로 유지하시고 다스려 주셔서 나뭇잎과 풀, 비와 가뭄, 풍년과 흉년, 먹는 것과 마시는 것, 병과 부와 가난, 그 외 모든 것이 우연히 나타나는 것이 아니라 아버지의 손으로부터 우리에게 옵니다(행 17:25-26, 히 1:3, 렘 5:23, 행 14:17, 요 9:3, 잠 22:2).

제28문 : 하나님의 창조와 섭리를 알면 우리는 어떤 유익을 얻게 됩니까?

답 : 우리는 어떤 재난 가운데서도 인내하고 축복 가운데서 감사하며 미래의 일에 대한 우리의 신실한 하나님 아버지께서 선한 확신을 가지게 된다는 것입니다. 어떤 피조물이라도 우리를 그의 사랑에서 갈라지게 할 수 없습니다. 왜냐하면 모든 피조물은 하나님 뜻이 아니면 생동하거나 움직일 수 없도록 그의 장중에 있기 때문입니다(롬 5:3, 약 1:3, 욥 1:21, 신 8:10, 살전 5:18, 롬 8:38, 욥 1:12, 행 17:28, 잠 21:1).

2. 하나님 아들에 관하여

제11주

제29문 : 왜 하나님의 아들이 예수, 곧 구주라고 불리어집니까?

답 : 그가 우리의 죄로부터 구원하시고 그 어떤 다른 이에게서는 그 어떤 축복도 찾거나 발견할 수 없기 때문입니다(마 1:112, 히 7:24, 행 4:12).

제30문 : 그러면 축복과 구원을 성자에게나 자기 자신에게, 혹은 다른 곳에서 찾고 있는 자들도 유일한 구주 되시는 예수를 자랑하기는 하는데 그렇다면 그들도 예수를 믿습니까?

답 : 아닙니다. 그들은 구주 시며 구세주인 그리스도를 행위로써 부인합니다. 왜냐하면 예수가 완전한 구세주가 아니어야 하든지 이런 구세주를 그들이 참 믿음으로써 받아들여서 그들의 축복에 필요한 모든 것을 그에게 찾아야만 하기 때문입니다(고전 1:13, 갈 5:4, 사 9:6, 골 1:19-20, 2:10, 요 1:16).

제12주
제31문 : 그는 왜 그리스도, 기름 부으심을 받은 자라고 칭해집니까?

답 : 왜냐하면 그는 하나님 아버지로부터 임명을 받고 성령께로부터 기름 부으심을 받아서 우리의 구원에 관한 하나님의 숨겨진 경륜과 뜻을 완전하게 우리에게 나타내시는 우리의 대선지자시요, 선생 되시기 때문입니다. 또한 그는 그 몸으로 단 번에 희생의 제물이 되시므로 우리에게 구원이 이루어지게 하시고 하나님 앞에서 항상 대신 기도하시는 우리의 유일한 대제사장이 되시기 때문입니다. 나아가 그의 영과 말씀으로써 우리를 다스리시고 얻어진 구원을 보호하시는 우리의 영원한 왕이 되시기 때문입니다(히 1:9, 신 18:15, 행 3:22, 요 1:18, 15:15, 시 110:4, 히 7:21, 롬 8:34, 5:9-10, 시 2:6, 눅 1:35, 마 28:18).

제32문 : 당신은 왜 그리스도인이라 칭합니까?

답 : 왜냐하면 나는 그의 이름을 고백하며 나를 그에게 산 제물로 드리고 이 세상 생활 가운데 자유로운 양심으로써 죄와 사단에 대항하며 그런 후에 영원가운데서 모든 피조물 위에 그와 함께 다스리게 되도록 믿음을 통하여 그리스도의 한 지체로 그의 기름 부으심에 참여하기 때문입니다(행 11:26, 요일 2:27, 행 2:17, 욜 3:1, 막 8:38).

제13주
제33문 : 우리가 하나님의 자녀들인데 왜 그는 하나님의 독생하신 아들이라

고 부릅니까?

답 : 왜냐하면 그리스도가 홀로 하나님의 영원한 본래의 아들이시기 때문이며 우리는 그로 말미암아 은혜를 따라 하나님의 자녀로 받아들여졌기 때문입니다 (요 11:3, 14:18, 히 1:2, 롬 8:15, 17, 엡 1:5-6).

제34문 : 왜 당신은 그를 우리의 주님이라고 부르십니까?

답 : 왜냐하면 그는 우리 몸과 영혼을 죄와 사단의 모든 지배로부터 금과 은으로 사서 구원시킨 것이 아니라 그의 보배 피로써 자기의 것으로 사주시고 구원시키셨기 때문입니다(벧전 1:18-19, 2:9, 고전 6:20, 7:23).

제14주

제35문 : 그가 성령으로 잉태되고 동정녀 마리아에게 태어난다고 하는 것은 무엇을 뜻합니까?

답 : 참되고 영원하신 하나님으로 계시는 영원한 하나님의 아들이 동정녀 마리아의 살과 피로부터 참 인간의 본성을 성령의 작용을 통하여 받아 참된 다윗의 자손이 되셔서 그의 형제들과 동일하게 되었으되 죄는 없으십니다(요 1:1, 롬 1:4, 9:5, 갈 4:4, 요 1:14, 마 1:18, 20, 눅 1:35, 시 132:11, 롬 1:3, 빌 2:7, 히 4:5).

제36문 : 당신은 그리스도의 거룩한 잉태와 탄생에서부터 어떠한 유익을 얻게 됩니까?

답 : 그가 우리의 중보자 되시고 자기의 순결과 완전한 거룩함으로 내가 빠져 있는 죄를 하나님 앞에서 덮어 주십니다(히 2:16-17, 시 32:1, 고전 1:30).

제15주

제37문 : 당신은 고난 받으셨다는 말을 어떻게 이해합니까?

답 : 그는 전 생애 동안 특히 마지막에 전 인류에 대한 하나님의 진노를 몸과

영혼에 짊어져서 한 번에 드리는 속죄 물인 그의 고난으로 우리 몸과 영혼을 영원한 저주로부터 구원하셨고 우리에게 하나님의 은혜와 의와 영원한 생명을 획득해 주셨습니다(벧전 2:24, 사 53:12, 요일 2:2, 4:10, 롬 3:25).

제38문 : 그는 심판자 본디오 빌라도 아래서 왜 고난을 받으셨습니까?

답 : 그가 죄 없이 세상의 심판자 아래서 저주를 받게 된 것은 우리 위에 선고되어야 했던 엄격한 하나님의 심판에서 우리를 위해서였습니다(행 4:27-28, 눅 23:14, 요 19:4, 시 69:5, 사 53:4-5, 고후 5:21, 갈 3:13).

제39문 : 예수가 십자가에 죽으신 것은 그가 다른 죽음으로 죽으신 것보다 더 값진 것입니까?

답 : 그렇습니다. 그것을 통하여 나는 그의 십자가의 죽으심이 하나님으로부터 저주받은 것이기에 내 위에 놓였던 저주를 그가 짊어지셨다는 것을 확신합니다(갈 3:13, 신 21:23).

제16주

제40문 : 왜 그리스도는 죽임을 당하셔야 했습니까?

답 : 하나님의 진리와 의 때문에, 즉 하나님의 아들의 죽음을 통하는 외에는 우리의 정죄에 대한 대가를 지불할 수 있는 다른 방법이 있을 수 없기 때문입니다(창 2:17, 히 2:9, 14-15).

제41문 : 왜 그는 장사지낸바 되었습니까?

답 : 그가 참으로 죽었다는 것을 이로서 증거 하기 위해서 입니다(마 27:59-60, 눅 23:50-53, 요 19:38-42, 행 13:29).

제42문 : 그리스도가 우리를 위하여 죽으셨음에도 불구하고 우리가 죽어야 하는 것은 왜입니까?

답 : 우리의 죽음은 우리의 죄 값이 아니고 다만 죄의 죽음이며 생명의 출구

입니다(요 5:24, 빌 1:23, 롬 7:24).

제43문 : 우리는 십자가에서 그리스도의 죽음과 제물로서 어떤 종류의 유익을 더 많이 얻습니까?

답 : 그와 함께 그의 능력을 통하여 우리의 옛사람이 못 박혀 죽었으며 장사지낸바 되고 그럼으로써 우리 안에서 육신의 악한 욕심이 더 이상 지배하지 못하게 되고 우리가 스스로 그에게 감사로 희생을 드릴 수 있게 된 것입니다(롬 6:6-8, 12, 11:12, 12:12, 골 2:12).

제44문 : 지옥으로 내려가셨다는 말이 왜 나옵니까?

답 : 나는 내가 받아야 할 극도의 시련에서 벗어났음을 보장받는다는 것입니다. 나의 주 그리스도께서 십자가를 전후하여 그 영혼으로 짊어졌던 그 말할 수 없는 심려와 고통, 공포를 통하여 나를 지옥의 공포와 고통으로부터 구해 주셨다는 것입니다(사 53:10, 마 27:46).

제17주

제45문 : 그리스도의 부활은 우리에게 무슨 유익이 있습니까?

답 : 첫째, 그는 자기 부활을 통하여 사망의 권세를 이기셔서 우리로 하여금 우리에게 그의 죽음을 통하여 획득해 주신 의에 참여할 수 있게 해주셨습니다. 둘째, 우리도 지금 그의 능력을 통하여 새 생명에로 부활되었습니다. 셋째, 우리의 축복이 그리스도의 부활의 확실한 보증입니다(고전 5:17, 54-55, 롬 4:25, 6:4, 8:11, 벧전 1:3, 21, 골 3:1, 5, 엡 2:5, 고전 15:12).

제18주

제46문 : 당신은 그가 하늘로 가신 것을 어떻게 이해하고 있습니까?

답 : 그리스도는 땅위에서 그 제자들이 목격하여 하늘로 올라 가셨으며

그가 산 자와 죽은 자를 심판하려 오실 때까지는 거기 계실 것입니다(행 1:9, 마 26:64, 마 16:19, 눅 24:51, 히 4:14, 7:25, 롬 8:24, 9:24-25, 엡 4:10, 골 3:1, 행 1:11).

제47문 : 그리스도는 그가 우리에게 약속하신 것처럼 세상의 마지막까지 우리와 함께 하시지 않습니까?

답 : 그리스도는 참 인간이요 참 하나님이십니다. 그는 인간적인 본성으로는 지금 이 땅위에 계시지 않지만 그러나 그의 신성과 위엄과 은혜와 그의 영으로 우리와 항상 함께 하십니다(마 28:20, 26:11, 요 16:28, 17:11, 16:13, 17:20, 행 3:21, 엡 4:8, 12)

제48문 : 만일 성령이 있는 모든 곳에 인성이 함께 하지 않는다면 그리스도 안에 있는 두 본성은 이와 같은 방식으로 서로 분리되어 있는 것이 아닙니까?

답 : 결코 그렇지 않습니다. 신성은 불가해하고 어디에나 현존하기 때문에 그 취한 인성 외부에 있을 지라도 그 안에 있어서 인격적으로 인성과 결합되어 있습니다(행 7:49, 렘 23:24, 골 2:9, 요 3:13, 11:15, 마 28:6).

제49문 : 그리스도의 승천은 우리에게 무슨 유익이 됩니까?

답 : 첫째, 그는 하늘에서 그의 아버지 앞에서 우리의 대변자가 되십니다. 둘째, 우리는 머리되신 그가 자기 지체인 우리를 자기에게로 이끌 것임을 보증하는 하늘이 우리 육신을 담보물로 가지는 셈입니다. 셋째, 그는 우리에게 그의 성령을 대리 보증으로 보내사 그 능력으로 우리로 땅에 속한 것이 아닌 그리스도가 계신 위의 것을 찾게 하십니다. 여기서 그리스도께서는 하나님 우편에 앉아 계십니다(요일 2:1, 롬 8:34, 요 14:2, 16, 20:17, 엡 2:6, 행 2:1-4,, 33, 고후 1:22, 5:5, 골 3:1, 빌 3:14).

제19주
제50문 : 왜 그리스도가 하나님 우편에 앉아 계신다는 것이 첨부됩니까?
답 : 이는 그리스도께서 하늘에서 그의 기독교 교회의 머리로 나타나기 위

해 하늘로 올라가셨기 때문이려니와 하나님 아버지는 이 머리를 통하여 모든 것을 주재하십니다(엡 1:20-23, 골 1:18, 마 28:18, 요 5:22).

제51문 : 우리의 머리되시는 그리스도의 이런 영광은 우리에게 무슨 유익이 됩니까?

답 : 첫째, 그의 성령을 통하여 그의 지체인 우리 안에 하늘의 은사를 부어 주십니다. 둘째, 그가 그의 능력으로 우리를 모든 적에게서 보호하시고 보존하십니다(엡 4:8, 10, 시 2:9, 요 10:28).

제52문 : 죽은 자와 산자를 심판하기 위한 그리스도의 다시 오심은 당신에게 무슨 위로가 됩니까?

답 : 나는 극심한 고난과 핍박 가운데서도 전에 나를 위해 하나님의 법정에서 변론해 주셨고 나에게 내린 모든 저주를 제거하신 심판 주께서 머리를 들고 하늘로부터 오셔서 그와 나의 모든 원수를 영원한 멸망 가운데 던져 넣으시고 나를 모든 예정된 사람들과 함께 하늘의 기쁨과 영광 가운데 자기에게로 돌아 갈 것을 기대합니다(눅 21:28, 롬 8:23, 딛 2:13, 살전 4:16, 살후 1:6-10, 마 25:34, 41-43).

3. 성령 하나님에 관하여

제20주

제53문 : 당신은 성령에 관하여 무엇을 믿습니까?

답 : 첫째, 그는 아버지와 아들과 함께 동등하게 영원한 하나님이십니다. 둘째, 나로 하여금 참된 믿음을 통하여 아무런 공로도 없는 그리스도와 그의 모든 은혜에 참여하게 하시고 나를 위로하시며 영원토록 나와 함께 하실 성령이 나에게 주어집니다(창 1:2, 시 48:16, 고전 3:16, 6:19, 6:17, 행 5:3-4, 마 28:19, 고후 1:21-22, 갈 3:14, 벧전 1:2, 4:14, 요 14:16, 행 9:31).

제21주

제54문 : 당신은 거룩한 그리스도의 보편적 교회에 대하여 무엇을 믿습니까?

답 : 하나님의 아들이 전 인류 가운데서 택함을 받은 교회를 영원한 생명을 위해 그의 영광과 말씀을 통하여 참된 신앙의 통일안으로 모으시며 보호하시고 보존하시는 것과 나는 그 같은 교회에 살아 있는 지체로서 영원히 그와 같이 머물게 될 것을 믿습니다(요 10:11, 창 26:4, 롬 8:29, 1:16, 10:14-17과, 사 59:21, 엡 1:10-13, 4:3-6, 행 2:46, 시 71:18, 고전 11:26, 마 16:18, 요 10:28-30, 고전 1:8-9, 요 2:19, 21, 3:21).

제55문 : 당신은 거룩한 성도의 교제를 어떻게 이해하고 있습니까?

답 : 첫째, 모든 믿는 자들은 지체로서 예수 그리스도와 그의 영적인 보물과 선물을 공유합니다. 둘째, 각자는 그의 선물을 다른 지체들의 구원과 유익을 위하여 자원하는 마음과 기쁨으로 사용해야 합니다(요일 1:3, 롬 8:32, 고전 1:9, 12:12, 13:21, 13:15, 빌 2:4-6).

제56문 : 당신은 죄와 용서에 대해 무엇을 믿고 있습니까?

답 : 하나님은 그리스도의 대속 때문에 내 모든 죄와 내 일생동안 싸워야 할 죄악 적인 성벽을 더 이상 기억하지 않을 것입니다. 오히려 그는 나에게 은혜로 그리스도의 의를 선물하여 더 이상 심판 받지 않게 하실 것입니다(요일 2:2, 고후 5:19, 21, 렘 31:34, 시 103:3-4, 10, 12, 롬 7:2-25, 8:1-4, 요 3:18).

제22주

제57문 : 육체의 부활은 당신에게 무슨 위로가 됩니까?

답 : 생애가 끝나면 나의 영혼만이 홀로 즉시 영혼의 머리이신 그리스도에게로 돌아갈 뿐만 아니라, 나의 육신도 그리스도의 능력을 통하여 부활하여 다시 나의 영혼과 함께 연합하고 그리스도의 영광스러운 몸과 같이 될 것입니다(눅 23:43, 빌 1:12, 고전 15:53-54, 욥 19:25-26, 요일 3:2, 빌 3:31).

제58문 : 영생은 당신에게 무슨 위로가 됩니까?

답 : 지금 영원한 기쁨은 나의 마음속에 느끼기 시작하지만, 이생이 끝나면 눈으로 볼 수 없고 귀로들을 수 없으며 어느 누구의 마음에도 나타나지 않는 그 완전한 축복을 소유하여 영원히 하나님을 찬양하게 될 것입니다(고후 5:2 3, 고전 2:9, 요.17:26).

제23주

제59문 : 만일 당신이 이런 모든 것을 믿는다면 이런 것이 당신에게 지금 무슨 도움이 됩니까?

답 : 내가 그리스도 안에서 하나님 앞에 의롭게 되는 것과 영원한 생명의 상속을 받는 것입니다(합 2:4, 롬 1:17, 요 3:26).

제60문 : 당신은 어떻게 하나님 앞에 의롭게 됩니까?

답 : 그것은 오직 예수 그리스도에 대한 진실한 마음으로만 되는 것인데 비록 모든 하나님의 계명에 대하여 죄를 지었고 그 계명을 결코 다 수행하지 못했으며 항상 모든 악한 것에 이끌려지는 나를 나의 양심이 고발한다 할지라도 그리고 모든 나의 노력이 없을지라도 하나님은 순수한 은혜로 나에게 완전한 속죄와 의와 그리스도의 영광을 선물로 주십니다. 만일 내가 그러한 축복을 오직 믿는 마음으로 받아들인 다면 나는 결코 죄를 짓지 아니한 예수 그리스도가 나를 위하여 행하신 그 모든 순종을 스스로 완수한 것 같은 것이 되는 것입니다(롬 3:21-25, 28, 갈 2:16, 엡 2:8-9, 빌 3:9, 롬 3:9, 7:23, 3:24, 4:4, 5, 3:22, 딛 3:5, 엡 2:8, 요일 2:1, 2, 고후 5:19, 21, 요 3:18).

제61문 : 무슨 이유로 당신이 오직 믿음으로만 의롭게 된다고 말합니까?

답 : 내 신앙의 품위 때문에 하나님의 마음에든 바 된 것이 아니라 오직 그리스도의 영광과 의와 속죄의 거룩이 하나님 앞에서 나의 의가 된 것입니다. 그리

고 오직 믿음을 통하여 받아들여서 나의 것으로 할 수 있기 때문입니다(고전 1:30, 2:2, 요일 5:10).

제24주

제62문 : 우리 선한 행위들은 무엇 때문에 하나님 앞에 나의 또한 의의 한 부분이 될 수 있습니까?

답 : 하나님의 심판 앞에 나타나야 하는 의는 전적으로 완전하고 하나님 법에 꼭 맞아야 하기 때문입니다. 그러나 우리의 행위는 아무리 선한 것이라도 이 세상 생활에서 불완전하며 죄와 함께 더럽혀져 있기 때문입니다(갈 3:10, 민 27:26, 사 64:5).

제63문 : 하나님이 우리 선한 행위를 이 세상과 내세에 보상하기를 원하실 때도 우리의 선한 행위들은 아무런 공로가 없습니까?

답 : 이런 상급은 공로에 의한 것이 아니라 오직 은혜로 말미암아 되는 것입니다(눅 17:10).

제64문 : 이런 교훈은 사람들을 나태하게 하고 방종하게 만드는 것이 아닙니까?

답 : 아닙니다. 왜냐하면 참 믿음을 통하여 믿음에 그리스도를 심은 자들은 감사의 열매를 맺지 않을 수 없기 때문입니다.

4. 거룩한 성례에 관하여

제25주

제65문 : 믿음이 우리를 그리스도와 모든 그의 축복에 참여하도록 해 준다면 어디서 그런 믿음이 생깁니까?

답 : 성령이 거룩한 복음의 설교를 통하여 우리 마음에 믿음을 일으키며 성례를 사용하여 믿음을 확증합니다(엡 2:8, 9, 요 3:5, 마 28:19, 20, 벧전 1:22, 23).

제66문 : 성례란 무엇입니까?

답 : 성례는 하나님께서 우리에게 복음의 약속을 더 잘 이해하고 확증하게 하기 위하여 하나님께서 제정하신 눈으로 볼 수 있는 거룩한 표식이며 인장입니다. 즉 성례는 하나님께서 십자가에서 수행된 그리스도의 유일한 희생 제물 때문에 우리에게 죄의 용서와 영원한 생명을 은혜로 선물하기 위해 제정하신 표식입니다(창 17:11, 롬 4:11, 민 30:6, 레 6:18, 겔 20:12).

제67문 : 이런 두 가지 말씀과 성례는 우리의 믿음을 구원의 유일한 근거로서 십자가에서 수행된 예수 그리스도의 희생에로 향하도록 하십니까?

답 : 그렇습니다. 성령은 우리의 전 구원이 우리를 위하여 십자가에서 일어난 그리스도의 유일한 희생 안에 있음을 복음 안에서 가르치고 거룩한 성례를 통하여 확증해 주십니다(롬 6:3, 갈 3:27).

제68문 : 그리스도는 신약성경 속에 몇 개의 성례를 제정 하셨습니까?

답 : 두 가지, 즉 거룩한 세례와 성찬입니다.

5. 거룩한 세례에 관하여

제26주

제69문 : 거룩한 세례에서는 십자가에서 이루어진 유일한 그리스도의 희생이 당신에게 의롭게 되는 것을 어떻게 기억하고 확신합니까?

답 : 물로 씻음을 제정하신 그리스도께서 이렇게 약속해 주셨습니다. 그러므로 나는 그의 피와 영으로 인해 내 영혼의 부정한 것, 즉 내 모든 죄에서 깨끗이 씻김 받음과 몸의 더러움을 씻어 내는 물로 외적으로 씻김을 받았음을 기억하고 확

신합니다(마 28:19, 20, 3:11, 행 2:38, 막 1:4, 16:16, 롬 6:3, 4 눅 3:3).

제70문 : 그리스도의 피와 영으로써 씻겨 졌다고 하는 것은 무엇을 뜻합니까?

답 : 그것은 그리스도가 그의 십자가의 희생에서 우리를 위하여 흘리신 피로 말미암아 은혜로서 하나님께서 우리에게 주신 죄의 용서를 뜻합니다. 그리고 더욱 죄에 대해서는 죽고 축복되고 흠잡을 곳 없는 삶 가운데 거하도록 성령을 통하여 새롭게 되며 그리스도의 한 지체로서 거룩하게 된다는 의미입니다(히 12:24, 벧전 1:2, 계 1:5, 슥 13:1, 겔 36:25, 요 1:33, 3:5, 고전 6:11, 12:13, 롬 6:4, 골 2:12).

제71문 : 그리스도는 우리가 세례의 물로써 보다는 그의 피와 영으로써 확실히 씻어졌다는 것을 어디에 약속하셨습니까?

답 : 세례를 제정하시면서 약속하셨습니다. "너희는 가서 모든 족속으로 제자를 삼아 아버지와 아들과 성령의 이름으로 세례를 주고... 믿고 세례를 받은 사람은 구원을 얻을 것이요 믿지 않는 사람은 정죄를 받으리라" 성경이 세례를 중생의 씻음과 죄의 씻음으로 말할 때 이런 약속도 반복되었습니다(마 28:19, 막 16:16,, 딛 3:5, 행 22:16).

제27주

제72문 : 그러면 외부적인 물의 씻음이 죄의 씻음 자체입니까?

답 : 아닙니다. 오직 예수 그리스도의 피와 성령만이 이 모든 죄로부터 우리를 깨끗하게 합니다(마 3:11, 벧전 3:21, 엡 5:26, 27 요일 1:7, 고전 6:11).

제73문 : 왜 성령은 세례를 중생의 씻음과 죄의 씻음이라 하십니까?

답 : 하나님이 이렇게 말씀하신 데에는 큰 이유가 있습니다. 즉 그는 우리에게 몸의 더러운 것이 물을 통하여 없어지는 것처럼 우리의 죄가 예수 그리스도의 피와 영을 통해 씻어 진다는 것을 가르치시려 하실 뿐 아니라, 이 거룩한 보증을 통하여 우리가 구체적인 물로 몸이 씻기는 것처럼 영적으로 우리 죄로부터 진정으로 씻

겨 진다는 것을 확증하시기를 원하십니다(계 7:14, 1:5, 고전 6:11, 막 16:16, 갈 3:178).

제74문 : 유아세례는 베풀어야 합니까?

답 : 그렇습니다. 어린 유아도 어른들과 마찬가지로 하나님의 언약과 그의 백성의 무리에 속하며 그들에게도 그리스도 안에서 죄로부터의 구원과 믿음을 일으키시는 성령이 어른들에게나 마찬가지로 약속되었기 때문입니다. 그러므로 그들은 언약의 표인 세례를 통하여 그리스도의 교회에 연합되어져야 하며 불신자의 어린이로부터 구별되어야 합니다. 이런 일은 구약에서 할례로 이루어졌는데 신약에서는 그 대신에 세례가 제정되었습니다(창 17:7, 17:14, 마 19:14, 눅 1:14, 15, 시 22:11, 사 44:1-3, 행 2:39, 19:47, 골 2:11-13).

6. 성찬식에 관하여

제75문 : 당신은 성만찬에서 십자가에 달리신 그리스도의 유일한 희생을 그리고 그의 모든 은사들에 연합한다는 것을 어떻게 기억하고 확신합니까?

답 : 그리스도는 나와 모든 믿는 자들에게 그를 기억하면서 이 떡을 떼고 이 잔을 마시라고 명령하셨으며, 그리고 다음과 같이 약속해 주셨습니다. 첫째로 그의 몸은 분명 십자가에서 나를 위하여 제물로 바쳐졌고 뼈가 부러졌고 그의 피는 나를 위하여 흘려졌으니 만큼, 나는 확실히 주님의 떡이 나에게 떼어지고 잔이 나에게 나누어진 것을 직접 바라보게 됩니다. 둘째로 주님의 몸과 피의 확실한 표로 주신 주님의 떡과 잔을 내가 실재로 섬기는 자의 손으로부터 받고 먹게 하심으로써 나의 영혼을 영원한 생명으로 먹이시고 마시게 하는 것입니다(마 26:6-28, 막 14:22-24, 눅 22:19-20, 고전 10:16, 17, 11:23-25, 12:13).

제76문 : 그리스도의 십자가에 못 박히신 몸을 먹고 그의 흘리신 피를 마신다는 것은 무엇을 뜻합니까?

답 : 그것은 믿는 마음으로 그리스도의 전 고난과 죽음을 받아들이며 그 것을 통하여 죄의 용서와 영원한 생명을 얻는다는 것을 뜻할 뿐 아니라 그리스도 와 우리 안에 거하시는 성령을 통하여 그의 축사하신 몸에 더욱더 하나가 되어, 그 는 하늘에 우리는 땅 위에 있음에도 불구하고, 우리의 육체는 그의 육체의 부분이 요 지체가 되는 것이므로 한 성령에 의해 영원히 살고 주재함을 받는다는 뜻입니 다(요 6:35, 40, 47, 48, 50, 53, 54, 6:55, 56, 행 3:21, 고전 11:26, 엡 3:16, 17, 5:29, 30, 32, 고전 6:15, 17, 19, 요일 3:24, 4:13, 요 14:23, 6:56-58, 5:1-6, 엡 4:15, 16).

제77문 : 믿는 자들이 떡을 떼고 잔을 마실 때, 그들을 그의 몸과 피로 먹이 시고 마시우신 다는 것을 그리스도는 어디에서 약속하셨습니까?

답 : 성찬을 제정하시면서 약속하셨습니다. 주 예수께서 잡히든 밤에 떡을 가지사 축사하시고 떼어 가라사대 이것은 너희를 위하는 내 몸이니 이것을 행하여 나를 기념하라 하시고, 또한 식후에 이와 같이 잔을 가지시고 가라사대 이 잔은 내 피로 세운 새 언약이니 이것을 행하여 마실 때마다 나를 기념하라 하셨으니 우리 가 이 떡을 먹으며, 잔을 마실 때마다 주의 죽으심을 오실 때까지 전하는 것입니다. 이 약속은 바울도 반복하였습니다, 우리가 축복하는바 축복의 잔은 그리스도의 피에 참여함이 아니며 우리기 떼는 떡은 그리스도의 몸에 참여함이 아니냐? 떡이 하나요, 많은 우리가 한 몸이니 이는 우리가 다 한 떡에 참여함이라(고전 11:23-25, 마 26:26-28, 막 14:22-24, 눅 22:19, 20, 고전 10:16, 17).

제29주
제78문 : 빵과 포도주가 그리스도의 본질적인 몸과 피로 변화됩니까?

답 : 아닙니다. 세례에서 그리스도의 물이 그리스도의 피로 변화되지 않는 것처럼, 또는 죄 씻음 자체가 아니라 거룩한 징표요 확증인 것처럼 성사의 종류와 필요에 따라 그리스도의 몸이라 칭해 지지만, 만찬의 거룩한 떡이 그리스도의 몸

자체는 아닙니다(마 26:29, 막 14:24, 고전 10:16, 17, 고전 11:26-28, 창 17:10, 11, 14, 19, 출 12:17, 43, 48, 딛 3:5, 벧전 3:21, 고전 10:1-4).

제79문 : 왜 그리스도는 빵을 그의 몸으로, 잔을 그의 피로, 또는 그의 피로 세워진 새 언약이라고 칭하고 바울은 예수 그리스도의 몸과 피의 교제라고 말하였습니까?

답 : 그러한 그리스도의 말씀에는 이유가 있습니다. 즉 그는 떡과 포도주가 시간 안에 있는 생명을 유지하듯, 그의 십자가에 못 박히신 몸과 흘리신 피는 영생하도록 우리 영혼에 주어지는 음식과 음료라는 것을 가르치시려고 하십니다. 또한 그는 이런 가시적인 표와 보증을 통하여 우리가 이런 거룩한 상징을 입으로 고백하며 그를 기억하여 받아들일 때 성령의 역사를 통하여 우리가 그의 진정한 몸과 피에 실제로 참여하게 된다는 것과 우리가 직접 모든 고난을 받고 충분히 행하듯이 치부되어 모든 그의 고난과 순종이 확실히 우리 것이 된다는 것을 확증해 주시려고 하심이다(요 6:51-55, 고전 10:16, 17).

제30주
제80문 : 주님의 만찬과 교황의 미사 사이에는 어떤 차이가 있습니까?

답 : 만찬은 예수 그리스도가 십자가에서 성취하신 그 유일한 희생을 통하여 우리의 모든 죄에 대하여 우리가 완전한 용서를 얻는다는 것과 우리는 성령을 통해 지금 그의 참 몸으로 하늘에서 아버지의 우편에 계시며 거기서 경배 받으시기를 원하시는 그리스도와 한 몸이 된 것을 우리에게 증거 합니다. 미사는 산자와 죽은 자들이 그리스도의 몸을 통하여 죄의 용서를 받지 못한다는 것을 가르칩니다. 미사는 제사장들에 의해 그리스도가 매일매일 그들을 위하여 희생되어야 한다는 것입니다. 그리스도는 몸으로 떡과 포도주의 형상 속에 있으며 그 때문에 떡과 포도주 안에서 경배되어져야 한다는 것입니다. 그러므로 미사는 근본적으로 예

수 그리스도의 몸과 유일한 희생을 부인하는 것과 저주받을 만한 우상 이외에 다른 아무 것도 아닙니다(후 7:27, 9:12, 25-28, 10:10, 12-14, 요 19:30, 마 26:28, 눅 22:19, 20, 고전 6:17, 10:16, 히 1:3, 8:1, 요 4:21-24, 20:17, 눅 24:52, 행 7:55, 56, 골 3:1, 빌 3:20, 21, 살전 1:10, 히 9:6-10, 10:19-31).

제81문 : 누가 주의 성찬에 참여할 수 있습니까?

답 : 그들은 죄 때문에 스스로 넘어 졌으나 그리스도의 고난과 죽음으로 이런 죄가 용서되어진 것과 그 외의 연약성이 덮히진 것을 믿으며 그들의 믿음이 더욱 강건하게 되고 그들의 생활이 고쳐지기를 희구하는 자들입니다. 회개하지 않는 자들과 위선자들은 심판을 위하여 먹고 마십니다(고전 10:21, 11:28, 29).

제82문 : 무신론자요 불신앙 자라고 고백하고 생활하는 자들도 성만찬에 참여가 가능합니까?

답 : 아닙니다. 왜냐하면 하나님의 언약이 모독되고 전체 교회에 그의 진노를 불러일으키기 때문입니다. 그러므로 기독교회는 그리스도와 사도들이 세운 질서에 따라 천국 열쇠의 직무를 발동하여 그와 같은 자들은 그 삶을 개선할 때까지 참여하지 못하도록 해야 합니다(고전 11:20, 34, 사 1:11-15, 렘 7:21-23).

제31주

제83문 : 천국열쇠의 직무가 무엇입니까?

답 : 거룩한 복음의 설교와 기독교의 회개의 규율인데, 즉 이 양자를 통하여 하늘나라를 믿는 자에 열려지고 불신자들에게 닫히는 것입니다(마 16:18, 19, 18:15-18).

제84문 : 거룩한 복음의 설교를 통하여 천국이 어떻게 열려지며 또한 닫힙니까?

답 : 그리스도의 명령에 따르면 모든 믿는 자들에게는, 그들이 복음의 약속

을 진실한 마음으로 받아들일 때에 모든 그들의 죄가 그리스도의 공로로 말미암아 하나님에 의해 용서된다는 것이 전파되고 명백히 증거 되는 것입니다. 그에 반대하여 모든 불신자와 위선자들에게는 그들이 회개하지 않는 한, 하나님의 진노와 영원한 저주가 그들 위에 놓여 있는 것입니다. 복음의 증거에 따르면 하나님은 지금과 장래에 이 양자의 사람들을 심판하시기를 원하십니다(요 20:21-23, 마 16:19).

제85문 : 기독교의 참회 규율을 통하여 천국이 어떻게 닫히고 열려집니까?

답 : 그리스도의 명에 따르면, 기독교 이름으로 비기독적인 가르침이나 변질을 유도하며, 몇 또 형제적인 권면을 받았음에도 불구하고 그들의 오류와 죄악을 그만 두지 않는 자들은 교회나 교회가 지정한 기관에 알리고 만일 그들이 교회가 권면해서도 돌이키지 않으면 성사에 의해 참여를 금지시키고 기독교회는 교회에서 하나님은 천국에서 그들을 쫓아내는 것입니다. 만일 그들이 진정한 개선을 약속하고 그리고 실재로 개선된 면을 나타내 보이신다면 다시 교회와 그리스도의 지체로서 받아들이는 것입니다(마 18:15-18, 고전 5:2-5, 살후 3:14, 15, 요이 1:10, 11).

제3장 감사

제32주

제86문 : 우리가 우리의 공로 없이 그리스도를 통한 은혜로 말미암아 비참한 상태에서 구원된다면, 왜 우리는 선한 일을 해야 합니까?

답 : 그리스도는 그의 피로 우리를 사 주신 후에 역시 그의 성령을 통하여 우리가 전 마음으로 그의 선행에 대하여 하나님께 감사를 드리고 그가 우리를 통하여 찬양되도록 그의 형상으로 우리를 새롭게 하시기 때문입니다. 또 우리 자신도 우리의 신앙의 열매로써 우리의 믿음이 확실해 지도록 하는 것과 우리의 경건한 변화로서 우리의 이웃을 그리스도에게 인도하고자 함입니다(롬 6:13, 12:1, 2, 벧전

2:5, 9, 10, 고전 6:20, 마 5:16, 벧전 2:12, 벧후 1:10, 마 7:17, 갈 5:6, 22:23, 벧전 3:1, 2, 롬 14:19).

제87문 : 그러면 감사치 않고 회개치 않는 상태에 머물러 하나님께 돌이키지 않는 자들은 구원을 얻을 수 없습니까?

답 : 결코 없습니다. 왜냐하면 성경이 말하는 것처럼 음란한 자, 우상 숭배자 간음한 자, 도적, 탐욕 하는 자, 술 취한 자, 신성모독 자, 강도, 그리고 그와 같은 자들은 하나님의 나라를 상속받지 못할 것이기 때문입니다(고전 6:9, 10, 엡 5:5, 6, 요일 3:14).

제33주

제88문 : 진정한 참회나 인간의 회개는 몇 가지로 성립됩니까?

답 : 옛 사람의 죽음과 새 사람의 부활, 두 가지 입니다(롬 6:4-6, 엡 4:22, 골 3:5-10, 고전 5:7).

제89문 : 옛 사람의 죽음이 무엇입니까?

답 : 죄를 마음으로 탄식하며 그것들을 점점 더 미워하고 회피하는 것입니다(롬 8:13, 욜 2:13).

제90문 : 새사람의 부활은 무엇입니까?

답 : 하나님의 뜻에 따라 모든 선한 행위 가운데 살기 위하여 하나님 안에서 그리스도를 통한 진정한 기쁨과 즐거움과 사랑을 가지는 것입니다(롬 5:1, 14-17, 사 57:15, 롬 6:10-11, 갈 2:20).

제91문 : 어떤 것이 선한 일들입니까?

답 : 홀로 하나님의 법에 따라 참 믿음에서 그에게 영광을 돌리기 위해 이루어지는 행위들이며, 우리의 선한 생각이나 인간의 규정에 근거된 것은 아닙니다(롬 14:23, 삼상 15:22, 엡 2:10, 고전 10:31, 신 13:1, 겔 20:18, 19, 사 29:13, 마 15:9).

제92문 : 주님의 계명은 무엇입니까?

답 : 하나님이 이 모든 말씀을 일러 가라사대 제1계명에서 제10계명입니다 (출 20:1-17, 민 5:6-18).

제34주

제93문 : 이 계명들은 어떻게 나누어져 있습니까?

답 : 두 개의 판에 기록되었는데, 첫째 것은 우리가 하나님에 대하여 어떠한 태도를 가져야 하는 가를 가르치는 것으로서 제1-4계명 안에 기록되어 있습니다, 둘째 것은 우리가 우리의 이웃에게 어떻게 의무를 지고 있는가 하는 것을 가르치는 것으로 제5-10계명 안에 기록되어 있습니다(출 34:28, 신 4:13, 10:3, 4, 마 22:37-39).

제94문 : 제1계명에서 주님은 무엇을 요구하시고 계십니까?

답 : 내 영혼의 구원과 축복을 상실한 채, 온갖 우상 숭배와 요술, 미신적인 복, 성자나 다른 피조물에 탄원하는 것을 피해야 한다는 것입니다. 그리고 유일하게 참되신 하나님을 바르게 인식하고 다만 그를 신뢰하며 모든 겸손과 인내 가운데서 그에게서만 모든 좋은 것을 기다리며 마음을 다하여 그를 사랑하고 경외하며 경배해야 하는 것입니다. 즉 아무리 미미하게라도 그의 뜻에 거슬리기보다 오히려 모든 피조물을 기꺼이 포기하는 것을 말합니다(고전 6:9, 10, 10:7, 14, 19, 31, 신 18:10-12, 마 4:10, 계 19:20, 22:8, 9, 요 17:3, 렘 17:5, 6, 히 10:36, 골 1:11, 롬 5:3, 4, 시 104:27-30, 사 45:7, 약 1:17, 신 6:5, 마 22:37, 신 6:2, 시 111:10, 잠 1:7, 9, 10, 마 10:28, 4:10, 신 10:20, 21, 마 5:29 30, 행 5:29, 마 10:37).

제95문 : 무엇이 우상입니까?

답 : 그 말씀 가운데 자신을 계시하신 유일하고 참되신 하나님 대신에 또는 그 옆에 무엇인가 다른 것을 고안해 내거나 소유하여 인간이 그것을 의지하는 것입

니다(엡 5:5, 왕상 16:26, 빌 3:19, 갈 4:8, 엡 2:12, 요일 2:23, 요이 9, 요 5:23).

제35주

제96문 : 하나님은 제2계명에서 무엇을 원하십니까?

답 : 우리가 하나님을 그 어떤 방식으로 모방하여 만들거나 그의 말씀 가운데 명하신 것과는 다른 방법으로 경배해서는 안 된다는 것입니다(신 4:15-19, 사 40:18-25, 롬 1:23-24, 행 17:29, 삼상 15:23, 신 12:30, 마 15:9).

제97문 : 인간은 전혀 어떤 형상도 만들어서는 안 됩니까?

답 : 하나님은 결코 형상을 모방하여 만들 수도 없고 만들어서도 안 된다고 하십니다. 물론 피조물들의 형상을 모방할 수 있습니다. 그러나 하나님은 그것을 경배하거나 섬기기 위한 목적으로 형상들을 만들거나 갖는 것을 금하십니다(출 23:24, 25, 민 33:52, 출 34:13, 14, 신 7:5, 왕하 18:3, 4, 신 12:3,, 신 16:22).

제98문 : 평신도를 가르치기 위하여 그림을 교회 안에 비치할 수 있습니까?

답 : 그럴 수 없습니다. 우리가 하나님보다 지혜롭지 못한 것인데, 그 하나님은 기독교회가 어리석은 우상들을 통해서가 아니라 살아 있는 하나님의 말씀의 설교를 통하여 가르침 받기 원하십니다(렘 10:8, 합 2:18, 19, 벧후 1:19, 딤후 3:16, 17).

제36주

제99문 : 제3계명은 무엇입니까?

답 : 우리로 저주나 잘못된 맹세로서 뿐만 아니라 불필요한 서원으로 하나님의 이름을 모독하거나 오용하는 일을 하지 않게 하는 것입니다. 그리고 침묵하고 방관함으로써 그와 같은 흉악한 죄에 참여하지 않게 하는 것입니다(렘 24:11-16, 19:12, 마 5:37, 약 5:21). 총괄하면, 우리가 하나님의 거룩한 이름을 경외와 존경심을 가지고서만 사용하여 그 분을 우리가 바르게 고백하고 부르며, 우리의 모든 말

과 행위에서 찬미토록 하려는 것입니다(사 45:23, 마 10:32, 딤전 2:8, 롬 2:24, 딤전 6:1, 골 3:16, 17).

제100문 : 맹세와 저주로써 하나님의 이름을 모독하는 것은 하나님이 이와 같은 죄를 방관하고 금하지 않는 자들에 대해서도 분노하실 만큼 중한 죄입니까?

답 : 그렇습니다. 그의 이름을 모독하는 것보다 더 하나님의 화를 불러일으키는 죄는 없기 때문입니다. 그러므로 그는 그 죄에 대하여는 사형 죄로 벌하시기를 명하셨습니다(레 5:1, 24:15, 16).

제37주

제101문 : 하나님의 이름으로 경건하게 맹세할 수 있습니까?

답 : 그렇습니다. 하나님의 영광과 이웃의 구원을 위해 신뢰와 진리를 보존하고 요청하기 위해 만일 정부가 국민에게 요구하거나 그밖에 긴급한 상황으로 요구될 때는 그와 같은 맹세를 할 수 있습니다. 그런 서약은 하나님의 말씀이 정당화시켜 주며 그러므로 신약과 구약의 성도들에 의해 정당하게 사용되었습니다(신 6:13, 사 48:1, 창 21:24, 수 9:15, 19, 신 10:20, 히 6:16, 창 31:53, 54, 삼상 24:23, 삼하 3:35, 왕상 1:28-30, 롬 1:9, 고후 1:23).

제102문 : 거룩한 성도나 다른 피조물도 맹세할 수 있습니까?

답 : 아닙니다. 정당한 맹세는 하나님의 이름으로 드리는 것으로, 그는 유일하게 마음에 있는 것을 나타내 보여주는 분으로 진실에 대한 증거를 주기를 원하시고, 내가 그릇 맹세하면 나를 책망하시는데, 이런 명예는 다른 어떤 피조물에게도 합당하지 않습니다(고후 1:23, 마 5:34-36, 약 5:12).

제38주

제103문 : 하나님은 제4계명 가운데서 무엇을 원하십니까?

답 : 하나님은 먼저 설교의 직무와 가르치는 일이 존속되고 특히 내가 안식일에 하나님의 교회에 열심히 참석하여 하나님의 말씀을 배우고 거룩한 만찬에 참여하고 공적으로 주님을 부르며 기독교인다운 구제를 실천하기를 원하십니다. 다른 한편, 하나님은 내가 일생동안 악한 행위를 중지하고 주님으로 그 영을 통해 내 안에 역사 하시도록 함으로써 이 땅의 생애에서 영원한 안식을 시작하기 원하십니다(딛 1:5, 딤전 3:4, 13, 고전 9:11, 13, 14, 딤전 5:17, ,딤후 2:2, 3:15, 고전 11:33, 딤전 2:1-3, 8-10, 고전 14:16, 고전 16:2, 사 66:23).

제39주

제104문 : 하나님은 제5계명에서 무엇을 원하십니까?

답 : 부모에게와 연장자들에게 모든 영예와 사랑과 신뢰를 나타내며, 마땅한 순종심으로 모든 선한 가르침과 벌에 순종하며 육체적으로 연로하신 이에게도 인내심을 가져야 한다는 것입니다. 왜냐하면 하나님은 우리에게 그들을 통하여 다스리기를 원하기 때문입니다(엡 5:22, 골 3:18, 20-24, 출 21:17, 엡 6:1-4, 5, 잠 1:8, 롬 13:1-7, 잠 23:22, 4:1, 15, 20, 20:20, 창 9:24, 25, 벧전 2:18, 골 3:19, 21, 마 22:21, 엡 6:4, 9, 롬 13:1-7).

제40주

제105문 : 하나님은 제6계명에서 무엇을 원하십니까?

답 : 자신이나 다른 사람들을 통해 생각이나 말, 혹은 몸짓, 더욱이 행위로 내 이웃을 헐뜯고 미워하며 모욕하거나 죽이는 일을 하면 안 되고 모든 복수심을 버릴 것을 하나님은 원하십니다. 나 자신도 헤치거나 위험 가운데서 경솔하게 행하지 않을 것을 원하십니다(마 5:21, 22, 26, 52, 엡 4:26, 롬 12:19, 창 9:6, 출 21:14, 마 5:25, 마 18:35, 롬 13:4, 14, 골 2:23, 마 4:7, 26:52).

제106문 : 그런데 이 계명은 살인에 대해서만 말하는 것이 아니지 않습니까?

답 : 하나님은 우리에게 살인의 금지를 통하여 미움, 시기, 화,, 복수심과 같은 살인의 근원을 미워하신다는 것과 우리에게 가르치기를 원하십니다(롬 1:29, 요일 2:9, 11, 약 1:20, 갈 5:19-21).

제107문 : 이웃을 살인하지 않는 것으로 충분합니까?

답 : 그렇지 않습니다. 왜냐하면 하나님은 미움, 시기, 분노를 정죄하는 한편 우리가 우리의 이웃을, 자신을 사랑하듯 사랑하기를 원하기 때문입니다. 즉 이웃을 향하여 인내, 평화, 온유, 자비 그리고 친절을 보이며, 될 수 있는 한 해를 끼치지 말고 우리의 원수에게까지도 선을 행하기를 원하십니다(마 7:12, 22:39, 엡 4:2, 마 5:9, 5:7, 갈 6:1, 2, 롬 12:18, 눅 6:36, 롬 12:10, 15, 출 23:5, 마 5:44, 45, 롬 12:20, 21).

제41주

제108문 : 제7계명은 무엇을 원하십니까?

답 : 모든 음란은 하나님으로부터 저주받은 것이기에 우리는 마음으로부터 그런 것을 대적시하여 피하며 정숙하고 단정하게 살아야 한다는 것입니다. 이것은 거룩한 부부 생활에서뿐만 아니라 그 밖에의 생활에서도 마찬가지입니다(레 18:27, 28, 유 23, 살전 4:3-5, 히 13:4, 고전 7:1-9).

제109문 : 하나님은 이 계명 가운데서 간음과 그와 같은 부끄러움만 금하시고 있습니까?

답 : 우리의 몸과 영은 성령의 전이기 때문에 그는 우리가 그 양자를 깨끗하고 거룩하게 보존하기를 원하십니다. 그러므로 그는 모든 음란한 행위 몸짓, 말, 생각과 쾌락 등 인간을 그런 데로 이끌어갈 수 있는 모든 것을 금하신다(엡 5:3, 4, 고전 6:18-20, 마 5:27-32, 엡 5:18, 고전 15:33).

제42주

제110문 : 하나님은 제8계명 가운데서 무엇을 금하십니까?

답 : 그는 정부가 벌하는 도적질과 강도행위만 금하신 것이 아닙니다. 하나님은 폭력을 사용하든지 법을 핑계 삼든지 하여 이웃의 재산을 자기 것으로 만들려는 모든 악한 계획과 의도까지도 도적질이라 지적하십니다. 여기에는 부정한 저울이나 부정한 치수, 용량, 물품, 화폐, 고리대금, 그밖에 하나님이 금하신 방법의 사용이 포함됩니다(고전 6:10, 눅 3:14, 잠 11:1, 겔 45:9-12, 고전 5:10, 살전 4:6, 잠 16:11, 신 25:13-15, 시 15:5, 눅 6:35, 고전 6:10, 잠 5:16).

제111문 : 하나님이 이 계명 가운데서 명하는 것이 무엇입니까?

답 : 내가 나의 어디서든지 할 수 있는 한 이웃의 유익을 도모하고 남이 나에게 행해 주기 원하는 바를 그에게도 그와 같이 행하여 고난당하는 빈궁한 자를 도울 수 있도록 신실하게 일하는 것입니다(마 7:12, 엡 4:28).

제43주

제112문 : 제9계명은 무엇을 원하십니까?

답 : 누구에게 대해서도 거짓된 증거를 제시하지 않고 누구의 말도 뒤집어 올가미 씌우지 않으며, 비방하고 모독하는 자가 되지 않고 말도 들어보지 않고 쉽사리 정죄하지 않도록 하는 의도를 가지고 있습니다. 또 하나님의 엄한 분노를 두려워하여 모든 종류의 거짓과 기만을 마귀의 행위로 알고 피하며, 법정에서와 여타의 행위에 있어 진리를 사랑하며, 올바르게 말하고 고백하며, 이웃의 명예와 체면을 능력껏 살려 주라는 의도를 표현하고 있습니다(잠 19:5, 9, 시 15:3, 마 7:1, 2, 요 8:44, 잠 21:28, 롬 1:29, 30, 눅 6:37, 잠 12:22, 13:5, 고전 13:6, 벧전 4:8, 엡 4:25).

제113문 : 제10계명은 무엇을 원하는 것입니까?

답 : 우리 마음에 그 어떤 하나님의 계명에 대항하는 마음이나 생각은 아무리 적은 것이라도 결코 일어나지 않게 하려는 것입니다. 또한 온 마음으로 모든 죄를 끊임없이 대적하고 모든 공의에 대해 즐거움을 가져야 함을 가르칩니다(롬 7:7).

제114문 : 하나님을 믿고 돌아온 자들이 이런 계명을 완전히 지킬 수가 있습니까?

답 : 그렇지 않습니다. 아무리 거룩한 자들도 이 세상에 살고 있는 한, 이런 순종의 초보를 시작한 것에 불과합니다. 그럼에도 불구하고 그들은 진지한 계획을 가지고 몇 가지 계명만이 아니라 하나님의 모든 계명에 따라 살기를 시작하는 것입니다(요일 1:18-10, 롬 7:14, 15, 전 7:21).

제115문 : 만일 어느 누구도 이 세상에 사는 한 계명들을 지킬 수 없다면 왜 하나님은 우리에게 이러한 계명을 이렇게 엄격하게 가르치십니까?

답 : 첫째로 그럼으로써 우리가 우리의 전 생애 동안 우리의 죄악 된 기질을 오래도록 많이 인식하며 그렇게 함으로써 더욱 더 그리스도 안에서의 죄의 용서와 의를 갈망하며 찾도록 하기 위해서입니다. 또 다른 것은 우리가 계속해서 열심을 내어 우리가 이 생애 이후 완전한 목적에 도달될 때까지 하나님의 형상으로 점점 더 새롭게 되도록 하기 위해서 성령의 은혜를 간구토록 하시려는 것입니다(요일 1:9, 시 32:5, 롬 7:24, 25, 고전 9:24, 빌 3:11-14).

제2장 기도

제45주

제116문 : 그리스도인에게 왜 기도가 필요합니까?

답 : 기도는 하나님이 우리에게 요구하시는 감사의 가장 고귀한 부분이기 때

문입니다. 하나님은 마음의 탄식으로써 계속하여 그의 은혜와 성령을 간구하고 하나님께 그것을 감사하는 자들에게 은혜와 성령을 주시기 원하시기 때문입니다(시 59:14, 15, 마 7:7, 8, 13:12, 눅 11:9, 10, 13).

제117문 : 어떤 기도가 하나님의 뜻에 합당하며 그가 들어주시는 기도에 속합니까?

답 : 첫째, 우리가 말씀 가운데 자신을 계시해 주신 유일하신 참 하나님께 우리에게 간구하도록 말씀하신 모든 것을 받기 위해 마음으로부터 부르짖는 기도가 이에 속합니다. 둘째, 그의 위엄의 면전에서 우리가 겸손해 지도록 우리의 고난과 비참함을 바르게 철저히 인식하는 기도입니다. 셋째, 그가 그의 말씀 가운데 우리에게 약속하신 것처럼 그에게 기도할 만큼 합당하지는 않지마는 주 그리스도 때문에 그가 우리의 기도를 확실히 듣기를 원한다고 하는 확실한 근거를 가질 때 하나님이 들으십니다(요 4:22-24, 롬 8:26, 요일 5:14, 요 4:23, 24, 왕하 20:12, 시 2:11, 34:19, 사 66:2, 롬 10:14, 약 1:6, 요 14:13, 14, 마 9:17, 18, 7:8, 시 143:1).

제118문 : 하나님은 무엇을 간구 하도록 명하셨습니까?

답 : 주님 그리스도께서 우리에게 가르친 기도 가운데 포함시켰던 모든 영적이며 물질적으로 필요한 것을 구하라고 명하셨습니다(약 1:17, 마 6:33).

제119문 : 주님이 가르친 기도가 무엇입니까?

답 : 주기도문입니다.

제46주

제120문 : 무엇 때문에 그리스도는 하나님을 "우리 아버지"로 부르도록 명하셨습니까?

답 : 우리 기도의 첫 머리에서 기도의 바탕이 되어야 하는 하나님께 대한 신뢰와 아이와 같은 경외심을 우리 가운데 일깨우기 위해서 그는 이것을 명하셨습니

다. 즉 하나님이 그리스도를 통하여 우리의 아버지가 되신 것과 믿음 가운데 그에게 간구하는 것은 육신의 아버지들이 자녀의 요청을 거절치 않는 것 이상으로 거절하기를 원치 않으신다는 것입니다(마 7:9-11, 눅 11:11-13).

제121문 : 왜 "하늘에 계신"이란 말이 첨부되었습니까?

답 : 이 말은 우리가 하나님의 하늘의 위엄을 어떤 현세적인 것으로 생각하지 않게 하고 그의 전능하심으로부터 몸과 영에 필요로 하는 모든 것을 기대하도록 하기 위해서 첨부되었습니다(렘 23:23, 24, 행 17:24, 25, 27, 롬 10:12).

제47주

제122문 : 첫째 간구가 무엇입니까?

답 : "이름을 거룩하게 하옵시며" 그것은 우리가 하나님을 바르게 알고 하나님의 전능하심 지혜, 인자, 의, 자비와 진리가 빛나는 하나님의 모든 일 가운데 하나님을 영화롭게 하며 찬양하며 영광을 돌리도록 해 달라는 것입니다. 또한 하나님의 이름이 우리로 인하여 모독을 받지 않고 존경되고 찬양되도록 우리 전 삶과 생각과 말과 행동을 올바르게 할 수 있게 해 달라는 것입니다(요 17:3, 약 1:5, 시 119:105, 137, 롬 11:33-36, 시 71:8, 115:1).

제48주

제123문 : 두 번째 간구가 무엇입니까?

답 : "나라이 임하옵시며" 우리가 하나님께 더욱 더 순종하도록 하나님의 말씀과 영으로써 우리를 다스리시며 하나님의 교회를 보존하사 중대하게 하시며 마귀의 일과 하나님을 대적하는 모든 권세와 하나님의 거룩한 말씀에 대적하는 모든 악한 계교들을 하나님의 나라가 완전히 임할 때까지 물리쳐 주시며 하나님이 만유의 주로서 만유 안에 계시기를 간구 한다는 기도입니다(마 6:33, 시 119:5, 122:6-

9, 143:10, 51:20, 요일 3:8, 롬 16:20, 계 22:17,, 20, 롬 8:22, 23, 고전 15:28).

제49주

제124문 : 세 번째 간구가 무엇입니까?

답 : "뜻이 하늘에서 이룬 것 같이 땅에서도 이루어 지이다." 이것은 모든 사람이 자기 자신의 뜻을 포기하고 다만 하나님의 선한 뜻에 아무 반대 없이 순종하도록 하시며 각자가 자기의 직무와 직업을 천사들처럼 흔쾌하고도 신실하게 수행하도록 하게 해 달라는 간구입니다(마 16:24, 딛 2:12, 눅 22:42, 고전 7:24, 시 103:20, 21).

제50주일

제125문 : 네 번째 간구는 무엇입니까?

답 : "오늘날 우리에게 일용할 양식을 주옵시고" 이것은 우리에게 모든 육체에 필요한 것을 돌보아 주셔서 우리로 하나님이 모든 선의 유일한 원천이시며 하나님의 축복 없이는 우리의 염려나 일도, 하나님의 은사도 진척될 수 없으며, 그러므로 우리는 어떤 피조물도 의지하지 않고 오직 하나님에게만 신뢰하게 해 달라는 간구입니다(시 104:27, 28, 마 6:25, 26, 시 145:15, 16, 행 14:17, 17:27, 28, 고전 15:56, 신 8:3, 신 37:3-7, 16:17, 55:23, 62:11).

제51주

제126문 : 다섯 번째 간구는 무엇입니까?

답 : "우리가 우리에게 죄 지은 자를 사하여 준 것 같이 우리 죄를 사하여 주옵시고." 이것은 이웃을 마음으로부터 용서하는 것이 우리의 전 목적이 되도록 하나님의 은혜의 증거를 우리 안에서 발견케 하시며 모든 우리의 범죄 한 것과 항상

우리에게 있는 악한 것을 그리스도의 피로 말미암아 죄로 여기지 않으시기를 바라는 간구입니다(시 51:1-5, 요일 2:1, 2, 시 143:2, 마 6:14, 15).

제52주
제127문 : 여섯 번째 간구는 무엇입니까?

답 : "우리를 시험에 들게 하지 마옵시며 다만 악에서 구하옵소서" 왜냐하면 우리는 자신만으로는 아주 약하여 한 순간도 존립할 수 없으며, 게다가 우리의 대적 원수인 마귀와 세상과 우리 자신의 육신은 우리를 시험하는 것을 멈추지 않기 때문입니다. 그러므로 우리가 마지막 완전한 승리를 얻을 때까지 그것들에게 완강하게 항거할 수 있고 이런 영적인 싸움에서 패배하지 않도록 성령의 능력을 통하여 우리를 강하게 하고 보호해 주기를 원하는 간구입니다(요 15:5, 시 103:14, 벧전 5:8, 엡 6:12, 요 15:19, 롬 7:23, 갈 5:17, 마 26:41, 막 13:33, 살전 3:13, 5:23).

제128문 : 당신은 이 기도를 어떻게 끝내십니까?

답 : "나라와 권세와 영광이 아버지께 영원히 있을지어다(있사옵 나이다)" 이것은 하나님은 우리의 왕으로써 만물을 제압하고 모든 선한 것을 줄 수 있고 또 주기를 원하시며 그럼으로써 우리가 아니라 하나님의 거룩한 이름이 영원히 찬양되어야 하기 때문에 우리는 이 모든 것을 하나님께 간구 한다는 간구입니다(롬 10:11, 12, 벧후 2:9, 요 14:13, 시 11:1).

제129문 : 아멘 이란 무엇을 뜻합니까?

답 : "이것은 참되고 확실할지라"는 뜻입니다. 이것은 나의 기도가, 내가 이 같은 것을 그에게 바란다고 내 마음에 느끼는 것보다 더 확실하게 하나님께 돌려지기 때문입니다(고후 1:20, 딤후 2:13).[156]

---

156 정일웅,「기독교 신앙의 가르침」 pp. 157-195.

11. 도르트 신조(Dort Creed, 1619)

1) 도르트 신조의 작성배경

도르트 신조는 벨기에 신앙고백서(1561)와 하이델베르크 교리문답서(1563)의 수정을 주장하고 나선 네덜란드의 알미니우스주의에 대항하여 수습하는 가운데 작성된 것이다. 알미니우스는 칼빈주의자Calvinist 이었으나 인간의 자유의지를 주장하는 코론헤르트Dirik Volckaerts Zoon Koomheert의 잘못된 주장을 칼빈주의 입장에서 반박해 달라는 암스텔담의 시장의 요청에 따라서 그 글을 읽다가 동조하게 되었다. 그는 유기와 신적작정을 부인하고 원죄교리를 완화시키려 했다. 그는 타락전 선택설을 주장하는 동료교수인 프랜시스 고마루스Gormarists 와 공개적으로 대립하였고, 1609년 세상을 떠났다. 그 후 에피스코피우스, 위텐보가르트가 지도자가 되었다. 알미니우스주의자들은 자신들의 신조를 다섯 항목으로 위텐가르트가 작성하여 46명의 목사들이 서명하여 1610년 항의각서Remonstance 이름으로 화란과 서 프리란스의 국회에 제출하였다. 칼빈주의자들(고마루스파)은 반항의서Counter Rem0nstrance를 제출했다.

도르트 총회는 당시 알미니우스Jacob Arminius, 1560~1639의 후계자들로 구성된 이른바 항의자들의 강한 세력에 부딪쳐 장장 6개월간의 끈질긴 투쟁을 통해서 비성경적인 요소를 제거하고 개혁주위 사상을 굳힘으로써 총회의 의지로서 캘빈, 어거스틴, 바울의 사상으로 돌아가는 놀라운 결정을 함으로 칼빈주의 교회 건설에 뿌리를 내리도록 한 총회다. 도르트 총회는 네덜란드 국회의 명의로 1618년 11월 13일에 시작하여 1619년 5월 9일까지 154회의로 모였으며 참석자는 814명의 대표와 비종교인 18명(정치인)으로 구성되었다. 그중 48명은 네덜란드 인이고 나머지는 외국인이었다. 외국 개혁주의 교회들은 3-4명의 투표권을 행사할 수 있는 신학자 파송을 요청 받았다.

2) 도르트 신조의 특징

도르트 총회의 주요의제는 알미니우스 논쟁이었다. 알미니우스 논쟁은 고대교회의 아리우스 사벨리우스, 펠라기우스 논쟁과 같은 것이라 할 수 있다. 알미니안 논쟁은 개혁교회에서 중요한 위치를 차지하는 논쟁이다. 알미니안 논쟁 속에는 신학자와 철학자들의 견해를 계속해서 뒤흔들어 놓았다. 이 논쟁은 칼빈이 죽고 난 후에 개혁파신학자들 사이에 이른바 절대예정과 예지 예정론에 대한 논란이 있었다. 이 문제에 불을 질러놓은 사람이 자유주의로 알려진 평신도 신학자 코론헤르트D. V. Koomheert는 칼빈의 예정론을 반대하는 저술을 내는 동시에 세를 규합하여 목사 46명의 서명을 붙여서 알미니우스의 제자인 에피스코피우스(1583~1643)가 알미니우스파의 대표자가 되어 '항의서'라는 제목으로 1610년에 네덜란드 의회에 제출했다.

그 내용은 첫째, 자유의지 와 인간의 능력. 둘째, 조건적 선택. 셋째, 보편적 구원(일반적 속죄). 넷째, 저항할 수 있는 은혜. 다섯째, 은혜로부터 타락. 예정론으로 시작하여 칼빈주의 5대 교리로 비화되었기 때문에 '5대 논쟁'이란 용어가 생겨나기도 했다. 칼빈주의는 일사불란하고 논리적이며 보수적인 정통신앙을 대표하였고, 알미니우스주의는 탄력적이고 진보적이며 자유주의를 대표했다. 이 총회에서 칼빈주의가 승리하여 개혁파 신학의 실제적 원리가 확립되었다. 그리고 알미니우스주의는 축출되었다. 도르트 총회에서 칼빈주의 5대 요점이 공식화되었는데, 첫째, 전적타락. 둘째, 무조건적 선택. 셋째, 제한적 속죄. 넷째, 불가항력적 은혜. 다섯째, 성도의 견인이다. 그리고 도르트 총회는 개혁교회 역사상 유일하게 준 세계교회의 성격을 가진 회의였다. 회의 결과로 항명파의 지도자 반 올덴 바로네벨트는 참수형을 당하고, 신학자 그리티우스Hugo Grotius 1583~1645는 종신형, 200여명의 알미니우스주의 목사들은 파면을 당하였다. 이때 칼빈파의 주도적 역할을 한 사람은 고마루스Franciscus Gomarus, 1563~1641 부티우수Gijsbert Voetius

1588~1676로 알미니우스주의 자와 논쟁하여 승리로 이끄는 역할을 했다.

도르트 신조는 항의각서의 경우처럼 5대 교리로 제한되어 있으며, 기술적인 입장에서 칼빈주의 체계라고 불리는 사상을 표현하고 있으며 인간론에 절정을 이룬다. 그 형식은 처음에는 적극적 내용을 그 다음에는 알미니우스주의의 과오를 반박하는 부정적인 내용을 다루고 있다. 매 항목마다 네덜란드와 외국 대표들의 서명이 적혀 있다.

3) 도르트 신조의 평가

네덜란드에서 개최한 도르트 총회는 개혁교회의 역사 중 유일하게 준(準) 세계교회 총회라 할 수 있다. 도르트 신조에 대한 평가는 교리적인 입장에 따라 서로 다르게 평가 할 수 있다. 김준삼 박사는 "도르트 신조는 정통주의를 택하고, 자유주의를 배격하였으며, 제한된 신앙고백주의를 인정함으로 종교개혁의 대 지류를 형성케 하였다."[157]라고 했다.

도르트 회의The Synod of Dort의 결정의 중요성은, 첫째, 개혁파 신학The Reformed theology의 가장 중요한 고보 몇 가지 점에 대한 설명들로 그때까지 그와 같은 주의 깊은 고찰을 받지 못하였던 것들이다. 둘째, 그 때에 가장 유능한 신학자들의 다수가 이룬 일찍이 보지 못한 가장 대표적인 단체인 세계적 교회의 설명이었다. 셋째, 그것은 네덜란드교회에서 유행하였던 불확실성과 다른 나라에서 느껴진 불확실성을 끝나게 헸으며 개혁파 신앙을 위협하였던 큰 위험을 막아냈다. 넷째, 후에 웨스트민스터 신앙고백서The Westminster Confession를 만드는데 결정적인 영향을 주었다.[158]

도르트 신조는 그때까지 주의 깊은 관심을 같지 못한 개혁파 신학의 가장 중

---

157 김준삼, 「개혁교회신조집」(서울: 총신출판사, 1998), p. 248.
158 L. 벌코프, ⊠기독교교리사⊠, pp. 163-164.

요한 교리적 문제들을 규정한 것으로 이는 5대 교리에 국한된 것이 아니라 하나님의 절대주권에 대한 문제와 이중 예정론의 규정이다. 도르트 총회는 가장 유능한 다수의 신학자들이 모인 대표적이고 세계적인 교회의 설명이라 할 수 있다. 그리고 네덜란드 교회에서 유행하던 불확실성과 또한 다른 나라에서도 느껴진 불확실성을 끝나게 하고 개혁파 신앙을 위협하던 큰 위협에 막을 내리게 하는 교리적 원칙을 세우게 되었다.

후대에 웨스트민스터 신앙고백서를 만드는데 결정적 영향을 주었다고 할 수 있다.[159]

특별히 항의문에 대한 해답을 성경으로 답변한 것이 특징이라 할 수 있다. 그리고 반대자 '반 올덴 바로네벨트'의 참수형은 로마가톨릭교회의 전철을 밝는 잘못된 결정이라 할 수 있다.

본 신조는 매우 정교하고 체계적인 논증으로 종교개혁 시대에 복음을 보다 정확하고 명쾌하게 규정하고 개혁자들의 신학과 신앙을 개승하는 정통신조라 할 수 있다.

4) 도르트 신조 전문

첫째, 항의 각서전문

A. 하나님은 인간이 타락하기 전, 심지어는 창조되기도 전에 그의 변치 아니하신 작정으로 혹자를 영생으로, 그 나머지는 영원한 형벌로 예정하셨다. 이 예정은 인간의 의로움이나 죄악 된, 또는 순종이나 불순종과 관계없이 오로지 하나님의 기뻐하심에 따라 되어진 것이다. 그 목적은 어떤 사람에게는 하나님의 공의로우심을 보여주고 다른 사람들에게는 하나님의 긍휼하심을 보여주시기 위함이 이었다(이것은 타락 전 예정론의 견해이다).

---

159 전게서, p. 164.

B. 하나님은 인간의 타락으로 말미암아 인류의 최초 조상과 그의 후손들이 정죄를 받아 마땅한 것을 보시고 인류의 일부를 타락이 가져올 결과를 면하고 그의 거저 주시는 은혜로 구원을 받도록 작정하셨다. 그러나 하나님은 그 나머지 사람들에 대해서는 그들의 연령이나 도덕적 상황에 관계없이 정죄 아래 남겨두어 자신의 공의로우심이 영광을 드러내도록 작정하셨다(타락 전 예정론의 견해).

C. 그리스도께서 죽으신 것은 모든 사람을 위해서가 아니라 오직 택자들 만을 위해서이었다.

D. 성령은 택자들 안에서 불가항력적으로 역사하시기 때문에 택자들은 회개하고 구원을 "받을 수밖에 없다" 그러나 은혜는 회개에 있어서 필수적이고, 또 충족한 것이기 때문에 택함을 받지 못한 자들에게는 구원이 허락되지 않는다. 설사 외면적으로 부르심을 받았고, 또 계시된 하나님의 뜻에 따라 초대를 받은 자라 할지라도 불택자는 구원을 받지 못한다.

E. 이 불가항력적인 은혜를 받는 자들은 결코, 전적으로 또는 궁극적으로 이 은혜를 상실하지 아니하며, 동일한 은혜로 끝까지 인도하여 주심과 지켜주심을 받는다.

이상의 교리들이 하나님의 말씀이나 하이델베르크 요리문답에 기인하지 않는 무익하고 실로 위험스럽기 짝이 없는 교리이기 때문에 교인들에게 가르쳐서는 안 된다고 주장했다.

항의 각서가 적극적으로 주장하는 다섯 항목은 다음과 같다.

제1항 조건 예정

하나님은 영원 전부터 변치 않는 작정을 하고 계신다. 이것은 성령의 은혜로 예수 그리스도를 믿고, 같은 은혜를 끝까지 신앙의 인내를 하는 자는 구원을 하고 불신자와 회개치 않는 자들은 정죄하시는 것을 의미한다(요 3:36). 그러므로 선택과 정죄는 예지를 조건으로 한다. 즉 예견된 인간의 신앙이나 불신앙이 선택과 정죄의 조건이다.

제2항 보편 속죄

그리스도는 세상의 구주이시다. 그는 세상 모든 사람 하나하나를 위하여 죽으셨다. 그의 은혜도 세상 모든 사람들에게 역사 한다. 그리스도의 구속의 희생은 그것 자체가, 그리고 그것을 통해서 온 세상을 구속하기에 충족한 것이었다. 성부께서는 모든 사람을 위하여 그리스도를 희생시키셨다. 그러나 그리스도의 희생이 지닌 고유한 효험이 모든 사람에게 실제적으로 필히 나타나는 것은 아니다. 하나님의 은혜는 거부를 당할 수도 있다. 그러므로 믿음으로 그 은혜를 받아들인 자들만이 실제로 구원을 받는다. 버림받은 자는 자기 자신의 죄 때문에 버림을 받는다(요 3:16, 요일 2:2).

제3항 구원하는 믿음

타락한 상태에 놓여 있는 어떠한 방법으로도 진정하고 참된 선을 이룰 수가 없다. 따라서 그리스도 안에서 성령을 통하여 하나님으로 말미암아 중생 하여 새롭게 되지 않고서는 구원을 얻을 수 있는 믿음을 가질 수가 없다(요 15:5).

제4항 거절이 가능한 믿음

은혜는 우리의 영적 생활의 시작과 계속과 마침이다. 따라서 인간은 자기를 인도하고, 자기와 협력하며, 자기를 도와주시는 은혜가 없으면 선을 생각하거나 행할 수가 없고 죄를 억제할 수도 없다. 그러나 협력의 방법에 관한 한 이 은혜는 많은 사람들이 성령을 거스르고 있음에서 볼 수 있는 것처럼 거절이 불가능하지 않다(행 7).

제5항 인내의 불확실성

비록 은혜가 신실한 자들로 하여금 온갖 핍박과 유혹 가운데서도 영생을 얻을 수 있도록 보호하여 주시기에 충분한 것이기는 하지만, 그 은혜가 한번 주어진 다음에 다시 상실되어 질 수가 없다는 사실은 아직 성경에서 입증되지 않았다.

첫째, 교리 하나님의 선택과 유기(버림)

제1장

모든 인간은 아담 안에서 범죄 하여 저주 아래 있으며, 영원한 죽음을 받기에 마땅하므로 하나님께서는 그들을 내버려둔 채 멸망 받아 죄 값으로 형벌을 받도록 하실 수 있는 분이신데, 사도는 다음과 같이 말하고 있다. "이 모든 입을 막고 온 세상으로 하나님의 심판 아래 있게 하려 함이니라"(롬 3:19) "모든 사람이 죄를 범하였으매 하나님의 영광에 이르지 못하더니"(롬 3:23) 죄의 삯은 사망이요(롬 6:23).

제2장

그러나 여기에 하나님의 사랑이 나타났으니, "하나님의 사랑이 우리에게 이렇게 나타난바 되었으니 하나님이 자기의 독생자를 세상에 보내심은 저로 말미암아 우리를 살리려 하심이라"(요일 4:9, 3:16).

제3장

인간이 믿음을 얻도록 하기 위하여 하나님께서는 그가 원하시고 기뻐하시는 사람에게 이 복음을 주셨는데, 이 역사를 위하여 사람들이 부름을 받아 회개하고 십자가에 못 박힌 그리스도를 믿는 것이다. "그런즉 저희가 믿지 아니하는 이를 어찌 믿으리요, 전파하는 자가 없이 어찌 들으리요"(롬 10:14-15).

제4장

하나님의 진노는 이 복음을 믿지 아니하는 사람들에게 임한다. 그러나 참되고 살아 있는 믿음으로 이 복음을 받고 예수를 구세주로 영접하는 사람은 그리스도로 인하여 하나님의 진노와 멸망시키심에서 구원을 받고 그들에게 주어진 영생을 선물로 얻게 되는 것이다.

제5장

다른 모든 죄와 마찬가지로 이 불신앙의 원인과 그 죄는 하나님께 있는 것이 아니라 인간 그 자신에게 있다. 반면 예수 그리스도 안에 있는 믿음과 그를 통한 구원은 하나님의 값없는 은사로서 다음과 같다. "너희가 그 은혜를 인하여 믿음으로 말미암아 구원을 얻었나니 이것이 너희에게 난 것이 아니요 하나님의 선물이라"(엡 2:8) "그리스도를 위하여 너희에게 은혜를 주신 것은 다만 그를 믿을 뿐 아니라"(빌 1:29).

제6장

어떤 사람은 하나님께로부터 믿음의 선물을 받는데 또 어떤 사람들은 그것을 받지 못하고 있다. 이 모든 것은 하나님의 영원한 작정하심에 달려 있는 것이다. "예로부터 이것을 알게 하시는 주의 말씀이라 함과 같으니라"(행 15:18), 모든 일은 그 마음에 완고하다 하더라도 하나님은 택한 자로 하여금 마음의 문을 열게 하여 믿도록 하시며 반면에 택하지 않는 사람들은 그 사악함과 고집대로 내버려 두사 심판을 받게 하신다. 다 멸망 받기에 마땅한 사람들 속에서 하나님의 오묘하고도 자비롭고 의로우신 선택과 유기의 작정이 있는 것인데, 이것은 하나님 말씀에 계시된 대로 사악하고 범죄 하여 요동하는 마음을 가진 사람들에게는 스스로 멸망 가운데 빠지게 하지만 거룩하고 경건 된 영혼들에게는 말할 수 없는 위로로 도우시는 것이다.

제7장

선택이라는 것은 이 세계가 만들어지기도 전에 하나님께서 모든 인간이 그들의 최초의 상태로부터 타락하여 죄와 파멸의 결과를 낳게 됨에 따라 그리스도, 즉 하나님께서 영원부터 중보자로 또한 선택 자의 머리와 구원의 기초로서 세우신 그 분 안에서 구원받은 자의 일정한 수를 뽑으시는 것이다. 그것은 그의 선하신 주권에 따라 은혜로 인하여 된 것인데 이는 하나님의 변할 수 없는 목적이 되었다. 택함 받은 자들이 그 본성에 있어서는 그 밖의 다른 사람들 보다 더 낫거나 더 가치 있는 것이 아니라 오히려 똑 같은 비참한 속에 있었다. 그러나 하나님께서는 그들에게 그리스도를 주셔서 그를 통하여 택함 받은 자들이 구원을 얻도록 하였다. 하나님께서는 그들을 부르시고 죄에서 벗어나게 하셔서 말씀과 성령으로 그 분과 교통하도록 하시고 그들에게 참 믿음을 주어서 의롭다 하시고 영화롭게 하셨다. 또한 그 아들과의 교제를 통해 능력 있게 그들을 보존해 주시면서 결국은 하나님께서 그들에게 보여 주신 자비로우심에 영광을 돌리고 그의 풍성한 은혜를 찬양케 하신다. "곧 창세전에 그리스도 안에서 우리를 택하사 우리로 사랑 안에서 그 앞에 거룩하고 흠이 없게 하시려고 그 기쁘신 뜻대로 우리를 예정하사 예수 그리스도로 말미암아 자기의 아들들이 되게 하셨으니 이는 그의 사랑하시는 자 안에서 우리에게 거저 주시는 바 그의 은혜의 영광을 찬미하게 하려는 것이라"(엡 1:4-6), "또 미리 정하신 그들을 부르시고 부르신 그들을 또한 의롭다 하시고 의롭다 하신 그들을 또한 영화롭게 하셨느니라"(롬 8:30).

제8장

이 선택에는 다양한 하나님의 뜻이 있는 것이 아니라 구원받은 모든 사람들에게 관한 하나의 동일한 작정이 있을 뿐이다. 이 모든 것은 구약과 신약에 기초하고 있다. 이 성경에는 영원 전부터 우리를 택하신 하나님의 기쁘신 뜻과 목적이 우리로 하여금 하나님의 은혜와 그 영광을 노래하게 하였다. 구원과 구원의 길을 찬양하면서 우리로 하여금 구원의 길에서 살아가도록 부르셨음을 보여주고 있다(엡 1:4-5, 2:10).

제9장

하나님께서 인간을 선택하시는 것은 그 선택의 선행 조건이나 원인 등으로서 인간 속에 있는 어떤 예지적인 믿음이나 그 믿음에 대한 순종, 거룩함, 또는 그밖의 다른 어떤 착한 성품이나 기질에 근거한 것이 아니다. 그것은 인간이 선택을 받아서 믿음에 이르고 그 믿음에 순종하여 거룩함에 이르는 등의 순서를 갖게 되는 것이다. 따라서 선택받았다고 하는 사실이 모든 선행의 기초(원인)를 이루게 되는 것이며 선택받음으로 인하여 믿음과 거룩함과 그 밖의 구원의 은사를 얻게 되어 결국은 그 열매로서 영생을 소유하게 되는 것이다. 이것은 "곧 창세전에 그리스도 안에서 우리를 택하사 우리로 사랑 안에서 그 앞에 거룩하고 흠이 없게 하시려고"(엡 1:4)라고 하셨다는 사도의 말과 같다.

제10장

하나님의 기뻐하심이 이 은혜로운 선택의 유일한 원인이 되는데 하나님께서 구원의 조건을 세우신 것은 인간의 어떤 능력이나 행위에 근거한 것이 아니라 죄를 범한 모든 사람들 중에서 기꺼이 얼마를 뽑아서 자기에게 속한 특별한 백성으로 삼으신 것인데 이는 "그 자식들이 아직 나지도 아니하고 무슨 선이나 악을 행하지 아니한 때에 택하심을 따라 되는 하나님의 뜻이 행위로 말미암지 않고 오직 부르시는 이에게로 말미암아 서게 하려 하사 리브가에게 이르시되 큰 자가 어린 자를 섬기리라 하셨으니 기록된바 내가 야곱은 사랑하고 에서는 미워하였다 하심과 같으니라"(롬 9:11-13), "영생을 주시기로 작정된 자는 다 믿더라"(행 13:48).

제11장

하나님은 가장 지혜로우시며 불변하시며 전지하시며 무소부재하신 분이시므로 그가 행하신 선택은 중단되거나 변하거나 취소되거나 무효화될 수 없다. 또한 택함 받은 자는 버림받거나 그 수가 감소될 수도 없는 것이다.

제12장

구원의 확신에 대한 정도와 그 방법은 다양할 수 있긴 하지만 구원받은 사람들이 영원불변한 택정함의 확신을 얻는 것은 하나님의 비밀스런 오묘한 일에 대해 호기심을 느끼는 것에 의해서가 아니다. 그것은 성령의 기쁨과 거룩한 즐거움을 가지면서 하나님의 말씀 안에 나타난바 구원받은 자의 확실한 열매를 잘 지켜 나감으로 이루어진다. 즉 이것은 그리스도를 믿는 참된 믿음과 충성스런 경외심, 죄에 대한 거룩한 탄식, 그리고 의를 추구하고자 하는 열망과 갈급함 등이다.

제13장

이 선택을 잘 깨닫고 확신을 갖게 될 때 하나님의 자녀들은 날마다 하나님 앞에서 겸손해지며, 그들의 모든 죄를 사해주신 하나님의 깊은 자비로우심을 경외하며, 그들에게 향하신 하나님의 그 놀라운 자비를 보여 주신 예수 그리스도의 그 뜨거운 사랑에 감사하게 된다. 또한 이 선택의 교리를 이해할 때 구원받은 사람들은 하나님의 명령을 잘 지킴으로써 나태한 자리에 있지 않도록 하며 세속적인 유혹에 빠져들지 않도록 하지만 선택받은 자로의 행위를 부인하는 사람들은 이 구원의 은혜를 가볍게 여겨서 제멋대로 게으른 행위를 한다. 여기에서 하나님의 공의로운 판단을 내리게 된다.

제14장

하나님의 놀라운 지혜로 인한 이 선택의 가르침이 선지자들과 그리스도 자신 그리고 사도들에 의해서 선포된다. 또한 구약과 신약성경을 통하여 분명하게 보였듯이 이것은 여전히 하나님의 교회에서 시간과 장소를 따라 이루어지고 있다. 우리는 이 일이 진지하고 경건한 가운데서 특별히 이루어지며 하나님의 그 거룩한 이름의 영광을 위하여, 또한 높으신 하나님의 비밀스런 길을 완전히 깨달아 알 수는 없으나 하나님께서 그의 백성들을 북돋우고 위로해 주시기 위하여 일어남을 알 수 있다.

제15장

특별히 우리에게 설명이 요구되는 것은 이 영원하고도 값없이 주신 은혜로운 택하심에 관해서이다. 이는 거룩한 성경에 나타난 증거로서 모든 인간이 택함 받은 것이 아니라 그 중 얼마가 택함을 받았을 뿐이라는 사실이다. 그 외의 사람들은 하나님의 거룩하고 의롭고 자비로우신 그 불변하는 사랑에서 제외되어 스스로 파멸에 빠져 구원의 믿음과 회개하는 은총을 받지 못한 채 그들의 길을 따라 하나님의 심판을 자초하여 끝내는 하나님의 공의로우신 심판 앞에서 영원한 형벌을 받게 된다. 이는 그들의 불신앙으로 인할 뿐만 아니라 또한 그들이 지은 모든 죄악으로 인한 결과이다. 이것이 징벌에 대한 하나님의 작정인데 이것으로 인하여 결코 하나님이 죄의 원인이 되는 것이 아니요(이런 생각은 가장 불경스런 태도인데), 다만 하나님께서는 무섭고 맹렬하신 의로운 재판 자시오. 보응 자이심을 선언해 줄뿐이다.

제16장

그리스도 안에서 산 믿음으로 확신을 가지고 화평한 마음과 충성스런 순종을 따라 부지런히 노력하며 그리스도를 통해 하나님께 영광을 돌리는 일에 적극적이지 못하나 택한 자들 속에서 은혜로 역사 하도록 하나님께서 내려주신 이 방법들을 사용하는 사람들은 자신이 버림받을까 하는 공포심이나 또는 그 스스로 버림받았다고 하는 마음을 가질 것이 아니라 인내심을 가지고 부지런히 이를 행하도록 풍성한 은혜를 기다리는 겸손한 마음을 가져야 할 것이다. 비록 그런 사람들이 진정으로 하나님께 돌아와서 하나님만을 기쁘게 하고 사망에서 벗어난다 하더라도 그들이 원하는 거룩함과 온전한 신앙에 이르기가 어렵다. 그렇다고 해서 이 가르침이 그들을 공포로 몰아넣을 수는 없다. 왜냐하면 자비로우신 하나님은 꺼져 가는 심지를 끄지 아니하시고 상한 갈대조차 꺾지 않겠다고 약속하셨기 때문이다. 다만 이 유기의 가르침은 하나님과 구세주 예수 그리스도에 관하여 무관심하고 하나님께 진정으로 돌아오지 않고 자기 자신을 전적으로 이 세상과 육체의 쾌락에 방임해 두는 사람들에게 무서운 형벌이 있음을 가르칠 뿐이다.

第17장

우리는 하나님의 뜻을 따라 그 말씀으로 심판을 받게 된다. 그러므로 믿는 자의 자녀는 그 본성에 의해서가 아니라 은혜로운 언약으로 인하여 그 부모의 믿음을 따라 거룩한 것이기 때문에 경건한 부모들은 그들의 자녀들에게 이 거룩한 믿음을 따라 하나님을 기쁘게 하도록 하기 위하여 자녀들이 택함 받아 구원 얻었다는 사실을 의심해서는 안 된다(창 17:7, 행 2:39, 고전 7:14).

第18장

하나님의 의로운 선택과 엄한 유기에 대해 불평하는 사람들에게 우리는 다음과 같은 사도들의 가르침으로 대답할 수 있다. "이 사람아 네가 뉘기에 감히 하나님을 힐문하느뇨"(롬 9:20), "내 것을 가지고 내 뜻대로 할 것이 아니냐 내가 선하므로 네가 악하게 보느냐"(마 20:15), 또한 이 놀라운 하나님의 오묘하심에 대하여 다음과 같이 말 할 수 있다. "깊도다 하나님의 지혜와 지식의 부요함이여 그의 판단은 측량치 못할 것이며 그의 길은 찾지 못할 것이로다. 누가 주의 마음을 알았느뇨 누가 그의 묘사가 되었느뇨 누가 주께 먼저 드려서 갚으심을 받겠느뇨 이는 만물이 주에게서 나오고 주로 말미암고 주에게로 돌아감이라. 영광이 그에게 세세에 있으리로다. 아멘"(롬 11:33-36).

잘못된 주장을 배격함

선택과 유기에 관하여 지금까지 잘 설명했으므로 종교 회의에서는 다음의 잘못된 주장들을 배격한다.

제1절

주장 : 믿고자 하고 이 믿음 안에서 인내하고 순종하고자하는 사람들을 구원코자 하시는 하나님의 뜻이 전체적이므로 이 선택은 모든 사람이 구원받도록 할 뿐 그 외의 다른 주장은 성경에 나타나 있지 않다.

이와 같은 주장은 성경의 가르침을 명백히 부인하는 것이다. 성경에서 하나님은 믿는 자를 구원할 뿐만 아니라 영원 전부터 특정한 수를 택하여 뽑으셔서 때가 되면 그리스도 안에서 믿음을 얻게 하시고 인내를 갖게 하신다고 말씀하였다. 이것은 다음의 말씀과 같다. "세상 중에서 내게 주신 사람들에게 내가 아버지의 이름을 나타내었나이다"(요 17:6) "영생을 주시기로 작정된 자는 다 믿더라"(행 13:48), "곧 창세전에 그리스도 안에서 우리를 택하사 우리로 사랑 안에서 그 앞에 거룩하고 흠이 없게 하시려고"(엡 1:4).

제2절

주장 : 영생에 이르도록 하는 하나님의 선택에는 여러 가지 종류가 있다. 하나는 일반적이며 불명확한 것이요, 또 다른 하나는 특별하고 분명한 것이다. 따라서 선택은 불완전하고 취소될 수 있으며 미결정적이고 조건적이든지 또는 완전하

고 취소될 수 없으며 결정적이고 절대적이라는 것이다. 따라서 하나는 믿음에 이르는 택함이요 또 다른 하나는 구원에 이르는 택함이므로 구원에 이르는 결정적인 선택이 아니고서도 이 선택은 믿음으로 의롭다함에 이를 수 있는 것이다.

이 주장은 성경에 가르침과는 무관한 인간의 머리에서 나온 상상일 뿐이므로 선택에 대한 성경의 가르침을 그릇되게 하여 구원의 보배로운 줄을 끊어버리는 결과가 될 뿐이다. "또 미리 정하신 그들을 또한 부르시고 부르신 그들을 또한 의롭다 하시고 의롭다 하신 그들을 또한 영화롭게 하셨느니라"(롬 8:30).

제3절

주장 : 성경이 선택에 대하여 가르치는바 하나님의 선한 목적과 그 기쁘신 뜻대로 택했다는 것은 하나님께서 어떤 특정한 사람들을 뽑으셨다고 하는데 있는 것이 아니라, 오히려 모든 가능한 조건들로부터(이 중에는 율법의 행위들이 포함되는데) 또는 모든 사물의 질서로부터 믿음의 행위를 주셨다는 뜻이다. 이는 원래부터 구원의 조건으로서는 불완전한 순종일 뿐만 아니라 아무런 값어치가 없는 것이지만 하나님은 은혜로써 이것을 완전한 순종으로 여기셔서 영생을 얻는 가치가 있는 것으로 보신다.

바로 이러한 잘못 때문에 하나님의 기뻐하심과 그리스도의 공로가 아무런 효력이 없이 되어 인간은 성경이 명백히 가르치는바 은혜로써 주신 칭의 와는 아무런 관계를 갖지 못하게 될 뿐이다. 그러한 주장은 다음과 같은 사도의 교훈을 볼 때 잘못된 것이다. "하나님이 우리를 구원하사 거룩하신 부르심으로 부르심은 우리의 행위대로 하심이 아니요 오직 자기 뜻과 영원한 때 전부터 그리스도 예수 안에서 우리에게 주신 은혜대로 하심이라"(딤후 1:9).

제4절

주장 : 믿음에 이르도록 선택을 받은 조건에 있어서는 먼저 인간의 영생을 얻는데 합당한 올바른 본성을 가지며 경건과 겸손과 온유한 성품을 가져야 하는데 마치 선택은 이러한 성품들에 의존해 있는 것과 같다.

펠라기우스의 이러한 주장은 사도의 다음의 말씀과 반대되는 것이다. "전에는 우리도 다 그 가운데서 우리 육체의 욕심을 따라 지내며 육체와 마음의 원하는 것을 하여 다른 이들과 같이 본질상 진노의 자녀이었더니, 긍휼에 풍성하신 하나님이 우리를 사랑하신 그 큰사랑을 인하여 허물로 죽은 우리를 그리스도와 함께 살리셨고(너희가 은혜로 구원을 얻은 것이라), 또 함께 일으키사 그리스도 예수 안에서 함께 하늘에 앉히시니, 이는 그리스도 예수 안에서 우리에게 자비하심으로써 그 은혜의 지극히 풍성함을 오는 여러 세대에 나타내려 하심이니라 너희가 그 은혜를 인하여 믿음으로 말미암아 구원을 얻었나니 이것이 너희에게서 난 것이 아니요 하나님의 선물이라 행위에서 난 것이 아니니 이는 누구든지 자랑치 못하게 함이니라"(엡 2:3-9).

제5절

주장 : 어떤 특정한 사람들이 불완전하고 비결정적인 상태로 택함을 받았다가 구원에 이르게 되는 것은 예지 된 믿음과 회심, 거룩함, 경건한 생활 등을 이미 시작했거나 얼마 동안 지속되었기 때문에 일어나는 것이다. 그러나 완전하고 결정적인 선택은 믿음과 회심 그리고 거룩함과 경건함에 끝까지 이르도록 하는 견인(인내심)으로 일어나는 것이다. 바로 이것이 은혜롭고 복음적인 가치가 있는데 이런 의미에서 택함 받은 자가 택함 받지 못한 자보다 더 귀중하다는 것이다. 따라서 믿음과 이 믿음에의 순종 그리고 거룩함과 경건함 또한 성도의 견인 등은 영광에 이르게 하는 불변하는 선택의 열매가 아니라 선행으로서 요구되는 조건이다. 그런데

이 조건은 완전히 선택될 사람들에게 보여질 일이며 이러한 요소(조건)가 없다면 영광에 이르도록 하는 변함없는 하나님의 선택은 일어날 수 없다.

이러한 주장은 모든 성경의 가르침과 모순되는 것인데 성경은 변함없이 다음과 같이 말씀하고 있기 때문이다. 택하심을 따라 되는 하나님의 뜻이 행위로 말미암지 않고 오직 부르시는 이에게로 말미암아 서게 하려 하사(롬 9:1) 영생을 주시기로 작정된 자는 다 믿더라(행 13:48). 곧 창세전에 그리스도 안에서 우리를 택하사 우리로 사랑 안에서 그 앞에 거룩하고 흠이 없게 하시려고(엡 1:4) 너희가 나를 택한 것이 아니요 내가 너희를 택하여 세웠나니(요 15:16), 만일 은혜로 된 것이면 행위로 말미암지 않음이니(롬 11:6), 사랑은 여기 있으니 우리가 하나님을 사랑한 것이 아니요 오직 하나님이 우리를 사랑하사(요일 4:10).

제6절

주장 : 택함 받은 모든 사람들이 구원에 이르는 것은 불변하는 사실이지만 하나님의 작정에도 불구하고 택함 받은 사람들 중의 얼마는 여전히 멸망 받을 수 있으며 또한 실제로 그러하다.

이 엄청난 잘못으로 인하여 하나님께서 변덕스러운 분으로 묘사되며 은혜로 택정함을 받은 성도의 위로가 무너지려고 한다. 또한 이 주장은 다음과 같은 성경의 가르침과 모순된다. 택하신 자들도 미혹케 하리라(마 24:24), "나를 보내신 이의 뜻은 내게 주신 자 중에 내가 하나도 잃어버리지 아니하고"(요 6:39), "또 미리 정하신 그들을 또한 부르시고 부르신 그들을 또한 의롭다 하시고 의롭다하신 그들을 또한 영화롭게 하셨느니라"(롬 8:30).

제7절

주장 : 세상의 삶에 있어서는 영광에 이르도록 변함없이 선택받은 자의 열매

나 자각이 없으며 더욱이 이에 대한 확실성도 없고 다만 가변적이며 불명확한 조건이 있을 따름이다. 불확실한 확실성이라고 말하는 자체도 우스꽝스러울 뿐만 아니라 성도들의 신앙 체험에도 위배되는데 성도들을 분명한 의식을 가지고 구원받은 사실을 기뻐하며 하나님을 찬양하는 것이다(엡 1:). 또한 예수 그리스도께서는 제자들에게 "너희 이름이 하늘에 기록된 것으로 기뻐하라"(눅 10:20)고 하셨다. 또한 사도 바울도 악마의 사악한 권세에 대항하여 싸우는 성도들을 향하여 "누가 능히 하나님의 택하신 자들을 송사 하리요"(롬 8:33)라고 외쳤던 것이다.

제8절

주장 : 하나님은 오로지 그의 의로우신 뜻에 따라서 그 누구도 아담의 타락에 빠져 죄의 상태에 놓임으로 저주를 받게 하지도 않으셨고(보편적 구원=만인 구원론) 또한 믿음과 회심에 필요한 하나님과의 은혜로운 사귐에서 벗어나도록 하지도 않으셨다.

분명히 하나님의 말씀은 다음과 같다. "그런즉 하나님께서 하고자 하시는 자를 긍휼히 여기시고 하고자 하시는 자를 강퍅케 하시느니라"(롬 9:18), "대답하여 가라사대 천국의 비밀을 아는 것이 너희에게는 허락되었으나 저희에게는 아니 되었나니"(마 13:11), "천지의 주제이신 아버지여 이것을 지혜롭고 슬기 있는 자들에게는 숨기시고 어린아이들에게는 나타내심을 감사하나이다. 옳소이다. 이렇게 된 것이 아버지의 뜻이니라"(마 11:25-26).

제9절

주장 : 하나님께서는 어떤 이들에게는 복음을 주시고, 또 어떤 이들에게는 주시지 않은 이유는 그것이 하나님의 선하신 뜻보다 복음을 받는 사람들이 받지 못한 사람들보다 더 낫고 가치가 있기 때문이다. 모세가 이스라엘 백성들에게 다음

과 같이 말한 것을 볼 때 위의 주장은 잘못된 것이다. "하늘과 모든 하늘의 하늘과 땅과 그 위에 만물은 본래 네 하나님 여호와께 속한 것이로되 여호와께서 오직 열조를 기뻐하시고 그들을 사랑하사 그 후손 너희를 만민 중에서 택하셨음이 오늘날과 같음이라"(신 10:14-15), 또한 그리스도께서 이렇게 말씀하셨다. "화가 있을 진저 고라신아 벳새다야 너희에게서 행한 모든 권능을 두로와 시돈에서 행하였다면 저희가 벌써 베옷을 비고 재에 회개하였으리라"(마 11:21).

둘째 교리 그리스도의 죽음과 인간의 구속

제1장

하나님은 가장 자비로우시며 공의로우신 분이시다. 그의 공의로우심은(그의 말씀 안에서 스스로 계시하듯이) 그의 무한한 엄위에 어긋난 우리의 죄가 벌을 받아 마땅하다는 사실을 요구하신다. 즉 우리의 육과 영혼에 있어서 일시적으로 뿐만 아니라 영원히 징벌을 요구하신다는 것이다. 하나님의 공의의 대가가 이루어지지 않는 한 징벌을 면할 수가 없는 것이다.

제2장

따라서 우리 인간 자신 속에서 보상을 만드는 것과 하나님의 진노에서 우리스스로를 구원하도록 해 보는 것이 불가능하므로 하나님은 사랑하는 독생자를 우리를 위한 보증으로 주심으로 그의 놀라운 자비를 기꺼이 보여주셨던 것이다. 이하나님의 아들은 죄를 담당하시고 저주받은바 되어 우리를 위해 하나님의 심판에 대한 보상으로 희생되었다.

제3장

하나님의 아들이 죽으심은 유일하며 가장 완전한 희생이며 죄에 대한 보상이요 온 세상의 죄를 충분히 보상할 수 있는 무한한 가치가 있는 죽음이다.

제4장

이 죽음이 무한한 가치와 존엄이 있는 이유는 자기 자신을 내놓으신 그 분은 온전한 거룩함을 가지신 실제의 인간일 뿐만 아니라 하나님의 독생자시오 성부와 성령과 함께 동일하게 영원하며 무한한 본질을 지니신 분이시기 때문이다. 바로 이런 본질이 우리를 위한 구세주로서의 필수적인 자격을 갖게 한 것이다. 더 나아가 바로 이 분의 거룩함이 죄로 인하여 우리가 당할 하나님의 진노와 저주를 감당할 수 있게 된 것이다.

제5장

더욱이 복음은 십자가에 못 박힌 그리스도를 믿기만 하면 누구든지 멸망치 않고 영생을 얻는 것임을 약속하고 있다. 회개하고 믿으라는 명령과 함께 주신 이 약속은 누구에게나 똑 같이 온 세계에 선포되고 알려져야 하며 하나님은 그의 기쁘신 뜻대로 이 복음을 사람들에게 주시는 것이다.

제6장

복음에 의하여 부름 받은 많은 사람들이 있지만 그들이 회개도 하지 않고 그리스도를 믿지 않으면 불신앙 가운데에 멸망할 수밖에 없다. 이것은 십자가에서 그리스도에 의해 드려진 희생이 모자라거나 부족해서가 아니라 전적으로 믿지 않는 사람들에게 그 책임이 돌아가는 것이다.

제7장

그러나 많은 사람들이 그리스도의 죽으심을 통하여 진실하게 믿음으로 죄와 파멸에서 구원받게 된 것은 영원 전부터 그리스도 안에서 그들에게 주신 하나님의 은혜일뿐이요 결코 그들이 어떠한 공로에 의한 것이 아니다.

제8장

그리스도의 죽으심은 하나님의 아들의 보배로운 죽으심으로 인하여 모든 택함 받은 자들이 생명을 얻어 구원받도록 하는 하나님의 가장 은혜로운 뜻과 목적으로 된 것이다. 하나님께서 택함 받은 자들에게 믿음으로 의롭다하는 이 선물을 주신 것은 그들에게 완전한 구원을 이루어 주시기 위한 것이다. 즉 그리스도께서 십자가상에서 피 흘리심으로 새 언약을 확증하셔서 모든 사람과 족속과 민족, 즉 영원 전부터 구원에 이르도록 아버지께서 아들에게 주신 모든 사람들을 구원토록 한 것은 하나님의 뜻이었다. 오직 하나님의 뜻으로 말미암아 그리스도께서는 사람들에게 성령의 구원의 능력과 함께 모든 것을 주시되 십자가에서 죽으심으로 그들을 속량해 주셨다. 따라서 믿기 전과 후에 지은 모든 죄악들을 그것이 원죄이든 실제적인 죄이든 간에 깨끗케 해 주시며 세상 끝날 때까지 점이나 흠 없이 신실하게 보존해 주셔서 하나님 앞에서 영원토록 그 영광을 즐거워하도록 하시는 것이다.

제9장

택함 받은 자에게 이 영원한 사랑을 베푸신 뜻은 옛날부터 지금까지 이루어져 왔으며 그 모든 사람의 권세의 훼방에도 불구하고 여전히 계속되어 갈 것이다. 따라서 정한 시간이 이르면 택함 받은 성도는 한 곳에 모이게 될 것이다. 그 곳에는 성도들이 모여 그리스도의 피로 그 기초를 이루는 교회로 충만할 것이다. 그 곳에는 변함없는 사랑과 주님을 구세주로(이 분은 십자가에서 자신의 생명을 내놓으신 분으로 믿는 자의 신랑이 되시는데) 섬기는 성도들이 모여서 영원히 그의 영광을 찬미할 것이다.

잘못된 주장을 배격함

올바른 교리가 지금까지 설명되었으므로 종교회의에서는 다음의 잘못된 주장들을 배격한다.

제1절

주장 : 하나님 아버지께서 그 아들을 십자가에 돌아가시도록 세우신 것은 누구를 구원토록 하기 위한 분명한 계획 없이 되어진 것이다. 그렇게 함으로써 만일 그리스도의 공로로 얻은 구원이 실제로 어떤 사람에게 적용된 적이 결코 없었다 할지라도 그리스도의 죽으심으로 인한 공로의 필연성과 유익성과 그 가치는 그대로 존속할 수 있고 모든 부분에 있어서 완전하게 남아 있을 수 있다는 것이다.

이 주장은 하나님 아버지의 지혜와 예수 그리스도의 공로를 경멸하는 입장이요 성경과 모순되는 것이다. 우리 구주께서는 이렇게 말씀하셨다. "나는 양을 위하여 목숨을 버리노라. 나는 저희를 알며"(요 10:15, 17), 또한 이사야 선지자도 구세주에 관하여 이렇게 말씀하셨다. "그 영혼은 속건 제물로 드리기에 이르면 그가 그 씨를 보게 되며 그 날은 길 것이요 또 그의 손으로 여호와의 뜻을 성취하리로다"(사 53:10). 따라서 위의 주장은 온 기독교회가 믿는바 신앙의 내용에 어긋나는 것이다.

제2절

주장 : 그리스도께서 죽으신 목적은 그의 힘의 보혈을 통하여 새로운 은혜언약을 이루시기 위해서가 아니라, 그 죽으심으로 인간과 함께 언약을 세우시기 위한 단순한 권리를 아버지를 위하여 얻으심으로 은혜로든지 또는 행위로든지 간에 하나님을 기쁘시게 하기 위한 것이었다.

이러한 주장은 다음과 같은 성경의 가르침과 모순 되는 것이다. "이와 같이 예수는 더 좋은 언약의 보증이 되셨느니라"."…… 영원한 기업의 약속을 얻게 하려 하심이니라. 유언은 그 사람이 죽은 후에나 견고한즉"(히 7:22, 9:15, 17).

제3절

주장 : 그리스도의 속죄의 죽으심은 인간을 위한 구원이나 믿음을 얻게 해주는 것이 아니다. 그것은 믿음에 의하여 구원에 이르는 그리스도의 속죄에 효과를 줄뿐인데, 그리스도께서는 성부를 위하여 인간에게 다시 권위와 완전한 의지의 관계를 세우셨을 뿐이다. 그리스도께서 원하시는 새로운 조건을 제시해 주시므로 인간의 자유의지에 달려 있지만 이 조건에 순종함으로써 이를 만족시키든지 또 거부함으로 파기하든지에 대한 관계를 세우신 것에 불과하다.

그리스도의 죽으심은 여지없이 멸시하는 이 주장은 그리스도의 죽으심으로 얻게 되는 가장 중요한 열매나 유익됨을 부인하는 것으로서 다시 한 번 펠라기우스의 엄청난 잘못을 드러내는 것이다.

제4절

주장 : 하나님 아버지께서 그리스도의 죽으심의 중보를 통하여 인간과 맺은 새로운 은혜언약이란 우리가 그리스도의 공로를 받아들임으로써 믿음으로 하나님 앞에서 의롭다 칭함 받으며 구원 얻는데 있는 것이 아니다. 하나님께서는 믿음의 완전한 순종을 요구하시는데 믿음 그 자체와 믿음의 순종이라는 것은 비록 불완전하긴 하지만 율법의 완전한 순종으로서 은혜를 통하여 영생을 얻을 가치 있는 것으로 여기신다.

이 주장은 성경과 모순된다. "그리스도 예수 안에 있는 구속으로 말미암아 하나님의 은혜로 값없이 의롭다 하심을 얻은 자 되었느니라. 이 예수를 하나님이 그의 피로 인하여 믿음으로 말미암은 화목 제물로 세우셨으니 이는 하나님께서 길이 참으시는 중에 전에 지은 죄를 간과하심으로 자기의 의로우심을 나타내려 하심이라"(롬 3:24-25), 위의 주장은 온 교회가 가르치는 교훈의 내용에 어긋나는 것이며 마치 그릇된 소시누스의 가르침과 같이 하나님 앞에서 인간이 의롭다 칭함을 받는 문제에 있어서 전혀 잘못된 것을 주장하고 있다.

제5절

주장 : 모든 인간은 하나님과의 화해로 은혜계약에 들어감으로써 그 누구도 원죄로 인한 저주를 받지 않기에 충분한데 이것은 원죄로 인해 저주받지 않게 된다는 것이 아니라 원죄의 죄의식에서 해방된다는 것을 의미한다.

이 주장도 성경이 가르치는바 "본질상 진노의 자식"(엡 2:3)이라는 면과 어긋나는 것이다.

제6절

주장 : 그리스도의 공로와 그 공로를 받아드리는 것 사이에는 차이가 있다. 하나님께서는 그리스도의 죽음으로 인하여 얻게 되는 유익을 모든 사람들에게 동등하게 주셨다. 비록 어떤 사람들이 죄 사함과 영생을 받은 반면에 다른 사람들은 그렇지 못한 것의 차이는 그들의 자유의지에 달려있다. 이것은 예외 없이 누구에게나 주어진 은혜일 뿐 영생을 받는 다는 것이 그들 속에 역사 하는 어떤 특별한 자비를 입었기 때문에 일어나는 것이 아니라 오히려 그들에게 주어진 은혜를 잘 선용했기 때문이다.

비록 이런 주장이 건전한 생각에서 나온 것처럼 보이나 이것은 사람들의 마음속에 파괴적인 독소를 주고자 하는 펠라기우스의 오류에 기인한 것이다.

제7절

주장 : 그리스도께서는 하나님께서 지극히 사랑하사 영생을 주시기로 작정한 사람들을 위해서 죽을 수도 없었고 죽으실 필요도 없었으며 더욱이 그런 사람들을 위해서 죽으시지 않았다. 왜냐하면 그런 사람들은 그리스도의 죽음을 필요로 하지 않기 때문이다.

이것은 사도의 가르침과 반대된다. "내가 육체 가운데 사는 것은 나를 사랑하사 나를 위하여 자기 몸을 버리신 하나님의 아들을 믿는 믿음 안에서 사는 것이라"(갈 2:20), "누가 능히 하나님의 택하신 자들을 송사 하리요 의롭다 하신 이는 하나님이시니 누가 정죄하리요 죽으실 뿐 아니라"(롬 8:33-34), 또한 주께서도 이렇게 말씀하셨다. "나는 양을 위하여 목숨을 버리노라"(요 10:15), "내 계명은 곧 내가 너희를 사랑한 것같이 너희도 서로 사랑하라 하는 것이니라. 사람이 친구를 위하여 자기 목숨을 버리면 이에서 더 큰사랑이 없나니"(요 15:12-13).

셋째와 넷째 교리 인간의 타락과 하나님께의 회심 그리고 회심 후의 태도

제1장

인간은 원래 하나님의 형상을 따라 지음 받았다. 그를 지으신 이에 대한 참된 구원의 지식과 영적인 일들에 관한 추구가 있었다. 즉 그의 마음과 의지는 의롭고 순결했으며 전인격은 성결했었다. 그러나 인간은 사단의 유혹과 자유 의지로 인해 하나님을 거역하여 이 특별한 은사들을 빼앗겼으며 그로 인해 사악한 마음과 비참한 어두움과 헛됨과 잘못된 판단력을 가지고 악하고 불순종하며 마음과 의지는 완악해 지고 감정이 불결해져 버린 것이다.

제2장

인간은 타락한 후에 자녀를 낳았고 타락한 조상에게 또한 타락한 후손들이나게 되었다. 따라서 그리스도를 제외하고서는 아담의 모든 후손들은 죄를 지니고 태어났다. 이것은 마치 펠라기우스가 주장하듯이 하나의 모방이 아니라 하나님의 공의로운 판단으로 보건대 사악한 본성이 유전된 것이다.

제3장
따라서 모든 인간은 죄 속에서 잉태되어 본질상 진노의 자식으로서 선행을 할 수 없고 죄악에 빠져서 죄 가운데서 죽을 수밖에 없는 노예가 되었다. 그러므로 성령의 중생하는 은혜가 없이는 하나님께로 올 수도 없고 하나님께로 오려고 하지도 않으며 그 죄악에서 새롭게 될 수도 없다.

제4장
그러나 인간에게는 타락한 후에도 희미한 자연의 빛이 남아 있어서 하나님에 관하여, 자연의 사물에 관하여, 그리고 선과 악을 구별하는 문제에 관하여 약간의 지식이 있으므로 외부적인 행위를 통하여 도덕과 선에 관한 행위를 드러내 보이는 것이다. 그러나 이 자연의 빛은 인간으로 하여금 그 상태에서 하나님에 관한 구원의 지식에로 또한 참 회심에로 이끌어가게는 하지만 이 자연의 사물 속에서 올바르게 사용할 수가 없게 된 것이다. 더욱이 인간은 갖가지 면에서 이 빛을 전적으로 오염시키고 하나님 앞에서 결코 변명할 수 없는 행위를 통하여 불의 하게 사용했던 것이다.

제5장
이와 동일한 빛 가운데서 우리는 하나님에 의해 선별된 유대인 모세에게 내려주신 십계명을 생각해 볼 수 있다. 비록 이 십계명이 죄의 비참으로부터 인간을 치유하거나 멀게 할 수 있는 방법을 제시하지 않지만 죄의 심각성과 그 죄악 속의

인간을 보여줌으로써 육신의 연약함으로 저주 아래 있는 인간은 이 율법만 가지고
는 도저히 구원의 은혜를 얻을 수 없음을 보여준다.

제6장

그러므로 자연의 빛이나 율법에 할 수 없는 그 일을 하나님께서는 화목의 말
씀 내지 화목의 사역을 통한 성령의 역사로써 행하신다. 그리고 이 말씀은 메시아
에 관한 기쁜 소식이며 구약이나 신약 아래 있는 어느 누구든지 이 소식을 믿는 자
들을 하나님께서 기꺼이 구원하셨다.

제7장

하나님께서 그의 비밀스러운 뜻을 구약에는 오직 택한 백성에게만 계시하셨
지만 신약시대에는(여러 민족들 간의 구별이 없어져서) 많은 사람들에게 계시되어
있다. 이 구별은 어느 한 민족이 다른 민족보다 우월하거나 이 자연의 빛을 더욱 잘
사용해서도 아니요 다만 하나님의 주권적인 선하심과 무조건적인 사랑에 기인할
따름이다. 따라서 반역과 범죄에도 불구하고 은혜와 사랑으로 돌보심을 받는 그들
은 겸손과 감사하는 마음으로 또한 사랑의 사도로서 하나님의 은혜를 깨닫고 이
은혜를 받지 못한 사람들에게 임한 하나님의 공의의 심판을 의심하여 낮추는 일이
결코 있어서는 안 된다.

제8장

진실하게 부름을 받은 사람들은 모두가 복음에 의해 부름 받은 사람이다. 왜
냐하면 하나님께서는 그가 받으실 만한 것이 무엇인가를 그 말씀 안에서 참되고
진실하게 선언하셨는데, 즉 부름을 받은 사람들은 하나님께 나와야 한다는 것을
말하셨던 것이다. 그는 그에게로 나와서 믿는 모든 사람들에게 영혼의 안식과 영생
을 분명히 약속해 주셨다.

제9장

말씀으로 부름을 받았으나 깨닫지 못하고 회개하지 않는 사람은 복음이 잘 못되고 그리스도께서 부족하시고 또는 하나님께서 그들에게 주시고자 하는 은사가 잘못되어서가 아니고 그 인간 자체에 잘못이 있다. 부름을 받았을 때에 어떤 이는 급박한 상황에 있음에도 불구하고 생명의 말씀을 거부하며 또 어떤 이들은 즉시 기쁨으로 받되 그 속에 뿌리가 없어 잠시 견디다가 말씀을 인하여 환난이나 핍박을 당할 때는 곧 넘어지고 다른 이들은 세상의 염려와 재리의 유혹에 말씀이 막혀 결실치 못하는 것이다. 주님께서는 이것을 씨 뿌리는 자의 비유에서 가르쳐 주셨다(마 13:).

제10장

그러나 복음에 의한 부름에 순종하여 돌이킨 사람들은 그것의 원인이 자유 의지를 잘 사용했기 때문이라고 해서도 안 된다. 왜냐하면 사람들은 자신의 돌이 킴이 믿음과 회심에 필요한 은혜를 스스로 이룬 것으로 생각하여 다른 사람들과 구별하려는(마치 펠라기우스의 이단들이 교만하게 주장하는 것처럼) 잘못이 생기기 때문이다. 이 모든 원인은 오직 영원 전부터 그리스도 안에서 택정하신 하나님 께만 있다. 하나님께서는 때가 되매 그들을 부르시고 믿음을 주셔서 돌이키게 하심으로 어두움의 권세에서 인도해 내주신 하나님을 찬양케 하며 성경 여러 곳에서 사도들이 증거 하는 대로 오직 주님만을 영화롭게 하기 위함이다.

제11장

그러나 하나님께서 택한 자들 속에서 기쁘신 선을 이루시며 참 회개를 이루실 때 그들에게 외적으로 복음이 선포되도록 하여 성령으로 강하게 역사하사 하나님의 영에 속한 일들을 이해하며 분별토록 하실 뿐만 아니라 새롭게 하는 영으로서 사람의 깊은 곳에까지 임하셔서서 닫힌 마음을 열게 하시고 굳어진 마음을 부드럽게 하시며 마음의 할례를 이루시며 죽었던 영혼을 소생시키시고 악하고 불순종하고 완악한 마음을 선하게 순종하는 부드러운 마음으로 변화시키고 힘과 능력을 주셔서 마치 나무가 열매를 맺듯이 선한 행실의 열매를 맺게 하는 것이다.

제12장

하나님께서 우리 속에 역사하사 새로운 모습으로 만드시되 죽음에서 부활의 새 생명을 얻도록 하신 것은 성경에서 강조하는 중생케하는 힘이다. 그러나 그것은 결코 복음을 외침으로나 도덕적 권면으로 또는(물론 하나님께서 일을 하신 후에 인간 편에서는 계속적으로 변화되는 일이 된다 하더라도) 인간적인 수단으로 되는 것이 아니다. 그것은 분명히 초자연적이고 가장 능력 있으며 동시에 가장 기쁘고 놀라우며 신비스럽고 결코 없어지지 아니하는 하나님의 능력으로 되는 것이다. 성령의 감동으로 된 하나님의 말씀이 보여 주듯이 이 중생의 능력은 창조나 죽음에서의 부활 등에 못지않게 놀라운 것이다. 그러므로 하나님께서 인간의 마음 속에서 역사 하시는 이 놀라운 일은 분명하고 정확하며 효과적으로 중생케 함으로 실제적인 믿음을 얻게 하는 것이다. 또한 변화된 마음은 하나님에 의해서 이루어지고 효력을 낼뿐만 아니라 이 효력의 결과는 그 자체로 활동적인 것이다. 따라서 인간은 이 받은 은혜로 인하여 믿고 회개함에 이른다고 말함이 옳은 것이다.

제13장

신자들에게 성령의 사역의 움직임이 이 세상에서 완전히 이해될 수는 없다. 그럼에도 불구하고 하나님의 은혜로 이 모든 일이 신자로 하여금 구세주를 믿고 사랑하도록 하기에는 충분하다.

440

제14장

그러므로 믿음이란 하나님의 선물임을 깨닫고 자기의 뜻을 따라 받거나 거부할 수도 있는 하나님께서 제시한 정도의 것으로 여겨서는 결코 안 된다. 오히려 이 믿음은 인간에게 내려진 것이요. 인간으로 하여금 받아드리며 영접하도록 주어진 것이다. 이것은 하나님이 인간에게 믿게 할 능력이나 힘을 제시해 주셔서 인간으로 하여금 스스로 자신의 자유의지를 사용하여 구원에 이르도록 의지를 정하여 그리스도를 믿게 된다는 의미가 아니다. 그것은 뜻이나 행위에 있어서 역사 하시는 하나님께서 모든 것 속에서 모든 역사를 이루듯이 믿음의 의지도 주시고 믿게 되는 행위 역시 주신다는 것이다.

제15장

하나님께서 이 은혜를 인간에게 주실 때에 그 어떤 책임이 있으신 것은 아니다. 보상에 대한 기초로서의 아무런 자격이 없는 자에게 하나님께서 어찌 빚지실 수가 있는가? 죄와 거짓 외에는 아무것도 없는 자에게 하나님은 어떤 의무감이 있을 수 없다. 따라서 이 은혜를 받는 사람은 영원한 감사를 하나님께 드림이 마땅한 것이다. 이 은혜에 참여하지 못한 사람은 이 영적인 선물과는 관계없이 그 스스로의 상태에 만족하든지 또는 위급함을 못 느낀 채 영생의 선물이 아닌 세상의 소유물로 헛된 자랑을 하게 되는지 하는 것이다. 더 나아가 입으로 자기들의 신앙을 고백하며 변화된 삶을 사는 성도들에 관하여 우리는 사도들의 본을 받아서 가장 훌륭한 태도로 그들을 판단하고 그들에 대해 말해야 하는데 왜냐하면 마음의 깊은 비밀은 사람들에게 알려지지 않기 때문이다. 그리고 아직 부르심을 받지 못한 사람들을 위하여 하나님께 기도해야만 하는데 바로 그 하나님께서는 없는 것을 마치 있는 것처럼 부르시는 이시다. 그러나 우리는 결코 우리가 남보다 유별난 것처럼 교만한 태도로 사람들을 대해서는 안 될 것이다.

제16장

그러나 인간이 타락은 했지만 이성과 의지를 부여받은 피조물임에는 변함이 없으며, 또한 인류에게 번진 죄악이 인간의 본성조차 빼앗아간 것은 아니고 파멸과 영적인 죽음을 초래한 것뿐이다. 이처럼 이 중생의 은혜는 인간을 무감각한 사물로 여기거나 인간의 의지나 그 본성조차 모두 무시해 버리는 것이 아니다. 다만 영적으로 소생시키시고 치료하여 바르게 해 주고 동시에 그 은혜에 힘 있게 따르도록 해주며 반역과 저항이 가득 찬 것에서 기꺼이 신실한 마음으로 순종하도록 하는 것이다. 바로 여기에 인간의 참되고 영적인 의지로는 이 타락에서 재생할 아무런 소망도 얻지 못하고 죄에 빠져들어 갈 뿐이다.

제17장

우리에게 생을 불어넣어 주시고 힘을 주시는 하나님의 능력 있는 인도하심에는 무한한 자비와 선하심으로 택한 자들에게 베푸시는 그의 가르침에 길이 있는데 중생케하는 하나님의 초자연적인 사역은 복음(말씀)을 통해 이 일을 이루신다는 것이다. 하나님께서는 이 복음을 중생케하는 씨앗으로 또한 영혼의 양식으로 정해 주신 것이다. 이 말씀을 따르는 사도들과 선생들이 하나님의 이 은혜에 관하여 가르치되 하나님의 영광을 높이며 인간의 교만을 없애도록 교훈하고 또한 이 말씀을 지키지 못한 이에게는 거룩한 복음의 훈계를 따라 성례를 지켜나가고 교회의 가르침을 준수하도록 명한 것과 같이 오늘날도 교회에서 가르침을 받는 성도들은 그의 선하신 기쁨을 따라 인간과 가까이 하시는 하나님을 시험하려 해서는 안 될 것이다. 왜냐하면 은혜란 교훈을 통해 내려지기 때문이며 우리가 의무를 기꺼이 수행하면 할수록 역사 하시는 하나님의 은혜는 더욱더 분명해져서 하나님의 일하심에 더욱 나갈 수 있기 때문이다. 또한 이 구원의 열매와 효력에 있어서 모든 영광은 하나님께만 영원토록 있어야 할 것이다.

잘못된 주장을 배격한다

지금까지 참된 교리가 설명되었으므로 종교회의에서는 다음과 같은 잘못된 주장을 배격한다.

제1절

주장 : 원죄가 그 자체에 있어서 온 인류를 정죄하고 일시적이며 영원한 형벌을 받기에 족하다고 말함은 옳지 못하다. 이 주장은 다음과 같은 사도의 가르침과 모순된다. "이러므로 한 사람으로 말미암아 죄가 세상에 들어오고 죄로 말미암아 사망이 왔나니 이와 같이 모든 사람이 죄를 지었으므로 사망이 모든 사람에게 이르렀느니라"(롬 5:12), "심판은 한 사람을 인하여 정죄에 이르렀나니"(롬 5:16), "죄의 삯은 사망이요"(롬 6:23)라고 하셨다.

제2절

주장 : 선과 거룩 그리고 이와 같은 영적인 은사 또한 성품이나 덕 등은 인간이 처음 지음을 받았을 때에 인간의 의지에 속한 것도 아니고 타락한 후에는 없어진 것도 아니다.

이 주장은 사도바울이 에베소서 4:24에서 말하고 있는 하나님의 형상에 관한 묘사와 어긋나는 것이다. 거기에 바울은 하나님의 형상이 의와 거룩함이라고 했는데 이는 분명히 의지에 속한 것이다.

제3절

주장 : 영적인 사망에 있어서 영적 은사들은 인간의 의지에서 떨어져 나간 것이 아닌데 그 이유는 의지는 그 자체에 있어서 결코 부패된 것이 아니요 다만 깨달음이 어두워졌고 마음이 둔화됨으로 의지가 방해를 받았을 뿐이다. 이 방해된 요

소를 제거함으로써 인간의 의지는 그 본래의 능력을 발휘할 수 있다. 다시 말해서 의지 그 자체로서 원함으로 선택하든지 원치 않음으로 버릴 수 있든지 등의 온갖 선한 행위를 보일 수 있다.

이것은 다음의 선지자의 말과 모순되는 이상한 주장으로서 자유의지의 능력을 지나치게 높이고자 하는 잘못된 주장이다. "만물보다 거짓되고 심히 부패한 것은 마음이라"(렘 17:9), 또한 사도 바울도 이렇게 말했다. "우리도 다 그 가운데서 (불순종하는 가운데서) 우리 육체의 욕심을 따라 지내며 육체와 마음의 원하는 것을 하여……"(엡 2:3).

제4절

주장 : 중생하지 못한 사람일지라도 실상은 죄 가운데서 죽은 것이 아니요 영적인 선한 일을 할 수 있는 아무런 힘이 없는 것도 아니요, 오히려 의로운 삶에 굶주리고 목말라 할 수 있으며 따라서 통회하는 상한 심령을 하나님께 드림으로 하나님을 기쁘시게 할 수 있는 것이다.

이것은 성경에 나타난 증거와 모순되는 것이다. "너희의 허물과 죄로 죽었던 너희를"(엡 2:1), "허물로 죽은 우리를"(엡 2:5), "그 마음의 생각의 모든 계획이 항상 악할 뿐임을 보시고"(창 6:5),, "이는 사람의 마음에 계획하는 바가 어려서부터 악함이라"(창 8:21), 더 나아가 이 비참에서 벗어나 생명에 굶주림과 갈증을 느끼며 상한 마음을 하나님께 드리는 것은 중생에 이르는 유일한 길이요 축복 받은 자들에게 임하는 것이다(시 51:17, 마 5:6).

제5절

주장 : 타락한 자연인이라 할지라도 일반은총(이 일반은총은 그들은 자연의 빛을 이해하는 것인데)을 잘 이용할 수가 있으며 또한 타락한 후에라도 이 은총은

인간에게 여전히 남아 있으며 이것을 점점 더 잘 사용함으로써 구원의 은혜, 즉 구원 그 자체를 얻을 수 있게 된다. 또한 이러한 방식은 하나님께서 그리스도를 모든 사람들에게 계시하실 준비가 다 되어 있음을 보이시는데 왜냐하면 하나님께서는 회심에 필요한 모든 방책을 충분히 그리고 효과 있게 모든 사람들에게 적용시키시기 때문이다.

그러나 위와 같은 주장은 지금까지의 많은 사람들의 체험에 비춰 볼 때 또한 성경이 증거 하는 것을 볼 때 사실이 아님이 나타난다. "저가 그 말씀을 야곱에게 보이시며 그 율례와 규례를 이스라엘에게 보이시는 도다. 아무 나라에게도 이같이 행치 아니 하셨나니 저희는 그 규례를 알지 못하였다 할렐루야"(시 147:19-20). "하나님이 지나간 세대에는 모든 족을 자기의 길들을 다니게 묵인하셨으나"(행 14:16), "성령이 아시아에서 말씀을 전하지 못하게 하시거늘 브루기아와 갈라디아 땅으로 다녀가 무시아 앞에 이르러 비두니아로 가고자 애쓰되 예수의 영이 허락지 아니하시는지라"(행 16:6-7).

제6절

주장 : 인간이 참 회심을 하는 데는 그 어떤 자질이나 능력과 은사가 하나님에 의하여 인간의 의지 속으로 들어가는 것이 아니다. 우리가 처음으로 회개하여 신자라고 불리게 된 이 믿음이란 하나님에 의하여 받아드린 자질이나 은사가 아니라 다만 인간의 행위일 뿐이다. 이 믿음에 따라 얻게 되는 능력에 관한 것을 제외하고는 이 믿음이란 어떤 선물이라고 말할 수 없는 것이다.

이 주장은 성경의 말씀과 모순되는데, 성경은 하나님께서 말씀과 순종의 새로운 자질과 하나님의 사랑을 느끼는 마음을 인간의 마음속에 넣어주셨다고 선언한다. "내가 나의 법을 그들 속에 두며 그 마음에 기록하여....(렘 31:33)" "대저 내가 갈 한 자에게 물을 주며 마른 땅에 시내가 흐르게 하며 나의 신을 내 자손에게

나의 복을 네 후손에게 내리리라(사 44:3)" "소망이 부끄럽게 아니함은 우리에게 주신 성령으로 말미암아 하나님의 사랑이 우리 마음에 부은바 됨이라(롬 5:5)" "또한 위의 주장은 나를 이끌어 돌이키소서 그리하시면 네가 돌아오겠나이다(렘 31:18)" 라고 외친 선지자의 기도와 같이 교회의 지금까지의 가르침과 어긋나는 것이다.

제7절

주장 : 우리가 하나님께로 회심할 수 있었던 바의 이 은혜란 일종의 부드러운 충고요(다른 말로 하면) 회심하는 사람 속에서 움직이는 가장 고상한 태도요(충고에 포함되는) 인간의 본성과 가장 잘 어울리는 것이다. 따라서 왜 이러한 충고의 은혜가 자연 상태의 인간을 영적인 상태로 만들기에 충분할 수 없었는가 에는 이유가 있을 수 없다. 진실로 하나님께서는 이러한 충고의 태도를 통한다는 이외에는 인간의 의지에 동의를 구하실 필요가 없으신 분이시다. 사탄의 일을 능가하는 하나님의 사역의 능력은 사단이 일시적인 것을 보여주는 반면에 영원한 것을 약속해 주셨다는데 있다.

위의 내용은 모두가 펠라기우스파의 주장이요 성경과 모순되는 것인데 마치 에스겔서에서 말한 것처럼 인간의 회심 속에서 나타난 성령의 사역에 대한 하나님의 능력 있는 모습과 거리가 먼 것이다. "또 새 영을 너희 속에 두고 새 마음을 너희에게 주되 너희 육신에서 굳은 마음을 제하고 부드러운 마음을 줄 것이며"(겔 36:26).

제8절

주장 : 하나님께서는 인간의 의지가 신앙과 회심 쪽으로 향하도록 그를 중생케 하는데 있어서 그의 무한한 능력을 사용하지 않는다 하나님께서 이 모든 은혜의 사역을 다 이루신 후에라도 인간은 하나님과 성령에 저항할 수 있는데 이때도 하나님은 인간이 중생되기를 바라며 그를 중생시키고자 하신다. 따라서 인간이 강하게 저항함으로써 완전히 중생치 않게 될 수도 있는데 인간이 중생되는 것과 안

되는 것은 인간의 의지에 달려 있다.

바로 이와 같은 주장은 인간의 회심에 있어서 하나님의 은혜의 충족성을 부인하는 것이요, 전능한 하나님의 사역을 인간의 의지에 종속시키는 것으로서 다음과 같이 말한 사도의 가르침을 부인하는 것이다. "그의 힘의 강력으로 역사하심을 따라 믿는 우리에게"(엡 1:19), "....우리의 하나님이....믿음의 역사를 능력으로 이루게 하시고"(살후 1:11), "그의 신기한 능력으로 생명과 경건에 속한 모든 것을 우리에게 주셨으니"(벧후 1:3).

제9절

주장 : 은혜와 자유의지는 회심하는데 필요한 부분적인 요소가 되는데 회심의 과정을 볼 때 은혜는 자유의지보다 앞서는 것이 아니다. 다시 말해서 인간의 자유의지가 작용하여 결정하기 전에는 하나님께서는 이 자유의지를 돕기에 충분하도록 역사 하는 것이 아니라는 말이다.

이미 오래 전에, 교회는 다음과 같은 사도들의 가르침을 좇아서 이런 펠라기우스의 교리를 정죄했다. "그런즉 원하는 자의 말미암음도 아니요 달음박질하는 자로 말미암음도 아니요 오직 긍휼히 여기시는 하나님으로 말미암음이라"(롬 9:16), "누구 너를 구별하였느뇨, 네게 있는 것 중에 받지 아니한 것이 무엇이뇨"(고전 4:7), "너희 안에 행하시는 이는 하나님이시니 자기의 기쁘신 뜻을 위하여 너희로 소원을 두고 행하게 하시나니"(빌 2:13).

다섯 번째 교리 성도의 견인

제1장

하나님의 뜻을 따라 그의 아들이신 주 예수 그리스도와 교통하며 성령으로 새롭게 되도록 부르심을 받은 사람들은 비록 육체의 범죄와 육체의 연약함으로부터 완전히 벗어나지는 못했다 할지라도 죄의 지배와 그 노예 상태로부터 구원받은 것이 사실이다.

제2장

인간이 불완전함으로 범하는 날마다의 죄와 결점은 성도로서 최선의 일을 하도록 만든다. 다시 말하자면 이러한 죄와 결점은 인간으로 하여금 하나님 앞에서 자기들을 낮추게 하며 십자가에 못 박히신 그리스도께만 의지하도록 만드는 영원한 목적을 이루는 것이다. 따라서 성도는 성령으로 기도하며 경건을 연습함으로써 더욱더 육체를 제어하고 완전한 목적을 향하여 나감으로 마지막에 이 육체의 죽음에서 구원받아 하늘나라에서 하나님의 어린양과 함께 통치하게 되는 것이다.

제3장

이 죄에 거하는 성도들 또한 이 세상의 사탄의 유혹으로 회개하지 않은 사람들은 그들이 스스로 간하다고 여기는 사실을 떨쳐버리지 않는 한 이 은혜 안에 거하지 못한다. 그러나 은혜를 허락해 주시는 하나님은 성도들을 이 세상 끝까지 자비로 지켜 주시고 능력으로 보존해 주신다.

제4장

믿은 자들을 은혜 속에서 지켜주시는 하나님의 능력을 연약한 인간이 거슬릴 수는 없으나 회심한 후에라도 육신이 연약하여 하나님의 성령 안에 항상 거하지는 못하는데 어떤 경우에는 하나님의 은혜에서 벗어나 죄에 빠져 육체의 정욕에 유혹되기도 한다. 따라서 성도들은 유혹에 빠지지 않게 늘 깨어서 기도해야 할 것이다. 이런 일을 게을리 할 때 성도라도 육신적인 이 세상의 사탄의 크고 무서운 죄에 빠질 뿐만 아니라, 때로는 의로운 하나님께서 허락하심으로 실제로 이 죄에 빠질 수도 있다. 우리는 성경에서 다윗과 베드로와 그 외의 다른 성도들이 연약함으로 인하여 타락에 빠진 경우를 찾아볼 수 있다.

제5장

그러나 사람들이 하나님께서 심히 거슬리는 죄를 범함으로써 성령을 근심하게 만들고 믿음의 사역을 방해하며 그들의 양심을 파괴하는 일이 생기고 잠시 하나님의 사랑을 떠나기도 하는데 이럴 때에 그들이 진심으로 회개하여 그 길에서 돌아서면 하나님 아버지의 사랑의 빛이 그들에게 다시 임하게 된다.

제6장

하지만 변함없는 하나님의 선택하심에 기초한 그의 풍성하신 은혜는 비록 성도들이 심각한 죄에 빠져 있을 때라도 성령을 거두시는 것이 아니며 또한 하나님의 자녀가 되는 그 은혜를 잊음으로 의인의 상태에서 떨어져 나가도록 고통 가운데 방치해 두거나 성령을 거스르는 죄악을 범하며 전적으로 타락되어 영원한 멸망에 빠지도록 하시지 않으신다.

제7장

하나님께서 죄악으로 멸망에 빠져있는 이 세상 중에서도 결코 썩지 않는 마음의 씨를 보존해 주신다. 다시 말하면 성령과 말씀을 통하여 그들이 회개하여 새롭게 되고 그들이 지은 죄로 인하여 마음속에 탄식하도록 함으로 중보자의 보혈로 죄 사함을 얻고 나아가 하나님의 사랑을 체험하여 믿음으로 그 은혜에 감사하며 두려운 마음과 수고로써 그들 자신의 구원에 이르도록 부지런히 역사 하신다.

제8장

그러므로 믿음과 은혜에서 전적으로 떨어져 나가지 않게 하며 범죄로 인하여 멸망에서 우리가 구원된 것은 인간의 공로나 노력에 의한 것이 아니라 하나님의 자비에 의한 것이다. 비록 인간은 실수하여 범죄 함으로 마음속에 결심이 변한다 할지라도 하나님의 약속은 결코 변하거나 실패하지 않으며 그 약속이 취소되는 일이 없다. 또한 그리스도의 공로와 그 도고의 기도 그리고 성도를 보호해 주시는 그 모든 것은 성령의 인치 심으로 되는 일이므로 결코 좌절하거나 무효화되는 일이 없다.

제9장

참된 신자들은 그들이 지닌 믿음의 정도에 따라 구원을 얻도록 하나님께서 택하여 주심과 믿음으로 성도를 보존해 주심에 대한 확신을 갖는데, 이 확신을 따라서 그들은 그들 스스로가 하나님의 교회의 참 지체가 되며 앞으로도 계속 지체가 된다는 사실과 죄 사함을 얻어 영생에 이르게 된다는 것을 분명히 믿는 것이다.

제10장

그러나 이 확신은 하나님의 말씀이 계시해 주시는 것과 어긋나는 그 어떤 방식으로 이루어지는 것이 아니라 우리의 위로가 되시는 그 계시된 말씀, 즉 하나님의 약속 안에서의 믿음으로만 이루어지는 것이요. 우리는 하나님의 자녀이며 그 기업이 된다고 말하는 성령의 증거로서 되는 것이다(롬 8:16). 또한 이 성령은 우리로 하여금 선한 양심을 가짐으로 선한 일을 이루도록 하신다. 만일 하나님에 대한 약속을 소유하지 못할 때는 모든 사람 중에서 가장 불쌍한 자가 되는 것이다.

제11장

성경이 증거 하는 바는 신자라 할지라도 이 세상에 살아갈 때 여러 가지 육신적인 의심으로 마음의 갈등을 갖게 되며 심한 유혹으로 믿음과 성도의 견인에 대한 확신을 느끼지 못할 때가 있을 때도 있다는 것이다. 그러나 모든 위로의 아버지가 되시는 하나님은 성도들을 견인하도록 하는 성령의 도우심으로 사람이 감당치 못할 시험을 주시지 않고 다만 시험 당할 즈음에 피할 길을 내사 능히 감당케 하신 다(고전 10:13).

제12장

그러나 성도를 인내하도록 하신다는 이 확신은 교만한 마음으로 이 세상의 안일함 속에 빠져들게 하는 것이 결코 아니며, 오히려 겸손한 마음과 충성심 참된 경건함과 모든 시험 중에서의 참음, 그리고 뜨거운 기도와 인내심, 그리고 진리를 고백하며 하나님 안에서 기뻐하는 이 모든 일의 근원이 되는 것이다. 그러므로 성도를 인내하게 해주시는 하나님의 은혜를 생각할 때 날마다 하나님께 감사하고 선한 일을 행함으로 이 은혜에 보답해야 마땅한데, 이는 성경이 증거 하는 바이며 성도들이 체험한 신앙이었던 것이다.

제13장

하나님께서 성도를 인내하게 하신다는 이 확신은 죄악에서 구원받은 사람들로 하여금 경건함을 무시하고 세상 적으로 나가도록 하지 않고 오히려 주님께서 정하신 길 안에서 조심스런 마음을 계속 가져서 그 길로 행하게 하는 것이다. 이는 하나님 아버지께서 주시는 그 사랑을 남용함으로써 하나님의 은혜가 그들에게 떠나는 일이 없고 따라서 양심이 고통을 받는 지경에 빠지지 않도록 해 주시는 것이다.

제14장

복음을 외침으로 하나님을 기쁘시게 했던 것 같이 우리 속에서 이 은혜가 역사함으로써 하나님은 우리를 보존해 주시되 그 말씀을 듣고, 보고, 묵상하며 또한 이 말씀에 의하여 권면하고 책망하며 그 말씀의 약속에 의지하여 성례를 행하게 하심으로 그의 성도들을 지켜 주시는 것이다(견인의 방식).

제15장

이 세상에 속한 사람들은 성도의 견인에 관한 이 교리와 계시된 말씀 속에서 충분히 나타난 확실성을 이해하지 못하는데, 왜냐하면 하나님께서는 믿는 자들의 마음속에만 자신의 이름의 영광과 성도를 향하신 위로를 심어 주셨기 때문이다. 사탄은 이를 미워하고 이 세상도 이를 조롱하며 이 진리를 깨닫지 못한 자들이 이를 남용하고 이단들도 이를 적대시 하고 있다. 그러나 그리스도의 신부 된 성도들은 날마다 이 사랑을 갖고 마치 놀라운 보배를 가졌듯이 이를 지켜나가야 할 것이다. 또한 하나님은 이 세상 끝날 때까지 성도를 보호해 주실 것이요 따라서 오직 한 분이신 하나님, 즉 성부, 성자, 성령께만 영원토록 영광이 있어야 할 것이다. 아멘.

잘못된 주장을 배격한다

지금까지 올바른 교리가 설명되었으므로 종교회의에서는 다음과 같은 잘못된 주장을 배격한다.

제1절

주장 : 진실한 성도의 견인은 택함 받음의 결실도 아니요 그리스도의 죽으심으로 얻어진 하나님의 선물도 아니요 다만 새 언약의 조건일 뿐인데 이는(마치 그들이 주장하듯이) 자기의 결정적인 선택과 의로움 앞에서 인간은 자신의 자유의지를 통하여 이 조건을 채워야만 한다는 것이다.

그러나 위와는 달리 성경은 성도의 견인은 택함 받은 데에서 나오는 것임을 증거 하여 택함 받은 자는 그리스도의 죽으심과 부활하심, 그리고 그의 중보 되심으로 인하여 이 성도의 견인을 받는 것이다. "그런즉 어떠하뇨 이스라엘이 구하는 그것을 얻지 못하고 오직 택하심을 입은 자가 얻었고 그 남은 자들은 완악하여졌 느니라"(롬 11:7), "자기 아들을 아끼지 아니하시고 우리 모든 사람을 위하여 내어 준 이가 어찌 그 아들과 함께 모든 것을 우리에게 은사로 주시지 아니하겠느뇨 누 가 능히 하나님의 택하신 자들을 송사 하리요 의롭다하신 이는 하나님이시니 누가 정죄하리요 죽으실 뿐 아니라 다시 살아나신 이는 그리스도 예수시니 그는 하나님 우편에 앉아 계신 자요 우리를 위하여 간구하시는 자시니라. 누가 우리를 그리스도 의 사랑에서 끊으리요 환난이나 곤고나 핍박이나 기근이나 적신이나 위험이나 칼 이랴"(롬 8:32-35).

제2절

주장 : 하나님께서는 성도들이 인내 할 수 있도록 충분한 힘을 공급해 주시는 데 이것은 성도들이 그 임무를 이행할 때에 되는 것이요, 비록 성도들이 인내하기 에 충분한 모든 것들을 하나님이 예비해 놓으셨다 하더라도 그것은 성도들이 인내 할 수 있느냐 없느냐에 따라 좌우될 뿐이다.

이것은 펠라기우스의 생각을 분명히 보여 주는 것으로 인간에게 자유를 부 여하려고 하는 듯한 생각이기는 하나 하나님의 영광을 탈취하는 잘못된 주장인데, 성경이 가르치는 것은 인간으로 하여금 모든 교만한 마음을 버리고 모든 감사를 오 직 하나님의 은혜로만 돌릴 것을 말씀하고 있다. 또한 "너희는 우리 주 예수 그리 스도의 날에 책망할 것이 없는 자로 끝까지 견고케"(고전 1:8) 하실 분은 오직 하나 님이심을 분명히 말씀하고 있다.

제3절

주장 : 참 신자요 중생한 사람일지라도 의롭다하는 믿음에서 떨어져 은혜와 구 원에서 멀어질 수도 있을 뿐만 아니라 이 구원에서 벗어나 영원히 버림받을 수도 있다.

이것은 하나님의 은혜와 칭의, 중생, 그리고 그리스도께서 계속하여 보급해 주시는 모든 사실을 무효화시키는 그릇된 주장으로서 다음과 같은 사도 바울의 말과 모순되는 것이다. "우리가 아직 죄인 되었을 때에 그리스도께서 우리를 위하여 죽으심으로 하나님께서 우리에게 대한 자기의 사랑을 확증하셨느니라, 그러면 이제 우리가 그 피를 인하여 의롭다 하심을 얻었은즉 더욱 그로 말미암아 진노하심에서 구원을 얻은 것이니"(롬 5:8-9), 또한 사도 요한의 다음의 말과도 모순되는 것이다. "하나님께로서 난자마다 죄를 짓지 아니하나니 이는 하나님의 씨가 그의 속에 거함이요 저도 범죄지 못하는 것은 하나님께로 났음이라"(요일 3:9), "내가 저희에게 영생을 주노니 영원히 멸망치 아니할 터이요, 또 저희를 내 손에서 빼앗을 자가 없느니라 저희를 주신 내 아버지는 만유보다 크시매 아무도 아버지 손에서 빼앗을 수 없느니라"(요 10:28-29).

제4절
주장 : 참 신자요 중생한 사람일지라도 사망에 이르는 죄를 지을 수 있으며 성령을 거슬리는 죄를 범할 수 있다.

사도 요한의 첫 번째 서신인 요한일서 5장16-17절에서 사망에 이르는 죄를 범하는 사람에 대하여 말하면서 그들을 위하여 구하라 하지 않노라고 말한 후에 계속하여 이렇게 말하고 있다. "하나님께 로서 난자마다 범죄지 아니하는 줄을 우리가 아노라, 하나님께 로서 나신 자가 저를 지키시매 악한 자가 저를 만지지도 못하느니라"(요일 5:18).

제5절
주장 : 우리는 특별한 계시가 없이는 이 세상에서 미래에 있을 성도의 견인에 대한 아무런 확신을 가질 수 없다.

454

위의 주장은 참 신자들이 가지는 확실한 위로를 이 세상에서 빼앗아 가며 로마가톨릭교회교회의 잘못된 신앙이 교회 안에 다시 침투해 오도록 하는 것이다. 그러나 성경은 성도의 확신을 그 어떤 특별하고 비정상적인 계시에서 찾지 아니하고 다만 하나님의 자녀에게 임하는 성령의 증거에서 또한 하나님의 일관된 약속에서 찾을 수 있는 것이다. 따라서 사도 바울은 특별히 이렇게 말하고 있다. "다른 아무 피조물이라도 우리를 우리 주 그리스도 예수 안에 있는 하나님의 사랑에서 끊을 수 없으리라"(롬 8:39), 또한 요한도 이렇게 말하고 있다. "그의 계명들을 지키는 자는 주 안에 거하고 주는 저 안에 거하나니 우리에게 주신 성령으로 말미암아 그가 우리 안에 거하시는 줄을 우리가 아느니라"(요일 3:24).

제6절

주장 : 성도의 견인이나 구원에 관한 확신은 그 본성을 따져보면 나태한 마음에서 나오는 것이므로 거룩함이나 선한 행동, 또는 그 밖의 다른 경건한 행위를 하는데 방해할 뿐이요 오히려 그러한 확신을 의심해 볼 필요가 있는 것이다.

위의 주장을 하는 이유는 하나님의 은혜의 능력과 내재하는 성령의 역사를 전혀 알지 못하기 때문이다. 이것은 사도 요한의 첫 번째 서신에서 다음의 말과 모순되는 것이다. "사랑하는 자들아 우리가 지금은 하나님의 자녀라 장례에 어떻게 될 것은 아직 나타나지 아니하였으나 그가 나타내심이 되면 우리가 그와 같을 줄을 아는 것은 그의 계심 그대로 볼 것을 인함이니 주를 향하여 이 소망을 가진 자마다 그의 깨끗하심과 같이 자기를 깨끗하게 하느니라(요일 3:2-3), 또한 이들의 주장은 신약과 구약에서 나오는 성도들의 생애와도 모순되는 데, 신구약의 성도들은 믿음의 인내와 구원에 관하여 확신을 가졌으며 그렇다고 해서 그들이 기도하며 경건한 생활을 영위하는데 결코 게으르지 않았음을 성경이 보여주고 있다.

제7절

주장 : 잠시 동안 신앙생활을 했던 사람과 칭의를 받고 구원의 믿음을 가진 사람과의 차이는 단지 그 기간에 있을 뿐 근본적인 차이는 없다.

그러나 그리스도께서는 마태복음 13:20절과 누가복음 8:13절 등에서 이에 대해 분명히 말씀하셨다. 즉 그 말씀은 잠시 동안 믿는 사람과 참 신자와의 차이가 세 가지 면이 있는데, 첫째로 일시적인 믿음을 가진 사람은 돌 위에 떨어진 씨앗과 같으나 참 신자는 좋은 땅위에(마음 밭에) 떨어진 씨앗과 같으며, 둘째로 전자는 뿌리가 없으나 후자는 견고한 뿌리가 있으며 셋째로 전자는 열매가 없으나 후자는 계속적인 인내를 가지고 많은 결실을 맺게 된다고 하셨다.

제8절

주장 : 은혜를 상실한 사람이 다시 새롭게 된다든지, 또는 몇 번식 새롭게 된다는 일은 불합리한 말이다. 그러나 이러한 주장은 하나님의 썩지 아니할 씨, 즉 우리가 다시 새롭게 되는 사실을 부인하는 것으로서 다음과 같은 사도 베드로의 말과 모순된다. "너희가 거듭난 것이 썩어질 씨로 된 것이 아니요 썩지 아니할 씨로 된 것이니 하나님이 살아 있고 항상 있는 말씀으로 되었느니라"(벧전 1:23).

제9절

주장 : 그리스도께서 신자들이 쓰러지지 않고 계속하여 믿음에 거해야 할 것을 그 어디서도 기도한 적이 없다.

그러니 이런 주장은 "내가 너를(베드로) 위하여 믿음이 떨어지지 않기를 기도하였노니"(눅 22:32)라고 하신 그리스도의 말씀과 모순되며, 또한 사도들뿐만 아니라 그의 말씀을 통하여 믿고자 하는 사람들을 위하여 기도하셨다고 하는 다음의 말씀과도 어긋나는 것이다. "내게 주신 아버지의 이름으로 저희를 보전하사....

내가 비옵는 것은 저희를 세상에서 데려가시기를 위함이 아니요 오직 악에 빠지지 않게 보전하기를 위함이니이다.... 내가 비옵는 것은 이 사람들만 위함이 아니요, 또 저희 말을 인하여 나를 믿는 사람들도 위함이니"(요 17:11, 15, 20).

결론

도르트 신조는 벨기에 교회에서 논쟁되어 왔던 다섯 조항에 관한 정통교리를 분명하고 간결하게 그리고 올바르게 선언한 것이며, 동시에 얼마동안 말성을 일으켰던 잘못된 주장을 지적하여 이를 배격한 것이다. 이 종교회의에서 결정된 모든 것은 하나님의 말씀에 기초를 둔 동시에 개혁교회의 신앙고백과 일치하는 것이다. 이 도르트 신조는 모든 진리와 공의와 은혜를 거스린 채 사람들로 하여금 다음과 같은 말로 현혹시키려는 몇몇 사람들의 잘못됨을 분명히 보여주고 있는데 그들의 주장은 다음과 같다.

예정론과 여기에 첨가된 몇몇 요소들에 관한 개혁교회의 교리는 그 특징적인 경향에 비추어 볼 때 사람들에게서 모든 경건한 신자의 의무를 무시해 버리고 있으며, 이 세상적인 사탄에 의해 조작된 일종의 마취제이다. 또한 이것은 사탄의 견고한 요새이며, 여기에서 사탄은 모든 사람들에게 마음의 상처를 주며 실망과 나태함의 화살로서 사람들을 도덕적으로 타락시키며 하나님을 죄와 불의의 원인으로 돌리며, 또한 하나님을 폭군이요 위선적인 분으로 만들어 버린다. 이것은 스토이즘, 마니교, 자유주의 및 이교사상을 수정한 것이나 다름없으며 사람들을 육신적으로 있게 하는데, 왜냐하면 이 예정 교리는 그 어떤 것도 택함 받은 자의 구원을 방해할 수 없다고 가르침으로써 사람들로 하여금 자기 마음대로 살아가도록 만들어 버리기 때문이다. 그러므로 사람들은 온갖 흉악한 범죄를 마음대로 자행하도록 유도되고 있다.

또한 이 교리는 유기된 사람들이 심지어 성자들이 모든 선행을 진실로 행한다 할지라도 그 행위는 그들이 구원 얻는데 아무런 보탬이 되지를 못한다고 가르친다. 따라서 하나님께서는 사람들의 선행이나 죄악과는 무관하게 그 분 마음대로 결정하시어서 어떤 사람들은 영원히 징벌에 처하도록 내버려두시며 더욱이 그들을 만드신 목적도 영원히 벌하시기 위한 것이라고 이 교리는 가르치고 있으며, 즉 선택이 신앙과 선행의 기초와 원인이 되는 것이며 동시에 정죄(유기)는 불신과 불경건의 원인이라는 것이다. 또한 믿는 자들의 많은 자녀들은 그 모태로부터 죄 없이 태어났다가도 무자비하게 지옥으로 떨어진다고 한다. 그 결과 세례나 세례 받을 때에 교회의 기도 등이 그들에게 아무런 유익이 되지 못한다고 가르친다.

이상과 같은 터무니없는 주장, 즉 개혁교회가 인정지도 않을 뿐만 아니라 전적으로 배척하는 것을 그들은 주장하고 있다. 따라서 이 도르트 종교회의에서는 개혁교회의 모든 신앙을 우리의 구주 예수 그리스도께서 판단해 주시되 위에서 말한 잘못된 사람들의 중상모략으로부터가 아니요, 또한 옛날이나 지금에 가르치는 자가 정직하지 못하게 인용했다든지, 또는 전혀 의미를 알지 못한 채 곡해해서 인용하는 등의 사사로운 표현으로부터도 아니요, 교회들의 공적인 신앙고백, 즉 종교회의의 모든 교회가 다 같이 찬성하여 확정지음으로 정통교리로서 선포한 것에서부터 판단해 주기를 기원하는 바이다. 더 나아가 본 종교회의에서는 개혁교회의 참 신앙고백을 중상모략하고 거짓 증거를 하는 이 모든 일에 하나님의 심판이 있을 것을 그들에게 경고하는 바이다. 왜냐하면 그들은 연약한 사람들에 양심을 상하게 하고 진실하게 믿음으로 살아가는 이 사회를 어지럽게 만들기 때문이다.

마지막으로 본 종교회의에서는 그리스도의 복음 안에 있는 모든 형제들에게 경건하게 살아갈 것을 권면하는 동시에 대학이나 교회 안에서 이 교리를 조심스럽게 가르칠 것을 바라는 바이다. 글을 쓰는데 있어서나 설교를 함에 있어서 이 가르침은 하나님의 이름을 높이며 경건한 생활을 이루며 고난당한 영혼을 위하도록 해야 하며, 성경에 의한 믿음의 견지에서 사람들의 감정뿐만 아니라 그 언어까지 잘 규정하며, 성경의 참 의미를 가지고 인간이 알 수 있는 그 이상의 불필요한 한계를 넘는 일이 없도록 조심하도록 하고 거만한 마음으로 남을 공격한다는 구실로, 또는 중상 모략하는 무례한 궤변론자들에게 개혁교회의 교리를 가르쳐 주는 것이다.

성부의 오른편에 앉으셔서 만민에게 선물을 주시는 하나님의 아들 예수 그리스도께서 우리를 진리 안에서 거룩케 하시며 잘못을 범하는 사람들에게 참 진리를 주시며 건전한 가르침을 비방하는 사람들의 입을 막으시며, 그 진실한 말씀의 사역자들에게 지혜와 분별의 영을 내려 주셔서 그들로 하여금 오직 하나님의 영광만을 증거하게 하며, 그 말씀을 듣는 사람들을 잘 인도케 되기를 기원하는 바이다. 아멘.

이것이 우리의 신앙이며 결정임을 우리의 서명으로 증명한다.

첫째, 무조건적인 선택

모든 사람은 아담 안에서 범죄 하여 저주 아래 놓여 있기 때문에(모든 종교 개혁자들이 주장했던 어거스틴의 사상체계를 따른 것) 하나님께서 인간들이 형벌을 받도록 내버려두신다 하여도 그에게는 불의함이 없으시다. 그러나 하나님은 그의 무한하신 자비로 그리스도의 복음을 통한 구원을 예비하사 그를 믿는 자들은 멸망치 않고 영생을 얻게 하신다. 어떤 사람은 하나님께로부터 믿음을 선물로 부여받았으나 다른 사람들은 그렇지 못하다. 이는 선택과 유기에 관한 하나님의 영원한 작정에서 비롯된다. 선택이란 하나님의 변치 아니하시는 계획으로서, 이 계획에 의하여 하나님이 창세전부터 순전히 은혜에서 나온 자신의 주권적인 기쁘신 뜻에 따라 본래의 순전한 상태에서 타락하여 자신의 잘못 때문에 죄와 멸망 가운데 빠진 모든 인생들 가운데서 어떤 자들은 중보자요, 택함 받은 자들의 머리요, 구원의 반석으로 세우심을 받은 그리스도 안에서 영원 전부터 구원을 받게 될 자들로 결정하심을 의미한다. 이 택함을 받은 자들은 다른 사람들 보다 더 나은 것도 없고, 또 택함을 받을 만한 자격도 없다. 그럼에도 불구하고 하나님은 그리스도 안에서 구원받을 자들을 그에게 주려고 작정하셨기 때문에, 그들에게 참 믿음과 회개와 칭의와 성화와 끝까지 인내함과 최후의 영광을 부여해주신다(엡 1:4-4, 롬 8:30).

선택은 절대적이고 무조건적이다. 선택은 예견된 믿음이나 거룩한 생활을 근거로 하거나 그것을 필요 불가결한 조건으로 하지 않는다. 오히려 그와는 반대로 선택이 믿음과 거룩함과 영생의 기초가 된다. 하나님이 우리를 선택하신 것은 우리가 거룩하기 때문이 아니다. 우리가 거룩하게 되도록 하기 위해서이다(엡 1:4, 롬 9:11-13, 행 13:38). 하나님께서 불변하신 것과 같이 그의 선택도 불변하기 때문에 택함을 받은 자들은 결코 택자의 무리에서 떨어져나갈 수 없다. 선택의 의미와 그 확실성은 계속적인 겸손과 감사를 낳게 한다. 택함을 받지 못한 자들은 단지 자기들의 죄악에 대한 마땅한 형벌에 맡겨질 뿐이다. 이것이 바로 유기의 작정이다. 유기는 하나님을 죄의 조성 자로 만드는 것이 아니라(이것은 신성 모독적인 사상이다) 하나님이 공평하고 책잡을 것이 없는 의로우신 심판주요 보응하시는 자이심을 가르쳐준다(제1장 15항).

둘째, 그리스도의 죽음에 대하여(제한속죄)

하나님의 주권적 의지에 따라 이루어진 그리스도의 대속적 죽음이 가져온 구원의 능력은 모든 택자들(오직 택자들에게만)에게 확대되어 그들로 하여금 확고하게 구원에 이룰 수 있도록 해준다. 그러나 그리스도의 희생과 만족은 본질적으로 볼 때 무한한 가치를 가지고 있어서 온 세상의 죄를 다 속량하고도 남을 만큼 충분하다. 그리스도의 죽음은 무한한 가치와 위엄을 가지고 있다. 왜냐하면 죽음에 복종하신 자는 진정한 인간이요, 완벽하게 거룩하신 자일뿐만 아니라, 하나님의 독생자요, 성부와 성령과 똑같이 영원하고 무한하신 본체를 가지고 계시는 분이기 때문이다. 그는 우리의 구주가 되기에 필요한 자격을 갖추고 계셨다. 죽음이란 죄 때문에 우리에게 부여된 하나님의 진노와 저주의 의미를 가지고 있다. 더욱이 복음의 약속은 십자가에 못 박히신 그리스도를 믿는 자마다 멸망치 않고 영생을 얻는다고 했다. 이 약속은 회개하고 믿으라는 명령과 함께 모든 민족, 모든 사람에게 차별이나 구분이 없이 전파 되어져야 한다. 하나님은 그의 기쁘신 뜻을 따라 그들에게 복음을 주셨다. 그렇지만 복음의 부르심을 받은 자들 중에서, 많은 사람들이 회개하고 그리스도를 믿지 아니함으로 불신앙 속에서 멸망을 당한다. 이것은 그리스도께서 십자가에서 쏟으신 희생이 부족하거나 그 효험이 모자라서 그런 것이 아니다. 그 책임은 전적으로 믿지 않은 자 쪽에 있다.

셋째 및 넷째 인간의 타락, 하나님께로의 회심과 그 방법에 대하여(전적 타락과 불가항력적 은혜)

인간은 본래 하나님의 형상대로 지음을 받았다. 인간의 이성은 조물주와 신령한 것들을 사실대로 알아서 구원을 받을 수 있을 만한 지식을 부여받았다. 인간의 감정과 의지는 청렴결백하여 모든 행동이다 순수하였다. 따라서 인간의 모든 것이 다 거룩하였다. 그러나 인간은 마귀의 유혹을 받아서 하나님을 반역하고 자기 자신의 의지의 자유를 추구함으로 말미암아 이러한 탁월한 은사를 빼앗겨버리고 맹목적인 감정과 무시무시한 감정과 무시무시한 암흑과 공허와 엄격한 심판 이래 놓이게 되었다. 인간은 사악하고 거슬리는 자로 변하여 감정과 의지에서 완악해지고(모든) 행위가 순결하지 못하게 되었다.

타락 이후의 인간은 자기 자신의 모양을 따른 자녀를 낳았다. 나쁜 나무가 나쁜 열매를 맺게 되는 것처럼, 아담의 후손들은 오직 그리스도만 제외하고 모두가 조상의 본래 상태로부터 부패케 되었다. 그 모습은 옛날 펠라기우스주의자들이 주장한 것처럼 죄의 오염에 불과한 것이 아니라, 하나님의 공의로우신 심판의 결과로 인한 악한 본성을 번식하게 된 것이다. 그러므로 모든 사람은 죄 가운데서 잉태되고, 본질상 진노의 자식이며, 구원을 받을 만한 선을 행할 능력이 없고, 악을 행하기 쉬우며, 죄 가운데서 죽고, 죄의 노예가 되었다. 따라서 중생케 하시는 성령의 은혜가 없으면 하나님께로 돌이키거나 자기 본성의 타락상을 떨쳐 버리거나, 스스로 개혁을 할 수가 없고, 또 하려고 할 수도 없다. 자연이나 율법이 할 수 없는 것을 하나님은 성령의 말씀의 사역과 화목케 하시는 사역으로 성취하신다. 성령의 사역이란 그리스도에 대한 기쁜 소식을 방편으로 하여 그것을 믿는 자들이 하나님을 기쁘시게 해드리는 것을 말한다. 이것은 구약시대나 신약시대나 한결 같은 원리이다.

복음으로 부르심을 받은 사람들은 아무런 차별이 없이 부르심을 받는다. 하나님은 그의 말씀 속에서 가장 신실하고 성실하게 선포하시기를, 부르심을 받은 자는 모두가 초대에 응할 것이라고 하셨다. 하나님은 또 하나님께 나아가 그를 믿는 자들에게는 영생과 안식을 주시기로 굳게 약속하셨다. 말씀의 사역으로 부르심을 받은 자들이 하나님께 나아가 회개하기를 거절하는 것은 복음에 그 잘못이 있거나, 복음 안에 나타난 그리스도에게 잘못이 있거나, 복음으로 인간을 부르시고 인간들에게 각양 은사를 베풀어주신 하나님께 잘못이 있는 것은 아니다. 그 잘못은 인간들 자신에게 있다. 한편 복음으로 부르심을 받은 사람들은 마땅히 하나님께 전폭적으로 순종하여야 한다. 하나님은 인간들을 영원 전부터 그리스도 안에서 선택하시고, 역사 속에서 그들을 실제로 부르사 믿음과 회개에 이르게 하신다. 그리고 그들은 흑암의 세력에서부터 구해 내사 그의 아들의 나라에 들어가게 하시어, 그들로 하여금 자기들은 흑암에서 놀라운 빛 가운데로 불러내신 분을 찬송하게 하고 사도들이 보여준 증거를 따라 어느 곳에서나 자기 자신이 아닌 그리스도만을 영화롭게 하도록 해주신다.

그러므로 믿음은 하나님의 선물이다. 하나님께서 주신 믿음은 인간이 받아들이거나 배척할 수 있는 성질의 것이 아니다. 믿음은 인간에게서 실제적으로 부여되었고, 인간과 함께 숨쉬며, 인간 속에 주입되어 있다. 인간은 하나님께서 믿을 수 있는 능력과 가능성을 부여해 주시기 때문에 자신의 자유의지를 활용하여 구원을 받아들이거나 그리스도를 믿는 것이 아니다. 인간이 믿는 것은 인간 속에서 계획을 세우시고 행동하게 하시는 하나님, 즉 만물 속에서 만사를 주관하시고 계시는 하나님께서 믿을 마음이 생기게 하시고, 또 실제로 믿도록 행하시기 때문이다.

다섯째, 성도의 견인에 대하여

하나님께서 자기의 뜻에 따라 그의 아들 우리 주 예수 그리스도의 무리 가운데로 불러내신 자들은 성령으로 중생케 되어 지며, 이 세상에서 죄의 통치와 죄의 노예 상태로부터 해방도 받게 된다. 그러나 이 세상에 살고 있는 동안에는 죄악된 육체와 육체의 고통에서 완전히 탈피하지 못한다. 이 때문에 죄악 세상에 거하면서 죄와 세상으로부터 유혹을 받고 사는 자들은 자기 자신의 힘으로는 은혜의 상태에 계속 머물러 있을 수가 없다. 그렇지만 하나님은 신실하시기 때문에 택자들을 끝까지 은혜로 보살펴주시고 긍휼로 확신을 주시어 담대히 인내할 수 있게 해주신다. 그러므로 참된 신자들은 택자들이 궁극적으로 구원에 이르고 믿음 안에 머물러 있는 것에 대해서 자신의 믿음의 분량에 따라 스스로 확신을 가질 수가 있고 또 그렇게 하고 있다. 택자들은 이 확신을 통해서 자기들이 참되고 살아있는 교회의 지체로 계속 남아있을 것과 죄의 용서를 체험할 것 그리고 마침내 영생을 누리게 될 것을 확신함에 이른다.

이는 인내의 확실성이 신자들로 하여금 교만을 조장시킨다든가 육적 안일함에 빠지게 하는 것은 아니다. 오히려 그와는 반대로 겸손과 경건함과 참된 경외심과 모든 환란 중에서도 인내함과 하나님 안에서의 건전한 기쁨을 가지게 해준다. 따라서 이 축복을 생각하면 성경적 실례들이나 여러 성도들이 보여준 사례들처럼, 속에서부터 우러나는 한결 같은 감사와 선행을 자극 받게 된다.[160]

12. 영국성공회 39개 신조(The Thirty nine Articles, 1562)

1) 39개 신조의 역사적 배경

1562년 대감독 '파카'가 작성하고 교직회의와 "엘리자베스" 여왕(1533~1603)의 비준을 거쳐 제정 발표된 영국국교회(성공회)의 독립을 확립한 프로테스탄트적 신조이다. 이는 통일령Act of Uni-Supremacy에 의해 통일령은 영국의 종교개혁 때 성공회의 예전 및 기도서를 통일시킨 법령으로 1549년, 1552년, 1559년, 1562년에 걸쳐서 발표한 것이다. 헨리 8세의 종교개혁으로 국교회(성공회)가 로마가톨릭교회으로부터 독립했지만 교의(敎義)는 여전히 로마가톨릭교회 것이었다. 다음 왕인 에드워드 6세는 1549년 루터파의 교의를 가미시킨 통일령으로 예배의 통일, 성례상사의 집행을 위한 법령을 발표하여 사용하도록 공포했다. 그러나 영국국교회(성공회)가 '메리 여왕' 시대에 다시 카톨릭화 되어 많은 희생과 분쟁을 일으켰다. 이러한 어려운 사태를 수습하고 로마가톨릭교회교회, 어너 팹티스트파, 칼빈파 등에 대해 영국국교회의 입장을 천명하기 위하여, 영국국교회의 독립과 개혁신앙을 확립할 것을 결심한 "엘리자베스" 여왕이 "파카"로 하여금 작성케 한 것이다.

파카는 1530년의 「아우크스부르크 신앙고백서」에 바탕을 두고, 헨리 8세와 독일 루터파 제후 사이에 맹약의 기초가 된, 1538년의 13개조를 기초로 1553년 대주교 토마스. 크랜머T. Granmer가 기초한 42개 신조(에드워드 6세 때 제정된 신조)를 수정하여 11개 신조를 제정해 냈다. 그러나 이 신조는 "엘리의 콕스" 감독과 고

---

160 박일 민 역, 「신조학」 pp. 182-192.

체스터의 "케스트" 감독 등의 도움을 받아 상하 양원의 심의를 거쳐 곧 39개 신조로 만들어 졌다."[161] 엘리자베스 여왕은 종교적인 교리문제에 관한 의회의 주장을 받아들이려 하지 않았다. 그는 수장령Act of Supremacy의해, 영국 왕은 영국국교회의 수장으로 하는 법령을 1534년에 1차 발표, 1559년에 재발표하였다. 의회는 신앙상의 권위 또는 교구가 개혁 또는 수정을 시도할 경우, 그 과오, 이단 죄악을 검열하고 개혁 수정을 가하여 근절한다는 권리가 왕에게 있다고 승인한 것을 이유로 이는 자신의 왕권이 정치와 종교문제에 있어서 최고의 권위를 가져야 한다고 신조를 받아드리지 않으려 했으나, 목사들과 교사들의 서명과 "휘기프트" 대감독과 "밴크로프트"의 역할에 의해 승인하였다. 이는 영어와 라틴어 두 가지로 썼고, 라틴어판 39개조는 1563년 왕립 출판사에서 출판되었다. 영어는 1571년에 의회의 승인을 받았다.

우리가 오늘날 볼 수 있는 39개 신조 서두에 수록된 전문은 1628년에 작성한 것으로 청교도들에 의하여 비판을 받았으나 이 신앙고백에 나타난 내용들을 글자 하나, 문맥 하나도 고치지 말고 대학교에서 가르치도록 규정하고 성직 임명을 받기 전에 성직 후보자는 이 신앙고백을 따를 의사를 확인하는 서명을 했고, 새로운 임지에 부임할 때도 이 선서를 해야 했다.

2) 39개조 신조의 평가

제1조에서 "하나님은 형체가 없으시고 온전하시며 감정이 없으신 분이다"라고 한 것은 정통신학의 분위기를 풍기기도 하지만, 사랑의 하나님과는 거리가 멀다. 제21조 "총회는 왕의 윤허와 명령이 없이는 회집 할 수 없다"는 것과 제37조 교회 안의 모든 것이 왕의 통치아래 있다는 것은 개혁파 교회에서 받아드리기 힘든 부분이다. 이 신앙고백서는 교회내의 불란을 없애고 평화를 유지하기 위하여 애매

---

161 김준삼 「개혁주의 신조집」 p. 346.

하게 작성된 신앙고백이기 때문에 많은 신학적 논쟁의 문제를 내포하고 있다. 이 신조는 영국국교회의 입장을 정리한 신조로 영국이외의 성공회에서는 효력이 없다. 다만 성공회 입장을 짐작하는데 유효한 신조로서 가치가 있다. 그리고 이 신조는 대체로 칼빈주의를 기초로 하고 있지만 순수한 칼빈주의에 비한다면 상당히 수준이 떨어진 것이라 할 수 있다. 그러나 이 신조의 발표와 함께 영국국교회는 로마가톨릭교회적 요소를 보유하고 있지만 반면에 교리적으로 프로테스탄트 종교개혁의 신앙을 닮은 점을 나타내고 있다. 예정론에 있어서 선택과 유기(17조), 세례에 있어서 로마가톨릭교회의 죄를 없애준다는 입장을 반대하고(27조), 성찬에 있어서 영적 임재설을 말하고 있다(38조). 그리고 웨스트민스터 신앙고백서를 만드는데 영향을 미쳤으나 알미니우스주의적 요소를 가지고 있으므로 거부되었다.

3) 39개 신조 전문

제1조 삼위일체의 신앙에 관하여

유일한, 살아 계신, 참된 하나님만이 계시며, 그는 영원하시며, 몸도, 지체도 혹은 감정도 없으며, 무한한 능력과 지혜와 선을 가지시며, 보이는 것과 보이지 않는 모든 것의 창조자이시다. 그리고 이 신격(神格)의 통일 속에는 세 품격이 있으니 본질, 능력 및 영원성에 있어서 동일하신 성부, 성자 및 성령이시다.

제2조 사람이 된 하나님의 말씀, 곧 하나님의 아들에 관하여

아버지의 말씀이신 성자가 영원에서 참된 영원한 아버지로부터 나셔서 아버지와 동일한 본질을 타고나셨으나 축복된 처녀 마리아의 태내에서 사람의 본성을 취하여서 그녀의 본질을 타고나셨다. 그러므로 두 가지 전적이며 완전한 본성이, 즉 신격과 인격이 하나의 품격으로 연합되어서 절대로 나눠지지 않는다. 그리하여 그는 오직 한 분 그리스도이시며, 참 하나님이시며 또 참 사람이시다. 그는 참으로 고난을 받으시고 십자가에 달려서 죽고 묻히셔서, 자기 아버지를 우리와 화해시키셨고 그리고 원죄만이 아니고 사람들의 사실범죄까지 사하기 위하여 희생제물이 되셨다.

제3조 그리스도가 음부에 가신 데 대하여

그리스도는 우리를 위하여 죽으시고 묻히신 것과 같이 음부에 내려가셨다.

제4제 그리스도의 부활에 관하여

그리스도는 죽음에서 실제로 부활하시고 살과 뼈와 그리고 사람의 본성에 속하여 모든 것을 구비한 신체를 다시 취하셔서 하늘에 오르시고, 마지막 날에 모든 사람을 심판하시기 위하여 다시 오실 때까지 거기에 앉아 계실 것이다.

제5조 성령에 관하여

성부와 성자에게서 나오신 성령은 본질과 권세와 그리고 영광에 있어서 성부와 성자, 즉 참된 영원한 하나님과 하나이시다.

제6조 구원을 위하여 성경의 충족성에 관하여

성경은 구원에 필요한 모든 것을 기록하고 있다. 그러므로 성경 안에 기록되고 있지 않은 것과 또 성서에 의하여 증명되지 않는 것이 신앙의 조항으로 믿어지거나 또는 구원을 위하여 필요한 것으로 생각할 필요가 없다. 성경의 이름 아래서 우리는 구약과 신앙과 정경(正經)들이 교회 안에서 한번도 그 권위를 의심받은 적이 없음을 안다.

정경들의 이름과 수는 아래와 같다. 창세기, 출애굽기, 레위기, 민수기, 신명기, 여호수아, 사사기, 룻기, 사무엘 상, 사무엘 하, 열왕기 상, 열왕기 하, 역대기 상,

역대기 하, 에스라, 느헤미야, 에스더, 욥기, 시편, 잠언, 전도서, 아가,, 이사야, 예레미야, 애가, 에스겔, 다니엘, 호세아, 요엘, 아모스, 오바댜, 요나, 미가, 나훔, 하박국, 스바냐, 학개, 스가랴, 말라기.

다른 책들은(제롬이 말했듯이) 교회에서 생활의 모범과 행위의 교훈을 위하여 읽혔으나 어떤 교리를 만드는 데는 적용되지 않는다.

그 책들은 아래와 같다.

에스라 제 3서, 에스라 제 4서, 토비트, 유딧, 에스더의 잔서, 솔로몬의 지혜, 벤 시라의 지혜 바룩, 예레미야 서신, 세 아동의 노래, 수잔나의 이야기 벨과 용, 므나세의 기도, 마카베오 상 마카베오 하. 우리가 일반적으로 받고 있는 신앙의 책들을 정경으로 간주하고 받는다.

제7조 구약성경에 관하여

구약성경은 신약성경과 충돌되지 않으니, 구약과 신약에 있어서 다같이 영원한 생명이 하나님과 인간 사이의 유일한 매개자인 신인, 그리스도에 의하여 인류에게 주어졌기 때문이다. 그러므로 옛날의 족장들이 현세의 약속만을 구하였다고 말하는 사람들의 말을 경청할 것이 못된다. 모세를 통하여 하나님이 주신 율법은 예배와 의식에 관하여서는 크리스천들을 속박하지 않으며, 또 정치적 교훈도 어떤 국가에서든지 반드시 용납되어야 할 필요는 없다. 그러나 구약의 도덕적 계명은 모든 크리스천들이 지켜야 하는 것이다.

제8조 세 신조에 관하여

니케아, 아타나시우스 및 소위 사도신조 등의 세 신조들은 철저하게 받아들여서 믿어야 한다. 왜냐하면 세 신조들은 성경의 가장 확실한 증거로써 보증되어 있기 때문이다.

제9조 원죄, 즉 생득의 죄에 관하여

원죄는(펠라기우스파 사람들이 쓸데없이 논하고 있듯이) 아담을 모방하는 것이 아니고 모든 사람의 본성의 결함과 부패이며, 아담의 후손에게 있어서 자연발생적으로 생기는 것이어서, 인간은 이것 때문에 원의에서 아주 멀리 떠나가며 자기 자신의 본성으로서는 악에 기울어질 수밖에 없게 되었다. 그러므로 육이 항상 영에 거역한다. 따라서 이 세상에 태어나는 모든 사람에게 있는 원죄는 하나님의 노여움과 형벌을 받을 수밖에 없다.

이 본성의 오염은 중생한 사람들에게도 아직 남아 있다. 그러므로 육신의 정욕은 희랍어로 프레네마 사르코스라는 것인데(어떤 이는 육체의 지혜로, 어떤 이는 관능으로, 어떤 이는 육의 애착으로 해석한다), 아무튼 하나님의 율법에 순종하지 않는 것이다. 믿고서 세례를 받은 사람에게는 정죄가 없으나 사도가 고백한대로 정욕과 색욕은 그 자체가 죄의 본성을 가지고 있다.

제10조 자유의지에 관하여

아담의 타락 이후, 인간은 자기 자신은 자연적 힘과 선한 행위로써는 자신을 돌이키거나 신앙을 갖거나 하나님의 부름에 응할 수 없는 상태에 있다. 그러므로 그리스도를 통한 하나님의 은혜로 우리의 본성을 제어하여 선한 의지를 품게 하며 그 선한 의지를 가질 때라도 그가 우리와 같이 하시지 않으면 우리는 하나님이 기뻐하시고 용납하실 만한 선한 일을 할 만한 힘을 갖지 못한다.

제11조 사람의 의인에 관하여

우리가 하나님 앞에서 의롭게 되는 것은 다만 우리의 주님이시며 구주이신 예수 그리스도의 공로에 의지하여 믿음으로 되는 것이고 우리의 업적과 가치에 의하지 않는다. 그러므로 우리가 신앙으로만 의롭다함을 받는다는 것은 가장 건전한 교리이며 또 의인에 관한 설교에서 보다 더 광범위하게 표현되어 있듯이 아주 충분한 위로가 된다.

제12조 선한 행위에 관하여

신앙의 결실이며, 의롭게 된 후에 생기는 선한 일이라 할지라도 우리의 죄를 제거하거나 엄격하신 하나님의 심판을 견디어 낼 수 없다. 그러나 선행은 그리스도 안에서 하나님에게 용납될 만하며, 또 참되고 산 신앙에서는 반드시 생기는 것이다. 그러므로 선한 행위로 산 신앙이 마치 나무가 열매에 의하여 구별되듯이 분명하게 알려진다.

제13조 의인 이전의 업적에 관하여

그리스도의 은혜와 성령의 영감을 받기 이전에 행한 행위는 예수 그리스도 안의 신앙에서 생긴 것이 아니기에 하나님에게 용납되거나 또는 사람이 은혜를 받을 수 있게(스콜라 신학자들이 말하듯이)해줄 만한 가치가 없다. 이러한 행위는 하나님이 원하시고 명령하신 대로 된 것이 아니므로 죄의 성질을 가지고 있음을 우리가 의심하지 않는다.

제14조 여공의 업적에 관하여

소위 여공의 업적, 즉 하나님의 계명 이외의, 또 이상의 자발적인 행위를 가르치는 것은 반드시 교만과 불경건을 동반하다. 왜냐하면 사람들은 그런 행위를 가지고 선언하기를 자기들이 해야만 할 일을 하나님에 대하여 할뿐더러 당연히 해야 할 의무 이상의 일을 하나님을 위하여 행한다고 말하기 때문이다. 그러나 그리스도는 너희가 계명대로 다 행하였다고 말한다면 너희는 무익한 종이라고 말씀하셨다.

제15조 그리스도만이 무죄하심에 관하여

참된 인간성을 가지신 그리스도는 모든 일에 있어서 우리와 같으시되 다만 그의 육신과 영혼이 죄에서만 분명히 제외되셨다. 그는 흠이 없는 어린양이 되어서 자기 자신을 한번 희생 제물로 삼아 세상의 죄를 제거하시기 위하여 오셨다. 그리고 죄가(요한이 말한 대로)그분 안에 있지 않았다. 그러나 그분 외에 우리 모두는 세례를 받고 그리스도 안에서 중생 하였다 할지라도 많은 일에 있어서 죄를 범한다. 만일 우리에게 죄가 없다고 말하면 우리 자신을 속이며 진리가 우리 안에 없다.

제16조 세례 후의 죄에 관하여

세례 받은 후 자의로 범한 중대한 죄는 반드시 다 성령을 거역하여 용서받을 수 없는 죄는 아니다. 그러므로 세례 받은 후 죄를 범한 사람에게도 회개의 여지가 있다. 성령을 받은 후에 주어진 은혜에서 이탈하여 범죄 하여도 우리는 여전히 하나님의 은혜로 재기하여 생활을 개선할 수 있다. 이 세상의 생활을 하면서 이제는 범죄 할 수 없다거나, 또는 참으로 회개한 사람에게 주시는 사죄가 없다고 말하는 사람은 정죄되어야 한다.

제17조 예정과 선택에 관하여

영생을 위한 예정은 하나님의 영원한 목적이다. 이것으로(땅의 기초가 세워지기 전부터)하나님은 인류 가운데서 그리스도 안에서 선택된 사람들을 저주와 형벌로부터 구출하였고, 그리고 이 사람들이 고귀하게 만든 그릇으로 그리스도가 주시는 영원한 구원을 얻도록 하시는 우리에게 숨겨져 있는 하나님의 뜻에 따라 결정되어 있다. 하나님의 탁월한 은혜를 받은 사람들은 하나님의 뜻에 따라 때가 차서 일하기 시작한 성령에 의하여 부름을 받은 이들이다. 그들은 은혜에 의하여 부르심에 순종하며 거저 의롭다함을 받으며 하나님의 아들로서 양자가 된다. 그들은 하나님의 독생자 예수 그리스도의 형상과 같이 되며, 경건하여 선행을 행하다가 드디어 하나님의 자비로 영원한 지복을 받는다.

예정과 또 그리스도 안에서의 선택을 경건하게 생각하면 그것은 경건한 사람들에게는 아주 즐겁고 유쾌하고 그리고 말할 수 없는 위로가 되며, 또 이것은 그리스도의 영의 역사로서 육신과 지상의 지체의 행위를 죽이고 그들의 마음이 높은 하늘의 일들을 생각하도록 고양시키는 것으로 여기게 된다. 왜냐하면 예정과 선택은 그리스도로 말미암아 주어지는 영원한 구원의 신앙을 완고하게 확립하는 동시에 하나님에 대한 사랑을 강렬하게 불붙여 주기 때문이다. 그러므로 그리스도의 영을 갖지 못하는 불경건한 육욕적인 사람들이 하나님의 예정의 선언을 염두에 두는 것은 가장 위험한 함정이며, 악마는 이 함정으로 사람들을 절망으로 떨어뜨리거나 아니면 절망과 마찬가지인 가장 불경건한 허영생활에 빠뜨려 넣게 된다.

더 나아가서, 우리는 성경에서 일반적으로 기록되어 있는 같은 방법으로 하나님의 약속을 받아들여야 한다. 또 하나님의 말씀에 따라 우리에게 명백히 보여주신 하나님의 뜻은 우리의 행위를 통하여 실현되어야 한다.

제18조 그리스도의 이름으로써만 영원한 구원을 얻는데 관하여

모든 사람은 자기의 믿는 계명이나 종파에 따라 구원을 받는다든지, 또는 그 계명과 자연적 광명에 따라 자기 생활을 단정하게 해야 한다고 말하는 사람들은 정죄를 받아야 한다. 왜냐하면 성경에서 사람이 구원을 받는 것은 다만 예수 그리스도의 이름으로 만이라고 말씀하기 때문이다.

제19조 교회에 관하여

그리스도의 보이는 교회는 거기서 하나님의 순수한 말씀이 선포되며, 또 성례전이 여기에 대하여 필요한 모든 것을 그리스도가 말씀하신 대로 올바르게 집행되는 곳의 신자들의 회중이다. 예루살렘, 알렉산드리아 및 안디옥의 교회가 잘못 하였듯이 로마교회도 행위와 예배의식의 방법에 있어서만이 아니고 신앙의 일에 있어서도 잘못 하였었다.

제20조 교회의 권위에 관하여

교회는 예배의식을 결정할 힘과 또 신앙문제의 논쟁에 있어서 권위를 가지고 있다. 그러나 교회가 하나님의 기록된 말씀에 모순 된 명령을 내리는 것은 허용될 수 없고, 또 성경의 한 부분을 다른 부분과 모순 되게 설명하는 것도 용납될 수 없다. 그러므로 교회는 성서의 증인이며 보존자 이지만 성경에 위배되는 것은 어떤 것이라도 결정해서는 안 되며 또 성서 이외의 것을 구원받는데 필요한 것으로 강제로 믿게 해서는 안 된다.

제21조 총회의 권위에 관하여

총회는 왕의 명령이나 허락 없이는 소집될 수 없다. 또 총회가 소집될 때는(이 집회는 반드시 성령과 하나님의 말씀에 따라 통치되지 않는 인간의 집회이기 때문에) 과오를 범할 수 있을 것이고, 또 하나님에 관한 일에 있어서도 때로는 과오를 범한 때도 있었다. 그러므로 총회가 구원을 받는 일에 필요하다고 제정한 것이 성경에서 취하여 온 것으로 밝혀지지 않으면 힘도 없고 권위도 없는 것이다.

제22조 연옥에 관하여

연옥, 면죄, 성상 및 유물의 예배와 숭배, 또 성도의 중보에 관한 로마교회의 교리는 헛되게 발명된 것이며 성경의 근거도 없는 것이고 오히려 하나님의 말씀에 충돌한다.

제23조 교회에 있어서의 교역에 관하여

누구든지 올바로 부름을 받고 직책을 법대로 수행하도록 파송 받기 전에는 공적인 설교나 성례전 집행의 직책을 얻을 수 없다. 그리고 올바로 부름을 받고 파송 된지를 판단해야 할 사람들은 주님의 포도원에 성직자로 불러서 파송하는 일을 하도록 교회중의 공적 권위를 부여받은 사람들에 의하여 선택되고 부름 받은 사람들이라야 한다.

제24조 교회의 회중이 이해할 수 있는 말의 사용에 관하여

교회 안에서 회중이 이해 못하는 말로 공중기도를 드리며 성례전을 집행하는 것은 분명히 하나님의 말씀과 원시교회의 관습에 어긋난다.

제25조 성례전에 관하여

그리스도가 제정하신 성례전은 바로 크리스천의 신앙고백의 표상, 또는 증거일뿐더러 또한 은혜와 우리에게 대한 하나님의 호의의 확실한 증거이며 효과적인 표증이다. 하나님은 성례전을 통하여 우리 안에 보이지 않게 역사 하시며 우리의 하나님 신앙을 환기시킬뿐더러 강화하며 견고하게 한다. 복음서에서 우리 주 그리스도가 명령하신 성례전은 두 가지이다. 즉 세례의식과 주님의 만찬이다.

소위 다섯 가지 성례전이라고 통칭되고 있는 신도 안수식, 고해 성직 안수식, 결혼식, 종유식의 거행은 사도들을 잘못 모방한 것이 부분적 이유가 되며 또 성서 안에서 허용되고 있는 행위가 부분적 이유가 되지만 그것들은 하나님의 명령에서 나온 가견적인 징표와 의식은 아니다. 따라서 그것들은 세례의식과 성만찬과 같은 성질을 가진 성례전이 아니다. 성례전이 그리스도의 명령에 따라 제정된 것은 그것을 관상하거나 혹은 들고 다니기 위한 것이 아니고 우리가 그것을 올바로 사용하도록 하기 위한 것이다. 성례전은 이것을 올바로 받는 사람에게만 건전한 효과와 역할을 하는 것이지만 올바로 받지 않는 이에게는 성 바울의 말대로 스스로 벌을 초래하는 것이다.

제26조 성직자의 품성의 결함이 성례전의 효과에 영향을 주지 못하는 데 관하여

보이는 교회에 있어서 악인이 언제나 선인과 같이 섞여 있고, 때로는 하나님의 말씀을 선포하여 성례전의 집행에 있어서 악인이 주요 권위를 행사할 경우도 있지만 그들은 자기들의 이름으로 그것을 집행하는 것이 아니고 다만 그리스도의 이름으로 하는 것이므로 우리가 하나님의 말씀을 듣고 성례전에 참여할 때 그들의 직무수행에 따를 수 있다. 그들이 악인이라 해서 그리스도의 명령의 효과가 제거되는 것이 아니며, 또 그들 때문에 집행된 성례전에 신앙으로 올바로 참여하는 사람에게서 하나님의 선물인 은혜를 빼앗기는 것이 아니다. 성례전은 악인이 집행한다 할지라도 그리스도가 제정하시고 약속하셨기 때문에 유효하다.

그러나 악한 교역자를 심문하여 그의 죄를 아는 사람들이 고발하여서 드디어 그의 유죄가 발견된다면 올바른 재판으로 퇴직시키는 것이 교회의 관리로서 당연한 일이다.

제27조 세례에 관하여

세례는 신앙고백의 징표이며 신자와 불신자와의 구별의 표시일뿐더러 중생 혹은 신생의 징표이다. 이 징표에 따라 세례를 올바로 받는 이는 그것을 도구로 하여 교회와 결합된다. 사죄의 약속과 성령에 의하여 하나님의 자녀로서 우리가 받아들일 수 있는 약속이 가견적으로 증시 되고 인침을 받아 하나님에게 바치는 기도로 신앙이 굳어지고 은혜가 더해진다. 유아세례는 그리스도의 제정하신 제도에 가장 잘 조화되는 것이므로 교회에서 어떤 일이 있더라도 보존되어야 한다.

제28조 주의 만찬에 관하여

주의 만찬은 크리스찬이 서로 사랑해야 할 사랑의 단순한 징표만이 아니고 오히려 그리스도의 죽음으로 얻은 우리의 속죄의 성례이다. 그러므로 이것을 올바로, 합당하게, 또 믿음을 가지고 받는 이에게는 우리가 떼는 빵은 그리스도의 몸을 받는 것이고 또한 축복의 잔은 그리스도의 피를 받는 것이다. 주의 만찬에 있어서 화체설(즉 빵과 포도주의 실체의 변화)은 성서로써는 증명될 수 없고 성서의 분명한 말씀에 모순되며, 성찬의 본질을 버리고 많은 미신의 기회를 주었다.

그리스도의 몸은 성찬에서 다만 천상적인 영적 방법 만에 의하여 주어지는 것이며 받아들이며 먹는 것이다. 그리스도의 몸을 성찬에서 받고 먹는 길은 신앙이다. 주의 만찬의 빵과 포도주가 저장되거나, 여기 저기 들려 다니거나 높이 들려 올리거나, 혹은 예배를 받는 것을 그리스도가 제정하신 것이 아니다.

제29조 불경한 사람이 주의 만찬에 참석하더라도 그리스도의 몸을 받지 못하는 대에 관하여

불경건한 사람과 또는 산 신앙을 갖지 못한 사람은(성 아우구스티누스의 말대로) 그리스도의 피와 몸의 성례전을 육적으로, 또 가견적으로 입에 대기는 해도 결단코 그리스도를 받는 사람이 아니다. 그들은 오히려 이러한 중대한 것의 표징, 즉 성례전을 먹고 마시고 스스로 벌을 초래하게 된다.

제30조 이종 배찬에 관하여

주의 잔을 신자들에게 나눠주는 것을 금해서는 안 된다. 왜냐하면 주의 성찬의 떡과 잔 두 종류가 모든 크리스천에게 다같이 배찬 되어야 함을 그리스도가 정하시고 명령하셨기 때문이다.

제31조 그리스도가 십자가 위에서 바치신 유일한 제물에 관하여

그리스도가 단 한 번 바치신 제물은 원죄와 사실범죄를 포함하여 전 세계의 모든 죄에 대하여 행하신 완전한 속죄, 화해 및 변상이다. 그리고 이 밖에 죄를 보상할 다른 길이 없다. 그러므로 사제가 살아있는 이와 죽은 이의 고통이나 죄책을 제거하기 위하여 그리스도를 봉헌하는 것을 보통 미사라고 부르는데 이것은 지어낸 불경건한 이야기이며 위험한 기만이다.

제32조 사제의 결혼에 관하여

주교, 사제 및 집사가 독신생활을 지킬 것을 서약하거나 결혼을 피하는 것은 하나님의 법으로 명령되지 않았다. 그러므로 교직자가 하나님을 섬기는 일에 있어서 유익하고, 또 스스로의 판단에 따라 결혼하는 것은 신도의 경우와 같이 정당하다.

제33조 파문된 사람을 피하는 방법에 관하여

교회의 공식 징계처분에 따라 교회의 교제에서 정당하게 제외되어 파문된 사람은 회개하여 정식으로 교회와 화해하며, 이 사람에 대한 권위를 가진 재판관에 의하여 교회에 용납되기까지는 신자의 전 회중에 의하여 이방인 또는 세리로서 취급되어야 한다.

제34조 교회의 전통에 관하여

전통과 예배의식은 반드시 어디서나 한 가지이거나 같을 필요는 없다. 왜냐하면 종래의 예배와 전통을 늘 각양 잡다하였기 때문이다. 또 나라와 시대와 풍습의 차이에 따라 변하여 질 수 있을 것이다.

그러나 다만 하나님의 말씀에 위배되는 것은 허락되어 있지 않다. 하나님의 말씀에 위배되지 않고, 또 일반의 권위에 의하여 제정되고 시인된 교회의 전통과 예배의식을 사적 판단으로 고의로, 또 계획적으로 공연하게 파괴하는 이는 교회의 일반적 질서를 거역하며, 상사의 권세를 해치며, 또 약한 형제의 양심을 상하게 하는 이로서 공적으로 훈계를 받아야 한다(이것을 다른 이가 같은 일을 할까 염려해서이다).

어떤 특정한, 혹은 한 나라의 교회의 인간의 권위만으로 정한 교회의 예배의식, 또는 예전을 명령하거나 변경하거나, 또는 폐지하는 권위를 가지고 있다. 단 이 모든 일은 덕을 세우기 위한 것이어야 한다.

제35조 예배소서에 관하여

예배서 후편은 에드워드 6세 때 발행된 전편과 같이 하나님의 말씀에 적합하며 건전한 교리를 가르치고 있고, 현재도 아직 요긴한 책이다. 이 후편의 어떤 것의 표제는 본조의 마지막에 부기 하여 둔다.

우리는 후편이 회중에게 이해되기 위하여 충실히, 또 명료하게 교회 안에서 성직자에 의하여 낭독되어야 할 것으로 생각한다.

1. 교회의 올바른 사용에 관하여

2. 우상의 위험에 관하여

3. 교회의 수리, 청소에 관하여

4. 선한 행위, 특히 단식에 관하여

5. 폭음, 포식에 대하여

6. 과분한 미복에 대하여

7. 기도에 관하여

8. 기도와 장소와 시간에 관하여

9. 공중기도와 성례전은 반드시 알아들을 수 있는 말로 집행되어야 한다.

10. 하나님의 말씀에 대한 경외에 대하여

11. 구제에 관하여

12. 그리스도의 강생에 관하여

13. 그리스도의 수난에 관하여

14. 그리스도의 부활에 관하여

15. 그리스도의 몸과 피의 예전을 바로 받는 방법에 관하여

16. 성령의 은사에 관하여

17. 기원절(祈願節)에 관하여

18. 결혼자의 의무에 관하여

19. 회개에 관하여

20. 태만에 대하여

21. 반란에 대하여

제36조 주교 및 성직의 취임에 관하여

최근 에드워드 6세 때에 발행되었고 그리고 동시에 의회 당국에서 확인된 대주교와 주교의 취임식과, 사제와 집사의 임명식의 식문을 취임식과 임명식에 필요한 모든 것을 포함하고 있다. 이 식문에는 미신적이거나, 또 불경건한 것은 아무 것도 없다. 그러므로 성직자는 전술한 에드워드 왕의 제 2년부터 오늘에 이르기까지 기도서의 의식에 따라 취임, 또는 임명되었고, 금후도 이 동일한 의식으로 취임 또는 임명될 것이다.

우리는 이렇게 하여 취임되고 임직을 맡은 모든 성직자를 올바른 질서에 따라 정당하게 취임되고 임직된 분들로서 인정한다.

제37조 나라의 통치자에 관하여

왕권은 영국 및 영국 왕의 통치, 영국의 영토 안에서 최고의 권력을 가진다.

영국 제국의 영토 안의 교회의 것이든 민간의 것이든 간에 모든 재상의 통치권은 모든 경우에 있어서 왕권에 속하는 것이며, 외국의 관할권 아래도 있을 수 없다.

왕권에 최고 통치권이 부여된 경우에 이러한 통치권의 명칭에 대하여 어떤 종류의 증상을 일삼는 이들은 분노할 것이다. 그러나 모든 왕은 하나님의 말씀과 성례전을 집행할 권리를 부여받지 못한다. 이 일에 관하여 영국 왕 엘리자베스 여왕이 최근 발표한 칙령이 가장 명백하게 증명하고 있다. 그러나 성경에 기록된 경건한 모든 왕들에 대하여 하나님 자신이 늘 부여하여 오신 독자적인 특권이란 것은 하나님이 그들에게 주신 책임에 맡겨진 모든 재산과 계급을 교회의 것이든, 아니든 간에 통치하며, 또 통치할 때 무기를 가지고 완고하고 약한 사람들을 처치할 것을 말하는 것이다.

로마의 주교는 영국 영토 안에서 아무런 관할권을 갖지 않는다. 영국영역을 지배하는 모든 법은 크리스천의 가장 악하고 중대한 죄에 대하여 사형을 피할 것이다. 신자가 통치자의 명령에 따라 무기를 취하여 출전하는 것은 정당하다.

제38조 크리스천의 재산은 공유물이 아닌데 관하여

크리스천의 부와 재산은 그 권리와 명칭과 소유에 관하여 재세례파 교인들이 거짓되게 과장하고 있는 것 같은 공유물이 아니다. 그러나 사람은 다 그 소유물을 자기 능력에 따라 가난한 사람들에게 구제로서 자유롭게 주어야 한다.

제39조 크리스천의 맹세에 관하여

공허한 서약과 경박한 서약은 우리 주 예수 그리스도와 사도 야고보가 금하고 있지만 기독교는 신앙과 사랑을 위하여 집권자가 맹세를 요구할 때는 서약할 수 있다. 그러나 이 경우에 예언자들의 교훈에 따라서 정의와 올바른 판단과 진리로써 맹세해야 할 것이다.[162]

---

162 이장식, 「기독교 신조사」 pp. 271-284.

13. 웨스트민스터 신앙고백서(The Westminster Confession, 1647)

1) 웨스트민스터 신앙고백서의 작성배경

웨스트민스터 신앙고백서가 작성될 당시 영국은 세 왕국(영국, 스코틀랜드 아일랜드)으로 분할되어 있었다. 세 왕국은 교리, 예배, 권징에 대해 다른 견해를 가지고 있었다. 그래서 기독교 교리와 예배, 권징에 관한 문제를 합법화하기 위하여 소집되었다. 헨리 8세 이후 영국은 왕조에 따라 종교의 방향이 좌우되었고 종교적 혼란 시대가 되었다. 찰스 1세는 교회를 핍박하고 영국국교회에 출석지 않는 자에게는 벌금을 부과하였다. 그는 국회를 탄압하고 1623~1640년까지 국회를 소집하지 않았다. 1637년에 스코틀랜드 교회에 영국국교회의 기도서를 사용하라 강요했지만 거세게 반발하였다. 영국군이 전쟁에서 승리하자 전쟁 보상을 요구하였다. 청교도가 대부분이었던 의회는 의회소집을 다섯 번이나 반대한 왕의 뜻을 무시하고 1640년 11월에 스코틀랜드 전쟁 때문에 국회를 소집하였다. 이 국회를 장기 국회라고 하였으며 지도자는 장로교 정치를 주장하는 헴프던Hampden 과 핌Pym이다. 이들은 자체 명령으로 런던 웨스트민스터 교회에서 회의를 소집하여 먼저 성공회 39개 신조의 개정에 들어갔으나(1643, 7) 이러한 개정 작업에 부족함을 느끼고 새로운 신앙고백서를 작성하기로 하였다.

샤프의 해석에 의하면 "① 39개조의 신조는 Calvinism을 좋아하지 않은 Arminian적이며 ② 로마가톨릭교회의 트렌트 신조와 조화하려고 노력한 점으로 보았고, ③ 루터파나 칼빈파이거나 대륙의 프로테스탄트에 반대하는 Anti-Protestant적이고 로마가톨릭교회적으로 보았기 때문이다. 그러나 39개신조의 내용은 칼빈주의적으로 성공회의 Low Church 사람들은 이 신조를 칼빈주의로 인정했다. 또한 하지C. Hodge 가 주장하는 당시의 상황은 ① 엘리자베트 여왕 시대에는 영국 왕이 교회는 세상에 있어서 지상의 실권을 잡는다는 것으로서 청교도

Puritan 대 여왕 파의 대립이 있었으나 그때만 하더라도 칼빈주의에 호의를 가진 때였다. ② 엘리자베트가 죽은 후 제임스 1세와 스튜왕조의 바뀜에 따라서 점점 대립이 심해졌다. 특히 궁정파가 칼빈파를 버리고 알미니안 화하여 갔다고 한다. ③ 궁정파가 여태까지는 그들도 신앙으로는 칼빈이즘을 취하였지만, 이제는 그것을 버리고 알미니안 화했다는 것이다. 찰스 1세에 있어서 공식적으로 Arminianism 이 채용되었다. ④ 교회는 제 차 예전적 종교화 Sacramental Religion 로 가톨릭화되고 말았다."[163]라고 했다. 그래서 하나님의 말씀을 기초로 하여 교회와 신조, 의식 정치, 권징을 할 수 있는 완전한 개혁을 통해 모든 교회가 일치되기 위해 웨스트민스터 신앙고백서가 만들어진 것이다.

본회는 1643년 7월 1일부터 1649년 2월 22일까지 만5년 6개월 22일 동안 영국 런던 웨스트민스터 대회장에서 만들었기 때문에 웨스트민스터 신앙고백서란 이름이 붙게 된 것이다. 이때 참석한 사람의 수는 157명으로 "목사 121명, 평신도 국회의원 30명, 스코틀랜드 교회에서 목사 4명, 장로 2명의 대표가 참석하였다"[164] 라고 했고 "기독교대백과 사전은 157명을 기록하고 있다"[165, 166]

이때 모임은 영국, 스코틀랜드, 아일랜드 3개국이 연합하여 121명의 목사와 20명의 하원위원과 10명의 상원위원 스코틀랜드 교회의 6명 등, 157명이 7년간 매일 오전 9시부터 오후 5시까지 하루 8시간씩 1,163회 모임 끝에 만들어진 것이며, 특히 한 달에 일 일식 금식기도 하며 표준문서를 작성하였는데 1647년 4월 29일에 신앙고백서가, 11월 5일에 소요리문답서가 완성되고 1648년 4월 14일에 대요리문답서가 완성되었다. 1649년 스코틀랜드 의회에서 승인하고, 1690년 윌리암과 메리

---

163 김준삼, 「웨스트민스터신앙고백」 (서울: 크리스챤신문공무국, 1977), pp. 16-17.
164 김영재, 「교회와 신앙고백」 p. 159.
165 한영제 편, 「기독교대백과사전」제12권, p. 375.
166 웨스트민스터 회의에 참석은 "151명으로 처음 호명된 30명은 평신도 사정관(10명은 상원의원, 20명은 하원위원이다)이었고 121명은 각 지역에서 선발된 신학자들인데 대부분 장로교 출신이다." 박해경, 「성경과 신조」 p. 194. 조석만 교수, 빌립 샤프와「개혁주의 신조의 역사적 가치 연구」에서도 151명을 말하고 있다.

왕 때 황실의 비준을 얻었다. 1646년 12월 의회에 회부되고 1647년 4월에 다시 성경의 증명을 추가하여 회부되었다. 스코틀랜드 의회에서는 1649년 2월 22일 신조로 인정하였다.

2) 웨스트민스터 신앙고백서의 특징

웨스트민스터 신앙고백서는 신앙고백서의 꽃이라 할 수 있다. 웨스트민스터 신앙고백서는 하나님의 절대주권과 성경의 권위와 양심의 권리, 예배 모범과 교회의 치리권을 규정한 것이며 또 하나님의 영원하신 작정에서부터 섭리와 최후의 심판에 이르는 신학 전반에 관한 내용이 들어 있다.

웨스트민스터 신앙고백서는 가장 성경적 신앙고백서이며 칼빈주의적 개혁파 논리 체계로서 모든 문항에 있어서 분명한 성경적 구분이 분명하다. 유럽에 있는 개혁주의 교회를 개혁파교회라 하고 칼빈주의가 영국에 건너가서 장로교회를 낳게 되어 앵글로색슨 계통에서는 장로교회라 명하고 있다. 웨스트민스터 신앙고백서는 장로교회의 신앙고백서로 유럽지역에는 잘 알려지지 않았다.

웨스트민스터 신앙고백서는 총 33장으로 되어있으며 예배모법과 신앙문답으로 교역자를 위한 대(요리)신앙 문답 196개의 문답과 아동을 위한 소요리문답 107개 문답으로 되어있다. 조석만 박사는 말하기를 "세계 개혁파교회들의 기준문서, 즉 엄밀한 의미에서 정통프로테스탄트 기독교회의 신앙규준이 되는 웨스트민스터 신앙고백서는 철저하게 하나님 주권신앙을 토대로 하여 작성된 체계적 교리문서이며, 구조 면에 있어서 성경의 우주관, 역사관 인생관은 시원적이며 섭리적이며 종말적임을 믿는 성경신앙에 기초하고 있다"[167]라고 했다.

웨스트민스터 신앙고백서는 성경의 형식원리와 내용 원리를 균형 있게 조화를 이루며 하나님의 절대주권을 중심으로 하고 신앙의 객관성을 부여한 고백서로

---

167 조석만, 「조직신학서설」 (서울: 잠언), p. 529.

써 개혁파교회에서 널리 사용되는 세계적 교회의 신앙규준 문서이다. 그 특징은 간략함과 철저한 논리이다.

3) 웨스트민스터 신앙고백서의 평가

교리, 예배, 권징에 대한 청교도적 칼빈주의 교리 체계로서 표준문서라 할 수 있다. 네덜란드에서 알미니우스주의와 날카로운 대립을 거친 이후의 칼빈주의적 신학 체계를 성숙시킨 모든 신조를 능가하는 성경적 표준문서라 할 수 있다. 특별히 장로교회파, 감독교회파, 독립교회파, 에라스타인파의 사람들이 하나의 신앙고백서를 만들었다는 것은 대단히 중요한 일이다.

웨스트민스터 신앙고백서가 각국의 미친 영향은 ① 영국 아일랜드에서는 스코틀랜드 대회에서 신앙고백서와 대소요리문답서를 곧 받아들였다. ② 1729년 북미 장로교회에서 얼마의 수정 후 채용했다. ③ 일본 개혁파교회에서는 신앙고백서와 소요리문답서를 신앙규준으로 채택했다. ④ 1934년 개정판(대한예수교 헌법)에 신도개요서(웨스트민스터 신앙고백서)와 대소요리 문답을 신학과 교회에서 가르치게 했다. ⑤ 고백서가 작성된 후 a. Baptist의 London 고백이 생산되었는데 그것은 이 고백서의 교회론만 수정했을 뿐이고 b. 조합교회의 사보이 선언 일부만 수정하였으며, c. 감리교 Methodist 신앙고백이 이 고백서를 간략해서 25개 조로 했다. 이렇게 본다면 결국 대다수가 웨스트민스터 신앙고백서를 골간으로 하고 있다. 웨스트민스터 신앙고백서란 장로교회만의 것이 아니다. 이 신앙고백서는 Protestant신조로서 권위와 영향이란 대단히 큰 것이다.[168] 웨스트민스터 표준문서는 칼빈주의 신학이며, 이것이 청교도를 통해 미국에 들어가서 미국장로교회의 신조가 되었고 미국장로교회의 선교를 받은 한국장로교회도 이것을 신앙고백으로 받아들였다. 1912년 9월 1일 평양에서 대한예수교장로회가 조직되고 1917년 9

---

168 김준삼, 「웨스트민스터 신앙고백」 p. 18.

월 제6회 총회에서 웨스트민스터 헌법을 수정하여 채용하여 지금까지 헌법 서언에서 교리적 선언을 하고 있으며 임직식에는 "웨스트민스터신앙고백서와 대, 소요리문답은 신구약 성경의 교훈 한 도리를 총괄한 것으로 알고 성실한 마음으로 받아 신종 하느뇨"(정치 제5장 제9조 3항)라고 서약을 받으며, 또한 가르치게 하고 있다. 그러므로 개혁파교회에 가장 큰 영향을 미치고 있는 고백서이다.

그 후 "미국 북장로교회는 1903년에 웨스트민스터 신앙고백서에 34장 성령에 관한 조항과 35장 선교에 관한 조항을 첨가하여 수정 채택하였다. 미국 남장로교회는 이것을 1942년에 정식으로 받아들였다"[169] 1968년 대한예수교장로회(통합) 제52회 총회는 본 신앙고백서를 헌법에 첨가키로 하였다.

웨스트민스터 신앙고백서의 수정은 고백서 속에 흐르고 있는 16세기 종교개혁의 정신과 1619년 알미니우스주의와의 논쟁에서 인본주의를 몰아내고 만든 도르트 신조의 정신을 퇴색시키는 결과를 가져왔으며 157명의 7개년 동안 하나님 절대주권과 신본주의적 신앙고백서의 정신을 흐리게 하고 알미니우스주의 자들에게 교회의 앞문을 열어 준 결과가 되었다. 우리는 이러한 상황 속에서 1647년 웨스트민스터 신앙고백서를 만든 그 정신을 회복하고 본래의 신앙고백서 정신을 회복해야 할 것이다.

웨스트민스터 신앙고백서는 성경적 토대로 하나님의 영원한 작정에서 시작하여 최후의 심판에 이르기까지 신학 전반적인 내용을 다 취급하였다. 웨스트민스터 신앙고백서는 17세기 기독교회에 가장 큰 영향을 끼쳤다 할 수 있다. 조석만 교수는 "웨스트민스터 신앙고백서는 제2의 규준서요 주의 깊게 살펴보면 거기에는 어떤 교리들이 주장되고 있는바 그중에 어느 하나라도 부정될 수 없고 적어도 그것들이 함께 구성하고 있는 전체에 대하여 전체를 타도하기 전에는 그 순수성을 깨

---

169 김소영 발, 「신앙고백집」 (서울: 대한예수교총회교육부), p. 217.

트리거나 부정할 수 없다는 것을 발견할 수 있다."[170]

또 "모든 개혁파 신조 중에 웨스트민스터 신앙고백서 만큼 순수한 칼빈주의를 표명하면서 가장 정확하고 균형 있는, 즉 어떤 신조들처럼 본질적인 진리를 하나도 빼지 않고, 어떤 다른 신조처럼 생략했으면 좋았을 것을 포함하지도 않은 신조는 없다고 해도 과언이 아닐 것이다"[171]라고 했다.

웨스트민스터 신앙고백서는 가장 체계적이며 칼빈주의적이며 개혁파적인 표준문서로서 신앙고백서라 할 수 있다. "웨스트민스터 신앙고백서는 칼빈주의 신학 체계를 따르고 있다. 39개조 신조가 Calvinism의 입장에 철저하지 못한 것과 대조가 된다. 총 33장으로 구성된 신조이었으나 1903년에 34장(성령) 35장(복음선교)이 미국 장로교에 의해 첨가되었다."[172]

1903년 웨스트민스터 신앙고백서를 수정하게 되었는데 앞서 1889년 북장로교회 총회의 15개 노회가 고백서를 수정하기로 제의하였고 수정에 대한 질문으로, (1) 그대는 신앙고백서의 수정을 원하는가? (2) 그렇다면 그것이 어떤 항목에서 그리고 어느 정도인가? 라고 물었다. Philip Schaff는 이러한 결정을 두고 "1889년의 총회는 미국신학 역사에 새로운 장을 열었다. 옛 칼빈주의는 급속히 사라지고 있다."[173]라고 했다. Briggs는 아예 새로운 신조를 요구하고, Henry, J. Van Dyke 수정의 주창자다. De Witt Charles Hodge, A. A Hodge는 반대했다.[174]

1893년 총회에서 3분의 2의 찬성표를 얻지 못해 부결되었다. 그 원인은 프린스턴 신학교의 Francis L. Patton, B. B. Warfield, A. Kuyper 등이 반대했기 때문이다.[175]

---

170 조석만, 「웨스트민스터 신앙고백서 주기도 해설」 p. 1.
171 전게서, p. 33.
172 박해경, 「성경과 신조」 p. 201.
173 신득일, 「웨스트민스터 신앙고백 제34장, 제35장에 대한 평가」 p. 69.(남형우 편집, 고려신학보, 제19집,(부산: 제일인쇄, 1990)
174 전게서, p. 69.
175 전게서, p. 70.

1900년 19개 노회의 짧은 신조작성, 6개 노회 수정 요구로, 이 중 어느 한쪽을 지지하는 노회를 합쳐 36개 노회가 이에 동조했다. 워필드는 수정위원으로 임명됨을 거절하였다. 1902년 수정위원회는 10장 3항 16장 7항, 25장 6항을 수정할 것을 추천하고 모든 사람에 대한 하나님의 사랑, 즉 선교와 성령에 관한 부가적 진술로서 교회의 정신을 더욱더 명백히 표현하기 위하여 선언문을 채택할 것을 추천하는 항목이었다. 1903년 총회에서 수정 11개 안은 통과되었는데 "성령에 관하여"는 찬성 218, 반대 7로, "하나님의 사랑과 선교"에 대해서 찬성 223, 반대 3으로 통과되어 미국 북장로교회의 교리적 표준이 되었다.[176]

여기서 역사적 신앙고백서에 대한 수정의 원인으로 보면 (1) 처음 채택할 때부터 일부를 거부할 수 있는 여지를 주었다. (2) 신앙고백서의 내용에 일치를 보지 않고 교회 연합을 이루었다. (3) 원리보다는 상황을 중요시한 결과로 신학파의 성격을 지닌 대각성운동과 부흥운동의 분위기 속에서 수정안이 채택되었다. (4) 신앙고백서에서 칼빈주의 강조점을 결정적으로 누그러뜨렸음을 뜻한다.[177] 그리하여 웨스트민스터 신앙고백은 수정을 통해 성경적으로 보완되고 좋아진 것이 아니라 본래의 정신을 훼손하고 말았다.

그러나 본 신앙고백서는 칼빈주의 정통신학의 체계적인 표준문서라고 할 수 있다.

4) 웨스트민스터 신앙고백서 전문

제1장 성경에 관하여

1. 자연의 빛과, 창조와 섭리의 일들이 사람들로 하여금 핑계할 수 없을 만큼 하나님의 선과 지혜와 능력을 잘 나타내고 있으나,(1) 그것들은 구원에 필요한

---

176 전게서, pp. 70-71.
177 전게서, p. 71.

하나님과 그의 뜻에 관한 지식을 얻기에 충분하지 못하다.(2) 그러므로 주께서 여러 시기와 여러 방법으로 자신의 교회에 자신을 계시하며 자신의 뜻을 선포하시기를 기뻐하셨다.(3) 그리고 그 후에는 진리를 더 잘 보존 전파하시기 위해서, 또 육신의 부패와 사탄과 세상의 악에 대항하여 교회를 더 견고하게 설립하고 위로하시기 위하여 그 동일한 진리를 전부 기록하시기를 기뻐하셨다.(4) 이것이 성경이 가장 필요하게 된 원인이다.(5) 그러나 하나님은 그의 백성에게 그의 뜻을 계시하던 이전의 방법들을 지금은 그치셨다.(6)

(1) 롬 1:19, 20, 32, 2:1, 14, 15, 시 19:1-4. (2) 고전 1:21 2:13, 14. (3) 히 1:1, 2. (4) 잠 22:19-21, 눅 1:3: 4, 롬 15:4, 마 4:4, 7, 10; 사 8:19, 20. (5) 딤후 3:15, 벧후 1:19. (6) 히 1:1, 2.

2. 기록된 하나님의 말씀인 성경은, 그 이름 아래 구약과 신약의 모든 책들을 포함하고 있는데, 그 책들은 다음과 같다.

구약 : 창세기, 출애굽기, 레위기, 민수기, 신명기, 여호수아, 사사기, 룻기, 사무엘상, 사무엘하, 열왕기상, 열왕기하, 역대상, 역대하, 에스라, 느헤미야, 에스더, 욥기, 시편, 잠언, 전도서, 아가, 이사야, 예레미야, 예레미야 애가, 에스겔, 다니엘, 호세아, 요엘, 아모스, 오바댜, 요나, 미가, 나훔, 하박국, 스바냐, 학개, 스가랴, 말라기. 신약 : 마태복음, 마가복음, 누가복음, 요한복음 사도행전, 로마서, 고린도전서, 고린도후서, 갈라디아서, 에베소서, 빌립보서, 골로새서, 데살로니가전서, 데살로니가후서, 디모데전서, 디모데후서, 디도서, 빌레몬서, 히브리서, 야고보서, 베드로전서, 베드로후서, 요한1서, 요한2서, 요한3서, 유다서, 요한계시록. 이 모든 책들은 하나님의 영감에 의해 주어진 것으로, 신앙과 생활의 법칙이다.(1)

(1) 눅 16:29, 31, 엡 2:20, 계 22:18, 19, 딤후 3:16.

3. 보통 가경이라고 부르는 책은 하나님의 영감으로 말미암아 된 것이 아니며, 정경의 일부도 아니다. 따라서 하나님의 교회 안에서는 권위가 없고 다른 사람

의 저서들 보다 더 인정되거나 사용되어서는 안 된다.⑴ 성경의 정경은 뚜렷한 성
구들에 의해 확정되지 않고 오직 예수와 그의 사도들의 고대(古代)의 성경 사본들
과 역본들의 고대 기독교인 저술가들과 교회회의들의 증언에 의하여, 또는 성경 각
책에 전시된 내면적 증거에 의하여 확정된다.

⑴ 눅 24:27, 44, 롬 3:2, 벧후 1:21.

4. 우리가 마땅히 믿고 순종해야 할 성경의 권위는 어떤 사람이나 교회의 증
거에 의거한 것이 아니라, 전적으로 진리 자체이시며, 저자가 되시는 하나님께 있
다. 따라서 성경은 하나님의 말씀이므로 우리는 그것을 받아 드려야 한다.⑴

⑴ 벧후 1:19, 21, 딤후 3:16, 요일 5:9, 살전 2:13.

5. 우리는 교회의 증거로 말미암아 성경의 높고 존귀함에 감동되고 인도를
받는다.⑴ 그리고 그 내용의 천적성질(天的 性質), 교리의 유효성, 문체의 장엄성,
모든 부분의 일치, 하나님께 영광을 돌리는 성경 전체의 목적, 인간 구원의 유일한
방법을 보여주는 충분한 발견, 그밖에 여러 가지 비교할 수 없는 탁월성, 거기에 나
타나는 전체적 완전성 등은 그 자체가 하나님의 말씀인 것을 충분히 증거 해주는
논증들이다. 그럼에도 불구하고, 성경의 무오류 한 진리와 그것의 신적 권위에 대
한 우리들의 완전한 납득과 확신은 우리의 마음속에, 말씀으로 또 말씀과 함께 증
거 하시는 성령의 내적 사역에서 오는 것이다.⑵

⑴ 딤전 3:16. ⑵ 요일 2:20, 27, 요 16:13, 14, 고전 2:10-12, 사 59:21.

6. 하나님 자신의 영광과 사람의 구원과 신앙과 생활에 필요한 모든 것에 관
한 하나님의 전체적인 계획은 성경 안에 분명히 나타나 있으며, 선하고 필연적 결
과에 의하여 그 계획을 성경에서 찾아내어질 수 있다. 이 성경에는 어느 때를 막론
하고 성령의 새로운 계시나, 또는 인간의 전통에 의해서 그 어떤 것도 첨가되어질
수 없다.⑴ 그러나 우리는 하나님의 영의 내적 조명이 말씀에 계시된 그것들을 이
해하는 데에 필수적임을 인정한다.⑵ 그리고 하나님을 예배함과 교회의 정치와 사

람의 행동과 사회에 관한 여러 가지 상황들이 있다는 것도 인정한다. 이러한 예배와 교회정치와 사람의 행동과 사회에 관한 여러 상황들은 항상 지켜야 하는 말씀의 일반적 규칙을 따라서 본성의 빛과 신자의 분별력을 통해서 정해져야 한다.(3)

(1) 딤후 3:15-17, 갈 1:8, 9, 살후 2:2. (2) 요 6:45, 고전 2:9, 10, 12. (3) 고전 11:13, 14, 14:26, 40.

7. 성경에 있는 모든 것들이 그 자체가 한결같이 알기 쉽거나 모든 사람에게 다 분명한 것은 아니다.(1) 그러나 구원을 얻기 위해서 알고 믿고 지키기에 필요한 것들은 성경의 이곳저곳에 분명히 제시되고 열려 있으므로 학식이 있는 자 뿐만 아니라 학식이 없는 자도 보통 방법을 적절하게 사용한다면, 그것에 대한 충분한 이해에 이를 수 있다.(2)

(1) 벧후 3:16. (2) 시 119:105, 130.

8. 옛 하나님의 백성의 언어였던 히브리어로 기록된 구약성경과 그 기록 당시 여러 민족에게 가장 보편적으로 알려져 있던 헬라어로 쓰인 신약성경은 하나님으로 말미암아 직접 영감 되어, 하나님의 특별한 배려와 섭리로서 모든 시대에 순수하게 보존되어 왔으므로 신임성이 있다.(1) 그러므로 종교에 관한 모든 논쟁에 있어서 교회는 성경에 최종적으로 호소해야 한다.(2) 그러나 성경을 읽을 권리를 가지고 그것에 관심을 가지는 동시에 하나님을 두려워하는 마음으로 읽고 탐구하도록(3) 명령을 받은 하나님의 백성이라도 이 원어들을 다 알지 못했다. 그러므로 성경은 누구나 읽을 수 있도록(4) 각 민족의 통용어로 번역되어야 한다. 그렇게 함으로서 하나님의 말씀은 모든 사람 안에 풍성히 거하며,(5) 그들이 받으실 만한 방법으로 하나님을 예배하며, 인내와 성경의 위로를 통해서 소망을 가지게 된다.(6)

(1) 마 5:18. (2) 사 8:20, 행 15:15, 요 5:46. (3) 요 5:39. (4) 고전 14:6, 9, 11, 12, 24, 27, 28. (5) 골 3:16. (6) 롬 15:4.

9. 성경을 해석하는 정확무오한 법칙은 성경자체이다. 그러므로 다양하지

않고 단 한 가지 의미만 있는 어떤 성경 한 구절의 참되고 완전한 의미에 관하여 의문이 있으면, 더 분명하게 말한 다른 성구를 통해서 살피고 이해해야 한다.(1)

(1) 벧후 1:20, 21, 행 15:15, 요 5:46.

10. 모든 종교적 논쟁의 확정, 교회 회의의 모든 결정과, 고대 저자들의 의견과 사람들의 교훈과, 개인의 정신문제들을 검토하고 그 선고에 따를 수밖에 없는 최고의 심판자는 성경 안에서 말씀하시는 성령 외에는 아무도 없다.(1)

(1) 마 22:29, 31, 엡 2:20, 행 28:25.

제2장 하나님과 성 삼위일체에 관하여

1. 살아 계시고 참되신 하나님은(1) 오직 한 분 뿐이시다.(2) 그는 존재와 완전성에 있어서 무한하시고(3) 가장 순결한 영이시다.(4) 그는 우리가 볼 수 없으며,(5) 육체와 그 부분도 없으시고,(6) 정욕도 없으시며,(7) 변하지 않으시고(8)무소부재하시며,(9) 영원하시고,(10) 완전히 이해될 수 없으시며,(11) 전능하시고(12) 가장 지혜로우시며,(13) 가장 거룩하시고,(14) 가장 자유로우시며,(15) 가장 절대적이시고,(16) 모든 일을 자신의 영광을 위하여,(17) 그는 불변하시며, 가장 의로우신 뜻의 계획을 따라 행하신다.(18) 그는 가장 사랑이 많으시고,(19) 은혜로우시며, 자비로우시고, 오래 참으시며, 선과 진리가 풍성하시고, 부정과 위법과 죄를 용서하시며,(20) 그를 열심히 찾는 자들에게는 상을 주시고,(21) 또한 그의 심판은 가장 공의롭고 두려운 것이며,(22) 모든 죄를 미워하시고(23) 범죄자를 결코 그대로 용서하지 않으신다.(24)

(1) 렘 10:10, 살전 1:9. (2) 신6:4, 고전 8:4, 6. (3) 욥 11:7-9, 26:14. (4) 요 4:24. (5) 딤전 1:17. (6) 신 4:15, 16: 요 4:24, 눅 24:39. (7) 행 14:11, 15. (8) 약 1:17, 말 3:6. (9) 왕상 8:27, 렘 23:23, 24. (10) 시 90:2, 딤전 1:17. (11) 시 145:3. (12) 창 17:1, 계 4:8. (13) 롬 16:27. (14) 사 6:3, 계 4:8. (15) 시 115:3. (16) 출 3:14. (17),

롬 11:36, 계 4:11. (18) 엡 1:11. 잠 16:4. (19) 요일 4:8, 16, 요 3:16. (20) 출 34:6, 7.
(21) 히 11:6, 시 34:10. (22) 느 9:32, 33. (23) 시 5:5, 6. (24) 욘 1:2, 3, 출 34:7.

2. 하나님은 모든 생명,(1) 영광,(2) 선과,(3) 축복을(4) 그의 안에 스스로 가지시며 이 모든 것이 그에게서 나온다. 하나님은 홀로 자신 안에 있어서나 자신에 대해서나 모든 면에 있어 충족하며, 친히 만드신 어떤 피조물에게서(5 도움을 받아야 하거나, 피조물 자체로부터 어떠한 영광을 취해야 하지 않고(6) 오직 자신의 영광을 피조물 안에서나, 또는 그들을 통해서나 그들로 말미암아 그들에게 대해서나 그들 위에 나타내신다. 그는 모든 존재의 유일한 근원이시며 만물이 그에게서 나오고 그로 말미암고 그에게로 돌아간다.(7) 그는 무엇이든지 기뻐하시는 대로(8) 만물로 말미암아, 만물을 위해서, 만물 위에 행하기 위하여 만물을 가장 주권적으로 지배하신다. 그의 앞에서는 모든 것이 숨김없이 드러나 있다.(9) 그의 지식은 무한하시고, 무오하시며, 피조물에게 의존하지 않으신다.(10) 그러므로 하나님께는 우연한 것이나 불확실한 것은 하나도 없다.(11) 그는 그의 모든 계획과 모든 일과 모든 명령에 있어서 지극히 거룩하시다.(12) 천사와 사람과 그의 모든 다른 피조물이 드리는 예배와 봉사와 순종은 하나님께 돌리는 것이 마땅하며, 하나님은 그것을 요구하시기를 기뻐하신다.(13)

(1) 요 5:26. (2) 행 7:2. (3) 시 119:68. (4) 딤전 6:15, 롬 9:5. (5) 행 17:24, 25. (6) 욥 22:2-3. (7) 롬 11:36. (8) 계 4:11, 딤전 6:15, 단 4:25, 35. (9) 히 4:13. (10) 롬 11:33 34, 시 147:5. (11) 행 15:18, 겔 11:5, (12) 시 145:17, 롬 7:12. (13) 계 5:12-14.

3. 신격의 통일체에 삼위가 계시는데, 성부 하나님, 성자 하나님, 성령 하나님으로 그 실체와 능력과 영원성은 하나이시다.(1) 성부는 누구에게 속하지도 않고, 어디에서나 나신 바 되지도 않고, 나오시지도 않고, 성자는 영원히 성부에게서 나시고,(2) 성령은 영원히 성부와 성자에게서 나오신다.(3)

(1) 요일 5:8, 마 3:16, 17, 28:19, 고후 13:13. (2) 요 1:14, 18. (3) 요 15:26, 갈 4:6.

제3장 하나님의 영원하신 작정에 관하여

1. 하나님은 영원부터 그 자신의 뜻의 가장 지혜롭고, 거룩하신 계획에 따라 일어날 모든 일을 자유롭고 변함없이 정하셨다.(1) 그러나, 하나님은 죄의 조성 자도 아니시며,(2) 피조물의 의지에 폭력을 가하지도 않고, 제2 원인의 자유와 우연성을 폐하지도 않고 오히려 그것들을 세우신다.(3)

(1) 엡 1:11, 롬 11:33, 히 6:17, 롬 9:15, 18. (2) 약 1:13, 17, 요일 1:5, 전 7:29. (3) 행 2:23, 마 17:12, 행 4:27, 28, 요 19:11, 잠 16:33.

2. 비록 하나님은 상상할 수 있는 모든 조건에서 일어날 듯한 일이나 또는 일어날 가능성이 있는 일은 무엇이나 알고 있다 할지라도,(1) 장래 어떤 일에 대해서 무슨 일이 어떤 형편에서 일어날 것을 미리 아심으로 작정하신 것도 아니다.(2)

(1) 행 15:18, 삼상 23:11, 12;, 마 11:21, 23.

(2) 롬 9:11, 13, 16, 18.

3. 하나님의 작정을 따라, 하나님께서는 그의 영광이 나타나도록 하기 위하여 어떤 사람들과 천사들은 영생에 이르도록 예정하시고,(1) 그 나머지는 영원한 죽음에 이르도록 미리 작정하셨다.(2)

(1) 딤전 5:21, 마 25:34, 46, 롬 9:23, 엡 1:5, 6.

(2) 마 25:41, 롬 9:22, 잠 16:4.

4. 이와 같이 예정되고 미리 작정된 천사들과 사람들은 개별적이며 불변적으로 계획되었고 그들의 수는 매우 확실하고 한정되었으므로 더해지거나 덜해질 수도 없다.(1)

(1) 딤후 2:19, 요 13:18.

5. 인류 중 생명으로 예정된 사람들은 하나님께서 창세전에 그의 영원하고

변함없는 목적과 은밀한 계획과 그의 선하시고 기뻐하신 뜻을 따라 영원한 영광에 이르도록 그리스도 안에서 선택하셨다.(1) 이것은 오직 하나님의 거저 주시는 은혜와 사랑으로 된 것이며, 사람에게 있는 신앙이나 선한 행실이나 오래 참음, 또는 피조물 안에 있는 그 밖의 어떤 것도 하나님을 움직일 수 있는 조건이나 원인으로 예견하신 것이 아니고,(2) 모든 것은 하나님의 영화로우신 은혜를 찬송하기 위해서 된 것이다.(3)

(1) 엡 1:4, 9, 11, 롬 8:30, 딤후 1:9, 살전 5:9.

(2) 롬 9:11, 13, 16, 엡 1:4. (3) 엡 1:6, 12.

6. 하나님은 그 택하신 자들로 영광에 이르도록 지정하신 것처럼, 그 뜻의 영원하고, 가장 자유로우신 목적을 따라서, 그것에 이르기 위한 모든 방법까지 미리 정하셨다.(1) 그러므로 아담 안에서 타락했으나 택함을 입은 사람들은 그리스도로 말미암아 구속을 받으며,(2) 때가 되어 역사 하시는 그의 성령으로 말미암아 그리스도 안에서 신앙에 이르도록 효과 있게 부르심을 받으며, 의롭게 되고, 양자가 되며, 성화 되고,(3) 신앙을 통하여 구원에 이르도록(4) 그의 능력으로 보호를 받는다. 오직 택함을 받은 자 외에는(5) 아무도 그리스도로 말미암아 구속을 받고 효과적인 부르심을 받아 의롭게 되고, 양자 되어 성화 되고 구원을 얻지 못한다.

(1) 벧전 1:2, 엡 1:4, 5, 2:10, 살후 2:13. (2) 살전 5:9, 10, 딛 2:14. (3) 롬 8:30, 엡 1:5, 살후 2:13. (4) 벧전 1:5. (5) 요 17:9, 롬 8:28, 39, 요 6:64, 65, 8:47, 10:26, 요일 2:19.

7. 하나님은, 그의 측량할 수 없는 계획을 따라 인류의 나머지에 대하여는 기뻐하시는 대로 자비를 베풀기도 하시고, 베풀지 않기도 하시며, 모든 피조물에 대한 하나님의 주권적 능력의 영광을 위하여 간과하시고, 그의 영광스러운 공의를 찬양하게 하기 위하여, 그들의 수치와 그들의 죄에 대한 진노를 당하도록 작정하기를 기뻐하셨다.(1)

(1) 마 11:25, 26, 롬 9:17, 18, 21, 22, 딤후 2:19, 20, 유 4, 벧전 2:8.

8. 그의 말씀에 계시된 하나님의 뜻을 주의하여 듣고, 순종을 바치는 사람들은 효과적인 부르심을 확실히 받음으로 말미암아 그들이 하나님의 영원한 선택을 받은 것을 확신하도록,(1) 이 심히 오묘한 예정교리는 특별한 배려와 주의를 가지고(2) 취급해야 한다. 따라서 이 교리는 복음을 진심으로 순종하는(3) 모든 사람들에게 하나님께 대한 찬양과 경외와 칭송과(4) 겸손과 부지런함과 풍성한 위로를 베풀어 줄 것이다.

(1) 벧후 1:10. (2) 롬 9:20, 11:33, 신 29:29.

(3) 롬 11:5, 6, 20, 벧후 1:10, 롬 8:33, 눅 10:20.

(4) 엡 1:6, 롬 11:33.

제4장 창조에 관하여

1. 성부, 성자, 성령이신(1) 하나님은 그의 영원하신 능력과 지혜와 선하심의(2) 영광을 나타내기 위하여, 태초에 세계와 그 안에 있는 만물, 곧 보이는 것이나 보이지 않는 것을 엿새 동안에 모두 매우 선하게 창조하되,(3) 아무 것도 없는데서 만드시기를 기뻐하셨다.

(1) 히 1:2, 요 1:2,3, 창 1:2, 욥 26:13, 33:4.

(2) 롬 1:20, 렘 10:12, 시 104:24, 33:5, 6.

(3) 창1장, 히 11:3, 골 1:1, 행 17:24.

2. 하나님은 모든 다른 피조물을 지으신 후에, 이성적인 불멸의 영혼과 함께,(1) 하나님 자신의 형상을 따라 지식과 의와 참된 거룩히 부여되고,(2) 그들의 마음에 기록된 하나님의 법과(3) 그것을 성취할 능력을 가지고 있는(4) 사람을 남자와 여자로 창조하셨다.(5) 그렇지만 사람은 범죄할 가능성 아래 놓여져 있었고, 또 그것은 변하기 쉬운 사람의 의지의 자유에 맡겨져 있었다.(6) 그리고 사람은 그들의

마음속에 기록된 법외에 선악을 알게 하는 나무의 열매를 먹지 말라는 명령을 받았다. 그들이 그 명령을 지키고 있는 동안에는 하나님과 교제하는 즐거움이 있었고,(7) 또한 피조물을 다스리는 권세가 있었다.(8)

(1) 창 2:7, 전 12:7, 눅 23:43, 마 10:28.　(2) 창 1:26, 골 3:10, 엡 4:24.　(3) 롬 2:14, 15.　(4) 전 7:29.　(5) 창 1:27.　(6) 창 3:6, 전 7:29.　(7) 창 2:27, 3:8-11, 23.　(8) 창 1:26, 28, 시 8:6-8.

제5장 섭리에 관하여

1. 위대하신 만물의 창조자 하나님은 모든 피조물과 행위들과 사물들을(1) 그 가장 큰 것에서부터 가장 작은 것에(2) 이르기까지 보존하시고, 지도하시고 처리하시며 통치하시는데, 그의 지혜와 능력과 의와 선과 자비의(3) 영광을 찬양하기 위해 그의 지극히 지혜롭고 거룩하신 섭리에(4) 의하여 그의 오류가 없으신 예지와(5) 그 자신의 뜻의(6) 자유롭고 변함없는 계획에 따라 하신다.

(1) 단 4:34, 35, 시 135:6, 행 17:25, 26, 28:3, 욥 38:39-41.　(2) 마 10:29-31, 마 6:26, 30.　(3) 사 63:14, 엡 3:10, 롬 9:17, 창 45:7, 시 145:7.　(4) 잠 15:3, 시 104:24, 145:17, 대하 16:9.　(5) 행 15:18, 시 94:8-11.　(6) 엡 1:11, 시 33:10, 11.

2. 제1 원인이신 하나님의 예지와 작정에 관해서는, 만물은 변함없고, 또 틀림없이(1) 일어나지만, 같은 섭리로서 하나님은 그들이 제2 원인의 성격을 따라, 혹은 필연적으로, 자유롭게 또는 우연적으로(2) 일어나도록 정하셨다.

(1) 행 2:23.　(2) 창 8:22, 렘 31:35, 출 21:13, 신 19:5, 왕상 22:28, 34, 사 10:6, 7.

3. 하나님은 그의 보통섭리에 있어서 여러 가지 방법을(1) 사용하신다. 그러나 그 방법을 쓰지 않거나,(2) 그 방법을 초월해서,(3) 또는 그것들에 상반되게 자기의 기뻐하시는 대로 자유롭게 일하신다.(4)

(1) 행 27:31, 44, 사 55:10, 11, 호 2:21, 22.　(2) 호 1:7, 마 4:4, 욥 34:10. (3) 롬 4:19-21.　(4) 왕하 6:6, 단 3:27.

4. 하나님의 전능하신 능력과 측량할 수 없는 지혜와 무한하신 선이 그의 섭리 가운데 잘 나타났으니, 이는 첫 타락과 천사들과 사람들의(1) 모든 다른 죄에까지도 미치고 있으며, 또한 겨우 허용하는(2) 것만이 아니라, 그 자신의 거룩하신 목적을 위해서,(3) 다양한 경륜 안에서 가장 지혜롭고 능력 있는 제한과(4) 질서와 통치가 섭리와 연결이 된다. 그러나 그 경우의 죄성은 하나님에게서 나오는 것이 아니라 피조물에게서만 나온다. 하나님은 가장 거룩하시고 의로우시므로 죄의 조성 자가 아니며, 죄의 시인 자도 아니시고 또 그럴 수도 없다.(5)

(1) 롬 11:32-34, 삼하 24:1, 25, 대상 21:1, 왕상 22:22, 23,　대상 10:4, 13, 14, 삼하 16:10, 행 2:23, 4:27, 28. (2) 행 14:16.　(3) 창 1:20, 사 10:6, 7, 12. (4) 시 76:10, 왕하 19:28.　(5) 약 1:13, 14, 17, 요일 2:16.

5. 가장 지혜로우시고, 의로우시며, 은혜로우신 하나님은 때때로 그 자녀들을 얼마동안 여러 가지 시험과 그들의 마음의 부패성에 버려두어 그렇게 함으로 전에 범한 그들의 죄로 인하여 그들을 징벌하시고, 그들에게 숨어있는 부패한 힘과 그들의 마음의 거짓됨을 발견하게 하며, 겸손하게 하신다.(1) 따라서 그들로 하여금 하나님께 전보다 더 친근하고 끊임없이 의지하게 하시며 또한 그들로 하여금 장래의 모든 범죄의 기회에 대해서와 여러 가지 다른 의롭고 거룩한 목적들을 위해 그 자신들을 더욱 깨어 있게 하신다.(2)

(1) 대하 32:25, 26, 31, 삼하 24:1.　(2) 고후 12:7-9, 시 77:1-12, 막 14:66-72, 요 21:15-17.

6. 그들이 전에 범한 죄로 인하여 그들의 눈을 어둡게 하고 마음을 완악하게 하신(1) 의로운 재판장이신 하나님께서는 악하고 불경건한 사람들에 대하여 그들의 지각을 밝혀 주시고, 그들의 마음에 역사 할 은혜를 주지 않으실 뿐만 아니

라,(2) 때때로 그들이 가지고 있던 은사들까지도 거두어 가기도 하시고,(3) 그들의 부패성이 죄의 기회가 되는 대상에 그들을 노출시키신다.(4) 그리고 그들 자신의 탐욕과 세상의 유혹과 사탄의 능력에 그들을 넘겨주신다.(5) 그리하여, 그들은 하나님께서 다른 사람들의 마음을 부드럽게 하기 위해서 사용하시는 방법들에서조차 자신을 강퍅하게 한다.(6)

(1) 롬 1:24, 26, 28, 11:7, 8. (2) 신 29:4. (3) 마 13:12, 25:29. (4) 신 2:30, 왕하 8:12, 13. (5) 시 81:11, 12, 살후 2:10-12. (6) 출 7:3, 8:15, 32, 고후 2:15, 16, 사 8:14, 벧전 2:7, 8, 사 6:9, 10, 행 28:26, 27.

7. 하나님의 섭리가, 일반적으로, 모든 피조물에게 미치는 것과 같이, 가장 특별한 방법으로 그의 교회를 돌보시며, 모든 일들을 교회의 유익이 되도록 처리하신다.(1)

(1) 암 9:8, 9, 롬 8:28, 딤전 4:10, 마 16:18, 사 43:3-5, 14.

제6장 사람의 타락과 죄와 그 벌에 관하여

1. 우리의 첫 조상은 사탄의 간계와 유혹에 넘어가 금지된 실과를 먹는 죄를 범했다.(1) 하나님은 그 자신의 영광을 드러낼 목적을 가지고 그의 지혜로우시고 거룩하신 계획에 따라 그들의 죄를 허용하시기를 기뻐하셨다.(2)

(1) 창 3:13, 고후 11:3, 딤전 2:14. (2) 롬 11:32.

2. 이 죄로 말미암아 그들은 본래의 의와 하나님과의 교제에서(1) 떨어져 죄 중에서 죽은 자가 되었고,(2) 영혼과 육체의 모든 기능과 부분이 전적으로 더러워졌다.(3)

(1) 창 3:6, 8, 전 7:29, 롬 3:23. (2) 창 2:17, 엡 2:1, 롬 5:12. (3) 창 6:5, 렘 17:9, 딛 1:15, 롬 3:10-18.

3. 그들은 온 인류의 근원이었으므로 이 죄의 허물이 전가되었으며,(1) 죄

안에서 동일한 죽음과 부패한 성질이 보통 생육법으로 태어나는 그들의 모든 후손에게 전달되었다.(2)

(1) 창 1:27, 28, 2:16, 17, 행 17:26, 롬 5:12, 15-19. 고전 15:21, 22, 45, 49. (2) 시 51:5, 창 5:3, 요 3:6, 롬 3:10-18.

4. 이 근원적 부패로 말미암아 우리는 모든 선에 대하여 전적으로 싫증이 나고, 무능해지고, 반대하게 되었으며,(1) 모든 악으로 완전히 기울어지게 되어(2) 모든 자범죄를 범하게 된다.(3)

(1) 롬 5:6, 7:18, 8:7, 골 1:21, 요 3:6. (2) 창 6:5, 8:21, 롬 3:10-12. (3) 약 1:14, 15, 엡 2:2, 3, 마 15:19.

5. 이 본성의 부패는 이 세상에 사는 동안 중생한 사람들 안에도 남아 있다.(1) 비록 그 부패함이 그리스도를 통해서 용서되었고 죽었으나, 그것 자체와 그것에서 나오는 모든 행동은 참으로 정확하게 죄이다.(2)

(1) 요일 1:8, 10, 롬 7:14, 17, 18, 23, 약 3:2; 잠 20:9, 전 7:20. (2) 롬 7:5, 7, 8, 25, 갈 5:17.

6. 모든 죄, 곧 원죄나 사실범죄는 하나님의 의로우신 법의 위반이며, 그것에 반대되는 것이므로(1) 죄는 그것 자체의 성질상 죄인에게 죄책을 가져온다.(2) 그 죄 값으로 말미암아 죄인은 하나님의 진노와(3) 그 법의 저주에(4) 매여 있어서 그 결과 영적이고(5) 현세적이며,(6) 영원한 모든 비참을(7) 동반하는 죽음 아래 있게 되었다.(8)

(1) 요일 3:4. (2) 롬 2:15, 3:9, 19. (3) 엡 2:3. (4) 갈 3:10. (5) 엡 4:18. (6) 애 3:39. (7) 마 25:41, 살후 1:9. (8) 롬 6:23.

제7장 사람과 맺은 하나님의 언약에 관하여

1. 하나님과 피조물 사이의 간격이 너무 커서 비록 이성적 피조물들이 하나

님께 그들의 창조주로 마땅히 순종해야 할 의무가 있지만, 하나님 편에서의 어떤 자발적인 낮추심 외에는 그에게서 어떤 결과를, 그들 자신의 축복과 보상으로 얻을 수 없는데, 하나님은 언약의 방법으로 이러한 낮추심을 표현하시기를 기뻐하셨다.(1)

> (1) 사 40:13-17, 욥 9:32, 33, 삼상 2:25, 시 100:2, 3, 113:5, 6, 욥 22:2, 3, 35:7, 8, 눅 17:10, 행 17:24, 25.

2. 사람과 맺은 첫 언약은 행위언약으로,(1) 그것 안에서 완전하고 개별적인 순종을 조건으로(2) 아담에게 그리고 그의 모든 후손에게 생명이 약속되었다.(3)

> (1) 갈 3:12, 호 6:7, 창 2:16, 17.　(2) 창 2:17, 갈 3:10.　(3) 롬 5:12-20, 10:5.

3. 사람은 자신의 타락으로 말미암아, 그 언약으로 인한 생명을 스스로 얻을 수 없게 되었기 때문에, 주께서는 일반적으로 은혜 계약이라고 부르는 둘째 언약을 사람과 맺으시기를 기뻐하셨다.(1) 그것으로 하나님은 죄인들에게 예수 그리스도를 통하여 생명과 구원을 값없이 주시되, 그들이 구원을 얻게 하기 위해서 그에 대한 신앙을 요구하셨다.(2) 그리고 그는 생명을 얻도록 정해진 모든 사람에게 그들로 하여금 믿고자하며 또 믿을 수 있도록 그의 성령을 보내시기로 약속하셨다.(3)

> (1) 갈 3:2, 롬 3:20, 21, 8:3, 창 3:15, 사 42:6.

> (2) 막 16:15, 16; 요 3:16, 롬 10:6, 9, 갈 3:11.

> (3) 겔 36:26, 27, 요 6:37, 44, 45, 묵 11:13, 갈 3:14.

4. 이 은혜 계약은 유언자 예수 그리스도의 죽음과 그 죽음 안에서 물려받은 영원한 유산과 그것에 속한 모든 만물과 관련하여, 언약이라는 이름으로 성경에 자주 나타나 있다.(1)

> (1) 히 9:15-17, 7:22, 눅 22:20, 고전 11:25.

5. 이 언약은 율법시대와 복음시대에 있어서 다르게 집행되었다.(1) 율법시

대에는 약속과 예언과 희생제물과 할례와 유월절 양과 유대백성에게 부여된 다른 예표와 규례들을 따라서 집행되었다. 이 모든 것은 장차 오실 그리스도를 예시하는데,(2) 성령의 역사를 통하여 약속된 메시아에(3) 대한 신앙으로 선민들을 가르치며, 굳게 세우는 데에 그 당시로는 충분하고 효과적이었다. 이 메시아를 통해 그들의 죄는 완전히 용서받았으며, 영원한 구원을 얻었다.(4) 그것을 구약이라고 부른다.

(1) 고후 3:6-9. (2) 히 8-9장, 롬 4:11, 골 2:11, 12, 17, 고전 5:7. (3) 고전 10:1-4, 히 11:13, 요 8:56. (4) 갈 3:7-9, 14, 고전 5:7.

6. 복음시대에 있어서는 그 복음의 본체이신(1) 그리스도가 나타나시게 되자 이 언약을 시행하는 의식은 말씀의 전파와, 세례와 주님의 성찬의 성례집행이 되었다.(2) 이 의식은 수에 있어서는 적고, 더 단순하게, 그리고 나타난 영광은 더 적게 집행되고 있으나 그 의식들 안에서 그 언약은 유대인과 이방인들을 포함하는 모든 민족들에게(3) 그리스도를 더욱 충분하고 분명하게 나타내며 영적인 효력을 가져오는데(4) 이것을 신약이라 한다.(5) 그러므로, 본질이 다른 두 개의 은혜계약이 있는 것이 아니라, 여러 시대에 오직 하나만 있을 뿐이다.(6)

(1) 골 2:17. (2) 마 28:19, 20, 고전 11:23-25. (3) 마 28:19, 엡 2:15-19. (4) 히 12:22-24, 고후 3:9, 렘 31:31-34, 히 8:7-12. (5) 눅 22:20, 히 8:13. (6) 갈 3:14, 16, 행 15:11, 롬 3:21-23, 30, 시 32:1, 롬 4:3, 6, 16, 17, 23, 24, 히 13:8.

제8장 중보자이신 그리스도에 관하여

1. 하나님은 영원한 목적을 가지시고 그의 독생자 주 예수를 하나님과 사람 사이의 중보자,(1) 선지자,(2) 제사장,(3) 왕,(4) 교회의 머리와 구주,(5) 만물의 후사와(6) 세상의 심판자로(7) 택하시고 임명하기를 기뻐하셨다. 하나님은 영원 전부터 그리스도에게 한 백성을 그의 후사로 주시고,(8) 때가 되어 그로 말미암아 그의 백

성이 구속을 받고, 부르심을 받아 의롭게 되고, 성화 되며 영화롭게 하셨다.(9)

(1) 사 42:1, 벧전 1:19, 20, 요 3:16, 딤전 2:5. (2) 행 3:22, 신 18:15. (3) 히 5:5, 6. (4) 시 2:6, 눅 1:33. (5) 엡 5:23. (6) 히 1:2. (7) 행 17:31. (8) 요 17:6, 시 22:30, 사 53:10. (9) 딤전 2:6, 사 55:4, 5, 고전 1:30.

2. 삼위일체 중에 제2위가 되시는 하나님의 아들은 참되시고 영원하신 하나님으로서 아버지 하나님과 동일한 본체를 가지시고, 아버지와 동등이신데 때가 차매 사람의 성질을 취하시되,(1) 사람이 가지는 모든 본질적 고유성과 그것으로 인한 공통적 연약성을 가졌으나 죄는 없으시다.(2) 그는 성령의 능력으로 동정녀 마리아의 몸에서 그의 육체를 취하여서 잉태되셨다.(3) 그래서 전체적이고 완전하며, 구별되는 두 개의 성질, 곧 신성과 인성이 끊을 수 없이 한 인격 안에서 변질, 합성, 혼합됨이 없이 서로 분리될 수 없도록 결합되어 있다.(4) 이 분은 참 하나님이시며 참 사람이시나 한 그리스도요, 하나님과 사람 사이에 있는 유일한 중보자이시다.(5)

(1) 요 1:1, 14, 요일 5:20, 빌 2:6, 갈 4:4. (2) 히 2:14, 16, 17, 4:15. (3) 마 1:18, 20, 눅 1:27, 31, 35, 갈 4:4. (4) 눅 1:35, 골 2:9, 롬 9:5, 벧전 3:18, 딤전 3:16. (5) 롬 1:3, 4, 딤전 2:5.

3. 주 예수는 그의 신성에 결합된 그의 인성에 있어서 성령으로 말미암아 한량없이 성화 되고 기름 부음을 받으셨고,(1) 그의 안에는 모든 지혜와 지식의 보화가 있으며,(2) 아버지께서는 모든 충만이 그 안에 거하게 하시기를(3) 기뻐하셨다. 하나님께서는 종말까지 그리스도가 거룩하고, 상처를 입지 않으시며 더럽힘을 받지 않으시고, 은혜와 진리가 충만하여(4) 중보자와 보증인의 직분을 수행하기에 완전히 구비하게 하셨다.(5) 이 직분은 예수께서 스스로 취하신 것이 아니며, 그의 아버지로 말미암아 부르심을 받은 것인데(6) 아버지께서는 모든 능력과 심판을 예수의 손에 두시고, 또한 그의 직분을 수행하도록 명령하셨다.(7)

(1) 시 45:7, 요 3:34. (2) 골 2:3. (3) 골 1:19.

(4) 히 7:26, 요 1:14. (5) 행 10:38, 히 12:24, 7:22.

(6) 히 5:4, 5. (7) 요 5:22, 27, 마 28:18, 행 2:36.

4. 주 예수는 이 직분을 매우 기꺼이 담당하시고,(1) 이 직무를 이행하시기 위해 율법 아래 두어져서(2) 율법을 완전히 성취하셨다.(3) 그의 영혼으로는 가장 심한 고초를 직접 겪으시고,(4) 그의 육신으로는 극심한 고통을 당하사(5) 십자가에 못 박혀 죽으시고(6) 장사지낸바 되어 죽음의 능력 아래 머물러 있었으나 썩음을 당하시지 않았다.(7) 삼일 만에 그가 고난 받으셨던 동일한 몸으로,(8) 죽은 자 가운데서 부활하셔서(9) 그 몸으로 하늘에 오르사 아버지의 우편에 앉아 계시면서(10) 중재의 기도를 하시다가(11) 세상 마지막에 사람들과 천사들을 심판하시기 위해서 재림하실 것이다.(12)

(1) 시 40:7, 8, 히 10:5-10, 요 10:18, 빌 2:8. (2) 갈 4:4. (3) 마 3:15, 5:17. (4) 마 26:37, 38, 눅 22:44, 마 27:46. (5) 마 26:27-29. (6) 빌 2:8. (7) 행 2:23, 24, 27, 13:37, 롬 6:9. (8) 요 20:25, 27. (9) 고전 15:3, 4. (10) 막 16:19. (11) 롬 8:34, 히 7:25, 9:24 (12) 롬 14:9, 10, 행 1:11, 10:42, 마 13:40-43, 벧후 2:4, 유 1:6.

5. 주 예수는 그의 완전한 순종과 자신의 희생으로, 영원하신 성령을 통하여 단번에 자신을 하나님에게 바쳐, 그의 아버지의 공의를 충분히 만족케 하셨다.(1) 그리고 아버지는 그에게 맡겨 주신 모든 사람들을 위하여, 화목뿐만 아니라 하늘나라의 영원한 유산을 값 주어 사셨다.(2)

(1) 롬 5:19, 히 9:14, 16, 10:14, 엡 5:2, 롬 3:25, 26. (2) 단 9:24, 26, 골 1:19, 20, 엡 1:11, 14, 요 17:2, 히 9:12, 15.

6. 구속사역은 비록 그리스도의 성육 후까지는 실제로 성취되지 않았다 할지라도 구속의 덕과 효과와 유익함을 세상 처음부터 계속적으로 모든 시대에 택하신 자에게 전달되었다. 이와 같은 약속과 예표와 희생 제물들 안에서와 그것들로 말미암아 그리스도는 어제나 오늘이나 영원토록 항상 뱀의 머리를 상하게 한 여자

의 후손으로서, 또한 세상 처음부터 죽임을 당하신 어린양으로서 계시되고 표시되었다.(1)

(1) 갈 4:4, 5, 창 3:15, 계 13:8, 히 13:8.

7. 그리스도는 신성과 인성을 따라서 중보 사역을 하셨는데 각각 그 성질로 말미암아 그 고유한 것을 하셨다.(1) 그러나, 인격의 통일성 때문에 한 성질에 고유한 것이 성경에서 때로는 다른 성질로 불려지는 인격에 돌아간다.(2)

(1) 히 9:14, 벧전 3:18. (2) 요 3:13, 행 20:28, 요일 3:16.

8. 그리스도는 값으로 사서 구속하신 모든 자들에 대하여 그 구속을 확실하고 효과 있게 적용하시고 전달하신다.(1) 그래서 그는 그들을 위하여 중재하시고,(2) 그들에게 말씀 안에서, 말씀으로 말미암아 구원의 비밀을 계시하시고,(3) 그의 성령으로 말미암아 효과적으로 그들을 설득하셔서 믿고 순종하게 하시며 그들의 마음을 그의 말씀과 성령으로 다스리신다.(4) 또한 그의 놀랍고도 측량할 수 없는 경륜에 가장 조화되는 방법으로, 그의 전능의 힘과 지혜로 말미암아 그들의 모든 적을 정복하신다.(5)

(1) 요 6:37, 39, 10:15, 16, 27, 28. (2) 롬 8:34, 요일 2:1, 2. (3) 엡 1:7-9, 요 17:6. (4) 요 14:16, 히 12:2, 고후 4:13, 롬 8:9, 14, 15:18, 19. (5) 시 110:1, 고전 15:25, 26, 말 4:2, 3, 골 2:15, 눅 10:19.

제9장 자유의지에 관하여

1. 하나님은 사람의 의지에 자연적 자유를 부여하셔서 그것이 선이나 악에 강요당하거나, 자연의 절대적 필연성에 의해서 결정되지 않게 하셨다.(1)

(1) 마 17:12, 약 1:14, 신 30:19, 요 5:40, 행 7:51, 약 4:7.

2. 사람은 그의 무죄 상태에서 선한 것과 하나님을 기쁘게 하는 것을(1) 원하고 행할 자유와 능력을 가지고 있었으나 가변적이어서 그것에서 타락할 수도 있

었다.(2)

(1) 전 7:29, 창 1:26. (2) 창 2:16, 17, 3:6.

3. 사람은 죄의 상태에 타락함으로서 구원이 동반되는 어떤 영적 선에 대한 의지의 모든 능력을 전적으로 잃어 버렸다.(1) 그러므로, 자연인은 그 선으로부터 완전히 떠나고(2) 죄 중에 죽어 있어(3) 자기의 힘으로는 회심하거나 회심하기를 준비할 수도 없다.(4)

(1) 롬 5:6, 8:7, 요 15:5. (2) 롬 3:10, 12. (3) 엡 2:1, 5, 골 2:13. (4) 요 6:44, 65, 고전 2:14, 엡 2:2-5, 딛 3:3-5.

4. 하나님이 죄인을 회심시키시고, 그를 은혜의 상태로 옮기실 때에, 하나님은 그를 죄 아래 있던 본래의 멍에에서 해방시키시고,(1) 오직 그의 은혜로 말미암아 영적 선을(2) 자유롭게 원하고 행할 수 있게 하셨다. 그러나 그의 남아 있는 부패 때문에, 그는 완전하게, 혹은 전적으로 선을 원하는 것이 아니라 도리어 악을 원하기도 한다.(3)

(1) 골 1:13, 요 8:34, 36. (2) 빌 2:13, 롬 6:18, 22. (3) 갈 5:17, 롬 7:15, 18, 19, 21, 23.

5. 사람의 의지는 영광의 상태에 있을 때에만 완전하고 변함없이 선만을 원하도록 자유롭게 된다.(1)

(1) 엡 4:13, 히 12:23, 요일 3:2, 유1:24.

제10장 효과 있는 부르심에 관하여

1. 하나님께서 생명에 이르게 하도록 예정하신 모든 사람을 그가 정하시고 받아들이신 때에 그의 말씀과 성령을 통해서(1) 저희가 나면서부터 처해있는 죄와 죽음의 상태에서 예수 그리스도로 말미암아 은혜와 구원으로 효과 있게 부르시기를 기뻐하셨다.(2) 또한 그들의 마음이 하나님의 일을 이해할 수 있도록 영적으

로 또한 구속적으로 조명하시며,(3) 돌과 같이 굳은 그들의 마음을 제하여 버리시고 살과 같이 부드러운 마음을 주셨다.(4) 그들의 의지를 새롭게 하사 그의 전능하신 능력으로 말미암아(5) 선한 것을 향해서 결정할 수 있게 하며 또 그들을 예수 그리스도에게로 효과 있게 이끄신다.(6) 그러나 그들은 그의 은혜로 인하여 자발적이 되어서 가장 자유롭게 나오게 된다.(7)

(1) 살후 2:13, 14, 고후 3:3, 6, 약 1:18, 고전 2:12.

(2) 요 15:16, 행 13:48, 롬 8:28, 11:7, 엡 1:5, 10, 살전 5:9. (3) 행 26:18, 고전 2:10, 12, 엡 1:17, 18. (4) 겔 11:19, 빌 2:1-3, 신 30:6, 겔 36:27, 요 3:5, 갈 6:15, 딛 3:5, 벧전 1:23. (5) 엡 1:19. (6) 롬 8:2, 엡 1:5, 10, 11, 2:1-9, 딤후 1:9, 10. (7) 요 6:44, 45, 아 1:4, 시 110:3, 요 6:37, 롬 6:16-18.

2. 이 효과 있는 부르심은 오직 하나님의 값없는 특별한 은혜만으로 말미암은 것이요, 사람 안에서 일어날 어떤 무엇을 미리 보심으로 된 것이 결코 아니다.(1) 여기서도 사람은 성령으로 말미암아 소생되고 새롭게 되어 이 부르심에 응답하고, 그 안에서 제공되고 전달된 은혜를 받아들일 수 있게(2) 되기까지는 전적으로 피동적이다.(3)

(1) 딤후 1:9, 딛 3:4, 5, 엡 2:4, 5, 8, 9, 롬 9:11.

(2) 요 6:37, 겔 36:27, 요 5:25. (3) 고전 2:14, 롬 8:7, 엡 2:5.

3. 어려서 죽은 택함을 받은 유아들은, 언제, 어디서, 어떠한 방법으로라도 기뻐하시는 대로 역사 하시는 성령을 통하여(1) 그리스도로 말미암아 중생되고 구원받는다.(2) 말씀의 사역으로 외적 부르심을 받을 능력이 없는 다른 모든 택한 자들도 그와 같다.(3)

(1) 요 3:3, 5, 8. (2) 눅 18:15, 16, 행 2:38, 39, 롬 8:9. (3) 롬 2:13-15, 요일 5:12, 13, 행 4:12.

4. 택함을 받지 못한 다른 사람들은 가령 그들이 말씀의 사역으로 말미암아

부름을 받고(1) 성령의 일반적 활동을(2) 어느 정도 받는다 할지라도 그들은 결코 참되이 그리스도에게 참으로 오지 않으므로 구원을 얻지 못한다.(3) 하물며 기독교 신앙을 고백하지 않는 사람들은 비록 그들이 본성의 빛과 그들 스스로 고백하는 종교의 법을 따라 그들의 생을 꾸며 나가는데 매우 열심이 있더라도(4) 그 외의 어떤 방법으로도 구원을 받을 수 없다. 또한 그들이 구원을 받을 수 있다고 단언하고 주장하는 일은 매우 해롭고 미움 받을 일이다.(5)

(1) 마 22:14. (2) 마 7:22, 13:20, 21, 히 6:4, 5. (3) 요 6:64-68, 8:24. (4) 행 4:12, 요 14:6, 엡 2:12, 요 4:22, 17:14, (5) 요이 1:9-11, 고전 16:22, 갈 1:6-8.

제11장 칭의에 관하여

1. 하나님은 효과 있게 부르신 사람들을 또한 값없이 의롭게 하셨는데,(1) 이는 그들 안에 의를 주입하심으로서가 아니라 그들의 죄를 용서하시고, 또 그들의 인격을 의롭다 인정하며 받아드림으로서 이고, 그들 안에 이루어진 어떤 것이나 그들로 말미암아 성취된 어떤 것 때문이 아니라 오직 그리스도 때문이다. 또한 신앙 자체나 믿는 행위나 그밖에 어떤 복음적인 순종을 그들의 의로 그들에게 전가하심으로서가 아니라, 그리스도의 순종과 만족을 그들에게 전가시킴으로서 이며,(2) 그들이 신앙으로 말미암아 그리스도와 그의 의를 받아들이고 그에게 의지함으로서 이다. 그 신앙은 그들 자신에게서 나온 것이 아니요, 하나님의 선물이다.(3)

(1) 롬 8:30, 3:24 (2) 롬 4:5-8, 고후 5:19, 21, 롬 3:22, 24, 25, 27, 28, 딛 3:5, 7, 엡 1:7, 렘 2 3:6, 고전 1:30, 31, 롬 5:17-19. (3) 행 10:44, 갈 2:16, 빌 3:9, 행 13:38, 39, 엡 2:7, 8.

2. 그리스도와 그의 의를 받아드리고 그에게 의지하는 신앙은 칭의의 유일한 도구인데,(1) 이 신앙은 의롭게 된 사람 안에서 고립되어 있는 것이 아니라 항상 다른 모든 구원의 은혜를 동반하고 있으며(2) 또한 죽은 신앙이 아니라 사랑으로

역사 한다.

(1) 요 1:12, 롬 3:28, 5:1. (2) 약 2:17, 22, 26, 갈 5:6.

3. 그리스도는 그의 순종과 죽음으로 말미암아 의롭게 된 모든 사람들의 죄의 빚을 충분히 갚아 주셨고, 그들을 위하여 아버지의 공의에 대해 적절하고 실제적이며, 또한 충분하게 만족시켰다.(1) 그러나 그리스도는 그들을 위해서 아버지께서 주신만큼(2) 그들 대신에 그리스도의 순종과 만족이 용납되었으며,(3) 둘 다 값없이 되었고, 그들의 칭의는 그들 안에 있는 무엇 때문이 아니라 오직 값없는 은혜에서(4) 온 것이다. 또한, 하나님의 엄정한 공의와 풍성하신 은혜는 죄인의 칭의에서 영화롭게 된다.(5)

(1) 롬 5:8-10, 19, 딤전 2:5, 6, 히 10:10, 14, 단 9:24, 26, 사 53:4-6, 10-12. (2) 롬 8:32, (3) 고후 5:21, 마 3:17, 엡 5:2. (4) 롬 3:24, 엡 1:7. (5) 롬 3:26, 엡 2:7.

4. 하나님은 영원부터 택함을 받은 모든 사람을(1) 의롭게 하시기로 작정하셨고, 그리스도는 때가 차매 그들의 죄를 위해 죽으시고 그들의 의롭다 하심을 위해(2) 부활하셨다. 그러나 성령이 정한 때에 그리스도를 실제로 그들에게(3) 적용하시기까지는 그들이 의롭게 되는 것은 아니다.

(1) 갈 3:8, 벧전 1:2, 19, 20, 롬 8:30. (2) 갈 4:4, 딤전 2:6, 롬 4:25. (3) 골 1:21, 22, 갈 2:16, 딛 3:4-7.

5. 하나님은 의롭다함을 받은 사람들의 죄를 계속적으로 용서하신다.(1) 그리고 그들은 칭의의 상태에서(2) 결코 떨어질 수는 없다고 할지라도 그들의 죄로 말미암아 하나님 아버지로부터 노여움을 살수도 있는데, 이러한 경우에 그들이 자신을 낮추며, 죄를 고백하고, 용서를 구하고, 신앙과 회개를 새롭게 하기 전에는(3) 하나님의 얼굴의 빛이 그들에게 회복되지 않을 수도 있다.

(1) 마 6:12, 요일 1:7, 9, 2:1, 2. (2) 눅 22:32, 요 10:28, 히 10:14. (3) 시 89:31-33, 51:7-12, 32:5, 마 26:75, 고전 11:30, 32, 눅 1:20.

6. 구약시대의 신자들의 칭의는 이와 같은 모든 면에 있어서 신약시대의 신자들의 칭의와 하나이며 동일한 것이었다.(1)

(1) 갈 3:9, 13, 14, 롬 4:22-24, 히 13:8.

제12장 양자에 관하여

1. 하나님께서는 의롭다함을 받은 모든 사람들을 독생자 예수 그리스도 안에서 또한 그를 위하여 양자가 되는 은혜에 참여할 수 있도록 허락하셨다.(1) 양자가 되므로 그들은 하나님의 자녀의 수에 들어가게 되며, 또한 하나님의 자녀가 받을 수 있는 자유와 특전을 누리게 되고,(2) 또한 하나님의 이름이 그들에게 기록되며,(3) 양자의 영을 받고(4) 담대하게 은혜의 보좌 앞에 나아가,(5) 아바 아버지라고 부를 수 있고,(6) 불쌍히 여김과(7) 보호를 받으며,(8) 필요한 것을 공급받고,(9) 아버지부터 받는 것과 같이 하나님께 징계를 받으며,(10) 결코 버림을 받지 않고,(11) 오히려 구속의 날을 위하여,(12) 영원한 구원의 후사로서(13) 약속을 상속받는다.(14)

(1) 엡 1:5, 갈 4:4, 5. (2) 롬 8:17, 요 1:12. (3) 렘 14:9, 고후 6:18, 계 3:12. (4) 롬 8:15. (5) 엡 3:12, 롬 5:2, 히 4:16, 10:19. (6) 갈 4:6. (7) 시 103:13. (8) 잠 14:26. (9) 마 6:30, 32; 벧전 5:7. (10) 히 12:6. (11) 애 3:31. (12) 엡 4:30. (13) 벧전 1:3, 4, 히 1:14. (14) 히 6:12.

제13장 성화에 관하여

1. 효과 있게 부르심을 받고 중생 된 자들은 그들 안에 창조된 새 마음과 새 영을 가지고 있는데, 그의 말씀과 그들 안에 내주 하시는 성령으로 말미암아(1) 그리스도의 죽음과 부활의 공로를 통하여,(2) 실제적으로, 또한 인격적으로 더욱 성화 된다. 몸 전체에 미치던 죄의 지배는 파괴되고,(3) 그 죄에서 나타나는 여러 가지 욕정은 점점 약해지고 죽임을 당하며,(4) 그들은 모든 구속적 은혜 안에서(5) 참된

성결의 실천을 향하여 점점 소생되며 강화되는데 그것 없이는 아무도 주를 볼 수 없을 것이다.(6)

(1) 요 17:17, 엡 5:26, 살후 2:13. (2) 고전 6:11, 행 20:32, 빌 3:10, 롬 6:5, 6. (3) 롬 6:6, 14. (4) 갈 5:24, 롬 8:13. (5) 골 1:11, 엡 3:16-19. (6) 고후 7:1, 히 12:14.

2. 이 성화는 전인에 철저하게 미치나 이 세상에서는 아직 불완전하다.(1) 모든 부분에는 부패의 잔재가 아직도 남아 있어서(2) 거기에서 계속적이고 화해 할 수 없는 싸움이 일어남으로 육은 영을 거스르고 영은 육을 거슬린다.(3)

(1) 살전 5:23. (2) 요일 1:10, 롬 7:18, 23, 빌 3:12. (3) 갈 5:17, 벧전 2:11.

3. 이 싸움에 있어서 남아 있는 부패성이 한 때는 심히 우세할 수도 있으나(1) 성화케 하시는 그리스도의 영의 계속적인 힘의 공급을 통하여 중생한 편이 이긴다.(2) 그러므로, 성도는 은혜 안에서 장성하고(3) 하나님을 경외함으로 거룩함을 완성해 나간다.(4)

(1) 롬 7:23. (2) 롬 6:14, 요일 5:4, 엡 4:15, 16.

(3) 벧후 3:18, 고후 3:18. (4) 고후 7:1.

제14장 구원하는 신앙에 관하여

1. 선택된 자들이 그들의 영혼의 구원을 믿을 수 있는 신앙의 은혜는(1) 그들 마음속에 계시는 그리스도의 영의 역사이며,(2) 보통으로 말씀의 사역을 통해서(3)이루어지고, 그 말씀의 사역과 동시에, 성례의 집행과 기도로 말미암아 증가되고 강화된다.(4)

(1) 히 10:39, 고후 4:13. (2) 엡 1:17-19, 2:8. (3) 롬 10:14, 17. (4) 벧전 2:2, 행 20:32, 롬 4:11, 눅 17:5, 22:32, 롬 1:16, 17.

2. 이 신앙으로 말미암아 신자는 말씀 안에 계시된 것을 무엇이든지 참된 것으로 믿는데, 그 이유는 성경 안에서 말씀하시는 하나님 자신의 권위 때문이며,(1) 각 구절에 포함되어 있는 내용에 따라서 각각 다른 모양으로 행동하는데, 곧 명령

에 순종하고,(2) 엄한 경고에 두려워 떨며,(3) 현세와 내세를 위한 하나님의 약속을 받아드린다.(4) 그러나 구원하는 신앙의 주요역할을 신자들로 하여금 은혜계약에 의하여 칭의와 성화와 영생을 얻게 하기 위해 그리스도만 믿고, 받아드리고, 그만 의지하게 하는 것이다.(5)

(1) 요 4:42, 살전 2:13, 요일 5:10, 행 24:14. (2) 롬 16:26. (3) 사 66:2. (4) 히 11:12, 딤전 4:8. (5) 요 1:12, 행 16:31, 갈 2:20, 행 15:11.

3. 이 신앙은 강약에 정도의 차가 있어서(1) 종종 여러 가지 모양으로 공격을 당해 약해지기도 하나 마침내 이기고,(2) 우리 신앙의 조성자시요 완성 자 이신 그리스도를 통하여(3) 완전한 확신을 얻는데 이르기까지 여러 가지 모양으로 장성한다.(4)

(1) 히 5:13, 14, 롬 4:19, 20, 마 6:30, 8:10. (2) 눅 22:31, 32, 엡 6:16, 요일 5:4, 5. (3) 히 12:2. (4) 히 6:11, 12, 10:22, 골 2:2.

제15장 생명에 이르는 회개에 관하여

1. 생명에 이르는 회개는 복음적인 은혜인데,(1) 그리스도를 믿는 신앙의 교리와 마찬가지로 모든 복음의 사역자들은 이 교리를 전파하여야 한다.(2)

(1) 슥 12:10, 행 11:18. (2) 눅 24:47, 막 1:15, 행 20:21.

2. 이 회개로 말미암아 죄인은 자기의 죄가 위험할 뿐만 아니라, 더럽고 추악한 것이며, 그것이 하나님의 거룩하신 성질과 의로운 법에 반대되는 것임을 보고 느끼며, 또한 그 죄를 회개하는 사람에게는 그리스도 안에 있는 하나님의 자비를 베풀어주시는 것을 이해함으로서 자기의 죄를 슬퍼하고 미워하며 그 결과 죄에서 떠나 하나님께 향하게 된다.(1) 그래서 하나님의 계명의 모든 길에 있어서 하나님과 동행하는 것을 목적하고 또한 노력하게 된다.(2)

(1) 겔 18:30, 31, 36:31, 사 30:22, 시 51:4, 렘 31:18, 19, 욜 2:12, 13, 암 5:15, 시 119:128, 고후 7:11. (2) 시 119:6, 59, 106, 눅 1:6, 왕하 23:25.

3. 회개가 그리스도 안에 있는 하나님의 거저 주시는 은혜의 행위로 얻어지는 죄를 위한 만족이나 용서의 어떤 원인은 될 수 없지만,(1) 모든 죄인에게는 필요한 것이므로 누구든지 회개하지 않고는 죄의 용서를 기대할 수 없다.(2)

(1) 겔 36:31, 32, 16:61-63, 호 14:2, 4, 롬 3:24, 엡 1:7.   (2) 눅 13:3, 5, 행 17:30, 31.

4. 아무리 작은 죄라도 멸망에 해당하지 않는 죄가 없는 것과 같이,(1) 아무리 큰 죄라도 참으로 회개하는 자들에게까지 멸망을 가져오는 죄는 없다.(2)

(1) 롬 6:23, 5:12, 마 12:36. (2) 사 55:7, 롬 8:1, 사 1:16, 18.

5. 누구든지 일반적인 회개를 했다고 해서 스스로 만족해서는 안 되며 도리어 자신의 개개의 죄를 개별적으로 회개하도록 노력하는 것이 모든 사람의 의무이다.(1)

(1) 시 19:13, 눅 19:8, 딤전 1:13, 15.

6. 각 사람은 죄의 용서를 얻기 위해 기도할 때에 자기의 죄를 하나님께 사적으로 고백해야 한다.(1) 그렇게 함으로서 그 죄를 버림으로 자비를 얻는다.(2) 그러므로 형제나 그리스도의 교회를 중상한 사람은 사적으로든지 공적으로든지 자기의 죄를 고백하고 슬퍼함으로서 피해자들에 대해 자기의 회개를 표명하도록 해야 한다.(3) 또 그 피해자는 그와 화목하고 그를 사랑으로 용납해 주어야 한다.(4)

(1) 시 51:4, 5, 7, 9, 14, 32:5, 6. (2) 잠 28:13.

(3) 약 5:16, 눅 17:3, 4, 수 7:19, 시51편. (4) 고후 2:8, 갈 6:1, 2.

제16장 선행에 관하여

1. 선행은 오직 하나님께서 자신의 거룩한 말씀 중에서 명령하신 것이지(1) 사람이 어떤 말씀의 근거 없이 맹목적 열심이나 선한 의도를 구실로 해서 고안해 낸 것이 아니다.(2)

(1) 미 6:8, 롬 12:2, 히 13:21. (2) 마 15:9, 사 29:13, 벧전 1:18, 롬 10:2, 요

16:2, 삼상 15:21-23.

2. 하나님의 계명에 순종함으로서 이루어지는 선행은 참되고 살아있는 신앙의 열매이며 증거이다.(1) 그리고 신자들은 이 선행으로 말미암아 자기들의 감사를 나타내고,(2) 확신을 굳게 하며,(3) 형제의 덕을 세우고,(4) 복음의 고백을 높이며,(5) 반대자들의 입을 막고,(6) 그들은 하나님의 지으신 바요, 예수 그리스도 안에서 선행을 위하여 창조되었음으로(7) 하나님을 영화롭게 하고(8) 거룩에 이르는 열매를 맺으며, 종국적인 영생을 가지게 될 것이다.(9)

(1) 약 2:18, 22. (2) 시 116:12, 13, 벧전 2:9. (3) 요일 2:3, 5, 벧후 1:5-10.
(4) 고후 9:2, 마 5:16. (5) 딛 2:5, 9-12, 딤전 6:1. (6) 벧전 2:15. (7) 엡 2:10. (8) 벧전 2:12, 빌 1:11, 요 15:8. (9) 롬 6:22.

3. 그들이 선행을 할 수 있는 힘은 조금이라도 그들 자신에게서 나온 것이 아니고, 전적으로 그리스도의 영에서 나온 것이다.(1) 또한 선을 행할 수 있으려면 이미 받은 은혜 외에 그의 기뻐하시는 것을 원하고, 행할 수 있도록(2) 그들 안에서 역사 하시는 동일한 성령의 실제적 영향이 필요하다. 그렇다고 해서 성령의 특별한 활동이 없이는 무슨 의무라도 수행할 필요가 없는 것처럼 생각하여 태만해서는 안 된다. 오히려 그들은 자신 안에 있는 하나님의 은혜를 불 일 듯하게 하며 부지런해야 할 것이다.(3)

(1) 요 15:4, 6, 겔 36:26, 27. (2) 빌 2:13, 4:13, 고후 3:5. (3) 빌 2:12, 히 6:11, 12, 벧후 1:3, 5, 10, 11, 사 64:7, 딤후 1:6, 행 26:6, 7, 유 1:20, 21.

4. 그들의 순종에 있어서 이 세상에서 도달할 수 있는 최고도에 이르는 사람이라 할지라도 의무 이상으로 행하는 것과 하나님이 요구하시는 것보다 더 할 수 있는 것은 아니므로 그들이 의무상 해야 할 많은 일들에 있어서도 도달할 수 없다.(1)

(1) 눅 17:10, 느 13:22, 욥 9:2, 3, 갈 5:17.

5. 우리는 우리의 최상의 선행들을 통해서도 하나님의 손에 있는 죄의 용서

나 영생을 공로로 얻을 수 없는데, 그 이유는 선한 행위와 내세의 영광 사이의 큰 불균형과 우리와 하나님 사이에 무한한 거리가 있어서, 우리가 전에 지은 죄의 빚을 위하여 선한 행실로 하나님께 유익이나 만족을 드릴 수 없기 때문이다.(1) 도리어 우리가 할 수 있는 모든 일을 다 했다고 해도 그것은 우리의 의무를 행한 것뿐이요, 우리는 무익한 종에 지나지 않는다.(2) 왜냐하면 그것이 선한 행동이라면 성령으로 말미암아 나온 것이기 때문이다.(3) 그런 행위가 우리로 말미암아 이루어짐으로 여러 가지 약점과 불완전성으로서 심히 더럽게 되었고, 또한 그런 것이 섞여 있기 때문에 도저히 하나님의 무서운 심판을 견딜 수 없다.(4)

(1) 롬 3:20, 4:2, 4, 6, 엡 2:8, 9, 딛 3:5-7, 롬 8:18, 시 16:2, 욥 22:2, 3, 35:7, 8. (2) 눅 17:10. (3) 갈 5:22, 23. (4) 사 64:6, 갈 5:17, 롬 7:15, 18, 시 143:2, 130:3.

6. 그럼에도 불구하고 신자들은 그리스도로 말미암아 받아드려졌으므로 그들의 선행도 역시 그리스도 안에서 용납된다.(1) 그러나 그들이 이 세상에서 하나님 앞에 전적으로 흠이 없거나 비난을 받을 것이 없다는 뜻에서가 아니라,(2) 하나님은 그의 아들 안에서 그들을 보시기 때문에, 그들의 행동에 많은 약점과 불완전함을 동반하고 있지만, 저희의 성실한 것을 용납하시고 상주시기를 기뻐하신다.(3)

(1) 엡 1:6, 벧전 2:5, 창 4:4, 출 28:38, 히 11:4. (2) 시 143:2, 욥 9:20. (3) 히 13:20, 21, 고후 8:12, 히 6:10, 마 25:21, 23.

7. 중생하지 못한 사람들의 행위는 그 자체로서 하나님이 명령하신 것일 수도 있고, 그들 자신에게 뿐만 아니라 다른 사람들에게도 유익하다 할지라도(1) 그들이 신앙으로서 청결하게 된 마음에서나(2) 말씀에 의지해서 올바르게 행했거나(3) 또 하나님께 영광을 돌린다는(4) 옳은 목적을 위해 행한 것이 아니기 때문에 그것은 죄 된 것이고, 하나님을 기쁘시게 할 수 없으며 또한 그들로 하여금 하나님의 은혜를 받을 수 있게 하지도 못한다.(5) 그러나 선행을 소홀히 하는 것은 한층 더 죄가 되는 것이며, 하나님을 노하시게 하는 것이다.(6)

(1) 왕하 10:30, 31, 왕상 21:27, 29, 빌 1:15, 16, 18. (2) 창 4:3-5, 히 11:4, 6. (3) 고전 13:3, 사 1:12. (4) 마 6:2, 5, 16. (5) 학 2:14, 딛 1:15, 암 5:21, 22, 호 1:4, 롬 9:16, 딛 3:5. (6) 시 14:4, 36:3, 욥 21:14, 15, 마 25:41-45.

제17장 성도들의 궁극적인 구원에 관하여

1. 하나님이 그의 사랑하시는 자 안에서 받아드리고, 그의 성령으로서 효력 있게 부르시고 성화시킨 자들은 은혜의 상태에서 전적으로, 또는 최종적으로 타락할 수 없다. 도리어 그들은 끝 날까지 그 상태에서 확실히 견디며 영원히 구원을 받을 것이다.(1)

(1) 빌 1:6, 벧후 1:10, 요 10:28, 29, 요일 3:9, 벧전 1:5, 9, 욥 17:9.

2. 성도들의 궁극적 구원은 그들 자신의 자유의지가 아니라 아버지 하나님의 자유롭고 변하지 않는 사랑에서 나오는 선택의 작정의 불변성,(1) 예수 그리스도의 공로와 중보의 효력,(2) 그들 속에 있는 성령과 하나님의 씨의 내재,(3) 그리고 은혜계약의 성질에 의존한다.(4) 이 모든 것에서부터 궁극적 구원의 확실성과 무오성이 일어난다.(5)

(1) 딤후 2:18, 19, 렘 31:3. (2) 히 10:10, 14, 13:20, 21, 9:12-15, 롬 8:33-39, 요 17:11, 24, 눅 22:32, 히 7:25. (3) 요 14:16, 17, 요일 2:27, 3:9. (4) 렘 32:40, 히 8:10-12. (5) 요 10:28, 살후 3:3, 요일 2:19, 살전 5:23, 24.

3. 그럼에도 불구하고 그들은 사탄과 이 세상의 유혹과 그들 안에 남아 있는 부패성이 강해짐과 자신을 보호하는 방법을 소홀히 함으로서 무서운 죄에 빠지기도 하며,(1) 얼마 동안 그 죄에 빠져 있기도 한다.(2) 그렇게 함으로서 그들은 하나님의 노를 일으키고,(3) 그의 성령으로 하여금 탄식하게 하며(4) 그들이 받은 은혜와 위로 중의 어느 부분을 빼앗기게 되고,(5) 그들의 마음이 완악해지며,(6) 양심은 상처를 입고,(7) 남을 해치고 넘어지게 하며,(8) 그들 자신에게 일시적 심판을 가져

오게 한다.(9)

(1) 마 26:70, 72, 74. (2) 시 51:14, 삼하 12:9, 13. (3) 사 64:5, 7, 9, 삼하 11:27. (4) 엡 4:30. (5) 시 51:8, 10, 12, 계 2:4, 아 5:2-4, 6. (6) 막 6:52, 16:14, 시 95:8. (7) 시 32:3, 4, 51:8. (8) 삼하 12:14. (9) 시 89:31, 32, 고전 11:32.

제18장 은혜와 구원의 확신에 관하여

1. 위선자나 그밖에 중생하지 못한 사람들은 하나님의 은총과 구원을 소유하고 있는 것처럼(1) 거짓된 소망과 육적인 망상으로써 허망하게도 자기 자신을 속이고 있으나, 그들이 가지는 소망은 사라지고 말 것이다.(2) 그러나 주 예수를 참으로 믿으며 성실하게 그를 사랑하고, 그 앞에서 모든 선한 양심을 따라 행하려고 노력하는 사람은 이 세상에 있어서도 그들이 은혜의 자리에 있다는 확신을 가질 수 있으며,(3) 하나님의 영광의 소망 중에서 즐길 수 있을 것이다. 이 소망은 그들로 하여금 절대로 부끄러움을 당하지 않게 할 것이다.(4)

(1) 욥 8:13, 14, 미 3:11, 신 29:19, 요 8:41. (2) 마 7:22, 23. (3) 요일 2:3, 3:14, 18, 19, 21, 24, 5:13. (4) 롬 5:2, 5.

2. 이 확실성은 헛된 소망에 근거한 단순한 억측이나 그럴듯한 신념이 아니라(1) 구원을 약속한(2) 신적 진리와 이 약속된 은혜의 내적 증거,(3) 그리고 우리가 하나님의 자녀라는 것을 우리들의 영과 함께 증거 하시는 양자의 영의 증언 위에 세워진 신앙의 틀림없는 확신이다. 이 성령은 우리의 기업에 대한 보증인데,(4) 이 성령으로 말미암아 우리들은 구속의 날까지 인침을 받는다.(5)

(1) 히 6:11, 19. (2) 히 6:17, 18. (3) 벧후 1:4, 5, 10 ,11, 요일 2:3, 3:14, 고후 1:12. (4) 롬 8:15, 16. (5) 엡 1:13, 14, 4:30, 고후 1:21, 22.

3. 이 무오 한 확신은 신앙의 본질에 속하는 것이 아니라 오히려 참 신자가 오랫동안 기다리고 또한 그가 신앙에 참여한 자가 되기 전에 많은 어려움과 더불어

싸우기도 하지만,(1) 하나님이 그에게 값없이 주신 것을 성령을 통해 그가 알 수 있어서, 무슨 특별한 계시 없이도 보통 방법을 옳게 사용함으로 그 상태에 도달할 수 있다.(2) 그러므로 모든 신자는 자기의 부르심과 선택을 확실하게 하기 위해 전적으로 노력하는 것이 각자에게 부여된 의무이다.(3) 이렇게 함으로서 그의 마음은 이 확신이 주는 정당한 열매들로서 성령 안에서의 평화와 기쁨, 하나님에 대한 사랑과 감사, 그리고 순종의 의무를 다하는 힘과 즐거움이 증대되어진다.(4) 이 확신은 사람을 방탕함에 기울어지게 하는 것으로부터 아주 멀리 떠나게 한다.(5)

(1) 요일 5:13, 사 1:10, 막 9:24, 시 88편, 77:1-12.

(2) 고전 2:12, 요일 4:13, 히 6:11, 12, 엡 3:17-19. (3) 벧후 1:10. (4) 롬 5:1, 2, 5, 14:17, 17:13, 엡 1:3, 4, 시 4:6, 7, 119:32. (5) 요일 2:1, 2, 롬 6:1, 2, 딛 2:11, 12, 14, 고후 7:1, 롬 8:1, 12, 요일 3:2, 3, 시 130:4, 요일 1:6, 7.

4. 참 신자가 자기의 구원을 유지하는 것을 게을리 하고, 양심을 상하게 하고, 성령을 탄식하게 하는 특별한 죄에 빠지는 것과 돌발적이거나 격렬한 유혹에 의해 하나님이 자신의 얼굴빛을 돌이킴으로서 하나님을 두려워하는 자라도 어두움에 다니게 되어 전연 빛을 가지지 않는 자처럼 행하게 되어 종종 여러 가지 방법으로 그것이 흔들리고, 약해지고, 중단되는 일이 있다.(1) 그러나 그들이 하나님의 씨와 신앙의 생활이나 그리스도와 형제에 대한 그의 사랑, 마음의 진실성, 의무에 대한 양심과 같은 것을 가지지 않을 때는 없다. 이와 같은 것으로부터 이 확신은 성령의 역사를 통하여 때에 따라 회복되며(2) 또한 그들은 전적 절망에 빠지지 않도록 도움을 받게 된다.(3)

(1) 아 5:2, 3, 6, 시 51:8, 12, 14, 엡 4:30, 31, 시 77:1-10, 마 26:69-72, 시 31:22, 81:1-18, 사 1:10. (2) 미 7:7-9, 렘 32:40, 사 54:7-10, 시 22:1, 88:1-18. (3) 요일 3:9, 눅 22:32, 욥 13:15, 시 73:15, 51:8, 12, 사 1:1.

제19장 하나님의 율법에 관하여

1. 하나님은 아담에게 행위계약인 법을 주셨는데, 이 법으로 말미암아 하나님은 아담과 그의 모든 후손을 개별적이고, 전적이고, 엄밀하고, 영구한 순종의 의무를 지워 주셨으며, 사람이 그 법을 완수하면 생명을 주시기로 약속하셨고, 그것을 범할 때 사망으로 보응 한다고 엄하게 경고하시고, 아담에게 이 법을 지킬 수 있는 능력과 재능을 부여해 주셨다.(1)

(1) 창 1:26, 27, 2:17, 롬 2:14, 15, 10:5, 5:12, 19. 갈 3:10, 12, 전 7:29, 욥 28:28.

2. 아담이 타락한 후에 이 법은 의에 관한 완전한 표준으로 계속해서 존속하게 되었는데, 그것은 하나님에 의하여, 시내 산에서 십계명으로 선포되어, 두 돌비에 새겨졌다.(1) 첫 네 계명은 하나님에게 대한 우리의 의무를, 나머지 여섯 계명은 사람에 대한 우리의 의무를 포함하고 있다.(2)

(1) 약 1:25, 2:8,10-12, 롬 13:8, 9, 신 5:32, 10:4, 출 34:1, 롬 3:19. (2) 마 22:37-40, 출 20:3-18.

3. 보통 도덕적 율법이라고 하는 이 법외에 하나님께서 미성년의 교회인 이스라엘 백성에게 의식적 율법을 주시기를 기뻐하셨다. 그것은 다음 몇 가지 예표적 규례들을 포함하고 있다. 더러는 예배에 관한 것인데, 그리스도, 그의 은혜, 행적, 고난, 그리고 축복을 예표 하는 것이며,(1) 더러는 도덕적 의무에 관한 여러 가지 교훈을 제시하고 있다.(2) 모든 의식에 관한 법은 신약시대에는 폐지되었다.(3)

(1) 히 9:1-28; 10:1, 갈 4:1-3, 골 2:17. (2) 고전 5:7, 고후 6:17, 유 1:23. (3) 골 2:14, 16, 17, 단 9:27, 엡 2:15, 16.

4. 하나님은 정치 조직체로서의 그들에게 또한 여러 가지 재판 법들을 정해 주셨는데, 그것은 그 백성의 국가와 더불어 끝이 났으며, 그 일반적 원칙의 적용이 요구하는 이상으로는 아무 것도 의무로 지우지 않는다.(1)

(1) 출 21장, 22:1-29, 창 49:10, 벧전 2:13, 14. 마 5:17, 38, 39, 고전 9:8-10.

5. 도덕적 율법은 의롭다 하심을 받은 사람이나 그밖에 다른 사람들도 다 영원히 그것에 순종하도록 의무화했다.(1) 그것은 그 안에 포함된 내용 때문만이 아니라 그것을 주신 창조주 하나님의 권위 때문에도 그렇다.(2) 그리스도는 복음 안에서 이 의무를 조금도 폐지하지 아니하시고 도리어 크게 강화 하셨다.(3)

(1) 롬 13:8-10, 엡 6:2, 요일 2:3, 4, 7, 8, 롬 3:31, 6:15. (2) 약 2:10, 11, 롬 3:19. (3) 마 5:17-19, 약 2:8, 롬 3:31.

6. 참 신자는 행위계약으로서의 율법 아래 있는 것이 아니어서, 그것으로 말미암아 의롭다 함을 받거나 저주를 받는 것은 아니라 할지라도,(1) 그 법은 그들 자신들에게나 다른 사람들에게 크게 유익하다. 그것은 생활의 원리로서 하나님의 뜻과 또한 그들의 의무를 알게 해주며 합당하게 걷도록 그들을 인도하고 의무를 부여 하셨으며,(2) 그들의 본성과 마음과 생활 속에 있는 죄의 심한 오염을 발견하게 한다.(3) 따라서 그들은 법에 의해 자신을 반성해서 죄를 더욱 깨닫고, 죄 때문에 겸손하게 되고, 죄를 미워하게 되며,(4)그들이 그리스도를 소유할 필요성과 그의 완전한 순종에 대하여 분명한 이해를 가지게 된다.(5) 이와 같이 법은 중생한 자들에게도 죄를 금하고 있으므로 그들의 부패성을 제어하는데 유용하다.(6) 그리고, 법의 경고는 그들이 법의 저주로부터 해방되었을지라도 그들이 범죄 하면 당연히 받을 바가 무엇이며 죄 때문에 이생에서 어떠한 고통을 기대해야 할지를 보여 주는데 이바지한다.(7) 그와 마찬가지로 그 법의 약속들은 그들에게 순종에 대한 하나님의 인정을 보여주며, 행위계약인 율법으로 말미암아 그들에게 당연한 일로서가 아니라 이것을 성취할 때, 어떠한 축복을 기대할 수 있는가를 보여준다.(8)그러나 그것은 행위계약인 율법을 지켰다고 해서 그들에게 주어지는 것은 아니다.(9) 마찬가지로, 법이 선을 권하고 악을 금하고 있기 때문에, 사람이 선을 행하고 악을 제지한다고 해서 그것이 곧 그가 은혜 아래 있지 않고 법아래 있다는 증거는 될 수 없다.(10)

(1) 롬 6:14, 8:1, 갈 2:16, 3:13, 4:4, 5, 행 13:39.

(2) 롬 7:12, 22, 25, 시 119:4-6, 고전 7:19, 갈 5:14, 16, 18-23. (3) 롬 7:7, 3:20.
(4) 약 1:23-25, 롬 7:9, 14, 24. (5) 갈 3:24, 롬 7:24, 25, 8:3, 4. (6) 약 2:11, 시
119:101, 104, 128. (7) 스 9:13, 14, 시 89:30-34. (8) 레 26:1-14, 고후 6:16, 엡 6:2,
3, 시 37:11, 마 5:5, 시 19:11. (9) 갈 2:16, 눅 17:10. (10) 롬 6:12, 14, 벧전 3:8-12,
시 34:12-16, 히 12:28, 29.

7. 위에서 말한 법의 용도는 복음의 은혜에 반대되는 것이 아니라 도리어 그
것에 잘 적응하는 것이다.(1) 그리스도의 영은 사람의 의지를 다스리고 행하도록 해
서 법에 계시된 하나님의 뜻이 이루어지기를 요구하는 것을 자유로이 기뻐하면서
행하게 하신다.(2)

(1) 갈 3:21, 딛 2:11-14. (2) 겔 36:27, 히 8:10, 렘 31:33.

제20장 신자의 자유와 양심의 자유에 관하여

1. 그리스도가 복음 아래 있는 신자들을 위하여 값 주고 사신 자유는 죄책
하나님의 정죄 하시는 진노, 도덕적 율법의 저주로부터의 자유와,(1) 현재의 이 악
한 세상, 사탄의 속박, 죄의 지배,(2) 환란의 악, 죽음의 쏘는 것, 무덤에서의 승리
와 영벌에서 구출되는 것과,(3) 하나님에게의 자유로운 접근,(4) 종의 두려움에서가
아닌 어린아이와 같은 사랑과 자발적인 마음으로(5) 하나님께 순종하는 것에 있다.
이 모든 것은 율법 아래 있던 신자들에게도 공통이었다.(6) 그러나 신약시대의 신
자의 자유는, 유대교회가 복종했던(7) 의식적 율법의 멍에로부터의 해방과,(8) 율
법아래 있던 신자들이 보통으로 가졌던 것보다 은혜의 보좌에 더 큰 담력을 가지
고 접근하는 것, 그리고 하나님의 자유 하신 영과의 교제에 있어서 더욱 확장된
다.(9)

(1) 딛 2:14, 갈 3:13. (2) 갈 1:4, 골 1:13, 행 26:18, 롬 6:14, 요일 1:7. (3) 살전

1:10, 롬 8:28, 시 119:71, 고전 15:54-57, 롬 8:1. (4) 롬 5:1, 2. (5) 롬 8:14, 15, 요일 4:18. (6) 갈 3:9, 14. (7) 갈 4:1-3, 6, 7, 5:1, 행 15:10, 11. (8) 히 4:14, 16, 10:19-22. (9) 요 7:38, 39, 고후 3:13, 17, 18.

　　2. 하나님만이 양심의 주가 되시며,(1) 이 하나님은 그의 말씀에 배치되는 어떤 것에서나, 혹은 그 밖에 신앙이나 예배에 관한 사람들의 교리와 계명으로부터 양심을 자유하게 하셨다.(2) 그래서, 그와 같은 교리를 믿거나, 또는 그와 같은 계명에 대해 양심을 떠나서 순종하는 것은 참된 양심의 자유를 배반하는 것이다.(3) 그리고 맹목적 신앙과 절대적이며 맹목적인 순종을 요구하는 것은 양심의 자유와 이성을 파괴하는 것이다.(4)

　　(1) 약 4:12, 롬 14:4. (2) 행 4:19, 5:29, 고전 7:23, 마 23:8-10, 고후 1:24, 마 15:9. (3) 골 2:20, 22, 23, 갈 1:10, 2:4, 5, 5:1. (4) 롬 10:17, 14:23, 사 8:20, 행 17:11, 요 4:22, 렘 8:9, 벧전 3:15, 호 5:11, 계 13:12, 16, 17.

　　3. 신자의 자유를 구실 삼아 어떤 죄를 범하거나 정욕을 품는 사람은 그것으로 말미암아 신자의 자유의 목적을 파괴한다. 신자의 자유의 목적은 우리가 원수의 손에서 해방되어 우리의 사는 날 동안 두려움 없이 주님 앞에서 거룩하고 의롭게 주님을 섬기는 것이다.(1)

　　(1) 갈 5:13, 벧전 2:16, 벤후 2:19, 요 8:34, 눅 1:74, 75.

　　4. 하나님이 제정하신 권세와 그리스도께서 값 주고 사신 자유는 파괴하기 위한 것이 아니고, 오히려 서로 지지해서 보존하는 것이 하나님에 의해 의도된 것이기 때문에, 신자의 자유를 구실 삼아 어떤 사람들이 국가적이든 교회적이든 간에 그것의 합법적 권세와 합법적 행사를 반대하는 사람은 누구나 하나님의 규례에 반항하는 것이다.(1) 한편, 본성의 빛이나, 신앙, 예배 또는 생활에 관한 기독교의 알려진 원리들이나 경건의 능력에 반대되는 의견들을 발표, 그러한 실행을 지속하는 것, 혹은 그 성질상으로나, 그것을 발표 지속하는 방법상 그 잘못된 의견들과

실행들은, 그리스도가 교회 안에 세우신 외적 평화와 질서에 대하여 파괴적이므로 교회의 치리와 국가 기관의 권세에 의해 문책되고 고소되는 것이 합법적이다.(2)

(1) 마 12:25, 벧전 2:13, 14, 16, 롬 13:1-8, 히 13:17. (2) 롬 1:32, 16:17. 고전 5:1, 5, 11, 13, 요이 1:10, 11, 살후 3:6, 14, 딤전 6:3-5, 딛 1:10, 11, 13, 3:10, 마 18:15-17, 딤전 1:19, 20, 계 2:2, 14, 15, 20, 3:9.

제21장 종교적 예배와 안식일에 관하여

1. 자연의 빛은 하나님이 계시다는 것을 보여 주는데, 하나님은 만물에 대한 주권과 통치권을 가지시고, 선하시며 만물에 대해 선을 행하신다. 그러므로 사람은 마음과 목숨과 힘을 다해 그를 경외하고, 사랑하며, 찬양하고 기도하며, 의지하고, 섬겨야 한다.(1) 그러나 참 하나님을 예배하는 합당한 방법은 하나님 자신이 제정 하셨고, 그 자신의 계시된 뜻에 의해 제한 하셨으므로, 하나님을 사람의 어떤 상상 과 의향과 사탄의 시사에 따라서, 어떤 볼 수 있는 표현이나 성경에 기록되어 있지 않은(2) 어떤 방법을 통해 예배해서는 안 된다.

(1) 롬 1:20, 행 17:24, 시 119:68, 렘 10:7, 시 31:23, 18:3, 롬 10:12, 시 62:8, 수 24:14, 막 12:33. (2) 신 12:32, 마 15:9, 행 17:25, 마 4:9, 10, 신 4:15-20, 출 20:4-6, 골 2:23, 요 4:23, 24.

2. 종교적 예배는 성부, 성자, 성령이신 하나님께 드려야 하며, 오직 그에게 만 드려야 한다.(1) 천사, 신자, 그밖에 어떤 피조물에게도 예배해서는 안 된다.(2) 사람이 타락한 후에는 중보자 없이 또는 어떤 다른 중보자를 통해서가 아니라 그 리스도를 통해서만 예배해야 한다.(3)

(1) 마 4:10, 요 5:23, 고후 13:13, 계 5:11-14. (2) 골 2:18, 계 19:10, 롬 1:25. (3) 요 14:6, 딤전 2:5, 엡 2:18, 골 3:17.

3. 기도는 감사와 함께 종교적 예배의 특별한 한 부분인데(1) 하나님이 모든

사람에게 요구하시는 것이다.(2) 그리고 기도가 받아드려 지려면 각자가 이해 존경, 겸손, 열성, 신앙, 사랑과 인내로서,(3) 성자의 이름으로(4) 성령의 도우심을 받아 (5) 그의 뜻에 따라 기도해야 한다.(6) 만약 소리 내어서 기도할 때는 알려진 언어로 해야 한다.(7)

(1) 빌 4:6, 딤전 2:1, 골 4:2. (2) 시 65:2, 살전 5:17, 18. (3) 시 47:7, 전 5:1, 2, 히 12:28, 창 18:27, 엡 6:18, 약 1:6, 7, 5:16, 막 11:24, 마 6:12, 14, 15, 골 4:2. (4) 요 14:13, 14. (5) 롬 8:26, 엡 6:18. (6) 요일 5:14. (7) 고전 4:14.

4. 기도는 합법적인 것과(1) 현재 살아 있는 모든 자나 이후에 생존할 사람들을 위해서 하여야 하는데,(2) 죽은 사람(3) 또는 죽음에 이르는 죄를 범한 것이 알려진 사람을 위해서 할 것이 아니다.(4)

(1) 요일 5:14. (2) 딤전 2:1, 2, 요 17:20, 삼하 7:29, 룻 4:12. (3) 삼하 12:21-23, 눅 16:25, 26, 계 14:13. (4) 요일 5:16.

5. 일반적으로 하나님께 드리는 종교적 예배의 모든 부분들은 경건한 두려움으로 성경을 읽는 것과,(1) 건전한 설교,(2) 하나님께 순종하며, 이해 신앙 존경을 가지고 말씀을 양심적으로 듣는 것,(3) 마음에 있는 은혜로 시편을 찬송하는 것,(4) 그리고 그리스도께서 제정하신 성례를 바로 실시하고 합당하게 받는 것이다.(5) 이 밖에 종교적 맹세,(6) 서원,(7) 엄숙한 금식,(8) 그리고 특별한 경우에(9) 드리는 감사기도가 있는데, 이와 같은 것은 여러 시기와 여러 절기를 따라 거룩하고 종교적인 태도로 사용되어야 한다.(10)

(1) 행 15:21, 계 1:3. (2) 딤후 4:2. (3) 약 1:22, 행 10:33, 마 13:19, 히 4:2, 사 66:2. (4) 골 3:16, 엡 5:19, 약 5:13. (5) 마 28:19, 고전 11:23-29, 행 2:42, (6) 신 6:13, 느 10:29. (7) 사 19:21, 전 5:4, 5, 행 18:18. (8) 욜 2:12, 에 4:16, 마 9:15, 고전 7:5. (9) 시 107:1-43, 에 9:22. (10) 히 12:28.

6. 오늘날 복음시대에 있어서는 기도나 그밖에 종교적 예배의 어떤 부분이

든지 그 예배가 시행되는 방향이나 장소에 매이지 않고, 그것으로 인해 더 잘 받아드려지는 것은 아니다.(1) 도리어 어디서든지(2) 영과 진리로(3) 하나님께 예배해야 한다. 곧 각 가정에서(4) 매일이든지,(5) 혼자서(6) 은밀한 곳에서든지, 엄숙히 예배하고, 혹 공식 집회에서는 더욱더 엄숙히 예배해야 하는데, 하나님께서 그의 말씀이나 섭리에 의해 공식집회로 부르실 때,(7) 부주의하게, 또는 경솔하게 소홀히 여기거나 저버려서는 안 된다.

　　(1) 요 4:21. (2) 말 1:11, 딤전 2:8. (3) 요 4:23, 24. (4) 렘 10:25, 신 6:6, 7, 욥 1:5, 삼하 6:18, 20, 벧전 3:7, 행 10:2. (5) 마 6:11, 단 6:10. (6) 마 6:6, 엡 6:18, 느 1:4-11. (7) 사 56:7, 히 10:25, 잠 1:20, 21, 24, 8:34, 행 13:42, 눅 4:16, 행 2:42.

　　7. 일반적인 자연의 법칙에서와 같이 하나님을 예배하기 위하여 일정한 시간을 구별해 놓아야 한다. 하나님은 그의 말씀을 통하여 적극적, 도덕적 항구적인 명령으로서 모든 시대의 모든 사람에게 의무를 부과하여 특히 칠일 중에 하루를 안식일로 지정하셔서 하나님께서 거룩한 날로 지키게 하셨다.(1) 이 날은 창세로부터 그리스도의 부활까지는 주간의 마지막 날이었으나, 그리스도의 부활 이후는 첫날로(2) 변경되었는데, 성경에서는 이 날을 주일이라고 부른다.(3) 이 날은 세상 끝날까지 기독교의 안식일로 계속되어야 할 것이다.(4)

　　(1) 출 20:8, 11, 사 56:2, 4, 6, 7. (2) 창 2:2, 고전 16:1, 2, 행 20:7. (3) 계 1:10. (4) 출 20:8, 10, 마 5:17, 18.

　　8. 이 안식일을 신자는 마음으로 올바르게 준비하고, 일상의 용무를 미리 정돈하고 주님께 거룩하게 지켜야 한다. 이 날에는 세상적 직업이나 오락에 관한 자기 자신의 모든 일, 말, 생각에서 떠나,(1) 온 종일 거룩한 휴식을 지킬 뿐만 아니라, 모든 시간을 공적으로나 사적으로 하나님을 예배하는데 쓰며 필요한 의무와 자비를 베푸는 일에 바칠 것이다.(2)

　　(1) 출 20:8, 16:23, 25, 26, 29, 30, 31:15-17, 사 58:13, 느 13:15-22. (2) 사 58:13, 마 12:1-13.

제22장 합법적 맹세와 서원에 관하여

1. 합법적 맹세는 종교적 예배의 한 부분인데,(1) 정당한 경우에 서원 하는 사람이 확증 혹은 약속한 것에 대하여 증거 해 주실 것과, 서원한 것이 참인지 거짓인지에 따라 자신을 판단하여 주시도록 엄숙히 하나님을 부르는 것이다.(2)

(1) 신 10:20. (2) 출 20:7, 레 19:12, 고후 1:23, 대하 6:22, 23.

2. 하나님의 이름으로서만 사람은 맹세해야 하고, 서원에 있어서 하나님의 이름은 모든 거룩한 두려움과 존경으로 사용되어야 하기 때문에,(1) 그 영화롭고 두려운 이름에 대해 헛되이 또는 경솔하게 맹세하거나 무언가 다른 것으로 맹세한다면 그것은 죄 되고 증오할 만한 일이다.(2) 맹세는 그 중요한 사항에 있어서, 구약에서와 같이 신약에서도 하나님의 말씀에 따라 보증되어 있으므로,(3) 합법적 맹세는 합법적인 권위로 말미암아 부과될 때에는 이를 행해야 한다.(4)

(1) 신 6:13. (2) 출 20:7, 렘 5:7, 마 5:34, 37, 약 5:12. (3) 히 6:16, 고후 1:23, 사 65:16. (4) 왕상 8:31, 스 10:5, 마 26:63, 64.

3. 누구든지 맹세를 할 때에는 그것이 매우 중요하고 엄숙한 행사라는 점을 바로 생각해야 하고, 그 때에 자기가 진리라고 확신할 수 있는 것 외에는 아무 것도 공언해서는 안 된다.(1) 누구든지 선하고 옳은 것, 옳다고 믿는 것 자기가 실제로 행할 수 있는 것, 그리고 행하려고 결심한 것 이외의 것에 대해서 맹세해도 안 된다.(2) 그러나 합법적인 권위로 말미암아 선하고 옳은 것에 대한 맹세가 부과될 때 그 맹세를 거절하는 것은 죄가 된다.(3)

(1) 출 20:7, 렘 4:2. (2) 창 24:2, 3, 5, 6, 8, 9. (3) 민 5:19, 21, 느 5:12, 출 22:7-11.

4. 맹세는 쉽고 상식적인 말로 하여야 하며, 모호한 말이나 애매한 말이 없어야 한다.(1) 맹세는 죄를 범하는 의무를 부과할 수 없지만, 죄 되지 않은 어떤 것을 맹세했다면, 그것이 비록 자기에게 손해가 될지라도 마땅히 이행해야 하고,(2)

이단자나 불신자에게 맹세한 것일지라도 그것은 깨뜨려질 수 없다.(3)

(1) 렘 4:2, 시 24:4. (2) 삼상 25:22, 32-34, 시 15:4. (3) 겔 17:16, 18, 19, 수 9:18, 19, 삼하 21:1.

5. 서원은 약속적 맹세와 같은 성질의 것이며, 동일한 종교적 주의로 하고 동일한 진실성을 가지고 이행해야 한다.(1)

(1) 사 19:21, 전 5:4-6, 시 61:8, 66:13, 14.

6. 서원은 어떤 피조물에 대해서가 아니라, 하나님께 대해서만 할 것이다.(1) 그것이 받으신바 되게 하려면 자발적으로, 신앙과 의무의 양심으로, 또한 이미 우리가 받은 자비나 우리가 원하는 바를 얻은 것에 대한 감사로서 해야 하고 그것으로서 우리들이 필연적 의무나, 적절하게 서원을 이루는데 도움이 되는 한 다른 것들도 더욱 엄정하게 이루어야 할 것을 서원 하는 것이다.(2)

(1) 시 76:11, 렘 44:25, 26. (2) 신 23:21, 23, 시 50:14, 창 28:20-22, 삼상 1:11, 시 66:13, 14, 132:2-5.

7. 아무도 하나님의 말씀이 금하는 서원을 해서는 안 되고, 또한 성경에 명하신 어떤 의무에 방해되는 것이나, 자기 자신의 힘이 미칠 수 없는 것이나 그것을 이행하는데 있어서 하나님으로부터 아무런 약속이나 힘을 받지 못한 것을 행한다고 서원해서는 안 된다.(1) 이런 점에서 평생 독신생활, 공약한 가난, 그리고 규칙적 순종에 대한 로마교의 수도원적 서원은 보다 높은 완전의 정도가 아니어서, 신자로서는 걸려 들 필요가 없는, 미신적이고 죄 많은 함정이다.(2)

(1) 행 23:12, 14, 막 6:26, 민 30:5, 8, 12, 13. (2) 마 19:11, 12, 고전 7:2, 9, 엡 4:28, 벧전 4:2, 고전 7:23.

제23장 국가 공직자에 관하여

1. 전 세계의 최고의 주와 왕이 되시는 하나님은 자신의 영광과 공적 선을

위해 자신 밑에 백성들 위에 국가 공직자들을 임명하셨다. 이 목적을 위해 칼의 권세로 그들을 무장시키셔서 선한 무리를 보호하고 격려하며, 악을 행하는 자를 처벌하게 하셨다.(1)

(1) 롬 13:1-4, 벧전 2:13, 14.

2. 신자가 이 공직에 부름을 받았을 때, 그것을 수락하고 그 일을 집행하는 것은 합법적이다.(1) 그들이 이 일을 수행할 때는 그 나라의 건전한 법을 따라서 특별히 경건과 공의와 평화를 유지해야 하기 때문에,(2) 이 목적을 위해서 신약시대인 지금도 올바르고 필요한 경우에 합법적으로 전쟁을 수행할 수 있다.(3)

(1) 잠 8:15, 16, 롬 13:1, 2, 4. (2) 시 2:10-12, 딤전 2:2, 시 82:3, 4, 삼하 23:3, 벧전 2:13. (3) 롬 13:4, 계 17:14, 16.

3. 국가 공직자들이 말씀과 성례의 집행이나(1) 하늘나라 열쇠의 권세를 자기들의 것으로 취해서는 안 되며,(2) 조금이라도 신앙적 사건들에 간섭해서는 안 된다.(3) 그러나 양육하는 아버지같이 신자들의 어느 한 교파를 다른 교파 이상으로 우대하지 않고, 모든 교역자들이 폭력이나 위험 없이 그들의 신성한 직무들의 각 부분을 이행하기 위해, 충분하며, 자유롭고, 의심할 여지가 없는 자유를 누리게 하는 방식으로, 우리의 공통된 주의 교회를 보호하는 것이 국가 공직자들의 의무이다.(4) 그리고 예수 그리스도는 그의 교회에 정규적인 정치와 권징을 정하셨으므로 신자들의 어느 교파에서 자원한 회원들 중에 자신들의 고백과 신앙에 따르는 정당한 행사를 어느 국가의 아무 법률이라도 간섭하거나 방해해서는 안 된다.(5) 오히려 국가 공직자들의 의무는 종교나 무 신앙을 구실로 해서 어느 누구에게든지, 모욕, 폭력, 학대, 상해를 가해서 그 어떤 다른 사람이 박해받는 일이 없도록 하는 효과적인 방식으로 그들의 모든 백성들의 인격과 명성을 보호하는 것과, 모든 종교적, 교회적 집회들이 방해나 교란 없이 개최될 수 있도록 질서를 유지하는 것이다.(6)

(1) 대하 26:18. (2) 마 16:19. (3) 요 18:36. (4) 사 19:23, 롬 13:1-6. (5) 시

105:15, 행 18:14-16. (6) 롬 13:4, 대하 19:8-11.

4. 백성은 공직자를 위해서 기도하고,(1) 그들의 인격을 존중하며, 세금이나 그 밖의 부과금을 바치고,(2) 양심을 위해서(3) 그들의 합법적인 명령을 순종하며, 그들의 권위에 순종할 의무가 있다. 무신앙이나 종교의 차이가 공직자의 옳고 합법적인 권위를 무효하게 하거나, 그들에게 마땅히 순종해야 할 의무에서 그 백성으로 하여금 벗어나게 할 수는 없으며,(4) 교역자도 면제되는 것은 아니다.(5) 더욱이 교황은 공직자들의 통치권 안에서는 그 공직자들이나 그들의 국민들에 대해서 아무런 권세나 사법권이 없다. 가령, 교황이 그들을 이단으로 판단하거나 그밖에 어떠한 구실을 붙이더라도(6) 그들의 통치권이나 생명을 취하는 것은 결코 허용이 되지 않는다.(7)

(1) 딤전 2:1, 2. (2) 벧전 2:17, 마 22:21. (3) 롬 13:6-7. (4) 롬 13:5, 딛 3:1. (5) 벧전 2:13, 14, 16. (6) 롬 13:1, 왕상 2:35, 행 25:9-11, 벧후 2:1, 10. 11, 유 1:8-11. (7) 딤후 2:24, 벧전 5:3.

제24장 결혼과 이혼에 관하여

1. 결혼은 한 남자와 한 여자로 이루어져야 한다. 어느 남자가 동시에 둘 이상의 아내를 두거나 어느 여자가 동시에 둘 이상의 남편을 가지는 것은 합법적이 아니다.(1)

(1) 창 2:24, 마 19:4-6, 롬 7:3, 잠 2:17, 막 10:6-9.

2. 결혼은 남편과 아내가 서로 돕기 위해서,(1) 합법적인 자녀를 통한 인류와 거룩한 자손을(2) 통한 교회의 증가를 위해서, 그리고 음행을 막기 위해 제정되었다.(3)

(1) 창 2:18. (2) 말 2:15. (3) 고전 7:2,9.

3. 판단력을 가지고 자기의 동의를 표할 수 있는 모든 종류의 사람들이 결혼하는 것은 합법적이지만,(1) 오직 주안에서 결혼하는 것이 신자의 의무이다.(2) 그러므로 참된 개혁파 신앙을 고백하는 자는 무 신앙자, 로마가톨릭교회 신자 기타 우상숭배자와 결혼할 수 없다. 또한, 경건한 자는 생활이 현저히 악한 사람이나 저주받을 이단을 계속적으로 주장하는 자와 결혼하여 짝할 수 없다.(3)

(1) 히 13:4, 딤전 4:3, 고전 7:36-38. (2) 고전 7:39. (3) 출 34:16, 신 7:3, 4, 왕상 11:4, 느 13:25-27, 말 2:11, 12, 고후 6:14.

4. 말씀에 금지된 가까운 친척이나 인척끼리는 결혼할 수 없다.(1) 어떤 인간의 법이나, 당사자들의 동의로도, 근친간의 남녀가 부부로서 동거할 수 있도록 합법화시키는 것은 있을 수 없다.(2)

(1) 레 18장, 고전 5:1, 암 2:7. (2) 막 6:18, 레 18:24-28, 20:19-21.

5. 약혼한 후에 범한 간음이나 음행이 결혼 전에 발견되면 그것은 순결한 편에게 약혼을 파기할 수 있는 정당한 근거를 준다.(1) 만약, 결혼 후에 간음한 사실이 있을 때, 순결한 편이 상대편을 죽은 것으로 간주하여(2) 이혼소송을 하고, 이혼 후에 다른 사람과 결혼하는 것은 합법적이다.(3)

(1) 마 1:18-20. (2) 마 5:31, 32, 19:8-9. (3) 롬 7:2, 3.

6. 사람의 부패성이 하나님께서 결혼으로 짝지어 준 사람들을 부당하게 나누려고 여러 가지 이론을 연구할지라도 오직 간음이나 교회나 국가 공직자로서도 회복할 수 없는 고의적 버림을 당한 것 외의 어떠한 일도 결혼을 파기할 충분한 이유가 되지 못한다.(1) 이혼을 할 때에는 공적이요, 질서 있는 소송 수속을 밟아야 되며, 이때에 당사자들은 자기 자신들의 사건에 있어서 자신들의 의지와 판단에 맡겨서는 안 된다.(2)

(1) 마 19:6, 8, 9, 고전 7:15. (2) 신 24:1-4, 스 10:3.

제25장 교회에 관하여

1. 공동적 또는 보편적 교회는 볼 수 없는데, 이 교회는 과거, 현재, 미래에 있어서 머리이신 그리스도를 중심 하여 모이는 모든 택한 백성으로 구성된다. 이것은 만물 안에서 만물을 충만하게 하시는 그리스도의 신부요, 몸이며 충만 이다.(1)

(1) 엡 1:10, 22, 23, 5:23, 27, 32, 골 1:18.

2. 보이는 교회도 복음시대에 있어서 역시 공동적 또는 보편적 교회인데 율법 시대와 같이 한 민족에게만 국한된 것이 아니라, 전 세계를 통해 참 종교를 고백하는(1) 모든 사람과(2) 그들의 자손들로(3) 구성된다. 이 교회는 주 예수 그리스도의 왕국이요,(4) 하나님의 집이요, 가족이며,(5) 이것을 떠나서는 구원의 정상적 가능성은 없다.(6)

(1) 고전 1:2, 12:12, 13, 시 2:8, 계 7:9, 롬 15:9-12. (2) 고전 7:14, 행 2:39, 겔 16:20, 21, 롬 11:16, 창 3:15, 17:7, 갈 3:7, 9, 롬 4장. (3) 행 2:39, 창 17:7, 사 9:7, 갈 3:7, 9, 14. (4) 엡 2:19, 3:15. (5) 마 10:32, 33. (6) 행 2:47.

3. 그리스도께서 이 공동적이고 보이는 교회에게 이 세상에 있는 성도들을 모으고 완전케 하기 위해서, 세상 끝 날까지 봉사직과 말씀과 규례를 주셨고, 그것들을 자신의 약속을 따라 그 자신의 임재와 성령으로 말미암아 그 목적을 위해서 효과 있게 하신다(1)

(1) 고전 12:23, 엡 4:11-13, 마 28:19, 20, 사 59:21.

4. 이 공동적 교회는 때로는 더 잘 보이기도 하고, 때로는 잘 안 보이기도 한다.(1) 이 공동적 교회에 속하는 개 교회는 복음의 교리를 가르침과 받아드림, 규례의 집행, 그리고 공적 예배가 얼마나 순수하게 시행되느냐에 따라 그 교회의 순수성에 차이가 있다.(2)

(1) 롬 11:3, 4, 계 12:6, 14, 행 9:31. (2) 계 2:3, 고전 5:6, 7.

5. 세상에 있는 가장 순수한 교회도 혼합과 잘못에서 벗어날 수 없으며(1)

어떤 교회는 그리스도의 교회라 하기보다 사탄의 회가 될 정도로 타락했다.(2) 그
럼에도 불구하고 지상에는 하나님의 뜻을 따라(3) 하나님께 예배하는 교회가 항상
있을 것이다.

(1) 고전 13:12, 계 2:3-4, 마 13:24-30, 47. (2) 계 2:9, 롬 11:18-22. (3) 마
16:18, 시 72:17, 102:28, 마 28:19, 20, 엡 1:11.

6. 주 예수 그리스도 외에는 교회의 머리가 없다.(1) 로마의 교황도 어떠한
의미에서든지 교회의 머리가 아니다. 누구든지 교회에서 그리스도를 대항하여 자
신을 높이는 자와, 하나님이라 불리는 모든 자는 적그리스도요, 죄악의 사람이며,
멸망의 자식이다.(2)

(1) 골 1:18, 엡 1:22. (2) 마 23:10, 살 후 2:3, 4, 8, 9, 계 13:6.

제26장 성도의 교제에 관하여

1. 모든 성도는 성령과 신앙으로 말미암아 머리이신 예수 그리스도와 연합
하여 그의 은혜, 고난, 죽음, 부활과 영광중에 그와 친교를 가진다.(1) 그리고 성도
들끼리는 사랑으로 서로 연합하여 각자가 받은 은사와 은혜를 함께 나누며,(2) 그
들은 내적 사람과 외적 사람에 있어서, 상호간의 선에 공헌하도록 공적 및 사적 의
무를 수행하여야 한다.(3)

(1) 요일 1:3, 엡 3:16, 요 1:16, 엡 2:5, 빌 3:10, 롬 6:5, 6, 딤후 2:12. (2) 엡
4:15, 16, 고전 12:7, 3:21-23, 골 2:19. (3) 살전 5:11, 14, 롬 1:11, 12, 14, 요일 3:16-
18, 갈 6:10.

2. 신앙고백을 한 성도들은 하나님 예배, 상호건덕에 도움을 주는 영적 봉사
의 실시, 각자의 능력과 필요에 따라 외적인 일에 있어서도 서로 돕는 일에, 거룩한
친교와 교제를 지속할 의무가 있다.(1) 이 교제는 하나님이 기회를 주시는 대로 주
예수의 이름을 부르는 모든 곳에 있는 모든 사람에게까지 확장되어야 한다.(2)

(1) 히 10:24, 25, 행 2:42, 46, 사 2:3, 고전 11:20.

(2) 행 2:44, 45, 요일 3:17, 고후 8:9, 행 11:29, 30.

3. 성도들이 그리스도와 더불어 가지는 이 교제는 어떠한 의미에서도 그들을 그리스도의 신성의 본체에 참여자가 되게 할 수 없고, 그리스도와 동등하게 하는 것은 아닌데, 이것들 중 어느 것을 인정해도 불경건하고 망령된 일이다.(1) 또한 성도로서 서로 가지는 이 교제는 각자가 소유하는 재산과 소유에 대해서 가지고 있는 권리나 소유권을 빼앗거나 침해하는 것은 아니다.(2)

(1) 골 1:18, 19, 고전 8:6, 사 42:8, 딤전 6:15, 16, 시 45:7, 히 1:8, 9. (2) 출 20:15, 엡 4:28, 행 5:4.

제27장 성례에 관하여

1. 성례는 은혜계약의(1) 거룩한 표와 인장으로서 하나님이 직접 제정해 주신 것으로,(2) 그리스도와 그의 혜택을 나타내고 그 안에 있는 우리의 이권을 확인하고,(3) 교회에 속한 사람과 세상의 나머지 사람들을 볼 수 있는 차이가 있게 하며,(4) 또한 성도들로 하여금 하나님의 말씀을 따라(5) 그리스도 안에서 하나님을 봉사하는데 엄숙히 종사하게 하기 위한 것이다.

(1) 창 17:7, 롬 4:11. (2) 마 28:19, 고전 11:23. (3) 고전 10:16, 11:25, 26, 갈 3:27. (4) 롬 15:8, 출 12:48, 창 34:14, 고전 10:21. (5) 고전 10:16, 21.

2. 모든 성례에서 표와 그 표상 되는 것 사이에 영적 관계, 또는 성례적 연합이 있다. 그러므로 한 편의 명칭과 효과가 다른 편에 속하게 된다.(1)

(1) 창 17:10, 마 26:27, 28, 딛 3:5.

3. 올바르게 집행된 성례나 그것으로 말미암아 나타난 은혜는 성례 안에 있는 무슨 힘에 의해 주어지는 것이 아니며, 성례의 효과가 그것을 집행하는 사람의 경건이나 의도에 의존하는 것도 아니고,(1) 오직 성령의 역사와(2) 성례 제정의 말씀에 의존하는 것이다. 그 말씀에는 그것을 사용할 수 있는 권위를 부여하는 명령

과 함께, 성례를 가치 있게 받는 사람에게 주는 혜택의 약속이 포함되어 있다.(3)

(1) 롬 2:28, 벧전 3:21. (2) 마 3:11, 고전 12:13. (3) 마 26:27, 28, 28:19, 20.

4. 복음에는 우리 주 그리스도께서 제정하신 오직 두 가지 성례만이 있는데 그것은 곧 세례와 주의 성찬이다. 이 두 성례는 아무나 베풀지 못하고, 반드시 합법적으로 임직된(1) 말씀의 사역자로 말미암아 집행되어야 한다.

(1) 마 28:19, 고전 11:20, 23, 4:1, 히 5:4.

5. 구약의 성례도 그것이 표상하고 표시된 영적 사물에 관해서는, 실질적으로 신약의 성례와 같은 것이다.(1)

(1) 고전 10:1-4, 5:7, 8.

제28장 세례에 관하여

1. 세례는 예수 그리스도께서 제정하신 신약의 성례인데,(1) 그것은 세례 받는 자를 엄숙하게 보이는 교회에 가입시키는 것만이(2) 아니라, 그에게 은혜계약,(3) 그리스도에게 접붙임이 되는 것,(4) 중생,(5) 사죄,(6) 그리고 예수 그리스도를 통해 새 생명 가운데서 행하며 하나님께 자신을 봉헌하는(7) 표와 인장이 되게 하기 위함이다. 이 성례는 그리스도 자신의 지정으로 말미암아 세상 끝 날까지 그의 교회 안에서 계속되어야 한다.(8)

(1) 마 28:19, 막 16:16. (2) 고전 12:13, 갈 3:28.

(3) 롬 4:11, 골 2:11, 12. (4) 갈 3:27, 롬 6:5. (5) 딛 3:5. (6) 막 1:4, 행 2:28, 22:16. (7) 롬 6:3, 4. (8) 마 28:19, 20.

2. 이 성례에서 사용되는 외적 요소는 물인데, 이 물로서 세례를 받는 자는 그 직에 합법적으로 부름을 받은 복음의 사역자로 말미암아, 성부와 성자와 성령의 이름으로 세례를 받아야 한다.(1)

(1) 마 3:11, 요 1:33, 마 28:19, 20, 행 8:36, 38, 10:47.

3. 세례 받을 사람을 물에 잠그는 것은 필요하지 않다. 그러나 세례는 그 사람에게 물을 붓거나 뿌리는 것으로 올바르게 집행된다.(1)

(1) 히 9:10, 19-22, 행 2:41, 10:46, 47, 고전 10:2, 16:33, 막 7:4.

4. 실제적으로 그리스도에의 신앙과 순종을 고백하는 자들뿐만 아니라,(1) 부모가 양편이나 혹 한 편만 믿는 자의 유아라도 세례를 베풀어야 한다.(2)

(1) 행 9:18, 창 17:7, 9, 갈 3:9, 14, 골 2:11, 12, 행 2:38. (2) 고전 7:14, 막 10:13-16, 눅 18:15, 행 16:14, 15, 33.

5. 이 성례를 모독하거나 소홀히 여기는 것은 큰 죄일지라도,(1) 세례를 안 받았다고 하여 그 사람이 중생 될 수 없거나 구원을 받을 수 없다든가(2) 또 세례를 받은 자는 모두 의심 없이 중생 되었다고 할 만큼 이 세례에 은혜와 구원이 분리될 수 없게 부착되어 있는 것은 아니다.(3)

(1) 눅 7:30, 출 4:24-26. (2) 롬 4:11, 행 10:2, 4, 22, 31, 45, 47. (3) 행 8:13, 33.

6. 세례의 효과는 세례가 집행되는 그 시간에 국한되는 것은 아니다.(1) 그럼에도 불구하고 이 성례를 바르게 행함으로서 약속된 은혜가 제공될 뿐만 아니라, 어른이나 아이를 불문하고 그 은혜에 속해 있는 자에게, 하나님 자신의 뜻의 계획에 따라, 그의 지정한 때에, 성령으로 말미암아, 실제적으로 표시되고 주어진다.(2)

(1) 요 3:5, 8. (2) 갈 3:27, 엡 5:25, 26, 행 2:38, 41.

7. 세례의 성례는 어느 사람에게든지 단 한번만 베풀어져야 한다.(1) (1) 딛 3:5.

제29장 주의 성찬에 관하여

1. 우리 주 예수께서 배신당하시던 밤에 주의 성찬이라고 불리 우는 자기의 몸과 피로 말미암은 성례를 그의 교회에서 세상 끝 날까지 지키도록 제정하셨다. 이것은 그의 죽음 안에서 그 자신의 희생을 계속적으로 기념하기 위해, 그 희생의 모든 혜택을 참 신자에게 보증하기 위해, 그들의 그리스도 안에서의 영적인 성장을

위해, 그들의 그리스도에 대해 지고 있는 모든 의무를 더 잘 이행하기 위해, 또한 그리스도의 신비적 몸의 지체로서, 그들의 그리스도와의 교제와 그들 상호간의 교제의 매는 줄과 보증이 되기 위함이다.(1)

(1) 고전 11:23-26, 10:16, 17, 21, 12:13.

2. 이 성례에 있어서 그리스도가 성부에게 바쳐진 것은 아니고, 또 산 자나 죽은 자의 사죄를 위해 드리는 실제적인 희생의 제물도 아니다.(1) 다만 이것은 자기 자신이 십자가 위에서 단 한 번 바쳐진 것을 기념하는 것에 지나지 않으며, 하나님께 드릴 수 있는 모든 찬양의 영적 봉헌일 뿐이다.(2) 그러므로 로마교의 미사라고 부르는 제사는 그리스도의 유일한 희생 제물, 즉 선민의 모든 죄를 위해 드린 유일한 화목 제물에 가장 심하게 해가 되는 것이다.(3)

(1) 히 9:22, 25, 26, 28. (2) 고전 11:24-26, 마 26:26, 27, 눅 22:19, 20. (3) 히 7:23, 24, 27, 10:11, 12, 14, 18.

3. 주 예수는 이 성례에 있어서 그 백성들에게 그의 성례제정의 말씀을 선포하고, 기도하고 떡과 포도주를 가지고 축사해서 이것을 보통의 사용에서 거룩한 사용으로 구별하고, 떡을 취하여 떼며, 잔을 들어 그들 자신이 나눌 뿐만 아니라, 성찬에 참여하는 자들에게 떡과 잔을 나누어주되,(1) 그러나 이때 참석치 않은 자에게는 누구에게도 베풀지 않도록 그의 사역자들에게 명하셨다.(2)

(1) 마 26:26-28, 막 14:22-24, 눅 22:19, 20, 고전 11:23-27. (2) 행 20:7, 고전 11:20.

4. 사적인 미사나 이 성례를 신부에게서 혹은 그 밖의 사람에게서 홀로 받거나,(1) 또는 일반 신자에게 잔을 나누어주는 것을 거부하거나,(2) 떡과 포도주를 경배하거나, 존경을 위해서 높이 들어 올리거나, 들고 다니거나, 또는 무슨 거짓된 종교적 용도를 위하여 보관하는 일이 있다면 이와 같은 모든 행동은 이 성례의 본질에 대해서 뿐만 아니라 그리스도의 제정에 반대되는 것이다.(3)

(1) 고전 10:6. (2) 막 14:23, 고전 11:25-29. (3) 마 15:9.

5. 그리스도가 정하신 용도를 위해서 바르게 구별된 이 성례의 외적 요소들은 진실로 성례전적(聖禮典的)으로만 십자가에 못 박히신 그와 관계를 갖는다. 그 요소들은 종종 그것들이 대표하는 그리스도의 몸과 피의 이름으로 불리 운다.(1) 그러나 그것들은 본체와 성질에 있어서 전과 같이 여전히 떡과 포도주 그대로 남는다.(2)

(1) 마 26:26-28. (2) 고전 11:26-28, 마 26:29.

6. 떡과 포도주의 본체가 신부의 봉헌 또는 다른 방법으로라도 그리스도의 몸과 피의 본체로 변한다는 소위 화체설은 비성경적이며, 상식과 이성에도 모순된다. 또한 그것은 성례의 성질을 뒤엎고, 과거나 현재에 있어서도 여러 가지 미신과 실로 큰 우상숭배의 원인이다.(1)

(1) 행 3:21, 고전 11:24-26, 눅 24:6, 39.

7. 합당하게 성찬에 참여하는 자는 이 성례에 있어서(1) 보이는 요소에 외적으로 참여하는데 그때 또한 신앙으로 말미암아 내적으로, 현실적으로 또한 실제적으로 받게 되지만, 육적으로나 신체적으로가 아니라, 영적으로 십자가에 못 박히신 그리스도와 그의 죽음이 제공하는 모든 혜택을 받고, 또한 그것들로 양육을 받는다. 그리스도의 살과 피는 신체적으로나 육적으로 떡과 포도주 안에, 함께, 아래에 있는 것이 아니라, 그 요소들 자체가 그들의 외적 감각에 대하여 가지는 것과 같이, 이 성례에 있어서 영적으로 신자의 신앙에 대해서 존재한다.(2)

(1) 고전 11:28, 5:7, 8. (2) 고전 10:3, 4, 16.

8. 이 성례에 있어서 비록 무지하고 악한 사람들이 이 외적인 요소를 받는다 해도 그들이 그 물질이 상징하는 것을 받지 못할 뿐 아니라, 그들이 부당하게 접근하는 것은 주의 살과 피를 범해서 그들 자신의 파멸을 초래한다.(1) 그러므로, 모든 무지하고 불경건한 사람들은 그리스도와의 교제를 즐기기에 합당하지 않으므로 그들은 주의 성찬에 참석할 자격이 없고, 그리스도에 대해 큰 죄를 범하지 아니하

였으나, 무지하고 불경건한 상태로 있으면서 이 거룩한 신비에 참여한다든가 참여가 허락되어질 수 없다.(2)

(1) 고전 11:27-29, 고후 6:14-16, 고전 10:21. (2) 고전 5:6, 7, 13, 살후 3:6, 14, 15, 마 7:6.

제30장 교회의 권징에 관하여

1. 주 예수는 자기 교회의 왕과 머리이시므로 국가 공직자와 구별되는 교회 직원들의 손에 정치를 정해 주셨다.(1)

(1) 사 9:6, 7, 딤전 5:17, 살전 5:12, 행 20:17, 28. 히 13:7, 17, 24, 고전 12:28, 마 28:18-20, 시 2:6-9, 요 18:36.

2. 이 직원에게 천국의 열쇠가 맡겨져 있는데, 그 주어진 힘으로 직원들은 각각 죄를 정하기도 하고, 사할 수도 있으며, 회개하지 않는 자에게는 말씀과 권징으로 천국을 닫고, 회개한 죄인에게는, 필요에 따라 복음의 사역과 권징의 해제에 의해서 천국을 열어 줄 권한을 가지고 있다.(1)

(1) 마 16:19, 18:17, 18, 요 20:21-23, 고후 2:6-8.

3. 교회의 권징은 과오를 범한 형제를 고쳐서 잃어버리지 않기 위해 필요하며, 다른 사람들이 같은 과오를 범하는 것을 방지하며, 온 덩어리에 퍼질 누룩을 없애버리고, 그리스도의 명예와 복음의 거룩한 고백을 옹호하기 위함이다. 만약 그들이 하나님의 언약과 그의 인장을 악하고 완고한 범죄자들로 말미암아 더럽혀지는 대로 버려둔다면 마땅히 그 교회에 떨어질, 하나님의 진노를 막기 위하여 필요하다.(1)

(1) 고전 5장, 딤전 5:20, 마 7:6, 딤전 1:20, 고전 11:27-34, 유 1:23.

4. 이 목적을 더 효과적으로 달성하기 위하여 교회의 직원은 범죄의 성격과 범죄자의 과실을 따라서, 권계, 주의 성찬 참여의 일시적 정지, 그리고 교회로부터

의 제명 출교의 조치를 취해야 한다.(1)

(1) 살전 5:12, 살후 3:6, 14, 15, 고전 5:4, 5, 13, 마 18:17, 딛 3:10.

제31장 총회와 공의회에 관하여

1. 교회가 보다 나은 정치와 보다 나은 덕을 위해 일반적으로 총회와 공의회라고 불리어지는 회의가 필요하다.(1) 그들의 직분과 파괴를 위해서가 아니라 건덕을 위해서 그리스도가 그들에게 주신 그들의 권세 때문에 이러한 회의를 정하고(행15:) 그들이 교회의 유익을 위하여 편리하다고 판단하는 대로 자주 회의들을 소집하는 것은 교회의 감독자들과 기타 치리자들에게 속한다.(2)

(1) 행 15:2, 4, 6. (2) 행 15:22, 23, 25.

2. 위정자들이 목사들과 이에 적당한 인물들로 구성된 회의를 소집하여 종교문제를 상의하고 충고하는 일을 합법적으로 할 수 있는 것처럼 위정자들이 교회에 대하여 공적인 적대 행동을 할 때에는 그리스도의 사역자들은 스스로 가지는 직무에 따라 그들의 교회에서 파견된 다른 적합한 사람들과 더불어 그 같은 회를 소집할 수 있다.(1)

(1) 행 15:15, 19, 24, 27-31, 16:4, 마 18:17-20.

3. 신앙에 관한 논쟁과 양심의 문제를 결정하는 것, 공적인 하나님 예배와 그의 교회의 정치를 더 질서 있게 하기 위한 규칙과 지침을 정하는 것, 교회 정치의 실수에 대하여 고소를 받는 것과 그것을 권위 있게 결정하는 것은 사역 적으로 총회와 공의회에 속한다. 이 회에서 발표한 명령이나 결정은 그것이 하나님 말씀에 일치되는 한, 그것이 하나님 말씀에 일치되어 있기 때문만이 아니라, 그것들을 만드신 권세 때문에 존경과 복종으로 받아 드려야 한다. 이 권세로 그것들이 하나님의 규례로서 하나님의 말씀 안에서 그렇게 명하여 졌기 때문이다.(1)

(1) 엡 2:22, 행 17:11, 고전 2:5, 고후 1:24.

4. 사도시대로부터 모든 총회와 공의회는 전체회의나 지방회의의 구별 없이 과오를 범할 수도 있으며, 여러 번 과오를 범했다. 그러므로 그 회의를 신앙과 생활의 법칙으로 삼을 것이 아니라, 이 두 가지에 있어서 도움으로 쓰여야 한다.(1)

(1) 행 17:11, 고전 2:5, 고후 1:24, 엡 2:20.

5. 총회와 공의회는 교회에 관한 사건 이외의 것을 취급하거나 결정해서는 안 된다.그리고 특별한 경우에 있어서 겸손한 청원이나 국가 공직자로부터 요구가 있을 때에 양심의 만족을 위한 충고 이외에는 국가에 관한 일반사건에 간섭해서는 안 된다.(1)

(1) 눅 12:13, 14, 요 18:36.

제32장 사람의 사후 상태와 죽은 자의 부활에 관하여

1. 사람의 몸은 죽은 후에 흙으로 돌아가 썩어버리지만(1) 그들의 영혼은 죽거나, 자는 것이 아니라, 죽지 않는 본질을 가지고 있으므로, 죽은 후에는 곧 그것을 주신 하나님께로 돌아간다.(2) 의인의 영혼은 완전히 거룩하게 되어 지극히 높은 하늘에 영접되어 거기서 그들의 몸이 완전히 구속되기를 기다리면서(3) 빛과 영광가운데서 하나님의 얼굴을 뵈옵지만, 악한자의 영혼은 지옥에 던짐을 받아 거기서 고통과 극심한 어두움 가운데서 대심판의 날까지 갇혀 있다.(4) 성경은 그들의 몸을 떠난 영혼에 대해서 이 두 장소 외에 아무 것도 인정치 않는다.

(1) 창 3:19, 행 13:36. (2) 눅 23:43, 전 12:7. (3) 히 12:23, 고후 5:1, 6, 8, 빌 1:23, 행 3:21, 엡 4:10, 요일 3:2, 롬 8:23. (4) 눅 16:23, 24, 행 1:25, 유 1:6, 7, 벧전 3:19.

2. 세상 끝 날에 살아있는 자는 죽지 않고 변화될 것이다.(1) 모든 죽은 자들

은 모두 다른 성질을 가지고 있으나 질적으로 다른 것이 아닌 바로 그 몸으로 부활하여 그들의 영혼에 다시 영원히 결합될 것이다.(2)

(1) 살전 4:17, 고전 15:51, 52. (2) 욥 19:26, 27, 고전 15:42-44.

3. 불의한 자들의 몸은 그리스도의 능력으로 말미암아 치욕을 당하기 위해 부활한다. 의로운 자들의 몸은 그리스도의 영으로 말미암아 영광을 얻기 위해 부활해서 그리스도 자신의 영광스러운 몸을 닮게 된다.(1)

(1) 행 24:15, 요 5:28, 29, 고전 15:43, 빌 3:21, 요일 3:2.

제33장 최후의 심판에 관하여

1. 하나님은 예수그리스도로 말미암아 의로서 세상을 심판하실 날을 정하시고,(1) 그에게 성부의 모든 권세와 심판을 맡기셨다.(2) 그 날에는 배교한 천사가 심판을 받을 뿐만 아니라,(3) 이 세상에 살았던 모든 사람들이 자기들의 생각과 말과 행실을 진술하여, 그들의 몸으로 선을 행했던지 악을 행했던지 간에 그들의 행한 일에 따라서 보응을 받기 위해,(4) 그리스도의 심판대 앞에 서게 될 것이다.

(1) 행 17:31. (2) 요 5:22, 27. (3) 고전 6:3, 유 1:6, 벧후 2:4. (4) 고후 5:10, 전 12:14, 롬 2:16, 14:10, 12, 마 12:36, 37.

2. 하나님이 이날을 정하신 목적은 선민의 영원한 구원에 있어서, 그의 자비의 영광을 나타내시고, 악하고 불순종하는(1) 버림받은 자들의 파멸에 있어서 그의 의의 영광을 나타내시기 위한 것이다.(2) 그때부터 의로운 사람은 영생에 들어가서 주님 앞에서 오는 충만한 기쁨과 소생을 얻을 것이지만,(3) 하나님을 모르고 예수그리스도의 복음을 순종하지 않은 악한사람들은 영원한 고통의 던짐을 받아 주님 앞에서 그의 능력의 영광으로부터 오는 영원한 파멸로서 벌을 받게 될 것이다.(4)

(1) 롬 9:23, 마 25:21. (2) 롬 2:5, 6, 살후 1:7, 8, 롬 9:22. (3) 마 25:31-34, 행 3:19, 살후 1:7. (4) 마 25:41, 46, 살후 1:9, 사 66:24.

3. 그리스도는 모든 사람으로 하여금 죄를 범하는 것을 막으시며, 역경에 처한 신자들에게 더 큰 위로를 주시기 위하여 심판 날이 있다는 것을 우리가 확신하기를 원하셨다.(1) 동시에, 그 날을 모든 사람에게 감추어 두어서 모든 육적 안전을 버리고 주님이 언제 오실지 모름으로 항상 깨어있어 언제든지 "주 예수여, 어서 오시옵소서."라고 할 수 있도록 준비하게 하셨다.(2) 아멘.

　(1) 벧후 3:11, 14, 고후 5:10, 11, 살후 1:5-7, 눅 21:27, 28, 롬 8:23-25.　(2) 마 24:36, 42-44, 막 13:35-37, 눅 12:35, 36, 계 22:20.[178]

제34장 성령에 관하여(수정본)

1. 성령은 삼위일체 신의 제 삼위로서 성부와 성자에서 나왔으나 동일한 실체를 가지시고 권능과 영광에 있어서 동등하시다. 이 성령은 성부와 성자와 함께 모든 사람들이 세세토록 믿고 사랑하고 복종하고 예배드렸다.

2. 그는 주요 생명의 부여 자다. 어느 곳에든지 계시고 모든 선한 생각과 순결한 욕구와 사람 안에 있어서의 거룩한 고문이 되신다. 그에 의해서 예언자들은 하나님의 말씀을 선포하도록 충동을 받았고 모든 성경 기자들이 하나님의 마음과 뜻을 무오하게 기록하도록 영감을 받았다. 복음의 경륜은 특히 그에게 위임되었다. 그는 그 길을 준비하시고 그의 설득력으로서 동행하신다. 그리고 사람의 이성과 양심 위에 복음의 사신을 주어 그러한 자비로우신 은사를 거절하는 사람은 용서를 받을 구실이 없게 되고 성령을 거역하는 책임을 지게 된다.

3. 하나님은 누구든지 원하는 사람에게 언제든지 성령을 주시기를 원하신다. 이 성령은 구속을 적용하는데 있어서 단 하나의 효과적인 기관이다. 그는 사람을 그의 은혜로 중생케하고, 그들의 죄를 시인케 하고, 참회토록 마음을 움직이시

---

178 대한예수교장로회, 「헌법」대신.

고, 믿음으로 예수 그리스도를 받아드리도록 설득하고 그렇게 할 수 있도록 한다. 그는 모든 선지자로서 그들 안에 남아 있어서 그들에게 입양의 영과 기도를 주신다. 또한 모든 은혜로운 일을 행하여 그것으로서 신자들이 구속의 날까지 성화 되고 인치 심을 받는다.

4. 성령이 내재함으로서 모든 신자는 먼저 머리되신 그리스도에게 결합이 되며 그리스도의 몸이신 교회 안에서 서로 연합된다. 그는 그의 교역자들을 부르고 그들의 거룩한 일을 위하여 기름을 부어 주신다. 그리고 그들의 특수한 일을 위하여 교회 안에서 모든 다른 직책을 위한 자격을 준다. 또한 그의 회원에게 여러 가지 은사와 은총을 부여해 준다. 그에 의해서 교회는 보존되고 증거 되고 성결케 되어 마지막에는 하나님 앞에서 완전히 거룩하게 된다.

제35장 하나님의 사랑의 복음과 선교에 관하여

1. 하나님은 무한하시고 완전한 사랑 가운데서 주 예수 그리스도의 중보와 희생을 통하여 은혜언약을 마련하셨다. 그는 생명과 구원의 길이다. 사람의 모든 잃어버린 족속을 위해서는 충분하고 적합하다. 그리고 이 구원은 복음 안에서 모든 사람에게 자유로이 제공된다.

2. 복음 안에서 하나님은 세상을 위한 그의 사랑과 모든 사람이 구원을 받을 것을 원하시는 그의 뜻이 선언되었으며, 구원의 유일한 방법이 충분하고 명백하게 나타나 있다. 또한 참으로 참회하고, 그리스도를 믿는 모든 사람에게 영생을 약속하시고, 주어진 자비를 받아 드리도록 권하시고 명령하신다. 그리고 말씀에 따르는 그의 영에 의하여 그의 은혜로우신 초청을 받도록 사람에게 역설하신다.

3. 누구든지 복음을 듣고 주저 없이 그의 자비로우신 준비를 받아드리는 것

은 그들의 의무요 특권이다. 반면에 참회도 하지 않고 불신에 머물러 있는 사람은 악화된 죄책을 초래하게 되며 그들 자신의 잘못으로 망하게 된다.

　　4. 복음 안에서 계시된 것 이외에 구원의 길은 없으며 신적 확립과 보통방법을 통해서 주어진 은혜 안에서 믿음은 하나님의 말씀을 듣는 것을 통해서 오는 것이므로 그리스도는 그의 교회에 위탁하기를 온 세상에 나가 모든 족속을 제자로 삼으라고 하셨다. 그러므로 모든 신자는 이미 질서가 확립되어 있는 기독교의 질서를 지지할 의무와 그들의 기도와 기부와 개개인의 노력을 통해 그리스도의 왕국을 온 세상에 확장하는 데 공헌을 해야 할 의무를 가지고 있다.[179]

5) 웨스트민스터 신앙고백서의 신학적 구조

구조	웨스트민스터신앙고백서	대요리문답	소요리문답
서론(성경론)	1장 1-10항 성경론	제1 - 8문	제1-3문
신론	2장 1-3항 삼위일체	제7 - 11문	제4-6문
	3장 1-8항 작정	제12 - 13문	제7문
	4장 1-2항 창조	제14 - 17문	제8-10문
	5장 1-7항 섭리	제18 - 20문	제11-12문
인간론	6장 1-6항 타락, 죄와 형벌	제21 - 29문	제13-19문
	7장 1-6항 은혜언약	제30 - 35문	제20문
기독론	8장 1-8항 중보, 그리스도	제36 - 50문	제21-28문

---

179 대한예수교장로회,「헌법」(서울: 한국장로회출판국(통합), pp. 145-148.

544

14. 사보이선언(Savoy declaration, 1658)

1) 사보이선언의 역사적 배경

사보이선언Savoy declaration 정식 명칭 : A Declaration of the Faith and Order owned and practiced in the Congregational Churches in England 은 1658년에 런던의 사보이 궁전에서 채택된 영국 청교도들의 신앙고백이다. 이는 웨스트민스터 총회가 최종적으로 종결된(1947년) 이후 약 10년 정도가 지난 1658년 9월 29일부터 10월 12일까지 120 회중 교회에서 200명의 대표가 영국의 사보이 궁전에 모여 6명이 선언위원에 선정됐다. 6명 중 5명은 웨스트민스터 신학자 회의 멤버였다.

존 오웬John Owen, 1616~1683과 토머스 굿윈Thomas Goodwin, 1600-1680, 필립 나이Philip Nye, 1596-1672 등 6명의 위원이 모여 자체적으로 웨스트민스터 총회의 신앙고백을 독립교회파의 입장에서 재검토하여 회중주의로서 공표한 '사보이선언' A Declaration of the Faith and Order owned and practiced in the Congregational Churches in England에 의해 전반적으로 수정되기에 이르는데, 그러한 사보이선언의 취지가 무엇인지에 관해서는 1648년에 신대륙 아메리카의 뉴잉글랜드에서 잘 정착하고 있었던 회중주의 청교도들이 "웨스트민스터의 지도자 총회(the reverend assembly of divines at Westminster가 동의한 공적인 신앙고백을 정독하고, 교리의 문제들에서 본질과 요지를 찾아서, 그들의 판단뿐만 아니라 우리들의 판단까지도 표명하고자"했었다.

사보이선언(1658)은 "1689 신앙고백"1689 Confession of Faith으로 채택되었고 "제2차 런던신앙고백"The Second London Confession, 1689은 지역을 따르는 명칭이다. 개혁파 침례교회들은 정체성을 따라 "1689침례신앙고백"The Baptist Confession of Faith, 1689이라는 명칭을 주로 사용한다. 신앙고백서에 두 가지가 있는데 1677과 1689년 채택된 것이다.

그리고 사보이선언이 왜 '선언'a declaration으로서 표방되었느냐는 웨스트민스터 신앙고백과 큰 틀에서 동의하는 신앙을 견지하면서도, 세부적인 부분들에서는 다른 길을 모색한다는 사실을 선언이라 표현한 것이다. 그러면 잉글랜드의 회중주의 청교도들과 뉴잉글랜드의 회중교회들은 공히 웨스트민스터에서 공표된 웨스트민스터신앙고백에 전적으로 동의한 것인가를 생각해 볼 때, 표면적으로는 따르는 것으로 보인다. 당시 웨스트민스터 총회는 기독교회가 자체적으로 소집한 것이 아니라 의회의 권한에 의해 소집된 것이기에, 동의하지 않는다는 것은 의회와의 갈등을 촉발하는 것이기에 표면적으로 동의와 연속성continuity의 형식을 취할 수밖에 없었을 것이다.

2) 사보이선언 내용

내용은 기본적으로 칼빈주의 원리의 웨스트민스터 신앙고백과 동일하지만 각개 교회의 독립을 주장하는 회중교회주의의 입장을 취하고 있다. 구조는 서문, 신앙고백, 규율, 강령 등 3부분으로 이루어져 있다. 교리 면에서는 주로 장로교 웨스트민스터 신앙고백(1647)을 재진술 한 것이지만, 교회 정치에 관한 선언에서는 각 지역교회의 자치권을 옹호했다. 다른 회중교회주의자 대회에서 준비한 신앙진술서처럼 교인들이 공유하는 신앙진술서로 간주하였고 교리법으로 간주하지는 않았다. 전문을 요약하면 아래와 같다.

3) 사보이선언 전문

제I장: 성경에 관하여

1. 비록 자연의 빛과 창조와 섭리의 일들이 지금까지 하나님의 선하심과 지혜와 능력을 나타내어 사람들을 용서할 수 없게 만들지만; 그러나 그들은 구원에 필

요한 하나님과 그분의 뜻에 대한 지식을 주기에 충분하지 못하니라: 그러므로 그것은 맑을 때에, 그리고 다양한 방법으로 자신을 드러내고, 그의 뜻을 그의 교회에 선포하기 위하여 주를 기뻐하였다. 그리고 그 후에 진리를 더 잘 보존하고 전파하기 위하여, 그리고 육체의 부패와 사탄과 세상의 악의에 대항하여 교회가 더욱 확실하게 확립되고 위안을 얻기 위하여, 기록하는 데 전적으로 동일한 것을 저지르기 위하여, 거룩한 성경을 가장 필요로 하는 것으로 만든다. 하나님께서 그의 뜻을 그의 백성에게 계시하시는 이전의 방법들은 이제 중단되었다.

2. 거룩한 성경, 즉 기록된 하나님의 말씀의 이름으로 구약과 신약의 모든 책들이 지금 포함되어 있다. 이들은 다음과 같습니다.

구약: 창세기, 출애굽기, 레위기, 숫자, 신명기, 여호수아, 사사기, 룻, 사무엘 대리자, 사무엘 대왕, 왕기, I 역대기, II 역대기, 에스라, 느헤미야, 에스더, 욥기, 시편, 잠언, 전도서, 노래의 노래, 이사야, 예레미야, 애가. 에스겔, 다니엘, 호세아, 요엘, 아모스, 오바댜, 요나, 미카브, 나훔, 하박국, 스바냐, 하가이, 스가랴, 말라기

새 유언 중: 마태복음, 마가복음, 누가복음, 요한, 사도행전, 바울이 로마인들에게 보낸 서한, 고린도전서 II, 고린도후서, 갈라디아서, 에베소서, 빌립보서, 골로새서, 데살로니가전서, 디모데전서, 디모데전서, 디모데전서, 디도서전서, 빌레몬서, 히브리인들에게 보내는 서한, 야고보서, 베드로의 첫 번째와 두 번째 서신, 요한의 첫째, 둘째, 셋째 서신, 유다서신, 계시록

하나님의 영감에 의해 주어진 모든 것은 신앙과 삶의 지배가 될 것입니다.

3. 일반적으로 외경이라고 불리는 책들은 신성한 영감이 아니며, 성경의 정경의 일부가 아닙니다. 그러므로 하나님의 교회에서 어떤 권위도 없으며, 다른 인간의 저술들보다 달리 승인되거나 사용되어진 어떤 것도 될 수 없다.

4. 성경이 믿고 순종해야 하는 거룩한 성경의 권위는 어떤 사람이나 교회의 증언에도 의존하지 않는다. 그러나 전적으로 하느님 (진리 그 자체이신 분)에게 그

저자: 그러므로 그것은 하나님의 말씀이기 때문에 받아들여져야 한다.

5. 우리는 그분이 교회의 간증에 의해 감동하시고 인도하시서서 거룩한 성경에 대한 높고 경건한 존경심으로 인도하시기를 바랍니다. 그리고 문제의 하늘 관계, 교리의 효력, 양식의 위엄, 모든 부분의 동의, 전체의 범위 (즉, 하나님께 모든 영광을 돌리는 것), 그것이 사람의 구원의 유일한 길, 비교할 수없는 다른 많은 탁월함, 그리고 그것의 전체 완전성에 대한 완전한 발견, 그것은 그 자체가 하나님의 말씀이라는 것을 풍부하게 증거하는 논증들이다. 그럼에도 불구하고, 무오한 진리와 그 신성한 권위에 대한 우리의 완전한 설득과 확신은 성령의 내적 역사로부터 비롯된 것이며, 우리 마음속에 말씀에 의해 그리고 말씀과 함께 증거합니다.

6. 자신의 영광, 사람의 구원, 믿음과 생명에 필요한 모든 것에 관한 하나님의 모든 권고는 성경에 명시 적으로 명시되어 있거나 선하고 필요한 결과에 의해 성경에서 추론 될 수 있습니다. 영의 새로운 계시에 의해서든, 사람의 전통에 의해서든, 어느 때에나 추가되어서는 안 되는 것은 아무것도 없느니라. 그럼에도 불구하고 우리는 하나님의 영의 내적 조명이 말씀 안에 계시된 것과 같은 것들에 대한 구원적 이해에 필수적이라는 것을 인정한다: 그리고 하느님에 대한 경배와 교회의 정부에 관한 어떤 상황들이 있으며, 그것은 자연의 빛과 기독교적 신중함에 의해 명령되어야 하는 인간의 행동과 사회에 공통적이며, 항상 지켜야 할 말씀의 일반적인 규칙에 따라.

7. 성경의 모든 것은 그 자체로 명백하지도 않고, 모든 사람에게 똑같이 명확하지 않다: 그러나 구원을 위해 알려지고, 믿고, 관찰되어야 할 것들이 성경이나 다른 어떤 곳에서도 너무나 분명하게 선포되고 열리며, 이는 배운 자들뿐만 아니라 배우지 못한 자들도 평범한 수단들을 정당하게 사용함에 있어서, 그들에 대한 충분한 이해를 얻을 수 있다.

8. 히브리어로 된 구약성경(옛 하나님의 백성의 모국어였습니다)과 그리스어

로 된 신약성경(그것을 쓰는 당시에는 가장 일반적으로 열방에 알려짐)은 하나님에 의해 즉시 영감을 받았으며, 그의 유일한 보살핌과 섭리로 모든 시대에 순수하게 유지되었습니다. 그러므로 진짜이다: 그래서 종교의 모든 논쟁에서처럼, 교회는 마침내 그들에게 호소해야 한다. 그러나 이 원어는 성경에 대한 권리와 관심을 가지고 있는 하나님의 모든 백성에게 알려져 있지 않으며, 하나님을 경외함으로 그들을 읽고 연구하라는 명을 받았기 때문이다. 그러므로 그들은 그들이 오는 모든 민족의 저속한 언어로 번역되어야 하며, 하나님의 말씀이 모든 사람 안에 풍성하게 거하며, 그들이 받아들일 수 있는 방식으로 그분을 경배할 수 있으며, 성경의 인내와 위로를 통하여 희망을 갖게 될 것이다.

9. 성경의 해석의 오류 없는 규칙은 성경 그 자체입니다. 그러므로 어떤 성경의 참되고 완전한 의미(다양하지 않고 하나임)에 관한 질문이 있을 때, 그것은 더 명확하게 말하는 다른 장소들에 의해 검색되고 알려져야 한다.

10. 종교의 모든 논쟁이 결정되어야 하고, 공의회의 모든 법령들, 고대의 저술가들의 의견들, 사람들과 사적인 영들에 대한 교리들이 검토되어야 하며, 우리가 누구의 선고를 내려야 하는지, 다른 어떤 것도 될 수 없으며, 성령에 의해 전달된 거룩한 성경, 즉 성경이 그렇게 전달된 성경, 우리의 신앙은 마침내 해결됩니다. 둘째, 셋째 서신, 유다서신, 계시록, 하나님의 영감에 의해 주어진 모든 것은 신앙과 삶의 지배가 될 것입니다.

3. 일반적으로 외경이라고 불리는 책들은 신성한 영감이 아니며, 성경의 정경의 일부가 아닙니다. 그러므로 하나님의 교회에서 어떤 권위도 없으며, 다른 인간의 저술들보다 달리 승인되거나 사용되어진 어떤 것도 될 수 없다.

4. 성경이 믿고 순종해야 하는 거룩한 성경의 권위는 어떤 사람이나 교회의 증언에도 의존하지 않는다. 그러나 전적으로 하느님 (진리 그 자체이신 분)에게 그 저자: 그러므로 그것은 하나님의 말씀이기 때문에 받아들여져야 한다.

5. 우리는 그분이 교회의 간증에 의해 감동하시고 인도하셔서 거룩한 성경에 대한 높고 경건한 존경심으로 인도하시기를 바랍니다. 그리고 문제의 하늘 관계, 교리의 효력, 양식의 위엄, 모든 부분의 동의, 전체의 범위 (즉, 하나님께 모든 영광을 돌리는 것), 그것이 사람의 구원의 유일한 길, 비교할 수없는 다른 많은 탁월함, 그리고 그것의 전체 완전성에 대한 완전한 발견, 그것은 그 자체가 하나님의 말씀이라는 것을 풍부하게 증거하는 논증들이다. 그럼에도 불구하고, 무오한 진리와 그 신성한 권위에 대한 우리의 완전한 설득과 확신은 성령의 내적 역사로부터 비롯된 것이며, 우리 마음속에 말씀에 의해 그리고 말씀과 함께 증거합니다.

6. 자신의 영광, 사람의 구원, 믿음과 생명에 필요한 모든 것에 관한 하나님의 모든 권고는 성경에 명시 적으로 명시되어 있거나 선하고 필요한 결과에 의해 성경에서 추론 될 수 있습니다. 영의 새로운 계시에 의해서든, 사람의 전통에 의해서든, 어느 때에나 추가되어서는 안 되는 것은 아무것도 없느니라. 그럼에도 불구하고 우리는 하나님의 영의 내적 조명이 말씀 안에 계시된 것과 같은 것들에 대한 구원적 이해에 필수적이라는 것을 인정한다: 그리고 하느님에 대한 경배와 교회의 정부에 관한 어떤 상황들이 있으며, 그것은 자연의 빛과 기독교적 신중함에 의해 명령되어야 하는 인간의 행동과 사회에 공통적이며, 항상 지켜야 할 말씀의 일반적인 규칙에 따라.

7. 성경의 모든 것은 그 자체로 명백하지도 않고, 모든 사람에게 똑같이 명확하지 않다: 그러나 구원을 위해 알려지고, 믿고, 관찰되어야 할 것들이 성경이나 다른 어떤 곳에서도 너무나 분명하게 선포되고 열리며, 이는 배운 자들뿐만 아니라 배우지 못한 자들도 평범한 수단들을 정당하게 사용함에 있어서, 그들에 대한 충분한 이해를 얻을 수 있다.

8. 히브리어로 된 구약성경(옛 하나님의 백성의 모국어였습니다)과 그리스어로 된 신약성경(그것을 쓰는 당시에는 가장 일반적으로 열방에 알려짐)은 하나님에

의해 즉시 영감을 받았으며, 그의 유일한 보살핌과 섭리로 모든 시대에 순수하게 유지되었습니다. 그러므로 진짜이다; 그래서 종교의 모든 논쟁에서처럼, 교회는 마침내 그들에게 호소해야 한다. 그러나 이 원어는 성경에 대한 권리와 관심을 가지고 있는 하나님의 모든 백성에게 알려져 있지 않으며, 하나님을 경외함으로 그들을 읽고 연구하라는 명을 받았기 때문이다. 그러므로 그들은 그들이 오는 모든 민족의 저속한 언어로 번역되어야 하며, 하나님의 말씀이 모든 사람 안에 풍성하게 거하며, 그들이 받아들일 수 있는 방식으로 그분을 경배할 수 있으며, 성경의 인내와 위로를 통하여 희망을 갖게 될 것이다.

9. 성경의 해석의 오류 없는 규칙은 성경 그 자체입니다. 그러므로 어떤 성경의 참되고 완전한 의미(다양하지 않고 하나임)에 관한 질문이 있을 때, 그것은 더 명확하게 말하는 다른 장소들에 의해 검색되고 알려져야 한다.

10. 종교의 모든 논쟁이 결정되어야 하고, 공의회의 모든 법령들, 고대의 저술가들의 의견들, 사람들과 사적인 영들에 대한 교리들이 검토되어야 하며, 우리가 누구의 선고를 내려야 하는지, 다른 어떤 것도 될 수 없으며, 성령에 의해 전달된 거룩한 성경, 즉 성경이 그렇게 전달된 성경, 우리의 신앙은 마침내 해결됩니다.

제II장: 하나님과 거룩한 삼위일체에 대하여

1. 오직 한 분만 살아 계시고 참되신 하나님은 오직 한 분이십니다. 존재와 완전함, 가장 순수한 영, 보이지 않는 가장 순수한 영, 육체, 부분이나 정욕이 없고, 불변하고, 거대하고, 영원하고, 이해할 수 없고, 전능하고, 가장 지혜롭고, 가장 거룩하고, 가장 자유롭고, 가장 절대적이며, 자신의 불변하고 가장 의로운 뜻의 권고에 따라 모든 것을 일하며, 자신의 영광을 위하여, 가장 사랑스럽고, 은혜롭고, 자비롭고, 오래 참고, 선과 진리가 풍부하며, 죄악과 범법과 죄를 용서하는 자요, 부지런히 그를 찾는 자들의 보상자: 그리고 그의 심판에서 가장 공정하고 끔찍

하며, 모든 죄를 미워하며, 결코 죄인을 깨끗이 밝히지 않을 것입니다.

2. 하나님은 모든 생명과 영광과 선과 축복과 안에서, 그리고 그분 자신의 모든 것을 가지고 계십니다. 그리고 홀로 자신에게, 그 자신에게, 충분히, 그가 만드신 어떤 피조물도 필요로 하는 곳에 서 있지 않고, 그들로부터 어떤 영광도 얻지 못하며, 다만 그들 안에서, 그들에 의해, 그리고 그들 위에, 오직 자신의 영광을 나타내시며, 그분은 모든 존재의 유일한 샘이시다. 누구를 통하여, 누구를 통하여, 누구에게 모든 것이 있는가: 그리고 그들에 대한 대부분의 주권적 지배권을 가지나니, 그들에 의해, 그들에 의해, 그들을 위해, 또는 그들에 대하여, 무엇이든지 자기가 기뻐하는 것을 행하라. 그의 눈에는 모든 것이 열려 있고 현시되며, 그의 지식은 무한하고, 오류가 없으며, 피조물에게 독립적이기 때문에, 그에게 우발적이거나 불확실한 것이 아무것도 없다. 그는 그의 모든 권고와 모든 일과 그의 모든 명령에서 가장 거룩하다. 그에게는 천사들과 사람들, 그리고 다른 모든 피조물들, 어떤 경배, 봉사 또는 순종이든지, 피조물로서, 그들은 창조주께 빚지고 있으며, 그가 그들에게 요구하기를 더 기뻐하는 것은 무엇이든지 그에게 빚지고 있다.

3. 하나님 머리의 일치 안에는 한 물질, 능력과 영원을 가진 세 위격이 있습니다. 아버지 하나님, 아들 하나님, 성신 하나님. 아버지는 아무에게도 속하지 않으시며, 낳지도 않고 진행하지도 않으신다. 아들은 아버지로부터 영원히 태어났다. 성신은 아버지와 아들로부터 영원히 나아가십니다. 삼위일체에 대한 어떤 교리가 하나님과의 모든 교제의 기초이며, 그분께 편안하게 의지하는 기초가 됩니다.

제III장: 하나님의 영원한 법령에 대하여

1. 영원토록 하나님은 자신의 뜻에 따라 가장 지혜롭고 거룩한 권고를 행하셨으며, 어떤 일이 일어나더라도 자유롭고 변함없이 성임(작정)하셨지만, 그럼으로써 하나님도 죄의 저자가 아니시다. 폭력은 피조물들의 의지에 바쳐지지 않으며, 두

번째 원인들의 자유나 우연성이 빼앗기지도 않고, 오히려 확립되지 않는다.

2. 비록 하느님께서 모든 가정된 조건들에 일어날 수 있는 것이나 일어날 수 있는 것이 무엇이든지 아시지만, 그러나 그는 그것을 미래로, 또는 그러한 조건들 위에서 일어날 것으로 예견하셨기 때문에, 어떤 것도 선포하지 않으셨다.

3. 하나님의 영광의 현시를 위한 하나님의 법령에 의해, 어떤 사람과 천사들은 영생에 예정되어 있고, 어떤 사람들은 영원한 죽음에 미리 성임되었다.

4. 이렇게 예정되어 있고 미리 정해진 이 천사들과 사람들은 특별하고 변함없이 설계되었으며, 그들의 수는 너무나 확실하고 명확하여, 증가되거나 감소될 수 없다.

5. 생명에 예정되어 있는 인류의 자들, 하나님, 창세가 놓이기 전에, 그분의 영원하고 불변하는 목적과 그분의 뜻의 은밀한 권고와 선한 쾌락에 따라, 그리스도 안에서 믿음이나 선행에 대한 어떤 예견도 없이, 그의 단순한 자유로운 은혜와 사랑으로 말미암아 영원한 영광에 이르도록 택함을 받았으니, 또는 그들 중 하나, 또는 피조물 안에 있는 다른 어떤 것에도, 조건이나 원인으로서 그를 그로 인도하는 조건이나 원인으로서, 그리고 모든 것이 그의 영광스러운 은혜를 찬양하는 것에 대한 인내.

6. 하나님께서 택함 받은 자를 영광에 이르도록 임명하신 것처럼, 그의 뜻의 영원하고 가장 자유로운 목적에 의해 그도 그에 대한 모든 수단을 미리 정하셨느니라. 그런즉 택함을 받은 자들은 아담 안에서 타락하여 그리스도에 의해 구속을 받고, 때가 되면 역사하시는 그의 영으로 말미암아 그리스도를 믿는 신앙으로 효과적으로 부름을 받고, 의롭다 하심을 받고, 채택되고, 성결하게 되고, 그의 권능에 의해, 신앙을 통하여, 구원에 이르게 된다. 그리스도에 의해 구속되거나, 효력적으로 부르심을 받고, 의롭다 하심을 얻고, 채택되고, 성결하게 되고, 구원받은 자들만이 구원받지 못한다.

7. 나머지 인류 하느님은 자신의 뜻에 대한 헤아릴 수 없는 조언에 따라, 기뻐하셨고, 그로 인해 그는 자기의 피조물들을 다스리는 그의 주권적 권능의 영광을 위하여, 지나가셔서 그들의 죄에 대한 불명예와 진노를 위해, 그분의 영광스러운 공의를 찬양하기 위하여 자비를 베풀거나 보류하신다.

8. 예정론의 이 높은 신비에 대한 교리는 특별한 신중함과 주의를 기울여 다루어져야 하며, 그의 말씀에 계시된 하나님의 뜻에 참석하고, 그에 순종하는 사람들은 그들의 효력적인 소명의 확실성으로부터 그들의 영원한 선택을 확신할 수 있다. 그러므로 이 교리는 하나님을 찬양하고 경외하며 존경하는 일과, 복음에 진심으로 순종하는 모든 사람에게 겸손과 근면과 풍성한 위로의 문제를 가져다 줄 것이다.

제IV장: 창조의

1. 하나님 아버지와 아들과 성신은 태초에 그분의 영원한 능력과 지혜와 선하심의 영광이 나타나셔서 엿새 동안 눈에 보이든 보이지 않든, 그 안에 있는 모든 것을 창조하거나 창조하지 않으셨기 때문에 기뻐하셨습니다.

제V장: 섭리의

1. 만물의 위대한 창조주 하느님께서는 그의 가장 지혜롭고 거룩한 섭리에 의해, 그의 무오한 예지와 자신의 뜻에 대한 자유롭고 불변의 조언에 따라, 그의 지혜의 영광을 찬양하기 위하여, 가장 큰 것부터 가장 작은 것까지, 모든 피조물, 행위와 사물을 지지하고, 지시하고, 처분하고, 다스리시며, 권력, 공의, 선과 자비.

2. 첫 번째 원인인 하나님의 예지와 법령과 관련하여 모든 것이 불변하고 틀림없이 이루어진다. 그러나 동일한 섭리에 의해 그는 두 번째 원인의 본질에 따라, 필연적으로, 자유롭게, 또는 우발적으로 그들을 쓰러뜨리라고 명령한다.

3. 하나님은 평범한 섭리를 통해 수단을 사용하시지만, 그분의 쾌락을 위해

그들 없이, 위에서, 그리고 그들을 대적하여 자유롭게 일하실 수 있다.

4. 전능한 능력, 헤아릴 수 없는 지혜, 그리고 하나님의 무한한 선하심은, 그의 확고한 조언이 첫 번째 가을까지 그 자신을 확장한다는 점에서, 그리고 천사들과 사람들의 다른 모든 죄들(그리고 맨손으로 허락하지 않음)이 또한 그가 가장 현명하고 강력하게 묶고, 그렇지 않으면 자신의 가장 거룩한 목적을 위해 다양한 경륜의 시대에 질서를 정하고 다스리신다는 점에서 지금까지 그의 섭리 안에서 드러난다. 그러나 그 죄악은 오직 피조물로부터만 진행되고, 가장 거룩하고 의로우신 하나님께서가 아니라, 죄의 저자나 승인자도 될 수 없습니다.

5. 가장 지혜롭고 의로우시며 은혜로우신 하나님께서는 종종 자신의 자녀들을 떠나 다양한 유혹과 그들 마음의 부패를 겪으시고, 그들의 이전 죄 때문에 그들을 징계하시거나, 그들에게 부패의 감추어진 힘과 그들의 마음의 기만 심을 발견하여 겸손하게 하시려고 하신다. 그리고 그들을 자기 자신에 대한 그들의 지지에 대해 더욱 가깝고 끊임없이 의존하게 하고, 미래의 모든 죄의 경우들에 대해 더욱 경계하게 하고, 다른 정의롭고 거룩한 목적들을 잡다하게 하기 위해서이다.

6. 의로운 재판관이신 하느님께서 이전의 죄 때문에 눈이 멀고 완악하신 악하고 경건하지 않은 사람들은 그들로부터 그의 은혜를 보류하실 뿐만 아니라, 그로 인해 그들이 그들의 이해력에서 깨우침을 받고 그들의 마음속에 행해지게 되었을지도 모른다. 그러나 때로는 또한 그들이 가진 선물을 철회하고, 그들의 부패가 죄의 경우를 만들기 때문에 그러한 대상에 노출시킵니다. 그리고 위탈은 그들을 그들 자신의 정욕, 세상의 유혹, 그리고 사탄의 권세에 넘겨준다. 그리하여 이렇게 되나니 하나님께서 다른 사람들을 부드럽게 하기 위해 사용하시는 수단 아래서도 그들 자신을 완악하게 된다.

7. 하나님의 섭리가 일반적으로 모든 피조물에게 도달하는 것처럼, 가장 특별한 방법으로 그것은 그의 교회를 돌보고 모든 것을 그 선에 맡긴다.

제VI장: 인간의 타락과 죄와 그 형벌에 대하여

1. 하나님께서 일과 생명의 언약을 맺으셨고, 그 위에 우리의 첫 번째 부모와 그 안에 있는 모든 후손들과 함께 사탄의 미묘함과 유혹에 유혹을 받아 고의로 그들의 창조의 율법을 어기고, 금단의 열매를 먹는 언약을 어겼습니다.

2. 이 죄로 말미암아 그들과 우리 안에 있는 우리는 본래의 의로움과 하나님과의 교제에서 떨어져 죄 가운데 죽었고, 영혼과 육체의 모든 능력과 부분에서 온전히 더럽혀졌다.

3. 그들은 뿌리이며, 온 인류의 방과 대신에 서있는 하나님의 임명에 의해이 죄의 죄책감이 전가되었고, 타락한 본성이 평범한 세대에 의해 그들로부터 내려온 모든 후손에게 전해졌습니다.

4. 우리가 완전히 처분되지 않고, 무력화되고, 모든 선과 반대되고, 모든 악에 전적으로 기울어지는 이 원래의 부패로부터, 모든 실제적인 범법을 진행한다.

5. 이생 동안 자연의 부패는 거듭난 자들 안에 남아 있다. 비록 그리스도를 통하여 용서받고 멸망을 당하셨지만, 그 자체와 그 모든 움직임은 진실로 그리고 적절하게 죄입니다.

6. 모든 죄는, 원래와 실제의 모든 죄가 하나님의 의로운 율법을 범한 것이며, 그에 반하는 것으로서, 그 본성상 죄인에게 죄를 가져오며, 그로 인해 그는 하나님의 진노와 율법의 저주에 묶여 있으며, 그리하여 모든 불행과 영적, 현세적, 영원과 함께 죽음의 지배를 받게 된다.

제 VII장: 하나님과 인간의 언약

1. 하나님과 피조물 사이의 거리가 너무 커서 이성적인 피조물들이 창조주로서 그분께 순종해야 할 빛이 있지만, 그들은 결코 생명의 보상을 얻을 수 없었을 것

이며, 그러나 그는 언약의 방법으로 표현하기를 기뻐하셨던 하나님 편에서의 어떤 자발적인 경멸에 의해서였다.

2. 사람과 맺은 첫 번째 언약은 행위의 언약이었으며, 그 언약은 완전하고 개인적인 순종의 조건으로 아담에게, 그리고 그의 후손들에게 생명이 약속되었다.

3. 타락한 사람이 그 언약으로 말미암아 생명을 영위할 수 없게 되셨기 때문에, 주님은 흔히 은혜의 언약이라고 불리는 두 번째를 만드 시기를 기뻐하셨다. 여기서 그는 죄인들에게 그리스도에 의한 생명과 구원 예수를 거저 바치며, 그들에게 구원받을 수 있도록 그를 믿는 신앙을 요구하며, 생명에 성임된 모든 이들, 곧 그의 성령에게 주어 그들이 기꺼이 믿을 수 있게 하겠다고 약속한다.

4. 이 은혜의 언약은 성경에 성경의 이름으로 자주 명시되어 있는데, 이는 유언자이신 예수 그리스도의 죽음과 영원한 유산에 관한 것으로, 그 안에 모든 것이 그 안에 물려주어진다.

5. 비록 이 언약이 율법의 시대에, 그리고 그리스도께서 육신으로 오신 이후로 의식과 제도에 관하여 상이하고 다양하게 집행되었지만; 그러나 그것의 본질과 효력에 대하여, 그것의 모든 영적 및 구원의 목적을 위하여, 그것은 하나이며 동일하다; 그 때문에 다양한 경륜의 시대들, 그것은 구약과 신약이라고 불립니다.

제VIII장: 그리스도에 대한 중재자

1. 하나님은 영원한 목적에서 주님을 독생자로 택하시고 성임하시며, 그들 둘 사이에 맺은 성약에 따라 하나님과 사람 사이예수 중재자가 되시기를 기뻐하셨습니다. 선지자, 제사장, 왕, 그의 교회의 머리이자 구세주, 만물의 상속자, 세상의 재판관; 그가 영원토록 행하신 자에게 한 백성을 그의 씨가 되게 하시고, 구속받고, 부름을 받고, 의롭다 하심을 받고, 성결하게 되고, 영화롭게 되는 때에 그분 곁에 있게 하시니라.

2. 삼위일체 안에 계신 둘째 인격이신 하나님의 아들은 매우 영원하신 하나님이시며, 한 실질이시며 아버지와 동등하시며, 때가 차 오실 때, 모든 본질적인 속성들과 공통의 연약함을 가지고 그분의 본성을 짊어지셨지만, 죄는 없이, 성신의 권능에 의해 잉태되셨으며, 동정녀 마리아의 자궁 안에서, 그녀의 실체 안에서: 그래서 완전하고 뚜렷한 두 본성, 즉 신격과 남자다움이 회심, 구성, 혼란 없이 한 인격 안에서 불가분의 관계로 결합되었다. 그 인격은 매우 하나님이시며 바로 그 사람이시며, 그러나 한 분이신 그리스도이시며, 하나님과 사람 사이의 유일한 중재자이십니다.

3. 그의 인간 본성 안에 예수 이신 주께서는 아들의 인격 안에서 신성과 연합하셨으며, 그 안에서 지혜와 지식의 모든 보화를 지니셨으며, 그 안에서 모든 충만함이 거해야 한다는 것을 아버지께 기뻐하셨던 분이시며, 그 안에서 성결하게 되고 성령으로 기름부음을 받으셨다. 거룩하고, 무해하고, 더럽혀지지 않고, 은혜와 진리로 가득 찬 그는 중재자와 보증인의 직분을 집행하도록 온통 갖추어져 있을 것이다. 어느 직분을 취하였느냐가 아니라 아버지에 의해 부름을 받았는데, 그는 또한 모든 권능과 심판을 그의 손에 맡겼고, 그에게 같은 일을 집행하라는 계명을 주었다.

4. 주 예수이 직분을 가장 기꺼이 맡았다. 그가 퇴원시키신 것을 위하여 그는 율법 아래 지음을 받으셨고, 그것을 완벽하게 성취하셨으며, 우리로 말미암아 형벌을 받으셨으며, 우리가 짊어지고 고난을 당해야 했으며, 죄와 저주를 받아 우리를 위해 저주를 받고, 그의 영혼 안에서 하나님으로부터 즉시 가장 심한 고통을 견디고, 그분의 몸에서 가장 고통스러운 고통을 견디고, 십자가에 못 박혔고, 그리고 죽었다. 묻혀서 죽음의 권세 아래 남아 있었지만 부패는 못했습니다. 셋째 날에 그는 자신이 고통 받았던 것과 같은 몸을 가지고 죽은 자 가운데서 일어나셨으며, 그와 함께 하늘로 올라갔으며, 거기서 아버지의 우편에 앉아 중보하였다. 세상 끝에서 사람들과 천사들을 심판하기 위해 돌아갈 것이다.

5. 주께서 자신의 완전한 순종과 희생으로 성령을 통하여 단번에 자신을 하나님께 바치셨고, 하나님의 공의를 온전히 만족시켰으며, 화목함뿐만 아니라 하늘나라에서 영원한 유산을 사셨으며, 아버지께서 그에게 주신 모든 사람들을 위하여 그것을 얻으셨다.

6. 구속 사역이 그리스도에 의해 실제로 행해진 것은 아니지만, 성육신 이후까지; 그러나 그 덕목과 효력과 유익은 세상의 시작부터 연속적으로 모든 시대에 택함 받은 자들에게 전달되었고, 그 약속들, 유형들, 희생 제물들에 의해, 그리고 그 약속들, 유형들, 그리고 희생들에 의해 그가 계시되고 의미되었고, 거기서 그는 뱀의 머리를 상하게 할 여자의 씨로 계시되었고, 어린양은 세상의 시작부터 죽임을 당했고, 어제와 오늘은 똑같고, 영원히.

7. 중재 사업에서 그리스도는 두 본성에 따라 행동한다. 각자의 본성에 의하여 그 자신에게 합당한 것을 행함으로; 그러나 인격의 일치로 인해, 한 본성에 합당한 것은 성경에서 때때로 다른 본성에 의해 명명 된 인격에 기인합니다.

8. 그리스도께서 구속을 사신 모든 자들에게 그분은 분명히 그리고 효과적으로 동일한 것을 적용하고 전달하신다. 그들을 위해 중보한다. 말씀 안에서, 말씀으로 그들에게 구원의 신비를 계시하느니라. 그분의 영으로 그들을 효과적으로 설득하여 믿고 순종하며, 그분의 말씀과 영으로 그들의 마음을 다스리게 한다. 그분의 전능한 능력과 지혜로, 그리고 그분의 가장 훌륭하고 헤아릴 수 없는 경륜의 시대에 가장 부합하는 그러한 방식과 방법으로 그들의 모든 적들을 극복하는 것.

제IX장: 자유 의지의

1. 하느님께서는 인간의 의지를 선택에 따라 행동하는 자연적 자유와 힘으로 견디셨으며, 선이나 악을 행하기로 결심한 자연의 어떤 절대적 필요성에 의해서도

강요되지 않으셨다.

2. 무죄한 상태에 있는 사람은 의지와 하느님께 선하고 기쁘시게 하는 일을 행할 자유와 능력을 가졌다. 그러나 가변적으로, 그래서 그는 그것에서 떨어질 수 있습니다.

3. 사람은 죄의 상태에 빠졌음으로 말미암아 구원에 수반되는 어떤 영적 선한 일에도 의지의 모든 능력을 완전히 잃어버렸다. 그래서 육에 속한 사람이 그 선에서 완전히 혐오하고 죄 가운데 죽은 것처럼, 자신의 힘으로 자신을 개종시키거나 그에 따라 자신을 준비시킬 수 없게 된다.

4. 하나님께서 죄인을 돌이키시고 그를 은혜의 상태로 바꾸실 때, 그는 죄 아래 있는 그의 자연스러운 속박으로부터 그를 자유롭게 하시고, 오직 그의 은혜만으로도 영적으로 선한 것을 자유롭게 의지하고 행할 수 있게 하신다. 그러나 그렇게 하여, 그의 남은 부패 때문에, 그는 선한 것을 완전하게 행할 뿐만 아니라, 악한 것도 행할 것이다.

5. 사람의 의지는 영광의 상태에서만 선을 행할 수 있도록 완전하고 불변하게 자유로워진다.

제X장: 효과적인 부름

1. 하나님께서 생명에 예정하신 모든 이들과, 오직 그들만으로, 그는 그의 말씀과 영으로 말미암아, 그들이 본성적으로 있는 죄와 죽음의 상태로부터, 예수 그리스도에 의한 은혜와 구원을 부르시도록 그의 임명되고 받아들여지는 시간을 기뻐하신다. 그들의 마음을 영적으로 그리고 구원적으로 깨우쳐 하나님의 일을 이해하고, 그들의 돌로 된 마음을 빼앗고, 육체의 마음을 그들에게 주느니라. 그들의 뜻을 새롭게 하고, 그의 전능한 능력으로 그들을 선한 것으로 결정한다. 그리고 효과적으로 그들을 그리스도 예수 이끌어 내고; 그러나 그들이 가장 자유롭게 올

때, 그분의 은혜로 기꺼이 만들어진다.

2. 이 효력적인 부르심은 오직 하나님의 자유롭고 특별한 은혜에 의한 것이지, 사람 안에서 전혀 예견된 어떤 것으로부터가 아니라, 그 안에서 전적으로 수동적이며, 성령에 의해 활기를 띠고 새롭게 될 때까지, 그는 그럼으로써 이 부르심에 응답할 수 있게 되고, 그 안에서 제공되고 전달되는 은혜를 받아들일 수 있게 된다.

3. 유아기에 죽어가는 택함 받은 유아들은 그리스도에 의해 거듭나고 구원받으며, 그리스도에 의해 거듭나고 구원받으며, 언제, 어디서, 어떻게 기뻐하시는지, 말씀의 사역에 의해 외적으로 부르심을 받을 수 없는 다른 모든 택함 받은 자들도 그러하다.

4. 선출되지 않은 다른 사람들. 비록 그들이 말씀의 사역에 의해 부름을 받을 수 있고, 성령의 어떤 공통된 작용들을 가질 수 있지만, 아버지에 의해 효과적으로 이끌리지 않더라도, 그들은 그리스도께로 나아올 수도 없고, 따라서 구원받을 수도 없다: 더욱이 사람들이 기독교 종교를 고백하지 않고, 다른 어떤 방법으로도 구원받을 수 없다. 그들이 자연의 빛과 그들이 공언하는 그 종교의 법칙에 따라 그들의 삶을 꾸미기 위해 그렇게 부지런히 노력하지 말라: 그리고 그들이 매우 해롭고, 혐오를 받을 수 있다고 주장하고 유지하는 것이다.

제XI장: 칭의의

1. 하나님이 효력적으로 부르시는 자들 또한 자유롭게 의롭다 하심을 얻으신다. 그들에게 의로움을 주입하는 것이 아니라, 그들의 죄를 용서하고, 그들의 인격을 의롭다고 생각하고 받아들임으로써; 그들 안에서 행해진 어떤 것이나 그들에 의해 행해진 것이 아니라, 오직 그리스도를 위해서입니다. 또한 신앙 그 자체, 믿는 행위, 또는 다른 복음적 순종을 그들의 의로움으로 전가함으로써 말이다. 그러나 그리스도의 적극적인 순종을 온 율법에 전가시키고, 그들의 온전하고 유일한 의를 위

해 그분의 죽음에 수동적인 순종을 전가함으로써, 그들은 믿음으로 그분과 그분의 의를 받아들이고 안식한다. 그들이 가지고 있지 않은 믿음은 하나님의 선물입니다.

2. 이렇게 그리스도와 그의 의를 영접하고 안식하는 신앙은 의롭다 하심의 유일한 도구이다. 그러나 의롭다 하심을 받은 사람 안에서만 그런 것이 아니라, 다른 모든 구원의 은총들과 항상 동반되며, 죽은 믿음이 아니라 사랑으로 역사하는 것이다.

3. 그리스도께서는 순종과 죽음으로 의롭다 하심을 얻은 모든 사람들의 빚을 완전히 탕감하셨으며, 십자가의 피로 자신을 희생하심으로써 그들을 대신하여 형벌을 받으셨으며, 그들을 대신하여 하나님의 공의에 적절하고 실제적이며 충만한 만족을 가져다 주셨다. 그러나 아버지께서 그들을 위해 주신 만큼, 그리고 그의 순종과 만족이 그들을 대신하여, 그리고 그들 안에 있는 어떤 것에 대해서도, 자유로이 받아들여진 만큼, 그들의 칭의는 오직 자유로운 은혜에 의한 것이며, 하나님의 정확한 공의와 풍성한 은혜가 죄인들의 칭의로 영화롭게 될 것이다.

4. 하나님은 택함 받은 모든 자를 의롭다 하심을 얻기 위해 영원부터 선포하셨고, 그리스도께서는 때가 찬 때에 그들의 죄를 위하여 죽으시고 그들의 의롭다 하심을 위하여 다시 살아나셨다. 그럼에도 불구하고, 성령께서 때가 되면 실제로 그리스도를 그들에게 적용하실 때까지, 그들은 개인적으로 의롭다 하심을 얻지 못하였다.

5. 하나님은 의롭다 하심을 받은 자들의 죄를 계속 용서하십니다. 비록 그들이 칭의의 상태에서 결코 떨어질 수는 없을지라도, 그러나 그들은 그들의 죄로 말미암아 하나님의 아버지다운 불쾌감 아래 떨어질 수 있다: 그리고 그 상태에서 그들은 보통 그들 자신을 낮추고, 죄를 고백하고, 용서를 구하고, 그들의 신앙과 회개를 새롭게 할 때까지, 그의 얼굴의 빛이 그들에게 회복되지 않았다.

6. 구약에서 믿는 자들의 칭의는 이 모든 면에서 신약 성경에 따른 신자들의 칭의와 동일했다.

제XII장: 입양

의롭다 하심을 얻은 모든 자들, 하느님께서는 그리스도예수 독생자 그리스도께서 입양의 은혜에 참여하게 하시고, 그로 말미암아 그들이 그 숫자로 받아들여지고, 하나님의 자녀들의 자유와 특권을 누리고, 그분의 이름을 그들에게 두시고, 입양의 영을 받으시도록 보증하신다. 담대함으로 은혜의 보좌에 갈 수 있고, 울 수 있게 되소서, 아빠 아버지; 아버지처럼 그에게 불쌍히 여기고, 보호받고, 부양받고, 징계를 받는다. 그러나 결코 버림받지 않고 구속의 날까지 인봉되어 영원한 구원의 상속자로서 약속을 상속받습니다.

제XIII장: 성화에 관하여

1. 그리스도와 연합되고, 효과적으로 부르심을 받고 거듭나며, 그리스도의 죽음과 부활의 미덕을 통해 그들 안에서 창조된 새로운 마음과 새 영을 가진 자들은 또한 그들 안에 거하시는 그분의 말씀과 성령에 의해 동일한 미덕을 통하여 실제적으로나 개인적으로 더욱 성결하게 된다. 죄의 몸 전체의 지배권이 파괴되고 그 정욕이 점점 더 약해지고 멸망당하며, 모든 구원의 은총들 안에서 점점 더 활기를 띠고 강화되어 모든 참된 거룩함의 실행에 이르게 되는데, 그것 없이는 아무도 주님을 볼 수 없게 될 것이다.

2. 이 성화는 온 사람 전체에 걸쳐 있지만, 이생에서는 불완전하다. 모든 부분에는 여전히 부패의 잔재가 남아 있습니다. 그리하여 계속적이고 화해할 수 없는 전쟁이 일어나고, 육체는 영을 대적하고, 영은 육체를 대적한다.

3. 비록 한동안 남아 있는 부패가 많이 만연할지라도, 계속되는 힘의 공급을 통하여 그리스도의 성결케 하시는 영을 얼어붙게 하는 전쟁에서, 거듭난 부분은 극복되며, 그래서 성도들은 은혜 안에서 성장하여 하나님을 경외하는 거룩함을 완성한다.

제XIV장: 구원하는 믿음에 관하여

1. 택함 받은 자들이 그들의 영혼을 구원하는 것을 믿을 수 있게 되는 믿음의 은혜는 그들의 마음속에 있는 그리스도의 영의 역사이며, 일반적으로 말씀의 사역에 의해 행해진다. 또한 인장, 기도 및 기타 수단의 관리로 인해 인봉이 증가하고 강화됩니다.

2. 이 믿음으로 말미암아 그리스도인은 말씀 안에 계시된 것은 무엇이든지 참되다고 믿는데, 이는 그 안에서 말씀하시는 하나님 자신의 권위 때문이며, 그 각 특정 구절이 담고 있는 것에 따라 다르게 행동하기 때문이다. 명령에 순종하고, 위협에 떨며, 이생과 장차 올 일에 대한 하나님의 약속을 받아들입니다. 그러나 구원하는 믿음의 주된 행위는 은혜의 언약으로 말미암아 의롭다 하심과 성화와 영생을 위하여 오직 그리스도만을 받아들이고 영접하고 안식하는 것입니다.

3. 이 믿음은, 비록 그 정도가 다르고, 약하거나 강할 수 있지만, 그것의 종류나 본성이(다른 모든 구원의 은혜와 마찬가지로) 임시 신자들의 믿음과 공동의 은혜와는 전혀 다르다; 그러므로 비록 그것이 여러 번 공격당하고 약해질 수 있지만, 그러나 그것은 승리를 얻고, 우리 신앙의 저자이시며 완성자 이신 그리스도를 통해 완전한 확신을 얻기 위해 많은 사람들 안에서 자라납니다.

제XV장: 생명과 구원에 대한 회개에 관하여

1. 택함 받은 자들 중 어느 때가 자연의 상태에서 살았고, 그 안에서 다양한 정욕과 쾌락을 섬겼기 때문에, 택함 받은 자들 중 그러한 자들은 그들의 효력적인 부르심 안에서 그들에게 회개를 생명으로 주신다.

2. 선한 일을 행하고 죄를 짓지 아니하는 자는 아무도 없으나, 사람의 가장 좋은 자는 유혹의 만연과 함께 그들 안에 거하는 부패의 힘과 기만을 통하여 큰 죄와 도발에 빠질 수 있다. 하나님은 은혜의 언약 안에서 그렇게 죄를 짓고 타락한

신자들이 회개를 통해 구원에 이르는 새로워지도록 자비롭게 마련하신 것을 미워하십니다.

3. 이 구원의 회개는 복음적 은혜이며, 성령에 의해 자신의 죄의 다양한 악을 분별할 수 있게 됨으로써, 그리스도를 믿는 믿음으로 말미암아 경건한 슬픔과 혐오와 자기 혐오감으로 그것을 위해 자신을 낮추고, 영의 공급으로 은혜의 용서와 힘을 얻기 위해 기도하며, 목적과 노력으로 하나님 앞에서 행하여 범사에 기뻐하는 모든 사람에게 행하는 것이니라.

4. 회개는 우리 삶의 전 과정, 죽음의 몸과 그 움직임에 따라 계속되어야 하듯이, 특별히 알려진 자신의 특정한 죄를 회개하는 것은 모든 사람의 의무입니다.

5. 믿는 자들을 구원에 이르게하기 위하여 은혜의 언약 안에서 하나님께서 그리스도를 통하여 만드신 공급은 이러하니, 비록 그렇게 작은 죄는 없으나 저주를 받을 자격이 있다. 그러나 회개하는 자들에게 저주를 가져다 줄 만큼 큰 죄는 없습니다. 그것은 회개의 끊임없는 설교를 필요로 합니다.

제XVI장: 선행

1. 선한 일은 오직 하나님이 그의 거룩한 말씀 안에서 명령하신 것과 같을 뿐이며, 그 영장이 없는 것은 맹목적인 열심이나 선한 의도를 가장하여 사람들이 고안한 것이 아니다.

2. 하나님의 계명에 순종하여 행해진 이러한 선한 행위는 참되고 활기찬 신앙의 열매이자 증거입니다. 그리고 그들로 말미암아 신자들은 감사함을 나타내고, 그들의 확신을 강화하며, 형제들을 교화하고, 복음 고백을 장식하고, 대적들의 입을 막고, 그리스도 안에서 창조된 솜씨를 가진 하나님께 영광을 돌린 예수다. 그들의 열매를 맺어 거룩함에 이르게 하심이니, 그들이 끝과 영생을 얻게 하려 함이니라.

3. 선한 일을 할 수 있는 그들의 능력은 그 자체가 아니라 전적으로 그리스도

의 영으로부터 오는 것입니다. 그리고 그들이 이미 받은 은총들 외에, 동일한 성령의 실제 영향력이 그들 안에서 그분의 선한 쾌락을 뜻하고 행하도록 역사할 것을 요구한다. 그러나 그들은 마치 영의 특별한 움직임이 아니라면 어떤 의무도 수행하지 않을 의무가 없는 것처럼 태만하게 자라지 않는다. 그러나 그들은 그들 안에 있는 하나님의 은혜를 일으키기 위해 부지런해야 한다.

4. 순종함으로 이생에서 가능한 가장 큰 높이에 도달하는 자들은 하나님께서 요구하시는 것보다 더 많은 것을 할 수 있는 능력이 너무 멀어서, 의무적으로 그들이 해야 할 많은 것에 미치지 못하기 때문이다.

5. 우리는 최선의 일로 죄의 용서, 즉 하나님의 손에서 영생을 얻을 자격이 없는데, 이는 그들 사이에 있는 큰 불균형과 장차 올 영광 때문이라. 우리와 하나님 사이에 있는 무한한 거리는, 그들로 말미암아 우리가 이윤을 얻거나 우리의 옛 죄의 빚을 만족시킬 수 없느니라. 그러나 우리가 할 수 있는 모든 것을 다 했을 때, 우리는 우리의 의무 외에는 행한 것이며, 무익한 종들입니다. 그리고 그들이 선할 때, 그들은 영으로부터 나아가고, 우리가 행할 때, 그들은 더럽혀지고 너무나 많은 연약함과 불완전함과 섞여서 하나님의 심판의 엄중함을 견딜 수 없기 때문입니다.

6. 그러나 믿는 자들의 사람들이 그리스도를 통해 받아들여지고 있음에도 불구하고, 그들의 선한 행위 또한 그분 안에서 받아들여진다. 마치 그들이 이생에서 하나님 보시기에 전적으로 비난받을 수 없고 책망할 수 없는 것처럼 보이지 않는다. 그러나 그의 아들 안에서 그들을 바라보시는 것은 비록 많은 약점과 불완전함을 동반하였지만, 진실한 것을 받아들이고 보상하기를 기뻐하신다.

7. 거듭나지 않은 사람들이 행한 일은, 비록 그것들의 문제에 있어서는 하나님이 명하신 것들일 수도 있고, 그들 자신과 다른 사람들에게 선하게 쓰이는 것들일지라도, 그러나 그것들이 믿음으로 정화된 마음에서 나아가지 않기 때문이다. 말씀에 따라 올바른 방법으로 행해지지도 않습니다. 옳은 목적도 아니고 하나

님의 영광도 아닙니다. 그러므로 그들은 죄가 많고, 하나님을 기쁘시게 할 수 없으며, 사람이 하나님의 은혜를 받기 위해 만나게 할 수도 없습니다. 그러나 그들에 대한 그들의 등한은 더욱 죄가 많으며, 하나님을 기쁘시게 하는 것이다.

제XVII장: 성도들의 인내

1. 하느님께서 그의 사랑하는 자 안에서 목욕하시고, 그분의 영에 의해 효과적으로 부르심을 받고 성결하게 된 자들은 은혜의 상태에서 완전히 또는 마침내 벗어날 수 없다. 그러나 틀림없이 그 안에서 끝까지 인내하고 영원히 구원받을 것이다.

2. 성도들의 이러한 인내는 그들 자신의 자유의지에 달려 있는 것이 아니라, 선거법령의 불변성에 달려 있다. 아버지 하느님의 자유롭고 변함없는 사랑으로부터; 예수 그리스도의 공로와 중보의 효력, 그리고 그와의 연합; 하나님의 맹세; 그의 영을 거하는 것; 그리고 그들 안에 있는 하나님의 씨의; 은혜의 언약의 본질; 또한 발생하는 모든 것으로부터, 그것의 확실성과 무오류성.

3. 그리고 비록 그들이 사탄과 세상의 유혹을 통하여, 그들 안에 남아 있는 부패의 만연과 그들의 보존 수단을 소홀히 할지라도, 심각한 죄에 빠질 수 있다. 그리고 한동안 그 안에서 계속하여, 그로 말미암아 그들이 하나님의 불쾌감을 일으키고 그의 성령을 근심하게 한다. 그들의 은총과 위로를 손상시키러 오라. 그들의 마음이 완악해지고 양심이 상하게 하소서. 다른 사람들을 해치고 추문하며, 현세적인 판단을 내리십시오. 그러나 그들은 구원에 이르는 믿음을 통하여 하나님의 권능에 의해 유지되고 또 지켜질 것이다.

제XVIII장: 은혜와 구원의 확신에 관하여

1. 비록 일시적인 신자들과 다른 거듭나지 않은 사람들이 거짓 희망과 하나님의 은혜를 베푸는 육신의 추정과 그들의 희망이 멸망할 구원의 상태로 헛되이 속

일 수 있지만; 그러나 진실로 예수 주님을 믿고, 진실하게 그분을 사랑하며, 그분 앞에서 모든 선한 양심을 행하려고 애쓰는 것과 같이, 이생에서 그들이 은혜의 상태에 있다는 것을 확실히 확신할 수 있고, 하나님의 영광의 소망 안에서 기뻐할 수 있으며, 그 소망은 결코 그들을 부끄러워하지 않을 것입니다.

2.이 확실성은 그릇된 희망에 근거한 맨손의 추측적이고 가능성있는 설득이 아닙니다. 그러나 그리스도의 피와 의로움에 기초한 믿음의 틀림없는 확신은 복음 안에서 계시되었으며, 또한 약속이 이루어진 그 은총들에 대한 내적 증거와 영의 즉각적인 증거 위에 계시되어, 우리의 입양을 증거하고, 그 열매로서 마음을 더욱 겸손하고 거룩하게 남겨 둡니다.

3. 이 확실한 확신은 신앙의 본질에 속하는 것이 아니라, 참된 신자가 오래 기다리고, 그것에 참여하기 전에 많은 어려움과 충돌할 수 있다는 것이다. 그러나 영에 의해 하나님으로부터 그에게 거저 주어지는 것들을 알 수 있게 되므로, 그는 특별한 계시 없이도, 그에 이르는 평범한 수단들을 올바로 사용할 수 있다. 그러므로 모든 사람은 자신의 부름과 선택을 확실히 하기 위해 모든 부지런함을 바치는 것이 의무이다. 그리하여 그의 마음이 성신 안에서 평안과 기쁨으로, 하나님에 대한 사랑과 감사로, 그리고 순종의 의무에 있어서 힘과 쾌활함으로, 이 확신의 합당한 열매로 커지게 될 것이다. 지금까지 그것은 사람들을 느슨하게 기울이는 것에서 벗어났습니다.

4. 참된 신자들은 구원의 다양한 방법들이 흔들리고, 줄어들고, 끼어든다는 확신을 가질 수 있다. 그것을 보존하는 과실에 의한 것처럼; 양심에 상처를 입히고 영을 슬프게 하는 어떤 특별한 죄에 빠지게 됨으로써; 갑작스럽거나 격렬한 유혹에 의해; 하느님께서 그분의 얼굴의 빛을 철회하심으로써; 그가 어둠 속에서 걷고 빛이 없다는 것을 두려워하는 것과 같은 고통; 그러나 그들은 하나님의 그 씨앗과 신앙의 생명, 그리스도와 형제들에 대한 사랑, 마음과 의무의 양심의 성실성, 그로부

터 성령의 역사로 말미암아 이 확신이 때가 되면 다시 살아나게 될 것이며, 그동안 그들은 완전한 절망으로부터 지지를 받을 수 있다.

제XIX장: 하나님의 율법에 관하여

1. 하나님은 아담에게 그의 마음에 기록된 보편적 순종의 율법과, 선악을 알게 하는 나무의 열매를 먹지 않는 특별한 교훈을 행위의 언약으로 주셨으며, 그로 인해 아담과 그의 모든 후손들을 개인적, 완전하고, 정확하고, 영원한 순종에 묶어 놓았다. 성취에 생명을 약속하고, 그것을 위반하면 죽음을 위협했다. 그리고 그것을 지킬 수 있는 힘과 능력으로 그를 견뎌냈다.

2. 마음속에 이렇게 기록된 이 율법은 사람이 타락한 후에도 계속해서 의로움의 완전한 통치가 되었다. 하나님에 의해 십계명으로 시내산에 건져내셨고, 두 개의 식탁에 기록되었다. 하나님에 대한 우리의 의무를 담은 네 가지 첫 번째 계명과 인간에 대한 우리의 의무를 담은 여섯 가지 계명.

3. 일반적으로 도덕적이라고 불리는 이 율법 외에도, 하나님께서는 이스라엘 백성들에게 몇 가지 전형적인 의식이 담긴 예식법을 주시기를 기뻐하셨습니다. 예배의 일부는, 그리스도와 그분의 은총들, 행동들, 고통들과 유익들을 미리 상상하고, 부분적으로는 도덕적 의무들에 대한 다양한 지시들을 내놓는다. 종교개혁의 시기에만 임명되는 예식의 율법들은 모두 그리스도에 의해 참된 메시아 예수요, 오직 입법자이시며, 그 목적을 위해 아버지로부터 권능을 공급받고, 폐지되고 빼앗긴 유일한 입법자이시다.

4. 또한 그들에게 그는 그 사람들의 상태와 함께 만료 된 잡다한 사법 법률을 주었으며, 그 제도 덕분에 지금 어떤 것도 의무화하지 않았으며, 그들의 일반적인 형평성은 여전히 도덕적 인 용도로만 사용되었습니다.

5. 도덕법은 모든 사람, 의롭게 된 사람들을 다른 사람들처럼 언제까지나 그 순종에 묶어 놓는다. 그리고 그 안에 담겨 있는 문제에 관해서뿐만 아니라, 그것을 주신 창조주 하나님의 권위에 관해서도 그러하다: 복음 안에 계신 그리스도는 어떤 식으로든 해소하지 못하며, 이 의무를 많이 강화시킨다.

6. 참된 신자들은 행위의 언약으로서 율법 아래 있지 않더라도, 그로 말미암아 의롭다 하심을 얻거나 정죄 받을 수 있다. 그러나 그것은 다른 이들뿐만 아니라 그들에게도 큰 도움이 되는데, 그것은 삶의 규칙으로서, 그들에게 하나님의 뜻과 그들의 의무를 알려주고, 그에 따라 행하도록 그들을 인도하고 묶어준다는 점에서; 또한 그들의 본성과 마음과 삶의 죄악된 오염을 발견한다. 그리하여 그들은 죄에 대한 더 많은 확신과 굴욕과 증오에 이르게 될 것이다. 그들이 그리스도에 대해 갖고 있는 필요성과 그분의 순종의 완전성에 대한 더 명확한 시각과 함께. 그것은 마찬가지로 중생하는 것, 그들의 부패를 억제하기 위해, 죄를 금한다는 점에서 사용하는 것입니다. 그리고 그것의 위협은 율법에서 위협받는 저주에서 해방되었지만 그들의 죄조차도 마땅히 받아야 할 것과 이생에서 그들이 기대할 수 있는 고통을 보여주는 역할을 합니다. 그와 같은 방법으로 그 약속은 그들에게 순종에 대한 하나님의 인정을 보여 주며, 비록 율법으로 인한 것이 아니라 행위의 성약으로서 그 수행에 대해 그들이 기대할 수 있는 축복이 무엇인지를 보여줍니다. 사람이 선을 행하고 악을 삼가는 것처럼, 율법이 한 사람에게 격려하고 다른 사람에게서 제지하기 때문에, 그가 율법 아래 있다는 증거는 아니며, 은혜 아래 있지 않다.

7. 앞서 언급한 율법의 사용이 복음의 은혜에 어긋나는 것도 아니고, 그것을 달콤하게 준수한다. 그리스도의 영이 인간의 뜻을 정복하고 가능하게 하여 자유롭고 쾌활하게 그렇게 할 수 있게 하시며, 율법에 계시된 하나님의 뜻이 반드시 행해져야 할 일이다.

제XX장: 복음과 그 은혜의 정도에 관하여

1. 죄로 말미암아 행실이 깨지고 생명에 유익하지 않게 되는 언약이시니, 하나님께서는 택함 받은 자들에게 여자의 씨인 그리스도의 약속을 부르시고 그들 안에서 믿음과 회개를 낳는 수단으로 주시기를 기뻐하셨으니, 이 약속 안에서 복음의 본질에 관한 복음이 계시되었으니, 죄 인들의 회심과 구원을 위하여 그 안에서 효력이 있었다.

2. 그리스도에 대한 이 약속과 그에 의한 구원은 오직 하나님의 말씀 안에서, 그리고 그에 의한 구원에 의해서만 계시되며; 창조나 섭리의 일들이 자연의 빛과 함께, 그리스도에 대한 발견이나 은혜를 일반적인 또는 모호한 방식으로, 그렇게 하지 않는다; 더욱이 사람들이 약속이나 복음으로 말미암아 그의 계시를 궁핍하게 만드는 것은 훨씬 더 적다. 그럼으로써 구원의 신앙이나 회개를 얻을 수 있어야 한다.

3. 죄인들에게 복음의 계시가 내려지고, 여러 시대에 이루어지며, 잡다한 부분들에 의해, 그 안에 요구되는 순종에 대한 약속과 교훈의 추가와 함께, 그것이 부여된 나라들과 개인들에 관해서는, 단지 하나님의 주권적 뜻과 선한 기쁨에 의한 것이며, 사람의 자연적 능력의 정당한 향상에 대한 어떤 약속으로도 병합되지 않고, 그것 없이 받은 공동의 빛 덕택으로, 아무도 그것을 만들지 않았고 그렇게 할 수 없다. 그러므로 모든 시대에 복음의 전파는 하나님의 뜻의 권고에 따라 개인과 민족에게, 복음의 범위나 협박에 관하여, 매우 다양하게 허락되었느니라.

4. 비록 복음이 그리스도를 계시하고 은혜를 구원하는 유일한 외적인 수단이며, 그만큼 풍성하게 충분하지만, 허물 가운데 죽은 사람들이 거듭나고, 재탄생하거나, 재탄생할 수 있지만, 더욱이 온 영혼에 성신의 효과적이고 저항할 수 없는 역사가 필요하며, 이는 그들 안에 새로운 영적 생명을 일으키기 위함이며, 그것 없이는 다른 어떤 수단도 그들이 하나님께로 개종하기에 충분하지 않다.

제XXI장: 기독교의 자유와 양심의 자유

1. 그리스도께서 복음 아래 믿는 자들을 위해 사신 자유는 죄의 죄, 하나님의 정죄하는 진노, 율법의 엄격함과 저주로부터의 자유에 있습니다. 그리고 그들이 현재의 악한 세상으로부터 구출되고, 사탄에게 속박되고, 죄의 지배를 받고, 고난의 악으로부터, 죽음에 대한 두려움과 쏘는 것, 무덤의 승리, 그리고 영원한 저주로부터 구출됨으로써; 또한 그들이 하나님께 자유롭게 접근하고, 노예적인 두려움에서 비롯된 것이 아니라, 그분께 순종하는 그들의 순종에서처럼, 어린아이와 같은 사랑과 기꺼이 마음을 품는다. 율법 아래 믿는 자들에게도 공통적인 모든 것, 그것들의 본질 때문에; 그러나 신약 성경 아래서 그리스도인들의 자유는 예식법의 명에, 즉 유대 교회가 복종했던 은혜의 언약의 전체 법적 행정으로부터의 자유에서 더욱 확대된다. 그리고 은혜의 보좌에 접근하는 더 큰 담대함으로, 그리고 하나님의 자유로운 영의 충만한 소통 안에서, 율법 아래 믿는 자들이 보통 참여했던 것보다 더 담대하게 참여했다.

2. 하나님만이 양심의 주인이시며, 그분의 말씀에 어긋나거나 그 안에 담겨 있지 않은 사람의 교리와 계명으로부터 자유케 하셨다. 그래서 그러한 교리를 믿거나 양심에서 그러한 명령에 순종하는 것은 양심의 진정한 자유를 배반하는 것입니다. 암묵적인 신앙과 절대적이고 맹목적인 순종의 요구는 양심의 자유와 이성 또한 파괴하는 것이다.

3. 그리스도인의 자유를 가장하여 어떤 죄도 행하거나 정욕을 소중히 여기는 자들은 복음의 은혜의 주된 설계를 그들 자신의 파멸로 왜곡시킨다; 그래서 그들은 그리스도교 자유의 종말을 전적으로 파괴한다, 즉 우리의 원수들의 손에서 해방되는 것, 우리는 두려움 없이 주님을 섬길 수 있다. 우리 삶의 모든 날들을 그분 앞에 놓인 거룩함과 의로움 안에서.

제XXII장: 종교적 예배와 안식일에 관하여

1. 자연의 빛은 모든 것을 다스리시고 주권을 가지시고, 공의로우시며, 선하시며, 모든 사람에게 선을 행하시는 하나님이 계시다는 것을 보여 주며, 따라서 두려워하고, 사랑받고, 찬양받고, 부르심을 받고, 신뢰받고, 온 마음과 온 영혼을 다해 섬겨야 한다. 그러나 참 하느님을 경배하는 용납할 수 있는 방법은 그 자신에 의해 제정되고, 그 자신의 계시된 의지에 의해 너무나 제한되어서, 그는 사람의 상상과 장치, 또는 사탄의 제안에 따라, 눈에 보이는 어떤 표상들 아래서도, 또는 거룩한 성경에 규정되지 않은 다른 어떤 방법에도 따라 경배될 수 없다.

2. 종교적 예배는 아버지와 아들과 성신 하나님과 그분에게만 주어져야 한다. 천사, 성도 또는 다른 피조물에게는 그렇지 않습니다. 타락 이후로, 중재자가 없거나, 그리스도만이 아닌 다른 어떤 사람의 중재도 아닙니다.

3. 기도는, 감사와 함께, 자연적 경배의 하나의 특별한 부분이며, 하느님께서 모든 사람에게 요구하시는 것이다. 그러나 그것이 받아들여지도록 하기 위하여, 그것은 그의 영의 도움에 의해, 그의 뜻에 따라, 이해와 경외심, 겸손, 열렬함, 신앙, 사랑, 그리고 인내로 아들의 이름으로 만들어져야 한다. 그리고 알려진 언어로 다른 사람들과 함께 할 때.

4. 기도는 합법적인 것, 그리고 살아 있거나 내세에 살게 될 모든 부류의 사람들을 위해 만들어져야 한다. 그러나 죽은 자를 위해서도 아니고, 그들이 죄를 범하여 죽기까지 죄를 지었다는 것을 알 수 있는 자들을 위해서도 아니다.

5. 성경 읽기, 설교, 하나님의 말씀 듣기, 시편 노래; 또한 세례와 주의 만찬의 집행은 모두 하나님에 대한 종교적 경배의 일부이며, 이해와 신앙과 경건과 경건한 두려움으로 하나님께 순종하여 행해져야 한다. 특별한 경우에 금식과 감사와 함께 엄숙한 굴욕은 거룩하고 종교적인 방식으로 사용되어야 할 여러 때와 계절에 있습니다.

6. 기도나 종교 예배의 다른 어떤 부분도 이제 복음 아래 있지 않으며, 기도가 행해지는 곳이나 그것이 지시되는 어떤 곳에서도 더 잘 받아들여지지 않는다. 그러나 하나님은 매일 사적인 가정에서처럼, 영과 진리 안에서, 그리고 비밀리에 각자 혼자서 도처에서 예배를 받아야 하며, 공적 집회에서 더욱 엄숙하게 경배되어야 하며, 이 집회는 부주의하거나 고의적으로 무시당하거나 버림받지 않으며, 하나님이 그의 말씀이나 섭리로 부르실 때 무시당하거나 버림받지 않는다.

7. 자연의 법칙에 따른 것이므로, 일반적으로 하나님의 임명에 의한 시간의 일부분은 하나님을 경배하기 위해 구별된다. 그러므로 그의 말씀으로 모든 시대의 모든 사람을 묶는 적극적이고 도덕적이며 영원한 계명으로 말미암아, 그는 특별히 안식일이 그에게 거룩하게 지켜지도록 일곱째에 하루를 정하셨다. 세상의 시작부터 그리스도의 부활에 이르기까지, 그 주의 마지막 날이었다. 그리스도의 부활로부터 주일의 첫날로 바뀌었고, 성경에서는 주일의 첫날이라고 불리며, 기독교 안식일로서 세상 끝까지 계속되어야 하며, 주일의 마지막 날의 준수는 폐지된다.

8. 이 안식일은 그 후에 주께 거룩하게 지켜지는데, 사람들이 마음을 정돈하고 공동의 일을 미리 정한 후에, 세상적인 일과 오락에 관한 자신의 행위와 말과 생각으로부터 하루 종일 거룩한 안식을 지키지 않을 때에; 또한 그의 경배의 공적 및 사적 행사에서, 그리고 필요성과 자비의 의무들 안에서 항상 받아들여진다.

제XXIII장: 합법적인 맹세와 서약에 관하여

1. 합법적 인 맹세는 종교 예배의 일부로, 진리와 의로움과 판단으로 맹세하는 사람은 자신이 주장하거나 약속 한 것을 목격하고 맹세 한 것의 진실이나 거짓에 따라 그를 심판하도록 하나님을 엄숙하게 부르고 있습니다.

2. 오직 하나님의 이름은 사람이 맹세해야 할 이름이며, 그 안에는 모든 거룩한 두려움과 경외심으로 사용되어야한다. 그러므로 그 영광스럽거나 두려운 이름

으로 헛되이 또는 성급하게 맹세하거나 다른 어떤 것으로 맹세하는 것은 죄이며 혐오스러운 것입니다. 그러나 무게와 순간의 문제에서와 마찬가지로 맹세는 신약 성경과 옛 성경 아래에서도 하나님의 말씀에 의해 보증됩니다. 그러므로 그러한 문제에 있어서 합법적인 권위에 의해 부과되는 합법적인 맹세가 취해져야 한다.

3. 누구든지 하나님의 말씀에 의해 보증되는 맹세를 하는 자는 그렇게 엄숙한 행위의 중대함을 정당하게 고려해야 하며, 그 안에서 그가 완전히 설득된 것 외에는 아무것도 보증하지 아니하는 것은 진리이다: 어떤 사람도 어떤 것에 맹세함으로 자신을 묶어서는 안 되며, 선하고 의로운 것, 그리고 그가 그렇게 믿는 것, 그리고 그가 할 수 있고 결심 한 것. 그러나 선하고 정의로운 것을 건드리는 맹세를 거부하고, 권위에 의해 합법적으로 부과되는 것은 죄입니다.

4. 맹세는 공평이나 정신적 유보 없이 단어의 평범하고 상식적인 의미로 취해져야한다. 그것은 죄를 지을 의무가 없지만, 죄가 아닌 어떤 일에서도, 취해지는 것은 비록 사람 자신의 상처에 속한다 할지라도 행위에 묶여 있다; 또한 이단자들이나 불신자들에게 행해졌음에도 불구하고, 그것을 위반해서는 안 된다.

5. 어떤 피조물에게도 서약해서는 안 되며, 오직 하나님께만 서약하는 서약은 약속된 맹세와 같은 본성을 지니며, 그와 같은 종교적 보살핌으로 이루어져야 하며, 그와 같은 신실함으로 행해져야 한다.

6. 영원한 독신 생활, 공언 된 빈곤 및 정기적 인 순종에 대한 교황의 수도원 서약은 더 높은 완전성의 정도와는 거리가 멀기 때문에 미신적이고 죄 많은 올무이며, 어떤 그리스도인도 자신을 얽히지 않을 수 있습니다.

제XXIV장: 시민 치안 판사의

1. 지고한 주이시며 온 세상의 왕이신 하느님께서는 시민 치안판사들을 그 밑에, 자신의 영광과 공익을 위하여 백성을 다스리도록 임명하셨느니라. 그리고 이를

위하여 그들을 칼의 능력으로, 선을 행하는 자들의 방어와 격려, 그리고 악을 행하는 자들의 형벌을 위하여 무장시키셨느니라.

2. 그리스도인들이 치안 판사의 직분을 받아들이고 집행하는 것은 합법적이다: 각 연방의 건전한 법에 따라, 특별히 정의와 평화를 유지해야 하는 관리에서; 그래서 그 목적을 위해 그들은 정당하고 필요한 경우에 신약 성경의 임금 전쟁에 합법적으로 지금 있을 수 있습니다.

3. 치안 판사는 복음의 교수들과 고백들을 격려하고, 증진시키고, 보호하고, 세상에서 그리스도의 이익에 합당하게 복종하여 행정을 관리하고 명령해야 하며, 부패한 마음과 대화를 가진 사람들이 신성모독과 오류를 악의적으로 출판하고 누설하지 않도록 돌보아야 하지만, 그들 자신의 본성 안에서 신앙을 전복시키고 필연적으로 그들을 받아들이는 그들의 영혼을 파괴한다. 그러나 복음의 교리들, 또는 하느님을 경배하는 방법들에 관한 그러한 차이들 속에서, 사람들이 선한 양심을 행사하고, 그들의 대화에서 그것을 나타내고, 기초를 붙잡는 것에 부딪칠 수 있는 것처럼, 다른 사람들을 그들의 방식이나 예배에서 방해하지 않는다. 복음 아래 치안 판사가 그들의 자유를 포기할 수 있는 영장은 없습니다.

4. 치안 판사를 위해기도하고, 그들의 사람들을 공경하고, 공물과 다른 회비를 지불하고, 그들의 끔찍한 명령에 순종하고, 양심을 위해 그들의 권위에 복종하는 것은 사람들의 의무입니다. 불륜 또는 종교의 차이는 치안 판사의 정당하고 합법적 인 권위를 무효화하거나 사람들이 그에게 순종하는 것을 자유롭게하지 않습니다. 교회적인 사람들이 면제되지 않는 것으로부터, 교황은 그들의 지배 또는 그들의 백성 중 누구에 대해서도 그들에 대한 권한이나 관할권을 갖지 못하며, 무엇보다도 그들의 지배력이나 삶을 박탈하고, 만일 그가 그들을 이단으로 판단할 경우, 또는 다른 어떤 가식으로든 판단할 것이다.

제XXV장: 결혼에 관하여

1. 결혼은 한 남자와 한 여자 사이에 있어야 한다: 어떤 남자도 한 명 이상의 아내를 갖는 것이 합법적이지 않으며, 어떤 여자도 동시에 한 명 이상의 남편을 갖는 것도 합법적이지 않다.

2. 결혼은 남편과 아내의 상호 도움을 위해 제정되었다. 정당한 문제를 가진 인류의 증가와 거룩한 씨를 가진 교회의 증가, 그리고 부정함을 방지하기 위함.

3. 모든 종류의 사람들이 결혼하는 것은 합법적이며, 그들은 판단을 통해 동의를 할 수 있습니다. 그러나 주님 안에서 결혼하는 것은 그리스도인들의 의무입니다. 그러므로 참된 개혁 종교를 공언하는 것과 같이, 불신자, Papists(로마가톨릭교회 신자), 또는 다른 우상 숭배자들과 결혼해서는 안 된다: 경건한 것과 같은 자들도, 그들의 삶에서 악한 자들과 결혼함으로써 불평등하게 멍에를 씌워서는 안 되며, 저주받을 수 있는 이단들을 유지해서는 안 된다.

4. 결혼은 말씀에서 금지된 친밀감이나 친밀감의 범위 내에 있어서는 안 된다. 또한 그러한 금욕적인 결혼은 사람의 법이나 당사자들의 동의에 의해 결코 합법화될 수 없으며, 그래서 그 사람들이 남자와 아내로서 함께 살 수 있다.

제XXVI장: 교회의

1. 보이지 않는 카톨릭 또는 보편 교회는 택함 받은 자들의 전체 숫자로 구성되어 있으며, 그리스도 밑에서 하나로, 그 머리이셨거나, 또는 그분 안에서 하나로 모일 것이며, 배우자, 몸, 모든 것을 채우는 그분의 충만함이다.

2. 복음의 신앙과 그것에 따라 그리스도에 의한 하나님께 순종을 공언하는 전 세계 사람들의 몸은, 기초를 다스리는 어떤 오류나 대화의 거룩하지 않음으로 그들 자신의 고백을 파괴하지 않고, 눈에 보이는 그리스도의 가톨릭교회라고 불릴 수도 있다. 또는 전신을 다스리거나 다스릴 장교가 있어야 한다.

3. 하늘 아래 가장 순수한 교회들은 혼합과 오류에 종속되어 있으며, 어떤 교회들은 그리스도의 교회가 아니라 사탄의 회당이 될 정도로 타락하였다: 그럼에도 불구하고 그리스도께서는 언제나 이 세상에서, 그 끝까지, 그를 믿고, 그의 이름을 고백하는 것과 같은 가시적인 왕국을 가졌고, 언제까지나 가질 것이다.

4. 교회의 수장인 주 외에는 그리스도의 예수 없으며, 어떤 의미에서도 로마 교황이 교회의 우두머리가 될 수 없다. 그러나 적그리스도, 죄의 사람, 멸망의 아들, 그리스도를 대적하여 교회에서 자신을 높이는 자요, 하나님이라 불리는 모든 것, 주께서 오심의 광채로 멸하실 모든 자니라.

5. 주님이 교회를 향한 보살핌과 사랑으로 모든 시대에 매우 다양한 지혜로운 섭리를 행사하셨으므로, 그를 사랑하는 사람들의 유익과 자신의 영광을 위하여 우리는 후기에 적그리스도가 멸망당하고 유대인들이 부르심을 받았음을 기대한다. 그리고 그분의 사랑하는 아들 왕국의 대적들이 부서지고, 그리스도의 교회들이 빛과 은혜의 자유롭고 풍성한 소통을 통해 확대되고 교화되어, 이 세상에서 그들이 누렸던 것보다 더 조용하고, 평화롭고, 영광스러운 상태를 누리게 될 것이다.

교회의 제도, 그리고 예수 그리스도에 의해 그들 안에 임명된 질서

1. 아버지의 임명에 의해 교회의 부름, 제도, 질서 또는 정부를 위한 모든 권능은 그리스도 예수 주 안에서, 그 왕과 그 머리로서 최극적이고 주권적인 방식으로 투자된다.

2. 주께서 그토록 맡겨진 이 권능을 집행함에 있어서, 주께서 세상 밖으로 부른 예수께서 그분 아버지께서 그에게 주신 자들, 곧 그분께서 그분의 말씀으로 그들에게 정하신 순종의 모든 길로 그분 앞에서 걸을 수 있도록 그분 아버지께서 주신 것들과 교제하도록 부르실 것이다.

3. 이렇게 부름 받은 자들은(성령에 의한 말씀의 사역을 통하여) 특정한 사회나 교회에서, 그들의 상호 교화와 그가 이 세상에서 그들에게 요구하는 공적 예배의 정당한 수행을 위해 함께 걸으라고 명하신다.

4. 이렇게 모인 이 교회들 각자에게, 그의 말씀에 선포된 그의 생각에 따라, 그는 예배와 규율 안에서 그들이 그 질서를 수행하는 데 필요한 모든 힘과 권위를 주셨는데, 그것은 그들이 관찰하도록 제정하신 모든 능력과 권세를 주셨으며, 그 권능의 정당하고 옳은 일을 행하고 집행하기 위한 명령과 규칙들을 가지고 그들에게 제정하셨다.

5. 그리스도의 권세에 의해 이렇게 임명되고, 표현되기 전에 목적을 위해 그에게서 권능을 위임받은 이 특별한 교회들은 그들 각자가 그 목적들, 즉 그가 이 세상에 있는 그의 성도들이나 신하들에게 전하기를 기뻐하는 그 권능의 자리이며, 그리하여 그들은 그것을 자신으로부터 즉시 받아들인다.

6. 이러한 특별한 교회들 외에, 그리스도에 의해 제정된 어떤 교회도 그의 의식들의 집행, 또는 그의 이름으로 어떤 권위의 집행을 위한 권능을 위임받은 더 광범위하거나 가톨릭 신자들이 없다.

7. 그리스도의 생각에 따라 모이고 완성된 특정 교회는 임원들과 회원들로 구성되어 있다. 주 그리스도께서는 부름 받은 사람들에게 (교회 질서 안에서 임명됨에 따라 연합된) 자유와 권능을 주셨으며, 그 목적을 위해 성신에 의해 적합하도록 사람들을 선택하고, 그들을 다스리며, 주님 안에서 그들을 보살필 수 있다.

8. 이 교회들의 회원들은 그리스도의 부르심에 대한 그들의 순종을 부르고, 눈에 띄게 나타내고(그들의 직업과 행으로), 확증함으로써 성도이다. 그들 자신들에 의해 선언되거나 다른 방법으로 나타난 하나님의 권능에 의해 그들 안에서 행해진 신앙에 대한 고백으로 서로에게 더 많이 알려지면서, 그리스도의 임명에 따라 함께 걷고, 복음 의식에 복종한다고 공언하는 가운데 주님의 뜻에 의해 그리

고 하나님의 뜻에 의해 서로에게 자신을 포기하는 것에 기꺼이 동의하는 사람.

9. 그리스도에 의해 임명된 장교들은, 소위 부름 받은 교회에 의해 선택되고 성별되고, 의식들의 독특한 집행을 위해 모이고, 그가 그들에게 맡기거나, 또는 그들을 부르시는 권능과 의무의 집행을 위해 세상의 끝까지 계속되도록 그들을 부르시고, 목회자, 교사, 장로들, 집사들이다.

10. 이렇게 모여 하나님을 예배하기 위해 모이는 교회들은 눈에 띄고 공개되며, 따라서 그들의 집회는(자유나 기회가 있는 그대로) 교회 또는 공공 집회이다.

11. 성신에 의해 적합하고 은사를 받은 어떤 사람의 부름을 위해 그리스도께서 교회의 목사, 교사 또는 장로의 직분에 임명하신 길은, 교회 자체의 공동 참정권에 의해 그로 선택되고, 금식과 기도로 엄숙하게 구별되고, 그 장로직의 손을 부과함으로써 분리되는 것이다. 교회, 그 안에 구성되기 전에 어떤 것이 있다면. 집사에게서는, 그와 같은 참정권에 의해 선택되고, 기도로 구별되고, 손의 부과 등으로 구별된다.

12. 목회자, 교사 또는 장로의 이 부름의 본질은 교회의 선택과 함께 교회의 수용과 금식과 기도에 의한 분리에 있다. 그리고 그렇게 선택된 자들은, 비록 손의 부과에 의해 구별되지는 않지만, 예수 그리스도의 성직자들로 정당하게 구성되고, 그들의 이름과 권위 안에서 그들은 그토록 헌신적인 그들에게 성역을 행사한다. 집사들의 부름은 기도에 의한 분리와 함께 선택과 수용과 같은 것으로 구성됩니다.

13. 비록 교회의 목회자들과 교사들이 직분을 통해 말씀을 전파하는 일에 즉각적으로 임해야 하지만, 말씀을 전파하는 일은 그들에게 그렇게 특이하게 국한된 것이 아니라, 다른 사람들도 성신에 의해 은사를 받고 적합하게 되고, 승인(그에 부르심을 받은 하나님의 섭리 안에서 합법적인 방법과 수단에 의해)될 수 있으며, 평범하고 끊임없이 그것을 수행합니다. 그래서 그들은 거기에 자신을 포기합니다.

14. 그러나 대중 설교 활동에 종사하고 그 책임에 따라 공공 유지를 누리는 사람들은 목사 나 교사로서 그들이 관련이 있는(부름으로 성도가 되고 복음의 질서에 따라 모이는 성도가 되는) 것 이외의 다른 사람에게 인장을 분배 할 의무가 없습니다. 그러나 그들은 그들의 교구적 테두리 안에 살고 있는 다른 사람들을 소홀히 해서는 안 되며, 그들에게 끊임없이 공개적으로 설교하는 것 외에도, 그들은 말씀으로 유익을 얻은 후에 그들에게 물어보고, 그들을 가르치고(젊은이든 늙든), 그들의 힘과 시간이 인정하는 한, 개인적으로나 특히 복음의 위대한 교리들을 그들에게 눌러야 한다.

15. 교회의 선거나 선례의 동의 없이 안수당하고, 이전에 성임으로 받은 권능으로 임명된 사람들에 의해서만 안수되거나, 어떤 사람도 교회 임원으로 구성하거나, 그에게 직권을 전달하지 않는다.

16. (그리스도의 생각에 따라) 장교들로 훈계된 교회는 그의 모든 의식을 집행할 수 있는 완전한 권한을 가진다; 그리고 필요한 한 명 이상의 역원이 필요한 곳에서, 그 장교 또는 교회 안에 있는 사람들은 그들의 특정한 의무와 직분에 적합한 모든 의식을 집행할 수 있지만, 가르치는 장교가 없는 곳에서, 어느 누구도 인장을 관리할 수 없으며, 교회가 그렇게 하도록 허가할 수도 없다.

17. 교회 행정을 수행함에 있어서, 어떤 사람도 교회에 추가되어서는 안되며, 오직 교회 자체의 동의에 의해서, 그러한 사랑(해체 없이)이 모든 교인들 사이에서 보존될 수 있다.

18. 주 예수 그리스도께서 교화의 수단으로 임명되고 제정되셨지만, 그분이 정하신 규칙과 율법에 따르지 않는 자들(신앙과 생명에 관하여, 그로 말미암아 교회에 정당한 범죄가 일어나게 함)은 그분의 이름과 권세로 보증되어야 한다. 모든 교회는 복음에 규정된 길과 질서 안에서 그분에 의해 임명된 모든 금고를 행사하고 집행할 수 있는 권능을 그 자체로 가지고 있다.

19. 그리스도에 의해 그렇게 임명 된 보증인은 훈계와 파문입니다. 그리고 어떤 범죄들은 어떤 이들에게만 알려지거나 알려질 수 있는 반면, 그리스도에 의해 임명된 것은, 그들이 그렇게 알려진 자들은, 먼저 가해자를 사적으로 훈계한다: 어떤 죄가 있는 공적인 범죄에서, 무엇보다도 먼저 말이다. 또는 사적인 훈계에 대한 수정이 이루어지지 않고, 범죄가 교회와 관련되고, 가해자가 회개를 나타내지 않는 경우, 그는 전체 교회에 의해, 교회의 장로들의 사역에 의해 그리스도의 이름으로 정식으로 훈계를 받아야한다. 만일 이 방책이 그의 회개를 위해서가 아니라면, 그는 교회의 동의하에 파문함으로써 쫓겨나야 한다.

20 . 모든 신자들이 특정 교회에 가입할 수밖에 없듯이, 언제 어디서 그렇게 할 기회가 있으므로, 그들 정부를 위한 금고에서 그리스도의 통치에 복종하지 않는 교회들의 특권에 자신을 복종시키지 말아야 할 사람은 아무도 없다.

21. 이것은 범죄의 경우에 그리스도에 의해 규정된 방법이며, 어떤 교회 교인들도 그들에 의해 취해진 어떤 범죄에 대해서도, 이 문제에서 그들에게 요구되는 그들의 의무를 수행하였거나, 어떤 교회 질서를 방해해서는 안 되며, 또는 공적 집회에서 결석하거나, 또는 그 가식에 따른 어떤 의식의 집행도 하지 말아야 하며 , 그러나 교회의 더 나아가는 과정에서 그리스도를 기다리는 것입니다.

22. 그리스도에 의해 특정 교회에 앉으신 금고의 능력은 각 교회의 특정 회원들에게만 행사되어야 하며, 그에 의해 파문하기 위한 시노드(결정하는 회의) 또는 교회 집회, 또는 파문이나 교회에 대한 다른 교회 금고를 위협하는 그들의 공개 칙령에 의해 주어지는 권능은 없다. 치안 판사들, 또는 그들의 백성은 어떤 이유로도, 그 비난에 불쾌감을 느끼는 사람은 없으며, 단지 특정 교회의 회원으로서 그의 개인적인 유산에 대해 불쾌감을 느낀다.

23. 교회는 그리스도의 임명에 따라 의식들을 거행하기 위해 모이는 사람들의 사회이지만, 그 목적이나 목적을 위해 모이는 모든 사회는 어떤 시민 구역과 경

계 내에서의 동거로 인해, 그로 인해 교회를 구성하지 않으며, 그들 사이에 본질적으로 요구되는 것이 무엇인지, 따라서 그러한 구역에서 다른 사람들과 함께 사는 신자, 그의 교화를 위해 어떤 교회와도 합류 할 수 있습니다.

24. 달리 발생할 수 있는 차이를 피하고, 그리스도의 의식을 거행하는 데 있어서 더 큰 엄숙함을 위하여, 그리고 성신의 은사와 은총이 더 유용하게 유용해질 수 있는 길을 열기 위하여; 한 도시나 마을에 사는 성도들, 또는 신성한 예배를 위해 편리하게 모일 수 있는 그러한 거리 내에 사는 성도들, 많은 뚜렷한 사회를 세우기보다는 상호 강화와 교화를 위해 한 교회에 가입해야합니다.

25. 모든 교회와 그 모든 회원들은 모든 곳에서 그리스도의 모든 교회의 선과 번영을 위해 끊임없이 기도해야 하며, 모든 경우에 그것을 발전시키기 위해 기도해야 한다. (각자의 처소와 부름의 범위 안에서, 그들의 은사와 은총을 행사함). 그러므로 교회들 스스로는(하나님의 섭리에 의해 심어질 때, 그들이 그것을 위한 기회와 유익을 가질 수 있도록) 그들의 평화, 사랑의 증가, 그리고 상호 교화를 위해 그들 사이에 친교를 유지해야만 한다.

26. 교리 또는 행정의 관점에서 어려움이나 차이가 있는 경우, 일반적으로 교회, 또는 평화, 연합 및 교화에 있는 어느 한 교회, 또는 어떤 교회의 회원 또는 회원이 진리와 질서에 동의하지 않는 censures(비판)의 절차로 인해 부상을 입거나 어떤 절차로 인해 부상을 입는 경우 : 그리스도의 생각에 따르면, 많은 교회들이 함께 친교를 맺고 있습니다. 그들의 사자들이 시노드(결정하는 회의) 또는 공의회에서 만나서, 관련된 모든 교회들에게 보고될 수 있도록, 또는 그 문제에 대해 다른 의미로 그들의 충고를 고려하고 조언하기 위해 행한다. 어찌하여 그렇게 모인 이 시노드들은 어떤 교회권력, 적절하게 소위 부름 받거나, 교회 자체에 대한 어떤 관할권을 부여받지 못하며, 어떤 교회나 개인에 대해서도 어떤 비난을 행사하거나, 교회나 장교들에게 그들의 결단을 강요하도록 위임받지 않는다.

27. 이러한 간헐적 인 시노드 또는 공의회 외에, 그리스도에 의해 정해진 교회 조합에서 언급 된 시노드 또는 더 작거나 큰 집회의 임원이 제정되지 않았으며, 그리스도가 서로에게 종속시키는 방식으로 임명 한 시노드도 없습니다.

28. 교회 교제에 참여한 사람들은 가볍게 또는 단지 이유없이 그들이 그렇게 결합 된 교회의 친교에서 물러나서는 안됩니다. 그럼에도 불구하고, 어떤 사람이 그리스도에 의해 제정된 어떤 의식의 집행을 원하거나, 그의 정당한 특권을 박탈당하거나, 말씀에 의해 보증되지 않는 어떤 것에도 강요당하거나, 박해의 경우, 또는 거주의 편의를 이유로 어떤 사람도 그의 죄 없이 어떤 교회에서도 계속할 수 없는 경우; 그는 교회 또는 그 임원이나 임원들과 의논하여, 평화롭게 교회의 친교를 떠날 수 있으며, 거기서 그는 그렇게 걸었고, 다른 어떤 교회와 합류하여, 그의 교화와 위안을 위해 동일한 순결의 의식들을 누릴 수 있다.

29. 신앙 안에서 건전하고 대화가 복음이 되는 사람들로 구성된 그러한 개혁 교회는 교회 질서의 동일한 규칙에 따라 모든 것을 걷지는 않지만 각각 자신의 원칙으로 구성 될 수 있는 한 서로의 친교를 거부해서는 안됩니다.

30. 그리스도의 생각에 따라 모여서 걷는 교회들은(비록 순결하지는 않지만) 다른 교회들을 참된 교회로 판단하고, 때때로 그들과 교제할 수 있으며, 그러한 교회들의 회원들은 경건하다고 신실하게 증거되고, 범죄하지 않고 살 수 있다.

제XXVII장: 성도의 친교에 관하여

1. 그리스도께 예수 그리스도께 연합된 모든 성도들은 비록 성령과 신앙으로 말미암아 그와 함께 한 사람이 되지는 아니더라도, 그분의 은총과 고난과 죽음과 부활과 영광 안에서 교제하며, 사랑으로 서로 연합하여 은사와 은총을 나누며, 그러한 의무를 이행할 의무가 있으며, 공적인 것과 사적인 것, 즉 그들의 상호 이익에 귀속되는 것처럼, 내적 및 외적 사람 모두에서.

2. 모든 성도들은 하나님을 경배할 때, 그리고 상호 교화하는 경향이 있는 다른 영적 봉사를 수행함에 있어서 거룩한 교제와 친교를 유지해야합니다. 또한 그들의 여러 능력과 필수품에 따라 겉으로 드러나는 일에서 서로를 안도할 때와 같이, 가족이든 교회에서든, 그들이 서 있는 관계에서 특별히 그들에 의해 행사되어야 하지만, 하나님께서 기회를 주시듯이, 어떤 친교는 모든 곳에서 예수 주의 이름을 부르는 모든 사람들에게 확장되어야 한다.

제XXVIII장: 성사들에 대하여

1. 성례전은 그리스도에 의해 즉시 제정된 은혜의 언약의 거룩한 표징이자 인장으로, 그분과 그분의 유익을 대표하고, 그분에 대한 우리의 관심을 확증하며, 그분의 말씀에 따라 그리스도 안에서 하나님을 섬기는 일에 엄숙하게 참여시키기 위함입니다.

2. 모든 성사에는 표징과 의미된 것 사이에는 영적 관계, 즉 성사적 연합이 존재하며, 따라서 한 사람의 이름과 효과는 다른 사람에게 귀속된다.

3. 성사들 안에서나 성사들에 의해 올바르게 사용되는 은총은 그 안에 있는 어떤 힘에 의해서도 부여되지 않는다; 성찬의 효력은 성찬을 집행하는 자의 경건함이나 의도에 의존하지 않으며, 그러나 영의 사역과 제도의 말씀에 의존한다; 그것은 그것을 사용하도록 승인하는 교훈과 함께, 가치 있는 수신자에게 유익을 주겠다는 약속.

4. 복음 안에는 우리 주 그리스도께서 제정하신 성사, 즉 세례와 주의 만찬이 두 개밖에 없습니다. 그 중 어느 것도 합법적으로 부름받은 말씀의 사역자 외에는 어느 누구도 분배할 수 없다.

5. 구약의 성사들은, 그로 인해 의미되고 전시된 영적인 것들에 관하여, 실질적으로는 신규의 성사들과 동일했다.

제XXIX장: 세례에 관하여

1. 침례는 신약전서의 성사로, 예수 그리스도께서 은혜의 언약의 표징과 인호를 세례 받으시고, 그리스도 안으로 접목하시고, 중생과 죄 사함을 받으시고, 예수 그리스도를 통하여 하나님께 바치심으로써 생명의 새 가운데 행하시도록 제정하신 성사입니다. 어떤 의식은 그리스도께서 그분의 교회에서 세상 끝 날까지 계속되도록 임명하신 것에 의한 것입니다.

2. 이 의식에서 사용되는 외적인 요소는 물이며, 당은 합법적으로 부름 받은 복음의 사역자에 의해 아버지와 아들과 성신의 이름으로 침례를 받아야 한다.

3. 사람을 물에 담글 필요는 없지만, 세례는 그 사람에게 물을 붓거나 뿌려서 올바르게 집행됩니다.

4. 실제로 그리스도를 믿는 신앙과 순종을 고백하는 사람들뿐만 아니라, 믿는 부모 중 한 명 또는 양쪽 모두의 유아들도 침례를 받아야 하며, 오직 침례를 받아야 한다.

5. 이 의식을 묵상하거나 소홀히 하는 것은 큰 죄이지만, 은혜와 구원은 그것 없이는 어떤 사람도 거듭나거나 구원받을 수 없으며, 또는 침례를 받은 모든 사람이 의심할 여지없이 거듭나지 않기 때문이다.

6. 침례의 효력은 침례가 집행되는 그 순간과 결부되어 있지 않지만, 이 의식의 올바른 사용에 의해서도 약속된 은혜는 제공될 뿐만 아니라, 성신에 의해 그가 정하신 시간에 하나님 자신의 뜻의 권고에 따라, 그 은혜가 속한 그러한 사람들(나이든 유아이든)에게 실제로 나타나고 부여된다.

7. 세례는 한 번만 누구에게나 집행되어야 한다.

제XXX장: 주의 만찬에 대하여

1. 우리 주님은 배반당한 밤에 성예수하시고, 주의 만찬이라 불리는 그의 몸

과 피의 성찬을 제정하셨으며, 세상 끝까지 그의 교회에서 지켜지도록 제정하셨으며, 영원한 기억을 위하여, 그리고 그의 죽음 속에서 자신의 희생을 나타내시고, 그 모든 유익을 참된 신자들에게 인봉하시도록 하셨다. 그들의 영적 자양분과 그분 안에서의 성장, 그들이 그분께 빚지고 있는 모든 의무들에 대한 그들의 더 많은 참여, 그리고 그분과의 그리고 서로와의 교제의 유대감과 서약이 되게 함.

2. 이 성찬에서 그리스도는 그의 아버지께 바쳐지지 않고, 빠르거나 죽은 자의 죄 사함을 위해 어떤 실제적인 희생도 전혀 바쳐지지 않고, 단지 모든 사람을 위해 십자가 위에 자신을 바치는 그 분의 기념관일 뿐이며, 동일한 것에 대해 하느님께 가능한 모든 찬양을 영적으로 없애 버리신다. 그래서 대중의 교황적 희생 제물은 (그들이 그것을 부르는 것처럼) 그리스도 자신의 유일한 희생, 택함 받은 자들의 모든 죄에 대한 유일한 속죄에 가장 가증스럽고 해롭다.

3. 주 예수는 이 의식에서 그의 사역자들에게 빵과 포도주의 요소들을 기도하고 축복하도록 임명하셨으며, 그럼으로써 그것들을 공동에서 거룩한 용도로 구별하도록 임명하셨다. 그리고 빵을 가져다가 떼어내고, 잔을 가져가고(그들도 자기들끼리 소통한다), 두 사람을 모두 나누어 준다. 그러나 회중 안에 참석하지 않는 사람은 아무도 없습니다.

4. 사적인 대중들, 또는 사제에 의해 성찬을 받는 것, 또는 다른 어떤 것만이 성찬을 받는 것; 마찬가지로 사람들에게 잔을 부인하는 것; 요소들을 숭배하고, 들어 올리거나, 숭배를 위해 운반하고, 가장한 종교적 용도로 그들을 보존하는 것; 이 성찬의 본질과 그리스도의 제도에 어긋난다.

5. 그리스도께서 제정하신 용도에 따라 정식으로 구별된 이 성찬의 외적인 요소들은 그분과 그러한 관계를 맺게 되는데, 그것은 진실로, 그러나 성사적으로만, 때때로 그들이 대표하는 것들의 이름으로, 재치, 그리스도의 몸과 피에 의해 불려 지기도 하느니라. 물질과 자연에서 볼 때, 그들은 여전히 이전과 마찬가지로

진실하고 빵과 와인 만 남아 있습니다.

6. 제사장의 봉헌에 의해, 또는 다른 어떤 방법으로도 빵과 포도주의 본질을 그리스도의 몸과 피의 실체로 바꾸는 것을 유지하는 교리 (일반적으로 Transubstantiation(전 실체 변화)이라고 함)는 성경만으로가 아니라 상식과 이성에 대해서도 혐오스럽다. 성찬의 본질을 전복한다. 그리고 다양한 미신들, 참으로 총체적인 우상숭배들의 원인이 되어 왔고 또 그 원인이다.

7. 합당한 수신자들은 이 성찬에서 눈에 보이는 요소들을 겉으로 받아들이고, 그 다음에는 신앙으로 내적으로도, 정말로, 그러나 육신적으로나 육체적으로가 아니라, 영적으로, 십자가에 못 박히신 그리스도와 그의 죽음의 모든 유익을 받고 먹인다. 그리스도의 몸과 피는 그때에 떡이나 포도주 안에, 안에, 안에, 또는 그 아래에 육체적으로 또는 육적으로 존재하지 않는다; 그러나 정말로, 그러나 그 의식에 있는 신자들의 신앙에, 요소들 자체가 그들의 외적인 감각에 있는 것처럼, 영적으로 현존한다.

8. 모든 무지하고 경건하지 않은 사람들은 그리스도와의 교제를 즐기기에 부적합하기 때문에, 그들은 주님의 식탁에 합당하지 않으며, 그분에 대한 큰 죄 없이는, 그들이 그렇게 남아 있는 동안에도, 이 거룩한 신비들을 취하거나, 그에 따라 인정될 수 없다. 참으로 누구든지 합당하지 아니하게 받아들이는 자는 주의 몸과 피를 범하여 스스로 심판을 먹고 마시는 것이니라.

제XXXI장: 죽음 이후의 인간의 상태와 죽은 자의 부활에 관하여

1. 죽은 후에 사람의 몸은 흙으로 돌아가고 부패를 본다. 그러나 불멸의 생계를 유지하는 그들의 영혼(죽지도 잠 들지도 않는)은 즉시 그들을 주신 하나님께로 돌아갑니다. 의로운 존재의 영혼은 거룩함으로 온전케 되고, 가장 높은 하늘로 받

아들여지며, 거기서 빛과 영광 가운데 하나님의 얼굴을 바라보며 그들의 육신의 완전한 구속을 기다리며, 악인들의 영혼은 지옥에 던져지고, 거기서 그들은 고통과 완전한 어둠 속에 머물러 있으며, 큰 날의 심판에 예비 되어 있다: 영혼들이 몸에서 분리된 이 두 장소 외에, 성경은 아무도 인정하지 않는다.

2. 살아 있는 것으로 밝혀진 것과 같은 마지막 날에는 죽지 않고 변화될 것이다. 모든 죽은 자들은 자아-동일한 몸으로 일으켜 세워질 것이며, 비록 다른 성질들을 가지고 있음에도 불구하고, 그것은 영원히 그들의 혼과 다시 연합될 것이다.

3. 불의한 자의 몸은 그리스도의 능력으로 불명예 스럽게 될 것이다. 의인의 몸이, 그의 영으로 말미암아 공경하고, 그 자신의 영광스러운 몸에 순응하게 될 것이다.

제XXXII장: 최후의 심판

1. 하나님은 아버지께 모든 권능과 심판이 주어지신 그리스도로 말미암아 의롭게 세상을 예수 재림하실 날을 정하셨다. 어느 날에는 배도한 천사들뿐만 아니라 지상에 살았던 모든 사람들이 그리스도의 법정 앞에 나타나 그들의 생각과 말과 행동을 설명하고 선이든 악이든 몸으로 행한 일에 따라 받을 것이다.

2. 하나님께서 이 날을 임명하신 끝은 택함 받은 자들의 영원한 구원 안에서 그분의 자비의 영광과 사악하고 불순종하는 책망 받은 자들의 저주 안에서 그분의 공의가 나타나기 위함입니다. 의인들은 그때에 영생으로 들어가 주의 면전에서 영원한 상급과 함께 그 충만한 기쁨과 영광을 받을 것임이니라. 그러나 하나님을 알지 못하고 예수 그리스도의 복음에 순종하지 않는 악인들은 영원한 고통에 던져질 것이며, 주님의 면전과 그의 권능의 영광으로부터 영원한 멸망으로 형벌을 받을 것이다.

3. 그리스도께서 우리에게 심판이 있을 것이라는 것을 확실히 설득하기를 원하듯이, 모든 사람을 죄로부터 저지하고, 그들의 역경에 처한 경건한 자들을 더 크게 위로하기 위하여; 그리하여 그는 그 날을 사람들에게 알지 못하고, 그들이 모든 육신의 안전을 떨쳐버리게 하고, 항상 깨어 있으리니, 이는 그들이 주께서 어느 때에 오실지 알지 못하고, "주여, 예수 오소서, 빨리 오라, 아멘"이라고 말할 준비가 되어 있기 때문이다.

* 사보이선언 전문은 최더함박사 제공(마스터스 개혁파총회 : 대표)

4) 신앙고백서 비교

1646년 웨스트민스터신앙고백WCF 1658년 사보이신앙선언SAVOY

1677/1689년 런던침례교신앙고백LBC 1742 필라델피아신앙고백PCF

1646 WCF 웨스트민스터신앙고백	1659 SAVOY 사보이신앙과 질서선언	1689 LBC/1742 PCF 런던침례교신앙고백(필)[180]
1장 : 성경에 관하여	1장 : 동일	1장 : 동일
2장 : 하나님과 삼위일체에 대하여	2장 : 동일	2장 : 동일
3장 : 하나님의 영원한 작정에 대하여	3장 : 동일	3장 .... 관하여

180 세례와 침례 : 세례의 형식은 관수, 적수, 침수(예외적), 세례형식의 최초는 그림으로 관수, 문헌으로는 웨스트민스터 신앙고백서, 제도로는 로마가톨릭교회, 재세례파, 그리스섬 파로스 성모마리아교회 십자형 세례탕(A.D. 326년), 예루살렘 오병이어교회의 십자형(A.D. 4-6세기), 갑바도기아 등은 침수 할 수 없는 세례탕이다. 침수는 1677-1689년 런던침례교회선언 이후 침례교회에서 교파적으로 시행한 것이다. 세례 요한은 구약 경륜에 속함으로(마 11:13, 행 18:25, 19:3-4) 기독교회의 세례가 아니다. 기독교의 세례는 삼위의 이름으로 주는 세례 형식이다(마 28:19, 행 19:4). 예루살렘에 3000-5000명의 세례를 줄 물이 없다. 그러므로 관수와 적수가 가장 성경적이며 침수는 예외로 주었다고 볼 수 있다. 침례교회가 세례 받은 사람을 다시 침례를 주는 것은 삼위 하나님의 이름을 무시하는 비성경적 비신학적인 것이다.

4장 : 창조	4장 : 창조에 **대하여**	4장 : 창조에 **관하여**
5장 : 섭리	5장 : 동일	5장 : 동일
6장 : 인간타락, 죄와 그에 따른 형벌	6장 : 동일	6장 : 동일
7장 : 하나님과 사람의 언약에 대하여	7장 : 동일	7장 : 동일
8장 : 중보자 그리스도에 대하여	8장 : 동일	8장 : 동일
9장 : 자유의지	9장 : 동일	9장 : 동일
10장 : 효과적인 부르심	10장 : .... **대하여**	10장 : 효과적인 **소명**
11장 : 정당화(칭의)	11장 : 정당화 대하여(칭의)	11장 : 정당화(칭의)
12장 : 채택(입양)	12장 : 동일	12장 : 동일
13장 : 성화에 대하여	13장 : 동일	13장 : 동일
14장 : 구원에 이르는 믿음에 대하여	14장 : 동일	14장 : 동일
15장 : 생명에 이르는 회개	15장 : 생명과 **구원에** 이르는 회개에 대하여	15장 : 동일
16장 : 선행	16장 : 선행에 대하여	16장 : 선행
17장 : 성도인내에 관하여	17장 : 동일	17장 : 동일
18장 : 은혜와 구원에 확신에 대하여	18장 : 동일	18장......**보증에** 대하여
19장 : 하나님의 율법에 대하여	19장 : 동일	19장......관하여
	20장 : 복음과 은혜의 범위	20장 : 동일(사)
20장 : 기독교자유와 양심자유 20장 : 기독교자유와 양심자유	21장 : 동일 21장 : 동일	21장 : 동일
		PCF/23장 : 찬양을 노래하는 것에 관하여
22장 : 합법적 맹세와 서약	23장 : 동일	L23/P24장 : **적법한 맹세와 서약**
23장 : 민사(시민) 치안판사	24장 : 동일	L24/P25장 : 동일
24장 : 결혼과 이혼에 관하여	25장 : 결혼 관하여	25장 : 결혼 관하여

25장 : 교회에 대하여	26장 : 교회에 관하여	L26/P27장 : 동일
26장 : 성도 친교에 관하여	27장 : 동일	L27/P28장 : 동일
27장 : 성례전	28장 : 동일	L28/P29 : **세례와 주의 만찬에 대하여**
28장 : 세례에 관하여	29장 : 동일	L29/P30장 : **침례에 관하여**
없음	**없음**	31장 : 안수에 관하여
29장 : 주의 만찬에 관하여	30장 : 동일	L30/P32장 : 동일
30장 : 교회책망	**없음**	**없음**
31장 : 대회에 관하여	**없음**	**없음**
32장 : 사후 인간의 상태와 죽음자의 부활	31장 : 동일	L31/P33장 : 동일
33장 : 최후심판에 대하여	32장 : 동일	L32/L34장 : 동일

5) 사보이선언의 평가

(1) 웨스트민스터 신앙고백의 수정과 증보한 선언

사보이선언은 웨스트민스터신앙고백의 수정과 증보과 삭제한 것이다.

사보이선언은, 1장의 "거룩한 성경"이라는 주제에서 웨스트민스터신앙고백서 1장 1-10항과 동일하게 기술하는 말미에 "성경이 그렇게 전달됨으로써, 우리의 신앙은 마침내 해결되었다"라고 추가하고 있다.

사보이선언 2장의 "하나님과 삼위일체"라는 주제에서도 3항까지 웨스트민스터신앙고백서 2장 1-3항과 동일하게 기술하다가, 말미에 이르러서 "삼위일체의 어느 교리이든 [그것은] 우리들이 하나님과 더불어서 하는 모든 교통, 또한 그에게 평안히 의존함의 근거 the foundation 이다."라고 덧붙이고 있다.

사보이선언 6장 "인간의 타락, 죄, 그리고 그것에 대한 형벌"에서도 1항에서 "하나님께서는 우리의 첫 조상들과 그들의 모든 후손과 더불어서 행위와 생명의 언약a covenant of works and life을 세우셨으니, 그들은 사탄의 간계와 유혹에 미혹되어 고의로 그들의 창조의 율법을 범하고 금단의 열매를 먹음 가운데서 언약을 깨뜨려버리고 말았다"로 시작하여, 웨스트민스터신앙고백서 6장 1항이 "사탄의 간계와 시험으로 유혹에 빠진 우리의 첫 조상들은 금지된 열매를 먹음 가운데 죄를 범죄하고 말았다. 이러한 그들의 죄를 하나님께서는 그의 지혜롭고 거룩한 의논에 따라 허용하시기를 기뻐하셨으니, 이는 그 자신의 영광을 위하여 그들의 이러한 죄를 면하시기로 작정하셨기 때문이다"라고 대치하고 있다.

사보이선언 6장 2항에서는 웨스트민스터신앙고백서 6장 2항의 "이러한 죄 때문에 그들은 그들의 원의와 하나님과의 교통을 잃어버렸으며…"라는 문구에 "또한 우리는 그들 안에서"를 첨부하여 "이러한 죄 때문에 그들, 또한 우리는 그들 안에서 그들의 원의와 하나님과의 교통을 잃어버렸으며"라고 수정하였으며, 이러한 수정을 바탕으로 웨스트민스터신앙고백서 **6장 3항**의 "그들은 온 인류의 뿌리이므로, 이러한 죄의 유죄함이……전가되었으며"라는 문구 또한 "그들은 온 인류의 뿌리이므로, 그리고 하나님의 정하심에 의해 온 인류를 대신하여 그 자리에 섰으며, 이러한 죄의 유죄함이……전가되었으며"로 수정하여, 웨스트민스터신앙고백서 **6장 1항**에서 언급한 하나님의 "작정하심"purposed을 "정하심"appointment으로 바꾸어서 3항에서 언급하고 있다.

6장에서는 죄의 전가가 하나님의 작정으로 인해서가 아니라 첫 조상들의 범죄로 말미암아 하나님께서 정하신 것 곧, '타락 후 선택'의 맥락에 연계되도록 수정하고 있다. 마찬가지로 '회개'에 있어서도 하나님의 은혜와 그로 말미암아 수반되는 외적인 확인으로서의 의미에 더하여, 신자들의 적극적인 회개의 행위를 부각하고 있음을 볼 수 있다. 아울러 웨스트민스터 신앙고백서가 회개를 그리스도인 상호 간 "당사자 간"의 의무로서 다루고 있는 데 비해, 사보이선언 15장에서는 회개에 대한 적극적인 촉구의 맥락으로 "그런즉 회개에 관한 끊임없는 설교가 필요한 것이다"라고 마치고 있어서, 소위 부흥의 시대에 광범위하게 퍼졌던 복음 설교와 회개의 설교에 관한 발상을 준비하고 있는 것을 볼 수 있다.

웨스트민스터신앙고백서 7장 1-6항을 "사보이선언" 7장은 "인간과 맺은 하나님의 언약"에 1-5항으로 수정하고 있다.

웨스트민스터신앙고백서 제11장 칭의에 관하여 제1조 의롭다 하심의 정의에서 다음과 같이 표현한다. "그리스도의 순종과 만족을 그들에게 전가함으로써"[181], 제3조 인간 구속과 공의를 만족에서도, "그리스도는 그의 순종과 죽음으로 말미암아 의롭게 된 모든 사람들의"[182]라고 하고 있다.

사보이선언문은 10장 "칭의" 부분에서 다음과 같이 능동적 순종과 수동적 순종이라는 표현을 사용했다. "모든 율법에 대한 그리스도의 능동적 순종과 수동적 순종을 전가함으로써"by imputing Christ's active obedience to the whole law, and passive obedience 사보이선언문에서는 능동적 순종과 수동적 순종이란 어휘가 나타난다.

웨스트민스터신앙고백서 15장 1-6항을 사보이선언 15장 "생명과 구원에 이르는 회개"에 1-5항으로 수정 웨스트민스터신앙고백서 15장의 "생명에 이르는 회개"를 사보이선언에서는 "생명과 구원에 이르는 회개"로 수정

웨스트민스터신앙고백서 20장 1- 4항을 사보이선언 20장은 "복음, 그리고 그 은혜의 범위"에 대해서는 1-4항으로 수정

웨스트민스터신앙고백서 21장 1- 4항을 사보이선언 21장에서는 "자유"에 관하여 1-3항으로 수정

웨스트민스터신앙고백서 23장 1-7항을 웨스트민스터신앙고백서 20장의 "그리스도인의 자유와 양심의 자유"를 사보이선언에서는 21장으로 넘겨 다루고 20장

---

181 전게서, p. 131.
182 전게서, p. 132.

에서 "복음과 그 은혜의 범위"라고 수정 첨부하고 있다.

웨스트민스터신앙고백서 20장 "그리스도인의 자유와 양심의 자유"

사보이선언 21장에서 그 차이를 분명히 확인할 수 있는데, 1-3항 웨스트민스터신앙고백서의 4항을 삭제했다.

웨스트민스터신앙고백서 23장 1-7항을 사보이선언 23장 "합당한 맹세와 서원"에 관해 1-6항으로 수정

웨스트민스터 신앙고백서가 "결혼과 이혼"에 관해 1-6을 사보이선언 25장 "결혼"에 관해서는(이혼 빠지고)1-4항으로 수정

웨스트민스터신앙고백서 26장 1-6항을 사보이선언 26장 "교회"의 1-5항으로 수정

웨스트민스터신앙고백서 27장 1-3항을 사보이선언 27장 "성도의 교통"에서도 1-2항으로 수정하고 있다.

1680년 뉴잉글랜드의 회중주의 신앙고백에서는 웨스트민스터신앙고백서 30장 "교회의 치리"에 관한 내용과 31장 "공의회와 회의"에 관한 내용을 통째로 삭제하였다.

이는 하나님과 하나님의 작정 혹은 예정을 중심으로 서술되고 있는 웨스트민스터신앙고백서의 구조적인 흐름 대신에, 그런 하나님에 대한 인간의 이해와 반응 혹은 의무라는 구조적인 흐름을 제시하고 있는 것이라 할 것이다. 마찬가지로 그러한 맥락에서 '신론' 중심의 정통주의 신학의 흐름이, '인간론'을 핵심으로 하는 경건주의적 신학의 흐름으로 그 양상을 변모시키는 근원적인 발상들을 사보이선언이 적극적으로 대치하고 있음을 볼 수 있다.

(2) 교회와 국가 사이의 보족적 관계를 배제

독립교회 혹은 회중주의 청교도들이 가장 적극적으로 수정을 가한 웨스트민

스터신앙고백서의 문맥들은 바로 교회와 국가 사이의 긴밀한 상호관계인데, 웨스트민스터신앙고백에서 독특하게 언급하고 있는 '두 권세' 사이의 구별되면서도 조화로운 역할과 기능에 관한 서술들을 사보이선언에서는 철저히 배제하고 있다. 이는 결코 그들이 교회 정치의 맥락으로만 차이점을 두고자 한 것이 아니라 두 권세에 관한 신학적 분리를 확실하게 표방했음을 드러내는 것으로서, 이러한 맥락에서 그들의 아이디어가 근본적으로 신학적 분리주의인 '브라운주의' Brownism를 따르는 것임을 파악할 수 있다. 더욱이 그러한 분리주의의 씨앗이 바로 재세례파의 발상에 기원하는 것이며, 그것이 북아메리카의 신대륙에서 성공적으로 정착한 것임을 맥락적으로 통찰할 수가 있다. 그런즉 웨스트민스터 총회의 신학적 입장, 특히 교회와 국가의 권세 사이의 관계에서 구별과 긴밀한 유기성이 기독교 국가로서의 크리스텐덤 Christandum에서만 성립할 수 있는 제한을 내포하고 있다고 하는 주장은, 전혀 웨스트민스터 총회의 논의에서 고려 점이 아니었음을 알아야 할 것이다.

독립교회파 혹은 회중주의라 불리는 그룹에 속하는 청교도들의 신학이 결코 웨스트민스터 총회의 장로교회적 신학을 연속하고 있지 않다는 점이다. 사보이선언은 웨스트민스터 신앙고백서와 대조를 통해 '불연속성'이라 할 수 있다.

(3) 독립교회는 제도적 분파주의

독립교회 제도의 주창자들은 토마스 굿윈 Thomas Goodwin, 1600~1680, 예레미야 버로우 Jeremiah Burroughs, 1600~1646, 필립 나이 Philip Nye, 1595~1672, 시드락 심슨 Sydrach Simpson, 1600~1655, 윌리엄 브릿지 William Bridge, 1600~1670 등이다.

이들은 후에 독립교회 파를 형성한다. 그리고 그들은 뉴잉글랜드에 이주하여 있던 존 코튼 John Cotton, 1585~1652과 존 오웬 John Owen, 1616~1683과 함께 회중교회주의자들로 분류가 된다. 그들은 교회제도에 있어서 분리주의적 견해를 가지고 있었다.

그들에 대하여 스코틀랜드 장로교회 성직자로서 웨스트민스터 총회에 총
대로 파견되었던 조지 길레스피George Gillespie, 1613~1648는 그들의 교회 정치
에 대한 견해를 분파주의로 정죄하였다. 그리고 다니엘 코드레이Daniel Cawdry,
1588~1664는 그의 저서 "독립교회파 : 위험한 분리주의자들로 입증된 존 오웬의
변론에 대하여서"Independence, a Great Schism, proved against Dr. John Owens'
Apology, 1657에서 그들을 분리주의자들Separatist 로 정죄하였다.

웨스트민스터 총회 석상에서 대다수 장로주의 퓨리턴들의 교회 정치에 대한
일치된 견해를 통하여서 회중교회주의자들의 분파주의적 교회관이 분명하게 드러
났다. 회중교회주의자들은 교회관에 있어서 분리주의적이었다.

무엇보다 퓨리턴 초기 역사, 즉 엘리자베스 1세 시대에 토마스 카트라이트
Tomas Cartwright, 1537~1603의 영향을 받은 로버트 브라운Robert Browne,
1550~1633에 의하여서 주도된 극단적 분리주의자들은 이미 메이플라워호를 타고
신대륙에 프리머스에 정착하여서 자기들만의 독립교회를 세웠다.

이들을 브라운주의자들Brownist 라고 부른다. 그리고 이러한 극단적 분리주
의자들과 또 다른 부류의 뉴잉글랜드의 온건한 분리주의자들을 함께 회중교회주
의자들이라고 부른다. 이 회중교회주의자들은 교회제도에 대한 분리주의적 입장
으로 인하여서 17세기에 이미 신대륙에 정착해서 퓨리턴 정신을 심었지만 18세기
초에 신대륙에 세워진 장로교회보다 더욱 빨리 급속도로 정통교리로부터 이탈하
였다. 무엇보다 회중교회가 신대륙에 자유주의 신학의 첫 유입지가 되었다. 왜냐하
면, 자유주의 신학이 19세기에 회중교회 구빛파Old Light를 통하여서 신대륙에 수
입되었기 때문이다. 회중교회 구빛파는 신대륙에 자유주의 신학의 교두보였다. 이
렇게 회중교회가 정통신학으로부터 이탈이 빠른 것은 회중교회 교리가 처음부터
정통교리로부터 이탈하였다는 것을 입증하는 것이다. 무엇보다 회중교회주의자들

과 전혀 무관할 수 없었던 신대륙 장로교회조차도 신학파New School의 타일러를 중심으로 자유주의 신학이 장로교회에 유입되어서 구학파Old School의 구 프린스턴 신학교의 정통주의 신학자 찰스 핫지와 논쟁을 벌였다.

그런데 신학파는 회중교회주의자들과 매우 친밀하였고 결국 이는 장로교회 자유주의 신학의 유입 경로가 회중교회주의자들이라는 것을 말한다. 이렇게 회중교회는 정통교리로부터 이탈하여 있었다. 교회 정치에 있어서 회중교회주의자들이 선언한 사보이선언은 아쉽게도 분파주의자적 선언이었다.

정통교리를 상실한 교회는 절대 정통교회가 아니다. 참된 교회란 정통교리가 있는 교회이다. 정통교리가 없다면 회중이 있어도 정통교회라고 할 수 없다. 정통교리는 교회 성립의 가장 중요한 기초이다. 회중교회주의는 사도신조가 증거 하는 거룩한 보편 교회가 아니다. 교회의 통일성과 보편성을 잃어버린 분리주의자들이기 때문이다.

(4) 예수 그리스도의 완전한 순종에 대한 오해(능동적 순종과 수동적 순종)

예수님의 율법준수를 능동적 순종active obedience으로 십자가의 죽으심을 수동적 순종passive obedience으로 구별하는 것이 성경적인가?

웨스트민스터신앙고백서 제8장 중보자 그리스도 제5조 완전한 순종 "주 예수는 그의 **완전한 순종**과 자신의 희생으로 영원하신 성령을 통하여 단번에 자신을 하나님에게 바쳐 그의 아버지의 공의를 충분히 만족케 하셨다"[183]

제19장 하나님의 율법 제6절 율법은 생활의 기준

"그의 완전한 순종에 대하여 분명한 이해를 가지게 된다"[184] **웨스트민스터 신앙고백서 제11장 칭의에 관하여** 제1조 의롭다 하심의 정의에서 다음과 같이 표현한다. "그리스도의 **순종과 만족**을 그들에게 전가시킴으로써"[185], 제3조 인간 구

---

183 박상경, 「웨스트민스터신앙고백 해설」 (서울 : 도서출판예루살렘 2004), p. 133.
184 전게서, p. 185.
185 전게서, p. 131.

속과 공의를 만족에서도, "그리스도는 그의 **순종과 죽음**으로 말미암아 의롭게 된 모든 사람들의"[186]라고 하고 있다.

위에서 본 바와 같이 웨스트민스터신앙고백서는 능동적 순종과 수동적 순종이란 어휘가 나타나지 않고 '완전한 순종' '순종과 만족' '순종과 죽음'으로 표현하고 있다. 그러나 사보이선언문에서는 능동적 순종과 수동적 순종이란 어휘가 나타난다. 사보이선언문은 10장 칭의 부분에서 다음과 같이 능동적 순종과 수동적 순종이라는 표현을 사용했다. "모든 율법에 대한 그리스도의 능동적 순종과 수동적 순종을 전가함으로써"by imputing Christ's active obedience to the whole law, and passive obedience

사보이선언 후 능동적 순종과 수동적 순종의 어휘를 체계화시킨 사람은 존 오웬이다. 존 오웬의 작품The Doctrine of Justification by Faith through the Imputation of the Righteousness of Christ: Explained, Confirmed, and Vindicated, 1677에서 능동적 순종과 수동적 순종이 좀 더 체계화된 모습으로 나타났다.

예수님의 율법준수를 능동적 순종active obedience으로 십자가의 죽으심을 수동적 순종passive obedience로 구별하는 것은 합당하지 않다고 본다. 웨스트민스터신앙고백서와 사보이선언을 같은 문서로 대조하는 것은 잘못이다. 웨스트민스터신앙고백서는 공의회의 공교회의 공백이고 사보이선언은 교파적 선언이므로 표준문서가 될 수 없다.

웨스트민스터신앙고백서는 장로교회의 표준문서이다. 미국 장로교 교회는 1788년 표준문서를 수정했고, 1903년 2개조 추가했고, 1967년 웨스트민스터 신앙고백서를 대체한 '새 신앙고백서'Brief Contemporary Statement of Faith를 탄생시켰다. 합동 교단은 1647년에 작성된 웨스트민스터 신앙고백서를 가장 중시한다. 대신교단은 1974년 교회선언을 통해 1647년 웨스트민스터 신앙고백서를 중요시하는

---

186 전게서, p. 132.

계보신학을 지향한다. 그러나 통합 교단은 1986년에 작성한 신앙고백서(6개 신조가 있지만 5부 통합 교단 신앙고백서), 고신 교단은 1903년 수정된 신앙고백서, 기장 교단은 1972년 교단의 신앙선언을 공표했다.

결론적으로 사보이선언을 채택한 사람들은 회중교회를 설립한 청교도들이다. 그런데 회중교회주의는 이미 1562년 프랑스 개혁교회에 의해 이단판정을 받았었고, 관련된 서적들과 추종자들을 추방했었다(양신혜, 베자, 교회를 위해 길 위에 서다, 익투스, 2020, 324). 청교도 신학에 대해 많은 관심을 가지고 연구하는 배현주 목사도 회중주의를 다음과 같이 평가했다. "회중교회주의는 여하한 경우에도 사도신조가 증거 하는 거룩한 보편적 교회가 아니다. 교회의 통일성과 보편성을 잃어버렸기 때문이다"

사보이선언을 작성한 회중주의 청교도들의 문제는 단지 교회정치만이 아니었다. 그들에게서 교회를 더럽히는 각종 이단 신학들이 등장했다. 영국에서 청교도 운동이 불법화되면서 가장 먼저 대서양을 건너 신대륙에 정착한 청교도들은 모두 회중주의자들이었다. 처음 신대륙의 역사에서 약 100년 동안에는 오직 회중교회들만 존재했다. 대서양을 건너온 장로교 인들이 갈 곳이 없으므로 회중교회에 출석했고, 그래서 신대륙에서는 회중주의 청교도 신학이 장로교회 신학과 섞일 수밖에 없었다.

당시의 상황을 로버트 래담은 자신의 책 <웨스트민스터 총회의 역사>에서 다음과 같이 말한다.

"칭의에 관한 조항에 대해서는 트위트, 가테이커, 리차드 바인즈 등은 그리스도의 수동적 순종만이 의를 전가시킬 수 있는 것이라고 강력히 주장하였다. 다른 사람들은 이에 반대했는데 휘틀리가 이를 주도하였다. 시행된 투표결과는 그리스도의 '완전한 순종' 편을 지지했으며, 반대는 3, 4표 정도에 지나지 않았다. 그리고 웨스트민스터 총회에서 몰리나이우스 Molinaeus와 틸레누스 Tilenus 사이에 있었던 그리스도의 능동적 순종에 관한 논의는 '내 영토에서 하지 못한다'는 제임스 1세의 요구가 낭독되었다. 제임스는 이것을 어떤 공회도 다루지 않았고 교부나 스콜라 학자도 다루지 않은 새로운 것이라는 이유로 문제를 제기하는 것에 주의를 주었다"

"많은 신학자들(발언자들 가운데 대략 1/3)이 그리스도의 능동적인 순종이 칭의로 우리에게 전가된다고 말하는 것은 부적절하다"라고 주장했다. 리챠드 바인즈는 자기는 그것을 가르친 적이 한 번도 없다고 주장했다.

서철원 박사는 2021년에 "능동적 순종, 개혁신학적인가?"를 총회에서 발표했고, 기독신문에서 발제문이 소개되었다(기독신문, 2021. 04. 07). 서 박사는 "능동적 순종은 신약적 근거 없는 사변의 산물일 뿐이다"라고 주장했다. 서 박사는 영생 얻음에 대해서 "믿음으로 영생을 얻음"으로 제시하면서, "율법준수로 영생을 얻는다"라는 것은 부당함을 피력했다.

그러나 순종에 대한 능동이냐 수동이냐 적극적이냐 수동적이냐 보다는 성경의 전체적 배경을 통해 자구에 집착하는 것보다는 하나님의 섭리로 자연스럽게 받아들이는 것이 좋다. 극단주의적으로 해결할 문제는 아니라고 본다. 완전한 순종이란 본래의 말이 좋다. 성경 어디에도 그리스도의 능동적 순종 수동적 순종을 지지하는 내용이 없다. 우리는 성경이 가는 곳까지 가고 멈추는 곳에서 멈추면 된다. 모든 신앙과 신학의 정당성을 성경에 의해 결정된다.

그리고 웨스트민스터 신앙고백서 이후로 공의회의 공교회 고백은 사라지고 교파 교회시대가 열리므로 신앙고백서는 선언, 협약 등으로 표현하게 되므로 사보이선언은 공의회의 공교회 고백이 아니고 교파적 고백임을 명심해야 한다. 교파적 고백을 공교회의 고백과 동률로 생각하는 자체가 부적절한 논쟁이라 하겠다.

"정통교리가 없다면 회중이 있어도 정통교회라고 할 수 없다" "가짜교회가 선한 모습이 있다고 해서 진짜 교회가 되는 것은 아니다" "바른 신앙고백이 있는 교회만이 정통교회이다"

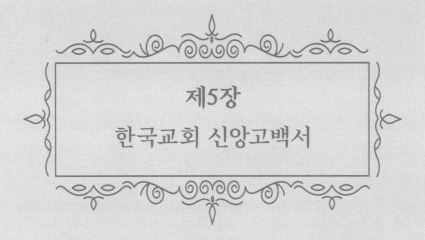

제5장
한국교회 신앙고백서

제5장 한국교회 신앙고백서

제1절 장로교회 신앙고백서

1. 한국장로교회의 12신조(1907)

1) 12신조의 작성배경

1729년 미국 북장로교회는 웨스트민스터 신앙고백서와 대, 소요리문답과 함께 신앙고백서로 채택했다. 미국의 선교를 받은 한국교회는 1907년 12신조를 조선장로교의 신앙고백으로 채택하고 웨스트민스터 신앙고백서와 대·소요리문답을 신앙의 지침으로 삼았다. 한국장로교회에 지대한 영향을 끼친 12신조의 작성배경은 1890년 잉글랜드 장로교회 출판위원회에서 발표한 것이다. 12신조는 중국(1890)과 인도(남부는 1901년에 인도 전 지역은 1904년)의 장로교회 선교교회 연맹이 각각 11개 조문과 12개 조문에 근거해서 형성되었다. 이 조문은 웨스트민스터 신앙고백서의 교리를 요약한 것으로 선교적 상황에서 절실히 요구되는 특수교리를 강조하고 있다. 12개 신조는 인도 장로교회의 조문으로 1904년 12월에 엘타하벳에서 채택되었다(1905년 엘타하벳 선교출판사에서 인쇄되었다).

1907년 대한예수교장로회의 독노회가 조직되면서 12개 신조를 교회의 신앙고백서로 서언만 바꾸어 채택하고 교회의 조직과 정치에 관한 제반 문제 사항들을 선교사들의 지도를 받아 결정했다. 한국장로교회의 각 교단의 12신조는 대신과 합동과 기장은 서언과 승인식이 있으나 고신과 통합은 서언과 승인식이 없다. 한국 초기 교회는 선교사들의 영향을 크게 받았다. 저들이 개혁파(주의) 장로교회를 세우려 했다면 웨스트민스터 신앙고백서를 한국장로교회의 신앙고백서로 채택해야 한다.

2) 12신조의 특징

12신조는 웨스트민스터 신앙고백을 중심으로 구성한 것으로, 제1조, 성경을 전제로 하여. 제2조, 하나님은 유일하신 하나님으로. 제3조, 삼위일체 하나님. 제4조, 만물의 창조. 제5조, 하나님의 형상으로 인간의 창조. 제6조, 시조의 타락과 인간의 부패. 제7조, 예수 그리스도를 통한 구원. 제7조, 성령의 구원적 사역. 제9조, 선택. 제10조, 성례로 세례와 성찬. 제11조, 성도의 교제와 재림. 제12조 부활과 심판을 믿는 고백으로 되어있다. 이를 다시 신학적으로 구별하면 서론(성경) 신론, 인간론, 기독론, 구원론, 교회론, 종말론으로 구성되어있다.

3) 12신조의 평가

12신조는 구조적인 면에서는 훌륭한 신조이지만 내용에 있어서 너무나 단순하며 웨스트민스터 신앙고백보다 그 질이 떨어진다고 할 수 있다. 그리고 개혁파 신조들이 주장한 성경의 영감(1조)에 대한 규명과 선택과 유기에 대한 이중예정 교리(9조)와 교회론(10조)에서 성례만 규정하고 교회에 관한 규정이 빠진 것이 아쉽다 하겠다. 그리고 이종전 교수는 말하기를 "선교사들이 12신조를 채택하게 한 것은 신조 중심의 장로교회를 가르치지 않는 이유 중의 하나로 자신들이 복음주의적 신앙을 가졌기 때문에 신조 중심의 교회 형성보다는 교회를 개척하고 형성하겠다는 선교적 열정이 강하게 되므로 인도 선교의 목적으로 만든 12신조를 한국교회가 사용하도록 하였다."라고 역사신학 강의 중에서 말하였다. 한국 초기교회는 선교사들의 영향을 크게 받았다. 저들이 개혁주의 장로교회를 세우려 했다면 웨스트민스터 신앙고백서를 한국장로교회의 신앙고백으로 소개했어야 한다. 이로 말미암아 장로교회의 형성의 기초가 되는 신앙고백서 중심의 개혁파교회가 아니라 복음주의적 교회로 성장하게 되는 요인이 되었다.

4) 12신조 전문

서언

대한예수교장로교는 아래 신조를 목사와 장로와 집사와 강도사로 하여금 승인할 신조로 삼는 것은 대한예수교장로교회를 설립한 모 교회의 교리적 표준과 역사적 교회 신조들을 받아들이며 특별히 웨스트민스터 신앙고백서와 대, 소요리문답서는 성경을 밝히 해석한 책으로 인정하고 우리 교회와 신학교에서 꼭 가르쳐야 할 것이며, 그 중 소요리문답은 더욱 우리 교회 문답 책으로 채용하는 것이다.

1. 신구약 성경은 하나님의 말씀이며 신앙과 본분에 대하여 정확 무오 한 유일의 법칙이다.

2. 하나님은 한 분이시며 오직 그만 경배할 것이다. 하나님은 신이시며 스스로 계시고 아니 계신 곳이 없으시며 다른 신과 모든 물질과 구별되고 그 존재와 지혜와 권능과 거룩하심과 공의와 인자하심과 진실하심과 사랑에 있어서 무한하시며 영원불변하신다.

3. 하나님의 본체에 삼위가 계시니 성부, 성자, 성령이시다. 이 삼위는 한 하나님이시다. 본체는 하나요, 권능과 영광이 동등하시다.

4. 하나님께서는 모든 유형물과 무형물을 그 권능의 말씀으로 창조하사 보존

하시고 주장하시나 결코 죄를 내신 이는 아니시고 모든 것을 자기 뜻의 계획대로 행하시며 만유는 다 하나님의 선하시고 지혜롭고 거룩하신 목적을 성취하도록 역사하신다.

5. 하나님이 사람을 지으시되 자기의 형상대로 지식과 의와 거룩함으로 지으사 생물을 주관하게 하셨으니 세상 모든 사람이 한 근원에서 나왔으므로 다 형제와 자매이다.

6. 우리의 시조가 선악 간 택할 자유의지가 있었는데 시험을 받아 하나님께 범죄 하였다, 아담으로부터 보통 생육 법에 따라 출생하는 모든 사람이 그의 안에서 그의 범죄에 동참하여 타락하였으니 사람의 원죄와 부패의 성품으로 고의로 짓는 죄도 있은 즉 모든 사람이 현세와 내세에 하나님의 공평한 진노와 형벌을 받는 것이 마땅하다.

7. 인류의 죄와 부패함과 죄의 형벌에서 구원하시고 영생을 주고자 우리 하나님께서 무한하신 사랑으로 그의 영원하신 독생자 주 예수 그리스도를 세상에 보내셨으니 그로만 하나님이 육신을 이루셨고, 또 그로만 사람이 구원을 얻을 수 있다. 그 영원한 아들이 참사람이 되어 그 후로 한 위에 특수한 두 성품이 있으니 영원토록 참 하나님이시며, 참사람이시다, 성령의 권능으로 잉태하사 동정녀 마리아에게서 났으되 오직 죄는 없는 분이시다, 죄인을 대신하여 하나님의 법을 완전히 복종하시고 몸을 드려 참되고 온전한 제물이 되사 하나님의 공의를 만족하게 하시며 사람이 하나님과 화목하게 하시려고 십자가에 못 박혀 죽으시고 죽은 자 가운데서 삼 일 만에 부활하사 하나님 우편에 앉아 계시고 그 백성을 위하여 기도하시다가 그곳으로부터 죽은 자를 다시 살리시고 세상을 심판하기 위해 재림하신다.

8. 성부와 성자에게서 오신 성령께서 사람으로 구원에 참여하게 하시고, 사람으로 죄와 비참을 깨닫게 하시며 그 마음을 밝혀 그리스도를 알게 하시고 그 의지를 새롭게 하고 격려하시며 권능을 주어 복음에서 값없이 주시겠다고 하신 예수

그리스도를 믿게 하시며 또 그 안에서 역사하여 모든 의의 열매를 맺게 하신다.

9. 하나님께서 세상을 창조하시기 전에 그리스도 안에서 자기 백성을 택하사 사랑으로 그 앞에 거룩하고 흠이 없게 하시고 그 기쁘신 뜻대로 저희를 미리 작정하사 예수 그리스도를 말미암아 자기의 아들을 삼으셨으니 그 사랑하는 아들 안에서 저희에 거저 주시는 은혜의 영광을 찬미하게 하려는 것이다. 그리고 오직 세상모든 사람에게 온전한 구원을 값없이 주시려고 말씀하시기를 너희 죄를 회개하고 주 예수 그리스도를 자신의 구주로 믿고 의지하여 본받으며 하나님의 나타나신 뜻을 복종하여 겸손하고 거룩하게 행하라 하셨으니 그리스도를 믿고 복종하는 자는 구원을 받고 저희가 받는바 특별한 유익은 의가 있게 하심과 양자가 되어 하나님의 자녀가 되게 하시고 성령의 감화로 거룩하게 하심과 영원한 영광이니, 믿는 자는 이 세상에서도 구원받은 것을 확실히 알 수 있으므로 기뻐할 것이다, 성령께서 은혜의 직분을 행하실 때 은혜 베푸시는 방편은 특별히 성경 말씀과 성례와 기도이다.

10. 그리스도께서 세우신 성례는 세례와 성찬이다. 세례는 물을 가지고 성부와 성자와 성령의 이름으로 씻음이니 우리가 그리스도와 연합하는 표적과 인침이요, 성령으로 거듭남과 새롭게 하심과 주께 속한 것임을 약속하는 것이다. 이 세례는 그리스도 안에서 신앙을 고백하는 자와 그들의 자녀들에게 베푸는 것이요, 주의 성찬은 그리스도의 죽으심을 기념하여 떡과 잔에 참여하는 것이다. 이는 믿는 자와 그의 죽으심으로 인하여 나오는 유익을 인체 증거 하는 표이다, 이 성찬은 주께서 오실 때까지 주의 백성이 행하며 주를 믿고 그 속죄를 의지함과 이로 인하여 나오는 유익을 받음과 더욱 주를 섬기기로 언약함과 주와 및 여러 교우로 더불어 교통하는 표이다, 성례의 유익은 성례 자체로 주는 것도 아니요 성례를 베푸는 자의 덕으로 주는 것도 아니다, 다만 그리스도의 복 주심과 믿음으로써 성례를 받는 자 가운데 계신 성령의 역사하심으로 주시는 것이다,

11. 모든 신자의 본분은 입교하여 서로 교제하며 그리스도의 성례와 그 밖의

범례를 지키며 주의 법을 복종하여 항상 기도하며 주일을 거룩하게 지키며 주를 경배하기 위하여 함께 모여 주의 말씀의 설교를 자세히 들으며 하나님께서 저희로 그리스도의 마음과 같은 마음을 가지고 또한 일반 인류에게 그와 같이할 것이요, 그리스도의 나라가 온 세계에 확장되기 위하여 힘쓰며 주께서 영광 가운데서 나타나심을 바라고 기다릴 것이다.

12. 죽은 자가 마지막 날에 부활에 참여하고 그리스도의 심판하시는 보좌 앞에서 이 세상에서 선악 간 행한 바를 따라 보응을 받을 것이다. 그리스도를 믿고 복종한 자는 확실히 사함을 얻고 영광중에 영접을 받으며 오직 믿지 아니하고 악을 행한 자는 정죄함을 받아 그 죄에 적당한 형벌을 받는다.

승인식

교회의 신조는 하나님의 말씀에 기초하고 하나님의 말씀과 일치한 것으로 내가 믿으며 이를 또한 나의 개인의 신조로 공포하노라.[187]

2. 한국기독교장로회 신앙고백서(1972)

1) 작성배경

"우리는 이렇게 믿는다. 그러므로 이렇게 산다"하는 것이 그리스도인의 떳떳한 태도이다. 아무리 산업사회의 조직체 속에 매여 산다 할지라도 그리스도인의 자유는 결코, 그 조직체를 절대화하지 않는다. 시대에 따라 믿음에 대한 설명이나 강조점이 달라지고 믿는 사람의 세속에 대한 태도는 달라진다 할지라도 현실에 무조건 따르는 것이 아니다. 목숨 걸고 고백할만한 신앙내용을 갖지 않는 그리스도인은 그 수가 많아도 두려울 것이 없다. 카타콤 속에서도 로마 제국과 맞섰던 초대 신도들이야말로 삶과 죽음 전체로 자기 신앙을 고백한 참 그리스도인이었다.

---

187 대한예수교장로회(대신), 「헌법」pp. 25-30.

우리가 신앙고백서 제정을 시도한 것도 초대 신도들과 같은 역경에서도 그들과 같이 단호하고 용감하게 대결할 수 있게 되기 위함이다. 다른 사람들의 신앙을 심판하려는 것이 아니라 우리 자신들의 신앙생활을 훈련하기 위함이다. 이 신앙고백서 제정에 있어서 적어도 세 가지 원칙을 염두에 두고 준비했다. (1) 모든 전통적인 신앙고백과 본류에 이탈하지 않는다는 것. (2) 현대 세계 교회들의 방향에 동조한다. (3) 한국기독교장로회 전체의 공동고백이라는 것 등이다. 본 신앙고백서 안이 1972년 총회에서 채택되고 선언되기까지의 경로는 다음과 같다.

1967년 제25회 총회의 결의에 의하여 구성된 신조개정위원회는 1968년 총회 때에 「신조에 관한 연구논문」이라는 소책자를 제출하였다. 그 주요 내용은 신앙고백의 본질 웨스트민스터 신조에 대한 역사적 신학적 연구와 비판이었다. 1969년 총회 때에는 「현대 저명 신조해설」이라는 책자를 총회에서 제출하여 최근에 제정된 세계 여러 신조 중에서 우리에게 가장 가깝고 모범적인 것들을 연구하고 그 내용을 해석하여 우리의 본보기로 삼았다. 1970년 총회 때에는 우리 교회로서의 신조 구성 방향과 구조와 그 내용 개요가 제출되어 그것이 시인되었다.

1971년 총회에 더 자세한 내용의 신앙고백서 안이 제출되었으나 한국기독교장로회 공동고백으로서의 성격을 구현시키기 위한 일 년간의 광범위한 검토를 거치기도 했다. 그리하여 동 위원회는 본서 내용의 철저한 검토와 함께 그 성안된 것을 중심으로 각 지방에 출장하여 지역적인 독회를 열고 교회 지도자들의 광범위한 의견을 모았다. 그리고 그 의견들을 반영시켜 최종안을 작성 총회에 제출한 것이 이 신앙고백 선언서이다. 1972년 제57회(9월 28일) 총회에서는 그 제출된 안을 만장일치로 채택하고 본 교단의 신앙선언으로 공포하게 되었다.

2) 신앙고백서의 특징

제1장 삼위일체 하나님과 성서, 삼위일체 하나님, 성서가 증거 하는 하나님 성

서의 본질, 성서의 권위와 해석. 제2장 창조와 세계 하나님의 창조, 섭리와 예정, 자연과 인간, 자연을 통한 하나님 인식, 일반적 진리의 주님. 제3장 인간의 죄, 인간의 본성, 남녀, 육체적 생명과 영혼, 우주적 악과 죄, 보편적 윤리능력, 율법의 의미, 예수 그리스도의 계명. 제4장 예수 그리스도의 속량, 예수 그리스도의 생애, 그리스도의 인격, 그리스도의 생활, 그리스도의 고난과 죽음 그리스도의 높아지심. 제5장 성령의 삶 성령, 성령의 활동 사랑의 삶, 성령의 은사, 제6장 교회와 선교 교회의 본질, 교회의 직능과 질서 교회와 선교, 교회의 역사. 제7장 역사와 종말 하나님 나라의 역사, 역사 안에서의 그리스도인의 생활, 역사의 종말과 완성으로 구성되어 있으며 특징으로는 개혁파 신조에서는 성경을 서론으로 규정하고 있으나 신론에서 시작한 것과 제2장에서 자연과 인간의 관계를 현재적으로 규명한 것과 예수 그리스도에 대해서 중점적으로 규명하고 있다. 제5장 성령론에서 성령의 은사에 대한 고백과 제6장 교회와 선교에 대해 고백함으로 구조는 웨스트민스터 신앙고백서의 영향을 받은 것이라 할 수 있다.

3) 신앙고백서의 평가

먼저 한국교회의 최초의 신앙고백서란 점에서 높이 평가할 수 있다. 자연과 인간과의 유기적 관계와 우주적 악과 죄를 현대적으로 고백한 것과 선교에 대한 고백은 높이 평가할 수 있다. 그러나 서론에서 본 신조는 정통적 신조를 받아들인다고 하면서, 우리는 사도신조, 니케아 신조, 칼케돈 신조, 아우구스브르크 신조, 헬베틱(제1 스위스) 제1 신조, 웨스트민스터 신조, 바르멘 선언, 한국장로교의 12신조 등 역사적 교회의 신조들을 이어받으면서 다음과 같이 우리의 신앙을 고백한다고 했지만, 루터의 아우크스부르크 신앙고백서와 칼 바르트의 바르멘 선언을 받아들이므로 역사적 개혁파교회의 전통에 어긋나며 삼위일체론은 양태론적 단일신론에 가깝고(1장) 성경에 대한 영감도 역사적 개혁파교회의 영감론과 다르며, 또 성경은 각 시대에 구체적 정황에 살던 예언자와 사도들의 글이며 당시의 신앙공동체에 준 설교와 지시로서 하나님의 말씀이었다. 성경의 권위에 대해서도 무오성을 주장하지 않고 해석에서도 "성서의 말씀으로 질문을 받고 또 질문함으로써 그 진리와 만나는 것을 의미한다"라고 했다. 그리고 성경을 성서라 표현하므로 성경의 경전성을 훼손하고 하였다고 할 수 있다. 그리고 미국의 1967년 신앙고백의 영향을 받은 것으로 이해된다. 제2장 섭리와 예정에서 일방예정을 말하고 있다. 이는 칼 바르트의 일방예정을 영향받았다고 할 수 있다.

기독론에서 그리스도의 무죄 성을 규정하지 않는(4장) 것은 역사적 개혁파교회와 다르다. 선교에 대해서 구원이라는 말을 찾아 볼 수 없다. 그러므로 한국기독교장로회 신앙고백은 역사적 정통개혁파 교회의 신앙고백서의 노선을 벗어난 신복음주의적 신앙고백서라 하겠다.

4) 신조 전문

서론

하나님께서는 영원한 구원의 계획에 따라 예수 그리스도를 통하여 세상을 구원하시고 모든 사람 가운데 그를 믿는 자를 불러내어 교회를 세우시고 선교와 속량의 사업을 계속하신다. 한국에서 부름 받은 우리는 사도들의 신앙을 계승하여 교회를 이루고 겨레의 고난을 나누어지며 그리스도의 복음을 전 할 수 있게 된 것을 감사한다. 그러나 아직도 우리 주변에는 그리스도를 받아 드리지 않는 많은 영역이 있기 때문에 우리는 믿는 바를 밝히고 선교에 힘써야 한다. …… 우리는 사도신조, 니케아 신조, 칼케돈 신조, 아우구스브르그 신조, 헬베틱 제1신조 웨스트민스터 신조, 바르멘 선언, 한국장로교의 12신조 등 역사적 교회의 신조들을 이어받으면서 다음과 같이 우리의 신앙을 고백한다.

제1장 하나님 신앙과 성서

1. 삼위일체 하나님

성서가 증언하고 그리스도교회가 계속 믿어온 하나님은 예수 그리스도의 아버지시요, 우리의 아버지시며 자신을 먼저 계시하신 분이다. 하나님은 하늘과 땅의 창조와 이스라엘 역사에서 거룩하신 아버지로 나타나셨고, 그 계시의 정점인 예수 그리스도에게 아들로 나타나셨고 또 예수의 이름으로 모인 교회에서 성령으로 나타나셨다. 우리는 한 하나님을 세 인격에서 만나며 그 하나님의 인격에서 다른 두 인격과 함께 만난다. 각 인격은 서로 혼합되거나 혼돈되지 않으면서도 서로 완전히 분리될 수 없다. 이 세 인격은 신성과 능력과 목적에서 같고 영광과 위엄에서 같으며 시간과 장소의 제약을 초월하여 영원하고 통일을 이룬 한 하나님이시다.

이 삼위일체 하나님 신앙은 성서가 증언하는 것과 같다. 아무도 그리스도를 통하지 않고는 아버지께로 오지 못하며(요 14:6), 아버지께서 이끌어 주시지 않으면 아무도 그리스도에게 올 수 없고(요 6:44) 아무도 성령을 통하지 않고는 그리스도를 주라 일컬을 수 없으며(고전 12:3, 요일 4:2-3), 성령은 아버지와 아들에게서 오신다(요 14:26, 15:26). 우리는 삼위일체 하나님을 오늘도 그의 창조와 속량, 해방과 치료의 업적에서 만나며 그가 우리들 사이에 임재하심을 믿는다.

2. 성서가 증거 하는 하나님

우리의 하나님은 이스라엘의 역사와 예수 그리스도의 생애, 특히 그의 죽으심과 부활, 그리고 교회가 걸어온 삶을 통하여 인식된다. 오늘날까지 자주 일어난 무신론은 그리스도의 교회의 하나님 신앙을 부정하여 왔으나 우리의 하나님은 그의 말씀의 신실성과 그의 권능의 실증에서 살아 계심을 나타내신다. 하나님은 용어나 제도나 실천 방안에 매이지 않으시고 그의 창조적 힘으로 새 백성을 일으키시며 새 역사를 지어 가신다.

3. 성서의 본질

이 하나님은 신·구약성서에서 밝히 증언되었다. 구약은 39권으로 한정된 책으로서 교회가 구약 시대의 공동체로부터 전해 받은 것이며 이스라엘에 대한 하나님의 신실과 장차 오실 메시아를 통하여 완성될 일을 증언한다. 신약은 최초의 에큐메니컬한 교회가 정한 27개의 문서로 된 한 책으로서 예수 그리스도의 오심과 성령의 하신 일과 장차 될 일에 대한 사도들의 기록이다. 우리 교회는 이 66권을 정경이라고 부른다. 이 책들 밖에도 구약과 신약의 외경이라는 문서는 정경에 의하여 판단 받아야할 책들이다.

신구약성서는 통일을 이룬 하나님의 말씀이다. 둘은 함께 예수 그리스도를 각기의 모습으로 증언하며 그리스도 안에서 유기체적으로 통일된 것이어서 그 한 쪽 없이는 다른 쪽을 이해하기 어렵다. 그들의 관계는 그리스도교회가 이스라엘의 신앙을 계승하면서도 그것과 구별되는 것과 같다. 성서는 각 시대에 구체적 정황에 살던 예언자와 사도들의 글이며 당시의 신앙공동체에 준 설교와 지시로서 하나님의 말씀이었다. 그 같이 오늘날도 하나님의 오심과 그의 뜻과 그의 뜻의 현실인 예수 그리스도를 증거하고 인간의 본분을 지시하는 하나님의 말씀이다.

4. 성서의 권위와 해석

성서는 자신의 권위로서 하나님의 말씀임을 증명한다. 이 말씀은 하나님의 역사적 실체를 증거 하면서 그리스도 안에서 사람을 새롭게 하는 힘을 가진다. 교회는 이 사실을 성서의 영감이라고 불렀다(딤후 3:16-17). 성서의 영감은 그리스도를 바로 증거하며 믿는 사람의 인격을 변혁시키는 사실에 있는 것이며 기록한 자에게서 움직이던 것과 같이 오늘날도 읽고 듣는 자에게서 역사 하시는 성령의 내적 증거에서 실현된다.

성서는 씌어진 장소와 시대와 저자의 여러 조건에 제약되어 있음으로 그 언어의 문법과 사고방식과 그 사회적 역사적 문화적 조건을 정확히 연구함으로써 잘 이해하고 해석할 수 있다. 성서 해석에는 통일성과 다양성이 함께 확립되어야 한다. 해석의 통일성은 성서의 각 부분이 유기체적으로 함께 지향하고 주장하는 그 내용의 흐름에서 찾아진다. 그리고 그 다양성은 교회와 그 성원이 그 통일성에 근거하면서 자기의 역사적 상황에서 성서의 말씀에 의하여 질문을 받고 또 질문을 함으로써 그 진리와 만나는 것을 의미한다. 성서 해석의 다양성은 그 말씀의 실현성과 인간의 자유와 개성의 고귀성 때문에 일어난다. 그러나 그것이 무궤도한 주관주의에 떨어져서는 안 된다.

제2장 창조와 세계

1. 하나님의 창조

하나님이 태초에 하늘과 땅을 창조 하셨다(창 1:1, 2). 그는 '공허'와 '혼돈' 상태에서 말씀으로 만물을 창조하시고 세계와 자신을 구별하였다. 하나님의 창조물 가운데는 우주 만물과 인간과 그의 환경을 포함하는 보이는 것 외에 보이지 않는 영적 피조물도 있다. 그러나 하나님은 이 모든 것의 주가 되시며 홀로 예배를 받으신다.

하나님은 이 창조에서 단번에 일을 끝내지 않으시고 전환과 갱신으로 완성을 향하여 인도하시며 모든 과정을 그의 뜻에 따라 다스리신다. 이 다스림에서 창조물은 사람에게 맡겨지고 사람의 공헌으로 더 나은 발전과 충실해짐이 기대된다. 창조된 자연의 가장 큰 기능은 생명을 육성 보전하는 것이며 그 과정은 과학으로 확인되는 자연법칙에 따라 설명될 수 있으나 결국 자연의 운명을 하나님이 인간과 맺은 계약에 포함된다.

하나님은 사람을 자기의 형상대로 만드시고 그의 지혜와 그에게 응답하는 인격을 주셨다. 모든 창조물과 함께 인간은 창조를 찬양하고 그를 즐기며 이웃과 더불어 사랑하게 하셨다.

2. 섭리와 예정

성서는 창조된 세계에 대한 하나님의 섭리를 가르친다(마 6:25-34, 행 17:14-28). 창조된 세계와 역사적 질서 안에는 사람에게 해를 끼치는 것도 있으며 자연이나 인간 사회에 거듭 발생하여 사람을 괴롭히는 악이 있다. 그러나 하나님은 세계 안의 여러 요소를 서로 견제하든지 혹은 조화를 이루어 궁극적으로는 선한 방향으로 가게 하신다. 우리는 이 하나님의 선한 뜻이 실현될 것을 믿는다.

성경은 섭리와 함께 하나님의 예정하심을 말한다(롬 8:29 9:19-29). 사람에게는 종족, 가정 성별, 언어, 신체의 조건과 같은 자신의 의지의 결정으로 되지 않는 것이 있다(고전 7:17-24, 요 9:1-3). 이러한 질서는 선악의 가치를 초월하여 사람에게 미리 주어진 것으로서 사람의 삶을 제한한다. 그러나 각 사람은 인격적 결단으로 그런 조건들을 개선하거나 그 의미를 발견하여 하나님이 하시는 일을 드려내야 한다. 구원의 과정에서 모든 사람이 같은 길을 걷는 것이 아님을 우리는 안다. 예정 신앙은 숙명론이 아니고 하나님이 그리스도 안에서 사람을 은총으로 선택하시는 사실을 믿는 것이다. 가장 명확한 예정과 은총의 본보기는 예수 그리스도 자신이다 (요 15:16, 롬 9:14-18).

3. 자연과 인간

인간은 자연을 초월하는 능력과 관리하는 책임을 지고 있으나 동시에 자연의 한 부분이며 자연으로부터 생의 소재와 지반을 받으며 갱신의 힘을 얻는다. 오늘날 인간은 무계획한 인구의 팽창 무절제한 욕심과 낭비, 그리고 과학기술의 오용 등으로 자연을 해쳐 마침내 자연과 함께 자신의 생의 지반을 파멸시킬 위기에 직면하였다. 우리는 이제 자연도 창조주 하나님을 찬양하도록 그리고 우리의 후손도 계속 자연에서 그 생의 소재를 공급받을 수 있도록 모든 수단을 동원하여 생명을 보호하고 자연을 배양하고 그 능력을 배양하는데 전력을 다 하여야 한다. 그리고 우리는 자연의 혜택이 지구상의 모든 민족에게 고르게 분배되고 그것을 아껴서 쓰는 것이 하나님의 뜻이라 믿는다.

4. 자연을 통한 하나님의 인식

창조물의 놀라운 모습에서 우리는 하나님의 창조의 의도와 그의 영광을 찾아 볼 수 있다. 그러나 이런 것들을 통하여서는 삼위일체 하나님을 바로 알기 어렵다. 모든 창조물은 하나님의 존재와 경륜을 가리키지만 반면에 부정하며 의심나게도 한다. 인간은 보편적으로 죄인이기 때문에 자연과 역사에 대한 깨달음이 그대로 하나님의 계시의 역할을 하는 것이 아니다(롬 1:19-25). 자연과 역사에 대한 하나님의 뜻을 바로 이해하려면 성서의 가르침을 따라야 한다.

5. 일반적 진리의 주님

하나님은 믿는 자나 믿지 않는 자를 차별 없이 대우하시고 사랑하신다(마 5:45). 따라서 창세 이후로 인간이 격은 체험과 발견도 하나님의 진리에 속하며 제 종교, 철학, 문학, 예술, 과학을 통하여 얻는 진리도 하나의 창조의 왕국에 속하여 생의 의미를 찾는데 유익하며 활용되어야 한다. 우리는 이 같은 진리의 주님도 그리스도이심을 믿는다(골 1:15-17). 일반적 진리가 하나님의 뜻에 일치하게 사용되는 것은 그리스도 안에서 새로 난 인간들에게 기대된다(롬 8:19-23).

제3장 인간의 죄

1. 인간의 본성

인간은 하나님의 형상대로 창조되었다(창 1:26). 인간은 그 역사적인 삶을 육체적인 출생에서 시작하고 죽음으로써 한정 받는다. 그는 어느 피조물과도 바꿀 수 없으며 다른 사람으로 대신할 수 없는 개성의 가치를 가진다. 그는 하나님과 사람들 앞에서 책임성과 윤리성을 가지며 또 자신의 죽음까지도 넘어서 영원을 사모한다. 그러나 원죄가 인간의 본성에 깊이 침투하여 그것을 부패하게 하고 의와 선과 사랑을 행하기에 무력하게 한다.

2. 남녀

사람은 구체적으로 남자와 여자로 창조되었다. 그리고 일남 일녀를 결합시켜 공동체를 이루어 생을 즐겁고 풍부하게 하신 것은 하나님의 선하신 창조의 축복이다(창 1:27-31, 2:24-25). 인간이 이성의 상대자와 사랑의 사귐을 위하여 가지는 성은 생의 의미와 창조의 기적을 발휘하는 귀중한 특성이다. 그러므로 성을 오용하거나 남용하여 불행을 초래하지 말고 신앙으로 그 질서를 지켜야 한다.

3. 육체적 생명과 영혼

사람은 육체와 영혼이 통일된 생명체다. 그의 육체적 생명은 생물학적 문화적 조건으로 유지되며, 또 그의 영혼은 육체와 관련되어 존재한다. 영혼은 사람의 한 부분이 아니라 그의 주체이며 자신의 행동과 죽음도 객관화해서 볼 수 있다. 모든 사람은 부모를 통하여 그 생을 받고 저 인류 공동체의 성원이 된다. 그러나 각 개인은 인류 공동체 안에서 시간적 혈연적 관계를 초월하여 직접 하나님께 속하며 책임적이고 창조적이다(롬 5:12-21). 죽음은 사람을 무에 몰아넣는 강한 현실적 세력이지만(롬 8:21, 고전 15:26) 사람은 죽음을 넘어서 존속한다. 이 죽음의 본성과 신비는 예수 그리스도의 죽으심과 부활에서 계시되었다(고전 15:12-58).

4. 우주적 악과 죄

사람에게 나타나는 악은 보편적이며 독자적인 세력으로서 부패와 타락의 근원이다. 그것은 개인을 조종할 뿐만 아니라 사회적 세력을 이루고 전 인류에게 통일된 힘으로 역사 한다. 이 세력은 하나님의 창조의 업적을 파괴하려고 하며, 또 각 사람은 자유로운 존재로서 이 보편적 악에 동참하기 때문에 책임을 진다. 죄는 사람이 하나님의 창조의 원칙을 거슬러 하나님을 반역하는 이기주의와 교만에서 온다(창 3:5, 롬 7:5-25). 사람은 이 근원적 죄를 자기 힘만으로는 극복할 수 없다.

5. 보편적 윤리 능력

창조 이후로 인류 가운데는 어진 사람과 윤리적 스승이 있어서 죄를 막고 인간성의 개선을 위해 애쓰고 정의, 진리, 자유, 평화 등을 실현하려고 노력하였다. 그러나 이러한 노력은 사람의 근원적 악을 결정적으로 해결하지 못했고 그리스도에게 나타난 하나님의 사랑에 비춰어 보면 빈약하다. 하나님께서는 모든 민족에게 윤리적 노력을 그치지 않게 하셨으며 특히 이스라엘 민족에게 율법을 주셔서 은혜의 때가 오기까지 그들을 훈련하셨다.

6. 율법의 의미

이스라엘이 하나님께로부터 받아 시행한 율법은 고대 근동지방의 제 민족의 법과 공통된 것이 많고 십계명도 고대 부족의 윤리적 금령과 비슷하나 제1계명으로써 하나님과 이스라엘 사이의 계약을 확증하고 하나님의 은총과 자비를 선포한 것으로 특이하다. 율법은 하나님의 선한 의지와 만물의 생존 원리를 가르침으로써 사람의 죄를 드러내고 범법자에게 징벌을 규정하고 사랑으로 불러 모은 공동체에게는 속죄와 성령의 희망을 주는 권위 있는 선언이다. 모든 율법은 하나님과 이웃을 사랑하라는 것으로 요약할 수 있으며 그리스도에게까지 이르는 훈련 교사로서 장차 올 은총의 그림자이다(갈 3:24).

7. 그리스도의 계명

그리스도는 율법의 마지막으로서(롬 10:4) 율법을 완성하고 믿음의 길을 열으셨으나 그리스도인도 언제나 죄의 그늘에 얽매여 있기 때문에 믿음의 훈련을 쌓기 위해서 그리스도의 계명이 주어진다. 그리스도의 계명은 하나님과 인간을 사랑하는 생활이다(요 15:17, 롬 13:8-10). 그리스도인은 언제나 이 계명을 실천해야 한다. 그러나 그는 이 계명을 자기의 힘만으로 시행하는 것이 아니라 성령의 역사와 은혜로써 하는 것이므로(갈 5:24-25) 교만하거나 좌절하는 일이 없다.

제4장 예수 그리스도와 속량

1. 예수 그리스도의 생애

예수 그리스도는 당시 로마의 통치 아래 있던 유대 나라에서 성령으로 잉태되어 동정녀 마리아에게 나셨다(마 1:18-2:12). 그 병을 고치시며 기적을 행하시고 사람들을 가르치시며 하나님 나라의 복음을 선포하시고 제자들을 뽑아 말씀의 증인이 되게 하셨다. 그러나 사람들은 그를 이해하지 못하고 유대인의 지도자들은 그를 로마 총독 빌라도에게 고소하여 십자가에 못 박아 죽이게 하였다. 그러나 하나님께서는 그를 죽은 자 가운데서 다시 살아나게 하심으로 그가 하나님의 아들임을 증명하셨다(행 2:32-36, 롬 1:3-4).

2. 그리스도의 인격

예수 그리스도는 자기를 사람의 아들이라고 부르셨고 우리와 같은 슬픔과 고난을 경험하셨으며 행동하실 때에는 언제나 사람의 아들로서 권위를 나타내셨다. 그는 하나님의 기름 부음을 받은 메시아요(요 1:41), 육신이 되신 말씀(요 1:14), 우리의 주(빌 2:11)요, 구주(행 5:31)시며, 하나님과 인간을 대표하는 이(히 2:17-18)요,

중보자(딤전 2:5, 히 8:6)시다. 우리는 그에게서 율법과 예언의 완성(마 5:17), 하나님의 능력과 지혜(고전 1:14), 용서와 은혜(엡 1:7)와 사랑(딛 3:4), 인간과 사회의 모퉁이 돌(벧전 2:6)이시며 교회의 머리이시다(골 2:19). 그는 통일된 인격으로서 참사람이시고 참 하나님이신 것을 성령이 확증하시고(요일 4:2) 신앙으로 고백되는 (마 16:17-19) 신비(엡 3:4)이다.

3. 그리스도의 생활

그리스도는 하나님의 본체였지만 자기를 비워 종의 모습을 취하시고 낮아지셨다. 그가 이같이 낮아지신 것은 '남을 위한 삶' '섬김' 또 '자기희생'의 모본이다 (막 10:45). 그리스도는 가난 한 자, 눌린 자, 죄인, 버림받은 자 소외된 자, 실망한 자의 친구가 되셨다. 그는 모든 악한 세력이나 불의나 거짓 등에 대하여 타협하지 않고 죽기까지 항거하셨다(막 11:15-18, 14:611, 16:2-5 평행구). 우리는 이 그리스도의 섬기는 삶 속에서 그의 지극한 사람과 고귀한 인간성을 본다.

4. 그리스도의 고난과 죽음

그리스도는 우리의 죄 때문에 고난을 받으셨으며 그 고난의 절정은 십자가의 죽으심이었다. 겟세마네의 고난과 골고다의 십자가의 고통은 참 인간의 고통이었고 그의 고난에서 하나님께 대한 인간의 반역과 죄의 실상, 또 고독 죽음, 비참 속에 빠진 인간 생존의 본질이 드러나 있다(사 53:5, 히 4:15, 벧전 2:24). 이 고난의 절정인 그의 죽으심은 하나님의 의로우신 사랑의 표현이며 창조를 위협하고 인간을 비참한 운명으로 몰아넣는 우주적 악과 죄의 세력에 대한 공격이며 또 그것으로부터 해방이요, 하나님과 인간의 화해이며 우리의 죄의 용서와 구원의 결정적인 행동이다(롬 5:1, 3:24, 갈 1:4, 벧전 3:18).

5. 그리스도의 부활의 높아지심

예수 그리스도는 죽으셨다가 사흘 만에 무덤을 깨치고 다시 살아나셨다. 이 것은 하나님께서 죽은 자를 일으키신 것이며 역사 안에 일어난 초자연적 사건이며 부활하신 이를 만난 자에게 인식되고 선교의 소명으로(눅 24:32, 요 20:21) 확증된 다. 예수의 부활은 인간의 최후의 원수인 죽음이 생명에게 삼키울 것이고 정의와 사랑의 승리를 의미한다. 그것은 하나님의 미래를 열어주며 세상에 빛을 비추는 힘 이다. 그것은 약한 자의 강해짐이요(고후 12:10) 낮아진 자의 높아짐이요 무법 하게 학대를 받은 자의 권리 회복이요 의로운 패배자의 승리요(고전 15:57), 죽은 자의 삶이다(요 11:25-26). 그는 이제 하나님의 오른편에 계셔서 하늘과 땅의 모든 권세 를 잡으시고 역사를 다스리시며 교회의 주요(엡 5:29), 모든 주의 주님(계 17:14), 그 리고 영원한 대제사장(히 5:5)으로서 언제나 일하신다.

제5장 성령과 삶

1. 성령

예수 그리스도가 부활하신 후 성령은 아버지와 아들로부터 보내심을 받아 역사 안에서 이룩하신 그리스도의 속량 사업을 세상 끝까지 계속하신다. 그는 아 버지와 아들과 같이 우리의 한 주님이시며 아버지의 영이요, 그리스도의 영으로서 지금 우리 속에 역사 하시는 분이시다.

2. 성령의 활동

성령은 그리스도의 속량 사업뿐만 아니라 창조와 보존의 영으로서 인간과 자 연과 역사의 과정에서 활동하신다(요 16:12, 롬 8:9-17). 성령은 인간 속에 예수 그 리스도를 증거하며 하나님의 자녀인 '새 인간'을 만드신다. 성령은 우리를 그리스도와 만나게 하여 하나님 앞에서 죄인임을 깨닫게 하시고 그리스도를 주라 고백하게 하고 믿음으로 의롭다 인정받게 하고 하나님의 뜻에 따라 믿음의 결단을 하게 하신다. 성령은 믿음으로 의롭게 되는 것을 경험하게 하고 죄의식을 날카롭게 하며 우리의 삶을 성화하고 은혜의 감각을 더하여 더욱 기도하게 하고 더 겸손하게 하신다. 성령은 그리스도를 믿는 자를 모아 교회를 이루시며 하나님의 복된 해를 전하는 선교의 일을 주동하시며 인류를 해방하며 숨은 진리를 개발하는 모든 선한 노력에서 또 역사 안에서 악에 대한 투쟁과 세계의 평화를 세우려는 운동에서 활동하신다. 성령은 우리 안에 희망을 창조하시며 모든 고난을 이기게 하신다. 이 모든 일에 성령은 통일된 일을 하며 결코 그리스도에게 모순을 일으키지 않으신다. 성령의 역사를 세상의 영으로부터 구별하는 기준은 예수를 그리스도로 고백하는데(요일 4:3) 있으며 그 열매가 그것을 입증한다.

3. 사랑의 삶

성령은 우리 안에 그리스도의 형상을 만들어 우리의 성격과 생활이 그리스도를 닮게 하고 기쁨으로 그의 발자취를 따라서(벧전 2:21) 살며, 우리의 몸은 하나님의 기뻐하시는 산 제물로 드리는(롬 12:1) 새로운 삶을 창조한다. 성령 안의 삶은 용서받은 죄인, 잃었다가 찾아진 자의 생활로써 이웃에게 대하여 그리스도의 역할을 한다. 그는 약한 자의 친구가 되며 압박자와 악한 권력구조와 사회적 불의에 대하여는 그리스도와 같이 항거하며 투쟁하며 눌림 받은 사람들의 문제해결을 위하여 자기희생도 아끼지 않고 여러 사회적인 세력들을 동원하여 공헌하게 한다. 성령 안에서의 삶은 이 같은 의미를 위한 헌신과 고난을 그리스도의 고난에 참여하는 것으로 경험한다(고후 4:11-12). 이러한 삶은 하나님께 드리는 감사와 찬미가 된다.

4. 성령의 은사

성령은 믿음의 공동체 안에서 여러 가지 은사를 나누어준다(고전 12:8-11, 28). 이것은 성령의 인도에 따라 섬길 때 드러나는 각 사람의 특수한 능력을 가리키는 것이며 지혜, 사랑, 병 고침, 학문,, 예술, 봉사 등 여러 기능에서 나타난다. 우리가 이런 은사를 교회와 사회와 모든 인류의 선을 위하여 더욱 개발하고 섬기는 일에 쓰기를 하나님은 원하신다. 성령의 은사는 그것이 하나님의 선물임을 잊을 때에는 교만과 이기적인데 떨어져 무효하게 된다. 우리는 여러 은사 가운데 제일 높은 사랑의 은사를 추구해야 하겠다(고전 12:31). 마침내 우리는 성령의 열매로서 삶의 기쁨 화평 인내 친절 선함 신실 온유 절제 등을 거둘 것을 믿는다(갈 5:22-23).

제6장 교회와 선교

1. 교회의 본질

교회는 그리스도에게 부르심을 받아 믿음과 사랑과 희망으로 연합된 자의 공동체이며 그를 머리로 하는 몸으로서 그의 활동부터 세계 종말까지 이 역사 안에 살면서 선교의 사명을 수행하는 주체다. 교회는 지역적, 역사적, 신학적 요인으로 여러 형태로 존재할 수 있으나 그리스도의 몸은 하나이기 때문에 하나다(엡 4:4-5, 고전 1:13). 교회는 남녀, 연령, 종족, 사회계층 문화적 차이를 넘어 모든 인류를 포함하고 인간적 요소와 제한 속에서도 거룩한 목적을 수행하며 죄인을 속량하는 하나님의 사랑 안에서 세계성을 가지고 과거 현재, 미래의 모든 성도를 포함한다(엡 1:22-23, 계 21:22-27). 교회는 세상과 구별이 되나 세상에서 분리되지는 않는다(요 17:11). 그리스도가 세상에 오셔서 사람을 위하여 목숨을 버리기까지 하신 것처럼 교회도 세상에서 그리스도와 함께 일한다. 교회는 세상에서 일하며 세상을 변화시킨다는 데서 그 거룩함을 보전한다(약 1:27). 교회는 한 거룩한 공동교회로서 사도의 전승을 본질적 요소로 한다. 이 사도적 전승의 모체와 기준은 그리스도를 바로 증거 하는 성서의 말씀이며 교회의 역사적 형태나 전통이 아니다. 또 성서는 그리스도에게 복종하기를 요구하고 그를 증거 하는 것이므로(요 5:39) 교회의 최고의 권위는 그리스도 자신이다.

2. 교회의 직능과 질서

교회는 세례 받은 신도들로 구성되어 하나님의 말씀을 바로 전하며 그리스도께서 제정하신 성례전을 집행한다. 그리고 그것을 사랑의 친교를 가지며 믿음의 도리와 생활의 윤리를 가르치고 세상 가운데서 하나님의 나라를 실현하기 위하여 봉사의 생활을 하며 그리스도에게 희망을 걸고 사는 공동체다. 교회는 그 직능을 바르고 유효하게 행사하기 위하여 조직과 신학과 생활을 갖는다. 교회는 그들의 신앙과 선교행위로서 구체적으로 존재하며 필연적으로 제도화된다. 교회는 선교를 효과적으로 추진하기 위하여 교직의 제도를 둔다. 교직자는 복음을 선포하고 성례를 집행하며 신도들을 가르치고 돌보는 직책을 맡았다(고전 9:1-18). 그들은 그 방면에서 전문적 지식과 훈련과 지도를 가져야 한다. 모든 신도들은 그리스도의 속량을 받아 하나님께 나아갈 수 있는 제사장이며 거룩한 국민이요 하나님의 소유가 된 백성(벧전 2:9)으로서 교회의 제반 의무와 선교의 책임을 지며 그리스도의 몸의 지체로서 그에게 충성을 바쳐야 한다. 그들은 성화 도중에 있고 용서받은 죄인으로 세상에서 믿음으로 걷는 자들이다.

3. 교회의 선교

선교는 그리스도가 교회에 준 분부이며(마 28:19-20, 행 1:8) 모든 민족을 찾아가 말과 행동으로 그리스도를 증거하고 성례를 베풀며 사람들을 가르치라는 것이다. 선교는 환경과 시대를 따라 여러 모양으로 할 수 있다. 선교는 한편으로 사람들이 모여서 말씀을 듣고 하나님을 찬양하며 그를 신뢰하고 죄의 용서와 사랑을 확신하는 일이며 다른 편으로는 세상으로 나가서 그리스도와 함께 일하는 것을 말한다. 선교에는 가르침이 주요한 위치를 차지한다. 선교는 인간이 변화하고 사회의 구조가 혁신되기 위한 것이며, 또 진리를 선양하며 세계를 바로 파악하는 것이므로 교육적인 것이다.

선교의 범위는 세계적이며 사회 전체를 상대로 한다. 오늘과 같은 다원 사회에서 선교는 국가의 기관, 사회의 집단, 생업의 부면 등 각개 각층에 대해 실시되어야 하고 교회의 손이 닿지 않는 모든 곳에 개척의 길을 닦아야 한다. 선교는 때도 제한이 없으며 때를 얻든지 못 얻든지(딤후 4:2), 살든지 죽든지(롬 14:7-8) 계속되어야 한다. 선교의 시대는 인간역사의 종말까지 계속된다. 선교의 방법은 다양하며 상대적이고 유동적이다. 선교에는 유대인에 대해서는 유대인과 같이 되고 이방인을 위해서는 이방인과 같이 되는 정신이 필요하다(고전 9:19-23). 개인 단위의 선교는 기본적 방법이다. 그러나 인간은 사회 구조를 이탈한 개인으로 존재할 수 없으므로 전체로서의 사회에 그리스도를 증거 할 방법도 찾아야 한다. 세상을 그리스도에게 접촉시키고 변화시키려면 고정된 관념에 사로잡히지 말고 새로운 사회 국면에 대하여 성육신의 정신과 사랑의 실천에 철저해야 한다.

선교는 언제나 전 기독교계의 변혁과 사람의 생애의 신앙심과 문화를 혁신할 사명도 다해야 한다. 우리의 선교의 대상은 현실의 인간이기 때문에 일반 문화와 타종교와의 접촉은 불가피하다. 일반 문화의 접촉에서는 마음을 열고 창조의 하나님이 설정하신 진리를 이해할 수 있는 능력을 기르고 나아가서는 그것을 선교에 활용하도록 한다. 타종교와의 만남에서는 인간의 근본 곤경을 해결하고 인류의 복지를 이룩하는 일에 협력한다.

4. 교회와 역사

교회는 역사에 대한 낙관과 비관을 초월하여 그 모든 사건 속에서 역사의 주 하나님과의 동행으로 본다. 이 현실의 역사가 비록 사회적 불의와 정치적 혼돈 속에 있을지라도 하나님은 새 질서를 세워 가신다. 그는 과학과, 정치와 경제, 학문과 예술 등을 하나님 나라에 봉사하게 하고 역사 안에서 일어나는 사건들을 통하여 새롭게 말씀하신다. 교회는 끊임없이 말씀을 들어야 하며 복음의 선교를 통하여 모든 사람을 불러 회개하게 하고 하나님의 미래를 지시한다.

제7장 역사와 종말

1. 하나님의 나라와 역사

예수 그리스도의 생애와 죽음과 부활에서 하나님의 나라는 역사 안에 있다. 그것은 완전한 윤리나 이상적 사회라기보다는 죽은 자를 다시 살리시고 없는 것을 있게 하시는 하나님의 능력이며 성령 안에서 누리는 정의, 평화, 기쁨이다(고전 4:20, 롬 14:17). 인간의 역사는 하나님의 나라에 참여함으로 새로운 의미를 얻는다. 역사의 과정이 그대로 하나님의 나라가 아니지만 역사의 진전과 위기들에서 하나님 나라의 표징을 볼 수 있다(막 8:11-12, 평행구). 하나님의 나라는 우리 안에 와 있다. 겨자씨 비유와 누룩 비유에서와 같이 그것은 역사 안에서 자라가며 퍼져간다. 믿는 자는 암흑의 권세에서 나와서 하나님의 나라로 옮겨졌다(골 1:13). 하나님의 나라는 믿음과 희망으로 그리스도와 함께 하나님 안에 감추어져 있으나(골 3:3) 그것은 삶의 새로운 힘으로써 역사를 변화시킨다. 그것은 계속 새롭게 오고 있으나 예수 그리스도의 다시 오심과 함께 이 역사의 진행에 종말을 고하고 하나님이 모든 것의 모든 것이 될(고전 15:28) 새 하늘과 새 땅(계 21:1-4)에서 완성될 것이다. 믿는 자는 말할 수 없는 기쁨으로 이것을 기다리며 현재 누리는 그리스도 안에서의 다시 사는 생이 영원한 생명으로서 거기까지 이를 것을 믿는다.

2. 역사 안에서의 그리스도인의 생활

예수 그리스도에 대한 희망으로 사는 사람은 그 희망 때문에 역사 안에서 기쁨으로 십자가를 지는 헌신과 희생의 삶을 가지며 피차에 서로 이해하고 협력하고 기뻐하고 고통을 나눈다. 그는 단순히 한 질서에 안주하거나 적응하는 것으로 만족하지 않고 더 나은 정의와 사회를 건설하기 위하여 희생적으로 봉사하며 악과 불의에 대하여는 항거하고 투쟁한다. 그리스도인은 현실 역사 안에서 정의와 사랑과 평화를 수립하는데 적극 참여해야 한다. 하나님의 나라는 수고하고 무거운 짐 진 사람, 가난하고 고통 속에 시달리는 사람, 병들고 버림받은 사람들에게 먼저 임한다. 그러므로 이러한 현실 속에 살고 있는 사람은 그리스도의 왕국을 의심하지 말아야 한다. 이런 일에서 바람직한 성과의 실현이 요원할지라도 인내와 희망을 가지고 정의의 증언을 계속해야 한다. 하나님께서 우리의 노력의 부족을 채우시며 끝내 완성하실 것을 우리는 믿는다.

3. 역사의 종말과 완성

우리는 예수 그리스도가 다시 오심으로써 이 역사에 종말이 오고 산 자와 죽은 자가 다 하나님 앞에서 심판을 받고 하나님의 의가 드러나며 하나님의 나라가 완성될 것을 믿는다. 그 때의 모든 믿는 자는 그리스도의 부활에 참여한다. 이것으로써 사람의 삶 전체가 썩을 것으로부터 썩지 않을 것으로 변화될 것이다(고전 15:51-54).

그리스도인은 믿음과 희망을 통하여 장차 올 "새 하늘과 새 땅"을 여기서 부분적으로나마 보면서 산다. 우리의 평화는 투쟁 속에 있으며 우리의 생명은 죽음의 그늘에 있고 우리의 기쁨과 감사는 눈물과 고통과 함께 있으며 우리의 희망은 반 그리스도적 세력의 위험을 받는다. 그러나 우리는 그 마지막 때에 모든 것이 밝히 드러나

고 모두 회복되고 죄의 용서와 몸의 부활과 영원한 삶이 있을 것을 믿는다.[188]

3. 대한예수교장로회 대신 교회선언(1974)

1) 작성배경

대신교단의 선언은 시대적 요청에 의한 것이기도 하지만 자신의 잘못을 돌아볼 줄 아는 교단임을 천명한 것이다. 한국교회의 많은 분파가 있었지만, 자신의 아픔을 솔직히 시인한 교단은 없다. 대신교단은 자신의 잘못을 솔직히 시인하고 바른 신앙과 신학을 만천하에 공포한 것이다. 교회 선언에 대한 총회 촬요를 통한 배경은 다음과 같이 말하고 있다.

"김상묵 목사의 설명을 하다. 지금 잡다한 신학노선이 많으니 분명한 노선을 천명하여야 됨으로 각 노회장의 의견을 듣고 최순직 목사와 김상묵 목사 등에게 기초를 일임하여 9개월간 연구 검토 수정하여 지금 프린트물이 되어 배분된 것이니 천명하자. 이어 최순직 목사의 보충설명을 하니 우리 교단이 성경장로회를 거쳐 대신 측으로 이름을 바꾸었는데 현 시점에 교단선언이 분명히 있어야 할 줄 안다. 이어서 충분한 찬반의 설명을 듣고 난 후 이무웅 목사의 동의에 허병욱 목사의 재청으로 의의 없이 재천명토록 하다. 이 선언문을 크리스천신문 등, 교계에 발표하다(이때 교회 70여 교회)."[189] 또 교회선언문의 초안자인 최순직 목사는 선언문의 작성배경에 대해서 "대한신학교 측 성경장로교회가 또다시 내적으로 불화가 생기게 되어 1972년 4월 제6차 총회를 기하여 과거의 모든 오점을 청산하고 다시 대한예수교장로회로 돌아와 대신 측 대한예수교장로회로 발족되었다. 이제 여기에 다음과 같이 대한 예수교장로회 대신 측 교단의 노선과 그 사명을 밝혀 두는 바이다.

---

188 한국기독교장로회,「헌법」(서울: 상미문화사), pp. 9-26.
189 대한예수교장로회(대신),「제9회 총회 촬요」p. 2.

성탄과 신년에 즈음하여 교계인사 및 성도님 제위에게 우리 주 예수 그리스도의 은혜와 평강이 늘 함께 하시기를 진심으로 기원하오며 삼가 문안을 드립니다. 과거 본 교단이 교계에 많은 물의와 부덕을 끼쳐 온 것을 심히 죄송스럽게 생각하오며 심심(甚深)한 사과를 드립니다. 지난 13년간의 모든 것을 청산하고 다시 대한예수교장로회로 개칭하고 돌아와 대신 측 교단으로 발전하였습니다.(마치, 고신 측, 통합 측, 합동 측이라고 하듯이) 본 교단이 그간 I. C. C. 계 성경장로회에 있었던 관계상 아직도 성경장로회로 오인하시는 분들이 계시므로 이 지면을 통하여 재삼 밝혀 두는 바입니다. 본 교단은 장로교회 정통의 본류를 따라 발전 중에 있사오니 격려하시고 많은 협력과 배전의 지도편달을 바라면서 다음과 같이 본 교단의 신앙노선과 사명을 간략하게 설명고저 합니다."[190]라고 말하고 있다.

　　1974년 8월 교회선언을 발표하게 된 것은 교단의 신학적 정통성을 대내외에 공포함으로 교단 신학의 정체성을 재확인하고 우리의 신학을 확립함으로 한국교회의 신학을 선도하고자 하는 데 그 목적이 있다 할 수 있다. 교회선언을 발표할 시대적 상황은 자유주의와 보수주의가 양극화되어 있었다. 한국기독교장로회에서는 1972년 제57회(9월 28일) 총회에서는 제출된 '신앙고백서' 안을 만장일치로 채택하고 본 교단의 신앙선언으로 공포하게 되었다. 신앙고백서 서론에서 "하나님께서는 영원한 구원의 계획에 따를 예수 그리스도를 통하여 세상을 구원하시고 모든 사람 가운데 그를 믿는 자를 불러내어 교회를 세우시고 선교와 속량의 사업을 계속하신다. 한국에서 부름을 받은 우리는 사도들의 신앙을 계승하여 교회를 이루고 겨레의 고난을 나누어지고 그리스도의 복음을 전 할 수 있게 된 것을 감사한다. 그러나 아직도 우리 주변에는 그리스도를 받아들이지 않는 많은 영역이 있으므로 우리는 믿는 바를 밝히고 선교에 힘써야 한다. ……우리는 사도신조, 니케아 신조, 칼케돈 신조, 아우구스브르크 신조, 헬베틱 제1신조, 웨스트민스터 신조, 바르멘 선

190 최순직, 「선언문 초안」 p. 2-3.

언, 한국장로교의 12신조 등 역사적 교회의 신조들을 이어받으면서 다음과 같이 우리의 신앙을 고백한다."[191]

본 신조는 정통적 신조를 받아들인다고 하였지만, 루터의 아우크스부르크 신앙고백서와 칼 바르트의 바르멘 선언을 받아들이므로 역사적 개혁교회의 전통에 이탈한 신앙의 노선을 공포한 이후 보수 교단으로써 개혁파 정통신학을 근본으로 하는 교회선언을 발표한 것은 대단히 고무적이라 할 수 있다. 다시 말하면 신학적으로 혼란한 시대에 우리 교단은 보수주의 교회를 대표해서 역사적 정통개혁파 신학을 근거로 한 교회의 선언을 발표한 것은 매우 중요한 것이다. 우리 대신교단은 비록 후발 교단으로 시작되었지만, 신학적 면에서는 다른 교단 보다 앞서가는 정통신학을 사수하고 대내외에 천명한 교단이다. 그 후 대한예수교장로회 통합 측에서 1986년 신앙고백서를 채택하였다. 이 고백은 정통적 역사적 신조를 바탕으로 하고 있으나 아쉬운 점은 바로 "성령론에서 일반은총에서 구원을 말하고(4장)있으며" 신학과 신앙의 일치를 부정하는 사상을 배경으로 하고 있다. 대신교단은 선언문을 통해 신앙과 신학의 일치를 증명하며 역사적 정통개혁파 신앙을 근거하고 있다.

대한예수교 장로회(대신)는 본 총회는 제7회(1972년 4월 6~7일) 최순직 총회장을 선출하고 대한예수교 장로회(대신)로 총회 명칭을 개명하고 대신교단의 선언문을 작성하여 1974년 8월 19일 제9회 총회에 만장일치로 결의하여 대신의 정체성을 선언문 형식으로 교계에 천명하였다.

2) 교회선언의 특징

본 교단의 노선에서 신학적 교리적 입장에서 "우리는 신율적 복음주의(神律的 福音主義) 입장이다. 신율적 복음주의란 신·구약성경이 통일적 계시진리(啓示眞理)로서의 하나님의 도덕률법(道德律法) 임을 믿는 복음주의를 의미한다. 그러므

---

191 한국기독교장로회, 「헌법」 p. 11.

632

로 우리는 가톨릭교 회의 성례주의와 자유주의 교회의 율법경시주의와 하나님의 율법을 도덕율법으로 보지 않고 단순히 죄와 구속(救贖)의 관계에서만 이해하려고 하는 신정통주의적 복음주의 입장과는 다르다"고백하며 또 "우리의 神學은 어느 個人信仰의 學的 表明이 아니고, 敎會性을 本質로 한 敎會信條의 學的 釋明으로 본다. 單, 칼빈 한 사람의 神學이 아니고 聖經의 眞理를 世世의 歷史的 敎會가 信條, 또는 敎會 神學者들의 著作形態로 告白하여 온 眞理 理解이다. 이는 敎會史 中에 하나의 線을 따라 歷史的으로 展開되어져 왔다. 共同信條(世界信條)로부터 어거스틴, 루터, 칼빈, 베자를 거쳐 十七世紀의 改革派 神學者들 또는 改革派 諸信條에 依하여 表明되어지고 더욱 十九世紀 以後에는 C, 하지, B·B, 워필드, A, 카이퍼, H, 바빙크, J· C, 메이첸 等에 依하여 展開 辯證 되어온 것이다. 그러나 固定된 槪念이나 體系라는 것이 아니다. 改革主義學은 歷史的으로 展開되어온 것이고, 또 새로운 展開의 餘地가 남아있는 것이다. 信條敎會로서 敎會一致性을 위하여 敎理的 規準을 維持하는 한편 하나님의 말씀에 偉反되는 것이 있다고 確證되는 경우에는 얼마든지 그것을 公的으로 表明할 수 있는 自由가 있으며, 敎會는 거기에 關한 비판을 하나님의 말씀에 비추어 論할 수 있고, 是正할 수 있다고 본다"고(본 교단 노선 교리 5번)했다. 개혁파교회의 정통노선을 따르며 신률주의적 복음주의란 말과 신앙과 생활의 일치와 하나님 중심의 문화건설을 고백한 것을 특징으로 볼 수 있다.

3) 교회선언의 평가

역사적 정통개혁파교회의 노선은 신조적 노선과 정통신학의 노선이 있다. 두 노선이 하나의 노선으로 이어져 와야 한다. 자유주의자들은 기독교의 역사는 있으나 역사성은 없다. 교회선언은 역사적 정통신조를 부정하는 시대에 역사적 개혁파교회의 신조를 이어온 선을 분명히 하고, 개혁파 신앙을 고수한 정통개혁파 신학자들의 노선을 이어 오고 있다. 특별히 웨스트민스터 신앙고백서의 정신을 그대로 이어온 것이라 할 수 있다. 내용 면에 있어서 제신조와 비교할 때 구체적인 면이 부족한 것이 아쉽다고 할 수 있다. 그러나 시대적으로 신학이 혼탁한 때에 한국교회에 최초의 역사적 개혁파 정통성을 이어온 교회선언이라는 데 높이 평가할 수 있고, 오늘의 대신의 신앙의 정체성을 유지한 원동력이라 할 수 있다. 개혁파신학의 약점인 신앙과 생활의 일치와 하나님 중심의 문화건설을 강조한 것은 오늘의 시대에 높이 평가할 수 있다. 교단의 정체성에 대해서 신율적 복음주의로 규정함으로 역사적 개혁파교회의 본류임을 선언하고 있다.

4) 교회선언문 전문

(1) 1. 大韓 예수교 長老會 教會宣言
一 本教團의 路線

1. 教理

1) 우리는 聖經을 教會의 唯一無誤한 하나님의 말씀으로 믿으며 諸信條中 웨스트민스터 信仰告白을 基準으로 삼는다.

2) 우리는 教理的 面에서 歷史的 改革主義요, 教會史的 面에서 傳統的 正統主義이며 保守主義이다.

3) 우리는 聖經原理 面에서 自由主義에 對抗하는 根本主義이며 世帶主義에 比하여 改革主義 立場이다.

4) 우리는 恩惠의 方便에서 天主教의 聖禮主義에 比하여 福音 主義的 立場이다. 그러나 自由主義나 어떤 根本主義와 같이 律法을 罪와 救讀의 關係에서만 다루고, 信仰과 生活의 規準으로 보지 않는 福音主義가 아니고 律法과 福音을

하나님의 말씀으로 믿는 福音主義立場이다.

5) 우리의 神學은 어느 個人信仰의 學的 表明이 아니고, 敎會性을 本質로 한 敎會信條의 學的 釋明으로 본다. 單 칼빈 한 사람의 神學이 아니고, 聖經의 眞理를 世世의 歷史的 敎會가 信條 또는 敎會 神學者들의 著作形態로 告白하여 온 眞理 理解이다. 이는 敎會史 中에 하나의 線을 따라 歷史的으로 展開되어져 왔다. 共同信條(世界信條)로부터 어거스틴, 루터, 칼빈 베자를 거쳐 十七世紀의 改革派 神學者들 또는 改革派 諸信條에 依하여 表明되어지고 더욱 十九世紀 以後에는 C. 하지, B. B. 워필드, A. 카이퍼 H. 바빙크, J. C. 메 첸 等에 依하여 展開 辯證 되어온 것이다. 그러나 固定된 槪念이나 體系라는 것이 아니다. 改革主義學은 歷史的으로 展開되어온 것이고, 또 새로운 展開의 餘地가 남아있는 것이다. 信條敎會로서 敎會一致性을 위하여 敎理的 規準을 維持하는 한편 하나님의 말씀에 偉反되는 것이 있다고 確證되는 경우에는 얼마든지 그것을 公的으로 表明할 수 있는 自由가 있으며, 敎會는 거기에 關한 비판을 하나님의 말씀에 비추어 論할 수 있고 是正할 수 있다고 본다.

2. 政治
1) 敎會政治에는 長老主義 體制가 聖書的 敎會의 固有한 政體 라고 믿는다.
2) 敎會와 國家와의 關係에 있어서 國家敎會이나 敎權型에 比하여 政敎分離型을 갖는다.

3. 生活
우리는 聖經을 信仰生活의 唯一한 基準으로 삼는 것을 前提로한 神律主義的 立場이다. 우리는 律法主義도 아니고 律法排棄論者(無律法主義)도 아니다. 로마敎徒와 같은 敎勸主義的 立場인 他律主義도 아니며, 人本主義나 自由主義

와 같은 自律主義도 아닌 神律主義的 立場이다. 하나님의 律法(道德律法)을 生活의 基準으로 삼는다(웨스트민스터 大要理問答 九一問, 九八問 參考).

良心도 分別力도 信仰의 分量이나 確信도 우리生活의 基準이 될 수 없다. 하나님의 뜻 안에 善이요. 完全한 基準이 된다. 그러나 絶對的인 盲目的 服從이 아니며, 그리스도를 믿는 資가 救贖에 對한 感謝를 가지고 服從하는 새로운 服從이다. 이것은 自由主義的인 自律主義的 服從하고 다르다. 이 自由는 主님도 律法도 없는 自由가 아니다. 善行은 하나님의 律法과 一致한다. 善行은 믿음과 恩惠에 依하여 이루어지는 것이다. 이 善行은 말씀에 따라 하나님의 榮光을 위한 人生의 至高目的과 綜合되어진다고 믿는다.

二 本校團의 使命

1. 聖書的 敎會 樹立

地上에 있는 可見敎會는 不可見敎會와의 共同性을 實現해야 할 使命을 가지고 있다. 그것은 信仰告白(信仰, 敎理)과 政治와 信者의 참된 生活이 統一되도록 實現되어져야만 한다.

基督敎의 實際基準은 恒常 이 不可見敎會가 가지고 있는 內容(聖經)이 되어야 함으로 可見敎會는 그것이 自己의 것이 되도록 힘써 노력을 한다. 그러므로 唯一의 거룩한 公同敎會의 肢體됨과 救援의 確信을 立證한다. 單 敎會의 合同이나 어떤 理想的 國家建設도 아니다. 참 하나님의 敎會, 참 그리스도의 敎會, 聖經의 敎會, 即 聖經的 敎會의 樹立이다.

2. 땅 끝까지 福音宣敎

그리스도의 몸 代身 이 땅에 두신 이 敎會를 中心으로 하여 땅 끝까지 福音

證據의 使命을 다하여, 하나님의 나라를 現在的이며 未來的으로 完成하여 가는 데 忠誠을 다한다.

우리는 改革主義者들과 같이 制度上의 分派는 認定하나(一人一黨主義는 反對), 그러나 그리스도와 성령 안에 一致, 敎會의 單一性을 믿으며, 敎理 政治 生活을 通한 敎會의 참된 公同性, 一致性을 敎會觀의 眞髓로 본다.

3. 聖經的 有神論에 立脚한 社會變革

우리는 基督敎를 하나의 宗敎라는 좁은 意味에서 보지 않고 人生과 世界의 全 領域에 適應되어지는 包括的 原理를 가지고 있다고 본다. 그러기에 우리는 이런 信仰의 土臺 위에서 내가 사는 이 나라, 이 世界까지 變化 시켜야 할 使命을 갖고 있다.

그러기 위해서는 一般恩寵分野를 復興發展시켜야 한다(칼빈으로부터 시작하여 A. 카이퍼, H. 바빙크, C. 하지 等). 그리하여 참된 이 有神論的 人生觀, 世界觀을 國家의 基礎 및 文化의 根低로 삼는다. 그러나 이 말은 國政이나 文化運動 自體까지 宗敎의 지배하에 두려는 敎權主義的 思想을 意味하는 것은 아니다. 우리는 地上政權과 宗敎와의 關係는 서로 嚴然한 領域主權說에 依하여 政敎分離를 主張한다.

우리는 歷史的 改革主義 精神에 立脚하여 一時 一地方 性格을 띤 그런 敎派가 아니고 宗敎改革의 原則을 首尾一貫하게 主張하는 眞正한 意味에서 福音主義요, 眞正한 公同性과 一致性을 正統的으로 保有하는 聖書的, 使徒的 敎會의 再現을 標傍하는 敎會임을 嚴肅히 宣言한다.[192]

主後 1974年 8月 19日

大韓 예수교 長老會 總會

---

[192] 대한예수교장로회(대신),「헌법」pp. 17-22.

(2) 大韓예수교長老會 敎會宣言

(敎會宣言(改正文), 2002년 제37회 총회통과)

우리는 우리의 전통과 역사적 유산을 소중히 여겨 영구히 기념하며 보존함과 동시에 우리의 정체성을 더욱 견고히 하고 발전을 도모하기 위하여 본 교단의 교회선언문을 전문에 붙이는 바이다.

一 본 교단의 노선(路線)

1. 신학적 교리적 입장

1) 우리는 신구약성경이 기독교회의 유일무오(唯一無誤)한 하나님의 말씀임과 우리의 신앙과 생활의 규준(規準)임을 믿으며 역사적 기독교회의 공동신조 중 웨스트민스터 신앙고백서를 우리의 신앙고백의 표본(標本)으로 삼는다.

2) 우리는 성경만이 기독교회의 근본원리임을 믿는 역사적 개혁파교회의 전통(傳統)과 정통(正統)을 지켜나간다. 역사적 개혁파 교회란 사도들의 신앙적 유산을 토대로 하여 시대와 환경의 변화에 따라 변질된 기독교회를 개혁하고 역사적 기독교회의 본래의 모습으로 돌아가 교회의 본질을 보존하며 발전해 나가는 진정한 기독교회를 의미한다. 개혁파교회는 신조교회로서 교회의 일치를 위한 교회신조의 교리적 규준을 유지하는 한편 교회신조가 하나님의 말씀인 성경에 위배되는 것이 있다고 객관적으로 확증되는 경우에는 하나님의 말씀에 비추어서 공적이며 객관적인 논증을 거쳐서 시정할 수 있다.

3) 우리는 신율적 복음주의(神律的 福音主義) 입장이다. 신률적 복음주의란 신구약성경이 통일적 계시진리(啓示眞理)로서의 하나님의 도덕률법(道德律法)임을 믿는 복음주의를 의미한다. 그러므로 우리는 카톨릭교회의 성례주의와 자유

주의 교회의 율법경시주의와 하나님의 율법을 도덕율법으로 보지 않고 단순히 죄와 구속(救贖)의 관계에서만 이해하려고 하는 신정통주의적 복음주의 입장과는 다르다.

4) 우리의 신학은 개인 신앙의 주관적 학적 표명(表明)이 아니라 역사적 기독교회의 교회성을 본질로 하는 교회신조(敎會信條)에 의한 개관적 학적 석명(釋明)이다. 이 같은 의미에서 우리는 칼빈주의를 표방(標榜)한다. 이는 우리의 신학이 칼빈 한 사람의 개인의 신학을 의미하는 것이 아니라 칼빈의 신학적 입장이 성경의 계시진리를 역사적 기독교회가 신조 또는 교회의 신학자들의 저술형태로 고백해 온 체계적 진리를 옹호하고 있기 때문이다. 그러므로 우리의 신학은 역사적 기독교회의 공동신조(共同信條)를 비롯하여 어거스틴, 루터, 칼빈, 베자, 17세기 개혁파 신학자들, 17세기 개혁파교회의 신조들, 19세기와 20세기의 개혁파교회 신학자들에 의하여 변증, 변호, 보존되어 온 역사적 기독교회의 정통적 입장이다.

2. 교회정치

1) 우리는 장로주의체제가 성경적 교회의 고유한 정치체제임을 믿으며 장로들에 의한 정치, 교직평등, 단계적 교회회의를 통하여 교회의 통치권이 행사됨을 원칙으로 한다.

2) 우리는 교회의 자율적 원칙에 의하여 교회정치를 행하며 국가에 대하여는 영역주권적 정교분리(領域主權的 政敎分離))의 원칙에 입각한 보족적관계(補足的關係)를 주장한다. 영역주권이란 정권과 교권을 구별하여 국가는 국가권력, 교회는 그리스도의 영적 지배권 즉 교권에 의하여 통치됨을 의미한다. 교권이란 어떤 특정한 교회 계급의 독점물이 아니라 그리스도께서 교회 전체에 부여하신 위탁권을 의미한다.

3. 신앙생활

우리는 하나님께서 사람에게 요구하시는바 의무를 행함에 있어서 하나님의 뜻에 순종하여야 한다는 것과 하나님의 도덕률법이 십계명에 요약되어 있음을 믿고 실천한다. 이는 웨스트민스터 대요리문답 91과 98에 명시된 바와 같이 성경이 하나님의 도덕율법으로서 우리의 신앙생활의 유일한 도덕규준(道德規準)임을 믿기 때문이다. 그러므로 우리는 성경신앙(聖經信仰)의 경건한 삶을 실천하기 위하여 무률법적(無律法的)이고 자율적인 자유로운 행위에 의한 선행이나 우리의 양심과 분별력, 그리고 신념이나 신앙의 분량 등을 신앙생활의 규준으로 삼지 않으며 맹목적인 복종도 하지 않으며 오직 유일하신 하나님의 뜻에 순종하고 행하는 것만이 선이며 온전한 행위로 인정하며 그리스도의 구속에 대하여 감사함으로 복종하는 삶을 실천한다.

二. 본 교단의 사명

1. 진정한 성경적 유신론 확립

진정한 기독교회의 근본 과제는 성경적 유신론을 확립하는 일이다. 성경적 유신론이란 역사적 기독교회가 사도적 신앙전승에 기초하여 보존되고 전달되어 온 하나님 절대주권 신앙, 즉 하나님 중심 사상을 의미한다.

2. 진정한 하나님의 중심 교회 수립

우리는 이 땅위에 있는 가시적 교회가 하늘에 있는 불가시적 교회와의 공동성(共同性)을 유지하여야 하는 사명을 가지고 있다는 것을 믿는다. 그것은 우리의 신앙고백서가 천명하고 있는 바와 같이 교회의 교리와 정치(제도, 질서)와 신자의 신앙생활이 일치되도록 실천하는 일이다. 역사적 기독교회의 참 모습은 불가시적 교회의 내용이 가시적 교회의 것이 되도록 항상 힘써 노력하며 하나님 중심의 성도의 영적 교제가 참되게 이루어지는 데에서 나타나게 되는 법이다. 지상의 개 교회는 거룩하고 역사적인 공교회(公敎會)의 지체(肢體)됨과 구원의 확신을 입증하여야 한다. 거룩하고 역사적인 공교회란 교파교회의 합동이나 이상적(理想的) 지상국가의 건설에 의하여 이루어지는 것이 아니라 삼위일체 하나님 중심의 진정한 교회, 즉 진정한 성경적 하나님 중심의 교회를 의미한다.

3. 땅 끝까지 복음을 전파한다.

우리는 주 예수 그리스도의 몸 된 교회를 중심으로 땅 끝까지 복음을 증거하며, 현재적이며, 미래적인 하나님의 나라에 충성한다. 우리는 제도상의 분파는 인정하나 교권주의적 교회 확정운동은 반대한다. 우리는 성부와 성자와 성령이신 주님 안에서 교회의 단일성을 믿으며, 교리, 정치, 신앙생활의 일치에 의하여 교회의 참된 공교회성(公敎會性)을 유지하면서 주 예수 그리스도의 지상 명령에 의한 세계선교의 사명을 수행코저 한다.

4. 하나님 중심의 문화건설에 이바지한다.

우리는 하나님 중심의 신앙생활에 의하여 사회와 국가와 세계의 진정한 변화를 위하여 헌신하여야 하며 문화의 모든 영역에서 하나님 중심의 풍토를 조성해 나가야 하는 사명이 있음을 인식한다. 이에 우리는 기독교 유신론의 인생관, 세계관, 역사관의 기존 위에서 하나님의 일반은총의 세계의 건전한 발전을 위하여 그리스도인으로의 세상의 빛과 소금의 도리를 다하여 나간다. 이는 오늘날 인본주의적으로 사회개혁을 도모하는 사회 복음주의적 기독교 세속화 운동과는 다른 것이다.

이에 우리는 역사적 개혁파교회의 개혁정신에 입각하여 일시적인 하나의 지역적 성격을 띤 교파가 아니고, 종교개혁의 원칙을 준수하는 진정한 역사적 기독교회의 공교회성(公敎會性)과 일치성을 보존하고 계승하는 사도적 신앙의 토대 위에 세워지는 진정한 교회의 재현을 표방(標榜)하는 교회임을 엄숙히 선언한다.

주후 2002년 9월 12일
大韓 예수敎長老會總會

4. 대한예수교장로회 통합 신앙고백서(1986)

1) 작성배경

우리는 삼위일체 하나님의 성호를 찬미하며, 그 신비하신 섭리와 은총에 감사를 드린다. 우리 주 예수 그리스도의 복음이 우리 한국에 전해진지 백년이 되었다. 그간 우리 교회는 사도시대로부터 전승된 신앙을 토대로 하고 겨레의 영광과 고난을 함께 나누면서 꾸준히 성장을 거듭하여, 오늘날 안으로는 민족 사회 속에서 무게 있는 위치를 차지하고, 밖으로는 세계의 교회가 주목하는 교회로 성장하게 되었다. 돌이켜 보면, 우리 교회는 수난의 민족사 속에서 수난의 길을 걸어왔다. 한국교회의 초창기는 우리 민족의 국권이 열강에 의해 침해를 당하고 있을 때였다. 계속하여 일제의 군국정치, 조국 광복에 이은 남북분단과 한국전쟁 등, 격동의 연속 속에서 우리 교회는 때로는 신앙의 자유를 속박 당했고, 때로는 정면 적인 탄압을 받아 수많은 순교자를 내기도 하였다. 그러나 우리 한국교회는 불타는 떨기나무처럼 환난 중에서 오히려 빛난 성장의 속도를 더해 왔다. 그간 우리 교회는 초대교회 때부터 모든 교회가 공통적으로 사용하고 있는 사도신조와 종교개혁의 근본 신앙을 담고 있는 웨스트민스터 신앙고백서와 요리문답서와 12신조 등을 채택하여 신앙의 표준으로 삼아 왔다. 그러나 오늘 우리 한국교회는 그 외형적 성장 이면에 여러 가지 문제들을 또한 가지고 있다. 그 문제들을 해결함으로 우리 교회가 더 든든한 기반 위에서 계속적인 성장을 기하게 하는 것이 이 시점에 선 우리들의 사명인 것이다.

교회의 건전한 발전은 신앙고백의 정착에서 시작된다. 현재 우리 한국교회는 시대적인 여러 과제들을 안고 있다. 그러나 우리들의 첫째 과제는 우리가 믿는 신앙 내용을 보다 명백하게 정리하고 이를 정착시키는 일이며 그렇게 함으로써 모든 시대적 과제들을 보다 신속하게 그리고 복음적으로 해결할 수 있는 것이다. 이와 같은 사정에서 우리 교회가 100주년을 맞는(1986년 71회 총회에서 채택됨) 이 역사적인 시점에 그간 우리 교회가 지켜온 신조들과 총회가 채택한 신앙지침서 등을 골격으로 한 우리의 신앙내용을 우리 교회의 오늘의 말로 정리하여, 보다 조직적으로 제시함으로써 우리의 신앙과 신학을 통일하고, 보다 조화된 신앙공동체로서 계속적인 전진을 촉진하고자 한다.

우리 한국 교회는 그 초창기부터 복음을 전하는 교회로 성장하여 왔다. 그리고 현재도 민족복음 화는 한국의 모든 교회의 공동 목표가 되고 있다. 교회가 그 시대와 지역을 따라 복음 선교를 위주로 하는 것은 한국교회의 전통이기도 하다. 그럼으로 우리 대한예수교장로회 총회는 지난 날 우리의 복음 선교에 풍성한 결실로 응답하신 하나님의 은총에 감사하면서, 앞으로 다른 교회들과 대열을 가다듬고 민족복음화라는 시대적 사명을 다하고자 한다. 본 신앙고백서는 이와 같은 우리의 시대적 사명을 명시하고 그 수행을 효과적으로 하기 위하여 엮어진 것이다.

2) 신앙고백서의 특징

서언으로 시작된 신앙고백은 총10장으로 되어 있으며, 제1장 성경. 제2장 하나님. 제3장 예수 그리스도. 제4장 성령. 제5장 인간. 제6장 구원. 제7장 교회. 제8장 국가. 제9장 선교. 제10장 종말론으로 구성되어 정통적 신앙고백의 형식을 취하고 있다. 제3장 2조에 하나님과 사람 사이의 중보자가 되신 그리스도는 사람에 대한 하나님의 완전한 계시이다고 했으며 제4장 3조 성령의 일반은혜와 특수은혜를 말하며 "일반은혜라 함은 사람을 믿음으로 인도하사 구원에 이르게 하시는 것을 가리킨다.” 이는 정통파의 성령의 특별은총 구원과 일반은총에 대해 햇 갈리게 하고 있다. 제9장 선교에 있어 타종교와 대화의 필요성을 고백하고 있다. 그리고 웨스트민스터 신앙고백서와 비교할 때 내용면에서 비슷하나 개정문을 기본으로 하고 있다.

3) 신앙고백서의 평가

웨스트민스터 신앙고백서의 개정문을(미국 북장로교회는 1903년에 웨스트민스터 신앙고백서에 34장 성령에 관한 조항과 35장 선교에 관한 조항을 첨가하여 수정하여 채택하였다. 미국 남장로교회는 이것을 1942년에 정식으로 받아드렸다) 바탕으로 하고 있다. 아쉬운 점은 바로 성령론에서 “일반은혜라 함은 사람을 믿음으로 인도하사 구원에 이르게 하시는 것을 가리킨다”라는 표현하고(4장 3조)있으며 기독론에서 예수 그리스도의 무죄성을(3장) 증거 하지 않는 점이 역사적 정통기독교회의 견해와 다르다고 할 수 있다. 그러나 계시의 완성을 예수 그리스도로 규정한 것은 바른 규정이라 할 수 있으며 제1장 7조에 갱신이란 말은 개혁이란 말로 사용하였으면 좋았을 것이다. 제6장 섭리와 예정에서 유기를 말하지 않는 것은 일방예정을 말하고 있다. 그러나 이러한 교파적 교회 신앙고백서를 만든 것은 높이 평가 할 수 있으나 전체의 맥락을 볼 때 복음주의적이므로 W. C. C.를 수용하고 웨스트민스터 대요리문답을 어번선언을 지지한 미국연합장료교회의 전문을 인용함으로 역사적 개혁파 신앙고백서의 주류에서 벗어나고 있다고 할 수 있다.

4) 신앙고백 전문

서언

우리는 삼위일체 하나님의 성호를 찬미하며, 그 신비하신 섭리와 은총에 감사를 드린다. 우리 주 예수 그리스도의 복음이 우리 한국에 전해진지 백년이 되었다. 그간 우리 교회는 사도시대로부터 전승된 신앙을 토대로 하고 겨레의 영광과 고난을 함께 나누면서 꾸준히 성장을 거듭하여, 오늘날 안으로는 민족 사회 속에서 무게 있는 위치를 차지하고, 밖으로는 세계의 교회가 주목하는 교회로 성장하게 되었다. 돌이켜 보면, 우리 교회는 수난의 민족사 속에서 수난의 길을 걸어왔다. 한국교회의 초창기는 우리 민족의 국권이 열강에 의해 침해를 당하고 있을 때였다. 계속하여 일제의 군국정치, 조국 광복에 이은 남북분단과 한국전쟁 등 격동의 연속 속에서 우리 교회는 때로는 신앙의 자유를 속박 당했고, 때로는 정면 적인 탄압을 받아 수많은 순교자를 내기도 하였다. 그러나 우리 한국교회는 불타는 떨기나무처럼 환난 중에서 오히려 빛난 성장의 속도를 더해 왔다. 그간 우리 교회는 초대교회 때부터 모든 교회가 공통적으로 사용하고 있는 사도신조와 종교개혁의 근본 신앙을 담고 있는 웨스트민스터 신앙고백서와 요리문답서와 12신조 등을 채택하여 신앙의 표준으로 삼아 왔다. 그러나 오늘 우리 한국교회는 그 외형적 성장 이면에 여러 가지 문제들을 또 한 가지고 있다. 그 문제들을 해결함으로 우리 교회가 더 든든한 기반 위에서 계속적인 성장을 기하게 하는 것이 이 시점에 선 우리들의 사명인 것이다.

교회의 건전한 발전은 신앙고백의 정착에서 시작된다. 현재 우리 한국교회는 시대적인 여러 과제들을 안고 있다. 그러나 우리들의 첫째 과제는 우리가 믿는 신앙 내용을 보다 명백하게 정리하고 이를 정착시키는 일이며 그렇게 함으로써 모든 시대적 과제들을 보다 신속하게 그리고 복음적으로 해결할 수 있는 것이다. 이와 같은 사정에서 우리 교회가 100주년을 맞는(1986년 71회 총회에서 채택됨) 이 역사적인 시점에 그간 우리 교회가 지켜온 신조들과 총회가 채택한 신앙지침서 등을 골격으로 한 우리의 신앙내용을 우리 교회의 오늘의 말로 정리하여, 보다 조직적으로 제시함으로써 우리의 신앙과 신학을 통일하고, 보다 조화된 신앙공동체로서 계속적인 전진을 촉진하고자 한다.

우리 한국 교회는 그 초창기부터 복음을 전하는 교회로 성장하여 왔다. 그리고 현재도 민족복음화는 한국의 모든 교회의 공동 목표가 되고 있다. 교회가 그 시대와 지역을 따라 복음 선교를 위주로 하는 것은 한국교회의 전통이기도 하다. 그럼으로 우리 대한예수교장로회 총회는 지난날 우리의 복음 선교에 풍성한 결실로 응답하신 하나님의 은총에 감사하면서, 앞으로 다른 교회들과 대열을 가다듬고 민족복음화라는 시대적 사명을 다하고자 한다.

본 신앙고백서는 이와 같은 우리의 시대적 사명을 명시하고 그 수행을 효과적으로 하기 위하여 엮어진 것이다.

제1장 성경

1. 우리는 신 . 구약 성경이 하나님의 말씀이며, 종교개혁자들이 내건 "성경만"이라는 기치처럼 우리의 신앙과 행위에 대한 정확무오 한 유일의 법칙을 믿는다. 신비체험이나 기적 등은 신앙에 도움이 줄 수는 있으나 그 근거는 될 수 없다. 성경은 신앙과 행위에 관한 가장 정확한 표준이므로 그것에 관계된 모든 것은 성경에 의해서 판단 받아야 한다.

2. 성경은 39권의 구약과 27권의 신약을 합한 66권으로 된 정경을 가리킨다. 외경 또는 위경도 있으나 그것들은 정경보다 열등하며, 그 가치는 성경에 의해 판단 받아야 한다.

3. 성경은 하나님의 영감으로 기록되었다(딤후 3:16-17, 벧후 1:21). 성경은 인간의 말로 기록된 하나님의 말씀이요, 따라서 거기에는 인간적 요소와 신적인 요소가 함께 있다. 그러나 하나님은 저자가 지니고 있던 시대적이며 문화적인 배경 등 인간적 요소들을 그의 섭리를 취하기 위하여 사용하셨으므로 성경은 전적으로 하나님의 말씀이다.

4. 하나님의 계시는 자연이나(롬 1:20), 역사나(단 2:36-45), 혹은 인간의 본능을 통해서도(행 17:27, 롬 1:19) 어느 정도 나타나지만 완전한 계시는 성육신 하신 예수 그리스도시다. 성경은 그리스도에 대해 증언하는 것이므로(요 5:39, 46) 결국 성경은 가장 확실한 계시서이다.

5. 구약성경은 천지창조에서 시작하여 이스라엘 민족의 성공과 실패의 자취를 따르면서 오실 메시아에 초점을 두고 있다. 즉 구약 성경의 모든 사건은 직접 또는 간접으로 그리스도에 대한 준비와 예언이다. 신약성경은 이미 오신 그리스도의 생애와 가르침과 사도들의 예수 그리스도에 대한 증언이다. 그러므로 신약은 구약의 배경에서 이해되어야 한다. 따라서 구약을 떠나 신약을 바로 이해 할 수 없고, 신약을 떠나서는 구약의 참 뜻을 이해 할 수가 없다.

6. 성경의 이해와 해석과 응용은 각각 구분되어야 한다. 성경의 해석이란 본문의 원 뜻을 밝히는 것으로 그 기록의 배경을 상고하고 그 속에서 하나님의 뜻을 밝혀내는 것을 가리킨다. 그리고 성경은 같은 하나님의 영감으로 된 것이므로 전체가 하나님의 말씀이다. 그러므로 성경은 성경으로써 해석하여야 하고 성경 전체에 흐르고 있는 기본적인 교리를 파악하고, 그 빛 아래서 부분을 해석하여야 할 것이다. 성경의 응용이란 이해되고 해석된 성경의 가르침을 신자들이 현실 생활에서 만나는 여러 가지 문제들을 해결하기 위하여 활용하는 것을 의미한다.

7. 성경의 가르침은 계속해서 개혁되고 갱신되어야 할 개인과 교회와 사회와 역사의 원리가 된다. 하나님은 성경과 세계 안에서 역사 하시는 성령에 의해서 모든 것을 새롭게 만드신다. 그러므로 성경은 모든 개혁 운동의 원리인 동시에 원동력이 된다(딤후 3:16-17).

제2장 하나님

1. 우리는 스스로 계시며(출 3:14), 사랑이신(일요 4:16), 홀로 한 분이신(신

6:4, 요 17:3, 고전 8:4) 하나님을 믿는다. 하나님은 전능하시며(출 15:11, 딤전 6:15), 전지 하시며(시 139:1-4, 롬 8:29), 편재하시며(시 139:1-10, 행 17:24), 영원하시며(시 90:2 120:26-27, 계 10:6), 무한히 거룩하시며(사 6:3, 계 4:8), 무한 의로우시며(신 32:4, 행 10:34). 무한 지혜로우시며(롬 11:33-36 16:27), 무한히 자비로우시며(출 34:6, 마 5:45), 무한히 선하시며(시 119:68, 눅 18:19), 무한히 자유 하시고(시 115:3, 롬 9:14-21) 그리고 광대하시고(시 145:3), 불변하사(약 1:17), 항상 영광 중에 계신다 (왕상 8:11 롬 11:36).

2. 하나님은 본질에 있어서 한 분이시나 삼위로 계신다. 삼위는 성부와 성자와 성령이시다. 삼위는 서로 혼돈되거나 혼합 할 수 없고 완전히 분리할 수도 없다. 삼위는 그 신성과 능력과 존귀와 서열과 영광에 있어서 완전히 동등하시다. 성자는 성부에게서 영원히 나시고(요 1:14, 18), 성령은 성부와 성자에게서 나오신다(요 15:26). 사람은 성자를 통하지 않고는 성부에게 갈 수 없고(요 14:6), 성자께서 이끌어 주시지 않으시면 성자에게 갈 수 없으며(요6:14), 또 성령을 통하지 않고는 성자를 주라고도 말 할 수도 없다(고전 12:3). 성 삼위는 모든 사역에서 공동으로 사역하시나 성부는 주로 계획하시고(마 24:36, 행 1:7), 성자는 계획된 것을 실현시키시며(요 1:18, 19:30), 성령은 모든 은총을 보존하고(엡 1:13) 더하신다.

3. 하나님은 창조하시고 섭리하시고 심판하신다. 하나님의 창조는 태초에 아무 것도 없는 데서 보이는 것이나 보이지 않는 모든 것을 창조하셨다(창 1:1). 창조는 하나님의 신성과 영광을 선포하시기 위한 것이며(104:24, 롬 1:20) 하나님은 지으신 만물을 보시고 선하다 하시며 기뻐하셨다(창 1:4, 31, 딤전 4:4). 하나님은 모든 피조물을 지으신 후에 하나님의 형상을 따라 사람을 창조하여서 다른 피조물들을 주관하게 하셨다(창 1:26-27, 시 8:6).

4. 하나님의 섭리는 그의 창조 목적을 실현하기 위하여 창조하신 만물을 보존하시며, 지배하시고, 인도하심을 가리킨다. 하나님은 그의 섭리에 따라 자연법,

동물의 본능, 인간의 이성과 양심 등을 사용하시나 그의 공의와 지혜와 능력과 사랑으로 섭리하사 그의 영원하신 창조 목적을 성취하신다(롬 11:33-36). 그러나 가장 의로우시고 선하신 하나님은 죄를 만드시거나 인정하시지 않는다(약 1:13 일요 2:16). 하나님은 절대자이시고, 만물의 창조자이시므로 다른 신적 존재를 허용하지 않으신다(출 20:3). 그의 지음을 받은 모든 존재들은 여호와 하나님만을 절대자로 믿고 예배해야 하며(출 20:4-5), 따라서 우리는 다른 신을 섬기는 모든 종교의 구속적 가치를 인정하지 않는다(행 4:12).

5. 하나님의 최후의 심판은 그의 우주 섭리의 종결로서 의와 불의를 가려 상벌하심을 가리킨다(마 25:31-46). 하나님의 심판은 현 역사 속에서 정확하고도 강력한 판단의 힘으로 나타나기도 하나(출 14:13-14, 단 5:1-30), 그것은 오히려 표본적이며(눅 13:1-5), 하나님은 역사의 종말에 가서 명백하고도 공정한 대심판을 행하신다(계 20:11-15).

제3장 예수 그리스도

1. 우리는 예수 그리스도가 하나님의 아들로서 사람이 되셨다는 것과(요 1:14), 그가 하나님이시오, 또한 사람이시며, 하나님과 사람 사이의 유일한 중보자가 되신 것을 믿는다(엡 2:13-16, 딤전 2:5). 그는 성령으로 잉태하사 동정녀 마리아의 몸에서 나시고 완전한 사람이 되어 인류 안에서 생활하셨다(마 1:23). 이와 같은 그리스도의 성육신은 단 한번으로써 완결된 사건이요 최대의 기적에 속하는 사건이다(히 9:28).

2. 하나님과 사람 사이의 중보자가 되신 그리스도는 사람에 대한 하나님의 완전한 계시이다. 이 계시는 자연에 나타난 계시나(시 19:1-4, 롬 1:20), 구약성경의 예언적 계시(히 1:2) 이상이요, 모든 계시의 완성이다. 그리스도가 하나님의 완전한 계시이므로 사람은 그를 통하지 않고는 하나님을 완전히 알 수 없고(요 1:18, 14:9)

그가 보여 주신 이상의 하나님을 알 수도 없다. 그리스도의 계시성은 성경에서 증언되고 있으며(요 5:39), 그의 절대적인 예언자직을 가리킨다. 그리스도교는 이와 같은 그리스도의 계시에 입각한 계시종교다. 그것은 인간의 문화에 의해 발생한 것도, 인간의 깨달음에서 조직된 것도 아니다. 그리스도교는 그와 같은 요소를 가지면서도 그 신앙의 근거는 오직 그리스도의 계시에 두는 계시종교이다.

3. 성육신 사건은 낮아지심을 의미하는 것이요, 그의 낮아지심은 십자가의 죽음에서 극에 이르렀다(빌 2:6-8). 그는 이와 같은 극단의 낮아지심으로 인한 죽음을 통해 만민의 죄를 대속하셨다(막 10:45). 그것은 구약의 속죄 제물의 완성으로서 그 자신이 완전한 제물이 되시고, 또 완전한 대제사장이 되시어, 단번으로 영원하신 속죄 제사를 드리셨다(히 7:17, 27). 그리스도의 이와 같은 대속의 죽음은 하나님의 공의에 따라 드린 화목제물이었으며(창 2:17, 히 7:22, 일요 2:2, 사 53:11), 범죄로 인해 멀어졌던 하나님과 인간 사이를 화목케 하셨다(고후 5:18-19, 엡 2:13-18).

4. 십자가에서 죽은 그리스도는 사흘 만에 부활하심으로써 높아지셨다(빌 2:9-11). 그의 죽음이 우리 죄의 대속인 것처럼, 그의 부활은 우리의 새로운 삶의 시작이 되신 것이다(고전 15:20) 부활하신 그리스도는 승천하사 하나님 보좌 우편에서 우리를 위해 계속 기도하시며(히 7:25, 9:24), 만물 위의 모든 권세를 잡으시고 왕권을 잡으시고 왕권을 행사하심으로(마 28:18, 엡 1:21, 계 11:15) 그를 의지하는 모든 성도를 끝까지 다스리신다.

5. 예수 그리스도의 십자가와 부활은 인간을 죄와 죽음의 권세에서 해방시켜 하나님의 자녀가 되게 한 사건이다(롬 6:18, 22, 8:2, 21).

6. 그리스도 안에서 하나님과 화목하고(고후 5:18-19, 골 1:20) 새 생명을 얻은 그리스도인들은 먼저 모든 사람과 화해하고, 이 화해의 복음을 다른 삶들에게 전할 사명이 있다(고후 5:18). 그러므로 그 화해의 근본이 된 그리스도의 십자가와 부활이 언제나 선교의 주제가 되어야 한다(행 2:32-36, 10:39-43, 13:34, 25:19). 현재

우리는 다른 그리스도인과 화해하지 못하고 심한 분열에 빠져 있음을 회개하는 동시에 주 안에서 하나가 되어 복음을 더 효과적으로 전파하도록 노력해야 한다.

제4장 성령

1. 우리는 예수 그리스도께서 부활 승천하신 후 성부와 성자로부터 보내심을 받아 오신 성령이(요 15:26, 16:7) 신자에게 임재하시면서 신자들을 은총 안에 머물게 하시고, 가르치시고, 구원으로 이끄시고, 교회를 세우시고 성장케 하시는 것을 믿는다. 성령은 영원 전부터 성부와 성자와 함께 계시면서 구약시대에도 활동하셨고(출 31:3, 삼상 16:13, 사 63:10-11), 성자가 세상에 계실 때도 사역하셨다(마 3:16, 눅 4:1-2, 요 1:23). 그러나 오순절 이후 성령은 모든 신자에게 주어졌고(행 2:17), 영원히 임재하시면서(요 14:16), 그리스도가 이룩하신 구속 사업을 더욱 충만케 하신다.

2. 성령은 성부와 성자와 동일한 인격을 가진 영이시다. 그는 신자에게 임재하시면서(요 14:17) 자기의 죄를 확인하여 회개케 하시고(요 16:8), 인도하시어(요 16:13) 그들이 하나님의 백성으로서 합당한 성결의 생활을 하도록 도우신다(살전 5:23, 살후 2:13).

3. 성령의 역사는 일반적인 은혜와 특수한 은혜로 나타난다. 일반은혜라 함은 사람을 믿음으로 인도하사 구원에 이르게 하시는 것을 가리킨다. 즉 성령은 사람을 감동하사 거듭나게 하시며(요 3:5) 죄를 깨달아 회개하고(요 16:7-9) 예수를 믿게 하심으로(고전 12:3) 세상의 다른 영광과 구별되게 하신다(일요 4:3). 이와 같이 성령은 사람으로 하여금 그리스도를 믿음으로 의롭다 함을 받게 하시며(롬 3:22, 갈 2:16), 성결하게 하시고(롬 15:16, 벧전 1:2) 성령의 열매를 맺게 하시며(갈 5:22-23), 미래의 영광을 대망 하게 하신다(롬 8:23).

4. 성령의 특수은사는 사람에 따라 다양하게 나타난다(고전 12:4-11). 이는 믿고 구원받은 자들의 봉사를 위해 주신 선물로 신자들에게 다양하게 주어진다.

그러므로 어떤 한 가지를 가지고 성령의 은혜를 전체적으로 규정해서는 안 되며, 각자는 자신의 받은 은사를 지키고, 남이 받은 은사를 소중히 여겨야 할 것이며, 모든 은사는 오직 복음을 증거 하는 데에만 쓰여야 한다.

5. 성령께서 오순절에 강림하셔서 교회의 권능을 주시고(행 2:8) 십자가에 못 박혀 죽으시고 부활하신 그리스도의 복음을 만민에게 전파하게 하셨다(막 15:15). 따라서 교회 안에는 성령이 언제든지 임재하시면서 그리스도인을 믿음 안에서 성장케 하신다. 성령은 하나님의 섭리에 따라 사람에게 여러 가지 은사를 주시고, 정성을 다하여 예배하게 하시고 성도의 교제를 갖게 하시며(행 2:42-47), 목사들로 하여금 말씀을 선포케 하며, 교인들이 말씀을 듣고 깨닫게 하며, 세상에 나가서 예수 그리스도의 십자가와 부활의 증인이 될 지혜와 의욕과 용기를 갖게 하신다(요 14:26, 15:26-27, 행 1:8, 16:7).

제5장 인간

1. 우리는 원래 하나님의 형상을 따라 바르게 지음 받았으나(창 1:27) 범죄로 인하여 타락하여 죽음과 비참한 상태에 놓이게 되었다가(창 3:16-19), 하나님의 은혜로 구원받고 하나님의 창조의 본래의 목적을 이룩하기 위해 살아가는 존재임을 믿는다.

2. 인간은 하나님의 형상에 따라 지음 받은 피조자이다. 그는 모든 면에 있어서 유한한 존재이다. 그러나 하나님이 인간에게만 주신 몇 가지 본성이 있다. 거룩한 의와 선과 영원과 자유가 그것이다. 이러한 본성은 하나님의 은혜의 도움과 빛 안에서만 그 기능을 바르게 발휘할 수 있다. 또한 하나님으로부터 받은 이성과 감성과 의지력을 통하여 자기의 죄적인 상태를 벗어나 하나님의 뜻에 따라 그의 자녀가 되려고 하는 삶을 영위하는 존재이다.

3. 사람은 일남일녀로 창조되어 그들의 결합에 의하여 한 가정을 구성한다

(창 2:21-25). 사람은 남녀의 바른 결합에서 그 능력을 발휘하고, 생을 즐겁게 살 수 있으며, 하나님께 영광을 돌릴 수 있다. 그러나 성이 가정을 떠나 오용될 때에는 불행을 초래하게 된다. 그리므로 그리스도인들은 신앙으로 순결을 지키고 특권을 누려야 하며, 인위적인 이혼은 금지되어야 한다(마 19:6).

4. 인간의 조상이 하나님께 불순종하여 금지된 열매를 먹고 타락하였고(창 3:6), 그 결과 그의 후손은 처음부터 원죄를 가지게 되며(롬 5:12, 엡 2:1-3) 거기에서 모든 범죄가 나타나 인간을 부패케 한다. 이러한 타락의 상태에서 인간은 하나님과의 교제를 잃어버리고, 개인적이며 사회적 또는 국가적인 혼란과 불행을 끊임없이 당하게 된다.

5. 이러한 상태에 빠져 있는 인간을 하나님은 그의 은혜로 그리스도를 믿고 의지하게 함으로 의로움과 거룩함을 얻으며, 창조 때의 원상태를 회복하고 나아가 완전한 구원에 이르게 한다. 구원받은 인간은 그리스도 안에서 새로운 피조물이 되고(고후 5:17) 인종과 계급, 그리고 남녀의 구별 없이 동등한 특권을 누린다(갈 3:27-28). 그러므로 모든 사람의 인권은 하나님이 주신 은사이다. 따라서 우리는 인권 수호에 깊은 관심을 가지며(롬 8:31-34), 인간의 존엄성을 지키는 데 힘써야 한다.

제6장 구원

1. 우리는 인간의 범죄로 인해 하나님과 격리되고 그 결과, 인간 사이에도 부조화와 온갖 불행의 상태에 놓여졌으나 하나님의 은혜로 인하여 믿음으로 구원을 받아(엡 2:8), 다시 하나님과 화목하여 그의 자녀가 되고, 구원의 축복을 누리다가 세상에 부활함으로 우리의 구원이 완성될 것을 믿는다.

2. 인간의 구원은 하나님의 섭리에 따르는 은혜로써 이루어진다(창 15:6, 합 2:4, 롬 3:24, 6:23). 구약시대에 있어서의 인간은 하나님의 율법을 지키도록 명령받았으나 그 명령을 지키지 못했으므로 율법의 저주아래 있게 되었다(창 2:16-17,

호 6:5, 갈 3:10). 때가 차매 그리스도가 오셔서 십자가를 통하여 율법의 권세를 소멸하고 하나님과 화목하게 함으로써 구원의 길을 열어 주셨다. 그러므로 누구든지 그의 십자가의 공로를 믿으면 의롭게 되는 동시에 구원을 얻게 된다(요 3:16, 롬 3:23-24, 5:8).

3. 구원은 하나님이 주시는 은혜로서 믿음에 의한 것이나 믿음에는 회개가 따른다. 회개는 하나님에 대한 불순종과(롬 5:16-17) 원수의 관계에서(엡 2:14-15, 고후 5:18-19) 화목의 관계로 돌아서는 것을 의미한다. 그러므로 회개를 경험하지 않고는 구원을 체험할 수 없다.

4. 사람은 믿음으로만 값없이 의롭다 하심을 받는 동시에(롬 3:14, 8:1), 하나님의 자녀의 특권을 누리게 된다(요 1:12, 롬 8:16-17). 그리스도인은 칭의 된 자리에 머물러 있지 않고 성령의 인도를 받아 하나님의 자녀답게 사는 성화의 생활이 계속된다(롬 8:4-6). 칭의의 은총은 일회적이나 성화의 생활은 일생을 통하여 계속된다. 그리고 구원의 완성은 세상의 마지막 날인 그리스도의 재림 때 부활에서 성취된다(롬 8:23-25). 그것은 영원한 생명으로 이어질 것으로 모든 성도가 굳게 지녀야 할 최후의 소망이다.

5. 구원은 우주 지배를 포함한 하나님의 영원하신 섭리에 의해서 이루어진다. 인간의 자발적인 노력이나 공로에 의한 것이 아니라, 하나님의 자비로우신 경륜에 의한 선행적(先行的)인 은총에 있다. 선행은총 안에는 하나님의 영원 전부터 예수 그리스도를 통한 예정섭리(롬 8:29-30, 엡 1:4-6)가 있다. 예정섭리는 인간의 자유나 선행을 약화시키는 것이 아니라 더 강화한다. 그러므로 그리스도인의 삶에 있어서 예정신앙과 자유의지는 모순되거나 배타적이 아니라 오히려 서로 보완한다.

6. 믿음으로 구원을 받은 그리스도인은 완전히 의롭게 되거나 성화가 되지는 못하나 하나님의 자녀에 합당한 생활을 해야 한다. 이러한 성화의 생활은 죽을 때까지 계속되어야 한다(빌 3:2). 그러므로 누구든지 지상 생활에서 완전한 성화

의 단계에 도달했다고 하거나 완전한 인간이 되었다고 해서는 안 된다(롬 3:10, 시 14:1-4, 53:1-3). 그리스도인이라 해도 지상에서 사는 동안에는 계속해서 하나님의 은총과 도움이 필요하다(고전 12:31).

7. 그리스도인은 예수 그리스도의 생활과 교훈에 따라서 사랑과 공의와 거룩한 생활을 해야 한다(요 17:17, 살전 5:23). 남을 이용하고 남으로부터 빼앗으려는 것이 아니라 그들을 도와주고 그들에게 봉사하는 사랑의 생활을 계속해야 한다. 또한 하나님은 공의로우신 분이며 그의 공의를 보여 주셨으므로 그리스도인은 하나님의 공의가 개인과 사회와 국가의 기초가 되도록 노력해야 한다. 세상의 모든 죄와 부정은 하나님의 공의에 대립되는 것이다. 그러므로 그리스도인은 하나님과 같이 거룩한 자가 되도록 노력해야 한다(벧전 1:16).

제7장 교회

1. 우리는 교회가 시대와 지역과 종족과 인간의 계급을 초월한 그리스도의 몸임을 믿는다(엡 1:23, 4:16). 그리스도인들은 한 곳에 모여 하나님께 감사하는 마음으로 찬송과 기도를 드리며, 세우심을 받은 자들로부터, 하나님의 말씀을 듣고, 주님의 몸에 접붙임을 받기 위하여 세례를 받고, 주님의 구속적 사역인 십자가의 사건을 기억하고, 영적으로 그 사건에 동참하기 위하여 성찬식에 참여한다. 이러한 예식을 통하여 그리스도인들은 성도의 교제를 증진한다.

2. 교회는 그리스도인들의 신앙생활을 공고히 하기 위하여 말씀으로써 훈련하며, 필요에 따라서는 권징을 시행한다. 그리스도인들은 그리스도가 교회에 위탁한 임무를 수행하기 위하여 세상에 나가서 복음을 전파하여 땅 위에 하나님의 뜻이 성취되도록 노력한다.

3. 교회는 하나님의 일을 하기 위하여 택함을 받은 사람들에 의해서 구성되므로 구약시대에 그 예표를 볼 수 있다. 예수 그리스도가 이 세상에 오셔서 제자들

을 불러 그의 일을 맡겨 주심으로 보이는 교회의 원형이 시작되었으나 예수 그리스도의 부활과 오순절의 성령강림을 통하여 비로소 보이는 교회의 실재가 지상에 형성되었다. 교회는 보이는 교회와 보이지 않는 교회가 있다. 보이는 교회는 예수 그리스도를 구주로 믿는 신앙을 고백한 사람들의 모임으로서, 거기에는 최후에 구원을 받을 사람과 받지 못할 사람들이 함께 생활한다(마 13:24-30). 보이지 않는 교회는 하나님의 택함을 받아 구원이 확실한, 전 세계에 흩어져 있는 모든 사람들로써 구성된다. 그러나 후자는 전자를 떠나서 단독적으로 존재하지 않는다.

4. 교회는 그리스도의 몸으로서 언제, 어디에서, 누구에 의해서 구성되었든지 간에 하나인 동시에 거룩하며, 사도의 전통을 이어 받은 보편적 특징을 가지고 있다. 교회는 하나이어야 하므로 교파 간에 연합 사업을 적극적으로 추진 할 것이며, 거룩한 모임이므로 교회는 모든 세상의 더러움에 오염되지 않도록 해야 한다. 또한 교회는 사도적 믿음과 가르침과 증언 위에 세워진 것이므로 사도 성을 고수해야 하며, 개별성을 가지는 동시에 보편성을 견지해야 한다.

5. 교회는 하나님으로부터 받은 임무를 수행하기 위하여 교회 안에서와 교회 밖에서 활동한다. 교회 안에서는 성경에 기록된 말씀의 선포를 통하여 하나님의 창조주 되심과 역사의 주관자 되심과, 예수 그리스도를 통해서만 인류의 구원이 가능하다는 것을 재확인하고, 성경 연구를 통해서 하나님의 섭리를 더 자세히 알고, 성례전을 통해서 그리스도 안에서 신앙의 성장을 도모한다. 그리스도인은 교회 밖에서도 그리스도인으로서 활동을 수행해야 한다. 그리스도인은 세상의 소금과 빛의 역할을 해야 한다(마 5:13-16). 그들은 세상에 속하지 않으나 세상을 떠나서는 존재하지 않는다(요 17:14-15). 세상의 부패를 막고, 하나님의 공의를 확립하여, 세상 사람들의 눈이 어두워서 바른 길을 가지 못할 때 그들에게 그리스도의 빛을 비춰 줌으로써 어두운 세상을 밝게 해주어야 한다.

6. 지상에서의 교회는 성장과 갱신과 악에 대한 투쟁을 계속한다. 현 역사 안

에서 교회가 완성되어 휴식의 단계에 들어갈 수 없다. 교회는 하나님의 뜻이 이 땅에서 실현되기 위하여 투쟁을 계속해야 한다.

제8장 국가

1. 우리는 모든 그리스도인이 주 안에서 그가 소속한 민족을 사랑하고 국가에 복종할 의무가 있음을 믿는다(벧전 2:13-14). 지상의 권세 자체가 하나님의 권세를 대항하는 것은 아니나, 하나님은 지상 국가와 사회와 질서를 유지하기 위하여 그 권세를 지상의 특정인에게 주셨다(롬 13:1). 그러므로 우리 그리스도인들도 지상국가의 법과 권세에 복종해야 한다.

2. 국가는 하나님 통치권 아래 존재하며, 하나님이 허락한 한도 안에서만 지상 권세를 행사 할 수 있다(단 4:25). 따라서 국가의 존립 목적은 하나님의 창조 질서를 유지하고, 인류구원을 위한 예수 그리스도의 사역의 전파를 도우며 그리스도의 몸인 교회의 성장과 발전에 협조하여 하나님 나라의 완성을 촉진하는데 있다.

3. 만약 지상의 권세가 하나님의 우주 통치권을 부인하고, 하나님이 역사의 주인이심과, 예수 그리스도가 인류의 구주가 되심을 부인하거나, 그리스도의 몸인 교회와 그의 지체인 그리스도인을 박해 할 때, 교회는 성경이 허락하는 모든 방법으로 그것에 항거하여야 한다.

4. 그리스도인은 두 가지 국적을 가지고 있다. 지상국가의 국적과 하나님의 나라의 국적이다(빌 3:20). 이 두 국적은 상호 배타적이거나 적대관계에 있는 것이 아니라 상호 보완적이다. 만약 양자택일을 강요했을 때 모든 그리스도인은 지상 국적을 버리고 하나님의 나라의 국적을 고수해야 한다.

5. 국가의 전쟁이 발발했을 때 교회는 그 전쟁이 하나님의 공의에 모순되는 것인가를 예의 검토할 것이며, 국가가 불의의 세력에 의해서 침략을 당했을 때 모든 그리스도인은 교회와 복음과 하나님의 나라를 수호하기 위하여 일어나 불의의

세력과 싸워야 한다.

6. 우리는 분단된 조국이 그대로 계속되는 것이 하나님의 뜻이 아니며 하나님은 하나가 될 것을 원하고 계심을 믿는다. 그러므로 우리 그리스도인은 민족과 국가가 통일이 되어 전 국토와 온 국민이 하나님을 믿어 구원을 얻도록 전력을 다해야 한다. 하나님은 개인이나 국민이 적대관계에 있는 것을 원치 않으신다. 모든 원수 관계를 없게 하고, 화해의 대업을 성취하신 예수 그리스도를 본 받아 우리도 민족을 신앙과 자유의 토대에서 화해케 하고 이 땅에 평화를 정착시키는 사명을 다해야 한다.

제9장 선교

1. 우리는 선교가 모든 그리스도인에게 지상 명령임을 믿는다. 예수 그리스도는 생전에 제자들에게 각지에 가서 복음을 전하도록 명하셨을 뿐만 아니라(눅 9:1-6), 부활 후에도 제자들에게 명하시기를 천하의 모든 족속과 땅 끝까지 가서 복음을 전하라고 하셨다(마 28:19, 행 1:8).

2. 선교에는 국내선교와 국외선교가 있다. 국내선교에는 교회를 중심 하여 복음을 전하는 일반선교가 있는 동시에 특수지역을 대상으로 하는 특수선교가 있다. 현대 사회는 복합적인 구조를 가지고 있음으로 정상적인 선교방법으로는 불가능한 지역과 대상을 위하여 특수선교를 추진해야 한다. 즉 군대와 학원과 산업사회를 위시하여 모든 분야를 대상으로 한 선교를 적극적으로 추진해야 한다.

3. 현재 지구상에는 예수 그리스도의 복음을 듣지 못한 사람들이 많이 있음으로 우리는 국외선교를 적극적으로 추진해야 한다. 하나님은 한 사람의 생명도 멸망 받기를 원치 않으시므로(벧후 3:9) 모든 사람이 다 복음을 듣고 구원받을 때까지 국외선교를 추진하는 것이 교회와 그리스도인들의 임무요(막 16:15), 우리 한국 교회가 받은 은혜에 보답하는 길이다.

4. 선교의 대상에는 제한이 없다. 모든 인종과 민족과 국가와 사상과 계급이 다 그리스도의 복음의 선교 대상이다. 모든 사람이 하나님의 지으심을 받은 것과 같이 모든 사람이 예수 그리스도의 십자가의 구속의 은총의 대상이므로 한 사람도 복음 선교의 대상에서 제외되어서는 안 된다(롬 1:14).

5. 종교 간의 대화에는 긍정적인 면이 있기는 하나 타종교 안에 그리스도의 복음과 같은 구원에 이르는 복음이 있음을 인정할 수 없다. 그리스도인은 타종교인을 적대시할 것이 아니라 복음 선교의 자세에서 그들과의 대화를 게을리 하지 않아야 할 것이다(행 17:22-31).

제10장 종말

1. 우리는 개인과 역사에 종말이 있는 것과 하나님의 마지막 심판에 의해서 우리의 구원이 완성되고 하나님의 나라가 완성될 것을 믿는다(롬 14:10, 고후 5:10).

2. 사람이 죽으면 육체는 흙으로 돌아가나(창 3:19, 행 13:36) 그리스도인의 영혼은 하나님께로 돌아간다(눅 23:43, 고후 5:1, 6, 8, 히 12:23). 거기서 그들은 빛과 영광 가운데서 마지막 날에 그들의 육체까지 완전한 구원을 얻는 날을 기다린다. 이와는 달리 예수를 믿지 않고 거역한 사람들의 영혼은 음부에 던지어져 고통과 절망 가운데서 최후 심판을 기다리게 된다(눅 16:23-24, 벧전 3:19, 유 6-7).

3. 그리스도가 주관하는 마지막 심판에서 모든 사람은 심판을 받게 된다(마 25:31-32, 행 10:42, 롬 14:10, 고후 5:10). 거기서 하나님으로부터 믿음으로 옳다고 인정받은 사람은 영광의 처소로, 옳지 못하다고 인정받은 사람은 고통의 처소로 가게 된다(단 12:2, 마 25:46, 요 5:29, 10:28, 롬 2:7).

4. 하나님의 나라는 인류 역사가 시작되었을 때부터 그 안에 보이지 않는 형태로 임재하고 있다. 그러나 예수 그리스도가 육체를 입고 세상에 오심으로 하나님 나라는 역사 안에 보이는 형태로 나타나게 되었다(마 3:2, 4:7). 하나님의 나라는 지

상에 교회가 형성됨에 따라 교회와 함께 성장하게 된다(마 13:31-33, 막 4:30-32, 눅 13:18, 17:21). 세상의 마지막 날에 그리스도께서 재림하여 모든 존재에 대한 심판이 있은 다음에 하나님의 나라가 완성되어 성도들과 함께 영속된다(고후 5:1, 계 21:1-7).

5. 마스터스개혁파총회 "우리의 신앙고백"

1) 작성배경

마스터스개혁파총회는 2023년 2월 22일(사단법인 제255호)에 제주도로부터 법인 인가를 받고 새롭게 출범한 신생 교단이다. 이 총회는 성경무오성을 바탕으로 개혁파 정통의 역사성을 계승하는 한편, 성경적인 규범과 기준을 이탈한 한국교회를 바로 세우기 위해 헌법을 비롯한 낙후된 제반 법규와 규정들을 재정비하며, 나아가 한국인 선교사들에 의해 신학교육을 받았지만 안수 없이, 그리고 소속 없이 활동하는 해외 사역자들의 현실적 문제를 해결하고 그들에게 개혁파신학교육을 이수하기 위한 목적을 가지고 출범했다. 특히 이 사역을 수행하기 위해 이 총회는 10개의 시스템을 구축하는 것을 사역의 목표로 정하고 있으며, 총회의 신앙의 정체성을 표방하기 위해 다음의 신앙고백을 공표했다.

2) 평가

이 선언문의 특징은 첫째, 신학적 정통성을 개혁파 전통인 신조와 신앙고백서 위에 두며, 둘째, 성경을 훼손하려는 모든 시도에 저항하기 위해 다시 한번 성경무오성을 공개적으로 주창하였으며, 셋째, 종교다원주의와 포스트모더니즘 등 현대주의의 발호에 따라 기독교의 구원론을 파괴하려는 사악한 무리의 공격을 예상하고 오직 예수만이 그리스도이시고 예수만이 구원의 길임을 천명하고, 넷째, 나아가 이론의 여지가 없는 교회 안에서 하나님 은혜의 방편을 진술했으며, 마지막으로 그리스도인의 내적 의무와 외적 의무를 간략하게 진술함으로써 구원받은 백성의 윤리적 기준을 설정하고 선언한 것이다.

무엇보다 이 선언은 21세기 들어 한국교회 안에서 최초로 공표된 것으로서 특히 18세기 이후의 선언문에서는 볼 수 없는 칭의와 성화를 사랑의 실천적 과제로 제시하여 역사적 의의를 구현하고 있다.

3) 우리의 신앙고백 내용

하나, 우리는 니케아 등 고대 신조와 유럽의 3대 일치 신조(하이델베르크 요리문답, 벨직 신앙고백서, 도르트 신조)와 웨스트민스터 5대 표준문서(신앙고백서, 소요리, 대요리문답, 정치 및 예배모범)를 믿고 따른다.

둘, 우리는 성경만이 인간을 구원하시려는 유일하고 무오한 하나님 말씀이자 진리의 원천이며 하나님의 신실한 언약의 진술임을 믿는다.

셋, 우리는 오직 하나님의 은혜의 믿음을 통해, 오직 예수 그리스도 안에서만 구속이 있고, 예수 그리스도만이 구원의 길임을 믿는다.

넷, 우리는 교회 안에서 성령의 증거와 조명하심으로 설교와 성례를 통해서 하나님의 은혜를 체험한다고 믿는다.

다섯, 우리는 구원받은 주의 백성으로서 안으로는 칭의에 걸맞은 성화를 우리고 밖으로는 복음 전도와 이웃사랑을 실천하는 일이 제일의 의무라고 믿는다.

제2절 감리교회 신조(1784)

1885년 4월 미국 감리교회가 처음으로 한국에 선교사를 파송 하였는데 아펜젤리 목사 부부와 스크렌톤 의사부부가 파송되었다. 그 후 1930년 12월 2일에 제1

회 총회를 열고 교리적 선언을 발표하고 규칙을 제정하므로 미국 총회의 승인을 받아 조선기독교 감리회를 조직하고 1949년 3월 총회에서 그 명칭을 기독교 대한 감리회라 고쳐 오늘에 이르고 있으며 교리 선언과 사회신조를 고백하고 있다. 제13조 교회론에 있어서 유형교회를 말하고 무형교회는 말하고 있지 않다. 그러나 교리 선언의 내용에 있어서 정통적 개혁파교회와 거의 동일하나 실제 신앙에서는 웨슬레 알미니우스적인 요소를 가지고 있다.

1. 교리 선언

기독교대한 감리회는 모든 프로테스탄트 교인들의 전통적 기독교 신앙을 함께 고백한다. 이 신앙은 하나님의 말씀인 성경에 기초를 두었으며, 기독교의 역사와 전통으로 이어져 왔다. 고대교회는 성경을 거룩한 정경으로 확정하고 니케아(325년), 콘스탄티노플(381년), 칼케톤(451) 신조들과 사도신조를 기독교 신앙의 표준으로 확립했다. 이는 복음의 본질을 선포하고 기독교 교리의 정통성을 보존하려는 교회의 노력이었다. 루터는 중세 가톨릭교회가 인간의 선행으로 의로워질 수 있다고 가르친 것을 비판하면서 오직 믿음으로 의롭다 함을 얻는다고 주장했다. 이러한 루터의 종교개혁 정신을 이어받은 독일 루터교회가 체계화한 것이 1530년 아우크스부르크 신앙고백서이다. 그리고 츠빙글리와 칼빈이 이끌었던 스위스 개혁교회가 작성한 것이 1653년 하이델베르크 교리문답이다. 영국성공회는 종교개혁자들의 신학을 중심으로 1553년 42개조 종교 강령을, 1562년 39개조 종교 강령을 발표했다.

1784년 존 웨슬리는 영국성공회의 39개조 종교 강령을 25개조로 줄여서 감리회 종교 강령이라는 이름으로 발표했다. 웨슬리는 39개조 중에서 칼빈의 예정론이 들어간 17조, 칼빈의 출교정신을 반영한 33조, 영국교회로서 영국성공회가 세속권세에 복종할 것을 강조하는 37조 등 모두 14개조를 삭제하고 25개조로 감리회의 종교 강령을 확정했다.

1) 종교의 강령

제1조 성 삼위일체를 믿음

영생하시고 진실하신 하나님 한 분만 계시니 그는 영원무궁하시고 무형무상하시며 권능과 지혜와 인자하심이 한이 없으시고 유형무형한 만물을 한결 같이 창조하시고 보관하시는 분이시다. 이 하나님의 성품의 일체 안에 동일한 본질과 권능과 영생으로 되신 삼위가 계시니 곧 성부와 성자와 성신이시다.

제2조 말씀 곧 하나님의 아들이 참 사람이 되심

성자는 곧 참되시고 영원하신 하나님 아버지의 말씀이요, 성부와 동일하신 본질인데 복 받은 동정녀의 태중에서 사람의 성품을 가지셨으므로 순전한 두 성품 곧 하나님의 성품과 사람의 성품이 나뉘지 못하게 일위 안에 합하였다. 그러므로 그는 참으로 하나님이시오, 참 사람이신 한 분 그리스도이신데 참으로 고난을 당하시고 십자가에 못 박혀 죽으시고 매장되시어 우리로 하여금 하나님 아버지와 화목하게 하시고 또한 재물이 되시었다. 이는 사람의 원죄만 위할 뿐 아니라 범죄 한 것까지 위함이시다.

제3조 그리스도의 부활

그리스도께서 과연 죽은 자 가운데서 다시 일어나시어 완전한 인성이 붙은 모든 것과 육체를 다시 가지시고 천당에 오르시며 마지막 날에 만민을 심판하시려고 재림하실 때까지 거기 앉아 계시다.

제4조 성신

성신은 성부와 성자께로부터 오신 위이신데 그 본질과 위험과 영광이 성부와 성자와 더불어 동일하시고 참되시고 영원하신 하나님이시다.

제5조 성경이 구원에 족함

성경은 구원에 필요한 모든 것을 포함하였으므로 무엇이든지 성경에서 볼 수 없는 것이나 그로 증험하지 못할 것은 아무 사람에게든지 신앙의 조건으로 믿으라고 하거나 구원받기에 필요한 것으로 여기라고 못할 것이다. 성경이라는 것은 구약과 신약의 법전을 가리킴이니 그 말씀의 참됨을 교회에서 의심 없이 아는 것이다.

법전의 모든 책의 이름은 아래와 같다.

창세기, 출애굽기, 레위기, 민수기, 신명기, 여호수아, 사사기, 룻기, 사무엘상, 사무엘하, 열왕기상, 열왕기하, 역대상, 역대하, 에스라, 느헤미야, 에스더 욥기, 시편, 잠언, 전도서, 아가 4대선지서, 12소선지와 보통으로 인증하는 신약의 모든 책을 우리도 법전으로 여긴다.

제6조 구약은 신약과 서로 반대되는 것이 없음

대개 신격과 인격이 겸비하여 하나님과 인류 사이에 홀로 하나인 중보가 되신 그리스도께서 영생을 허락하신 것은 신, 구약에 동일하게 있으므로 옛날 조상들이 잠깐 동안 허락을 바라보았다. 하는 사람의 말을 들어 좇을 것이 없다. 하나님께서 모세로 말미암아 주신 바 예법과 의식에 관 한 법률은 그리스도인을 속박하지 못하고 또한 모세의 민법에 관한 교훈도 어느 나라에서든지 당연히 채용할 필요가 없을 것이나 어떤 그리스도인이든지 도덕이라 일컫는 계명을 순복하지 아니하지는 못할 것이다.

제7조 원죄

원죄는(펠레지 인들의 망령된 말같이) 아담을 따라 죄를 범하는 것이 아니요, 아담의 자손으로는 각 사람의 천연적 성품이 부패한 것을 가르침인데 대개 인류가 근본적 의에서 떠나 그 성품이 늘 죄악으로 치우치는 것이다.

제8조 자유의지

아담이 범죄 한 이후로 인류의 정형이 그와 같이 되어 자기의 천연적 능력과 사업으로서 마음을 돌이키며 준비하여 신앙에 이르러 하나님을 경모하지 못한다. 그러므로 하나님께서 그리스도를 말미암아 우리에게 주시는 선한 의지를 얻게 하시는 은혜가 아니면 우리가 하나님의 기뻐하시고 받으실 만한 선한 사업을 행할 능력이 없고 선한 의지가 우리에게 있을 때에는 그 은혜가 우리와 함께 한다.

제9조 사람을 의롭게 하심

하나님 앞에서 우리가 의롭다 하심을 얻은 것은 오직 구주 예수 그리스도의 공로로 인하여 믿음으로 말미암음이요, 우리의 행한 것이 아니나 당연히 얻을 것을 인함이 아니다. 그런즉 우리가 믿음으로만 의롭다함을 얻는다 하는 것이 가장 유익하고 위로가 넘치는 도리이다.

제10조 선행

선행은 비록 믿음의 열매요, 또한 의롭다 하심을 따라 오는 것이로되 능히 우리의 죄를 없이하지 못하며, 또한 하나님이 심판하실 때에 위엄하심을 감당하지 못할 것이다. 그러나 선행은 그리스도 안에서 하나님이 받으실 만하고 기뻐하시는 바요, 참되고 활발한 신앙으로 좇아 나오는 것인즉 열매를 보고 그 나무를 아는 것 같이 선행을 보고 그 활발한 신앙이 있는 것을 밝히는 것이다.

제11조 의무 외의 사업

하나님의 계명 밖에 자원하여 더 선행하는 일을 의무 외의 사업이라 하는데 이는 오만하고 불경건한 사람만이 하는 말이니 여기 대하여는 사람들이 말하기를 자기가 하나님께 당연히 할 바를 다하였을 뿐더러 하나님을 위하여 의무가 요구하는 것보다 더 하였다 하나 그리스도께서 여기에 대하여 밝히 말씀하시기를 너희에게 명한 것을 다 행하되 말할 때에 무익한 종이라 하라 하시었다.

제12조 의롭다하심을 얻은 후의 범죄

의롭다하심을 얻은 후에 고의로 범하는 죄마다 성신을 거역하여 사유하심을 얻지 못할 죄는 아니다. 그러므로 의롭다함을 얻은 후에 죄에 빠지는 사람에게 회개함을 허락하시는 은혜를 얻지 못한다 할 것이 아니요, 우리가 성신을 받은 후라도 얻은바 은혜를 배반하고 죄에 빠졌다가 하나님의 은혜로 다시 일어나 우리의 생활을 개정할 수도 있다. 그러므로 세상에 거할 동안에 그들이 죄를 더 범하지 못한다 하는 자들이나 죄를 범한 뒤에 참으로 회개할지라도 사유하심을 얻지 못한다 하는 자들은 정죄하심을 당할 것이다.

제13조 교회

유형한 그리스도교회는 참 믿는 이들의 모인 공회니 그 가운데서 순전한 하나님의 말씀을 전파하며 또 그리스도의 명령하신 것을 따라 성례를 정당히 행한다. 이 모든 필요한 일이 교회를 요구하는 것이다.

제14조 연옥

연옥과 사죄와 우상과 유물에 경배하고 존중함과 성도에게 축도함에 관한 로마교의 도리는 허망하고 위조한 것이다. 성경에 증거 할 수 없을뿐더러 하나님의 말씀에 반항하는 것이다.

제15조 회중에서 해득할 방언을 쓸 것

예배당에서 공중 기도할 때에나 혹 성례를 행할 때에 교우가 알아들을 수 없는 방언을 쓰는 것은 하나님의 말씀과 초대교회의 규례를 분명히 위반하는 것이다.

제16조 성례

그리스도의 설립하는 성례는 그리스도인의 공인하는 표적과 증거가 될뿐더러 더욱 은혜와 하나님께서 우리에게 향하시는 선한 의지의 확실한 표니 이로 인하여 하나님께서 우리 안에 묵묵히 역사 하시어 우리의 신앙이 활동하게 하실 뿐만 아니라 더욱 굳게 하는 것이다.

복음에 우리 주 그리스도의 설립하신 성례가 둘이 있으니 곧 세례와 주의 만찬이다. 견신례와 참회와 신품과 혼인과 도유식들 다섯 가지를 성례라 하나 이는 복음적 성례로 여기지 못할 것이다. 그 가운데 어떤 부분은 사도의 도를 오해하므로 된 것이요 어떤 부분은 성경에 허락하신 생활의 정형으로 된 것이다. 그러나 하나님께서 행하신 드러나는 표적과 의식이 없으므로 세례와 주의 만찬과 같은 성질이 없는 것이다. 그리스도의 설립하신 성례는 우리로 하여금 응시나 하든가 휴대하고 다니라는 것이 아니요 우리로 하여금 적당히 사용하게 하심이다. 그러므로 성례를 합당하게 받는 이에게만 유익한 결과와 효력이 있고 합당치 아니하게 받는 이는 사도 바울이 말씀한 바와 같이 자기에게 정죄함을 받는 것이다.

제17조 세례

세례는 공인하는 표와 그리스도인을 세례 받지 아니한 사람과 분별하게 하는 표적이 될뿐더러 중생 곧 신생의 표가 되는 것이요, 또 어린이에게 세례를 행하는 것도 교회에 보존할 것이다.

제18조 주의 만찬

주의 만찬은 그리스도인들 가운데 당연히 있을 사랑을 표한 것일 뿐만 아니라 그리스도의 죽으심으로 우리를 구속하신 성례이다. 그러므로 옳고 합당하고 믿음으로 받는 이들에게는 떼인 떡을 먹는 것이 곧 그리스도의 몸을 먹은 것이요, 또한 이와 같이 그 복된 잔을 마시는 것도 그리스도의 피를 마시는 것이다. 변체, 곧 주의 만찬의 떡과 포도즙의 물체가 변화한다함은 성경으로 증거 할 수 없을 뿐 아니라 도리어 성경의 명백한 말씀을 거스르며 성례의 본 뜻을 그르침이요, 또 이로 인하여 미신이 많이 생긴다.

만찬 때의 그리스도의 몸을 주고받아 먹는 것은 천국적, 신령적 방법으로만 할 것이요, 또 그리스도의 몸을 받아먹는 방법은 오직 신앙이다. 만찬의 성례를 유지함과 휴대하고 다님과 거양함과 경배함은 그리스도의 명하신 것이 아니다.

제19조 떡과 포도즙

평신도에게 주의 잔 마심을 거절하지 못 할 것이다. 대개 그리스도의 규례와 명령대로 주의 만찬에 두 가지를 일반 그리스도인에 같이 행하는 것이 당연하다.

제20조 그리스도께서 십자가에 한 번 제물이 되심

그리스도께서 한 번 제물로 드리신 것이 온 세계의 모든 죄 곧 원죄와 범죄를 위하여 완전한 구속과 화목과 보상이 되었은즉 그밖에 다른 속죄 법이 없다. 이러므로 '미사제'를 드리며 또 거기에 대하여 보통으로 말하기를 신부가 그리스도를 제물로 드리어 산 이와 죽은 이의 고통과 범죄를 면하게 한다 함은 참람 된 광언이요, 위태한 궤계이다.

제21조 목사의 혼인

하나님의 율법에 그리스도교의 목사들은 독신 생활하기를 맹세하라 든가 혼인을 금하라 든가 하신 명령이 없다. 그러므로 목사들도 모든 그리스도인과 같이 자기의 뜻에 경건하다고 생각하면 혼인하는 것이 마땅하다.

제22조 교회의 예법과 의식

예법과 의식을 각 곳에서 꼭 동일하게 할 필요는 없다. 대개 예법과 의식은 예로부터 같지 아니하였고 또 나라와 각 시대와 각 민족의 풍습을 따라 변할 수 있으나 다만 하나님의 말씀과 다르게 하지 못할 것이다. 어떤 사람이든지 자기가 소속한 교회에서 만들어 보통실행하기로 인정하였고 또 하나님의 말씀과 다름이 없는 예법과 의식을 사사 주견으로 짐짓 드러나게 파괴하는 이를 책벌하되 교회의 통용하는 법을 반항하는 것과 연약한 형제의 양심을 상하게 한 이도 처벌할 것이다. 이는 다른 사람으로 하여금 두려워하여 그와 같이 하지 못하게 함이다. 교회마다 예법과 의식을 만들기도 하며 고치기도하고 혹은 폐지하기도 하여 모든 일이 교훈이 되게 할 것이다.

제23조 북미 합중국 통치

대통령과 국회와 각 주 주립의회와 각 주 지사와 내각은 인민의 대표로 연방헌법과 각 주 법에 의하여 북미 합중국의 통치자들이다. 이 합중국은 주권적 독립국이므로 어떤 외국 치리 하에 붙지 아니할 것이다.

제24조 그리스도인의 재산

그리스도인은 보물과 재산을 가질 권리와 가질 일에 대하여는 어떤 사람이 허망하게 자랑함과 같이 공통하게 통용할 것이 아니다. 그러나 각 사람은 마땅히 자기의 소유를 가지고 힘대로 가난한 이들에게 너그럽게 구제할 것이다.

제25조 그리스도인의 맹세

우리 주 예수 그리스도와 및 그 사도 야고보가 그리스도인이 헛되고 경홀히 맹세하는 것을 금지하신 것을 우리가 공인하거니와 어떤 사람이 관장에게 요구함을 당할 때에 믿음과 사랑으로 인하여 맹세하는 것은 그리스도교 교리에 금지함이 없는 줄로 생각한다. 다만 선지자의 교훈대로 공의와 주견과 참됨으로 할 것이다.

2) 감리교회 신앙고백(1997년)

1. 우리는 우주 만물을 창조하시고 섭리하시며 주관하시는 거룩하시고 자비하시며 오직 한 분이신 아버지 하나님을 믿습니다.

2. 우리는 말씀이 육신이 되어 우리 가운데 오셔서 하나님의 나라를 선포하시고 십자가에 달려 죽으셨다가 부활 승천하시므로 대속 자가 되시고 구세주가 되시는 예수 그리스도를 믿습니다.

3. 우리는 우리와 함께 계셔서 우리를 거듭나게 하시고 거룩하게 하시며 완전하게 하시며 위안과 힘이 되시는 성령을 믿습니다.

4. 우리는 성령의 감동으로 기록된 하나님의 말씀인 성경이 구원에 이르는 도리와 신앙생활에 충분한 표준이 됨을 믿습니다.

5. 우리는 하나님의 은혜로 믿음을 죄 사함을 받아 거룩해 지며 하나님의 구원의 역사에 동참하도록 부름 받음을 믿습니다.

6. 우리는 예배와 친교, 교육과 봉사, 전도와 선교를 위해 하나가된 그리스도의 몸인 교회를 믿습니다.

7. 우리는 만민에게 복음을 전파함으로 하나님의 정의와 사랑을 나누고 평화의 세계를 이루는 모든 사람들이 하나님 앞에 형제 됨을 믿습니다.

8. 우리는 예수 그리스도의 재림과 심판, 우리 몸의 부활과 영생 그리고 의의 최후 승리와 영원한 하나님 나라를 믿습니다. 아멘.

3) 사회신조

감리회는 하나님의 뜻을 따라 정의로운 사회 구현에 깊은 관심을 기울여 온 전통을 가지고 있다. 1930년 제1회 총회에서 사회신조를 채택하고 이를 신앙의 실천적 목표를 삼아, 보다 나은 사회를 이루는데 이바지하여 왔다. 우리는 오늘의 시대가 안고 있는 새로운 문제들을 앞에 놓고 우리의 사회적 삶의 새로운 실천 원칙을 받아들여야 할 시점에 도달하였다.

예수 그리스도를 구주로 믿는 우리 감리교인은 우리에게 선한 의지를 주시는 하나님의 은혜에 힘입어 우리의 가정, 사회, 국가, 세계 그리고 생태적 환경 속에서 빛과 소금의 역할을 수행하기 위해 다음과 같이 선언하는 바이다.

우리는 만물을 선하게 창조하시고, 섭리하시는 성부, 성자, 성령 삼위일체 하나님을 믿으며 이 땅에 하나님의 뜻을 실현하는 일에 부르심을 받았다.

1. 하나님의 창조와 생태계의 보존

우리는 하나님의 명하심을 따라 우주 만물을 책임 있게 보존하고 생태계의 위기를 극복해야 하는 사명이 있다.

2. 가정과 성 인구 정책

우리는 가정과 성이 하나님께서 정하신 귀한 제도임을 믿는다. 가정을 올바로 보존하며 성의 순결을 지키는 것은 우리의 사명이다. 그리고 우리는 인구 문제로 인한 세계적 위기를 극복하기 위해 책임 있는 인구 정책이 수립되도록 노력한다.

3. 개인의 인권과 민주주의

우리는 하나님의 형상대로 지음 받은 인간에게 자유와 인권이 있음을 믿는다. 따라서 정권은 민주적 절차와 국민의 위임으로 수립되어야 하며 국민 앞에 책임을 져야한다. 우리는 정권 유지를 위해 국민을 억압하고 언론의 자유를 위협하는 어떠한 정치 제도도 배격한다.

4. 자유와 평등

우리는 모든 사람들이 하나님 앞에서 자유롭고 평등하기 때문에 성별, 연령, 계급, 지역, 인종 등의 이유로 차별하는 것을 배격하며 모든 사람들이 더불어 사는 사회 건설에 헌신한다.

5. 노동과 분배정의

우리는 자기실현을 위한 노동의 존엄성과 하나님이 주신 소명으로서의 직업을 귀하게 어긴다. 동시에 우리는 그 과정에서 나타나는 빈부의 격차를 시정하여 분배 정의가 실현되도록 최선을 다한다.

6. 복지 사회 건설

우리는 부를 독점하여 사회의 균형을 깨뜨리는 무간섭 자본주의를 거부하며 동시에 인간의 자유를 억압하는 전체주의적 사회주의도 배격한다. 우리는 온 국민이 사랑과 봉사의 정신으로 서로 도우며 사는 복지 사회 건설에 매진한다.

7. 인간화와 도덕성 회복

오늘의 지나친 과학 기술주의가 비인간화를 가져오고 물질 만능주의가 도덕적 타락(성도덕, 퇴폐 문화, 마약 등)을 초래한다. 따라서 우리는 올바른 인간 교육, 건전한 생활, 절제운동(금주, 금연 등)을 통하여 새로운 가치관의 형성과 도덕성 회복을 위해 앞장선다.

8. 생명공학과 의료 윤리

우리는 근래에 급속히 발전한 생명공학이 하나님의 창조의 질서와 인간의 존엄성을 파괴할 수도 있다는 사실과, 근대의학의 발전이 가져오는 장기이식 등에 대해 교회의 책임 있는 대책과 올바른 의료 윤리의 확립이 시급함을 강조한다.

9. 그리스도의 유일성과 정의 사회 실현

우리는 예수 그리스도가 우리의 유일한 구주임을 믿는다. 또한 오늘의 현실 속에서 정의로운 사회 건설을 위해서는 타종교와 공동 노력한다.

10. 평화적 통일

우리는 반만년의 역사를 가진 하나의 민족이 여러 가지 국내외적 문제로 분단되어 온 비극을 뼈아프게 느끼며 이를 극복하기 위해 민족의 동질성 회복과 화해를 통한 민족, 민주, 자주 평화의 원칙 아래 조속히 통일되도록 총력을 기울인다.

11. 전쟁 억제와 세계 평화

우리는 재래적 분쟁은 물론, 인류를 파멸로 이끄는 핵무기 생산과 확산을 반대한다. 동시에 세계의 기하문제, 식량의 무기화, 민족 분규, 폐권주의 등의 해결을 위해 모든 나라와 협력함으로 세계 평화에 이바지한다.[193]

제3절 성결교회 신조(1925)

1. 기독교대한 성결교회

18세기 말엽에서 19세기 초기에 하나님께로부터 동양에 복음을 전하라는 사명을 받은 미국인 카우만, 길보른 두 사람의 선교의 꿈이 1901년 일본을 거쳐 1907년 5월에 우리나라 경성에서 실현되었다. 성결교회의 신앙교리의 근간은 요한 웨슬레의 복음적 성결의 주창을 배경으로 하여 중생, 성결, 신유, 재림의 4중 복음으로 요약된 교리적 정신이며 그리스도와 그 사도들로 말미암아 나타내신 복음적 성경해석에 근거한 교리와 만국 성결교회의 신앙교리를 토대로 해서 1925년에 공포한 것으로 모든 교회가 영구히 지키도록 했다.

제2장 교리와 성례전

제13조 교리와 신조

---

193 이유식 발, 「교리와 장정」 (서울: 기독교대한감리회 홍보출판국), pp. 27-47.

본 교회에서 믿는 교리와 신조는 기독교 개신 교파가 공동으로 믿는 복음주의니 이는 신앙의 생명이며 골자이다.

제14조 성삼위 하나님

1. 하나님은 우주의 유일무이하신 신이시니 유형무형의 만물을 한결 같이 창조하시고 통치하시며 보호하시고 섭리하신다. 진실하시고 영생하시어 권능과 지혜와 인자하심이 한이 없으시다. 이 하나님 일체 안에 동일한 본질과 권능과 영생으로 되신 삼위가 있으시니. 곧 성부와 성자와 성령이시다(신 4:35-39, 왕상 8:23, 60, 사 43:10-11, 요 5:43, 요 17:3, 고전 8:4, 엡 4:6, 딤전 2:5, 시 31:5, 창 1:1, 요 1:3, 마 10:29, 30, 창 21:33, 롬 16:26, 11:3, 시 136:1, 계 1:8, 마 19:26, 창 17:1, 딤전 1:17, 요 1:1-34, 5:18, 14:9-10, 14:16-17).

2. 성자 예수는 성부 하나님의 '말씀'이니, 곧 영원하시고 진실하신 하나님의 말씀이며 성부와 일체이시다. 성령으로 잉태되어 동정녀 마리아에게서 낳으심으로 일신에 완전하신 신성과 인성을 가지셨나니 이 두 가지 성품은 결코 분리할 수 없다. 그러므로 참 하나님이시고 참 사람이신 그리스도께서 십자가에 못 박혀 죽으시고 장사하였으며 이것으로 하나님과 사람 사이에 화목제물이 되사 인류의 자범죄를 사하시며 유전해 내려오는 원죄까지 속하시고 부활하신 그 몸대로 승천하셨다(요 1:1-34, 14:9, 12:45, 롬 1:3-4,, 딤전 2:5, 롬 3:25, 히 12:13, 행 1:9).

3. 성령은 성부와 성자와 동일한 신이시니 그 본체와 능력의 위엄과 영광이 성부와 성자와 더불어 동일하시며 영원한 하나님이시다. 그는 삼위일체의 하나님의 뜻을 실행하시는 이로서 세상에 보냄을 입어 죄와 의와 심판으로 세상을 책망하시며 보혜사로서 성도를 가르치시며 인도하시며 능력을 주사 영혼을 강건하게 하시며 교회를 거룩하게 하시는 신이시다(마 28:18, 요 14:16-17, 계 5:6, 요 16:8, 14:26, 엡 3:16, 롬 15:16).

제15조 원죄

아담의 범죄로 그 자손 된 전 인류에게 유전된 부패성을 가리킴이니 성경에 이를 육이라(롬 7:14, 8:6-8)하였으며 인류는 이 성질로 인하여 항상 죄악에 기울어지는 것이다.

제16조 자유의지

하나님께서 타락한 인류의 구원을 위하여 그 독생자 예수 그리스도를 값없이 주셨으니 누구든지 저를 믿음으로 중생 하여 선을 행하시는 하나님의 친 백성이 될 수 있다. 그러나 인간에게는 의지의 자유가 있으므로 1차의 은혜를 받는 자라도 타락할 수 있은, 즉 성령의 도우심을 힘입어 영원한 은총을 끝까지 향유하는 것이다(롬 3:23, 요 3:16, 딛 2:14, 약 4:8, 딤후 2:12, 눅 22:31, 마 24:13, 히 3:14, 벧후 1:14, 빌 2:12).

제17조 칭의

사람이 하나님 앞에 의롭다함을 얻는 것은 자기의 선행이나 공로로 된 것이 아니고 예수 그리스도의 대속의 공로를 믿음으로 의롭다 함을 얻는다. 이것이 인류에게 복음이요 성경이 가르친 명백한 교리이다(롬 4:4-6, 1:17, 3:24-26, 28, 창 15:6, 롬 5:1). 의롭다함을 얻은 사람은 곧 사죄함과 중생함을 받은 자이다.

제18조 성결

그리스도를 말미암아 성령의 세례를 받음이니 곧 거듭난 후에 믿음으로 순간적으로 받는 경험이다. 이 은혜는 원죄에서 정결하게 씻음과 그 사람을 성별 하여 하나님을 봉사하기에 현저한 능력을 주심이다(행 1:4, 5, 15:8, 9, 1:8, 눅 24:49). 사람이 의롭다함을 얻음에 믿음이 유일의 조건이 됨 같이 성결도 오직 믿음으로 얻는 은혜이다(롬 5:1, 행15:8, 갈 3:4, 요일 1:9).

제19조 칭의 후의 범죄

사람이 의롭다 함을 받은 후에도 죄를 범할 수 있으나 성령을 거역하는 죄 외에는 회개하면 사함을 받을 수 있다(요일 2:1, 5:16). 고로 죄를 범한 자에게는 회개를 권고할 것이니 연약한 인간이 성령을 받았으나 절대로 죄를 범할 수 없다고는 할 수 없다(마 18:21, 요일 1:9, 마 12:31, 32).

제20조 재림

부활 승천하신 예수 그리스도께서 승천하시던 그 몸대로 다시 오시는 일이니, 천년시대 이전에 재림이 이루어짐을 믿으며 생각지 않을 때에 주께서 공중에 오셔서 성도를 영접하실 때 구원받은 성도들은 휴거 되어 어린양 혼인 잔치에 참여한 후 심판의 주께서 성도들과 함께 지상에 강림하심으로 거짓 그리스도가 멸망하고 천년왕국을 건설한다(행 1:9-11, 살전 4:14-17, 마 24:42, 25:13, 살후 2:3-8, 마 25:31, 유 14, 계 22:20, 슥 9:9-10, 호 2:18).

제21조 인류의 구원

인류는 하나님께서 한 혈맥으로 지으신 동포요 형제인데 시조의 범죄 함을 인하여 타락의 부패성을 가진 죄인이 되었다. 그리스도께서 그 몸을 한 번 제물로 드려 전 인류의 자범죄와 원죄를 완전히 속하시고 영원한 구원의 길을 열어 놓았은즉 누구든지 십자가에 죽으신 예수를 믿음으로만 구원을 얻을 것이요 이밖에 다른 어떤 것이라도 신빙할 만한 구원의 도가 없으며 성도가 받은 모든 은혜는 오직 신앙으로만 얻을 것이요, 십자가의 공로를 통하여서만 이루어짐을 믿는다.

제22조 신약의 제사권

우리에게는 영원한 제사장이 오직 한 분만 계시니 곧 예수 그리스도시다. 이 밖에 천상천하에 다른 중보가 없으며 예수 그리스도의 중보로 인하여 우리의 죄가 사유되며 연합함을 체휼 하시는 구주임을 확신한다. 동시에 그리스도와 연합한 신약의 모든 성도들은 누구나 만민의 구원을 위하여 도고 할 제사장의 특권이 있다.

제23조 성례전

본 교회에서 거행할 성례전은 세례와 성찬 두 가지니, 주 예수께서 세우신 성례, 즉 세례는 성도가 회개하여 그리스도의 이름으로 죄 사함을 받아 중생함으로 교회에 속함을 표하는 예식이요 성찬은 우리의 속죄 제물 되신 예수 그리스도의 살과 피를 기념하기 위하여 떡과 포도즙을 받는 예식이다.[194]

제4절 침례교회 신조

침례교회는 대부분 프로테스탄트 교회들과 기본적인 신앙을 같이 하며 그들은 오직 물을 뿌리거나 부음으로 세례를 주는(관수)것 보다 침례(물속에 잠김)를 주장한 데서 그 이름이 유래하였다. 그들의 기원은 세례 요한과 사도시대 이레로 침례교회가 끊이지 않고 계승됐다고 믿고 주장하고 있다. 그러나 역사적 기독교의 세례는 예수님의 부활 이후 초대교회에서 시작된 것이다(마 28:19). 교파적 기원은 16세기 재세례파의 영향과 17세기 청교도주의에 기원을 두고 있으나 재세례파의 영향으로 보고 있다. 침례교는 사도신조나 니케아 신조를 예배시간에 사용하지 않으며 그들은 칭의에 의하여 하늘나라에 들어가는 것이 아니라 중생에 의하여 하늘나라에 들어가는 것을 믿는다. 침례교회는 구약보다도 신약성경 중심의 교회라

---

194 기독교성결교회,「헌법」 (서울: 기독교성결교회출판부), pp. 14-17.

할 수 있다. 그들은 웨스트민스터 신앙고백서를 대개 그대로 받아들인다. 한국침례교회는 성경 자체가 교리인데 별도로 교리를 만들 필요가 없다고 주장하나 그들이 믿고 있는 주요교리들은 다음과 같이 소개하고 있다.

1. 침례교의 이상

1) 교회는 예수그리스도께서 창설하시고 친히 머리가 되시며 그 입법자이시다.

2) 교회의 교리와 생활에 대한 유일하고 권위 있는 표준은 성경뿐이다.

3) 교회의 의식은 침례와 주의 만찬으로서 상징적 기념일 뿐 구원의 건은 아니다.

4) 교회의 직분은 목사와 집사로서 이들은 교회를 섬기는 이들이다.

5) 교회의 정치는 민주정치로서 행정만 할 뿐 입법은 하지 않는다.

6) 교회의 회원은 하나님의 말씀과 성령으로 거듭난 신자들의 모임으로 구성된다.

7) 교회의 회원의 의무는 신앙고백으로 침례를 받고 신약성서의 모든 명령에 순종하는 것이다.

8) 모든 교회는 행정적으로 독립적이나 복음전도 사업은 협동한다.

9) 교회와 국가는 상호 분리되어 있다.

10) 신앙의 자유는 절대적이다.

2. 침례교 교리(신조)

1. 성경

성경은 성령의 감화를 받은 사람들에 의해 기록되었으며 인간을 향한 하나님 자신의 계시에 대한 기록이다. 성경은 하나님의 가르침을 담은 완전한 보배이다. 성경의 저자는 하나님이시며 목적은 구원이며, 어떤 오류도 없는 진리를 그 내용으로 하고 있다. 성경은 하나님께서 인간을 심판하시는 원리를 보여 준다. 그러므로 성경은 기독교 연합의 핵심이며 모든 인간 행위, 교리 및 종교적 견해들을 가늠할 수 있는 절대적 기준이며 세상 끝까지 존속할 것이다. 성경 해석의 기준은 예수 그리스도이다.

2. 하나님

오직 유일하신 살아 계신 진리의 하나님이 계신다. 하나님은 지적인, 영적인 인격적인 분이시며 창조주, 구세주, 보존자 그리고 우주의 통치자이시다. 하나님은 무한히 거룩하시며 절대 완전하시다. 우리는 하나님께 최고의 사랑과 경외, 순종을 받쳐야 한다. 영원한 하나님은 독특한 인격과 속성을 지니면서도 본성, 본질 또는 존재가 분리되지 아니한 성부, 성자, 성령으로 자신을 우리에게 계시하신다.

1) 성부 하나님

성부 하나님은 그의 은총으로 그가 창조하신 우주 피조물, 인간 역사의 흐름을 섭리 가운데 통치하신다. 하나님은 바로 힘이시며 사랑이시며, 지혜이시다. 하나님은 예수 그리스도를 믿음으로 자신의 자녀가 된 사람들에게는 진리의 아버지가 되시며, 온 인류를 향하여는 자애로 우신 아버지와 같으시다.

2) 성자 하나님

그리스도는 영원한 하나님의 아들이시다. 예수 그리스도께서 성육신 하실 때 그는 성령으로 잉태되어 처녀 마리아의 몸에서 태어나셨다. 예수께서는 인생요구와 필요를 짊어지시고 죄가 없으면서도 전적으로 인간과 행동을 함께 하시면서 하나님의 뜻을 완전히 계시 하셨고, 또 행하셨다. 예수께서는 그의 개인적인 순종으로 하나님의 법을 존중하셨으며, 십자가 위에서 돌아가시므로 인간을 죄에서 구원 할 수 있는 길을 열어 놓으셨다. 예수께서는 죽은 자 가운데서 영광스러운 몸으로 부활하셨고 제자들에게 십자가를 지시기 전 그들과 함께 계셨던 예수로 나타나셨다. 예수께서는 승천하사 하나님 우편에 신성과 인성을 함께 소유하신 유일한 중재자로서 계시며 예수 안에서 하나님과 인간의 화목이 이루어진다. 예수께서는 세상을 심판하시고 구속의 의무를 완성하시고자 능력과 영광중에 다시 오실 것이다. 예수께서는 지금도 믿는 자 가운데 살아 계시며 현존하시는 주님으로 계신다.

3) 성령 하나님

성령은 하나님의 영이시다. 성령은 옛날 거룩한 사람들을 감화하여 성경을 쓰게 하셨다. 성령의 조명 아래 사람들은 진리를 이해 할 수 있다. 성령은 그리스도를 찬양한다. 성령은 죄와 의, 심판을 깨닫게 한다. 성령은 사람을 구세주에게로 인도하여 거듭나게 한다. 성령은 그리스도인의 인격을 교화하며 믿는 자들을 위로해 주시며 그리스도인들에게 영적 은사를 주어 그들이 교회를 통하여 하나님을 섬기도록 한다. 성령은 믿는 사람을 마지막 구속의 날까지 인 치신다. 성령께서는 그리스도인 가운데 임재하심을 믿는 자들을 그리스도의 장성한 분량이 충만한 데까지 이르게 하시는 하나님의 보증이다. 성령은 예배와 전도 그리고 봉사를 위하여 신자와 교회를 조명하여 능력을 주신다.

3. 인간

인간은 하나님 자신의 형상을 따라 특별한 행위로 창조되었으며 하나님의 최고의 창조물이다. 최초의 인간은 죄가 없으며 창조주로부터 선택의 자유를 부여받았다. 인간은 선택의 자유를 가지고 하나님께 범죄 하였으며 인류에게 죄를 가져왔다. 사단의 유혹에 빠져 하나님의 명령을 어기고 본래의 무죄성에서 타락하였다. 그로 인하여 인간의 후손들은 죄를 짓게 될 본성과 환경을 물려받고 도덕적 행위에 대한 능력을 갖게 되자마자 죄인이 되며 정죄 아래 놓이게 된다. 인간은 오직 하나님의 은총으로 하나님과의 거룩한 교제에 참여할 수 있으며 하나님의 창조와 목적을 성취할 수 있다. 인간의 인격이 신성함은 하나님께서 인간을 자기 형상을 따라 창조하셨고 그리스도께서 인간을 위해 죽으셨다는 점에서 명백하다. 그러므로 모든 인간은 존엄하며 존경과 그리스도의 사랑을 받을 가치가 있다.

4. 구원

구원은 전인적인 구속을 의미하며, 구원은 예수 그리스도를 주와 구세주로 영접하는 모든 사람들에게 값이 주어진다. 예수 그리스도는 자기 자신의 피로써 믿는 자들을 영원히 구속하셨다. 가장 넓은 의미로서 구원의 개념은 중생 성화, 그리고 영화를 포함한다.

가) 중생 또는 신생은 하나님의 은총으로 이루어지며 예수 그리스도 안에서 새로운 피조물이 되는 것이다. 중생은 성령께서 죄에 대한 자각을 통하여 역사 하시는 마음의 변화이며 죄인은 하나님께 회개하고 주 예수 그리스도를 믿음으로 응답한다.

회개와 믿음은 서로 분리시킬 수 없는 은총의 경험이다. 회개는 진심으로 죄에서 떠나 하나님께로 행하는 것이다. 믿음이란 예수 그리스도를 영접하고 자신의 전 존재를 주인 되시며 구세주가 되시는 그 분께 맡기는 것이다. 칭의는 하나님께서 회개하고 그리스도를 믿는 모든 죄인들을 그의 공의로운 법칙에 따라 자비로 완전히 면제해 주는 일이다. 칭의는 믿는 자로 하나님과 더불어 화목과 은혜의 관계를 갖게 한다.

나) 성화는 거듭나면서부터 시작되는 경험이며, 이 경험으로 그리스도인들은 하나님의 목적을 위해 구별되며 성령의 내주하심과 능력으로 도덕과 영적인 완전에 도달하게 된다. 거듭난 사람은 그의 삶을 통하여 은혜 안에서 계속성장 하여

야 한다.

다) 영화는 구원의 완성이며 구속함을 받는 자가 받을 마지막 축복된 영속의 상태이다.

5. 하나님의 은총의 목적

선택은 하나님의 은혜로우신 의도이며, 이에 따라 하나님은 죄인을 거듭나게 하시고 성화 시키시며 영광화 시키신다. 선택은 인간의 자유 의지와 모순되지 않으며 구원의 목적과 관련된 모든 방법을 포함한다. 선택은 하나님의 지고하신 선의 영광스러운 표현이며 한없이 자비롭고 거룩하며 변함이 없다. 선택은 자랑을 없애고 겸손하게 만든다.

모든 참 신자들은 끝까지 남는다. 하나님께서 그리스도 안에서 용납하시고 그의 영으로 거룩하게 한 신자들은 결코 은혜의 상태에서 떨어지지 않고 마지막까지 보존될 것이다. 믿는 자들은 태만과 유혹으로 죄에 빠질 수 있으며 그로 인하여 성령을 근심케하고 은총과 위로를 감하여 그리스도의 목적을 욕되게 하고 일시적인 심판을 받는다. 그러나 믿음으로 구원에 이르게 하시는 하나님의 능력이 끝까지 지키실 것이다.

6. 교회

주 예수 그리스도의 신약교회는 믿음과 복음의 사귐 안에서 약속으로 연합된 침례 받은 신자들이 모인 개체로서 그리스도의 두 가지 규례를 지키며 그리스도의 가르치심에 헌신하며 그의 말씀으로 부여된 은사와 특권을 행사하며 땅 끝까지 복음을 전하도록 노력한다.

이 교회는 예수 그리스도의 주권 아래서 민주적 과정을 통하여 운영되는 자율적인 단체이다. 이와 같은 회중의 회원들은 동등한 책임을 진다. 교회의 성서

682

적인 직분 자들은 목사와 집사이다. 신약성경은 또한 교회를 그리스도의 몸으로 나타내어 모든 시대의 구원받은 자 전체를 포함시키고 있다.

7. 침례와 주의 만찬

기독교인의 침례는 성부, 성자, 성령의 이름으로 물속에 잠기는 것을 뜻한다. 침례는 십자가에 달리시어 죽으시고 장사되고 부활하신 구세주를 믿으며 죄에 대하여 죽고, 이전의 삶을 장사지내며, 예수 그리스도 안에서 새로운 삶으로 부활함을 상징하는 순종의 행위이다. 침례는 죽은 자의 마지막 부활을 믿고 있다는 하나님의 간증이다. 침례는 교회의 규례이므로 교회의 회원이 되는 것과 주의 만찬에 참여하는 특권을 위한 하나님의 필수 조건이다.

주의 만찬은 상징적인 순종의 행위로써 교회의 회원들은 떡을 먹고 포도즙을 마시면서 구속주의 죽으심을 기념하여, 그의 재림을 고대한다.

8. 주일

매 주 첫 날은 주일이다. 이 날은 기독교가 정기적으로 지키기 위하여 정한 날이다. 주일은 그리스도께서 죽은 자 가운데서 부활하심을 기념하며 불가피한 일과 자비를 행하는 일 외에는 세속적인 일을 쉬면서 세상적인 향락을 삼가고 공사 간에 예배와 영적 경건을 드리는 일에만 바쳐야한다.

9. 하나님 나라

하나님의 나라는 하나님의 일반적인 우주 통치권과 자의적으로 하나님을 왕으로 고백하는 사람들을 다스리는 하나님의 독특한 왕권을 포함한다. 특히 하나님 나라는 어린 아이와 같이 신뢰하며, 예수 그리스도께 헌신하는 사람들이 들어가는 구원의 왕국이다. 그리스도인들은 하나님의 나라가 임하고 하나님의 뜻이 이 땅위에 이루어지도록 기도하며 일해야 한다. 하나님의 나라는 예수 그리스도께서 재림하시고 이 시대의 종말이 올 때 완성된다.

10. 마지막 일들

하나님은 하나님 자신이 정하신 때와 방법으로 적절하게 세상의 종말이 이르게 하실 것이다. 하나님의 약속에 따라서 예수 그리스도께서는 친히 눈에 띄게, 영광 가운데 이 땅에 오실 것이다. 그리고 그리스도는 만민을 공의로 심판하실 것이다. 불의한 자들은 형벌의 장소인 지옥으로 갈 것이다. 의인들은 부활하여 영광스러운 몸으로 각자의 상을 받을 것이며 천국에서 주와 함께 영원히 살 것이다.

11. 전도와 선교

그리스도의 모든 신자와 주 예수 그리스도의 모든 교회의 의무와 특권은 모든 족속을 제자로 삼는 일이다. 인간의 영이 하나님의 성령으로 새로 태어난다는 것은 다른 사람들에게 대한 사랑이 생겨남을 의미한다. 그러므로 모든 신자의 선교적 노력은 새로 태어난 삶이 얼마만큼 영적인 필요를 느끼느냐에 따라 좌우된다. 그리스도의 가르침은 이 선교적 노력에 대하여 명백하게 그리고 반복해서 명령하고 있다. 하나님의 모든 자녀는 개인적인 노력이나 그리스도의 복음과 조화되는 모든 방법을 통하여 잃어 버린 자들을 그리스도께 끊임없이 인도할 책임이 있다.

12. 교육

그리스도의 왕국에 있어서 교육의 동기는 선교와 일반 구제의 동기와 같으며 이들이 받은 만큼 교회의 풍부한 지원이 있어야 한다. 적절한 기독교 학교제도는 그리스도를 따르는 사람들의 전반적인 영적 프로그램을 위해 필요하다. 기독교 교육에 있어서 학문의 자유와 책임 간에는 적절한 균형이 이루어 져야 된다. 질서를 따르는 인간관계에 있어서 자유는 제한을 받게 되며 절대적일 수가 없다. 기독교 학교나 대학 또는 신학교에서의 교사의 자유는 예수 그리스도의 탁월한 성경의 권위와 학교의 독특한 설립목적에 의하여 제한을 받는다.

13. 청지기 직분

하나님은 현세적인 것이든 영세적인 것이든 모든 축복의 원천이 되신다. 그러므로 우리가 가지고 있는 것이나 우리가 존재하는 것은 모두다 하나님의 은혜로 말미암은 것이다. 그리스도인들은 온 세상을 향해서는 영적인 채무자의 신분을, 복음 안에서는 거룩한 수탁자의 임무를 자신의 소유물에 대해서는 의무적인 청지기의 직분을 갖고 있다. 그러므로 그리스도인들은 그들의 시간, 재능 및 물질로써 주를 섬겨야할 의무가 있다. 그리스도인들은 또한 이 모든 것들이 하나님의 영광과 이웃을 위해 사용되도록 맡겨졌음을 깨달아야 한다. 성경 말씀에 따라 그리스도인들은 세상을 향한 구세주의 목적을 실현시키고 위하여 그들의 자력을 기쁜 마음으로 규칙적으로, 조직적으로 적절하게 그리고 아낌없이 바쳐야 한다.

14. 협동 사업

필요에 따라서 그리스도인들은 하나님 나라의 위대한 목적을 성취할 최선의 협동체로 지방회나 총회를 조직하여야 한다. 이러한 조직체들은 그들 상호간에 또는 교회에 대하여 어떤 권도 갖고 있지 않다. 우리 침례교인들이 갖고 있는 힘을 가장 효과적인 방법으로 유도하고, 결합하여, 이끌어 가는 것을 목적으로 구성된 자발적이며 자문적인 기관들이다. 신약교회의 회원들은 그리스도의 왕국 확장을 위한 선교, 교육, 구제 사업을 수행함에 있어서 서로 협력하여야 한다. 성경적인 의미에서의 기독교와 일치한 그리스도를 따르는 사람들의 다양한 단체들이 공동의 목적을 위하여 영적으로 조화하여 자발적으로 협력함을 의미한다. 양심에 위배되거나 그리스도에 대한 충성과 신약성경에 대한 충성과 신약성경에 계시된 주의 말씀을 손상시킴이 없이 성취하고자 하는 목표가 정당할 때에는 여러 교단간의 협력이 바람직하다.

15. 그리스도인과 사회질서

모든 그리스도인들은 자기 자신의 생활과 인간 사회 속에서 그리스도의 뜻이 무엇보다도 우선이 되도록 노력할 의무를 가지고 있다. 사회 개량과 인간 중에 정의 구현을 위해 사용되는 수단과 방법은 이들이 그리스도 예수 안에서 하나님의 구원의 은혜로 얻어지는 개인의 중생에 근거를 둘 때에만 진정으로 그리고 영원히 유용할 것이다. 그리스도인들은 그리스도의 정신으로 모든 형태의 탐욕과 이기심과 악에 맞서야 한다. 그리스도인들은 고아, 빈궁한 자, 노인 소망이 없는 자, 그리고 병자에게 필요한 것을 공급하는데 힘 써야 한다. 그리스도인은 공의, 진리, 형제애의 원리로 지배되는 산업, 정치 및 사회가 전체적으로 구현되도록 노력해야 한다. 이러한 목적을 달성하기 위하여 그리스도인들은 그리스도와 그의 진리를 향한 충성을 저버리지 않고 사랑의 정신으로 행하도록 바른 대의명분을 가진 사람들과 동역할 준비가 항상 되어 있어야 한다.

16. 평화와 전쟁

그리스도인은 공의 원칙 위에서 모든 사람과 평화를 도모하는 의미를 가지고 있다. 그리스도인들은 그리스도의 정신과 가르침에 따라 전쟁을 종식시키기 위하여 최선의 노력을 다해야 한다. 우리 주님의 복음만이 호전성을 없앨 수 있는 진정한 치료법이 된다. 세상이 가장 필요로 하는 것은 인간과 국가의 모든 분야에서 그리스도의 가르침을 받아 드리고 그리스도의 사랑과 법을 실제적으로 적용하는 것이다.

17. 종교적 자유

하나님만이 양심의 주인이 되시며, 성경 말씀에 어긋나거나 성경에 담겨 있지 않는 인간의 교리나 명령으로부터 양심을 자유 하게 하셨다. 교회와 국가는 분리되어야 한다. 국가는 모든 교회를 보호하고 그 교회가 영적인 목표들을 추구하도록 충분한 자유를 허용하여야 한다. 국가는 이러한 자유를 제공함에 있어서 어떤 교회 단체나 교단에 특별한 호의를 베풀어서는 안 된다. 정부는 하나님께서 제정하셨으므로 그리스도인들은 계시된 하나님의 뜻에 어긋나지 않는 한 정부의 모든 일에 충실히 순종하여야 한다. 교회는 교회의 일을 수행하기 위하여 국가 권력에 의거하여서는 안 된다. 그리스도의 복음은 목적 추구만을 위하여 종교적인 방법만을 사용하여야 한다. 국가는 어떠한 종교적 견해에 대해서도 처벌을 가할 권리가 없다.

국가는 어떠한 형태의 종교이거나 이를 지원할 목적의 세금을 부과할 권리가 없다. 자유로운 국가 속의 자유로운 교회가 기독교 이상이며, 이 말은 모든 인간이 하나님께 방해를 받지 않고 자유롭게 나아갈 수 있는 권리가 있음을 국가 권력의 간섭 없이 종교적인 영역 내에서 교회의 견해를 형성하며 전파할 수 있는 권리가 있음을 의미한다.[195]

---

195 김경신 편, 각 교단의 교리 신앙고백신조들 (서울: 도서출판여운사, 1998), pp. 326-336.

제6장
18세기 이후 신앙고백서

제6장 18세기 이후 신앙고백서

신앙은 믿음과 생활에 균형을 이루어야 하며 신조는 신학과 윤리학이 균형을 이루어야 하며 성경적이어야 한다. 16, 17세기는 신조에 강조점을 둠으로 생활과 윤리가 상실했다. 종교개혁 이후 신앙고백서는 성경을 전제로 하고 있으나 구원과 교리적 선언에만 기준을 두고 강조했기 때문에 성경을 소홀히 생각하는 경향이 일어나고 생활에 문제가 생기게 되었다. 그래서 17세기 후반에 경건주의 운동이 일어났다. 경건주의 운동은 윤리와 생활을 강조하므로 신앙고백서에 대해서 거부감을 가지게 하였고 기도, 성경 읽기, 성경공부, 전도주의 운동이 일어나 교리를 무시하고 생활을 강조하게 되었다. 그리고 생활을 강조하다 보니 윤리만 남게 되었다. 신앙이란 교리적 선언과 생활이 연관성을 가지고 조화를 이루어야 한다. 결국, 교리는 사라지고 윤리만 남게 되니 18세기에 와서는 원리주의(인문)로 돌아가게 되었다. 원리주의는 성경으로 돌아가는 것이 아니고 이성주의 철학으로 돌아가 신앙의 자유주의가 나오고 경험주의, 합리주의, 계몽주의가 일어나 신학과 철학의 구분이 없게 되었다.

19세기에 와서 개혁파 신앙운동이 일어나 미국에 프린스톤 신학(1811년)이 세워지고 바빙크, 찰스 하지, 워필드 등 화란개혁파 신학이 신학의 본류를 이루어 개혁사상의 책들이 나오게 되고 개혁파 신학사상이 부활하게 되었다. 1923년 미국 뉴욕 어번에서 목사 1293명이 어번선언을 발표하고 총회기 1924년 이를 지지함을 기점으로 하여 1929년 프린스톤 신학교가 좌경하자 그레샴 메첸Gresham Machen) 박사와 벤틸 박사를 중심으로 웨스트민스터신앙고백서에 충실한 웨스트민스터 신학(1929년)교를 세워 개혁파신학을 선도하는 신학사조가 웨스트민스터 중심으로 변하고 있다. 그러나 지금은 웨스트민스터 신학교도 좌회전하고 있다.

18세기 이후 개혁파 신앙고백서는 없으며 자유주의와 기타 이단들의 신앙고백서와 선언들이 나타나고 있다. 개혁파교회에서는 종교개혁시대 신앙고백서의 부활을 석명으로 변증하고 있다.

1. 나이아가라 선언(Niagara Declaration, 1878)

1) 나이아가라 선언 작성배경

1875년 제임스 브룩스를 중심으로 한 성경공부 모임이 '나아아가라 성경사경회'로 알려지게 되었다. 이 사경회는 1878년 14개 조항의 신조를 선언하였는데, 그것은 후에 '나이아가라 선언'이라 부르게 되었다.

2) 나이아가라 선언의 평가

이 선언은, 19세기 후반 신학교들과 교회들에 자유주의 신학에 대항한 것이었다. 자유주의 신학은 이 다섯 가지 교리들을 부정하였다. 1890년, 찰스 브릭스가 독일 유학 후 북장로교 소속 유니온 신학교 교수로 성경의 오류를 주장했을 때, 1892년 미국 북장로교회 총회는 그를 징계했다. 그러나 유니온 신학교는 총회에서 독립하여 브릭스를 계속 채용하였다. 이에 총회는 자유주의 신학사상에 대한 경고로 다섯 가지 근본 교리들을 천명한 것이었다. 또한, 1910년부터 1915년까지 "근본교리들" 진리에 대한 증언이라는 12권으로 된 책자들이 무료로 약 300만 부 배포되었다.[196] 이 책자는 진화론과 성경의 고등비평에 대항하여 성경의 근본적 교리들을 변호하는 것들이었다.

16세기 종교개혁은 20세기 근본주의 운동의 모본이 된다. 16세기 종교개혁

---

196 캘리포니아주의 석유 자본가 형제 리만 스튜어트와 밀톤 스튜어트의 약 20만불의 헌금으로 가능하였다.

당시에는 서방교회 즉 로마 가톨릭교회가 전체적으로 변질, 부패하여 있었기 때문에, 종교개혁자들은 그 교회로부터 분리되어 나와야 했다. 그러나 그들은 분파주의자들이 아니었다. 종교개혁 운동은 분파운동이 아니었다. 오히려 부패한 교회 속에 그대로 머물러 있는 것이 악한 일이다.

웨스트민스터 신학교의 조직신학 교수이었던 존 머리는, 자유주의자들과 협력하는 신복음주의적 전도방법에 관하여, 자유주의자들에게 전도하는 것과 그들과 함께 전도하는 것은 큰 차이가 있다고 말하면서 자유주의자들과 협력하는 전도방법은 하나님의 뜻에 어긋난다고 분명하게 비평하였다.

웨스트민스터 신학교의 변증학 교수이었던 코넬리우스 반틸은 신복음주의자들의 신학적 약점들, 타협적 전도 활동, 및 잡지들을 비평했다. "메이천은 복음이 아닌 다른 복음을 주장하는 자들과 협력 선교, 협력 전파, 협력 전도를 반대했다. 그러한 협력은, 유대주의자들과의 협력이 바울 사도에게 불가능했던 것처럼 불가능하였다. 모든 교회는 약간씩은 다 허물이 있으므로 교적을 바꾸는 것은 결코 옳지 않다고 하는 그럴듯한 변론은 루터와 칼빈 또는 청교도들에게는 절대 통하지 않았던 변론이다. 박형룡 박사는 말하기를, "근본주의는 별다른 것 아니라, 정통주의요 정통파 기독교다. 한 걸음 더 나아가서, 근본주의는 기독교의 역사적 전통적 정통적 신앙을 그대로 믿고 지키는 것 즉 정통신앙과 동일한 것이니만치, 이것은 곧 기독교 자체라고 단언하는 것이 가장 정당한 정의일 것이다. 근본주의는 기독교 자체다"고 했다(박형룡, "근본주의", 신학지남, 25권 1호 <1960>, 16쪽).

결론적으로, 신복음주의 혹은 복음주의는 어떤 신학적 탈선에 문제가 있는 것이 아니다. 신학적 탈선들은 이미 자유주의적이며 그런 의미에서 고(故) 박형룡 박사는 신복음주의를 '신자유주의 내지 신이단운동'이라고 혹평하기도 했다(박형룡, 신복음주의 비평, 47쪽). 그러므로 신복음주의 혹은 복음주의는 현대교회의 배교와 불신앙에 대해 타협하는 비성경적 입장에 불과하다. 현대 자유주의 신학은 명백히 이단이다.

개혁파에 대한 바른 신학을 가진 목사들, 신자들, 교회들은 일치단결하여 이 악한 배교와 타협의 시대에 작을지라도 바르고 순수한 하나님의 교회들을 건립하고, 바른 확신과 분별력을 가지고 함께하여 새 일을 시작해야 한다. 예를 들어, 개혁파적 정신에 입각한 신학교, 성경공회, 방송국, 선교단체, 신문사, 출판사 등이 필요한 것이다.

3) 나이아가라 선언 요약

그 내용은 1) 성경 영감 2) 삼위일체 3) 아담의 타락과 전적부패 4) 원죄와 사람의 전적 부패성 5) 중생의 절대 필요성 6) 예수 그리스도의 피로 말미암은 구속 7) 예수 그리스도를 믿음으로 말미암은 죄책(罪責)으로부터의 완전한 구원 8) 구원의 확신은 모든 신자의 특권 9) 성경에서 그리스도의 중심되심 10) 교회는 그리스도와 연합된 모든 자들로 구성됨 11) 성령은 우리들의 영속적 위로자이심 12) 성령을 따라 삶 13) 신자와 불신자의 죽은 후 상태와 최종적 부활 14) 심판의 때가 가까움과 그리스도의 전천년적 재림 등이었다.

그 후, 1910년 미국 북장로교회 총회는, ① 성경의 무오성(無誤性) ② 그리스도의 동정녀 탄생 ③ 그리스도의 대속(代贖) 죽음 ④ 그리스도의 육체적 부활 ⑤ 그리스도의 기적들의 사실성의 교리들을 '성경과 웨스트민스터 신앙고백의 본질적 내용'이라고 선언하였다. 이 선언은 1916년과 1923년 총회에서 두 번이나 재확인되었다.

2. 오번선언(Auburn Affirmation, 1925)

1) 오번선언의 작성배경

오번선언은 1925년 1월 New York 주 Auburn에 있는 Auburn Theological

Seminary(오번신학교) 강당에 모인 목사들은 총회가 결의한 다섯 가지 기본 교리를 반드시 믿을 필요는 없다는 내용의 결의를 했습니다. '어번'이라는 곳에서 선언했기 때문에 '어번선언'으로 알려지게 되었다.

2) 오번선언의 평가

오번선언은 이 다섯 가지 사실을 믿지 못한다는 양심선언이다. 즉 이 다섯 가지를 믿지 못하면 목사 임직을 하지 못하는 것은 부당하다. 이를 믿는다고 고백하지 않아도 목사 안수를 달라는 개인의 양심선언이다. 그리스도인의 자유는 개인의 양심의 자유가 아니라 성경말씀 안에서의 자유이다

오번선언은 '미합중국장로교회의 일치와 자유를 수호하기 위해 고안된 선언'(A)이라는 제목으로 1923년 12월 26일에 공적으로 등장(총 6항), 1924년 1월 9일에 작성되어 149명의 목사가 서명했고, 동년 5월 2일 총회에서 1,274명의 목사가 동참했던, 비류(非類)들의 새로운 출범을 알리는 사건이었다. 교단PCUSA 내 이를 지지하는 목사가 14%나 되었다.

1924년과 1925년 미국 북장로교회의 보수신학의 마지막 보루였던 프린스턴 신학교에서는, 자유주의자들을 포용한 중부대서양 신학교 협의회와 관계를 단절하고, 보수적인 복음주의 학생연맹 결성에 참여하는 문제로 갈등과 논쟁이 일어났다. 메이천과 다수의 학생과 운영이사회는 보수주의적 강경 태도를 보이어 학생 회의는 환영하였으나, 교장 로스 스티븐슨은 불만했고 동료 교수들과 특히 학생처장 찰스 어드만, 그리고 재단이사회는 스티븐슨의 온건하고 포용적인 입장을 지지하였다.

이에 1929년 메이천을 비롯하여 로버트 딕 윌슨, 오스왈드 앨리스, 코넬리어스 반틸은 프린스턴 신학교를 떠났고 다른 이들과 함께 웨스트민스터 신학교를 설립하였다. 또한, 이 영향으로 미국에 많은 독립교회와 작은 새 교단들이 생겨났다. 1930년에 조직된 미국 근본주의 독립교회 협의회IFCA , 1932년의 정규 침례교회

총회 GARBC, 1936년의 미국 장로교회 Presbyterian Church of America, 1937년, 성경 장로교회 Bible Presbyterian Church와 페이스 Faith 신학교를 세웠다. 1939년, 미국 장로교회는 정통 장로교회 Orthodox Presbyterian Church 로 그 이름을 바꾸었다.

1940년대에 '신복음주의' New Evangelicalism라는 운동이 일어났다. 1947년에 풀러신학교가 설립되고, 1948년 풀러신학교의 학장 해롤드 오켕가 Harold Ockenga 의 강연에서 '신복음주의'라는 말을 처음 사용하였다. 신복음주의는 개혁파가 아니다. 1951년에는 20개국의 복음주의자 협회들이 모여 세계복음주의협의회 WEF를 형성하였다. 1956년에는 신복음주의의 대변지와도 같은 크리스챠니티 투데이 Chritianity Today지가 창간되었다.

자유주의 신학은 이러한 교리의 부정과 진화론과 성경의 고등비평에 대항하여 성경의 근본적 교리들을 변호해야 하면 개혁파신학 즉 기독교의 근본 교리인 성경의 절대권위, 하나님의 절대주권, 성경적 성화, 삼위일체 하나님, 예수 그리스도의 이성일인격, 이신득의, 인간의 전적부패, 무조건적 선택, 제한적 속죄, 불가항력적 은혜, 궁극적 구원의 복음과 오직성경 오직예수 오직은혜 오직믿음 오직 하나님께 영광, 이 복음을 사수해야 한다.

3) 오번선언 요약

1910년에 PCUSA 교단 총회에서 결정한 다섯 가지 교리 1. 성경의 무오성 2. 예수님의 동정녀 탄생 3. 예수님의 대속의 죽음 4. 예수님의 육적인 부활 5. 예수 그리스도의 육체적 재림 등을 믿지 못한다는 양심선언을 했다.

3. 바르멘 선언(1934)

1) 바르멘 선언의 작성배경

　　바르멘 선언문은 히틀러를 맹종하는 독일민족교회에 반대하여 정교의 분리를 주장하는 개혁자들의 주장이다. 1920년 독일국민 운동이 일어났다. 제1차 대전의 패전 속에서 국민을 통합하기 위해 국민과 신앙의 분리를 방지하고 종교적으로 통합하기 위해 독일적 요소를 비독일적 요소와 대립시켜 결국 게르만적 종교를 숭배하는 데까지 이르렀다. 이에 '히틀러'라는 구원자를 필요로 했다. 1931년「독일 그리스도인들」이라는 명칭 아래 성명을 발표하여 "우리는 창조자를 통하여 독일국민의 피와 운명의 공동체 속으로 태어났고 그 속에서 하나님의 과업을 수행해야 한다."라고 천명했다. 이 운동의 핵심인물인 레플러 목사는 "우리는 영도자의 인물 속에서 독일을 역사의 주 앞에 세우고 말의 예배 레위인과 바리새인의 예배로부터 사마리아인의 거룩한 예배로 부르는 하나님의 사자를 본다. 그러므로 우리는 그분을 위해 목사가 되려고 결심한다."라고 했다. 이 조직의 가장 중요한 교회 정치의 목표는 루터적 특징과 아리안 종족의 통일제국교회를 설립하려는 것이었다. "독일 그리스도인들"의 운동가담자들은 1933년 11월 13일 베를린 체육관에서 '대고지'를 발표했다. "우리는 교회가 아리안 조항을 속히 촉진하고, 비독일적인 요소를 청산시키고, 구약성경과 유대적 윤리로부터 독립되기를 원한다. 그 백성에 대한 의무를 절감하는 자랑스러운 인간이 등장해야 한다. 오직 국가사회주의와 국가전권주의에 들어맞는 진정한 교회를 세우라고 하시는 하나님의 뜻에 투쟁하는 교회로서의 의무감을 지고 있음을 느낀다."라고 했다.

　　그러나 이에 반대하는 운동이 젊은 개혁자들을 통하여 1933년 5월에 일어나 "목사 긴급동맹"을 결성하고, 1934년 1월 4일 훈령으로 "예배를 교회의 정치적 토론목적을 위해 악용하지 말 것" "교회 장소를 정치집회의 수단으로 이용하지 말

것""교회를 문서 비라, 회람을 통해 공격하지 말 것"을 발표했다. 그리고 "니뮐러" 목사의 주도하에 1934년 5월 29~31일간 바르멘에서 고백교회의 총회를 소집하여 25개 주 교회에서 139명의 대표가 참석하여 「바르멘 선언」을 공포하게 되었다.

초안은

① K. 바르트를 포함한 3명의 기초위원에 의해서 쓰였으며,

② 국수주의적인 <독일 그리스도 자>의 신학적 일탈을 물리치고,

③ 종교개혁의 신학에 뿌리를 내려서 교회와 국가 관계,

④ 6항목으로 이루어졌고, 기타 성서적 여러 진리를 전개하고 있다.

「바르멘 선언」은 칼 바르트가 선언문을 기초하는데 결정적 역할을 수행하였으므로 칼 바르트의 신앙고백서라고도 한다.

2) 바르멘 선언 평가

바르멘 선언의 정식으로는 <독일복음주의 교회의 현상에 대한 신학적 선언>이다. 바르멘 선언은 히틀러 정권의 교회에 대한 간섭에 대항해서 일어난 <고백교회>가 1934년 5월에 독일 서부의 바르멘Barmen에서 제1회 고백교회 전국 회의를 열고, 거기에서 채택되었다.

바르멘 신학선언은, 성서가 우리에게 증언하는 대로, 예수 그리스도를 우리가 살든지 죽든지 신뢰하고 순종해야 하는 하나님의 유일한 말씀이라고 표명했다. 또한, 그것은 이 유일한 하나님의 말씀 이외에 또 다른 교회 선포의 원천이 있을 수 있다고 하는 교리를 그릇된 교설로써 배격했고 신학선언의 마지막 부분에서는 이 진리를 인정하고 이 과오를 거부하는 일이 "독일 복음주의 교회의 불가결한 신학적 토대"라고 진술했다.

698

신앙고백의 첫 조항에서 예수 그리스도는 "하나님의 유일한 말씀"이며, 따라서 모든 신지식의 유일한 원천이라고 고백하는 신앙고백은 바르멘 선언밖에 없다. 이것은 놀라운 발견이었고, 그것의 파급효과는 대단했다.

이 회의는 독일 고백교회의 발전에 결정적으로 중요한 역할을 했다. 비록 교회 정치의 상당 부분은 이미 아돌프 히틀러에게 충성하는 사람들에게 장악되었고, 일부 사람들도 자신들의 활동을 수동적 저항의 수준에서 한정하기로 마음먹었지만, 이 회의의 대표들은 기존의 루터교회, 개혁교회, 연합교회에서 나왔다.

마르틴 니묄러가 이끄는 '목사들의 비상동맹' Pastors' Emergency League이 적극적 저항의 중추 세력이었다. 여러 평신도 지도자들과 집단들도 이 대의를 위해 결집했다.

이 선언은 중심되는 성서적 가르침을 확인하고, 그리스도교를 나치즘에 동화시키려고 하는 사람들을 중요한 이단으로 단죄하는, 대 신앙고백의 정통적인 형식으로 쓰였다. 그리고 정식으로는 <독일복음주의 교회의 현상에 대한 신학적 선언>이다. 이 선언에 대해서는 발표 당시부터 여러 가지로 비판되었는데, 전후의 <독일복음주의교회>는 기본법에서 거기에서 언급된 사건의 보편적 진리성을 승인하고 있다(종교학대사전, 1998. 8. 20.).

3) 바르멘 선언 전문

제1조

독일복음주의 교회의 범할 수 없는 기초는 예수 그리스도의 복음이며, 이 복음은 우리를 위하여 성서 안에 확증되어 있고, 또한 종교개혁의 여러 신앙고백 가운데 다시 천명한바 있는 것이다. 따라서 교회가 그 사명을 위하여 요구하는 충족한 세력들이 여기에서 결정되며 또 인정한다.

제2조

독일복음주의 교회는 여러 회원교회로 나뉘어있다.

제1항

내가 곧 길이요 진리요 생명이니 나로 말미암지 않고는 아버지께 올 자가 없느니라"(요 14:6).

내가 진실로 진실로 너희에게 이르노니 양의 우리의 문으로 들어가지 아니하고 다른 데로 넘어가는 자는 절도며 강도요, 내가 문이니 누구든지 나로 말미암아 들어가면 구원을 얻고……"(요 10:1, 9). 성경에서 우리에게 증언된 예수 그리스도는 우리가 들어야 하며 사나 죽으나 신뢰하고 복종해야 할 하나님의 유일한 말씀이다. 우리는 마치 교회가 그 선포의 원천으로서 이 유일한 하나님의 말씀 이외에 그리고 그와 나란히 다른 사건들, 권세들, 현상들 및 진리들도 하나님의 계시로서 인정할 수 있고 인정해야 하는 것처럼 가르치는 그릇된 교설을 배격한다.

제2항

예수(그리스도)는 하나님께로서 나와서 우리에게 지혜와 의로움과 거룩함과 구속함이 되셨으니"(고전 1:30).

예수 그리스도는 우리의 모든 죄를 용서하는 하나님의 판결인 것처럼 또는 그와 조금도 다름없이 우리의 전 생명을 요구하는 하나님의 강력한 주장이기도 하다. 그를 통하여 우리는 이 세상에 얽매인 불경스러운 예속으로부터 기쁘게 해방되어 그분의 피조물에게 자연스럽게, 감사하면서 봉사하게 된다. 우리는 마치 우리의 삶에 있어서 예수 그리스도가 아닌 다른 주들에게 속하는 영역, 그분을 통한 칭의와 성화가 필요 없는 영역이 있는 것처럼 가르치는 그릇된 교설을 배격한다.

제3항

"오직 사랑 안에서 참된 것을 하여 범사에 그에게까지 자랄지라. 그는 머리니 곧 그리스도라 그에게서 온몸이……상합하여……"(엡 4:15-16). 그리스도의 교회는 예수 그리스도가 말씀과 성례전 속에서 성령을 통하여 주로서 현존하면서 행동하시는 형제들의 공동체이다. 그리스도의 교회가 은총을 입은 죄인들의 교회로서 죄 많은 세상의 한복판에서 그 신앙과 순종으로서 그 사신과 직제로서 증거 해야 할 것은 자신은 오직 그분의 소유이며 그분의 오심을 기다리면서 오직 그분의 위로와 교훈으로 살고 또 살기를 원한다는 사실이다. 우리는 마치 교회가 그 사신과 직제의 형태를 자신의 기호에 혹은 때때로 지배하는 세계관직, 정치적인 확신들의 변화에 내맡겨도 되는 것처럼 가르치는 그릇된 교설을 배격한다.

제4항

"……이방인의 집권자들이 저희를 임의로 주관하고 그 대인들이 저희에게 권세를 부리는 줄을 너희가 알거니와 너희 중에는 그렇지 아니하니 너희 중에 누구든지 크고자 하는 자는 너희를 섬기는 자가 되고"(마 20:25-26). 교회 안의 다양한 직책들은 어떤 직책들이 다른 직책들을 지배하기 위한 것이 아니라 전 공동체에 위탁되고 명령된 봉사를 수행하기 위한 기초이다. 우리는 마치 교회가 이 봉사를 떠나서 통치권을 부여받은 특별한 영도자들을 허용하거나 허용하게끔 할 수 있고 또 해도 되는 것처럼 가르치는 그릇된 교설을 배격한다.

제5항

"……하나님을 두려워하며 왕을 공격하라"(벧전 2:17)

성경은 우리에게 말한다. 국가는 하나님의 섭리에 따라 다음과 같은 과제 즉 교회도 세속에 있는 아직 구원받지 못한 세상에서 인간의 활동과 능력의 분량에 따라 권력으로써 위협하고 권력을 행사하면서 정의와 평화를 보호할 과제를 가진다. 교회는 하나님께 감사하고 그분을 경외하면서 이러한 그분의 섭리의 은혜를 인정한다. 교회는 하나님의 나라, 하나님의 계명과 그리고 통치자들과 피통치자들의 책임을 회상시킨다. 교회는 하나님께서 만물을 유지하시는 수단인 말씀의 능력을 신뢰하고 이에 복종한다. 우리는 마치 국가가 그 특별한 위임을 넘어서서 인간 생활의 유일하고 전적인 조직이 되고, 그래서 또 교회의 사명도 성취해야하며 또 그렇게 할 수 있는 것처럼 가르치는 그릇된 교설을 배격한다. 우리는 마치 교회가 그 특별한 위임을 넘어서서 국가적 형태, 국가의 과제 및 국가의 위엄을 취하고, 또 그리하여 자신이 유일한 국가의 기관이 되어야 하며 그렇게 할 수 있는 것처럼 가르치는 그릇된 교설을 배격한다.

제6항

"……볼지어다 내가 세상 끝날 까지 너희와 항상 함께 있으리라"(마 28:20) "하나님의 말씀은 매이지 아니 하니라"(딤후 2:9). 교회의 자유의 근거이기도 한 교회의 위임은 그리스도 대신에 그리고 설교와 성례전을 통하여 그분의 말씀과 사역에 봉사하면서 모든 백성에게 하나님의 값없는 은총의 복음을 전파하는 데 있다. 우리는 마치 교회가 인간을 스스로 높이면서 주님의 말씀과 사역을 인간들이 임의로 선택한 어떤 소원, 목적 및 계획에 이용할 수 있는 것처럼 가르치는 그릇된 교설을 배격한다.[197]

결론 및 촉구

독일 개신교회 고백총회는 고백교회들의 연합체인 독일 개신교회의 필수 불가결한 신학적 토대가 이와 같은 진리들을 인정하며 오류들을 거부함에 있음을 선

---

197 이신건, 「하나님의 나라와 이데올로기」 (서울: 성광문화사), pp. 117-121.

언한다. 본 선언서는 이것을 지지하는 모든 이들을 향해, 그들의 교회 정치적 결정을 내림에 있어서 본 선언서의 신학적 통찰들을 숙고할 것을 촉구한다. 본 선언서는 이와 관계된 모든 이들을 향해 믿음과 사랑, 소망의 일치로 돌아올 것을 촉구한다.

4. 1967년 신앙고백서

1) 1967년 신앙고백서의 작성배경

1956년 총회에 택사스주의 아마릴로 노회로부터 웨스트민스터 소요리문답을 알기 쉬운 용어로 고쳐 달라고 제안한 데서부터 시작된 것이다. 총회는 이에 아담스Arthur M, Adams를 위원장으로 임명하여 이 제의를 처리하게 하였다. 아담스 위원회는 다음 총회에 다음 몇 가지를 제안했다. 첫째, 소요리문답을 고치지 말 것. 둘째, 소요리문답에서 서론을 작성하여 내용 이해를 도울 것. 셋째, 성경참조를 개정할 것. 넷째, 간단한 신앙성명서를 작성하여 헌법에 첨부시킬 것 등이다. 1958년 총회는 이 제안을 받아들여 새로이 도웨이Edward A. Dowey를 위원장으로 신앙변증서의 작성의 의무를 위임했다. 그러나 도웨이는 다음 총회에 아담스 위원회의 제안 내용과는 전혀 다른 입장에서 새로운 계획안을 제출했다. 그것은 첫째, 신앙고백집의 설치안. 둘째, 1967년 신앙고백안. 셋째, 서약문답 개정안이다. 도웨이는 웨스트민스터 문서들만을 연구한 것이 아니라 다른 문서들도 고려해 넣기 위한 것이다. 그는 개혁파교회와 직접적인 상관이 없는 바르멘 선언을 내포시킨 것이다.[198]

2) 1976년 신앙고백서의 특징

미국 연합장로교회가 처음으로 만든 고백서로 제179총회(1967, 5, 22)는 신

---

198 김의환, 「도전 받는 보수신학」, pp. 209-210.

앙고백서와 조례집. 두 부분으로 되어있는 교회헌법을 준비해 달라는 헌의를 채택하여 신앙고백집은 니케아 신조와 사도신조와 스코틀랜드 신앙고백서와 하이델베르크 요리문답과 제2 스위스신앙고백서와 웨스트민스터 신앙고백서와 바르멘 선언을 포함했다. 조례집은 예배모범과 교회기구와 권징조례가 포함되어 미국연합장로교회 헌법의 제1부로서 만들어졌다.

신앙고백서는 제3부로 되어있으며. 제1부 : 하나님의 화해(역사). 제1장 우리 주 예수 그리스도의 은총 1. 예수 그리스도 2. 사람의 죄 제2장 하나님의 사랑 제3장 성령의 교제 1. 새 생명 2. 성서 제2부 : 화해의 직무 제1장 교회의 사명 1. 방향 2. 형식과 직제 3. 계시와 종교 4. 사회에서의 화해 제2장 교회의 장비 1. 설교와 가르침 2. 찬양과 기도 3. 세례 4. 주의 만찬. 제3부 : 화해의 성취로 되어있다. 화해라는 말이 특징이며 화해를 위한 신앙고백서라 할 수 있다.

3) 1967년 신앙고백서의 평가

67신앙고백서를 만들게 된 것은 교회가 웨스트민스터 신앙고백서를 전부 반대하는 것이 아니고 현대사조에 맞추어 좀 수정하자는 것이다. 과거 신앙고백서는 당시 사람들에게 적당하였으나 오늘 시대에는 우리에게 맞는 신앙고백을 만들어야겠다는 것이다. 또 자유주의 신학교에서 훈련을 받은 학생들이 목사 안수를 받을 때 믿는 것은 아니지만 믿는다고 선서를 해야 하므로 양심상 가책을 받기 때문이다. 이 새신앙고백서는 16세기 종교개혁에 뿌리를 박고 있는 미국교회의 신앙의 뿌리를 끊으려는 것이다.[199] 또한, 바르멘 신학 선언서에 의하여 본 교회는 인도를 받는다는 것이 특이하다. 본 신앙고백서는 많은 논란과 문제가 제기되었다. 지금까지 웨스트민스터 신앙고백서를 유일한 고백으로 인정하다가 시대에 맞는 새로운 고백서를 만들기 위해 찬성과 반대의 의견이 대립하였다. 특히 칼 바르트의 바르

---

199 라보드, 「바른 신학」 (서울: 성광인쇄사, 1972), p. 147.

704

멘 선언을 지양하고 전통적인 신앙고백서에서 벗어나려고 했기 때문이다. 이는 정통적 신앙고백서라 할 수 없으며 화해를 위한 고백이라 할 수 있다. 박형룡 박사는 "서문의 내용은 이 신앙고백서의 내용을 보충하는 것임을 암시하려한다. 또 우리 교계에서 이 새로운 고백서를 지지하는 인사들도 이것은 구신앙고백서의 보충이요, 반대가 아니라고 변명한다. 그리고 박 교수는 본 고백서는 기독교를 하나의 인생문화의 산물인 인조종교로 보며(제2부 3항), 기독교를 이교들과 동등으로 보고 범종교를 지향하며(제2부 3항), 성경의 참된 영감과 무오성을 부인하고(제1부 2항), 예수의 신성을 약화시키거나 속죄 교리를 부인한다(제1부 1항). 그리고 그리스도와 인간의 화목교리를 인간대 인간의 화목으로 변경시켜 교회의 사회 복음의 의무를 강조한다"(제1부 1항)[200]라고 하였다.

박윤선 박사는 "이 신앙고백서는 혼합주의의 산물임을 지적하면서 그것은 W. C. C.라는 것을 가지고 모든 교파를 통합하려는 것이라고 비판하였다."[201] 김의환 박사는 웨스트민스터 신앙고백과 전혀 다른 입장에 서 있는 1967년 신앙고백서의 신학 사상적 배경에 대해. ① 신정통주의 영향을 받았으며 특별히 성경관에 대해서 하나님의 말씀의 본 의미는 성육신 하신 하나님의 말씀이다.라고 함으로서 웨스트민스터 신앙고백서와 차이점을 가진다. 본 고백서는 성경은 하나님의 말씀이다.라는 말과 달리 성경은 말씀에 대한 표준적 증거 Normative witness에 불과하다는 것이다. 성경을 하나님 말씀 자체로 보지 않는다. ② 사회복음주의 영향으로 새 신앙고백서의 주제는 화목이다. 화목에 대한 전통적 개혁주의 입장은 화목이란 먼저 하나님께서 그리스도의 대속적 죽음을 통하여 죄인인 우리를 당신에게 화목케 한 후 신인관계의 화해를 근거로 이웃과의 횡적인 화해를 말한다. 그러나 새신앙고백서는 인간 상호간의 화해와 사회복지문제를 중요시하고 있다. 양자 간의 차이는

---

200 조경현, 「1960년 이후 합동측 통합층의 정체성 변화이해」, 「기독교사학연구원 제5집」 (서울: 동방문화인쇄사, 1997), p.116.(재인용: 박형룡, 신구 신앙고백서의 대하여, 신학지남, 1967년 8월 138호, p. 6.
201 전게서, p. 117.(재인용, 박윤선, 1967년 신앙고백서는 어떤 것인가? 신학지남, 1967, 9, p. 14)

성경관의 차이와 구원관의 차이다. 성경을 틀림없는 하나님의 말씀으로 믿느냐? 아니며 계시의 규범적 증거로써의 유오한 성경관을 받아들이느냐? 화목의 그리스도의 속죄사역에 근거한 대속적 구원 은총에서 오는 하나님과 죄인 사이, 그리고 구원받은 죄인과 이웃 사이의 관계로 보지 않고 다만 사해동포주의(四海同胞主義)에서 오는 이웃 봉사로 보는 것은 잘못이다.[202] 라보드 박사는 말하기를 기독관은 그리스도의 신성과 인성의 두 성품에 대하여 구별하지 않고 인성에 치우치며, 그리스도를 삼위일체의 한 분이라든가 동정녀 탄생, 무죄 성을 구체적으로 언급하지 않고, "모든 사람의 구주"the saviour of all men 로 제한적 속죄를 부정하고 있다.[203]

구원관에 있어서 예정, 선택, 유기, 칭의 등의 교리를 찾아볼 수 없고, "하나님의 사랑이란 제목 밑에 두었다. 그리고 그리스도의 보혈은 언급하지 않고 하나님께서 이스라엘 중에서 예수를 일으키셨는데, 그 이유는 새로운 인류의 개척자가 되기 위하여 라는 것이다. 이것은 소위 사회복음주의라는 것이다."[204] 교회관은 그리스도의 속죄를 통하여 하나님이 사람에게 화목 되시고, 다음에 사람이 하나님에게 화목 됨을 의미하고 그 부산물로 사람끼리 화목이 기대되는 것이다. 그런데 본 고백서는 사람끼리 화목만을 주장하고 이는 모든 종교, 사상, 인종과의 화해를 주장하며 사회 개량이 교회의 사명이라는 것이며 은혜의 방편인 말씀의 증거, 기도, 성례는 무의미하며 다만 교회의 비품 혹은 장비로 생각하고 있다.[205]

종말관은 예수님의 재림, 천국, 부활을 말하지 않고 막연히 "그리스도의 통치" "하나님의 최후의 승리"란 말을 사용하고 있다. 이 고백서는 성경을 떠난 인간의 두뇌의 산물이며 적그리스도와 공산주의를 합한 사탄적 혼돈이요, 독소를 섞은 자유주의 신앙의 총결산이요 배교적 운동인 것이다.[206] 반면 서남동 교수는 긍

202 김의환, 「도전 받는 보수신학」 pp. 211-219.
203 라보드, p. 149.
204 전게서, p. 149.
205 전게서, p. 150.
206 전게서, p. 150.

정적으로, 이종성 박사는 몇 가지 단점을 지적하면서 긍정적이며, 장신대 이영헌 교수는 찬성한다는 입장의 글을 썼다.[207] 67년 신앙고백서는 웨스트민스터 신앙고백서의 정신을 퇴색시키고 복음주의 자들에게 새로운 길을 열어 주었다.

4) 1967년 신앙고백서 전문

머리말

교회는 예수 그리스도 안에서 주신 하나님의 은총에 대한 현재적 증언을 할 때 그 신앙을 고백한다. 시대마다 교회는 그 때의 필요에 의하여 말과 행동으로써 그 증언을 표현하였다. 신앙고백의 최초의 실례는 성경 안에서 발견된다. 신앙고백적 진술들이 찬미, 예배의식, 교리적 정의, 문답, 신학체계 요약, 위협하는 악에 항변하는 선언들 같은 여러 가지 형태를 가지고 나타났다. 신앙고백과 선언문들은 교회에 있어서 종속적인 표준들이다. 그것은 성서가 증언하는 바와 같이 하나님의 말씀이신 예수 그리스도의 권위에 종속한다. 그 어느 형태의 신앙고백도 그것만의 배타적으로 유효할 수는 없으며 그 어느 진술도 변경 할 수 없는 것일 수는 없다. 예수 그리스도에 대한 복종만이 하나인 우주적 교회를 입증하며 그 전통의 계속을 공급해 준다. 이 복종은 하나님의 섭리 가운데서 새로운 기회가 요구 할 때마다 생활과 교리면에서 교회가 자신을 개혁할 의무와 자유의 기초이다.

미국연합장로교회는 복음을 이해하는 일에 있어서 이때까지의 여러 시대와 여러 나라의 교회의 증언으로 말미암아 도움을 받았다는 사실을 스스로 인정한다. 그 중에서도 특별히 초대교회에서부터 내려오는 니케아 신조와 사도신조, 종교개혁시대부터 내려오는 스코틀랜드 신앙고백서, 하이델베르크 요리문답, 제2 스위스신앙고백서, 제17세기 이래의 웨스트민스터 신앙고백서와 소요리문답, 그리고 제

---

207 조경현, p. 119.

20세기 이래 바르멘 선언서에 의하여 본 교회는 인도를 받는다.

1967년도 신앙고백의 목적은 오늘의 제자들에게 요구되는 고백과 사명에 있어서 그 통일을 가지도록 환기시키는 데 있다. 이 신앙고백은 어떤 '교회의 체계'가 아니며 신학의 전통적 논제들을 전부 포함하는 것도 아니다. 예를 들면, 삼위일체와 그리스도의 위격에 대해서는 다시 정의를 내리지 않고 기독교 신앙의 기초를 형성하며 그 구조를 결정하는 것으로 인정하고 재천명하였다.

예수 그리스도 안에서 행하시는 하나님의 화해의 사업과 그의 교회를 불러서 맡기신 화해의 사명은 어느 시대를 막론하고 복음의 핵심이 된다. 우리 세대는 그리스도 안에서의 화해를 특별히 필요로 하는 입장에 있다. 따라서 이 1967년도 신앙고백은 이 주제를 토대로 형성되었다.

신앙고백

예수 그리스도 안에서 하나님이 세상을 자기에게 화해시키고 계셨다. 예수 그리스도는 사람과 같이 계시는 하나님이시다. 그는 아버지의 영원하신 아들로서 화해의 사업을 성취하시려고 사람이 되시어 우리 가운데 사신 분이시다. 그는 자기 사명을 계속하고 완성하시려고 성령의 힘에 의하여 교회 안에 계신다. 아버지 하나님과 아들과 성령의 이 역사는 하나님과 사람과 세상에 관한 모든 고백적 진술의 기초가 된다. 그러므로 교회는 사람들이 하나님께 와 또 인간 상호간에 화해를 이루도록 촉구한다.

제1부 하나님의 화해사업

제1장 우리 주 예수 그리스도의 은총

1. 예수 그리스도

나사렛 예수 그리스도 안에서 참된 인간성이 단 일회적으로 실현되었다. 팔레스틴의 한 유대인이었던 예수는 자기 백성 가운데서 사셨고 그들의 궁핍과 유혹과 기쁨과 슬픔을 같이 나누었다. 그는 말과 행동으로 하나님의 사랑을 나타내셨고 온갖 죄인들의 형제가 되셨다. 그러나 그의 온전한 복종은 마침내 자기 백성과 충돌하는 데까지 이르게 하였다. 그의 희생과 가르침이 선과 종교적 열망과 국가의 희망들을 심판하였다. 다수가 그를 거부하고 그의 죽음을 요구했다. 그들을 위하여 자신을 거저 내어 주심으로써 그는 만민이 당해야 할 심판을 스스로 짊어지셨다. 하나님께서 그를 죽은 자들 가운데서 다시 살리시고 그가 메시아와 주가 되심을 입증하셨다. 이렇게 죄의 희생자가 승리자가 되셨고 만민을 위하여 죄와 죽음을 극복하셨다.

예수 그리스도의 안에서의 하나님의 화해 사업은 하나의 신비로서 성서는 이것을 여러 가지 방식으로 묘사한다. 그것을 어린양의 희생, 자기 양을 위하여 바친 목자의 생명, 제사장에 의한 속죄라고 부른다. 또는 노예를 위한 속전 부채의 지불, 법적 벌에 대한 대리 배상, 일의 세력에 대한 승리라고도 부른다. 이것들은 한 진리에 대한 여러 가지 표현이며, 그 진리는 사람을 위한 하나님의 사랑이 너무도 깊어서 어떤 학설로 규명할 수 없는 그러한 것이다. 이 표현들은 하나님의 화해사업의 중대함과 대가와 그리고 그것의 확실한 성취를 나타내 준다. 부활하신 그리스도는 만민을 위한 구주이시다. 믿음으로 그에게 연결된 자들은 하나님과 바른 관계를 가지게 되었으며 하나님의 화해의 공동체로서 봉사하도록 위임을 받았다. 그리스도는 이 공동체 곧 교회의 머리이시다. 이 교회는 사도들로부터 시작하여 모든 세대를 통하여 존속한다.

바로 예수 그리스도가 만민의 심판자이시다. 그의 심판은 생의 궁극적 중대성을 들어내며 죄와 죽음의 세력에 대한 하나님의 최종 승리를 약속해 준다. 부활하신 주께로부터 생명을 받는다는 것은 곧 영생을 얻는 것이며 그에게 오는 생명을 거절하는 것은 하나님께로부터 분리, 곧 죽음을 택하는 것이다. 그리스도를 신뢰하는 사람은 누구나 두려움 없이 하나님의 심판을 맞이한다. 그 심판자가 곧 그들의 구속자이시기 때문이다.

2. 사람의 죄

예수 그리스도 안에서의 하나님의 화해 역사는 사람들의 속에 있는 악을 폭로하여 하나님 보시기에 죄로 들어낸다. 죄 가운데서 사람들은 자기들 자신의 생애 지배자로 자처하며 하나님과 그들의 동료 인간을 배반하고 세상의 착취자와 약탈자가 된다. 그들은 무익한 노력을 하면서 그들의 인간성을 잃으며 마침내 반역과 절망의 고립 상태에 빠지게 된다. 슬기롭고 덕스러운 사람들은 옛날부터 자유, 정의, 평화, 진리, 아름다움을 위하여 헌신하며 최고의 선을 추고하여 왔다. 그러나 예수 그리스도 안에서 나타난 하나님의 사랑에 비추어 볼 때 모든 인간적 덕을 자기의 유익과 적의가 침투되어 있다는 사실이 판명된다. 사람은 선하든지 악하든지 다 한 가지로 하나님 앞에 잘못이 있고 그의 용서가 없으면 가망이 없다. 이리하여 모든 사람은 하나님의 심판을 받게 된다. 하나님 앞에 무죄하다든지 남보다 도덕적으로 우수하다고 생각하는 사람이야말로 누구보다도 더 심판을 받을 만한 사람이다.

하나님의 사랑은 결코 변하지 않는다. 하나님을 반대하는 모든 사람에게 하나님은 진노 가운데 그의 사랑을 나타내신다. 하나님께서 사람을 이끌어 회개와 새 생활에 이르게 하시려고 동일한 사랑을 가지고 예수 그리스도 안에서 스스로 심판과 굴욕적 죽음을 당하셨다.

제2장 하나님의 사랑

하나님의 절대적 사랑은 사람의 마음으로 헤아릴 수 없을 만큼 신비로운 것이다. 사람의 생각은 최고도의 힘과 지혜와 선을 하나님께 돌린다. 그러나 하나님은 예수 그리스도 안에서 종의 형상으로써 힘을, 십자가의 어리석음으로써 지혜를, 그리고 죄인을 용납하심으로써 선을 보이심으로 그의 사랑을 계시하신다. 그리스도 안에 나타난 하나님의 사랑은 세상을 변화시키는 힘이 있다. 이 힘은 그 구속자가 곧 만물로 하여금 그의 사랑의 목적에 봉사하도록 하시는 주님이시오, 또 창조자이심을 들어내 보인다. 하나님께서 공간과 시간의 세계를 창조하시어 인간을 다루시는 영역으로 삼으셨다. 세계는 그 아름다움과 관대성에 있어서, 장엄성과 영위함에 있어서, 질서와 무질서에 있어서, 믿음의 눈앞에 그 창조자의 위엄과 신비를 반영해 준다.

하나님께서 사람을 창조하시되 자기와의 인격적 관계를 가지게 하시고 창조자의 사랑에 응답할 수 있도록 만드셨다. 그는 남자와 여자를 창조하시고 그들에게 생명을 주셨다. 이 생명은 출생에서 시작하여 죽음까지 이르고 대를 계속하여 나가며 여러 가지 사회관계의 광범한 복합성을 지니고 있다. 하나님께서 사람에게 여러 가지 역량을 부여하시어서 그의 필요를 위하여 세상을 부릴 수 있게 하셨고, 또 세상의 좋은 것들을 즐길 수 있게 하셨다. 생명은 곧 감사한 마음으로 받아야 할 선물이요, 용기를 가지고 감당해야 할 과업이다. 사람은 하나님의 목적의 한도 내에서 그의 생명을 추구할 자유가 있다. 이를테면 공동의 안녕을 위하여 자연 자원을 개발 보호하며, 사회의 정의와 평화를 위하여 일하며, 그 밖의 길을 통하여 인간 생활의 성취를 위해서 자신의 창조력을 사용할 자유를 가지고 있다.

하나님께서 이스라엘을 통하여 온 인류에 대한 그의 사랑을 나타내셨다. 그가 이스라엘을 택하신 것은 그들이 그의 언약의 백성이 되어 사랑과 성실로 그를 섬기도록 하려는 것이었다. 이스라엘이 성실치 못하였을 때 그는 자기의 심판으로 그 나라를 징계하셨고 예언자와 제사장과 교사와 참된 신도들을 통하여 자기 목표를 계속 달성해 나가셨다. 이 증언들은 모든 이스라엘 백성을 환기시켜 그들이 성실하게 하나님을 섬기고 만방에 빛이 되어야 하는 운동을 깨닫게 하였다. 또 이들은 새 시대가 올 것을 선포하고, 하나님의 참된 종이 와서 이스라엘과 인류에 대한 하나님의 목적을 성취하시리라는 것을 선포하였다. 정한 때에 하나님은 이스라엘 중에서 예수를 일으키셨다. 그의 믿음과 복종은 하나님의 완전한 아들의 응답이었다. 그는 이스라엘에 대한 하나님의 약속의 성취요, 새 창조의 시초요, 새 인류의 선구자이다. 그는 역사의 의미와 방향을 주셨고 교회를 환기시켜 세상의 화해를 위한 그의 종이 되게 하셨다.

제3장 성령과 교제

성령이신 하나님은 사람 속에서 화해의 작업을 성취하신다. 성령은 교회를 창조하며 새롭게 한다. 교회는 곧 그 안에서 사람들이 하나님과 또 자기들 상호간에 화해를 이루는 공동체이다. 사람들이 서로 용서할 때 성령은 그들로 하여금 용서를 받을 수 있게 하시며, 그들이 자기들 사이에 화평을 이룰 때 하나님의 화평을 그들도 즐길 수 있도록 하여 주신다. 그들에게 죄가 있을지라도 성령은 그들에게 힘을 주어 예수 그리스도의 대리가 되고 만민에 대한 그의 화해의 복음이 되게 하신다.

1. 새 생명

예수의 화해의 작업은 인류 생활에 있어서 최고의 위기였다. 복음이 선포되고 사람들이 그것을 믿을 때 예수의 십자가의 부활은 사람에게 개인적 위기와 현재의 희망이 된다. 이 경험 가운데서 성령은 사람들에게 하나님의 용서를 가져다 주시며 그들을 감동시켜 믿음과 회개와 복종으로 응답하게 하시고 그리스도 안에서 새 생활을 시작하게 하신다. 하나님께서 사람들의 못됨을 아시면서도 그들을 사랑하시고 용납하신다는 것을 사람들이 알 때 그들의 공동체 안에서 이 새 생활이 형성된다. 그러므로 그들은 아무도 하나님의 은총 이외에 발붙이고 설 곳이 없다는 것을 알고 자신들을 용납하고 남들을 사랑한다. 새 생활이라고 해서 불신앙, 교만, 정욕, 공포와의 투쟁에서 사람을 해방시켜 주는 것은 아니다. 그는 여전히 낙담케 하는 여러 가지 곤란한 문제들을 가지고 투쟁해야만 한다. 그러나 그리스도와 같이 하는 생활에서 그가 사랑과 성실로 성숙하여 질 때 그는 그 새 생활이 하나님을 기쁘시게 하고 남들에게 유익이 된다는 확신을 가지고 좋은 날이나 나쁜 날이나 증거 하면서 자유롭고 유쾌하게 산다.

이 새 생활은 예수의 생애, 곧 그의 행위와 말씀, 유혹에 대한 그의 투쟁, 동정심, 분노, 죽음을 달게 받으시려는 그의 마음 등에서 그 방향을 발견한다. 사도들과 예언자들의 교훈이 이 생활을 사는 일에 지침이 되며, 또 그리스도인의 공동체도 사람들을 양육하고 준비시켜 복사의 의무를 감당케 한다. 교회의 회원들은 화평의 밀사들이며 정치, 문화, 경제면에서 세력 있는 자들이나 집권자들과 협력하여 인간의 행복을 추구한다. 그러나 바로 이 세력들이 인간의 안녕을 위태롭게 하는 경우에는 가장과 부정에 대항하여 싸워야 한다. 교회 회원들의 힘은 사람의 계략보다 하나님의 목적이 궁극에 승리하리라고 믿는 그들의 확신에 있다. 그리스도 안에 있는 생명은 영원한 생명이다. 예수의 부활은 하나님께서 죽음을 극복하고 그의 창조와 화해의 사업을 완성하시리라는 것과 그리스도 안에서 시작된 새 생활을 성취시키시리라는 것을 암시하는 하나님의 표징이다.

2. 성서

하나님의 유일 충족한 계시는 성육신 하신 하나님의 말씀, 곧 예수 그리스도이다. 그에 대하여 성령은 성서를 통하여 유일하고 권위 있는 증거를 한다. 성서는 기록된 하나님의 말씀으로 수락되고 복종을 받는다. 성서는 다른 여러 증거들 중의 하나가 아니라 비길 때가 없는 증거이다. 교회는 구약성서와 신약성서의 책들을 예언적이며 사도적인 증거로 수락하였고, 그 안에서 하나님의 말씀을 듣는다. 그리고 그것에 의하여 교회의 믿음과 복종을 함양하고 규정한다.

신약성서는 나사렛 예수, 곧 메시아의 내림과 교회에 성령을 보내신 일에 대하여 증거 하는 사도들의 증거의 기록이다. 구약성서는 이스라엘과 언약에 있어서 하나님께서 성실하셨다는 것을 증거하며 그리스도 안에서 하나님의 목적이 성취될 것을 지적해 준다. 구약성서는 신약성서를 이해하는데 없어서는 안 될 책이며, 또 그 자체는 신약성서가 없으면 충분히 이해할 수 없는 책이다. 성서는 그리스도 안에서 하나님의 화해 사업에 대한 증거에 비춰어서 해석되어야 한다. 성서는 성령의 인도 아래서 주어진 것이지만 역시 사람들의 말이며 그것들이 기록한 장소와 시대의 언어, 사상형식, 문학형태들의 지배를 받는다. 성서는 그 당시에 유행하던 인생관, 역사관, 우주관을 반영한다. 그러므로 교회는 문화적, 역사적 이해를 가지고 다른 문화적 상황 속에서 그의 말씀을 하셨기 때문에 그가 또한 변천하는 세계에서 그리고 인간 문화의 모든 형태 속에서 성서를 통하여 계속 말씀하시리라는 것을 교회는 확신한다. 성령의 비침에 의지해서 성서가 성실하게 선포되고 주의 깊게 읽으며 그것이 진리와 지시를 지체 없이 받아드리는 곳에는 하나님의 말씀이 오늘도 그의 교회에 주어진다.

제2부 화해의 직무

제1장 교회의 사명

1. 방향

하나님께 화해된다는 것은 곧, 그의 화해의 공동체로서 세상으로 보냄을 받는다는 것이다. 이 공동체 곧 우주적 교회는 하나님의 화해의 메시지를 받았으며 하나님과 사람들 사이를, 그리고 사람과 사람 사이를 분리시키려는 적의를 고치려는 하나님의 수고에 참여한다. 그리스도는 이 사명을 위하여 교회를 부르시고 성령의 은사를 주셨다. 교회는 이 부르심에 성실히 복종하므로 사도들과의 그리고 이스라엘과의 연속성을 유지한다.

예수 그리스도의 생활, 죽음, 부활, 약속된 재림은 교회의 사명에 대한 본보기가 되었다. 사람으로서의 그의 생활은 인간의 일반 생활 속에 교회를 휩쓸어 넣는다. 인간을 향한 그의 봉사는 교회가 모든 형태의 인간 복리를 위하여 일할 것을 위탁한다. 그의 수난은 교회가 인류의 모든 고통에 대해서 민감하여 각종 궁핍에 시달리는 사람들의 얼굴에서 그리스도의 얼굴을 보도록 만든다. 그가 십자가에 못박히심은 사람을 향하여 가진 사람의 잔인성에 대한 하나님의 심판과 부정 가운데서 꾸민 잔인한 공모의 무서운 결과들을 교회에게 들어내 보인다. 부활하신 그리스도의 권능과 그의 재림에 대한 희망 속에서 교회는 하나님이 사회에서 사람의 생활을 새롭게 하고 모든 잘못을 극복하시는 하나님의 약속을 발견한다. 교회는 그의 생활 형식과 행동 방식에 있어서 이 본보기를 따른다. 그러므로 살고, 또 봉사하는 것은, 곧 그리스도를 구주로 고백하는 것이다.

2. 형식과 직제

하나님의 백성에 대한 제도는 각기 다른 시간과 다른 장소에서 그들의 사명이 요구하는데 따라 변하며 바꾸어진다. 교회의 통일성은 형식의 다양성과 양립할 수 있는 것이다. 그러나 여러 가지 형식이 굳어져서 종파적인 구분이나 배타적 교파나 경쟁과 당파가 되어 버리는 때에는 교회의 통일성이 감추어지거나 왜곡된다. 교회는 어느 곳에 존재하든지 그 회원은 모여서 단체생활도 하고 또는 세상에서 선교하기 위하여 사회 안에 흩어지기도 한다.

교회는 모여서 하나님을 찬양하고 인류를 위한 그의 말씀을 듣고 세례를 베풀고 주의 만찬에 참여하고 예배하며 세상을 위하여 기도하며 그것을 위하여 하나님께 아뢰고 교제를 즐기고 지시와 힘과 위안을 받고 그 자체의 단체 생활을 정하고 조직하며 시련을 받고 새로워지고 개혁되고 시대의 요구를 따라 적합하게 세상의 사건에 대하여 발언하며 행동한다.

교회는 흩어져서 그 회원들이 어디에 있는지 일을 하든지 놀든지 사사롭게 사회생활에서든지 하나님을 섬긴다. 그들의 기도와 성경 연구는 교회의 예배와 신학적 반성의 한 부분이다. 그들의 증거는 교회의 복음전도이다. 세상에서 그들의 일상생활은 곧 세상에 대하여 선교하는 교회이다. 다른 사람들과 가지는 그들의 관계의 질이 곧 교회의 충실성의 척도가 된다. 각 회원은 곧 세상에 있는 교회이며 성령으로부터 봉사의 은사를 얼마큼 받아 가졌다. 그리고 그는 자기의 특수한 정황 속에서 자기의 증거의 완전을 기할 책임을 가지고 있다. 그는 그리스도인의 공동체의 지도와 후원을 받을 자격이 있고 또 공동체의 충고와 교정을 받아야 한다. 반면에 그는 자기 자신의 능력을 따라 교회가 지도하는 일을 도울 수 있다.

교회는 성령의 특수한 은사들을 인정하고 한 공동체로서의 생활을 처리하기 위해서 어떤 회원들을 부르고 훈련시키고 권위를 주어 지도자와 감독을 삼는다. 이런 의무의 자격이 있는 사람들은 교회 정치에 준하여 위임식 기타 적절한 행위에 의하여 구별함을 받으며 또 이러하여 그들은 특수 봉사를 위한 책임을 지게 된다. 이와 같이 교회는 그 생활을 헌장과 기구와 직원들과 재정과 행정규칙들을 가진 하나의 기구를 제정하고 나간다. 이것들은 선교를 위한 방편들이고 그 자체에 목적이 있는 것은 아니다. 다른 직제들도 복음을 섬겨 왔으며 그 어느 것도 배타적인 유효성을 주장할 수는 없다. 장로회 기구는 교역에 대한 각 회원의 책임을 인정하며 교회 안에 있는 모든 회원들의 유기적 관계를 주장한다. 장로회 기구는 교회나 세속사회의 세력과 야심으로 말미암은 착취로부터 교회를 보호하려고 노력한다. 모든 교회의 직제는 화해의 사명을 위한 보다 효과적인 도구가 되기 위하여 요구되는 개혁을 달게 수행할 수 있어야 한다.

3. 계시와 종교

교회는 그 선교에 있어서 사람들의 여러 종교와 마주치며, 이 만남에서 교회도 종교로서의 자신의 인간적 성격을 의식하게 된다. 이스라엘에 대한 하나님의 계시는 셈 족속의 문화 속에서 표현된 것으로 히브리 백성의 종교를 일으켰으며, 예수 그리스도 안에 나타난 하나님의 계시는 유대인들과 헬라인들의 응답을 환기시켰고 유대 사상과 헬라사상 안에서 그리스도 종교로 나타나게 되었다. 그리스도 종교는 하나님의 자기 계시와는 별개의 것으로 그 온 역사를 통하여 주위에 있던 문화와 형태들에 의해서 형성되어 내려왔다.

그리스도인은 다른 종교들과 자기 자신의 종교 사이에 유사점들을 발견하며 개방된 마음과 존경심을 가지고 모든 종교에 접근해야 한다. 하나님은 거듭거듭 비기독교 인들의 통찰력을 이용하여 교회의 쇄신을 촉구시켰다. 그러나 복음의 화해의 말씀은 그리스도 종교를 포함한 모든 형태의 종교에 대한 하나님의 심판이다. 그리스도 안에서 주시는 하나님의 은사는 만민을 위한 것이다. 그러므로 교회는 사람들이 어떤 종교를 가졌든지 또는 그들이 아무 종교도 표명하지 않는다 하더라도 그 모든 사람에게 복음을 전할 사명을 맡고 있다.

4. 사회에서의 화해

어느 때 어느 곳에나 특수한 문제들과 위기들이 있으며 그것들을 통하여 하나님은 교회의 행동을 환기시킨다. 교회는 성령의 인도를 받고 공범자로서 겸비를 가지며 얻을 수 있는 모든 지식으로 가르침을 받아서 하나님의 뜻을 분별하도록 노력하고 이러한 구체적 정황들 속에서 어떻게 복종해야 하는가를 배우려고 힘쓴다. 아래와 같은 것들이 현재에 있어서 특히 긴급한 일들이다.

ㄱ. 하나님께서 땅에 있는 여러 백성들을 창조하시고 하나의 우주적 가족이

되게 하셨다. 그의 화해의 사람으로서 형제들 간의 장벽을 극복하시며 사실이거나 상상이거나를 막론하고 민족적 또는 인종적 차이에 기초한 모든 형태의 차별을 깨뜨려 버리신다. 교회는 만민을 이끌어 생의 모든 관계에 있어서 서로 인격으로 받아들이고 붙들어 주도록 하려고 부름을 받았다. 즉 고용, 주거, 교육, 여가, 결혼, 가정, 교회, 정치적 권리 행사 등에서 그렇다. 그러므로 교회는 모든 민족 차별의 폐지를 위하여 노력하며 그것으로 인해서 상해를 받는 자들을 위하여 봉사한다. 동료인간을 배척하거나 그들의 후견인의 역할을 하는 회중이나 개인이나 또는 그리스도인들의 집단은 하나님의 영을 거역하며 그들이 표명하는 신앙에 대하여 모욕을 가져다준다.

ㄴ. 예수 그리스도 안에서의 하나님의 화해는 나라들 사이의 화평과 정의와 자유의 기반이 되며 정부의 모든 권력들은 이 평화와 자유와 정의를 봉사하며 수호하기 위하여 부름을 받았다. 교회는 그 자체의 생활에 있어서 원수에 대한 용서를 실천하며 국가들에 대해서는 협력과 평화의 추구를 실제 정책으로 추천하기 위해서 부름을 받았다. 이것은 분쟁의 지역들을 감소시키고 국가적 이해를 넓이기 위해서 모든 충돌 선을 넘어서, 아니 국가 안전의 위험을 무릅쓰더라도 참신하고 책임적인 관계들을 추구하도록 요구한다. 국가들이 그들의 인력과 자원을 건설적 사용 도에서 돌려 인류 멸절의 위험을 무릅쓰면서 핵무기, 화학 무기, 생물학적 무기를 발전시키고 있을 때 국가들 간의 화해야말로 특히 긴요하다. 국가들이 역사에 있어서 하나님의 목적은 달성할는지 모르지만 어느 한 국가의 주권이나 어느 하나의 생활 방도를 하나님의 목표와 동일시하는 교회는 그리스도의 주권을 부인하고 자신의 서명을 배신한다.

ㄷ. 예수 그리스도를 통한 인간의 화해는 부요한 세계 안에 있는 노예적 궁핍이야말로 하나님의 선한 창조에 대해서 용납될 수 없는 침해라는 사실을 밝혀 준다. 예수께서 자신을 궁핍한 사람이나 착취당한 사람들과 동일시 하셨기 때문에

세계의 가난한 사람들의 목표가 곧 그의 제자들의 목표이다. 교회는 궁핍이 부정한 사회 구조의 산물이거나 방비책을 가지지 못한 자들에 대한 착취나 국가 지원의 결핍이나 기술적 이해의 결여나 인구의 신속한 증가

그 어느 것의 산물이거나를 막론하고 이것은 간과할 수 없다 교회는 각 사람이 자기 가족의 부양과 공동 복지의 증진을 위하여 자기 역량과 소유와 기술의 결실들을 하나님께서 자기에게 위탁한 선물로 알고 사용할 것을 추구한다. 교회는 보다 나은 상태에 대한 인간의 희망을 일으켜 주고 그들에게 어지간한 생활을 할 수 있는 기회를 공급하는 인간 사회의 여러 세력들을 장려한다. 빈곤에 대하여 무관심하거나 경제적 사건들에 있어서 책임을 회피하거나 어느 한 사회 계급에게만 개방하거나 자신의 자신에 대한 사의를 기대하는 교회는 화해를 하나의 조소거리로 만들며 하나님께 용납될 만한 예배를 드리지 못한다.

ㄹ. 남자와 여자 사이의 관계는 하나님께서 인류를 창조하신 때 목적하신 대인 생활의 질서를 기본으로 예증해 준다. 성관계의 무질서는 사람이 하나님과 자기 이웃과 그리고 자기 자신에게 소외된 징후이다. 산아제한의 새 방법과 전염병 치료가 효능을 발하게 되고 도시화 경향의 압력이 강해지고 메스커뮤니케이션에서 성적 상징들이 이용되고 세계 인구가 과잉상태에 이르게 됨으로 성의 의미에 대한 인간의 끊임없는 혼돈은 우리 시대에 이르러 더욱 악화되었다. 하나님의 가족으로서의 교회는 이런 소외의 상태에서 사람을 이끌어내어 그리스도 안에서 새 생활을 누리는 책임적 자유에로 인도하기 위하여 부름을 받았다. 하나님께 화해하게 되면 각 사람이 자기 자신의 인간성과 다른 사람들의 인간성에서 기쁨을 가지며 또 그것을 존경하게 되며 한 남자와 여자가 결혼하여 서로 분담하며 같이 누리는 생활에 깊이 들어가며 민감하게 그리고 평생토록 관심을 가지고 서로 응답하며 살 수 있게 된다. 그리고 부모 된 자들은 사랑으로 자녀를 보살피고 그들의 개성을 양육하는 은총을 받는다. 교회가 남자들과 여자들을 인도하여 그들이 같이 사는 생활

에 충분한 의의를 깨닫게 해 주지 못하거나 우리 시대의 도덕적 혼돈에 사로잡혀 있는 사람들에게 그리스도의 동정심을 베풀지 못할 때는 교회는 하나님의 심판을 받게 되며 사람에게 거절을 당하게 된다.

제2장 교회의 장비

예수 그리스도는 교회에게 설교와 가르침, 찬양과 기도, 세례와 주의 만찬을 주어 사람들 가운데서 하나님께 대한 봉사를 성취하는 방편으로 살게 하셨다. 이 은사들이 언제나 남아 있지만 교회는 다른 세대와 문화에 처할 때 거기에 적합한 양식으로 그 봉사의 형태를 바꿀 수밖에 없다.

1. 설교와 가르침

하나님께서는 설교와 가르침을 통해서 그의 교회를 가르치시고 설교를 위하여 교회의 장비를 갖춰 준다. 설교와 가르침이 성경에 충실하고 성령을 의뢰하는 가운데서 시행될 때 그것들로 말미암아 사람들은 하나님의 말씀을 들으며 그리스도를 받아들이고 그를 따르게 된다. 메시지는 각각 고유한 정황에 처한 사람들을 상대로 하고 전해진다. 그러므로 효과적 설교와 가르침과 개인적 증거는 성경과 현대 세계인들에 대한 훈련된 연구를 필요로 한다. 공개적 예배의 모든 행동은 고유한 시간과 장소에서 사람들이 복음을 듣고 석합한 복종으로 응답하는데 도움을 주는 것이 되어야 한다.

2. 찬양과 기도

교회는 찬양과 기도로 화해의 메시지에 응답한다. 이 응답으로 교회는 그 사명에 대하여 새롭게 헌신을 다짐하며 믿음과 복종이 깊어짐을 체험하고 복음에 대한 공개적 증언을 한다. 하나님께 대한 송축은 창조자에 대한 피조물의 승인이며 죄의 고백은 만민이 하나님 앞에 유죄하다는 것과 하나님의 용서를 필요로 한다는 것을 시인하는 일이다. 감사는 곧 만민을 향한 하나님의 선하심을 즐거워하고 남의 궁핍을 위하여 주는 것을 기뻐하는 일이다. 간구와 중재의 기도는 하나님의 선하심이 계속될 것과 사람들의 병을 고쳐 주실 것과 각종 형식의 압박으로부터 그들을 건져 주실 것을 위해서 하나님을 향하여 아뢰는 기도이다. 예술 특히 음악과 건축은 그들이 사람으로 하여금 그것들 자체를 넘어서 하나님을 보게 하고 또 하나님의 사랑과 대상인 세상을 보게 하는 때에 그리스도인의 회중의 찬양과 기도에 공헌한다.

3. 세례

그리스도는 요한의 세례에 겸손히 복종하므로 궁핍에 대한 인간 대열에 스스로 끼셨고, 성령의 힘으로 그의 화해의 역사에 들어가셨다. 그리스도 안의 세례는 그리스도의 모든 백성이고 그 동일한 성령을 받은 것을 표해 준다. 물세례는 죄로부터 정결뿐만 아니라 그리스도와 같이 죽은 죽음과 그와 더불어 기쁘게 다시 살아난 새 생활을 하는 것을 표시한다. 그것은 모든 그리스도인들로 하여금 날마다 죄에 대해서 죽고 의를 위하여 살도록 부탁한다. 하나님께서는 언약을 가지시고 그의 백성을 자기에게 매어 놓으셨는데 이제 교회는 세례에서 그 언약의 갱신을 축하한다. 세례를 통하여 개인들이 공적으로 교회에 수락되어 교회 생활과 봉사에 참여한다. 그리고 교회는 그들이 그리스도인의 제자직을 감당하도록 훈련시키고 또 붙들어 줄 책임을 가지게 된다. 세례 받은 사람들이 영아일 때에는 그 회중과 아울러 그들의 부모들이 그리스도인의 생활 가운데서 그들을 양육하며 그들의 세례에서 나타난 하나님의 사랑에 대하여 공개적 고백을 통해서 개인적 응답을 할 수 있도록 인도할 특수한 임무를 가진다.

4. 주의 만찬

주의 만찬은 사람과 하나님의 화해와 사람들끼리의 화해를 축하하는 것이며 그들의 구주의 식탁에서 즐겁게 같이 먹고 마신다. 예수 그리스도는 죄인들을 위한 그의 죽음을 기념하는 이 기념식을 자기 교회에 주셨고 거기 참례하므로 사람들은 그와 더불어 또는 그에게 모여온 모든 사람과 더불어 교제를 가진다. 그리스도께서 지정하신 대로 떡을 먹고 포도주를 마시며 그 이 안에 참여하므로 그들은 부활하시고 살아 계시는 주께로부터 그의 죽음과 부활로 말미암은 은택을 받는다. 그들은 약속된 그의 재림시에 완성하시려고 하시는 그 왕국을 미리 맛보며 즐거워하고 주께서 그들을 불러서 맡기신 봉사를 위하여 용기와 희망을 가지고 주의 식탁을 떠나서 나간다.

제3부 화해의 성취

예수 그리스도 안에서의 하나님의 구속 사업은 인간 생활 전체 곧 사회와 문화, 경제와 정치 고학과 기술 개인과 단체 전부를 포괄한다. 그것은 또한 죄로 말미암아 착취를 당하고 약탈을 당한 인간의 자연 환경을 포함한다. 인간 생활에 대한 하나님의 목적이 그리스도의 통치 하에서 성취되고 모든 악이 그의 피조물에게서부터 사라져 버리는 것이 하나님의 뜻이다.

하늘의 도시, 아버지의 집, 새 하늘과 새 땅, 혼인 잔치, 그리고 끝없는 날과 같이 그리스도의 통치에 대하여 보여주는 성경적 환상들과 형상들은 그 왕국의 형상에서 절정을 이룬다. 그 왕국은 곧 하나님의 뜻에 항거하고 그의 창조를 파괴하는 모든 것에 대한 하나님의 승리를 표시한다. 하나님의 통치는 이미 세상의 누룩처럼 존재하며 사람들 속에 희망을 불러일으키고 세상으로 하여금 자신의 궁극적 심판과 구속을 받도록 준비시킨다.

이 희망에서 난 긴박감을 가지고 교회는 현재의 여러 과업에 열중하여 보다 나은 세계를 위하여 노력한다. 교회는 제한된 발전과 지상의 하나님의 왕국을 동일시하지 않으며 낙심과 폐배를 당하여도 절망하지 않는다. 꾸준한 희망을 가지고 교회는 모든 부분적 성취를 넘어서 있는 하나님의 궁극적 승리를 바라본다.

이제 우리들 속에서 역사 하시는 힘에 의하여, 우리가 구하거나 생각하는 모든 것보다도 훨씬 더 풍성하게 행할 수 있는 그에게 교회와 그리스도 예수 안에서 영세무궁토록 영광이 있을 지어다. 아멘"[208]

5. 로잔협약(Lausanne Covenant, 1974)

1) 로잔협약의 작성배경

1974년 7월 16일에서 25일에 스위스의 로잔에서 세계복음주의 신자 대회가 열렸다. 여기서 「로잔협약」이라는 이름으로 복음주의 신자들이 신앙하는 바를 공동으로 천명하였다.

2) 로잔협약의 특징

특징으로는 1. 하나님의 계획 2. 성경의 원리 3. 예수 그리스도의 특이성과 보편성 4. 복음전도의 본질 5. 그리스도인의 사회적 책임 6) 교회와 복음전도 7) 복음전파를 위한 활동 8) 복음주의 노선에 따른 교회들 9) 복음의 전파는 강박한 일 10) 복음전파와 문화 11) 교육과 교회지도 12) 영적인 전투 13. 자유와 박해. 14. 성령의 능력(종말론)으로 구성되어있다. 선교에 중점을 둔 협약이다.

---

208 김소영 발, 「신앙 고백집」 pp. 251-265.

3) 로챤협약의 평가

복음의 원리가 빈약하고 방법론에 치우치고 있다. 복음의 근본원리인 성경론, 신론, 기독론을 조금 언급했지만 인간론과 구원론은 없다. 종말론은 규명하지 않고 교회론에 치우치고 있다. 신학적 구조는 정통개혁파구조를 따르지 않고 있다.

4) 로잔협약 전문

서언

로잔에서 열린 세계전도를 위한 국제 대회에 세계 150여 나라에서 참가한 예수 그리스도의 교회의 지체된 우리는 우리에게 구원을 주신 하나님을 찬양하고, 하나님께서 우리와 교제하시며 우리 서로가 교제하게 하심을 기뻐한다. 하나님께서는 이 시대에도 일하심으로써 우리에게 감동을 주시고 우리를 불순종에서 돌이켜 회개하게 하신다. 다 이루지 못한 복음 전도 사업은 우리의 참여를 축구한다. 하나님의 복음은 모든 세계 사람들에게 복된 소식임을 우리는 믿는다. 그리스도께서 주시는 구원을 온 인류에게 전파하여 모든 민족으로 그리스도의 제자로 삼으라고 부탁하신 예수 그리스도의 말씀에 순종하기로 하나님의 은혜 가운데서 우리는 결의한다. 이를 위하여 우리는 신앙과 결의를 공고히 하고 우리의 서약을 천명하는 바이다.

1. 하나님의 계획

우리는 한 분이신 하나님, 세계의 창조자이시며 주가 되시는 한 분이신 하나님, 즉 만물을 자기의 뜻에서 나온 결정을 따라 다스리시는 성부와 성자와 성령 하나님을 믿는 믿음을 공고히 한다. 하나님께서 자기 백성을 세상에 불러내시고 또한 세상으로 다시 보내셔서 하나님을 섬기고 증거 하는 사람으로 살게 하신다. 하나님께서는 자기 백성을 불러내셔서 하나님의 나라를 확장하고 그리스도의 몸을 이루며 당신의 이름을 영화롭게 하도록 하셨다. 우리는 세상과 타협하거나 세상으로부터 움츠려 후퇴함으로써 우리의 부르심에 충실하지 못하고 우리가 맡은 사명을 완수하지 못했음을 고백하고 후회한다. 그러나 복음은 비록 질그릇에 담겨 있어도 보화임에는 변함이 없음을 기뻐하며, 이 보화를 성령의 능력을 통하여 사람들에게 알리는 과업을 성실하게 수행할 것을 다짐한다(사 40:28, 마 28:19, 엡 1:11, 행 15:14, 요 17:8, 엡 4:12, 고전 5:10, 롬 12:2, 고후 4:7).

2. 성경의 권위

우리는 신구약 전체가 특이하게 기록된 하나님의 말씀으로서 하나님의 영감과 우리를 깨우치는 진리와 권위를 갖고 있음을 확신한다. 성경이 확언하는 모든 것에는 오류가 없으며, 신앙과 생활을 위한 유일한 법칙으로 오류가 없다. 우리는 또한 하나님의 구원 계획을 실현시키는 하나님의 말씀의 능력을 믿는다. 성경의 말씀은 온 인류를 위한 것이니, 그리스도 안에서와 성경 안에 나타난 계시는 변함없다. 성령께서는 오늘도 이 계시를 통하여 말씀하신다. 성령께서는 모든 문화권에 있는 자기 백성의 정신을 계몽하신다. 그러므로 사람들은 하나님의 진리를 항상 새롭게 인식한다. 성령께서는 모든 교회의 다양한 지혜를 점차적으로 드러내 보이신다(딤후 3:16, 벧후 1:21, 요 10:35, 마 5;17-18, 엡 1:17, 18, 3:10, 18).

3. 예수 그리스도의 특이성과 보편성

구원의 주는 한 분 뿐이시고 복음도 하나밖에 없으나, 복음을 전하는 길은 아주 다양함을 우리는 확실히 안다. 모든 사람이 자연에 보이신 일반계시를 통하여 하나님을 인식 할 수 있다는 것을 안다. 그러나 인간들이 불의로 진리를 억압함으로 일반계시를 통하여 구원을 얻는다고 믿지 않는다. 예수 그리스도와 복음을 격하시키는 혼합주의라든가 여러 종교와 이데올로기를 통하여 예수 그리스도를 손상하는 여하한 대화도 우리는 거부한다. 참 사람이요 참 하나님이신 예수 그리스도께서는 죄인을 구속하는 유일한 분으로 자신을 희생 하셨다. 그 분은 하나님과 사람이 관계를 갖도록 해주시는 유일하신 중보자이시다. 우리가 구원을 얻도록 해 주는 이름은 달리도 없다. 모든 사람은 죄로 말미암아 멸망을 받게 마련이다. 그러나 하나님께서는 모든 사람을 사랑하신다. 하나님께서는 어느 누구도 멸망 받는 것을 원치 않으시고 각자가 다 회개하기를 원하신다. 그러나 예수 그리스도를 거부하는 사람은 구원의 기쁨을 모독하고 하나님과 영원히 결별하는 길로 자신을 저주하는 것이다. 예수 그리스도는 세상의 구속자가 되신다고 전파할 때, 그것은 세상의 시작부터 끝 날까지 사람은 누구나 다 구원을 얻는다는 말은 결코 아니다. 또한 모든 종교에서 그리스도 안에서의 구원을 말한다고 주장하는 것은 잘못이다. 그러나 하나님께서 죄인들이 사는 세상을 사랑하신다는 사실을 더 많이 전파해야 한다. 그리스도께서 구세주요 주님이 되심을 알도록 하나님께서는 모든 사람을 부르신다. 예수 그리스도는 모든 이름 위에 뛰어난 이름으로 높임을 받아야 한다. 그리스도께서 주님이 되신다고 모든 무릎이 그분 앞에 꿇고 모든 입이 고백하는 그 날이 오기를 우리는 고대한다(갈 1:6-9, 요 1:9, 행 17:26-28, 딤전 2:2, 5, 6, 행 4:12, 벧후 3:9, 딤전 2:3, 4, 요 34:16-19, 빌 2:9-11).

4. 복음 전도의 본질

복음을 전파하는 것은 예수 그리스도께서 우리의 죄를 위하여 죽으시고 성경에 기록된 대로 죽은 자 가운데서 사흘 만에 다시 살아나신 것과 죄를 사하여 주시며 회개하고 믿는 모든 사람들에게 자유를 누리게 하는 성령의 은사를 주신다는 기쁜 소식을 전하는 것을 말한다. 우리가 그리스도인으로 세상에 존재하는 한 복음전도는 반드시 해야 하는 것으로서 다른 사람으로 하여금 귀를 기울여 듣고

서 이해하도록 하는 대화 형식의 복음 전도도 역시 필요하다. 복음 전도는 그 본질을 따라 말하자면, 성경이 말하는 역사적인 그리스도가 구세주요, 주님이 되심을 전파하는 것이다. 전도의 목적은 사람들의 마음을 움직여서 각자가 주님께로 와서 하나님과 화평을 누리도록 하는데 있다. 복음으로 초대한다고 말하는 사람은 그리스도를 따르는 일에는 얼마간 희생이 따른다는 사실에 관하여 침묵해서는 안 된다. 예수께서는 그를 따르고자 하는 자들을 다 부르시되, 각자가 자기를 부인하고 자기 십자가를 지고 예수와 새로운 교제를 갖도록 말씀하신다. 전도의 결과는 사람이 예수 그리스도께 순종하게 되는 것이다. 그리고 그리스도의 교회의 지체가 됨과 동시에 세상에서 적절한 봉사를 하여 그리스도인의 책임을 다하는 것이다(고전 15:3, 4, 행 2:28, 요 20:20, 고후 4:5, 11, 행 2:47, 막 10:43-45).

5. 그리스도인의 사회적 책임

하나님께서는 모든 사람을 지으신 창조주시오 동시에 심판 주이심을 강조한다. 그러므로 우리는 전체 인간 사회의 공의와 화목을 위하여 염려하시는 하나님의 마음 쓰심에 동참해야 한다. 하나님께서는 압제받는 모든 사람이 해방 받기를 원하신다. 사람은 하나님의 형상으로 지음을 받았기 때문에 어떤 인종에 속하든, 어떤 종교를 믿건 피부색이나 문화나 사회 계층에 관계없이 또한 남녀노소를 가릴 것 없이 인간으로서의 존엄성을 가지고 있다. 그러므로 사람은 착취당할 수 없다. 사람은 인정을 받고 존대를 받아야 한다. 우리는 지난날에 전도하는 일과 사회적인 책임은 서로 상반되는 일인 것처럼 생각한 것을 회개하는 바이다. 사람들끼리 화해하는 것이 곧 인간이 하나님과 화해하는 것이 되는 것은 아니다. 사회를 위한 활동이 곧 전도일 수 없고 정치적인 자유가 곧 구원일 수도 없다. 그러나 복음 전파 못지않게 사회와 정치에 참여하는 일이 우리가 그리스도인으로서 마땅히 해야 할 의무인 것을 확인한다. 이 양면이 다 같이 하나님과 사람에 관한 기독교 교리의 불가결한 표현 형식이요 우리가 이웃을 사랑하고 예수 그리스도의 말씀을 순종하는 길이다. 구원의 복음은 사람을 소외시키고 압제하며 차별하는 그 어떠한 일도 정죄하는 심판의 말씀을 내포하고 있다. 우리는 악과 부정이 실제로 있는 곳에서 악과 부정을 지탄하기를 주저하지 않으려고 한다.

사람이 예수 그리스도를 영접하면 그는 그리스도의 의를 말로만 설명할 뿐 아니라 부정이 많은 세상 속에서 그리스도의 의를 펴야 한다. 우리가 바라는 구원은 각자가 개인으로 또한 사회인으로서 책임을 더하는 사람으로 변화함을 받는 것이다. 행함이 없는 믿음은 죽은 믿음이다(행 17:26, 31, 창 18:25, 사 1:17, 시 45:7, 창 1:26, 27, 약 3:9, 민 19:18, 눅 6:27, 35, 요 3:3, 5, 마 5:20, 6:33, 고후 3:18, 약 2:20).

6. 교회와 복음 전도

예수 그리스도께서는 아버지께서 그를 보내셨듯이 구속함을 받은 그의 백성을 세상으로 보내신다는 것을 확실히 믿는다. 이러한 사실을 알 때 우리는 세상으로 좀더 깊이 희생적으로 파고들어 가지 않을 수 없다. 우리는 사회로부터 격리된 현실의 교회를 벗어나 비기독교 적인 사회로 침투해 들어가야 한다. 교회가 기여해야 하는 봉사 가운데 복음 전파가 단연 가장 중요하다. 세계를 복음화 하기 위해서는 그리스도의 백성들이 하나 같이 온 세계에다 온전한 복음을 전파해야 한다. 교회는 세상의 모든 것을 다 포괄하시는 하나님의 계획을 이루는 수단이며 복음전파를 위하여 택하신 도구이다. 십자가의 도를 설교하는 교회는 자체가 복음을 수행하는 공동체라는 인식을 사람들에게 줄 수 있어야 한다. 교회가 하나님께 대한 산 믿음을 가지지 못하면 즉 사람을 사랑하지 않거나 교회의 활동이 저조하거나 재정적인 힘이 없거나 순수성을 결여하고 있으면, 그 교회는 복음전파에 방해가 될 뿐이다. 교회는 기관이라기보다는 오히려 하나님의 백성의 모임이다. 그러므로 교회를 어느 특정한 문화나 어느 사회나 정치적인 체제나 혹은 사람이 만든 이데올로기와 동일시해서는 안 된다(요 17:18, 20:23, 마 20:19, 20, 행 1:8, 20:27, 엡 1:9, 10, 3:9-11, 갈 6:14, 17, 고후 6:3, 4,, 딤후 2:19, 21, 빌 1:27).

7. 복음전파를 위한 연합 활동

하나님의 진리 안에서 교회가 실제적인 통일을 이루는 것이 하나님께서 목적하시는 것임을 우리는 확실히 믿는다. 복음을 전파하는 과업이 우리가 하나 되는 것을 요구한다. 왜냐하면 우리가 하나 되지 못하면 화해를 전하는 복음이 빛을 잃게 되기 마련이기 때문이다. 현재 기구적으로 단일한 여러 형태의 교회가 있다고 할 수 있으나 그것이 반드시 복음전파에 큰일을 담당한다고는 할 수 없다. 그러나 성경은 하나님의 말씀으로 믿는 같은 신앙을 가진 우리는 성도의 교제를 갖는 일에나 봉사하고 복음을 증거 하는 일에 서로 긴밀하게 연합해야 한다. 우리의 복음 증거가 죄로 가득한 개인주의나 불필요한 율법주의 때문에 자주 방해를 받아 왔음을 우리는 확실히 안다. 우리는 진리를 변호하며 예배드리는 일과 거룩하게 되는 일과 복음을 전파하는 일에 하나가 되어야 함을 깊이 명심하고 있다. 교회가 전도자들을 파견하는 일과 선교전략을 세우며 선교를 위한 수단과 경험을 나누는 일을 위하여 지역적으로 그리고 기능적으로 공동 사업을 추진하는 일에 박차를 가해야 한다(요 17:21, 23, 엡 4:3,, 4, 요 13:35, 빌 1:27, 요 17:11-23).

8. 복음주의 노선을 따르는 교회들

선교를 위한 새로운 시대가 우리 앞에 열렸음을 우리가 기뻐한다. 서방 세계가 선교를 주도하던 위치는 현저히 동요되고 있다. 하나님께서는 연륜이 얕은 교회에 세계 선교의 새로운 큰 샘물이 솟아나게 하셨다. 그리하여 그리스도의 온 교회가 선교의 사명을 다하게 하셨다. 그러므로 각 교회는 자기 지역의 일을 위하여서뿐만 아니라 세계의 다른 나라와 지역에 선교사를 보내기 위하여 무엇을 해야 할 것인지 하나님 앞에 스스로 물어야 한다.

우리는 선교의 사명과 과제를 쉼 없이 새롭게 살펴야 한다. 그렇게 해야만 교회의 연합운동이 진전을 보게 되고 그리스도의 교회의 보편성이 뚜렷이 드러나게 된다. 성경의 번역 사업과 신학 교육 및 선교와 교회의 쇄신과 그 밖의 여러 과업이 추진되고 있음에 대하여 우리는 하나님께 감사한다. 우리는 이러한 모든 일이 교회가 복음 전파를 위하여 보내는 일을 하는데 정말 기여를 하고 있는지를 끊임없이 살피며 물어야 한다(롬 1:8, 빌 1:5, 4:15, 행 13:1-4, 살전 1:6-8).

9. 복음을 전파하는 강박한 일

27억 이상의 사람들, 즉 인구의 3분의2에 해당하는 사람들에게 복음을 전파해야 한다. 이렇게 많은 사람들이 아직 복음을 모르고 있는 사실을 우리는 부끄럽게 여긴다. 우리는 스스로 그리고 온 교회가 자책을 느껴야 할 일이다. 그런데 이제 바야흐로 세계의 여러 지역에서 전례 없이 주 예수 그리스도를 영접하려는 준비를 갖추고 있음을 알 수 있다.

우리는 교회나 교회 밖의 그리스도교 단체들이 복음을 듣지 못한 사람들의 구원을 위하여 열심히 기도하고 세계 선교를 위하여 새롭게 노력하는 시대를 맞이하였음을 의심치 않는다. 복음을 이미 받은 나라로부터는 시대를 외국의 선교사와 선교비를 줄여서 교회가 자립하도록 함과 동시에 아직 복음을 듣지 못한 지역을 돕도록 하는 것이 경우에 따라서는 필요하다고 생각한다. 선교사들은 어느 대륙을 막론하고 겸손한 봉사 정신으로 아무런 거리낌 없이 될 수 있는 대로 빠른 시일 내에 복음을 듣고 이해하고 받아들일 수 있도록 모든 수단을 간구해야 한다. 희생이 없이는 이 목적을 달성 할 수 없다. 수많은 사람이 가난에 쪼들리며 사는 것을 볼 때 우리는 가슴 아파한다. 그러나 우리는 이러한 가난을 초래한 부정에 대하여 무관심하다. 복지 사회에 사는 사람은 많은 것으로 남을 돕고 복음을 전파하는 일에 기여하기 위하여 소박하게 사는 법을 개발해야 한다(요 9:4, 마 9:1-9, 고전 9:19-23, 막 16:15, 사 58:6, 7, 약 1:27, 2:1-9, 마 25:31-48, 행 2:44, 46, 4:34, 35).

10. 복음전파와 문화

세계 선교의 전략이 발전함에 따라서 임기 응변하여 선교 방법을 택해야 함을 알게 되었다. 하나님의 도우심으로 예수 그리스도께 공고히 기초를 두면서 문화적인 환경에 밀접하게 연결하고 있는 교회들이 서게 된다. 모든 문화는 성경 말씀에 따라 점검되고 비판을 받아야 한다. 사람은 하나님의 피조물이므로 인간의 문화는 미와 선을 듬뿍 담고 있다. 그러나 사람이 범죄 하였으므로 모든 만물이 죄로 물들었다. 그리하여 많은 사물이 마귀의 지배를 받는다. 복음 앞에서 문화의 우열이 없다. 복음은 모든 문화를 복음의 진리와 의의 척도에 따라 심판하여 모든 문화에게 절대적인 윤리적인 수준을 요구한다. 선교하는 과정에서 선교지에다 복음과 생소한 문화를 이식하는 경우가 허다했었다. 그리고 교회들은 성경 말씀보다는 어떤 문화에 접붙임을 받기도 하였다. 그리스도를 전파하는 전도자는 남을 섬길 수 있기 위하여 자신을 낮추고 자기를 부인해야 한다. 그렇다고 자신의 개성까지 없이 하라는 것은 아니다. 교회는 문화를 변혁시키고 풍부하게 만들어 하나님께 영광을 돌리도록 해야 한다(막 7:8 9, 13, 창 4:21, 22, 고전 9:19-23, 빌 2:5-7, 고후 4:5).

11. 교육과 교회 지도

우리는 때때로 교회의 성장을 자체의 신앙적인 심화에다 두는 바람에 먼 곳에 있는 자에게 복음을 전하는 일이 교회를 영적으로 강화하는 일과 별개의 것으로 여겼던 것을 고백한다. 우리는 또한 선교 사업을 함에 있어서 선교지의 본국인 지도자를 양성하고 그들로 하여금 교회를 지도할 책임을 물려받도록 고무하는 일에 너무 오래 시간을 끌었던 것을 시인한다. 그러므로 우리는 교회의 자립 원칙을 지지하고 각 교회는 본국인의 주도 하에 있어서 교회를 인도하는 것이 지배하는 것이 아니라 섬기는 것임을 알도록 노력할 것이다. 그리고 교회를 인도할 사람들을 위한 신학교육이 개선되어야 할 필요가 있음을 인식한다. 각 민족의 문화를 따라 목사와 평신도들이 신앙교리와 실천 및 복음을 전하는 일과 경건 생활과 봉사를 배우도록 하는 적절하고 효과적인 교육과정이 마련되어야 한다. 그런데 이러한 교육과정이 판에 박힌 것이어서는 안 되고 성경의 말씀을 따르는 본국인의 창조적인 기여를 통하여 개발되어야 한다(골 1:27, 28, 행 14:23, 딛 1:5, 9, 막 10:42-45, 엡 4:11, 12).

12. 영적인 전투

우리는 교회를 넘어뜨리려고 하며 교회가 세계의 복음화를 수행하는 것을 방해하는 악의 권세 자와 끊임없는 영적인 싸움을 해야 하는 가운데 있음을 믿는다. 우리는 하나님이 주시는 갑옷으로 무장하고 진리와 기도의 영적인 무기를 가지고 이 싸움을 치러야 함을 인식한다. 우리는 원수가 활동하는 것을 교회 밖의 잘못된 이데올로기에서만 발견하는 것이 아니라, 교회 안에서도 성경을 왜곡하고 사람을 하나님의 자리에다 두는 등 다른 복음을 전함으로써 미혹하는 일을 하는 것을 발견한다. 그러므로 우리는 성경적인 복음을 보수하기 위하여 깨어 있어서 영들을 분별해야 한다.

우리는 자신들이 우리의 생각과 행위에 세상적인 것을 대항하는 면역이 결핍되어 있어서, 세속주의에 휘말리기 일쑤임을 시인한다. 가령 교회의 수적인 그리고 영적인 성장을 주의 깊게 조사하는 것이 옳고 가치 있는 일인데도 불구하고, 그런 일에 주의를 기울이지 않았음을 시인한다. 우리는 복음을 전할 때 그것을 붉게 희석화 하고 인간적인 수단을 쓰는 등 복음을 위한 성과를 가두기에 급급하여 설교를 듣는 사람들을 괴롭혔다. 우리는 수적인 통계에 너무 큰 비중을 두었을 뿐 아니라 심지어는 이러한 통계를 불순하게 이용하였다. 이러한 모든 처사는 세상적인 것이다. 그리스도의 백성들은 세상 속에서 살아야 하는 것이지만 세상의 지배를 받아서는 안 된다(엡 6:12, 고후 4:3, 4, 엡 6:11, 13-18, 고후 10:3-5, 요일 2:18-28, 4:1-3, 갈 1:6-9, 고후 2:17,, 4:2, 요 17:15).

13. 자유와 박해

평화와 정의의 자유를 보장하여 교회가 하나님을 순종하고 주 그리스도를 섬기며 아무런 방해를 받지 않고 복음을 전할 수 있도록 해 주는 것이 모든 정부가 하나님께로부터 받은 과업이다. 그러므로 우리는 나라를 다스리는 자들을 위하여 기도하고, 사상과 양심과 자유를 보장하고 사람들이 하나님의 뜻을 따라 신앙생활을 하고 신앙을 전파하는 자유를 향유할 수 있도록 해주기를 호소한다. 이것은 일반적인 인권의 선언에서도 말하는 바와 같다. 그 뿐 아니라 우리는 억울하게 갇힌 사람들과 특히 주 예수를 증거 하다가 고난을 당하는 우리 형제들을 위하여 심히 염려하는 바이다. 우리는 그들이 자유를 얻도록 기도하고 노력하기로 맹세한다. 우리도 같은 운명에 처하게 될까 보아 주저하지 않을 것이다. 하나님께서 우리를 도우셔서 우리가 어떤 희생을 당하더라도 불의를 거부하고 복음에 충실할 수 있기를 빈다. 우리는 예수께서 경고하신 바와 같이 박해를 피할 수 없다는 사실을 명심한다(딤전 1:1-4, 행 4:19, 5:29, 골 3:24, 히 13:1-3, 눅 4:18, 갈 5:11, 6:12, 마 5:10-12, 요 15:18-21).

14. 성령의 능력

우리는 예수 그리스도께서 구원과 심판을 완성하시려 우리가 눈으로 보는 가운데 권세를 가지시고 영광중에 다시 오실 것을 믿는다. 그가 다시 오신다는 약속의 말씀은 또한 우리로 하여금 복음을 전파하는 일에 힘쓰도록 재촉하는 말씀이기도 하다. 왜냐하면 주께서는 복음이 모든 민족에게 전파된 이 후에 오신다고 하셨기 때문이다. 우리는 그리스도께서 승천하신 때부터 재림하실 때까지의 기간에 하나님의 백성이 보내심을 받는 기간이 될 것임을 믿는다.

우리는 세상이 끝나는 날까지 선교를 중단 할 수 있는 아무런 권한도 없다. 우리는 그리스도께서 적그리스도가 오기 전에 먼저 거짓 그리스도와 거짓 선지자들이 일어날 것이라고 경고하신 말씀을 기억한다. 그러므로 우리는 인간이 자신을 믿고 땅위에 이상적인 사회를 건설할 것이라고 하는 꿈을 반대한다. 우리 그리스도인은 하나님께서 그의 나라를 완성하실 것을 믿고, 새 하늘과 새 땅이 조성될 날을 고대한다. 그 날에는 공의가 베풀어질 것이요 하나님께서 항상 통치하실 것이다. 그때까지 우리는 그리스도께서 우리 자신들을 즐겨 바치며 봉사할 것이다 (막 14:62, 히 9:28, 막 13:10, 행 12:8-11, 마 28:20, 막 13:21-23, 요 2:18, 14:1-3, 눅 12:32, 계 21:1-5, 벧후 3:13, 마 28:18).

의무

그러므로 우리는 우리가 믿고 결의한 대로 하나님 앞에서 서로 즐겁게 온 세계의 복음화를 위하여 함께 기도하고 계획하며 일해야 할 의무가 있다. 우리는 다른 그리스도인에게도 이에 참여하도록 촉구한다. 하나님의 영광을 위하여 우리의 의무를 충실히 이행할 수 있도록 하나님께서 은혜로 우리를 도우시기를 기원한다. 아멘! [209]

6. 시카고선언(1978) 성경의 무오성에 관한 선언

1) 시카고선언의 역사적 배경

성경의 무오성에 관한 시카고선언The Chicago Statement on Biblical

---

209 김영재, 「교회와 신앙고백」 pp. 233-243.

Inerrancy은 1978년 성경의 무오함에 관한 국제 협회The International Council on Biblical Inerrancy가 후원한 회의에서 약 300명의 복음주의 학자들에 의해서 작성되었다(주장과 거부 1-19조). 이 선언은 성경에 관한 자유주의적인 경향과 성경의 고등비평 및 로마가톨릭교회의 주장에 거슬러 성경의 무오성에 관한 입장을 보호하기 위해서 고안되었다. 성경연구와 신학의 전제는 성경의 무오성에서부터 시작되어야 한다. 성경의 무오성을 부정한다면 전정한 개혁교회라 할 수 없다. 역사적 기독교 계시 의존 사색 즉 언약의 종교이기 때문이다. 성경무오에 관한 시카고선언 그리스도인의 믿음과 행함에 대한 근본이라 할 수 있다.

1978 시카고선언의 역사적 배경은 성경의 무오성은 그리스도인의 믿음과 행함 그리고 신약교회의 기초석이다. 또한, 우리는 성경의 무오성을 확실히 믿고 견고히 가르쳐야 할 책임이 있다. 그런데 1950년대 중반에 미국의 복음주의는 전통적인 성경관을 유지하는 '보수적 복음주의'와 자유주의의 성경관을 일부 수용하는 '진보주의적 복음주의'라는 두 갈래 양상으로 나누어졌다.

전자는 워필드B. B. Warfield의 전통을 따라 성경의 완전 무오설을 취했지만 후자는 제임스 오르James Orr의 전통을 따라 성경의 제한적 무오설을 강조했다. 즉 제한적 무오설이란 성경에서 적극적으로 가르치는 내용(예를 들어 신앙과 계시 등과 같은 구원에 관계된 부문)에 관해서는 성경이 무오 하지만 그 외의 역사, 사상, 과학 등의 관점에서 볼 때는 성경에도 오류가 있다고 보는 입장이다.

이것은 이후 복음 주의권 내에 성경 무오설에 대한 끊임없는 논쟁의 촉발제가 되었다. 특히 신복음주의 운동 전개의 주축이었던 풀러Fuller 신학교를 중심으로 후자의 견해가 복음주의 안에 강력한 영향력을 발휘하였다. 이에 대해 전통적 복음주의자 중에는 성경에 관한 역사적 비평연구를 전면적으로 거부하면서 성경 완전 무오설을 복음주의와 비복음주의를 구분하는 척도로 삼으려 하였다.

2) 시카고선언의 작성자들

시카고선언 작성에는 제임스 보이스James Montgomery Boice, 노먼 가이슬러Norman Geisler, 프랜시스 쉐이퍼Francis Schaeffer, 칼 헨리Carl F. H. Henry, 제임스 패커J. I. Packer, 알 시 스프로울R. C. Sproul 등 성경의 무오함에 관한 국제 협회The International Council on Biblical Inerrancy가 후원한당대의 권위 있는 300여 명의 복음주의 학자들과 지도자들이 참여했다. 시카고 선언은 성경의 축자영감과 완전영감과 유기적 영감을 부정하는 자유주의자들을 향한 성경의 무오성에 관한 최근의 역사적인 선언으로서의 의미가 있다.

3) 시카고선언의 평가

시카고선언은 성경의 무오성에 관한 최근의 역사적인 선언으로서 의미가 있다. 미국의 조직신학자 웨인 그루뎀 Wayne Grudem은 그의 책 조직신학Systematic Theology에서 이 성명서를 8개의 다른 역사적인 신조와 함께 소개했다. 이 선언의 내용은 개혁파와 복음주의자들이 함께 공감할 수 있는 것이다. 성경의 무오성에 관해서 가르칠 때 활용할 수 있는 유용한 도구가 아닐 수 없다.

1977년 성경 무오에 관한 국제 협의회International Council on Biblical Inerrancy가 조직되어 1978년 시카고선언The Chicago Statement on Biblical Inerrancy으로 성경무오를 천명하였다.

1981년 풀러신학교를 중심으로 무오 개념을 반대하고 무류 개념으로 진영을 구축하였다. 존 맥아더 목사는 이때의 상황을 회고하면서 성경 무오 사상이 유지될 신학교를 굳건하게 구축하였다고 밝히면서, 성경 무오를 반대하는 진영에서 성경 무오를 대신하여 성경의 권위를 강조하며 복음의 기치를 높인 신학교육이 없었다고 회고하며, 오히려 그들이 더 편협하였다고 제시하였다("성경 무오성에 대한

도전에 답하다"에서). 풀러신학교는 캠퍼스가 축소되었지만, 남침례교의 보수적 신학은 신학교를 탈환하였다. 존 맥아더 목사는 바르트주의자들이 신학교를 떠났고 무오성을 견지하는 학자들로 채워져 시카고 선언문이 설 수 있는 토대가 제공되었다고 밝혔다.

4) 시카고선언의 신학적 문제

세계복음주의 연맹World Evangelical Alliance은 아버지 아들 성령을 제시한 뒤에 "우리 주 예수 그리스도"로 진행한다. 아버지와 아들로 묶는 의도는 없는 것 같다. 그리고 "독생자his only Son"라는 어휘가 생략되었다. "독생자"의 성육신과 육체 안에 있는 "하나님의 현현, God manifest" 전혀 다른 개념이다. 세계복음주의 연맹World Evangelical Alliance은 "성령으로 잉태됨"이 없다. 성경관의 무오와 무류에 대한 문제점만 인식하였는데, 신론, 기독론, 성령론, 구원론, 교회론, 종말론 등에서 적지 않은 문제점이 있다고 생각한다.

신론에서는 창조 신앙이 없는 것이다. 기독론에서는 독생자, 성령잉태, 십자가, 무덤, 보좌에 앉으심, 등등이 없다. 구원론은 사도신조와 신조에는 없는데 첨가했는데, "성령에 의한 중생"이 적지 않은 문제이다. 교회론에서는 "신자들의 영의 연합"이란 개념을 명확하지 않다. 부활에서는 "상실된 자의 저주의 부활"이라는 어휘를 제시하였다. 믿음 선언서가 사도신조나 공교회의 문서(콘스탄티노플 신조, 381년)와 같을 필요는 없다. 그러나 차이가 나는 것은 납득하기 어렵다.

종교개혁의 신앙고백서는 사도신조의 내용에서 하나도 빠짐이 없이 더 풍성한 내용으로 구성하였다. 그런데 세계복음주의 연맹World Evangelical Alliance의 믿음 선언서는 사도신조에 있는 개념의 여러 믿음 내용이 빠져 있고 첨가한 내용이 있다. 우리의 바른 믿음의 문장은 사도신조, 콘스탄티노플 신조(381년)이다. 우리의 신앙고백서인 웨스트민스터신앙고백서는 그 내용에서 전혀 벗어나지 않았고 제외한 항목이 없다.

5) 시카고선언 전문

서문

성경의 권위는 우리 시대와 다른 모든 시대의 교회에 있어서 핵심적인 문제다. 예수 그리스도를 주와 구세주로 고백하는 사람들은 기록된 하나님의 말씀에 겸손하고 신실하게 복종함으로써 그리스도의 제자 됨을 보여 주어야 한다. 우리의 신앙이나 행위에 있어서 성경에서 일탈하는 것은 우리 주님에 대한 배반이다. 성경의 전적인 진실성과 신빙성에 대한 인식은 성경의 권위를 올바로 이해하고 고백하기 위한 필수 사항이다.

Signing of Chicago Statement on Inerrancy 1978

아래의 선언문은 성경의 무오성에 대한 우리의 이해와 이를 부인하는 데 대한 경고를 명백히 밝힘으로써 성경무오의 교리를 새롭게 재확인한 것이다. 성경무오의 교리를 부인하는 것은 예수 그리스도와 성령의 증거를 무시하는 것이요, 참된 그리스도인의 신앙을 특징짓는 기록된 하나님의 말씀에 대한 순종을 거부하는 것이라고 우리는 확신한다. 그리스도인 형제자매마저 성경무오의 진리에서 일탈하고 이 교리에 대한 오해가 세상에 만연한 오늘날의 현실에 직면해서 이러한 선언문 발표는 시의적절한 우리의 의무라고 본다.

본 선언은 간추린 선언문, 주장과 부인 및 그에 따른 해설(본 부록에는 싣지 않음)의 세 부분으로 구성되어있다. 이 선언문은 시카고에서 사흘간의 협의 끝에 작성되었다. 간추린 선언문 및 주장과 부인에 서명한 사람들은 성경 무오성에 대한 자신의 신념을 밝히고 모든 그리스도인이 이 교리를 더 잘 인식하고 이해하도록 권면하고 자극하기를 희망한다.

우리는 본 문서가 짧은 기간의 협의를 통해 작성되었기 때문에 한계가 있음을 인정하며 본 선언이 신조와 같은 비중을 차지해야 한다고는 주장하지 않는다. 그럼에도 불구하고 우리는 토론을 통해 우리의 확신을 더 분명히 확인했음을 기쁘게 여기며 우리가 서명한 본 선언이 그리스도인의 신앙이나 생활이나 사명에 있어 교회의 개혁을 유도함으로써 하나님의 영광을 위해 사용되기를 기도한다.

우리는 논쟁하려는 마음이 아닌 겸손과 사랑의 마음으로 본 선언을 내놓는다. 또 우리가 말한 내용으로 인해 앞으로 발생할 어떤 논의에서도 하나님의 은혜로 겸손과 사랑의 마음을 견지할 것을 제안한다. 우리는 성경의 무오를 부인하는 이들 중에도 많은 사람이 그 밖의 신념이나 행동에 있어서 반드시 본 선언에서 부인하는 바와 같은 결과를 드러내지는 않음을 기꺼이 인정한다. 또 본 교리를 고백하는 우리조차 때로는 우리의 생각이나 행동, 전통이나 습관을 하나님의 말씀에 온전히 굴복시키지 못하여 우리가 주장하는 바를 우리 생활로 부인할 때도 있다는 점을 잘 알고 있다.

우리는 성경 자체에 비추어 이 선언에서 성경에 관해 주장하는 내용을 고쳐야 할 이유를 발견하는 사람이면 누구든지 이 선언을 반박하는 것을 환영한다. 왜냐하면, 우리의 진술은 절대 무오한 성경의 권위에 근거해야 하기 때문이다. 우리는 우리가 증거 하는 내용에 대해 우리 개인의 절대 확실성을 주장하는 것은 아니며 하나님의 말씀에 대한 이러한 증거를 더 힘 있게 해줄 수 있는 어떠한 도움에 대해서도 감사히 여길 것이다.

요약문 A Short Statement

1 문항은 성경관 2 문항은 신론 3 문항은 기독론 4 문항은 구원론 5 문항은 성령론 6 문항은 종말론 7 문항은 교회론으로 구성되어있습니다. 전통적인 문서는 삼위일체를 고백(창조와 아버지와 아들의 동일 실체)에서 시작하는데, WEA에는 성경관에서 시작하는 것은 종교개혁의 산물이라고 볼 수 있다.

1. 그분 자신이 곧 진리이시며 진리만 말씀하시는 하나님은 창조주와 주님과 구주 및 심판자 되시는 예수 그리스도를 통하여 잃은 사람들에게 그분 자신을 계시하시려고 성경을 감동하셨다. 성경은 그분 자신에 대한 하나님의 증언이다.

2. 성경은 하나님 자신의 말씀으로서 성령에 의해서 준비되고 감독을 받은 사람들에 의해서 쓰였다. 성경은 관여하는 모든 내용에 있어서 전혀 틀림이 없는 신적인 권위인 것이다. 성경이 주장하는 모든 것은 하나님의 교훈으로서 믿어야 한다. 성경이 요구하는 모든 것은 하나님의 명령으로서 순종해야 한다. 성경이 약속하는 모든 것은 하나님의 약속으로서 받아들여야 한다.

3. 성경의 신적인 저자이신 성령은 그분의 내적인 증거로 우리에게성경이 믿을 만함을 입증해 주시고 우리의 마음을 열어서 그 뜻을 깨닫게 해주신다.

4. 성경은 전체적으로 또한 축자적으로 하나님이 주신 것으로서, 그모든 가르침에 오류와 틀림이 없다. 하나님의 창조 역사, 세계사의 사건들, 혹은 하나님의 감독 아래서 성경 책들이 기원된 것에 관한증거는, 개인들의 삶 속에서 역사하시는 하나님의 구원하시는 은혜에 관한 증거 못지 않게, 오류와 틀림이 없다.

5. 총체적인 신적 무오성이 어떤 형태로든 제한되거나 무시된다면, 성경의 권위가 손상되는 것은 불가피하다. 이뿐 아니라 성경 자체의 증거와는 상반되게 성경의 권위는 진리의 견해에 대하여 상대적이 된다. 이러한 과실은 개인과 교회에 심각한 손해를 끼친다.

<주장과 거부의 조항들>

제1조

우리는 성경은 권위 있는 하나님의 말씀으로 받아들여야 함을 주장한다.

우리는 성경은 교회, 전통, 혹은 다른 어떤 인간적인 원천으로부터 권위를 부여받는다는 주장을 거부한다.

제2조

우리는 성경은 최고의 기록된 표준으로서, 하나님은 이것으로 양심을 구속하셨음을 주장한다. 또한, 교회의 권위는 성경에 종속됨을 주장한다.

우리는 교회의 신조들, 회의들, 혹은 선언들이 성경의 권위보다 더 크거나 동등하다는 주장을 거부한다.

제3조

우리는 기록된 하나님의 말씀 전부는 하나님이 주신 계시임을 주장한다.

우리는 성경은 그저 계시에 대한 증언이라는 주장, 만남을 통해서 비로소 계시가 된다는 주장 혹은 성경의 유효성은 사람의 반응에 달려있다는 주장을 거부한다.

제4조

우리는 그분 자신의 형상을 따라 사람을 창조하신 하나님은 계시의 수단으로 언어를 사용해 오셨다는 것을 주장한다.

우리는 사람의 언어는 우리의 피조물로서의 속성으로 인하여 너무 제한되어 있으므로 신적인 계시를 위한 수단으로써 불충분한 것이 되어버린다는 주장을 거부한다. 또한 죄로 인하여 야기된 사람의 문화와 언어의 부패함이 하나님의 감동하시는 역사를 좌절시켰다는 주장을 거부한다.

제5조

우리는 성경 안의 하나님의 계시는 점진적이었음을 주장한다.

우리는 이후의 계시는, 이전의 계시를 실현시킬 수는 있으나, 그것을 수정하거나 부정하는 것이 결코 아님을 주장한다. 또한 어떤 규범적인 계시가 신약의 책들이 완성된 이후에 주어졌다는 주장을 거부한다.

제6조

우리는 성경 전부와 각 부분은, 원본의 바로 그 단어들에 이르기까지, 신적인 감동에 의해서 주어졌음을 주장한다.

우리는 성경의 영감은 부분들이 없이도 전체에 대하여, 혹은 전체가 아니라 어떤 부분들에 대하여 정당하게 단언될 수 있다는 주장을 거부한다.

제7조

우리는 영감(감동)은 하나님께서 성령으로 말미암아, 인간 저자들을 통하여, 그분의 말씀을 우리에게 주신 역사였다고 주장한다.

우리는 영감을 사람의 통찰력이나 어떤 종류의 의식이 고조된 상태로 축소시킬 수 있다는 주장을 거부한다.

제8조

우리는 하나님은 영감(감동)에 관한 그분의 역사에 있어서 그분이 선택하시고 예비하셨던 기록자들의 독특한 인격과 문어체를 사용하셨음을 주장한다.

우리는 하나님은 성경의 기록자들로 하여금 하나님이 선택하셨던 바로 그 단어들을 사용하게 하심으로 그들의 인격을 유린하셨다는 주장을 거부한다.

제9조

우리는 영감은, 전지(全知)를 수여하지는 않을지라도, 성경의 저자들이 말하고 기록하도록 감동을 받았던 모든 내용에 관해서 참되고 믿을 수 있는 언급을 할 수 있도록 보증했다고 주장한다.

우리는 이 기록자들의 유한성과 타락성은, 필연적으로 혹은 딴 방법으로, 하나님의 말씀에 왜곡과 거짓을 끌어 들였다는 주장을 거부한다.

제10조

우리는 영감은, 엄밀히 말하면, 하나님의 섭리 안에서 유효한 사본들로부터 매우 정확하게 규명할 수 있는, 성경의 원본에만 적용되어야 한다는 것을 주장한다. 또한 성경의 사본들과 번역본들은 원본을 충실하게 기술하고 있는 한도까지 하나님의 말씀임을 주장한다.

우리는 기독교 신앙의 어떤 본질적인 요소가 원본의 결여로 인하여 영향을 받는다는 주장을 거부한다. 더구나 우리는 원본의 결여가 성경의 무오함에 대한 주장을 무효한 것이나 부적절한 것으로 만든다는 주장을 거부한다.

제11조

우리는 성경은 하나님의 감동으로 된 것으로 전혀 틀림이 없으므로, 우리를 잘못 인도하기는 커녕, 성경이 언급하는 모든 내용에 있어서 참되고 믿을만한 것임을 주장한다.

제12조

우리는 성경은 거짓과 사기와 속임이 없는 전체로서 무오한 것이라고 주장한다.

우리는 성경의 절대 확실성과 무오성은 역사와 과학의 영역에 있는 주장들을 제외하고, 영적인 주제나 종교적인 주제나 구속적인 주제에만 한정된다는 주장을 거부한다. 더구나 지구의 역사에 관한 과학적인 가정들은 창조와 홍수에 관한 성경의 주장을 부결시키는데 쓰여질 수 있다는 주장을 거부한다.

제13조

우리는 성경의 완전한 진실성에 관한 언급을 하면서 신학적인 용어로서 무오성이라는 단어를 사용하는 것은 올바르다는 것을 주장한다.

우리는 성경의 용법이나 목적과는 맞지 않는 진리와 오류의 기준에 따라 성경을 평가하는 것은 타당하다는 주장을 거부한다. 게다가 현대식의 기술적인 결핍, 문법과 철자의 불규칙성, 자연을 관찰하는 묘사들, 거짓말들을 공표하는 것, 과장법의 사용과 대략적인 숫자들, 자료의 주제적인 배열, 유사한 보고에 있는 자료의 상이한 선택, 혹은 자유로운 인용을 사용하는 것과 같은 성경적 현상들에 의해서 (성경의) 무오성이 부정된다는 주장을 거부한다.

제14조

우리는 성경의 통일성과 내적인 조화를 주장한다.

우리는 아직 해결되지 않은 추정된 오류와 모순은 성경의 주장의 진실성을 해친다는 주장을 거부한다.

제15조

우리는 무오성의 교리는 영감에 관한 성경의 가르침에 근거하고 있음을 주장한다.

우리는 성경에 관한 예수님의 가르침은, 조화(accommodation)혹은 그의 인성에 관한 어떤 자연적인 제한에 호소함으로 말미암아 부정될 수 있다는 주장을 거부한다.

제16조

우리는 무오성의 교리는 교회 역사를 통해서 교회의 믿음에 절대 필요한 것이었다고 주장한다.

우리는 무오성은 학자 같은(scholastic) 신자에 의해서 창작된 교리나 부정적인 고등 비평에 응하여 상정(想定)된 반작용적인 입장이라는 주장을 거부한다.

제17조

우리는 성령은 하나님의 기록된 말씀의 진실함을 믿는 자들에게 확신시키며, 성경을 증거 하신다는 것을 주장한다.

우리는 성령의 이러한 증거는 성경으로부터 격리되어 혹은 성경에 거슬러 작용하다는 주장을 거부한다.

제18조

우리는 성경의 본문은, 문어적인 형태나 고안을 참작하여, 문법적이며 역사적인 석의(釋義)에 의해서 해석되어야 한다는 것과 성경은 성경으로 해석해야 한다는 것을 주장한다.

제19조

우리는 성경의 완전한 권위, 절대 확실성, 혹은 무오성에 관한 고백은 기독교 신앙의 전체를 바르게 이해함에 있어서 중요하다는 것을 주장한다. 또한 이러한 고백은 그리스도의 형상을 더욱 닮는 것으로 인도되어야 한다는 것을 주장한다.

(출처 : 늘사랑침례교회)

7. 캠브리지선언(1996) 복음주의 연맹의 믿음선언

1) 캠브리지선언의 역사적 배경

1996년 4월 17일, 마침내 매사추세츠 캠브리지에서 회의가 나흘 간 개최되었다. 회의 장소의 선택은 매우 의미가 있었는데, 그 이유는 캠브리지와 하버드가 있었던 곳이었으며 17세기 미국의 교회와 지적인 삶의 중심지였기 때문이었다. 이곳은 또한 뉴잉글랜드 청교도들이 1648년에 교회정치 선언서인 '캠브리지 플랫폼 Cambridge Platform'을 발표한 장소이기도 하다.

나흘간의 회의에 모인 전 세계 100명의 인사는 회의 결과를 공식적인 선언서로 작성할 의도를 분명히 했다. 그리고 이 회의는 중요한 의미가 있는데, 이는 복음주의 루터교인들이 참석했다는 것이다. 그들은 지금까지 주류 복음주의 권과 개혁주의 운동에 일정한 거리를 두고 있었다.

회의가 거듭될수록 여러 참석자는 수많은 안건과 의견을 내놓았지만, 캠브리지 선언을 작성한 인물들은 데이비드 웰스와 마이클 호튼이었다. 회의 기간 제출된 다양한 문서들은 제임스 보이스와 벤 새스 Ben Sasse가 정리하여 2004년 '우리가 서 있는 자리 Here we stand'라는 책으로 출판되었다.

캠브리지선언 The Cambridge Declaration 이란 1996년 고백적 복음주의 연맹에 의해서 작성된 믿음의 선언서이다. 개혁주의와 루터란주의 가운데서 복음주의 운동에 관심을 두는 무리의 모임을 통하여 선언한 고백서이다. 다섯 솔라를 주장한다.

캠브리지선언 Cambridge Declaration은 1996년에 신앙고백적 복음주의 연합 ACE_the Alliance of Confessing Evangelicals이 발표한 신앙성명서이다. 이 성명서를 발표한 단체는 세계적으로 영향력을 끼치고 있는 미국의 복음주의 운동에 관심을 둔 개혁주의자들과 루터교인들의 연합체이다. 캠브리지선언 Cambridge Platform은 웨스트민스터 신앙고백에 주로 영향을 받았지만, 1658에 제정된 사보이 신앙고백에 영향을 받았다.

회중주의 자들은 16세기 영국 엘리자베스 1세 때 시작되어 17세기 찰스 1세가 의회와 분쟁을 겪으면서 그들의 존재가 알려졌다. 이들은 당시 분리주의자들이며 비국교도로서 많은 박해를 받고 순교했다. 그 후 1620년에 일부가 청교도와 함께 신앙의 자유를 찾아 미국으로 이주하여 미국에서 신앙의 꽃을 피웠다. 그리하여 1648년 회중교회는 미국으로 이주한 청교도와 신앙고백의 동질성을 확인하고 웨스트민스터 신앙고백을 수용한다는 케임브리지 선언The Cambridge Declaration을 하고 연합하여 미국에서 큰 교세를 확보하게 되었다. 그 후 영토가 서부로 확장되면서 종종 장로교회와도 연합했다. 1810년에는 해외선교 아메리카 위원회를 두어 중국과 극동아시아에서 폭넓은 선교 활동을 펼치기도 했다. 1957년 복음주의 개혁교회와 연합하여 미국그리스도연합교회United Church of Christ, 약칭 U, C, C를 설립했다.

회중교회의 총회는 개개의 침례교 회중들이 스스로 만든 연합체이며, 각 회중은 여전히 교유의 개성과 주권을 보유하고 있다. 이 남침례교는 미국 개혁교회 내부에서 큰 영향력을 발휘했다. 이 때문에 침례교도가 아닌 사람 중에는 침례교라는 말이 종교와 정치면에서 훨씬 더 광범위한 선택을 의미한다는 점을 인식하지 못하는 일들이 많다.

오늘날 복음주의자들은 점점 더 그리스도의 영이 아닌 이 시대의 영의 지배를 받아가고 있다. 복음주의자로서, 우리는 이 죄를 회개하고 역사적인 기독교의 믿음을 회복할 것을 스스로 요구한다.

역사의 흐름 속에 말은 변화한다. 우리 시대에는 '복음주의'라는 단어에 이 일이 일어났다. 과거에 이 말은 여러 다양한 교회의 전통들 가운데 속한 그리스도인들을 결속시키는 끈의 역할을 했다. 역사적인 복음주의는 고백적이었다. 그들은 위대한 공의회가 정의한 핵심 진리들을 받아들였다. 더 나아가 이들은 16세기 종교개혁의 '오직'에 담긴 유산 또한 공유하였다.

2) 복음주의 연합 (The Alliance of Confessing Evangelicals, ACE)

복음주의연합ACE 회의와 그 결과물인 캠브리지 선언은 데이빗 웰스 David F. Wells의 저서 "진리가 설 자리가 없다 ; 도대체 무슨 일이 복음주의 신학에 일어났는가?" No place for Truth ; or whatever happened to Evangelical Theology?~1993에 그 근원을 두고 있다. 이 책에서 웰스는 미국의 복음주의 교회들이 역사적인 신학적 뿌리를 포기하고 세상의 철학과 실용주의를 선택한 사실에 대해 강도 높은 비판을 하였다.

비록 베스트셀러는 아니었지만, 많은 주요 복음주의 권 지도자들은 이 책에 대단한 호응을 보냈다. 1994년, 이 복음주의 권 지도자들이 ACE를 결성하였다. 웰스가 내놓은 많은 논제는 현대교회가 포기한 역사적 신앙고백(예를 들어, 웨스트민스터신앙고백, 1689년 침례교인 신앙고백)에 기인하였기 때문에, ACE는 개혁주의 신앙고백을 지지할 뿐만 아니라 자신들의 사역을 이끌 수 있었던 복음주의자들에게 그 기초를 두었다.

ACE 회의와 캠브리지 선언을 이끈 두 명의 주요한 인물이 있다. 바로 '복음주의 선교회Evangelical Ministries-Philadelphia PA'의 '제임스 몽고메리 보이스 James Montgomery Boice'와 '개혁기독인연합Christian United for Reformation-Anaheim CA'의 '마이클 호튼Michael S. Horton'이다.

웰스와 마찬가지로, 보이스와 호튼은 현대 복음주의의 본질이 매우 수준이 낮으며 그로 인한 영향에 대해 강하게 비판했다(호튼과 보이스의 공동저서, '능력종교: 복음주의 교회들의 배신Power Religion: The Selling out of the Evangelical Church 1993'을 보라). 1996년, 두 사람은 ACE에 참여하며 힘을 합하게 되었다.

3) 캠브리지 선언의 동기

1) 포스트 모더니즘으로 대표되는 현대 문화는 교회가 전하는 메시지에 변화를 일으켰다.

2) 복음을 전하는 것을 포기한 채, 많은 교회와 교단들이 정치에 직접 개입하거나 정당과 정치인들을 후원한다.

3) 강해설교가 사라지는 현실과 같이, 현대교회에는 기독교 교리가 쇠락해가고 있다.

4) 교회 내의 상대주의가 득세함에 따라 "진리"는 주관적으로 결정되는 환경이 만들어졌다. 목회자들의 설교에서도 오로지 "긍정적" 메시지만이 난무한다.

5) 교회 내에 하나님보다 인간에 대한 관심도가 더 높아졌다.

6) 인간을 구원하는 하나님의 능력보다 오히려 하나님의 은혜에 응답하는 인간의 능력에 더 초점을 두려 하고 있다.

7) 교회는 성경적 선교가 갖는 질적이고 영적인 측면보다는(외형적인 성공에 몰입하는 선교와 관계된) 교회 성장의 양적이고 측정 가능한 면에 집중하게 되었다.

4) 캠브리지 선언의 주요내용

이 선언서는 복음주의 교회들이 회개하기를 촉구하며 다섯 가지 솔라Sola 로 설명하는 역사적 기독교 진리를 다시 확증하였고, 그러면서 현대적 가르침에 대해서는 반대했다.

오직 성경 : 성경 권위의 쇠락 Sola Scriptura : The Erosion of Authority

성경만이 교회 생활의 무오한 규범이다. 그러나 오늘날의 복음주의 교회는 성경을 그 권위 있는 기능으로부터 분리해버렸다. 실제로는 교회가 문화의 인도를 받는 경우가 너무 흔하다. 교회가 무엇을 원하고, 어떻게 기능하며, 무엇을 제공하는지에 대해 하나님의 말씀보다 치료 기술, 마케팅 전략, 엔터테인먼트 세계의 소리가 할 말이 더 많은 경우가 많다. 음악에 담긴 교리적 내용을 포함해 예배에 대해 그들이 당연히 해야 할 감시를 목사들은 게을리하였다. 성경의 권위가 실제로는 버려지고, 성경의 진리들이 그리스도인의 양심에서 사라지고, 그 교리들이 중요성을 잃어감에 따라 교회는 점점 더 그 고결함과 도덕적 권위와 방향성을 잃어갔다.

우리는 소비자의 감지된 욕구를 만족시키기 위해 기독교 신앙을 변형시키는 것이 아니라 율법을 참된 의로움의 유일한 기준으로, 복음을 구원하는 진리의 유일한 공표로 선언해야 한다. 성경의 진리는 교회의 지각과, 양육과, 훈련에 필수 불가결하다.

성경이 우리를 우리의 인지된 필요를 넘어 참된 필요로 데려가야 하며, 자신을 매력적인 이미지와 상투적 말들과 대중문화가 주는 희망들과 우선순위들을 통해 바라보는 일로부터 우리를 해방해 주어야 한다. 오직 하나님의 진리의 빛 안에서만 우리 자신을 바르게 이해하고 우리의 필요에 대한 하나님의 공급을 바라볼 수 있다. 그러므로 교회는 반드시 성경을 가르치고 설교해야 한다. 설교는 설교자의 견해나 이 시대의 사상을 표현하는 것이 아니라 성경과 그 가르침들에 대한 강해여야 한다. 우리는 하나님께서 주신 것 외에 무엇으로도 만족해서는 안 된다.

개인이 경험하는 성령님의 역사는 성경으로부터 분리될 수 없다. 성령은 성경과 무관한 방법으로 말씀하시지 않는다. 성경이 없었다면 우리는 그리스도 안에 있는 하나님의 은혜를 결코 알 수 없었을 것이다. 영적인 경험이 아닌 성경 말씀이 진리의 시금석이다.

제1 명제 : 오직 성경 Sola Scriptura

우리는 무오한 성경이 기록된 신적 계시의 유일한 근원임을 다시 한번 확인한다. 오직 성경만이 양심을 구속할 수 있다. 오직 성경만이 우리가 죄로부터 구원받는데 필요한 모든 것을 가르치며, 모든 그리스도인의 행동은 오직 성경으로 판단받아야 한다. 우리는 어떤 신조나 공의회나 개인이 그리스도인의 양심을 구속할 수 있음을 부인한다. 성령이 성경에 진술된 것에 무관하게, 혹은 반하여 말씀하신다거나 개인의 영적 경험이 계시의 수단일 수 있다는 것을 부인한다.

성경만이 우리 생활과 신안의 유일한 법칙이며 다른 계시와 환상이나 꿈이나 천사의 방문 등이 아니라 성경의 충족설을 믿으며 성경외의 다른 경전을 인정치 않으며 성경은 성경으로 해석하는 성경 해석의 원칙을 준수하며 성경의 완전 영감설과, 성경의 무오설 등을 철저하게 믿는다.

오직 그리스도 : 예수 그리스도 중심 신앙의 쇠퇴 Solus Christus ： The Erosion of Christ-Centered Faith

복음주의 신앙이 세속화됨에 따라 그 관심사도 문화의 관심사로 더럽혀졌다. 그 결과는 절대적 가치의 상실과 자유방임적 개인주의이며, 건강함이 거룩함을 대치하고, 회복이 회개를, 직관이 진리를, 느낌이 믿음을, 우연이 섭리를, 그리고 즉각적인 즐거움이 영속적인 소망을 대치한 것이다. 그리스도와 그의 십자가는 우리 시야의 중심에서 사라졌다

제2 명제 : 오직 그리스도 Solus Christus

우리는 우리의 구원이 오직 역사적인 그리스도의 중보 사역으로 성취됨을 다시 한번확인한다. 그분의 죄 없는 삶과 오직 대속적인 속죄만이 우리의 칭의와 성부와의 화해를 가져올 수 있다. 만일 그리스도의 대속사역이 선언되지 않고, 그리

스도와 그의 사역에 대한 믿음이 요청되지 않는다면 그것은 복음이 선포된 것이 아니다.

예수 그리스도만이 우리의 구세주이다. 마리아가 우리의 구세주가 아니며 마리아에 경배할 필요가 없다. 딤2:5은 분명히 사람과 하나님 사이의 유일무이한 중보자는 인간 예수 그리스도라고 말하고 있다. 마리아가 언제 나를 위해 십자가에 죽어 주었는가? 예수님은 마리아의 몸을 빌려 도성인신incarnaion하신 것뿐이다. 예수를 믿던, 부처를 믿던, 모하메드를 믿던 구원을 얻는다고 가르치는 것은 잘못이다. 행 4:12에는 "천하 인간에 다른 이름으로 구원을 얻을 다른 이름을 우리에게 주신 적이 없다"라고 말한다. 그리스도는 독특한 분이시다. 그분은 완전한 하나님이며 완전한 인간이시다.

주 예수 그리스도Lord Jesus Christ란 말의 의미를 다시 한번 생각하자" 주Lord, adonai라는 말은 구약에서 여호와를 칭한다. 예수님의 신성을 말한다. 그는 영원 전부터 영원까지 삼위일체로 계신 분이다. 그가 정하신 때에 인성을 취하고 이 세상에 오셨다고 하여 그에게 인성의 예수와 신성의 예수가 있는 것이 아니다.

하나님 한 분이 어떤 때는 성부로, 어떤 때는 성령으로, 어떤 때는 설자로 나타나는 것도 아니다(Sabellius의 양태론의 실수). 삼위는 아다나시우스 신조에 분명히 말하는 대로 각각 독특하며 불변하고, 혼합되지 않고, 분리하지 않으며 통일을 이루고 계시다.

예수님이 인성을 취하셨다고 하여 신성에 손상이 간 것도 아니고 그가 우리와 다른 것은 아니다(죄를 제외하고). 그는 한 위One person에 두 성품을 지닌 분이다. 그는 우리의 구원을 위해서 신성과 인성이 필요하신 분이다. "주님"이라는 말은 여호와의 뜻이 있다. "예수"란 말은 구약의 "예솨"와 같은 말, 우리말 성경에는 "여호수아"라고 기록되었고 영문에는 "Joshua"라고 되어있지만 모두 구원한다는 의미가 있는 말들이다.

우리는 민수기 13:16에서 눈의 아들 호세아가 여호수아로 이름이 변경되는 것을 본다. 구원할 자라는 이름이다. 과연 그는 갈렙과 함께 이스라엘 백성의 2세 중에서 20세 미만의 병정 60만으로 요단강을 건너 가나안 땅에 들어갔다. 성경에서 애굽은 구원받지 못한 죄악 상태를 상징하고 광야는 현세를 상징하고 가나안은 구원받은 상태를 상징한다.

가령 계시록 11장에서 두 증인 이 죽은 곳은 영적으로 말하면 소돔이라고 하기도 하고 또 애굽이라고 하는 곳이라고 했는데 우리 주께서 십자가에 못 박힌 곳이라고 했다. 구원받지 못한 곳을 상징적으로 말하고 있다. 참고로 계시록 11장의 두 증인은 바로 패역한 시대에 말씀을 순수하게 전하는 참된 교회를 말한다.

죽는다는 말은 문자 그대로 죽음이 아니라 아무도 그들의 설교를 듣는 이가 없으니 두 증인으로 보아서는 죽은 것이나 다름이 없다는 말이다. 어쨌건, "예수"라는 이름은 구약의 여호수아(히브리어 발음은 "에솨")와 같다. 이 말은 그의 인성을 말한다. 예수님은 탄생 때부터 마태복음 1:21에 "아들을 낳으리니 이름을 예수라 하라 이는 그가 자기 백성을 죄에서 구원할 자임이니라"라고 예언된 분이다. 그는 마 20:23-25 말씀대로 자기 목숨을 많은 사람의 대속물로 주시기 위해 오신 분이다.

예수님의 3가지 직분에 대해서는 여기서 언급을 피한다. 그는 구약 의식법의 완성이시다. 구약의 모든 의식법은 바로 예수님을 내다보고 모형으로 행하신 것이다. 히브리 9장과 10장을 자세히 읽어 보라, "그리스도"란 말은 구약의 "메시아"란 말로, "기름 부음을 받았다the anointed one" 의미이다. 그는 참 하나님으로 주님이 되시며, 여호수아처럼 참 인간이시며 구약에서 왕, 선지자, 제사장 등 세 가지 직분이 모두 기름 부음을 받아 직분을 감당했듯, 그 한 몸에 왕, 선지자, 제사장 등의 세 가지 직분을 지니신 기름 부음을 받으신 분이다.

그는 바로 우리에게 하늘나라의 비밀을 가르쳐 주신 마지막 선지자이시며, 택함을 받은 백성의 죄를 사하시고 저 십자가에서 유월절 희생의 제물로 돌아가심으로 구원을 완성하신 마지막 대 제사장이시며, 예나 지금이나 우리를 다스리시고 세상을 통치하시는 왕이시다. 켐브릿지 선언은 이 점을 강조하여 "오직 그리스도"라고 부르짖는 것이다.

오직 은혜 : 복음의 쇠퇴 Sola Gratia : The Erosion of the Gospel

인간의 능력에 대한 부당한 신뢰는 타락한 인간 본성의 산물이다. 자존감의 복음으로부터 건강과 부의 복음에 이르기까지, 복음을 팔아야 할 상품으로 변형시키고 죄인들을 물건을 사고자 하는 소비자로 변형시킨 사람들로부터 단순히 효과로 복음의 진실성을 평가하는 사람들에 이르기까지 현재 복음주의 세계는 이 거짓 확신으로 가득하다. 교회들의 외적인 서약에도 불구하고 이는 칭의 교리의 입을 막는 것이다. 그리스도 안에 있는 하나님의 은혜는 구원의 필요 인자일 뿐 아니라 유일한 동력인efficient cause이다. 우리는 사람이 영적으로 죽은 상태로 태어나며 중생케 하시는 은혜에 협력할 능력조차 없음을 고백한다.

제3 명제 : 오직 은혜 Sola Gratia

우리는 구원이 오직 하나님의 은혜에 의해 그의 진노로부터 구출되는 것임을 다시 한번 확인한다. 우리를 죄의 속박에서 해방하고 영적 죽음에서 영적 생명으로 일으켜 그리스도께 인도하는 것은 성령님의 초자연적 역사이다. 우리는 구원이 어떤 의미에서건 사람의 일이라는 것을 부정한다. 사람의 수단, 기술 혹은 전략은 그 자체로는 이 변화를 일으킬 수 없다. 우리의 중생하지 않은 본성에서는 믿음이 나오지 않는다.

구원은 사람의 노력으로 되는 것이 아니다. 사람이 구원을 시작하면 하나님이 돕는다는 가르침을(Synergism, 협력적 중생설) 이라고 부른다. 반면에 구원은 오직 하나님이 일방적으로 그가 구원할 자를 구원하며 처음서부터 끝까지 하나님이 일방적으로 하시는 사역이라고 믿는 가르침을 신학적으로(Monergism, 독력적 중생설) 이라고 부른다. 우리의 구원은 독력적 중생으로 이루어진다. 우리의 공로는 조금도 가산되지 않는다. 우리는 모두 아담 안에서 죽었던 사람들이다(엡 2:1). 죽은 사람이 어떻게 스스로 하나님을 찾아갈 수 있겠는가? 우리가 중생하는 것은 엡 1:4의 말씀대로 하나님의 은혜이다. 많은 사람 중에서 우리를 택해 주어 믿게 하는 것도 하나님의 은혜이다. 로마서 9장을 처음서부터 끝까지 읽으라 이해가 될 것이다. 한번 구원 얻은 성도가 다시 구원을 잃지 않는 것은 엡 2:8의 분법이 웅변으로 설명해 준다. 그 구절의 "구원을 얻었다"라는 말은 원문에서 "완료형분사"이다. 그러므로 그 상태와 효력이 영원히 불변하는 헬라어의 문법이 입증한다. 또한 요 10:28, 롬 8:35-39 등 여러 구절이 입증한다. 구원은 인위적인 노력이 아니라 처음부터 끝까지 하나님의 은혜로 되는 것이며 인간의 노력이나 공로로 되는 것이 아니다. 이것이 성경의 가르침이며 이 신앙고백서의 가르침이다.

오직 믿음Sola Fide : 가장 중요한 신조의 쇠퇴 Sola Fide : The Erosion of The Chief Article

칭의는 오직 그리스도 때문에 오직 은혜로 말미암아 오직 믿음을 통해 이루어진다. 이것은 교회가 서고 넘어지는 신조이다. 오늘날, 이 신조가 종종 무시되고, 왜곡되고, 때로는 자신을 복음주의자라고 주장하는 지도자들과 학자들과 목회자들에 의해 부정되기까지 한다. 비록 타락한 사람의 본성은 그리스도의 전가된 의의 필요성을 인정하기를 언제나 싫어했지만, 현대성은 성경의 복음에 대한 불만의 불꽃에 기름을 퍼부었다. 우리는 이 불만이 우리 사역의 본질과 설교에 영향을 끼치도록 허용했다.

교회성장운동을 하는 많은 이들은 성공적 복음전파를 위해서는 회중에 대한 사회학적 이해를 하는 일이 선포되는 성경의 진리만큼이나 중요하다고 믿는다.

그 결과 신학적인 확신과 사역이 유리되는 일이 종종 벌어진다. 많은 교회의 마케팅 지향성은 이보다 더 나아가 성경 말씀과 세상의 구분을 없애 버리고, 그리스도의 십자가의 거치는 것을 없애며, 기독교의 믿음을 세상 사업체의 성공을 위한 원리들과 방법론들로 축소했다.

이런 운동들은 십자가의 신학을 믿는지는 모르겠으나 실제로는 십자가에서 그 의미를 제하여 버린다. 그리스도가 우리의 대리자가 되어 하나님이 우리의 죄를 그에게 전가하시고 우리에게 그의 의를 전가하시는 것만이 복음이다. 그가 우리의 심판을 짊어지셨기 때문에 이제 우리는 영원히 용서받은 자, 영접받아 하나님의 자녀로 입양된 자로서 그의 은혜 가운데 살아간다. 그리스도의 구원사역이 아니고서는 하나님이 우리를 받아주실 아무런 근거도 없다. 우리의 애국심이나 교회에 대한 헌신, 도덕성은 근거가 되지 못한다. 복음은 하나님이 우리를 위해 그리스도 안에서 하신 일을 선포한다. 우리가 하나님께 도달하기 위해 무엇을 할 수 있는지를 말해주는 것이 아니다.

제4 명제 : 오직 믿음Sola Fide

우리는 칭의가 오직 그리스도 때문에 오직 은혜로 말미암아 오직 믿음을 통해 이루어짐을 다시 한번 확인한다. 유일하게 하나님의 완전한 공의를 만족시킬 수 있는 그리스도의 의가 칭의 시에 우리에게 전가된다. 우리는 칭의가 우리 안에서 발견되는 어떤 공로나 우리 안에 그리스도의 의가 주입되는 것에 근거한다는 말을 부정한다. 또한, 스스로를 교회라고 주장하면서도 오직 믿음을 부정하거나 정죄하는 기관이 합당한 교회로 인정될 수 있다는 말을 부정한다.

사람이 구원 얻는 것은 오직 믿음을 통해서 하나님의 은혜로만 된다. 이는 성경 엡 2:8-9에 잘 나타난다. 믿음은 하나님의 선물이며 우리에게서 나는 것이 아니다. 믿음이란 성경에 근거해야 하며 인위적으로 조작할 수 없다. 그러므로 18세기의 독일의 합리주의Rationalism , 종교사학파Religionsgeschichte Schule 의 생각, 자유주의의 문서설Documentary Hypothesis , 비신화화Demythologization , 상황윤리Situation Ethiic. New Morality, 적극적 사고방식Positive Thinking , 번영신학Word-Faith Movement 등은 성경적인 신앙에서 벗어남으로 배격한다.

오직 하나님께 영광Soli Deo Gloria : 하나님 중심적 예배의 쇠퇴
Soli Deo Gloria : The Erosion of God-centered Worship

지금까지 교회에서 성경의 권위가 상실되거나, 그리스도가 다른 것으로 대치되거나, 복음이 왜곡되거나 믿음이 부패하는 일은 언제나 한 가지 이유로 일어났다. 우리의 관심사가 하나님의 관심사를 대치하고, 우리가 하나님의 일을 우리의 방법대로 했기 때문이다. 오늘날 교회의 삶에서 하나님 중심성이 사라진 것은 일반적이고도 통탄할 만한 일이다. 우리가 예배를 엔터테인먼트로, 복음전파를 마케팅으로, 믿음을 기교로, 선한 사람이 되는 것을 자신에 대해 좋게 느끼는 것으로, 신실성을 성공적인 사람이 되는 것으로 변형시키게 된 것이 바로 이 때문이다. 그 결과 하나님과 그리스도와 성경은 우리에게 너무도 의미 없고 너무도 하잘것없는 존재가 되어 버렸다.

하나님은 사람의 야망이나 갈망, 소비욕, 혹은 우리의 개인적인 영적 관심사를 만족시키기 위해 존재하는 분이 아니다. 예배에서 우리는 우리의 개인적 필요의 만족이 아닌 하나님께 초점을 맞춰야 한다. 우리가 아닌 하나님이 예배의 주인이시다. 우리 자신의 왕국이나 인기 혹은 성공이 아니라 하나님의 나라에 관심을 가져야 한다.

제5 명제 : 오직 하나님께 영광Soli Deo Gloria
우리는 구원이 하나님의 것이며 하나님에 의해 성취되기 때문에 그것이 하나님의 영광을 위한 일이며, 우리는 언제나 그를 영화롭게 해야 한다는 사실을 다시 한번 확인한다. 우리는 우리의 모든 삶을 하나님 앞에서, 하나님의 권위 아래, 오직 그의 영광을 위해 살아야 한다.

우리는 예배를 엔터테인먼트와 혼동하거나, 설교에서 율법이나 복음을 무시하거나, 자기개발 자존감, 자아실현이 복음의 대안이 되도록 허락하면서도 합당하게 하나님을 영화롭게 할 수 있다는 말을 부정한다.

회개와 개혁으로의 초청

과거 복음주의 교회의 신실성은 오늘날의 모습과 극명한 대조를 보인다. 20세기 초 복음주의 교회들은 선교를 위한 놀랄만한 시도를 지속하였고, 성경적 진리와 그리스도의 나라의 대의를 섬기기 위한 신앙 기관들을 많이 설립하였다. 그때는 그리스도인의 품행과 기대가 문화 속의 그것과는 현저히 다른 시기였다. 오늘날에는 그렇지 않은 경우가 많다. 오늘날의 복음주의 세계는 성경적 정절과 도덕적 범위와 선교적 열정을 잃어버리고 있다.

우리는 우리의 세상 성을 회개한다. 우리는 전혀 복음이 아닌 세속문화의 '복음'에 영향받아 왔다. 우리에게는 진지한 회개가 없었고, 자신의 죄에 대해서는 눈 먼 채 다른 사람의 죄만 뚜렷이 보았으며, 하나님이 예수 그리스도 안에서 행하신 구원 사역에 대해 다른 사람들에게 적절하게 설명하는 일에 있어 변명의 여지 없는 실패를 저질렀다. 이로 인해 우리는 교회를 나약하게 만들어왔다.

우리는 또한 이 선언문에서 논의된 문제들에 관하여 하나님의 말씀에서 벗어나 잘못을 저지르고 있는 복음주의자들이 돌아올 것을 진심으로 요청한다. 여기에는 예수 그리스도에 대한 분명한 믿음이 없이도 영생의 소망이 있다고 선언하는 사람들, 이생에서 예수 그리스도를 거부한 자들이 영원한 고통을 통해 하나님의 공의로운 심판을 받게 되는 것이 아니라 멸절될 것이라고 주장하는 사람들, 비록 칭의라는 성경의 교리를 믿지는 않는다고 하더라도 복음주의자와 로마가톨릭은 예수 그리스도 안에서 하나라고 주장하는 사람들이 포함된다.

신앙고백적 복음주의자 연합The Alliance of Confessing Evangelicals은 모든 그리스도인이 교회의 예배와 사역과 정책과 삶과 전도에서 이 선언문을 이행할 것을 촉구한다.

그리스도를 위하여, 아멘.

신앙고백적 복음주의자 연합 실행 위원회 (1996)

인생의 목적은 하나님에게만 영광을 돌리고 그를 영원토록 즐거워하는 것이라고 웨스트민스터 신앙고백서 대소요리 문답서 제1문에 말하고 있고 성경 고린도전서 10:31에서 가르쳐 주고 있다. 근자에 이런 성경적 가르침이 점점 해이해 지면서 많은 분이 인본주의 신앙을 도입하여 자기도취에 빠진다. 이 점을 시정하기 위해 종교개혁자의 좌우명이었던 "오직 하나님에게만 영광"을 마지막 다섯 번째 조항으로 캠브리지 선언에 도입했다. 어떻게 하나님에게만 영광을 돌리는가? 캠브리지 선언 서명자들의 생각은 우리의 말이나 생각이나 하는 것이 성경적이어야 한다는 것이다. 개혁파신학의 세 가지 특징이 있다.

그 세 가지 특징이란 (1) Absolute Authority of Scripture(성경의 절대적인 권위), (2) Absolute Sovereignty of God(하나님의 절대 주권), 그리고 (3) Faithful Application of Bibllical Principle to our Daily Life(일상생활에 성경의 원칙을 충실히 적용하는 일) 등이다. 그러므로 개혁주의 성도는 성경의 절대적인 권위를 믿을 뿐만 아니라 하나님의 절대적 주권을 높이며 일상생활에서 성경대로 충실하게 살려고 의식적으로 노력한다. 그러나 오늘의 사정은 이른바 "상황윤리"니 "신도덕율"이니 하여 교묘하게 성경적인 생활을 피해 간다. 포스트모더니즘은 무엇이든 자기가 판단해서 옳다고 생각하면 그것이 절대적인 가치의 표준이 되어 그대로 행한다는 가르침이다. 실로 극히 비성경적인 생각이며 가장 하나님의 주권을 침해하고 성경의 권위를 무시하며, 자행자지하는 패역적 생활이다.

존 암스트롱Dr. John Armstrong, 알리스테어 벡The Rev. Alistair Begg, 제임스 M. 보이스Dr. James M. Boice, 로버트 갓프리Dr. W. Robert Godfrey, 존 D. 하나Dr. John D. Hannah, 마이클 S. 호튼Dr. Michael S. Horton, 로즈마리 젠센Mrs. Rosemary Jensen, R. 알버트 몰러Dr. R. Albert Mohler, Jr, 로버트 M. 노리스Dr. Robert M. Norris), R. C. 스프룰Dr. R. C. Sproul, 진 에드워드 비스Dr. Gene Edward Veith, 데이빗 웰스Dr. David Wells), 루더 위틀록Dr. Luder Whitlock, J. A. O. 프레우스 3세Dr. J. A. O. Preus, III.

(이 선언문은 The Alliance of Confessing Evangelicals의 허락을 받아 예수가족교회 임범진 집사가 번역한 것입니다.) 출처 www.alliancenet.org

역사의 흐름에 따라서 어휘는 바뀐다. 오늘에 와서는 복음주의의 뜻이 바뀌었다. 역사적인 복음주의는 고백적이었다. 즉, 세계공의회에서 정리한 기독교의 주요 진리를 담고 고백했다. 이에 더하여 복음주의자들은 16세기 개혁교회의 '오직'의 유산을 공유했다.

오늘날 개혁의 빛은 현저하게 어두워졌다. 결과적으로 복음주의 단어는 그 의미를 잃어버렸다. 우리는 세속적임을 회개한다. 우리는 복음이 아닌 세속문화의 "복음"에 영향을 받았다. 우리는 진정한 회개의 결여, 다른 사람의 죄는 밝히 보면서 자신의 죄는 보지 못하는 눈먼 장님이 되었다.

본 선언문을 통해 예수 그리스도에 대한 확실한 믿음 외에도 영생의 소망이 있다고 선포하는 사람들, 이생에서 그리스도를 거부하는 사람들이 하나님 공의의 심판으로 영원한 고통 가운데 들어가는 지옥보다 단지 소멸할 것이라고 주장하는 사람들, 성경적인 믿음이 없다 할지라도 예수 그리스도 안에서 복음주의와 하나라고 주장하는 사람들을 오대 솔라의 신앙과 신학으로 각성시켜야 한다.

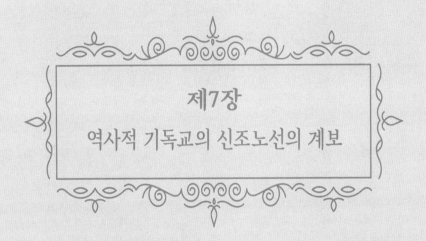

제7장
역사적 기독교의 신조노선의 계보

제7장 역사적 기독교의 신조노선의 계보

1. 정통주의 노선

역사적 정통기독교회는 계시진리인 성경을 근본으로 논쟁의 결과로 공교회가 성경적 기독교를 규정하기 위해 성경의 정경화와 '영지주의의 신앙변증'을 위해 '사도신조', 예수 그리스도의 신성을 규정한 '니케아신조'(325년), 예수의 인성과 성령의 신성을 규명한 '니케아콘스탄티노플신조'(381년), 성부와 성자의 동질본체이며 그리스도의 이성일인격을 규명한 '칼케돈신조'(451년), 삼위일체를 규명한 '아타나시우스신조'(420~450년)가 고대교회의 정통을 만들었다.

16세기 종교개혁과 더불어 성경의 정경과 외경을 규정한 '제2 스위스신앙고백서'(564년), 로마가톨릭교회와 구별과 구원론 중심의 '하이델베르크 신앙문답서'1563년), 17세기에 알미니우스주의의 이단 규정을 위한 기독교 오대교리를 규명한 '도르트신조'(1619년), 교리와 예배와 권징의 합법화와 일치를 위해 '웨스트민스터 신앙고백서'(1647년)이다.

한국장로교회의 '12신조'(1907년)를 만들의 성경적 교리를 공교회가 공적 교리체계를 세움으로 이단을 방지하고 세속적 사조로부터 교회를 보호하게 되었다.

선언으로 대한예수교장로회 '대신 교회선언'(1974), 성경무오의 '시카고 선언'(1978년), 오대솔라(오직)의 '켐브리지 선언'(1996년)으로 그 정통성을 이어오고 있다(합동보수 교회선언, 2008).

2. 비정통주의 노선

루터파 신조와 신앙고백서의 노선으로 신조는 사도신조와 니케아 신조(325년), 아타나시우스신조(420~450년)다

16세기에 십계명과 주기도의 '루터의 요리문답'(1529년), 이신칭의의 '아우크스부르크신앙고백서'(1530년), 가톨릭과 결별 선언인 '슈말칼드신조'(1537년), '루터 신앙고백서'(1537년), 성찬론으로 개혁교회와 단절을 불러온 '일치신조'(1577년)로 이어지고 있다.

선언으로 웨스트민스터 신앙고백서를 독립교회파 입장에서 회중주의로 수정한 '사보이선언'(1658년), 지역에 따른 명칭으로 교회정치의 자치를 옹호한 '런던 침례교 신앙고백'(1677/1689년), '필라델피아 신앙고백'(1742년), 히틀러를 맹종하는 독일민족교회에 반대하여 정치와 종교의 분리, 화해를 주장한 '바르멘(칼 발트) 선언'(1934년), 웨스트민스터신앙고백을 부정하고 신정통주의 영향을 받은 '1967년 신앙고백'(1967년), 기독론을 부정하는 어번선언(1923), 원리가 부족하고 방법론에 치우신 '로잔협약'(1974년), 급진주의적인 '한국기독교장로회 신앙고백'(1972년), 복음주의적인 '대한예수교장로회 통합신앙고백서'(1986년)로 역사적 정통개혁파 신앙고백서의 노선에서 이탈되었다.

신앙고백적사관이 신앙고백적교회사관으로 열매를 맺어야 한다. 최더함 박사는 "신앙고백교회사관과 신앙고백사관은 같지 않다. 후자는 교회의 교리, 사상, 신앙고백 문헌을 다루는데 초점이 있다. 전자는 후자의 제반 요소들을 포함하면서 신앙고백공동체의 모든 역사를 성경과 진리성의 관점에서, 그 공동체가 하나님에 대하여 무엇을 어떻게 믿고 고백했으며 하나님께서 요구하시는 것에 대해 어떤 반응을 보였으며, 교회의 본질과 사명에 충실했는가에 주목한다"[210] 고했다. 그러나

---

210 제14차 정기세미나, 「개혁주의 윤리」 개혁신학포럼, 2017. 10. p. 53.

사관은 다를지라도 지향하는 관점은 같은 것이다. 즉 신앙고백적사관이 신앙고백적교회사관으로 이루어질 때 참된 교회가 된다고 할 수 있다.

개혁파교회의 가장 위대한 점은 신조와 신앙고백서라는 공교회의 표준문서를 가지고 있다는 점이라 할 수 있다. 그러므로 공교회의 공적고백인 신앙고백의 노선을 대단히 중요하다 그 노선의 따라 신학과 신앙과 삶이 달라지기 때문이다. 자유주의 신학은 신조 없이 성경에서 시작하기 때문에 자기 신학을 하는 주관적이다. 개혁파 신학은 성경에서 신조를 통한 신학이기 때문에 객관적이고 더 성경적이다. 우리는 역사적 정통기독교의 사도적 신앙고백의 계보를 사수해야 한다.

그리고 하나의 교단의 교리적 신학적 판단은 한 개인을 상대로 하는 것이 아니라 신조와 신앙고백서를 통해서 비판하는 것이다. 신조의 노선의 다르면 다른 신학과 다른 교리를 지향한다고 볼 수밖에 없다. 그러므로 신조의 노선은 대단히 중요하다.

결론

　　역사적 기독교회는 신앙고백의 내용을 가지고 있다. 그 내용은 어느 한 사람의 특정한 신앙과 신학사상의 내용과 주장이 아니라 성경적이며 공교회를 통한 우리 모두(공동)의 고백인, 공교회의 고백인 신조와 신앙고백서가 내용이다. 신조는 성경을 조목화한 것이며, 교회공동체 고백의 내용을 문서로 표현한 것이다. 그러므로 역사적 정통기독교회는 신조와 더불어 성장해 온 것이다. 신조 없이는 성경과 신앙진리와 생활의 순결과 바른 사상을 지켜나갈 수 없고 교회의 정체성을 나타낼 수 없다. 만약 신조가 없다면 모두가 성경을 자의적으로 해석하고 주관적 믿음을 가짐으로 교회는 혼돈에 빠지고 만다. 역사적 정통기독교회의 신앙과 역사는 영원 전(작정) 삼위일체 하나님으로부터 시작하여 예수 그리스도의 성육신을 전환점(섭리)으로 새로운 고백 중심의 교회로 발전되었다(마 16:16). 예수 그리스도의 사역과 역사는 기독교의 신앙역사의 자체요 본질이다.

　　역사적 기독교 신조는 그 시대마다 특색을 가지고 있다. 고대교회 신조처럼 간단명료한 것이 있는가 하면, 종교개혁 이후에 생겨난 신앙고백서는 공적인 교회의 표준을 삼기 위해 학문적이며 신학적인 형식으로 만들어진 것이다. 그 시대마다 교회에 부닥쳐 오는 문제들로부터 성경의 진리와 성경적 교회 수립을 위해 신앙 방어자의 자세로 이단자들과 교리적 논쟁을 하였다. 이단자들은 언제나 성경진리에 대하여 도전적이요 공격적인 데 반하여 사도적 정통기독교회는 성경의 진리를 믿고 성경으로 변호하였다. 정통기독교사상을 논증하고 변호하기 위해서는 언제나 하나님 말씀인 성경에서 근거를 찾고 그 어떤 인간적 사상과 타협하지 않고 오직 하나님 말씀인 계시진리인 성경으로 변호하고 방어한 것이다. 신앙고백서는 역사적 정통기독교회가 진리 보수를 위해 잠자지 않고 깨어 있음을 보여 주는 것이다. 그리고 깊은 내성과 엄숙한 고백에 근거하여 다양한 역사적 견해가 있다는 것은 진리에 대한 깊은 의식과 열정과 사랑이 있다는 증거이다. 역사적 정통기독교회는 성경적 교회를 수립하기 위해 끊임없이 이단과 싸우는 전투적 교회로 승리해 오고 있다.

세상은 점점 더 악해지고 다원주의 시대로 흘러가며 인본주의 사조와 자유주의 사상의 물결과 성경 비평학을 중심으로 상황윤리와 교회 부흥이라는 허울 좋은 미사여구로 인간을 유혹하고 교회를 세속화시키고 혼합주의로 변질하여 가고, 하나님 절대 권위와 성경의 무오성을 부정하고 대적하고 있다. 그리고 오염된 사상으로 이제 교회는 신앙고백서의 시대는 지나갔으며 반(反) 신앙고백서 시대로 변하도록 했다. 역사적 정통기독교회의 공동고백인 신조는 사라지고 개인적으로 자유를 존경하는 개인 신앙고백주의로 흘러가고 있다. 역사적 정통개혁파 신앙은 역사적 사도적 정통교회의 신앙을 복사하는 신앙이 아니라 하나님 말씀을 바르게 이해하려고 노력하고 역사적 정통기독교회의 신조와 신앙고백서의 전통을 배우고 참고하면서 오늘의 교회가 처한 환경 속에서 하나님의 뜻을 이루고 하나님의 말씀에 순종하는 전인격적 윤리적 삶을 삶으로 인간의 삶의 목적인 하나님께 영광을 돌리며 기쁨의 삶을 살게 하는 데 있는 것이다. 그러나 성경적 정통기독교회와 사도적 교회를 전승하게 한 신조는 자유의 물결에 밀려 빛은 바랬고, 오늘에 와서 라이마루스H, S, Reimaus, 1894~1768의 사적 예수, 바우어H, E Bauce, 슐라이어마허, 바이스C, H Wcissc, 스트라우스D, F, Stiaus, 흠츰만H, J,Holitzmann, 쾰러M, Kohier, 칼 바르트Carl Barth, 1886~1968, 볼트만Rudolp Bultman, 1884~1976, 그리고 틸리히Paul Tillich, 1886~1965 등이 역사적 기독교회를 변질, 좌경화시키는 역사성 부정과 비신화화와 사신신학을 만들었다. 18세기 경건주의와 신비주의,

경험주의, 계몽주의 사상은 칼 바르트 Karl Barth 의 신정통주의 Neo-Orthodxy, 불트만의 양식비판 Form Criticism, 에밀 부르너의 위기신학 Theology Of Crisis, 오스카 쿨만의 구속사 Heitsgeschihte, 존 로빈슨의 세속화 신학, 몰트만의 소망 Theology Of Hope 의 신학, 판넬베르크의 역사신학 Theology History, 피에르 베이야드 드샤르당의 진화론, 찰스 하드쇼은의 과정신학 Process Theology, 폴틸리의 존재신학 Theology Being 존 엘슨의 세대주의, 근본주의, 신근본주의, 신복음주의 사신신학으로 이어지는 신학사조는 개혁파교회와 전혀 다른 신앙을 고백하는 교회로 변질하였다. 이것은 모두가 역사적 정통기독교회의 신조를 도외시하고 무시하는 데서 시작한 불신앙적 성경연구 사상이 결국 하나님의 말씀인 성경을 하나님의 말씀이 아니라고 부정하는 데서 그 원인을 찾을 수 있다.

역사적 정통기독교회는 칼빈주의 Calvinism 삼대 신학자 카이퍼 A. Kuyper, 1837~1920, 워필드 B. B. Warfield, 1851~1921, 바빙크 H. Bavink, 1895~1964 등에 의하여 전 유럽과 구미에 역사적 정통기독교회의 신앙고백이 전승되고 변호되었다. 또 찰스 하지 Chartis. Hodge, 에이 에이 하지 A. A. Hodge, 메이첸 등 역사적 기독교신앙과 신앙고백서를 불변하게 전승하였다.

개혁파신학의 소중한 전통과 유산을 소홀히 생각하거나 가볍게 취급해서는 안 된다. 믿음의 선진들의 신학과 신앙적 장점의 유산을 더욱더 발전시키는 노력이 필요하다. 개혁파신학의 가정 위대한 점은 표준문서가 있다는 것이다. 이를 귀하게 여기고 잘 발전 시켜야 할 책임을 오늘 우리의 몫이다.

역사적 정통기독교회의 신조와 사상은 어떤 신학자 한 사람의 주관적 학적표명이 아니라 기독교회가 역사를 통하여 고백해온 신앙의 터, 즉 성경의 절대 권위와 하나님의 절대주권을 믿는 사도적 신앙의 터 위에서 성경을 연구하며 진리 체계를 세워온 고백이다. 진정한 기독교회의 정체성은 교본사를 통해서 확인되어야 한다. 우리는 역사적 정통기독교회의 신조를 통하여 교회의 역사성을 이어 가야 하며 사도적 신앙고백 위에 기독교의 본질을 규명하며 보존하여야 한다.

역사적 개혁파교회는 신조적 노선과 신학(인적) 노선을 가지고 있다. 역사적 정통신조가 없는 교회는 미래의 교회로 남지 않을 것이다. 우리는 역사적 정통기독교회사에 나타난 공동신조와 개혁파 신앙고백서의 기초 위에 어거스틴, 칼빈, 17세기 개혁파 신학자들과 19세기, 20세기 신학자 찰스 하지 에이 하지, 비 비 워필드, 게르하르트 보스, 그렘삼 메이첸, 아브라함 카이퍼 헤르만 바빙크, 코넬리우스 벤틸, 루이스 펄코프, 박형용, 박윤선, 최순직 조석만 등에 의하여 보존되어온 정통신앙과 신조적 고백을 전수하며 끊임없이 도전해 오는 비기독교 사상과 자유주의 사상의 공격을 방어하고 "전성경신앙신학" "사도적 계승" "은사의 극대화"를 동해, 전성경의 신앙화, 신앙의 신학화, 신학의 생활화, 생활의 문화화, 문화에 하나님께 영광화, 영광화에서 다시 성경으로 돌아가, 역사적 정통기독교회인 성경적 교회를 수립하고, 유신론적 신관을 확립하고, 유신론적 문화를 확산하고, 성경적 가정을 회복하고, 땅끝까지 복음 증거의 사명을 주님 오시는 날까지 최선을 다해야 한다.

한국교회는 이제 사회의 변두리에서 자리 잡은 교회가 아니라 사회의 중심에 있는 기관으로 사회에 크게 영향을 미칠 수 있는 세력을 가지고 있다. 그뿐만 아니라 이제 한국교회는 세계 속의 중심적 역할을 해야 할 역사적 사명이 있는 것도 사실이다. 특별히 세계교회에서 개혁파 신앙과 신학을 선도해 나가야 할 우리 장로교회는 다시 한번 정신을 차려야 하겠다. 지금 이단자들과 잘못된 사상의 물결이 우는 사자처럼 삼킬 자를 찾고 있다. 사도적 정통기독교회가 역사적 신조를 통해 교회를 지키고 진리를 사수했던 것처럼 오늘의 교회를 사수해야 할 것이다. 우리는 역사적 정통신조의 정신에 따라 시대에 맞는 다양한 신앙고백의 표준을 개발하고 시대적 상황에서 성경을 바르게 이해하고 성경에 맞는 전인격적인 신앙과 윤리적 생활과 바른 고백을 가르쳐야 한다.

필립 샤프는 말하기를 "신조들은 기독교 교회의 이정표요 지계석이다. 신조들은 그 시대의 신앙에 대한 구체화요 종교적인 논쟁 속에서 일어난 가장 값진 산물이다. 신조들은 지금도 기독교회의 신학적 사고와 공적인 가르침을 현시, 또는 제어하고 있다"[211]라고 했다. "또 유니온 신학교의 루이스 F, B, Louis에 의하면 댑니의 웨스트민스터 신앙고백서에 대한 태도는 한마디로 표현하여 현재대로가 좋으며 때로는 비판을 자유롭게 하게 되지만 글은 바꾸지 않는 것이 좋다는 것이다. 왜냐하면, 그것은 성경의 진리를 바로 표명하는 것이기 때문이다."[212]라고 했다.

한국교회는 선교 200주년을 향해 가는 성장하고 부흥하는 교회로 발전하고 세계적 교회로 성장했지만, 하나님이 주신 은혜의 사유화로, 제도의 사유화, 신학의 사유화, 성경의 사유화, 교회의 사유화로 교회는 병들어가고 있다. 또한, 일부는 초기 선교의 티를 못 벗어나고 있다. 또 신앙고백서를 귀하게 여기지 않을 뿐 아니라 신조를 부정하고 성경이 가르치는 정통기독교신앙의 핵심이 무엇인지 이해하지 못하고 있으며, 작정과 섭리와 종말, 삼위일체 하나님 중심, 그리스도를 중심으로 하는 하나님 주권과 성경 중심의 설교를 하지 않고 이성과 감성에 호소하는 수요자와 공급자의 논리에서 설교가 이루어지고 있다. 유불선 샤마니즘을 뿌리로 한 비기독교적 요소로 성장하고 있다. 설교는 어디까지나 수요자의 욕구에 의한 것이 아니고 삼위일체 하나님께서 원하시는 뜻을 증거 하는 것이지 그 이상도 그 이하도 아니다.

신앙이란 자신의 자의적인 고백이 아니라 우리 모두의 공동적 고백이 되어야 하며 교회 전체의 고백이 되어야 한다. 그러므로 성도는 성경을 자신의 나름대로 이해하고 자신이 이해한 성경 말씀이 절대적인 진리로 주장할 수 없다. 성경을 바로 깨닫고 올바른 신앙을 가지려고 교회의 귀중한 유산인 역사적 정통신앙의 고백인 공교회의 신앙고백서의 귀중 성을 재인식하고 귀중히 여기고 발전시켜 나가야

211 박일민, 「신조학」p. 8.
212 조석만, 「조직신학」(상), p. 11.

할 것이다. 우리는 성경적 역사적 기독교회를 수립하기 위하여 역사적 개혁파 신조와 신앙고백서를 귀하게 여기고 그 토대 위에 신앙을 바로 정립하고 우리의 신앙고백이 하나님 앞에 영광이 되도록 해야 할 것이다.

그리고 새로운 고백서를 만드는 것보다 역사적 신앙고백서를 더욱 연구 발전시켜 성경 본질로 돌아가게 하여야 할 것이다. 그리고 역사적 정통 기독교의 신조와 신앙고백서 중 신앙의 표준문서인 웨스트민스터 신앙고백서와 대요리문답과 소요리문답과 예배모범은 21세기를 향해하는 한국교회뿐만 아니라 세계교회의 생명과 기둥이 되어야 하겠다.

끝으로 개혁자 칼빈의 말을 빌려 마무리하고자 한다. "우리가 하나님의 영광을 위해 신중히 행동하였음은 분명하므로 하나님 앞에서나 일에 있어서 책할 데가 거의 없다고 확신합니다. 하여튼 결과가 어찌 되었든 우리가 지금까지 해온 일과 시작한 일에 대해 조금도 후에 하지 않습니다. 성령께서 우리의 확실한 증인이십니다.「우리의 전파하는 진리는 하나님의 영원한 진리임을 우리는 알고 있다」우리의 헌신적 활동을 통해 이 세상이 구원받기를 소원합니다. 거룩한 신앙고백에 충실하려는 사람들은 모두가 죽음을 각오하고 있습니다. 그러나 우리는 죽음에 있어서조차 승리할 것입니다. 왜냐하면, 죽음이란 우리에게 있어 보다 좋은 생명으로 이르게 하는 확실한 길이기 때문입니다. 그리고 우리의 피는 지금 사람들로부터 조롱받는 하나님의 진리를 퍼뜨리는 씨앗이 되는 것은 너무도 분명히 확신하기 때문입니다."[213]

주 예수 그리스도의 이름으로 너희를 권하노니 다 같은 말을 하고, 같은 마음과 같은 뜻으로 온전히 합하라(고전 1:10)"라고 했다. 개혁파 신앙인들은 역사적 기독교회가 이어온 신조와 신앙고백서와 개혁파 신학 노선과 선진들의 계보를 따라 같은 말을 하며, 같은 마음과 같은 뜻을 가져야 한다.

---

213 김동현 역, 「종교개혁의 필요성에 관하여」 (서울: 솔로몬사, 20002), p. 181.

참고문헌

단행본

1. 고영민 역, 「하지조직신학」(상), 서울 : 교문사, 1981.

2. 김동현 역, 「종교개혁의 필요성에 관하여」, 서울 : 솔로몬말씀사, 2002.

3. 김명규 역, 「하나님의 큰일」, 서울 : 크리스챤다이제스트, 1988.

4. 김준삼, 「개혁교회 신조집」, 서울 : 총신출판사, 1988.

5. 김준삼, 「웨스트민스터 신앙고백」, 서울 : 크리챤신문사공무국, 1977.

6. 김경신 편역, 「각 교단의교리 신앙고백 신조들」, 서울 : 여운사, 1998.

7. 김영재, 「교회와 신앙고백」, 서울 : 성광문화사, 1989.

8. 김영진 발, 「성서대백과 사전」(제7권), 서울 : 성서교제간행사, 1981.

9. 김소영 발, 「신앙고백집」, 서울 : 대한예수교장로회총회교육부, 1980.

10. 김문제 역, 「기독교 강요」(4권), 서울 : 세종문화사, 1977.

11. 김의환, 「개혁주의 신앙 고백집」, 서울 : 생명의말씀사, 1984.

12. 김종흡 역, 「기독교 강요」, 서울 : 생명의 말씀사. 2002.

13. 라보드, 「바른 신학」, 서울 : 성광인쇄사, 1972.

14. 대한예수교장로회(대신), 「제9회 총회 촬요」, 1974.

15. L. 벌코프, 「기독교 교리사」, 서울 : 세종문화사, 1975.

16. 박상경, 「웨스트민스터신앙고백」, (서울 : 예루살렘출판사), 2004.

17. 박일민, 「신조학」, 서울 : 기독교문서선교회, 1993.

18. 박해경, 「성경과 신조」, 서울 : 아가페문화사, 1991.

19. 이장식, 「기독교 신조사」, 서울 : 컨콜디아사, 1979.

20. 이장식 역, 「기독교 신조사」, 서울 : 컨콜디아사, 1982.

21. 양낙흠 역, 「기독교 강요」, 서울 : 크리스찬 다이제스트, 1988.

22. 조석만, 「조직신학서설」, 서울 : 잠언, 2003.

23. 조석만, 「조직신학」(상), 서울 : 잠언, 2001.

24. 조석만 편역, 「칼뱅의 기독교 신앙 안내」, 서울 : 잠언, 1995.

25. 조선출 편, 「기독교대사전」, 서울 : 대한기독교서회, 1971.

26. 정일웅, 「기독교 신앙의 가르침」, 서울 : 한국로고스 연구원, 1991.

27. 이오갑 역, 「루터와 고백교회」, 서울 : 솔로몬, 1995.

28. 한영제 편, 「기독교대백과 사전」(제12권), 서울 : 기독교문사, 1989.

29. 한국성경신앙신학회, 「성경신학」(통권15호), 서울 : 아벨서원, 2000.

30. 각 교단 헌법참조(대신, 합동, 통합, 고신, 기장, 감리교, 기성).

31. 홍치모 역음, 「기독교사학연구」 제5집, 서울 : 동방문화인쇄사, 1994.

32. 남현우 편, 「고려신학보」 제19집, 부산 : 제일인쇄, 1990.

논문

1. 한유식. "웨스트민스터 신앙고백서에 대한 수정에 따른 신학적 문제들", 안양대학교 신학대학원 석사학위논문, 2000.

2. 제14차 정기세미나, 「개혁주의 윤리」, 서울 : 개혁신학포럼, 2017.

실라버스

1. 신원균 편, 「개혁주의 신앙고백집」, 개혁파조직신학회, 2000.

2. 신원균 편, 「개혁주의 신조의 역사와 가치 연구」, 개혁파신학회. 2000.

3. 최순직, 「교회선언문 초안」, 1973.

4. 조석만, 「웨스트민스터신앙고백 주기도 해설」, 안양대학교신학대학원, 1999.